思想与文化 第二十九辑

Thought & Culture No.29

杨国荣　主编

沃格林与中国

WOGELIN YU ZHONGGUO

华东师范大学中国现代思想文化研究所　主办

华东师范大学出版社

·上海·

图书在版编目(CIP)数据

思想与文化. 第二十九辑,沃格林与中国/杨国荣主编.
—上海:华东师范大学出版社,2022
ISBN 978-7-5760-3070-9

Ⅰ.①思… Ⅱ.①杨… Ⅲ.①社会科学—文集
Ⅳ.①C53

中国版本图书馆 CIP 数据核字(2022)第 131632 号

沃格林与中国

思想与文化(第二十九辑)

主　　编　杨国荣
执行主编　陈　赟
责任编辑　吕振宇
特约审读　王莲华
责任校对　王丽平　时东明
装帧设计　刘怡霖

出版发行　华东师范大学出版社
社　　址　上海市中山北路 3663 号　邮编 200062
网　　址　www.ecnupress.com.cn
电　　话　021-60821666　行政传真 021-62572105
客服电话　021-62865537　门市(邮购)电话 021-62869887
地　　址　上海市中山北路 3663 号华东师范大学校内先锋路口
网　　店　http://hdsdcbs.tmall.com

印 刷 者　上海昌鑫龙印务有限公司
开　　本　787 毫米×1092 毫米　1/16
印　　张　34.5
字　　数　558 千字
版　　次　2022 年 1 月第 1 版
印　　次　2022 年 1 月第 1 次
书　　号　ISBN 978-7-5760-3070-9
定　　价　88.00 元

出 版 人　王　焰

华东师范大学中国现代思想文化研究所　主办

目录

沃格林与中国思想

[美]沃格林：理性：古典经验 / 3

[美]沃格林：历史中经验和符号化的等价 / 28

[荷]亨利·法兰克福、亨丽埃特·格伦莱韦根·法兰克福：神话与实在 / 44

叶　颖：反启蒙者沃格林 / 66

朱成明：沃格林意识理论与东西知识传统的深度对话 / 92

张　缨：试从《天下时代》看沃格林对哲学的理解 / 116

陈勃杭：埃里克·沃格林对意向性和启明性的区分 / 142

严博瀚：化俗为圣：从伊利亚德看沃格林论灵性神显 / 173

段重阳：宋明理学中的宇宙论与形而上学
——从沃格林和牟宗三的差异谈起 / 191

蒋　鑫：儒耶异同与道一教殊：从"天下时代"解读《天主实义》 / 211

政治哲学

东方朔："人民为政治之主体"？
——荀子"立君为民"说解义 / 243

伍　龙：由"自然"概念看老子的"公正观" / 257

伦理学研究

伍晓明：孟子之后，舜当如何？
——读《孟子》"尽心上"篇"窃负而逃"章 / 277

宋　健：自由与责任的因果变奏
——兼论孔子与康德的道义分野 / 295

耿芳朝：开显理智德性：由孟子"心之官则思"论起 / 309

卢　山：孟子"不动心"的概念 / 321

中西思想

叶　隽：资本语境的德国变型与知识人的观念之惑
——以二元关系和 1914 年理念为中心 / 337
张　涅：《史记》"黄老"的概指及老子思想的展开 / 354
罗　峰：试析古希腊诗教传统与公民启蒙 / 367
高语含：布尔特曼的"解神话化"与成玄英的"寄言诠理"：释经技艺之比较 / 383
李智福：经学·大同·诸天游：康有为庄学思想论要 / 400

易学研究

陈　岘：论《周易》图像演变背后的概念、文本、思想交互 / 425

宋明理学研究

苏晓冰：自得之学的澄明
——对王阳明龙场悟道的核心问题之探讨 / 441
刘　龙：论刘蕺山对王阳明良知说的批判与融摄 / 456
徐福来、张新国：朱子"玉山讲义"的哲学建构 / 473

《道》年度最佳论文

李树山：皇帝究竟怎么说？儒家政治义务论的公开剧本 / 489

青年哲学论坛

何祺韡：演真与诉真：福柯对真之展现的解读 / 519

哲人之忆

杨国荣：世间已无李泽厚
——怀念李泽厚先生 / 533

Contents

Eric Voegelin, Reason: The Classic Experience / 26

Eric Voegelin, Equivalence of Experience and Symbolization in History / 43

H. ***and*** **H. A. Frankfort**, Myth and Reality / 65

Ye Ying, Eric Voegelin: A Counter-Enlightener / 91

Zhu Chengming, Voegelin's Philosophy of Consciousness and the Possibility of Relevant Intellectual Dialogue Between East and West / 115

Zhang Ying, A Preliminary Study of Voegelin's Understanding of Philosophy in *The Ecumenic Age* / 141

Chen Bohang, Eric Voegelin's intentionality-luminosity distinction / 171

Yan Bohan, From the Profane to the Sacred: on Voegelin's Analysis of Pneumatic Theophany through an Eliade's Perspective / 190

Duan Chongyang, Cosmology and Metaphysics in Neo-Confucianism / 210

Jiang Xin, The Dissimilarities between Confucianism and Christianity and " One-Dao-Diverse-Civilizations ": An Interpretation of the Ture Meaning of God according to "the Ecumenic Age" / 239

Dongfang Shuo, The interpretation of Xunzi's proposal of "establishing the Monarch for the people" / 256

Wu Long, Though the "Nature" to study "Justice" of Lao Zi / 274

Wu Xiaoming, What Would Shun Have to Do *after* Mencius? — Reading the Chapter on "Shun stealthily carried his Father on the Back to Run Away" / 294

Song Jian, Variations of Freedom and Responsibility— Discussion on the distinction of morality between Confucius and Kant / 308

Geng Fangchao, Exploring Intellectual Virtues: A Discussion from Mencius' "The Faculty of the Mind Is to Si" / 320

Lu Shan, The Concept of Mencius'"No-Moving-the-Mind" / 332

Ye Jun, The German Variation in Capital Context and the Intellectuals' Doubts on Conceptions: Centering on the Binary Relationship and Ideas of 1914 / 352

Zhang Nie, On the Quasiconception of "Huang-Lao" in *The Historical Records* and Unfolding of Laozi Thought / 366

Luo Feng, On the Tradition of Poetic Education in Ancient Greece and Civic Enlightenment / 382

Gao Yuhan, Bultmann's "Demythologizing" and Cheng Xuanying's "Interpreting Li through Speech": a Comparison of the Techniques of Interpreting the Classics / 399

Li Zhifu, In Confucian classics · In axiom of Great harmony · In idea of Traveling to heaven: On Kang Youwei's interpretation of Chuang Tzu / 421

Chen Xian, The Gradually Change of Concepts, Texts, and Thoughts: Taking the Images of *Zhouyi* as an Example / 438

Su Xiaobing, The Elucidation of Self-cultivated Learning: The Core Issue of Wang Yangming's *Longchang Enlightment* / 455

Liu Long, Liu Zongzhou's criticism and assimilation on the theory of conscience initiated by Wang Yangming / 472

Xu Fulai Zhang Xinguo, Philosophy Construction of ZhuXi in *YuShan han lecture* / 485

Lee Shushan, "What Did the Emperor Ever Say?" — The Public Transcript of Confucian Political Obligation / 515

He Qiwei, Exomologesis and Exagoreusis: The Foucaldian Interpretation of the Manifestation of the Truth / 529

沃格林与中国思想

理性：古典经验*

[美]沃格林 撰　叶　颖 译**

[摘　要]　为了诊断现代社会之失序，我们可从理性在现代社会遭遇的畸变入手，而这就需要首先还原古典哲人对理性的经验。以柏拉图、亚里士多德为代表的古典哲人发现，人并非自我创造的存在者，其生存的本原与意义均不在于自身。对此的无知带来了不安，又引发了追问与探求，正是这种追问与探求构成了人性，塑造了心灵的秩序与生存的秩序。古典哲人将这种塑造秩序的力量、它的运动和由此形成的结构用"*nous*"(理智、理性)这个符号来加以表达。这种探求是对神圣、不朽事物的思考。通过这种方式，人在其本性对不朽所能参与到的范围之内，亦即在作为人的有序生存之特征的

* 本译文系北京市社会科学基金项目"当代西方古典主义政治哲学研究"(17ZXB005)的阶段性成果。

译者按：译文所据原文为 Eric Voegelin, "Reason: The Classic Experience", in *The Collected Works of Eric Voegelin*, *Vol*. 12, *Published Essays*, *1966 - 1985*, Ellis Sandoz (ed.), Baton Rouge and London: Louisiana State University Press, 1990, pp. 265 - 291. 摘要与关键词系译者所撰，非沃格林原文。

** 沃格林(Eric Voegelin, 1901—1985)，美籍德裔学者，20世纪西方著名政治哲学家，代表作有《新政治科学》、《秩序与历史》五卷本、《记忆》等。

叶颖(1977—　)，男，福建福州人，法学博士，北京师范大学哲学学院暨价值与文化研究中心副教授，主要研究方向为西方古典主义政治哲学。

居间(*metaxy*, in-between)状态下,变得不朽。然而,有一些"被认为是当代人中有智慧的"思想者倾向于在利比多(libido)式欲望的驱使下,追求对终极本原的认知性掌控,放任那种居间实在远离他们。理性会被以诡辩的方式与任何一种世界内容融合,从而发生畸变。此后,来自无定深处(apeirontic depth)的死亡压力便会愈加凸显。因此,在关于生存的所谓现代解读中,我们注意到重心的转移,从在18世纪盛行的以理性之名兴高采烈地拒斥理性,到当代在深处、死亡和焦虑的名义下纠结于生存。

[关键词] 理性;探求;本原;居间;畸变

虽然理性在所有时代都是人性的组成成分,但通过语言符号对其加以分化(differentiation)和阐释则是历史性事件。古希腊哲人天才地发现,理性是存于人心之中的秩序来源。本文将讨论的是柏拉图—亚里士多德式理智(*nous*)意义上的理性,及其分化(这是在生存秩序的历史中发生的事件)所处的情境和引起的后果。

我将不会探讨理性的"观念"或是对其给出唯名论式的"定义",而将探讨在实在(reality)中进行的一个过程。在此过程中,一些具体的人,即"爱智慧者"——这是哲人对自身的称谓,从事着抵抗其所处时代的个人无序与社会无序的行为。从这一行为中诞生了理智,它是照亮认知的力量,激励哲人去进行抵抗,同时也使他们有能力借助经理智塑造秩序的人性的光辉而认识无序现象。因此,理智意义上的理性被发现既是塑造秩序的力量,又是评价秩序的标准。

而且,与理性兴起以阐释自我意识相伴随的是,哲人意识到这是一个划时代的事件,它为历史注入意义。一旦人的人性认知自身的秩序,人就无法由这种有意义的、在洞见上取得进步的状态返回到分化程度较低的经验与符号化模式。对理性的发现将历史划分为"之前"和"之后"。这种时代意识表现在对那些意在描述历史领域新结构的符号的创造之中。居于核心的符号是"哲人",正是在哲人的心灵(psyche)中,人得以认知其理智秩序;与此并行的符号是柏拉图的"精灵般的人"(*daimonios aner*)和亚里士多德的"成熟之人"(*spoudaios*)。羁留在分化程度较低的意识状态中的人始终是荷马所说"可朽的人";愚钝地抵抗洞见进展的人变成了“不智的人”或“愚蠢的人”(*amathes*)。在亚里士多德的《形而上学》中,“神话”与“哲学”指的是两种符号化表达(symbolism),紧凑的宇宙论意识与经过分化的理智性意识在历史上先后借助它们表达了各自关于实在的经验。柏拉图在《法》中提出一套历史三分法符号化表达,用以描述同一项划时代的进步。根据该符号化表达,继克罗诺斯(Kronos)时代和宙斯时代而来的是第三位神——理智——的时代。

不过,这些古典哲人划时代的意识并没有蜕变成对某个未来终末王国的启示录式(apocalyptic)期盼。柏拉图和亚里士多德均保持了意识的均衡。他们认识到,理智的突进(outburst)已在历史中不可逆转地发生了,但他们也知道,在哲人对心灵的结构加以分化之前,理性即已是人性的组成成分,而理性在人的本性中的存在并未阻止社会秩序陷入他们所抵抗的无序状况之中。假如有人认为对理性的分化将会令社会的兴衰停止,那是荒谬的;柏拉图并不期盼希腊发展成为他欲实现的由众模范城邦构成的联合体。相反,城邦之衰落与让位于新型的帝国——普世社会,这一点业已为柏拉图在相当大程度上所预见,并为亚里士多德所目睹。因此,在古典哲人心目中,历史领域在未来可能经历无法预测的社会进程,也可能发生进一步的意识分化。尤其是柏拉图,他强烈意识到,人与其生存的本原(ground)处在张力之中,可能越出已将自身揭示为理智的那个维度,进入由神性实在构成的深处;作为哲人,他为意识在未来经历神的显现(theophany)、犹太教—基督教类型的灵性启示(pneumatic revelation)[①]、由神秘主义在后世进行的各种分化,以及在教义问题上的宽容态度留下了空间。

应当在理智意义上加以理解的理性,既不会在当下,也不会在进步论意义上的未来,为历史带来一种启示录式终结。相反,它使它所建构的历史沐浴在由生存秩序(existential order)带来的崭新光辉中,抵抗破坏秩序的激情。它的运作方式(*modus operandi*)不是革命、暴力行动或强制,而是说服(*peitho*),这对柏拉图作为一位哲人的生存而言是至关重要的。它并不消灭各种激情,而是使理性进行阐释,从而使理智性意识通过它播撒在个人与社会的无序现象上的鲜明光辉变成塑造秩序的说服性力量。将生存之中的秩序与无序间的张力置

① “pneumatic”来源于古希腊语“*pneuma*”,原意为“空气、呼吸”,后引申为神学意义上的“圣灵”。在沃格林的著作中,他常将“nous、noetic”与“pneuma、pneumatic”并举,分别指称古希腊哲学所理解的精神力量与犹太教—基督教所理解的精神力量。——译者注

于理智对话与言谈的光辉之下,这是古典哲人取得的划时代功绩。这个时代将理性生活植入西方文化并绵延至今;它并不属于过往,而是我们仍然生活于其中的时代。

理性地发现,作为在关于生存秩序的历史中发生的划时代事件,这是难以由一篇论文全面论述的。我必须有所选择。身为 20 世纪的哲人,我们自己所处的状况与柏拉图、亚里士多德在公元前四世纪面临的状况非常相似,而且,我们如今正致力于对时代的无序给予同样的抵抗,因此,我们不妨集中探讨理性之被发现为在生存中塑造秩序的力量。

一、生存的张力

在苏格拉底、柏拉图和亚里士多德抵抗时代无序的行动中,他们体验到一股力量的运动并对其进行探究,该力量形成人的心灵并使之有能力抵抗无序。他们将这股力量、它的运动和由此形成的结构称为理智。就人性之中塑造秩序的结构而言,亚里士多德将人描述为 *zoon noun echon*,即拥有理性的有生命存在者。这种说法日渐流行。拉丁文将 *zoon noetikon* 译为 *animal rationale*,人由此变成理性动物,理性成为人的本性。在言谈的话题层面上,该描述发展成为某种类似词汇定义的东西。

然而,哲人感兴趣的并不是词汇定义,而是对实在的分析。将人描述为 *zoon noun echon* 或 *zoon noetikon*(理性动物),这只不过是简要概括了一项对人的心灵秩序之实在所进行的分析。如果这项分析关注的不是人的个人秩序,而是他在社会中的生存秩序,那么,它就会将人简要地描述为 *zoon politikon*(政治动物)。假如古典哲人将关于人在历史实在中的生存的分析、关于现代人所说的人之"历史性"的分析进一步推向深入,他们可能就会将人概括性地描述为 *zoon historikon*(历史动物)。这三种描述概括了对人们所体验到的实在的有效分析。就此而言,它们都可以说是真实的,但如果其中任何一种描述将其余二者排除在外,并宣称自身是对人的本性唯一有效定义的话,那它就会变成虚假的。而且,人并非无形体的、由理性塑造其秩序的心灵。他通过其身体参与有机的、动植物的实在,也参与到物质领域之中;在其心灵中,他不仅体验到朝向秩序的理智运动,而且体验到来自各种激情的牵引。除了在个人的、社会的和历史的生存维度上具有理性这一专有本性之外，人还具有亚里士多德所说的“人为”(synthetic)本性。我们可以将人的专有本性和人为本性合起来称为人的“整体”本性。该整体本性一方面指的是带有三重秩序维度的理智意义上的心灵，另一方面指的是人参与到从理智到物质的存在等级之中。亚里士多德认为，当哲人就与人之人性相关的事物(*peri ta anthropina*)展开探究时，其主题正是这一整体本性。

眼下，我们只需意识到，在人的实在这一整全领域中，理性有其地位，并作为生存秩序的核心，照亮认知。下面我将讨论对人的心灵之中这股塑造秩序的力量的古典经验及其符号化。

那些哲人所体验到的为人类所专有的实在，是人在不安状态下的生存。人并非自我创造的、自足的存在者，其生存的起源与意义均不在于自身。他并非神圣的自我原因(*causa sui*)；在由出生与死亡构成的限制中，他生活在自身无法掌控的生存中，而从对这种生活的经验中涌现出令人好奇的问题：所有的实在、尤其是他自身的实在的终极本原(即 *aitia* 或 *prote*)是什么？该问题内在于它所源出的那种经验；体验到自身是一个鲜活存在者的有理智动物同时也意识到这种状态所具有的可疑特性。当人体验到自身的生存时，他发现，他的具体人性是作为发问者，追问从哪来、到哪去之类的问题，追问他的生存的本原与意义。

尽管这种追问内在于所有时代的人们关于其自身的经验，但正如我前面所说，将这种进行追问的意识加以充分阐释与符号化，视其为人性的组成成分，这是哲人取得的划时代成就。实际上，在柏拉图—亚里士多德的表述中，人们依然能看到由意识的紧凑模式向分化模式的转变所引起的震撼。通过柏拉图，我们更接近于这一发现。《泰阿泰德》(*Theaetetus*)中的苏格拉底从关于好奇(*thaumazein*)的经验(*pathos*)中看到了哲人的标志。“哲学确实别无其他起源”(155d)。一代人之后，最初的冲击已经减弱，亚里士多德便能以这种程式化的语言作为其《形而上学》的开篇：“所有人在本性上欲求(*oregontai*)知道(*eidenai*)。”[①]所有人，而不单单是哲人；哲人的事业成为人性的代表。每个人的生存都潜在地受到好奇心的搅扰，但一些人以较为紧凑的神话形式来表达其

---

① 中译《亚里士多德全集》将此句译作“求知是所有人的本性”[见苗力田主编：《亚里士多德全集》第七卷(《形而上学》)，北京：中国人民大学出版社，1993 年，第 27 页]。此处为求与沃格林论述用词一致，故改作此译。——译者注

好奇心,另一些人则通过哲学来表达。因此,与爱智者(*philosophos*,哲人)同时存在的是爱神话者(*philomythos*),而"爱神话者在某种意义上是爱智者"(《形而上学》982b18以下)。[①] 当荷马和赫西奥德(Hesiod)将诸神与万物的起源追溯至乌拉诺斯(Ouranos)、该亚(Gaia)和欧凯阿诺斯(Okeanos)时,他们是在以神谱思辨(theogony)的形式进行自我表达,但他们也和亚里士多德一样在探索本原(《形而上学》983b28以下)。在从紧凑到分化这条序列上所处的位置不同,并不影响人之人性的结构具有根本上的一致性。

然而,划时代的分化事件发生了,哲人创造出由语言符号构成的连贯整体,以此表明他们的分析所达到的阶段。首先是一组用于表达"搅扰人心的好奇"这种经验的符号:*thaumazein*(好奇),*zetein*(寻觅、探索),*zetesis*(探索),*aporein*、*diaporein*(追问)。其次,对追问的体验带有一种紧迫性。它并非一场可玩可不玩的游戏。哲人感到有某种未知的力量推动(*kinein*)他追问那些问题,他感到自己被牵引着(*helkein*)进入这场探索。有时,哲人用到的措辞表明这种追问背后的迫切欲望,例如亚里士多德所说的 *tou eidenai oregontai*(求知的欲望);有时,对源自经验的问题进行追问的冲动得到了气势恢弘的阐述,例如,根据柏拉图的洞穴比喻,囚犯在未知力量的推动下转向(*periagoge*),开始他朝向光明的上升之旅。但是,这种未知力量并不总是会打破因冷漠而形成的镣铐。人的心灵中的不安可能会是足够明亮的,足以理解到自身是由对生存的本原与意义的无知所引起,从而使人感受到一股摆脱这种无知状态(*pheugein ten agnoian*,《形而上学》982b21)、获得知识的积极欲望。亚里士多德简洁地说:"一个感到疑难(*aporon*)和好奇(*thaumazon*)的人,便觉得(*cietai*)自己无知(*agnoein*)。"(《形而上学》982b18)[②]因此,需要采用更进一步的语言符号来进行分析:*agnoia*、*agnoein*、*amathis*(无知),*pheugein ten agnoian*(摆脱无知),*periagoge*(转向),*episteme*、*eidenai*(知识、知道)。

至此已阐释的这部分经验为形成理智性洞见本身提供了基础。我在呈现这部分经验时不无忧虑,因为它并未受到应有的重视。柏拉图和亚里士多德非常成功地细致阐释了他们的经验,以至于后古典时代的哲学能将其自身附着于

① 苗译将此句译作"在某种意义上,一个爱智慧的人也就是爱奥秘的人"(苗力田译:《形而上学》,第31页)。——译者注

② 此句采用前引苗译《形而上学》的译文,见苗力田译:《形而上学》,第31页。——译者注

由理智性"结论"所构成的上层，而经过分化的关于生存的经验（正是该经验产生了"哲学"这一符号化表达）则被弃置于半遗忘状态。针对这种忽视，我必须强调，该基础是催化剂，它使前苏格拉底时代对各种理智问题的专注探讨成为焦点问题。该探讨关注的是，如何通过心灵与所有实在的神性本原（*aition*）之间的张力，来塑造心灵的秩序。由于其催化作用，该基础是理解古典意义上的理智的关键所在。

理智吸引了前苏格拉底思想家们，尤其是巴门尼德和阿那克萨哥拉（Anaxagoras）的注意，它与他们关于实在之可理解结构的经验相关联。巴门尼德用 *nous*（理智）来称呼人通过上升而洞见存在的能力，用 *logos*（逻各斯）来称呼对这种洞见的内容进行分析的能力。他将其洞见之中先于分析的内容凝结在那句并非命题的惊呼中——"它在（*Is*）！"该经验非常强烈，以至倾向于将理智等同于存在，将 *noein*（理智）等同于 *einai*（存在）（B 3）；在由获得洞见所带来的欢喜中，知者与被知者融为唯一的真实实在（*aletheia*），而只有当逻各斯开始对该经验进行探讨，发现适合用以表达该经验的语言符号时，二者才又被分开。古典经验不仅从巴门尼德带来的这场突进中承袭了人（作为亚里士多德所说拥有理性的有生命存在者）的理智性才能——该才能使人的心灵成为神性本原的感受器，同时也承袭了对人的理智与它所知觉（apperceive）的本原之间同质性的敏锐意识。巴门尼德对理智的能力加以分化，使之知觉生存的本原，而阿那克萨哥拉关注的则是关于实在的某种可理解结构的经验。神性本原是否如那些与神话中的诸神更为接近的早期思想家所认为的那样，是元素之一，还是说，它并非一项因素，而只能是一种形塑力量，能将结构施加于物质之上？阿那克萨哥拉决定将理智视为宇宙中的可理解秩序的源泉，该洞见得到亚里士多德的高度评价。因此，从知者与被知者这两个角度来看，对智识知觉的经验与对某种被知觉的可理解结构的经验尽管是沿着不同路径生成的，但此时却要融合在对人类心灵的发现之中，发现它既是神性本原的感受器，同时又是该本原展现其形塑力量的处所。

对心灵的分化借助批判性的意识这一维度而扩展了对本原的探寻。一旦人们认识到，那些更为紧凑的符号，例如神话符号或前苏格拉底思想家所使用的符号，所借以获取其有效性的经验源泉是心灵的各种经验过程，它们便无法再高枕无忧。追问问题的人，以及这些问题所追问的神性本原，将融合在关于追问（作为一种神—人交会）的经验中，并作为这场交会——它为意识带来明晰性并塑造其结构[1]——的参与者而重现。在柏拉图—亚里士多德的经验中，如果考虑到，人被他所探求的神性本原推动着从事对本原的探求，那么，不断追问的不安本身即带有可起到舒缓效果的回答。本原并非一个在空间上相距遥远的东西，而是神的在场(presence)，这种在场表现在不安体验与求知欲中。好奇与追问被感受为某个神显事件的开端。如果该事件在具体的人的心灵中得到适当的回应，就像在古典哲人身上发生的那样，那么，它就能得到充分明晰的理解。因此，古典意义上的哲学不是一堆由某个自称为"哲人"的人所散播的关于神性本原的"观念"或"意见"，而是一个人针对他进行着追问的不安所作出的回应性追求，旨在回应那激起这种不安的神性源头。然而，如果这种追求要想真正成为对那个神性推动者的回应，那它就要求通过适当的语言符号来阐释该经验；而这种阐释经验的努力就会带来关于心灵的理智性结构的各种洞见。

对在无知中进行追问的不安的意识，作为心灵朝向本原(它作为心灵的推动者出现在心灵之中)的一种运动，变得明晰可解。前认知性的不安变成认知性的意识，变成理智(*noesis*)，意欲着(intend)作为其意向对象(*noema* 或 *noeton*)的本原；同时，求知的欲望(*oregesthai*)变成对作为欲望对象(*orekton*)的本原的意识(《形而上学》1072a26 以下)。本原会在这个思想过程中被触及，并被认识为由通过否定神学(*via negativa*)的方式而实现的沉思性上升所欲求的对象：本原既不会在外在世界的各种事物中被发现，也不会在享乐主义行动与政治行动的各种目的中被发现，而是超越于此世之上。柏拉图将"超越"(*epekeina*)这个符号引入了哲学语言，作为创造性的神性本原的标志(《理想国》508—9)；亚里士多德认为本原是"永恒而不运动的实体，独立于可感事物而存在"(《形而上学》1073a3—5)。[2] 柏拉图从肯定性陈述的角度将"一"(*to hen*)——它作为本原出现于所有事物之中——等同于智慧与理智(*sophia kai nous*，《斐利布斯》30c—e)；亚里士多德将思想的现实性(*nou energeia*)等同于神的永恒生活，"因为那是神之所是"(《形而上学》1072b27—31)。于是，这一套有关理智的符号便涵盖了哲人对人与其生存的本原之间张力所作阐释的所有步骤。其中，有人的理智和神的理智，分别指代该张力的属人与属神两端；有

---

① 破折号之间的分句直译为"它具有意识的明晰性与结构"。——译者注

② 此处采用前引苗译《形而上学》的译文，见苗力田译：《形而上学》，第 27 页。——译者注

noesis(理智)和 *noeton*(理智的对象),分别指代意欲把握本原的那种认知行为的两端;还有通用的动词 *noein*,指代一种运动的各阶段,该运动从进行追问的不安开始,到知道本原是理智为止。尽管这种用法存在某些缺点,但它有力地表达了哲人对在理智中所进行过程的理解。理智是实在的一个特定区域,并具有自身的结构。对这个结构的揭示,或是通过从位于洞穴底部、在生存中感受到的不安上升,见到位于顶部的光明,或是通过从已向下照亮的意识下降:倘若没有因受到来自上方的吸引而开始的运动(*kinesis*),就不会有探索本原的求知欲;倘若没有这种欲望,就不会有身处疑难中的追问;倘若没有身处疑难中的追问,就不会有关于无知的意识。除非人在生存中感到的不安已经成为人的知识,成为人关于其来自某个本原的生存的知识——他不是他自身,否则就不会有向着追寻本原而运动的这种不安。由这种神—人交会引起的这些运动被理解为形成了一个可理解的意义单元,它在实质与结构上都是理智的。

这就是我曾简单提及的意义单元,即人与生存的神性本原之间的张力。但是,抽象的"张力"一词(这里本应当用希腊语 *tasis*)却并非古典词汇;当柏拉图和亚里士多德谈到这种神—人运动时,他们更愿意使用继承自那些探索心灵的前人的符号,用以指代该张力的各种具体模式,例如 *philia*(爱)、*eros*(爱欲)、*pistis*(信仰)和 *elpis*(希望)。现在,我必须探讨人(作为拥有理性的有生命存在者)在生存中遇到的问题,这些问题有必要在多个抽象程度不同的层次上进行分析。

二、心灵病理学

就理解"理智"这个符号而言,柏拉图和亚里士多德对这种张力的各个具体模式的集中探讨具有决定性的意义,因为它将对理性的分化得以发生于其中的经验语境明确地确定下来:理性被分化自关于信仰与信任(*pistis*)——对由神塑造其秩序的宇宙的信仰与信任——的经验,以及关于爱(*philia*、*eros*)——对秩序的神性来源的爱——的经验,被分化为实在的一种结构;它被分化自奥古斯丁意义上的对神的爱(*amor Dei*),而非对自我的爱(*amor sui*)。因此,由各种有关理智的符号所表达的实在,是位于人的心灵中的结构,但只位于与宇宙的神性秩序保持一致的人的心灵中,而不是生存在与该秩序逆反状态中的人的心灵中;理性具有明确的生存内容,即对实在的开放性,这里的"开放"是柏格森(Bergson)所说"开放的理智"(*l'âme ouverte*)意义上的开放。如果忽略了古典分析的这一内容,将理智或理性等符号视为指代人的某种与朝向本原的张力无关的能力,那么,这些符号就失去了借以获得其有效性的经验基础;它们就变成来自虚无的抽象,而由这些伪抽象(pseudo-abstracts)留下的空间很容易被各种非理性内容所填充。"朝向本原的张力"这一概念既指该张力的前分析模式,也指它的理智模式,其本意在于明确强调生存意义上的爱(*philia*)是实体,它在古典哲人的对智慧之爱(*philosophia*)和理论生活(*bios theoretikos*)中以理智的方式带来光亮(noetically luminous),从而避免对理性的某些误解。面对哲学在现代西方社会的瓦解,理性与生存意义上的爱之间的联系、理性与朝向本原的开放性之间的联系,都必须成为鲜明的主题。

这个张力概念明确表明了理性与向本原开放的生存之间的联系,因而它对理解心灵病理学(psychopathology)的基本问题十分重要:如果理性是生存意义上的爱,如果它是为生存所具有、并提升到意识层次的开放性,那么,对生存封闭或者对开放性的任何阻碍,都将对心灵的理性结构造成不利影响。

至少在古典哲人之前一个世纪,由于对实在的本原封闭而造成的生存无序现象即已被观察到和阐释过。赫拉克利特(Heraclitus)曾经对生活在唯一共同的世界(*koinos kosmos*),即作为人性共同纽带(*homologia*)的逻各斯的世界中的人们,与生活在若干个别世界(*idios kosmos*),即激情和幻想的世界中的人们进行过区分,对过着清醒生活的人们与将梦境当作实在的梦游者进行过区分(B 89);埃斯库罗斯(Aeschylus)曾经将对神性本原的普罗米修斯式(Promethean)反叛诊断为一种疾病或疯癫(*nosos*、*nosema*)。接下来,在《理想国》中,柏拉图采用赫拉克利特和埃斯库罗斯的符号,将与本原保持一致和对其封闭的状态分别描述为有生存秩序与生存无序的状态。当然,只有在经历了普世性(ecumenic)帝国主义所带来令人震惊的各种经验,以及随之而来的生存迷茫这种大规模现象之后,理性与生存秩序之间的联系才能在概念上最终固定下来。只有廊下派(the Stoics)创造了 *oikeiosis* 和 *allotriosis* 这两个术语——拉丁人翻译作"和谐"和"疏离"(alienation)[1],用以区分两种生存状态,一种使理

① "alienation"或译为"异化"。——译者注

性生活成为可能,另一种则带来心灵无序。

在《图斯库兰辩论集》(*Tusculan Disputations*)中,西塞罗谈到了廊下派的主要观点:

> 正如会有身体的疾病一样,也会有心灵的疾病(*morbi animorum*);这些疾病通常都是因各种错误意见(*pravarum opinionum conturbatio*)引起心智混乱所致,并使人陷于堕落状态(*corruptio opinionum*);这种类型的疾病只会因拒斥理性而起(*ex aspernatione rationis*);因此,与身体疾病不同,各种精神疾病总是与罪恶相伴(*sine culpa*);而且,由于这种罪恶只可能出现在拥有理性的人身上,因而动物是不会得这些病的。①

从克里西普斯(Chrysippus)的一段话中可以整理出这种表述背后所蕴涵的分析:"(心灵的)这种变化和对自我的远离只会因有意背离(*apostrophe*)逻各斯而发生。"②这种背离是与柏拉图所说的转向(*periagoge* 或 *epistrophe*)背道而驰的运动。人在背离本原时也背离了他的自我;因此,疏离就意味着远离由朝向本原的张力所构成的人性。

而且,在这一语境中,出现了旨在表达"焦虑"(anxiety)经验的首批尝试。西塞罗在《图斯库兰辩论集》中所说的 *anxietas*,其含义十分不确定,以至于无法完全等同于现代意义上的"焦虑";它所指的可能仅仅是一种陷于莫名恐惧的心灵状态。③ 但是,一些被归于克里西普斯名下的言论则清晰表明,焦虑被理解为各种各样的无知(*agnoia*)。上述那段话中说道,当一个人对他的自我和该自我所关心之事一无所知(*agnoian echon*)时,他便完全是在胡言乱语;这种无知是与拥有真实洞见(*phronesis*)这种美德截然相反的罪恶;它被描述为一种各项欲望在其中变得不受控制、不受引导的生存状态,一种充满了搅扰人心的不确定性和由各种激情引起的过度兴奋的状态,一种由于生存失去了方向而受惊吓、受恐吓的状态。这种描述被归结成一个术语——令人恐惧的无知(*agnoia*

---

① *Tusculan Disputations* IV, 2332. Arnim, Stoicorum Veterum Fragmenta III, pp. 103 - 105.

② *SVF* III, p. 125,2021.

③ *Tusculan Disputations* IV, 27. SVF III, p. 103,1017.

ptoiodes)，以此作为廊下派对疯癫(*mania*)的“定义”。[1] 与有理智的人相对应的是作为其病态对立面的无知之人(*zoon agnoian echon*)。

廊下派对这种病态对应物的探究更加准确地说明了理智性生存的含义。需要注意的关键点是，无知的出现既是健康(*sanitas*)状态的特征，也是不健康(*insania*)状态的特征。进行追问的不安，我曾不带感情色彩地将其称为最初阶段的关于理智的经验，可能会被本原吸引并发展为理智性意识，也可能被其他事物吸引，偏离对本原的追求。因此，这种病态的偏离发生在进行追问的不安这个阶段，发生在人对其生存的张力结构所持的态度中，而非发生在较高层次上。在这些层次上，这种偏离表现在有序生活与迷茫生存的差异中，或者表现在对实在的理性阐释与同样得到细致阐释的“各种错误意见”(*pravae opiniones*)之间的差异中。当然，首先得到关注的是这种迷茫所表现出的各种明显症状。我们可以从《图斯库兰辩论集》中看到一系列听起来相当现代的症状：无休止地敛财、争位、滥情、暴食、贪嘴、酗酒、易怒、焦虑、逐名、固执、顽固不化，以及对与他人交往感到恐惧，例如厌恶女性和厌恶人类。不过，尽管这种症状学作为一种常识层次的方法具有一定价值，但就分析而言，仍不够精确。因为这些激情本身并没有错，享受各种身外之物和身体之乐也没有错，偶尔的放纵或过度也没有错。除非更加清晰地划定界限，否则就会导致贺拉斯(Horace)在《讽刺诗集》第二卷第三篇(*Satirae* II, 3)中所嘲弄的那种景象。因此，西塞罗仔细地区分了激情的突然发作与已经惯常的各种习性，例如 *angor* 与 *anxietas*、*ira* 与 *iracundia*；而且形成习性的这一过程必须足够有力，以至于能压倒生存的理性秩序，它必须等同于对理性的拒斥(*aspernatio rationis*)。最后这条标准与此前提到的克里西普斯对不接受论证之人的关注相关，因为这种人认为他的放纵是合乎理性之事。以理性论证的方式来为逃避经理智塑造其秩序的生存辩护，克里西普斯对这种现象印象深刻，因而认定逻各斯本身也是会衰朽堕落的；波塞多尼奥斯(Poseidonius)必须拒绝这一谬误，回归人的生存中的一股力量，它既能将各种激情作为逃避理智性张力的手段，同时也能将理性作为为逃避理性辩护的手段。[2]

---

① *SVF* III, no. 663.

② 关于这项在技术上十分复杂的争论，试比较 Max Pohlenz, *Die Stoa* (1947), I, pp. 141 - 147。

廊下派由此将精神疾病视为对经由理智塑造其秩序的生存的一种搅扰。这种疾病对激情和理性都产生影响，但它却并非由二者之中任何一方所导致；它起源于进行追问的不安，即无知，以及人将潜在地包含在这种不安之中的人性意义加以实现的自由，或者说人艰难地寻觅(botch)意义的自由。

生存的健康或病态正是通过这种不安所具备的基调而得以体现。古典的，尤其是亚里士多德所说的不安具有显著的愉悦特性，因为他们的追问是有方向的；不安被体验为神显事件的开端，理智在这个事件中将自身揭示为存在于追问者的心灵中和整个宇宙中、塑造秩序的神性力量；这种不安邀请人们到理智性意识的现实化中去探寻它的意义。当时并没有表示"焦虑"的词；在古典经验中，作为其标志性特征，那种由找不到答案的疑问所带来的恐慌或惊骇基调是不存在的；直到廊下派才通过形容词*ptoiodes*(令人恐惧的)引入了这种被视为病态现象的"恐慌"。相反，在现代西方对不安的论述中，从霍布斯的"死亡恐惧"到海德格尔的畏(*Angst*)，其基调由愉悦地参与神的显现转变为令人恐惧的无知，转变为充满敌意的疏离，疏离于一种倾向隐藏而非显现自身的实在。有个名叫霍布斯的，他用至恶(*summum malum*)取代至善(*summum bonum*)，以之作为为人的生存塑造秩序的力量；有个名叫黑格尔的，他把他所处的疏离状态建构成一个体系，并邀请所有人成为黑格尔主义者；有个名叫马克思的，他断然拒绝对本原进行亚里士多德式探究，并邀请你作为一名"社会主义者"加入他的疏离状态；有个名叫弗洛伊德的，他将朝向本原的开放性诊断为"幻觉"、"神经质的残余"和"幼稚症"；有个名叫海德格尔的，他等待着不会到来的"存在的降临"(parousia of being)，令人想起萨缪尔·贝克特(Samuel Beckett)的《等待戈多》(*Waiting for Godot*)；有个名叫萨特的，他感到"命中注定要自由"，挖空心思地致力于为他已错过的意义创造替代性的意义；有个名叫列维·施特劳斯(Lévi-Strauss)的，他向你保证，除非你是一名无神论者，否则就不可能成为科学家；"结构主义"(structuralism)这个符号成为一场时髦运动的口号，该运动旨在逃离实在的理智结构；等等。[①]

不过，正如这份列表所示，问题还不只是在古典不安与现代不安的基调之

---

① 上述列举来自以下这些广为人知的来源：Hobbes，*Leviathan*；Hegel，*Phaenomenologie*；Marx，*Nationaloekonomie und Philosophie*（Paris MS 1844）；Freud，*Die Zukunft einer Illusion*；Heidegger，*Einfuehrung in die Metaphysik*；Sartre，*L'Etre et le Néant*；Lévi-Strauss，*La Pensée Sauvage*。

间存在某些差异，因为令人恐惧的无知在现代的代表者们还雄心勃勃地主张，他们的精神疾病实际上是精神健康。在现代意见的氛围中，无知之人取代了拥有理智的人。曾经令克里西普斯担忧过的现象，即理性因被精神病患占用而颠覆，在去教养化(deculturation)的现代，增强为我们时代的致命乱象。

当然，人不能只靠颠覆活着。这种乱象在……二战后……达到顶峰，与之相伴的是，对其病态特征的意识也在增强。的确，在19世纪，当谢林不得不应对当时的进步主义时，他就已经创造出"理智病理学"(pneumopathology)这个术语，但直到相当晚近之时，要想将主导着公共领域的各种"意见"视为心灵病态现象，依然很不现实。如今，"化约主义谬误"、对想象中的"第二实在"的创造，以及各种历史哲学所担负的创造"不朽"幻觉的功能，均已被广泛视为病态症状：例如，多德勒(Doderer)在他的《恶魔》(*Daemonen*)中即已将拒绝知觉(*apperzeptionsverweigerung*)视为无知之人的症状；在生存论心理学(existential psychology)中，例如在维克托·E. 弗兰克尔(Victor E. Frankl)的著作中，人的"精神维度"，以及通过"意义疗法"(logotherapy)对精神疾病的治疗被重新发现。并不令人感到意外的是，心理学家和社会科学家迟早会将对理智性生存的古典分析作为针对这个"时代"的心灵病理学的适当理论基础。

三、生与死

古典意义上的理性生活是在生与死的张力中生存。这个张力概念将会更加凸显对生存的这种"居间"(in-between)特征的意识。我用"居间"来翻译柏拉图在《会饮》(*Symposium*)和《斐利布斯》(*Philebus*)中提出的*metaxy*概念。

人体验到自身倾向于超越其作为人所具有的不完美，并向推动他的神性本原所具备的完美运动。当有灵性的人被推动着去探寻本原时，他处在知识与无知之间(*metaxy sophias kai amathias*)的某处。"整个精灵(*daimonion*)领域都位于神与人之间"(《会饮》202a)。因此，所谓居间，并不是位于那种张力的两端之间的空白空间，而是"精灵领域"；它是"人与众神的交流"这一实在(202—203)，是相互参与(*methexis*、*metalepsis*)——人参与神性实在，神参与人性实在。"居间"以符号的形式表达了对理智性探寻的经验，该探求是心灵从可朽到不朽的转变。用《斐多》(*Phaedo*)中的苏格拉底的语言来表述就是，正确的哲学化是对死亡的修习(*melete thanatou*),它将使心灵通过死亡达成其在真理(*alethos*, 81a)中的神圣、不朽和智慧的地位;用亚里士多德的语言来表述就是,理智性的哲学化是对不朽化(*athanatizein*,《尼各马可伦理学》1177b33)的修习。“然而,这种生活并非只是人性的;一个仅仅作为人的人无法过上这种生活,而只有通过在他之中的神(*theion*)才能过上这种生活……如果说理智相比于人是神性的,那么理智生活相比于人的生活来说就是神的生活”(《尼各马可伦理学》1177b27 以下)。由于这种神性的在场赋予那种不安以方向,因此理智性意识的展开就被体验为不朽化进程。随着古典哲人发现人是拥有理性的有生命存在者,他们同时也发现人不只是可朽者(*thnetos*):他是一种未完成的存在,从不完美(此生之死)向完美(死后之生)运动。

从历史上看,关于在理性意识的展开中进行的不朽化的经验曾经是、并且仍然是聚集了各种误解、谬误建构和激烈攻击的风暴中心。

如果人生存于居间,生存于“神与人之间”的张力中,那么,任何一种将人视为内在于世界的实体(world-immanent entity)的理论建构都将摧毁生存的意义,因为它剥夺了人所特有的人性。不可将该张力的两端实体化为独立于该张力的对象,这些对象正是在该张力中才被体验为它的两端。那些谬误建构可能会以基本逻辑错误的形式出现,例如之前已经批驳过的将“拥有理性的有生命存在者”这一概括性的符号转化为某种词语定义。或者,它们会采用更为精巧的形式,误将人的肉体生存用于达成对上述那种参与性(metaleptic)张力加以化约这一目的,亦即通过因果解释,将该张力化约为存在的有机层次与无机层次,而它正是建立在存在之中的。或者,由于理智的发现和对于居间的符号化已是人类历史的事实,它们会将由这一张力所产生的各种符号视为由某种内在于此世的心灵所产生的心理反映。而且,这些谬误建构的提出者们会对生存的理智结构进行某种形式的直接攻击,从而公开表明他们的目的。对这种攻击,我已给出有代表性的范例。无论对目的的阐释或意识达到了何种程度,只要将该张力中的属人一端畸变为某种内在于世界的实体,那就都是对理性生活的攻击,都是廊下派意义上的拒斥理性。它们是心灵病态现象。由于这一批更加粗鲁的、主导着现代的意识形态化过程的谬误建构如今已是臭名昭著,此处便无需多谈。

由于受到只关注理性与激情之间冲突这一限制,对生存的理智秩序所作的古典分析遭到更为微妙的歪曲。这种歪曲有着悠久的历史。即使是廊下派,当他们尝试进行心灵病理学的分析,发现并不能很好地用激情过度来解释精神疾病诸症状时,他们也感到迷惑不解。倘若喋喋不休地说各种激情是导致无序的唯一来源,那就会走向贺拉斯所嘲讽的那种荒谬僵局;而且,无法用沉溺于激情来解释曾经令克里西普斯感到担忧的以理性之名拒斥理性这种现象。在激情背后有一股神秘的力量在起作用,它会搅乱生存的理智秩序,并体现在令人恐惧的无知中。导致这股神秘力量出现的原因,曾经是、并且仍然是理性和激情均被隔绝于它们的语境之外,这是处于生死张力之中的语境。柏拉图在《法》中提出了关于木偶操控者的神话,该操控者用不同的金属线(代表理性的金线和代表各种激情的次等线)来牵动被作为木偶的人们。为了理解各种牵引力在人的生存中的相互作用,我们曾经可以、并且仍然可以参考这个神话,但不应忘记它所出现于其中的那出宇宙戏剧。理性的牵引(*helkein*)和各种激情的反拉(*anthelkein*)都是真实的,但它们是由被埋没在可朽的身体中的心灵所体验到的运动。人之所以要服从其中一种牵引而非另一种,其原因不在于木偶操控中的"心理动力",也不在于某些"道德"标准,而在于由神性显现于居间所提供的潜在的不朽。在关于理智性生存的古典经验中,人既可以自由地服从神性理智的牵引,从而投身于"不朽化"行动,也可以自由地服从各种激情的反拉,从而选择死亡。人的心灵是生与死这两股力量交战的战场。生不是给定的;《法》中的上帝只能通过启示其在场而提供生的机会;有待获得的生尚须人的合作。

在将生与死分化为理性与激情背后的推动力后,就需要进一步深化对居间的分析。柏拉图在《斐利布斯》中进行了这种深入分析,将"存在"这一奥秘以符号化的形式表达为在一(*hen*)与无定(*apeiron*)这两端之间的生存(16d—e)。"一"是作为构成性的力量出现于万物之中的神性本原(*aitia*),将会与智慧和心灵(*sophia kai nous*)同一(30b—c)。"无定"是阿那克西曼德(Anaximander)所说的*apeiron*,即宇宙本原(*arche*),各种东西由它起始进入存在(*genesis*),又消亡于它之中(*phthora*),"因为它们根据时间的法令而为其不义(*adikia*)付出代价"(B 1)。在各种激情背后起作用的是渴望获得远离深处的生存(这种渴望是不义,宇宙的法为它设置了在时间中的死作为惩罚)。在基督教心理学中,这种来自无定的对生存的渴望演变为"生之骄傲"(*superbia vitae*)或"权势欲"(*libido dominandi*),为神学家们提供了关于原罪的定义。因此,理性与激情之间的冲突通过心灵对居间的参与而获得其独有特征，居间的两端分别是无定与理智。在人的心灵中，这种在实在中的张力成为意识。就人的生存意义所具有的后果，柏拉图在《蒂迈欧》(*Timaeus*)中进行了阐释：

> 当一个人向其欲望(*epithymia*)和野心(*philonikia*)投降，不能自已地沉溺于其中时，他的所有想法(*dogmata*)必然都变成可朽的，于是他的每一部分必然都尽其所能地变得可朽，因为他已滋养了他的可朽部分。与此相反，当他坚定地培养对知识和真正智慧的爱时，当他首先将其能力运用于思考不朽、神圣的事物时，由于他通过这种方式触及了真理，因此，在人的本性对不朽所能参与到的范围之内，他必然将变得不朽。(90a—b)

然而，即使一个人"变得可朽"，他也还是无法回避他作为"拥有理性的有生命存在者"的生存；即使他拒斥理性，这种拒斥也必须采取理性的形式，否则他就会陷入沮丧、厌世(*taedium vitae*)、消沉(acedia)等情绪之中；他愈加激烈地放纵他导向死亡的主人欲望，死就更多地出现在生的幻影中。因此，激进的、充分自觉的对理性的拒斥，就像我们在现代的各种意识形态中看到的那样，要求进行同样激进的、作为一套理性体系的符号化表达，如有可能则应当成为黑格尔意义上的科学体系(*System der Wissenschaft*)。事实上，那些激进的现代体系，尤其是史学体系，在相当大程度上有助于澄清这个问题，因为早在18世纪，它们的目的就已得到明确陈述与批判。在席勒(Schiller)关于普遍历史的讲座(1789年)中，他宣称，进步主义历史哲学的目的是，通过对想象出来的历史意义的参与而实现想象中的不朽；向着理性王国前进的普遍历史的意义将取代生存的意义，后者已经随着对个人之不朽的信念丧失而丧失。而在此五年之前，康德已经看到，对历史意义的参与并不能取代个人生存的意义，因为它无法就一个人本身在时间中的死亡这一问题给出解答。[1] 如今，将近两百年过去了，康德的这一看法对东欧的马克思主义者来说已成为令人震惊的消息，他们已经

---

① Schiller, *Was heisst und zu welchem Ende studiert man Universalgeschichte* (1789)，最后一段。Kant, *Idee zu einer allgemeinen Geschichte in weltbuergerlicher Absicht* (1784)。

发现，在面对死亡时，对共产主义学说的信仰并不能提供多少安慰。

在刚刚引用过的《斐利布斯》的段落中，柏拉图创造出一些至今仍在使用，或者说被误用的分析概念，从而阐释了这个问题的理论意涵。人生存在于可朽与不朽、无定深处（apeirontic depth）与理智高处（noetic height）的张力之中。无定与理智进入他的心灵，他参与到它们之中，但他既不等同于，也不控制二者中的任何一个。由参与性实在构成的这片区域正是人的思想，亦即人所进行的探寻、学习和教学（*skopein*、*manthanein*、*didaskein*）所在之领域。运动于居间中，从所有方向上探索它，并根据由人在实在中的位置所赋予他的视角来为自身指引方向，这正是哲人的任务。为指代于居间中进行的这种思想或讨论（*logos*）运动，柏拉图用的是"辩证法"（dialectics）这个术语（17a）。然而，由于人的意识也意识到他正参与到这种参与性张力的两端之中（即无定和理智），而且求知欲很容易就越出由参与性的知识所设定的种种限制，因此，就会有一些"被认为是当代人中有智慧的"思想者倾向于在利比多（libido）式欲望的驱使下，追求对一或无定的认知性掌控，放任那种居间实在（*ta mesa*）远离（*ekpheugein*）他们。为指代这种类型的思辨性思想，柏拉图用的是"诡辩术"（eristics）这个术语（17a）。

意识所受到的现代激进畸变就"诡辩术"为我们上了一课，从而对理解柏拉图的问题再次形成实质性的帮助。居间中的各种现象，无论是经济性的或心理性的，均通过对无定深处的利比多式逾越，被轻率地融合于诸如马克思所说决定意识的存在这样的符号中，或是融合于弗洛伊德的符号"利比多"中，并公然宣称其目的是动员地狱的权威、反对理性的权威。① 进一步而言，作为这场反叛所运用的符号，"无意识"出现于各种各样的语境中，例如弗洛伊德的精神分析、布雷顿（Breton）的超现实主义（surrealism）、荣格（Jung）的集体无意识心理学——它将人用于表达他从居间中所获经验的那些符号转变成无定原型（apeironuc archetypes）。不过，最具启发意义的还是黑格尔，因为作为一名博学、认真尽责的思想家，他感到必须以具体的引用来支持他对古典哲人关于理智的经验所作的畸变。在亚里士多德的《形而上学》中有一段话，如果一个人想

① "如果我不能掌控上天，那就搅动地府"（"*Flectere si nequeo superos, Acheronta movebo*"）是弗洛伊德《梦的解析》的座右铭。语出维吉尔《埃涅阿斯记》第7卷第390行。——译者注

不惜一切代价误解它的话，那它就会被误解，因为它充满了无尽的愉悦，那是在认知性的参与下通过接触[或领悟(*thigganein*)]神性理智而片刻接触不朽所带来的。黑格尔将这段话(《形而上学》1072b18—31)作为他的《哲学科学全书》(*Encyclopaedie*)的附录，通过这种战略性的放置而表明它对他的核心意义。这段话的关键句是："思想(*nous*)通过参与(*metalepsis*)思想(*noeton*)的对象而思考自身；因为它通过被接触(*thigganon*)和被思考(*noon*)而变成思想的对象，所以思想(*nous*)和被思想的(*noeton*)是同一的"(《形而上学》1072b20 以下)。在亚里士多德的语境中，这句话阐释的是知者与被知者在理智性的参与这一行为中所具有的同一性与差异性的演变，当然，也有因与神性片刻同一而得到的愉悦。在《哲学科学全书》的语境中，这句话表达的是一项哲学事业的开端，而它已被黑格尔成功完成。因为在黑格尔看来，哲学开始于古典意义上的"对智慧之爱"，并从这种不完美状态向着它的圆满完成运动，即成为体系[①]中的"真正知识"(*wirkliches Wissen*)。它从对神性理智的古典式参与出发，经过精神(*Geist*)在历史中的辩证发展，实现在自我反思的意识中与理智的同一。与生存的本原之间的张力被黑格尔认为是一种断裂(*Zerrissenheit*)或疏离(*Entfremdung*)状态，而当本原通过体系建构化身于生存之中后，这种张力就将被一种和谐(*Versoehnung*)状态所取代。居间已被转化为内在性。这位思想家通过这种思辨上的戏法(*Zauberworte*、*Zauberkraft*)将神性本原变成他的所有物，这正是柏拉图所说的"诡辩术"；相反，黑格尔则将它称为"辩证法"。于是，术语的含义被颠倒了。

而且，作为第一流的思想家，针对保罗关于圣灵(divine pneuma)和"上帝的深处"(《哥林多前书》2：6—13)的各种符号，黑格尔也像他对待亚里士多德所说的理智一样，使用了同样的把戏。他再次将他所作的颠覆置于一处战略性的位置。他在《精神现象学》的最后一页将他的体系呈现为对深处的彻底启示，从而将圣灵引入居间，而这是基督和保罗想要达成，但却仅仅部分实现了的。

他干净利索地将理性和启示的权威都转移给他的体系和作为其创造者的他自身。这场以自我显现(egophany)反对神显实在(theophanic reality)的反叛

① 此处的"体系"原文为"the System"，意在专指由黑格尔建立并被他认为是哲学的最终完成的哲学体系。——译者注

所蕴含的利比多式欲望体现在，他确信，他对体系的建构以非战斗性的方式相当于革命战场上的战斗性死亡；在他关于拿破仑的评论中，他甚至作为世界历史性的伟人出现，因为他为法国革命塑造了曾被那位皇帝断送了的意义。

这种被黑格尔发展到极致的帝国风格，对现代以自我显现反对理性的反叛来说是普遍特征，这种反叛体现在各种意识形态变体和次级变体中。除了体现出生存无序的各项个案外，随着时间流逝，当社会舞台上已很少有宣称掌握唯一真理的皇帝时，这种风格还成为了一种公共乱象；当他们中的一些人认真地看待这种主张，大规模屠杀敢于反对的每一个人时，这种风格就带来了致命的危害。作为一个富有启发意义的案例，我推荐莫里斯·梅洛—庞蒂（Maurice Merleau-Ponty）的《人道主义与恐怖》（*Humanisme et Terreur*）（1947），通过它，我们可以在有着良好理性推导的细节中，研究从智识上的帝国主义到支持大屠杀的转变。鉴于社会局势从总体上说偏爱这种风格的扩张而不是遗忘它，因此，这一朝着某种既怪异又致命的大众现象的发展是由它的根源所决定的，即居间中的理性生活的毁灭。在黑格尔那里——不应忘记，只有一位具有黑格尔这样的能力、技术上足以胜任的思想家才能做成这般大事——我们可以看到，人关于他与神性本原之间张力的意识是如何通过那个体系所变的戏法而被乔装改扮成一个"辩证的"过程，变得内在于某种想象中的、可被那位思辨思想家掌控的"意识"。然而，由于"辩证意识"并不是具体的个人所具有的意识，而是一种符号化表达，它在实在中的地位是一种诡辩式幻想，来自被利比多式欲望所搅动的心灵，因此，该体系并不具备它所试图篡夺的理性权威。一旦神性理智被纳入人的建构，上帝就真的死了。在生活中出现的便会是体系对于满足主人欲望的帝国式追求。这种追求并不必然与某特定体系（例如黑格尔的或是孔德的）相联系，而是与体系形式本身及其突出的灵活性相联系。这是因为，理性会被以诡辩的方式与任何一种世界内容融合，无论它是阶级、种族或民族，还是中产阶级、工人阶级、技术专家阶级或一般而言的第三世界，或是激情——贪婪、权力或性，又是科学——物理学、生物学、社会学或心理学。这份列表无意成为完整的列表。甚至可以说，一个特定体系所追求的，与其说是由它的创造者提出的原则，不如说更多地在于以"修正"的名义改动那些原则的可能性，同时保留宣称掌握绝对真理的帝国式风格。

当然，在这种利比多式乱象中还是可以看到某种秩序的。当那种诡辩式幻想暴露于来自实在的压力下时，这种秩序就变得可见了。由于在理智性张力中生存的意义在于通往不朽的过程，那么，当理智被那种诡辩式融合所成功畸变之后，来自无定深处的死亡压力便会愈加凸显。因此，在关于生存的所谓现代解读中，我们注意到重心的转移，从以理性之名兴高采烈地拒斥理性——18 世纪以此闻名，到当代在深处、死亡和焦虑的名义下纠结于生存。而且，由于诡辩式幻想将理性混杂于某种世界内容，那么，当关于世界内容的知识超越了诡辩思想家将这种知识纳入其体系建构之时的状态时，体系的真理性就变得可疑。因此，一个体系的后续支持者们将会发展出广为人知的策略变化，意在当各自体系不可避免地与实在发生冲突时对其加以保护。在这些策略中，有方才提到的“修正”策略，经常被用于保持体系的可信度，尽管这样做可能会在支持者中引发异见，并导致愤怒地重新定义正统与异见。也有从根本上禁止讨论与诡辩式融合的各项前提相关的问题，这是马克思所明确要求的，并为马克思等的追随者们认真遵守。也有较为体面的策略，即对致命的批判视而不见，以及较不体面的做法，即对批判者施以人身攻击。最后，在某个体系的支持者们已经取得政府权力的地方，他们会通过监禁或屠杀持有异见的人，或是干脆建起一道环绕其管辖领土的实实在在的墙，以此抵抗来自实在的压力。

所有这些听起来都很明白，而且，就事实而言也的确如此。或许不那么明显的是，我刚刚根据对生存张力的古典洞见，描述了在一种精神疾病的历史中展开的社会进程，该疾病亦即修昔底德所说的异动(*kinesis*)。如果运用由古典哲人在他们关于居间的分析中提出的那些范畴，那么，这场现代异动的本性与进程都是可被理解的；反过来说，诡辩式幻想与实在的理智性结构之间的冲突，作为一种可被经验性地观察到的现象，验证了古典分析的有效性。

四、附录

理智性意识在古典哲人心灵中的展开并不是一种“观念”或一项“传统”，而是人类历史上的一个事件。在此进程中发展出来的各种符号以可理解的方式阐释了关于在生存中感受到的、在获得知性光辉的过程中出现的不安的经验。在此意义上，这些符号是“真实的”。在各种关于人在追寻其与神性本原的关系中所表现出来的人性的符号化表达中，古典分析既非首次亦非末次，但它是最先阐释这种追寻本身结构的：不安，它为人的追问提供了解答；神性理智，它是这场追寻的推动者；愉悦，它是在人对神的显现作出回应时，由沐浴在光辉中的参与所带来的；以及生存，它获得知性光辉，认识到它的意义是作为一场发生于居间、从可朽到不朽的运动。对该结构的这种阐释的确非常成功，以至于连现代自我显现的反叛（它反对以神显的方式来建构人之人性）都不得不运用这种理智性分析的语言，以便使它可被理解，从而验证了哲人所作阐释的有效性。

关于理性的真正洞见，亦即将理性视为在生存中塑造秩序的力量，确实已被获得，但它们是通过哲人就其抵抗所作的解释而被获得的。他们所抵抗的是那个时代的个人无序与社会无序，这些无序使他们面临被吞噬的危险。倘若将洞见中的"真理"与这种抵抗的努力相分离，那就会使这种洞察到生存的居间结构的洞见变得毫无意义。理性生活并非需要珍藏的信息宝库，而是发生于居间中的斗争，这场斗争旨在使心灵获得通往不朽的秩序，抵抗使人可朽的那些力量，即在时间中的存在所具有的无定欲望。当处在神与人、完美与不完美、理性与激情、知识与无知、不朽与可朽之间的生存照亮自身的时候，它并没有被取消。通过理性的分化而得到改变的，是关于生存秩序的批判性意识的水平。古典哲人意识到这种变化是一个划时代的事件；他们充分意识到他们的发现所具有的教育、诊断和治疗功能；而且，他们奠定了一种批判性的心灵病理学的根基，并由廊下派加以进一步发展。但是，他们无法预见，一旦其成就进入历史，成为希腊化社会、基督教社会、伊斯兰社会和现代西方社会的文化组成因素，将会经历何种变迁。他们无法预见哲学与各种启示神学的融合，也无法预见哲学向命题式形而上学的转变。总之，他们无法预见，他们所创造的理智性符号化表达与其经验语境剧烈分离，从而使哲学语汇可被用于资助在理性外表下对理性的攻击。他们的抵抗的演变轨迹是从宇宙论神话的衰朽与智者的反叛开始，向着"对智慧之爱"发展；他们并未预见到，在遥远的未来，自我显现的反叛将颠覆那些理智性符号的意义。正如米尔哈·伊利亚德（Mircea Eliade）在指称这种现代现象时所说，这是大规模的符号堕落（*dégradation des symboles*）。因此，这种抵抗的演变轨迹将不得不从由处于疏离状态的思想家提出的体系开始，再次向着理智性意识发展。

将这些古典洞见呈现为过时意见的遗迹，这不仅毫无意义，而且会摧毁这些洞见的意义，亦即表达人对使人可朽的时代无序所作的抵抗。要想让理性生活真正保持活力，我们所要做的并不是记住这些洞见，而是继续抵抗怀特海所说的“意见氛围”。这篇文章显然是一项与古典努力一脉相承的抵抗行为。它所运用的策略很快将变得明晰。首先，必须恢复实际上已被忘记的经验语境，理性的意义与其密切相关。而且，我已在简短篇幅所能容纳的范围内，努力在各项分析之间建立内在的连贯性，这些分析的资料来源分散在一大批文献中。随后，在得到恢复的经验的基础上，有可能将分析扩展到关于疏离与拒斥理性的心灵病理学。最后，在由廊下派的分析所拓宽的这一基础上，有可能刻画现代对理性的反叛的特征，以及“体系”这一现象的特征。不过，在这种批判性的刻画中，我不得不有选择性地专注于反面案例；作为一种批判工具，古典分析的普遍意义尚未充分显明。因此，呈现一张观点图表，以供关于人类事务——亦即亚里士多德意义上的与人之人性相关事务的各种研究使用，这将会是适当的：

	个人	社会	历史
神性理智			
心灵——理智的			
心灵——激情			
动物本性			
植物本性			
无机物本性			
无定——深处			

左边一列所列是存在的等级，从理智到无定。人参与到所有等级之中；他的本性是存在的等级的缩影。向下的箭头表示的是关于自上而下的生成(formation)的秩序。向上的箭头表示的是关于自下而上的根基(foundation)的秩序。

顶上一行所列是人(作为处在社会和历史之中的个人)的生存的各项维度。向右的箭头表示的是关于根基的秩序。

完整性原则：与人之人性相关的哲学必须涵盖由这二元坐标所决定的这张网。这张网的任何一个部分都不得被实体化为某种独立存在的、与情境无关的实体。

生成与根基原则：关于生成与根基的秩序不应当被颠倒或歪曲，例如将其转化为某种自上而下或自下而上起作用的因果关系。具体来说，凡是将较高层次现象视为较低层次过程的衍生现象的理论建构，亦即所谓的化约主义谬误，均属虚假而被排除。但是，这条规则并不影响条件性的因果关系，它正是根基的本质所在。对顶行所示根基秩序的颠倒也是不允许的。具体来说，各种将社会或历史实体化，视为某种绝对物，侵蚀个人生存及其意义的“历史哲学”，均属虚假而被排除。

居间实在原则：由这些坐标所确定的实在是居间实在，其本身是可被关于理智和无定(作为居间的限制性两端)的意识所理解的。所有试图将居间的限制条件，无论是理智高处还是无定深处，转化为居间内的现象的“诡辩式幻想”，均属虚假而被排除。这条规则并不影响真正的终末论符号或启示录式符号，它们以想象的方式表达了关于一种运动的经验，例如关于可朽与不朽的经验。该运动在实在之内进行，朝向对居间的超越。

这张图表已被证明对学生们尤其有价值，因为在他们与充斥着当代意见的文献洪流作斗争的过程中，它向他们提供了一套最低限度的关于“真实”与“虚假”的客观标准。在这张图表的帮助下，有可能通过确定虚假的理论命题在这张网中的位置而澄清它们。有时，对学生们来说，将那些时下流行的观念定位在 21 格中的某个位置，已成为一项激动人心的游戏。除了作为有助于掌握当代智识无序现象的技术性辅助手段外，这张图表还具有重要的心理学效果，即克服学生们的迷茫与失落。他们身处无法掌控的虚假意见洪流之中，这股洪流每天都在压迫他们。

Reason：The Classic Experience

Eric Voegelin

Abstract：In order to diagnose the disorder of modern society, we can start with the deformation of reason in modern society, which requires first restoring the experience of

classic philosophers on reason. Classic philosophers, with Plato and Aristotle as their representatives, found that man was not a self-created being carrying the ground and meaning of his existence within himself. Ignorance of the ground and meaning brings unrest, and leads to questioning and searching which constitutes man's humanity and shapes the order of mind as well as that of existence. To this force of shaping order, its movements, and the resulting structure, the classic philosophers gave the symbol "nous". The searching is thought of the divine and immortal. In this manner man becomes immortal, as far as it is possible for humanity to participate in immortality, that is, within the in-between (*metaxy*) state as the character of man's ordered existence. "Those who are considered wise among men these days", however, are inclined to let the In-Between reality escape them in their libidinous rush toward cognitive mastery over the ultimate ground. Reason can be eristically fused with any world content and be deformed therefore. Then the mortalizing pressure of the apeirontic depth makes itself increasingly felt. Hence, in the so-called modern interpretation of existence, there is to be noted the shift of accent from the exuberant rejection of reason in the name of reason in the eighteenth century, to the contemporary preoccupation with existence in the name of depth, death, and anxiety.
Keywords: reason, search, ground, in-between, deformation

历史中经验和符号化的等价*

[美]沃格林 撰 段保良 译**

[摘 要] 比较文明研究的真正题材不是符号本身,而是生成经验的常数。人通过自身的意识参与实在过程,并在参与中生成符号,表达自身的实在经验。那些反映意识本身的参与结构的命题,可置于实在经验及其符号化的历史场域中来客观地检验。这种检验要求人们从对符号的探索转向对生成经验的探索。对古希腊思想家提出的"灵魂深处"这个符号的阐述表明,"深处"不是一个能够对象化的事物,而是表示一个诠释阶段,对一种无法言喻的实在之经验的诠释。随之来临的,是新的真理以及新旧真理等价的意识。为历史中经验及其符号化的等价作出辩护的正是这种意识。

* 原文见 Eric Voegelin, "Equivalences of Experience and Symbolization in History", in *Eternità è Storia: I valori permanenti nel divenire storico*, Florence, Valecchi, 1970, pp. 215 - 234; *The Collected Works of Eric Voegelin, vol. 12, Published Essays, 1966 - 1985*, Ellis Sandoz (ed.), Baton Rouge, Louisiana State University Press, 1990, pp. 115 - 133.

** 沃格林(Eric Voegelin, 1901—1985),美籍德裔学者,20世纪西方著名政治哲学家,代表作有《新政治科学》、《秩序与历史》五卷本、《记忆》等。

段保良(1978—),男,云南保山人,政治学博士,陕西师范大学政治学系讲师。

[关键词] 实在;意识;生成经验;符号化

对社会和历史中人类秩序常数(constants)的探索,其语言目前尚不确定。旧的概念体系不能准确地表达这一探索,而足够精准的新体系尚未成形。我们仍在谈历史过程中的恒久价值,尽管我们知道,"价值"语言是一个过去时代的方法论的"残骸"(*caput mortuum*);但我们若想被人理解,就必须使用"价值"语言,因为就表达人对于自身人性的经验而言,还没有比它更适合的语言,已到了被普遍接受的阶段。

尽管没有一套准确的语言以一种既定的理论权威使人们不得不予以接受,我们却在符号研究实践中使用这类语言。当我们致力对诸社会中的祖先祭仪、入门仪式、加冕礼仪、生命永恒或死后审判的神话进行比较研究时,我们不说"价值",而是谈"等价的"祭仪、仪式、礼仪和神话。而且这样做时,我们明白符号之间的差异,我们知道,为"等价"语言辩护的同一性不在于符号本身,而在于那些生成了符号的经验。因此,"等价"语言暗示这一理论洞见,就是我们的研究,其真正的题材不是符号本身,而是生成经验(engendering experience)的常数。

人类历史中恒久的,不是各种符号,而是不断探索自己的人性及其秩序的人自身。尽管问题可以说得简单明了,其意蕴却浩瀚无边。一项比较研究,若不仅仅是止步于记载作为现象的符号,而是深入生成经验的常数,就只能依赖符号来进行,符号又是由比较研究所探索的东西的常数生成的。符号研究是一种反思性的探究,涉及对生存秩序真理的探索;这种探究若是得以圆满发展,就会变成通常所谓的历史哲学。因此,探寻一套"等价"理论,预设这样一位哲学家的生存,他已意识到他自己的真理探索中的时间维度,且想把它同前人的探索在历史中关联起来。以"等价"理论取代"价值"理论的冲动,标志着比较符号研究已获得一种自我理解,把自身理解为一种对探索的探索。以下思考,打算在一篇论文的篇幅内,尽可能澄清这一新的历史意识的诸多重大问题。我将首先思考,哲学家之遭遇一个由"价值"理论所主导的思想氛围。

一

获得对自己人性的理解,根据所得的洞见为生活定序,一直是有文字记录以来历史中的人的关切。如果今天，一位哲学家反思地转向所谓人类生存的实在领域，那么他会发现，那不是一片未知领地，他是在许多代表其先辈之经验的生存真理的符号中运动。

这个经验和符号的场域，既不是一个供人从外部观察的对象，也不是对每个人呈现相同的表象。毋宁说，它是只有通过对其实在的参与方可进入的生存的时间维度；在这个场域中运动的哲学家，看到什么和看不到什么，理解什么和不理解什么，或他究竟能否在其中找到他自己的方位，取决于他自己的生存如何因向实在敞开的智识训练而被塑造，抑或因他对遮蔽直接经验之实在的许多信念不加批判地接受而被毁败。

让我们设想一位哲学家，他由于采取如下信念而使自己毁败，即生存真理是一套关于社会历史中的人的正确秩序的命题，这些命题可证明是真的，因而是人人可接受的。他若是抱持这一信念进入符号场域，就会失望和迷茫。他将徒劳地找寻一套真理性的命题，以为这套命题会从超过五千年之久的人类努力中浮现出来。然而，历史场域毋宁说是一片诸如此类的体系的“黑暗森林”(*selva oscura*)，它们各各不同，都自称独一无二的真理，但任何一者都未博得它以真理的名义所声索的普遍接受。他不会找到恒久的生存价值，反而会发现自己迷失于神学的、形而上学的或意识形态的教条式真理的持有者之间聒噪的争吵中。如果面对这个场域的教条战争，他没有迷茫和投入战斗，而是坚决地相信，生存真理如果能够被找到，必然是一套终极的命题、规则或价值，那么他就会倾向于某些结论。他在智识上或许会怀疑，认为一种已进行了几千年却未有可取成果的探索，是一种最好放弃的对不可知领域的追寻；如果他思索教条战争的令人生厌的景观——这种景观有其挫折、焦虑、异化、野蛮的谩骂和暴力，那么他或许会认为，不致力于进一步探索在道德上更可取。我们几乎不能谴责他，即便他最终判定，怀疑主义即大智慧，从而成为一个真诚的相对主义者和历史主义者。

在这位哲学家的思想过程中，成问题的部分不是怀疑主义的结论，而是他借以把恒久的教条战争的表象强加于符号场域的最初信念。然而，针对这一指责，他可以辩解说，他被不公正地指控为粗暴地对待该场域——这个信念不是他的发明；而是他身处其中的场域的一个现象，他不得不予以接受——他所做的不过是从他的观察中得出合乎情理的结论。我们又该如何处之？宣布他的观察是正确的而结论却是可质疑的?

这个兜圈子的问题,我们马上就会面对。现在我们要用以下申明来打破它:历史不是一条绵延不绝的在真理中生存的河流,而是被许多毁败生存的时代所打断,或被许多毁败生存的层面所割裂。此外,这种毁败的时代或夹层具有极大的势力,人不得不因循迁就,从而把毁败的生存作为真正的生存模式而使自己毁败。已使自己的生存毁败的哲学家,最终能够通过把他的毁败模式强加于经验和符号的历史场域,使之发生毁败。这个场域的诸多毁败区段取得真理性实在之地位,而真理性生存的诸多区段却为毁败之影像所遮蔽。我们可以把这个结果称为真理的一个"盲点"(*scotosis*)。在当前这位哲学家的情况中,认为人的生存真理必是一个恒久有效的学说体系,最好是一个终结一切体系的体系,这种观念可以在 18 世纪的神学和形而上学危机中追溯到更直接的起源:古代和中世纪由智性和灵性的经验所生成的符号话语,对于生成实在(engendering reality)而言已不再明晰,生存性的信仰干涸成教条的信念,重获生存之实在性而补救损失的诸多批判性努力,尽管在其他方面的成功不可一笔抹煞,在决定性的方面却注定失败,因为在诸如科学体系或实证科学这样一些迷人的标题下,它们把教条真理的有缺陷模式当成新的洞见必须被铸成的形式。18 世纪教条主义的神学和形而上学,被 19 世纪和 20 世纪教条主义的意识形态继承,一种旧的原教旨主义学说,被一种新的原教旨主义接替。因而,认为生存真理是一套公认的学说,这种信念已成为从 1750 年到 1950 年的这个时代的标志。这是一个现代教条战争的时代,通常谓之"现代人"的时代——这个名称带有启示论的新时代的意味,在这个时代中,人已经成年,这是人的最理想的因而是最后的一个时代。由于这位假定的哲学家已承认这个时代的标志就是他自己的生存的标志,因而他恰恰已经致力于一位名副其实的哲学家会不惜一切代价竭力避免的因循迁就。所谓"时代",都严重欠缺理智之意识和秩序,时代是毁败生存的社会历史场域,因已逃脱意识控制,往往会篡夺定序性的生存权威,这种权威恰恰是理智的功用。我们都充分地熟知时代及其对权威的篡夺,因为我们都遇到过一些人,他们坚决抵制自己的人性,坚持要做现代人,在所谓的讨论中,试图把我们埋葬在毁败生存的说辞下。确实,这种"时代",我们时期的哲学家无法逃避;那是他赖以成长的社会场域,从各方面逼迫着他。但他不应该屈服于它的影响。哲学家的道,是上朝光明之道,而非下入洞穴之道。

对于那使他自己毁败、或许成为“时代”代言人的暗中压力,必须这样予以答复:

看哪!我的名会在你们中间发臭
比鸟粪的恶臭更加不堪
当夏天骄阳似火的日子——

这个答案,是“人”对他的灵魂所代表的“时代”的回答,是由公元前第三千年的一位未知名的埃及思想家作出的。

二

显而易见,人类历史中的常数问题,不能以关于正确秩序的命题来回答,或以一个恒久价值的目录来回答,生存之流并没有秩序结构,就此而言也没有失序结构,而只有实在之真理与毁败之间的张力结构。人之为人,不在于对人性的拥有,而在于对人性之圆满实现的关切。生存具有居间(the in-between)结构,即柏拉图的*metaxy*,如果说人类历史中有任何事物是恒常的,那就是关于这种张力的语言,即生与死,不朽与必死,圆满与缺陷,时间与永恒;秩序与失序,真理与谎言,对生存的感觉与麻木;爱上帝(*amor Dei*)与自爱(*amor sui*),开放心灵(*l'âme ouverte*)与封闭心灵(*l'âme close*);向生存根基敞开的德性,诸如信、望、爱,包藏封闭的恶德,诸如狂妄、反叛;喜悦之情与绝望之情;两种意义上的疏离,即疏离世界与疏离上帝。如果我们将这些成对的符号拆开,把张力中的两极实体化(hypostatize),我们就会摧毁这些张力符号话语的创造者所经验到的生存实在;我们就会失去意识和理智;我们会使自己的人性毁败,迫使自己安于一种安静的绝望或对“时代”的积极顺应,诸如吸毒成瘾或醉心于电视,对真理要么是快乐主义的麻木,要么是残忍的入迷,因生存之荒谬而受苦,或沉溺于任何有望成为一种“价值”、取代失落之实在的消遣(帕斯卡尔意义上的消遣)。用赫拉克利特和柏拉图的话来说:梦的生活篡夺了醒的生活的位置。

终极的学说、体系和价值是毁败生存所生成的幻象。在人类历史中,在生存的时间向度中,恒常的东西是生存结构本身;关于这个恒常的结构,当然可以提出一些命题。首先是一个根本性的命题:

人参与实在的过程。

这一根本命题的意涵，可以借以下几个命题表达出来：

1. 人意识到，实在是一个过程，他自己是实在的组成部分，他的意识是一种对实在过程的参与方式。

2. 在有意识地参与时，人能够生成符号，表达他对实在的经验，他对自己作为能经验者的经验，以及他对参与之行动和激情这个有意识的经验过程的经验。

3. 人知道，所生成的符号是它们所符号化的实在的组成部分——“意识”、“经验”和“符号化”这几个符号指示一个区域，在那里，实在之过程对自身变得光明。

最后，对于这些肯定的陈述，我们可以增加三条带有告诫性质的推论：

1. 实在不是一个可以从其外部的某个有利地点加以观察的给定项，而是包括实在在其中变得光明的意识。

2. 对实在的经验不可能是全体的，而是有一种视野的性质。

3. 由符号所传达的实在知识，永远不可能成为对真理的一种最终占有，因为各种光明的视野，就是我们所谓的经验，以及由它们所生成的符号，是实在过程(reality in process)的组成部分。

命题就应该为真——但正是这些命题的内容引起关于它们的真确性的疑虑，它们所表达的是人参与实在过程的经验，而人亦即认知者乃是这个过程的组成部分。对参与的认知，因并非指向一个外部世界对象，成为一种在实在本身中的光明，因而认识者和被认识者进入一个意识中的张力性的两极之间的阵地，就该意识生成那些表达对它自身结构的经验的符号而言，我们称它为光明的。与一个认知性的意识——其认知局限于自身之内——的遭遇，迫使人追问：我们真的能谈论一个恒常的生存结构，而且能用命题来准确地表达它吗？那些公认的符号，难道不是它们应该表达的那个结构的组成部分吗？除了命题的意象外,真的有这种结构吗?它们难道不是像它们所陈述的那样,是一种徒劳的企图,想要逃离人不能逃离的一个过程吗?

这些疑虑是正当的。人在圆满与缺陷、时间与永恒、不朽与必死的居间中的生存,确实不是感官知觉的对象;那些反映意识自身的参与结构的关于意识的命题,实际上是自我反思的。然而,这个情况并不意味着,我们正陷入"主观性"。意识赖以变得对自身光明的自我反思过程,不是一种想象力的飞翔;这个过程所生成的符号,也不是另一套意识形态,或"第二实在"的投射物。自我反思的努力是真实的;它在认知上关联着一种更少反思的参与经验及其更少分殊的符号化;这一努力所生成的命题,在认知上是那些曾被认为不令人满意、因缺乏分殊而激起这一反思努力的符号的等价物。因此,在一个自我反思过程中生成的命题,可以被客观地检验,尽管我们不能运用我们拿来检验有关外部世界对象的命题的那些手段。其真确性可以且必须通过把这些命题置于经验及其符号化的历史场域中,亦即置于生存本身的时间向度中加以检验。验证其真确性的问题将必须是:为了维持这些命题的真理性,难道我们要忽视和遮蔽大部分历史场域,就像这种或那种意识形态学说的原教旨主义信奉者必须做的那样;还是说,这些命题在认知上是我们前人在探索人类生存的真理过程中所创造的符号的等价物?说得直接一点,对真理性的检验,将是这些命题中创新性的缺乏。

关于这种检验,我只能从简,你们想必已注意到对古代、中世纪和现代的前辈们的无数引用:引柏拉图和亚里士多德,引圣奥古斯丁和圣托马斯,引柏格森和怀特海。想起一些有关重大议题的等价的符号化就够了,即参与经验和随之而来的认识者与被认识者的一致或不一致。存在与思维是同一的,这是巴门尼德的洞见;人的话语逻各斯和由此话语所表达的实在的逻各斯是同一的,这是赫拉克利特的洞见。参与的符号话语,即 *methexis*(分有)或 *metalepsis*(参与)的符号话语,既是古典的,也是经院主义的。*aletheia*(无蔽、真理)具有真理和实在的双重含义,是柏拉图—亚里士多德的洞见。认识者和被认识者的一致与不一致,在黑格尔对绝对实在的复杂界定——将之界定为既一致又不一致——中有其等价物,尽管在黑格尔那里,我们的赞同必须有所保留,因为黑格尔的从意识结构分析滑入体系建构。实在过程是怀特海的经验概念的等价物。所以,人之生存的居间就是柏拉图的 *metaxy*。生存张力的德性——信、望、爱——是从前苏格拉底的古典哲学家，经过圣保罗和圣奥古斯丁到目前的恒常符号。最后，疏离的符号话语，就是可以在希腊诗人和哲学家身上看到的符号话语，被亚历山大里亚的克莱门特在与灵知派对疏离的回应作斗争时收集起来，新的形形色色的符号话语已由基督徒和新柏拉图主义者提出。因此，在今天我们的探索中，我们实际上致力于跟我们的前辈们在其时代中所致力的探索一样的探索。

三

这些命题，可以通过把它们应用于它们因反思性参与行为而得以在其中出现的那个历史场域来得到验证，我们可以认为这一点在原则上是确定的。但反思和应用的循环过程本身尚未得到精确的描述。诸如“从对符号转向对经验的探索”或“真确性之检验是原创性的缺乏”这样的短语足够清晰，可避免恒久价值的谬论，足够有启发性，可指出探究的正确方向，但从分析上说，它们并不令人满意。在某种程度上，这种含混是想避免一套糟糕地弥漫着意识形态黑话的传统术语体系；然而，在某种程度上，它也意在使这种分析不会陷入潜伏于每一个未被分析的概念背后的误置具体谬论。以更微妙的生存张力和参与经验的谬论来取代恒久价值的谬论，是毫无意义的。

首先要避免的谬论是，把经验实体化为一个绝对。如果说我们把许多符号理解为等价的，而不管它们的差异，是因为正如我们所说，它们显而易见是由同一类型的经验所生成的，那么这种经验在我们对历史中的常数的探索里就有变成不动点的危险。这种对问题的解决是诱人的，却是站不住脚的。恒常的经验要获得辨识，必须是言明的，一旦它已被言明，结果就是一套自称避免变成历史上又一种等价真理之命运的符号话语。我们又会回到终结一切体系的体系——黑格尔的解决方案。如果我们想避免这个不幸的结局，我们就必须把符号的差异延伸至生成经验，从而不仅谈论符号的等价，而且谈论经验的等价。然而，如果我们认为这种结果在分析上是必需的，我们就会徒劳地在一种将常数言明为其内容的经验中寻找常数。为这套等价的经验和符号的语言作出辩护的常数，需要在一个比生成等价符号的等价经验层面更深的层面上寻找。

这一更深的层面实际上已被许多思想家觉察到，他们仔细观察过这种过程，他们借之抵达了许多更分殊的经验，就是那些生成了比他们时代流行的符号话语更分殊的符号的经验。这种深处，更简密地呈现在前苏格拉底时代对存在与思维之同一性的效法以及对话语逻各斯与存在逻各斯的同一性的效法。在一个更分殊的层面上，对这个过程的观察导致赫拉克利特、埃斯库罗斯和柏拉图提出灵魂"深处"这一符号，一套新的实在真理可以从灵魂"深处"上升为意识经验(conscious experience)；他们的"深处"符号，经过一个长长的等价物链条，直到当代的深度心理学和无意识心理学，始终作为一种洞见被保存下来。然而，灵魂的这个深处，是希腊思想家们所经验到的、超出言明的经验之外的深处。它可以用"深处"这个符号来表达，但它不能为我们对上帝、人、世界和社会的经验增加什么实质内容，不能为我们对生存张力和参与的经验增加什么实质内容。因此，我们必须避免一种谬论，就是把深处想象成一个区域，其地形可以通过一门不受我们经验到的实在真理之限制的科学来加以考察。我们既不必借各种集体无意识的原型去填充它，也不必赋予它欲望机制，以便通过"意淫"(*fornicatio fantastica*)去获得批判的经验分析无法给予的一种绝对。

尽管对于深处的经验，没有给经验和符号——其等价物是我们正在关注的东西——增加实质内容，但它有其自身的特定内容：它传达出关于诸等价物所从出的实在过程的洞见。此外，经历过这一过程的人们，在他们准确地言明该过程的努力中已经提出一套丰富的分殊语言。首先是"灵魂"(*psyche*)这一符号。希腊思想家把这个旧词变成一个符号，指囊括意识经验之区域的经验的处所或母体。在新的符号含义中，灵魂具有深处，其深处无际无涯；人可以下降到深处去考察它；就像一个潜水者可以从深处拽出一个迄今尚未成为言明的洞见的实在真理；这种考察会造成意识经验方面的意义增值；但对于意识和深处之间的连续性的认识也能够造成灵魂方面的意义增值的语言。一旦真理之光已经微弱，真理的符号正在丧失其可信度，一种向深处的下降就被指示出来；一旦黑夜降临在曾经拥有白昼的符号上，人就须返回那对于乐意寻找真理的人来说因真理而变得光明的黑夜深处。深处是一种危险和诱惑，令人入迷，是当深处的真理从人借以确定自己生命方向的那些符号中流逝殆尽时人所堕入的深渊，是可以从中得出新的真实生命和新的方向的源泉。因此，从深处带着一套新经验到的真理返回，被符号化为一种具有双重意义的 *renovatio*，即真理的复新和人的复新；新人可能极其强烈地经验到实在和真理之复新，以至于唯有死亡和复活的符号才能准确地表达这种复新；深处将成为一个超越意识的意识的死点，所以穿越深处，将不得不被符号化为一种迷乱或癫狂；一旦新真理在事实上构造出一个新的社会场域，新真理的出现这件事，就会被认为划出一个纪元，而且凭借“之前”和“之后”来言明历史过程；复新和发现之狂热是那么强烈，以至于它会把新真理转化为绝对真理，一套把以前所有真理都贬斥为伪说或谎言的终极真理。尽管如此，这种狂热也可以因如下认识而得以缓和，那就是这个过程中出现的真理并不完全是新的，它不是一套迄今不为人所知的关于某种实在的真理，而是关于早已被旧有真理简密地予以符号化的同一个实在的一套分殊的、因而是更高级的洞见。当这种批判性的认识变得足够敏锐，比如在亚里士多德那里，人就会迈出走向一套等价的符号和经验的理论的最初步伐。亚里士多德认识到，神话和哲学一样，都是人用来表达实在真理的语言，尽管他认为哲学是更适合于这个任务的工具。历史上更早的借助于神话来言明实在真理的思想家是 *philomythos*（爱神话者）。他同 *philosophos*（爱智慧者/哲学家）一样都在探索同一个真理；因此可以认为，*philomythos* 是某种像 *philosophos* 的人。神话与哲学的等价，*philomythos* 与 *philosophos* 的等价，在亚里士多德晚年的一封信里甚至获得更有力的强调，他在信中承认自己老了，开始变成 *philomythoteros* 了。

在深处的考察，可以表述为如下命题：

有比意识更深的灵魂，有比经验到的实在更深的实在，但没有比意识更深的意识。

或：

我们把灵魂经验为能下降到其自身实在之深处的意识，把灵魂的深处经验为能上升到意识的实在，但我们不经验深处的内容，除非是已进入意识的内容。

或：

我们以意识把灵魂经验为一个超越意识范围的实在。这个"超越"的区域,与意识之实在具有相同的本性。此外,两个区域是灵魂实在的一个连续体,人能够凭借被符号化为下降和上升的行动和激情进行运动。

就分析而言,一个人不可能超越诸如此类的命题。尽管如此,如果把这些命题的洞见与呈现在意识中的实质性真理相比较和结合,那么在深处的考察就会产生进一步的成果。原始的实在场域是上帝和人、世界和社会的共同体;对这个场域的考察,涉及这个共同体的诸参与者的真正本性以及他们之间的关系;所发现的真谛的时间顺序,是等价的经验和符号的历史场域。探索关于实在之真理的哲学家会希望知道,当人下降到其灵魂的深处时,那么就原始场域而言,哪一种实在会被触及;由于从深处拽上来的真理,影响他对整个场域的透视,因此他不会把深处的实在等同于该共同体的任何参与者,而是会把它等同于那个使他们变成一个共同秩序的参与者的支撑性实在,即等同于宇宙本体。这就是柏拉图在《蒂迈欧》中对这一问题的回答。意识底下的灵魂的深处,是原始场域底下的宇宙的深处。因此,深处的宇宙实在是"世界灵魂"(*anima mundi*)。

"世界灵魂"及其生命,一直有其非凡的经历——直到它在布鲁诺、雅可布·伯麦、谢林和黑格尔的作品中的现代等价物。在这一经历中,这个符号遭到深深的损害,毁败成一个"形而上学概念",并且作为哲学传统的组成部分被教条地运用。至于黑格尔,我们可以说,如果他搞清楚了他的"精神"和"世界"这些符号,其意思是什么和不是什么,那么他绝不可能会自诩为正在展开其逻各斯的世界精神的化身,因此绝不可能会建构一个"科学体系"。但是,一个令其作者感到困惑的符号,其命运必定经历不同寻常的变幻。当柏拉图试图描述《蒂迈欧》的符号话语特有的真理类型时,他在较肯定的"真实故事"(*alethinos logos*)与较不确定的"相似神话"(*eikos mythos*)之间犹豫不决。但无论他的宇宙神话是一个"真实故事"或一个"相似神话",他知道符号话语尚未通过对经验的言明而得以生成。"世界灵魂"是哲学家的一个神话:它既不言明对原始场域的经验,也不言明对灵魂的经验,而是达到从两类经验中分别得出的洞见的充满想象性的融合。这不是说,想象性的戏剧根本不表达任何实在。我们确实没有把宇宙深处经验为灵魂；柏拉图本人十分谨慎地宣称，人的灵魂和逻各斯不过是类似于宇宙的神圣灵魂和逻各斯。然而，想象性的戏剧依然具有其实在的硬核，因为它是出于人对实在的“信心”（*pistis*），即相信实在就是宇宙，显然是有秩序的。我们对实在过程的透视经验或许仅只造成洞见的碎片，这些碎片式的元素或许是异质性的，甚至似乎是不可通约的，但对于实在的根本一元性的信心，对其一致性、持久性、结构的恒常性、秩序和可理解性的信心，会激起人们创造意象来表达在深处被感觉到的那个有序总体。这些意象中最重要的是“宇宙”这个符号本身，它的提出与灵魂这个符号的提出在历史上同时发生。其结果是“相似神话”，其相似的程度，取决于它把多少迥然不同的经验，令人信服地统一在它的意象中。但这还不是这个问题的定论；柏拉图让蒂迈欧对其故事肯定地总结道，根据“相似神话”，宇宙实际上是一个“被赋予灵魂和理性的生命体”（*zoon empsychon ennoun*）。先前对神话的有所犹豫的描述，认为它并不完全是真的，现在则在完全的意义肯定它的真理。这个声明是以令人费解的严肃发表的，但在它深处，我们能够感觉到一种反讽的微笑：最私密的实在真理，关于人在其中必须以自己的生命作为赌注扮演其角色的宇宙戏剧的意义的真理，是与深信宇宙之深处的人的灵魂相关联的一个神话时代的戏剧。“深处”这个符号表示一个诠释阶段，就是对于仅当思维批判地专注于自身时才能获得的一种经验的诠释。仅当思维专注于言明一个经验的每一步，它才有可能深入意识的深处，如果它不专注，较早期那些阶段所生成的符号就会变成沉渣，阻塞这个过程。由于我一直想要专注地展开这种分析，对历史中的常数的探索已经从符号回溯至经验，从经验进一步回溯到灵魂深处。我们不满足于一个较上层面的休息点，而是竭尽全力地朝向灵魂的更深处进发，我们反对把符号具体化和建构一个绝对物件，而是听从那将变成话语逻各斯的灵魂逻各斯的劝说，这样一来，我们已经朝深处下降了。然而，即使当思维已经抵达灵魂深处，也不可松懈，否则就会堕入我前面提示过的关于深处的诸多特定的谬论。深处既不是像一个物件那样是一个有待描述的对象；也不是一片适于充当无意识心理分析之垃圾场的空地；也不是一个被某个想要怒斥体系的思想家占据的权威宝座；也不是一片将赋予思维以凡俗意义上的“深刻”或“深奥”品质的黑暗。仅当这最后一系列的具体化和谬论得以避免，这种下降才可能成为关于实在真理和等价问题之洞见的源泉。

这一探索之旅已抵达的终点,是因这种下降而产生的最初洞见。在意识底下有一个深处,但深处底下并非无穷无尽地仍有深处。然而,深处并不产生真理,只产生对原始实在场域的等价经验,因此,对一个可避免等价物之地位的实质性历史常数的探索,就应被视为谬论而置之不理。过去或未来的历史场域中没有哪个现象,是实在的终极真理,可以把这一探索转化为对真理的占有。终极真理的符号话语是由那种想要取消生存张力的启示梦想生成的:对终极真理的占有会造就不再需要对生存真理展开探索的终极的人——这意味着历史中的人的"改换"(*metastasis*)。鉴于没有人能够经验到实在背后的这种启示性的实在真理,我们必须作出推论,并追求符号的等价,就符号而言,我们已经触及各种生成它们的经验,而且进一步回到经验赖以寓居的深处。

把等价结构从符号的历史场域经由各种经验而延伸至深处,我们就认识到人的灵魂是实在的一个区域,其结构连续地从深处延伸至意识的彰显。既没有一个自主性的意识者,也没有一个自主性的深处,只有一种连续不断的具有其深处的意识。我们现在要把这个洞见应用于历史场域的问题、等价问题和历史中的常数问题。

等价关系并非直接发生于该场域的诸现象之间,而是以经验及其符号化所从出的灵魂深处的等价为中介。因此,被给予观测意识——这个意识本身并不是该场域的组成部分——的对象,既不是单独的现象,也不是现象的集合。单独的现象进入等价关系,凭借这一关系而成为一个可辨识的历史场域,不过仅对于参与以前那些真理符号所从出的探索过程的人而言是可辨识的。该过程仅只对于知晓其来临的意识来说有一个过去,在其来临时刻,一套新真理从灵魂深处被释放出来,与同样是出自灵魂深处的旧真理相对抗。因此,在该过程之来临的时刻,随着新真理一道出现的,是我们对历史场域及其现象的等价的意识——正如我们已在赫拉克利特、柏拉图和亚里士多德那里所看到的,与新的哲学真理一道出现的,是对它与神话等价的知识。

这个处于来临状态的过程,是我们关于灵魂深处和深处中发生的过程的知识源泉。相对于以前的真理而言,新兴真理是我们试图通过一个历史场域的诸符号及其现象之间的等价的符号来言明的经验。专注于对新兴意识的经验,要求做最后的努力,避开暗示性的谬论:

我们必须将等价关系延伸至作为其源泉的灵魂深处。但在深处的等价不可能表示许多现象之间的一种关系,这些现象本身可以成为独立于该历史场域中的诸现象的研究对象。它只能表示在该历史场域的诸现象中开始变得明显、否则不可理喻的深处的一个过程。把等价延伸至深处的后果,看起来并不可取:我们开始因一个新近分殊化的真理的出现而觉察到深处发生的过程,这个新真理显然等价于它意在取代的更简密的真理;我们把历史的等价真谛的序列解析为一个在灵魂深处不断演化的实在真理的副现象(epiphenomenon)。这个深处似乎具有我们刚才已从历史场域中祛除的绝对物的特性——就像在谢林的神谱学思辨中那样。但如果我们维持灵魂深处和表面的平衡,那么我们就有可能陷入循环解释,就是根据一个在深处不断演化的真理来解释历史场域,又根据等价物的历史场域和它们所造成的此种感觉来解释深处发生的过程。我们诚然可以从这个循环中遁入作为一系列反思行为的传统的意识结构:我们可以把原始场域的经验分离成一个超越意识的实在与一个它借之在意识中得以表述出来的经验;然后我们就可以让意识去把经验作为其内容而反思经验,以及反思这个意识内容的起源;我们就可以发现深处,反思意识与深处之间的关系,使得这一关系成为反思性意识的进一步对象;等等。但是,让原始场域的参与经验,对新兴真理的经验,对其通过符号沉思性言明的经验,迁就这个屠宰场,将会毁坏所经验到的经验的实在性。此外,它不仅与对灵魂的前苏格拉底的和古典的分析不相容,而且与同这个问题搏斗的 20 世纪的努力,比如威廉·詹姆斯的"纯粹经验"的概念和分析,不相容。

如果我们不想让分析陷入诸如此类的错误建构,那么我们必须认识到经验中的整全性之特性:经验是作为全部呈现于自身的东西而被经验到的。经验之呈现的这一整全性,作为经验本身的一个特性,可以通过"光明"这一符号而得以恰如其分地表达。我们可以说,经验是光明的;就是说,它作为人对于参与的意识对自身是光明的,就是参与原始的实在场域,参与灵魂深处,参与一个实在真理借之表现为在等价真谛的历史场域中的意识的过程。此外,经验之呈现的这一整全性,就当前这种反思这个"对象"的分析而言,不应被解析为一个现在已成为考察"对象"的意识结构。当前的分析,必须被理解为一种对经验的沉思性诠解;它是经验本身所生成的,是它通过符号自我言明的一部分;实际上,它正是经验借以在符号层面上表达自身光明性的过程。鉴于这一分析已成功地对实在真理加以分殊,超出以前等价物所获得的状态,我们始终在这个过程中运动，且到了真理从深处出现的地步。

将这些洞见最终应用于历史中的常数问题和等价性问题，只需要作出一个简短的声明。

在历史中找不到任何常数，因为等价物的历史场域并不是一个可供抽象化和普遍化的方法考察的现象集合。历史起源于这一过程的来临，一个正在从深处浮现出来的实在真理，意识到自己既等价于又胜过以前所经验到的真理。如果在我们研究过程中出现某种东西当得起常数这一名称，那就是这个处于来临状态的过程。所以这种研究并非徒劳无益，其结果颠覆了原来的问题。我们在历史中并没有发现什么常数，而只是发现总是有一个过程，在时间和空间中留下等价符号的遗迹。对于这一遗迹，我们可以赋予习见的"历史"这一名称。正如我们已经说过，历史不是一个给定项，而是我们借以表达我们对集体领域的经验的一个符号，是由这个过程的不断来临所留下的遗迹。同理，等价问题不可能在符号层面上解决。诚然，在我们的工作实践中，我们可能经常满足于即时认识的感觉。例如，我们可以肯定，由石器时代的一位符号家发明的一个圆内四等分的设计，所表达出的对宇宙的经验，等价于那种激发了亚述王室的大地四方之主的风范的经验。但是，等价作为一种直接经验，仅仅见于两种符号话语在这一过程的来临中互相遭遇的时刻。

除了恒常性和等价性，还有一个问题是这个过程本身。我们只在这个过程来临时对它有直接的认识。一个人在这一过程的来临状态中经验这一过程，我们可以具体地把他叫作某个赫拉克勒斯、柏拉图、柏罗丁或圣奥古斯丁。这个过程所留下的历史场域，不是由一个具体之人的灵魂中对真理的遭遇所留下的，而是来自这个贯穿众多同属人类成员之具体生命的过程之来临。这个留下遗迹的过程作为整体并不被任何人具体地经验到。这个问题在我们时代几乎没有人以批判性的意识去面对，尽管它是哲学的一个根本问题。当一位哲学家考察人的本性并取得这个笼统的陈述："人人皆天生具有求知的欲望"，人们可以对这个一般的表达式提出异议。这一陈述或许应用于这种对自己的灵魂的经验生成了这一陈述的哲学家，但没有经验上的正当理由证明可以将这个洞见延伸到"一切人"。不过，我们仍然不把这一陈述作为幻想抛弃，因为我们同亚里士多德都相信一个前提，就是由一个人所发现的一个关于人之实在的真理，实际上适用于每个人。然而，对这个前提的信念，并不是由一种对人之本性的额外的经验所生成的，而是由对实在的原始经验所生成的，就是被我们符号化为宇宙的那个赋有结构的恒常性和永久性的实在。对宇宙及其深处的信心是这一前提的来源——它是人之本性的普遍性，或者就我们而言是作为一种动态的来临的过程的实在——我们接受这个前提，认为它是我们实际投身于真理探索事业的意义脉络。对真理的探索只有基于如下假定才是有意义的，那就是人从自己的灵魂深处打捞上来的真理尽管不是实在的终极真理，却是神圣的宇宙之深处的真理的代表。历史场域中每一个等价符号背后，都挺立着一个人，他在自己的探索过程中生成了该符号，以代表一个不止是等价的真理。这一探索所导致的，不过是最终基于如下信念的等价真理，那就是人通过投身于这一探索，代表性地参与那变得光明的神圣的真理戏剧。

Equivalence of Experience and Symbolization in History

Eric Voegelin

Abstract: The true subject matter of comparative study of civilizations is not their symbols themselves but the constants of engendering experience. Man participates in the process of reality through his consciousness and engenders symbols in the process of participation to express his experience of reality. The propositions concerning the right order of man in society and history can be validated objectively by applying them to the historical field of experiences and theirs symbolizations. This test requires a shift of the search from symbols to experiences. The exploration of the "depth" of the psyche, a symbol developed by the ancient Greek thinkers, indicates that the "depth" is not something that can be objectified, but a stage in the exegesis of an experience of an inexpressible reality beyond consciousness. By this experience the new truth of reality emerged together with the knowledge of its equivalence to the old truth. It is this consciousness that justifies the equivalence of the experiences and their symbolizations in history.

Keywords: reality, consciousness, engendering experience, symbolizations

神话与实在*

[荷]亨利·法兰克福、亨丽埃特·格伦莱韦根-法兰克福 著　张小霞、张静昭 译，严博瀚 校**

[摘　要]　我们通常认为古人弱于思辨。然而在古代近东地区，我们却发现古人同样提出了一系列关系到人的生存的智性问题。不同于现代人所使用的规范化的逻辑命题，古人通过讲述充满意象的神话来表达他们对于人的本性和人与宇宙之关系的理解。我们把这种思维模式称为神话创作形式的思维，它具有如下几个主要特征。首先，与现代的主—客认知模式不同，古人在面对宇宙时，更倾向于把宇宙体验为活生生的、在每一个当下对人开显的"汝"。其次，与试图揭示现象

* 本文是作者法兰克福夫妇与 John A. Wilson、Thorkild Jacobsen、William A. Irwin 等人合编的 *The Intellectual Adventure of Ancient Man: An Essay of Speculative Thought in the Ancient Near East* (Chicago & London: University of Chicago Press, 1946)一书的第一章。

** 亨利·汉斯·法兰克福(Henri "Hans" Frankfort, 1897—1954)，荷兰考古学家和埃及学家。亨丽埃特·格伦莱韦根-法兰克福(Henriette Antonia "Jettie" Groenewegen-Frankfort, 1896—1982)，荷兰考古学家。张小霞(1997—　)，女，湖南茶陵人，华东师范大学哲学系博士研究生。张静昭(1997—　)，女，福建莆田人，华东师范大学哲学系硕士研究生。严博瀚(1995—　)，男，上海人，华东师范大学-里昂高等师范学院联合培养博士。

背后的本质规律的现代科学不同，古人关注的是对他们心灵直接造成影响的现象本身，从而，诸如梦境、怪兽和幽灵都被看做是实实在在的，因为它们直接对人们的情感、心灵或意志造成影响。再次，现代人在探索原因时追求客观的、普遍的因果关系，而古人则关心现象背后的动机与意志，这是因为对他们而言，每一个事件都是独一无二且富有深意的。他们关心从一个现象到另一个现象的转化，以便在神话中为两者建立某种联系，由此进一步理解宇宙间诸力量的关系，但对于具体的转化过程如何发生则缺乏兴趣。最后，我们今天把时空理解为无限的、连续的和同质的抽象系统，但对古人而言，他们所理解的时间和空间都是具体的、非同质化的，具有各自价值与意义的一个个特定位置或过程。

［关键词］ 思辨；神话创作形式的思维；我与汝；具体性

如果要从古代文献中寻找所谓“思辨性思维”(speculative thought)，我们将不得不承认，这些文献记录中值得被称为严格意义上的“思维”(thought)的东西确实很少。我们认为“思维”是符合规范的、具备理性说服力的，但是古代文献中很少有具备这种特征的材料。古代近东地区的思维被想象所包围。我们认为它受到了幻想的影响。但是，与我们不同的是，古代人并不会接受任何可以从具体想象形式中抽象出来的东西。

我们应该记住，即便对我们来说，思辨性思维也不像其他任何形式那样受到严格的约束。思辨(speculation)——正如这个词的词源所示——是一种直觉的、几乎是先见(visionary)的理解模式。[①] 当然，这并不意味着它仅仅是不负责任的思想漫游，无视现实或尝试逃避现实问题。思辨性思维超越了经验，不过这仅仅是因为它试图解释与整合经验。它运用假说的方式来达到这个目的。如果我们在原初意义上使用这个词，那么我们可以说，思辨性思维试图为浑沌的经验提供支撑，以便揭示出一个结构的特征——秩序，连贯性和意义。

---

① “speculation”源于晚期拉丁语单词“speculationem”，该词又可追溯至拉丁语单词“specere”，意为“看”。——译者注

因此,思辨性思维不同于纯粹漫无目的的空想,因为它从来没有完全脱离经验。它可能"一度脱离"经验的问题,但它与经验的联系就在于它试图解释经验。

在我们这个时代,思辨性思维的范围比其他任何时代都远为狭窄。因为我们在科学中拥有了另一种解释经验的工具,这一工具已经创造了奇迹,并仍保持其全部魅力。在任何情况下,我们都不允许思辨性思维侵犯科学的神圣领域。思辨性思维决不能侵犯可证实事实的领域;即便我们可以在一些领域中给它以一定的施展空间,它也不能妄称比科学中的假设更为高贵。

那么在今天,思辨性思维被允许在哪些领域发展呢?它的主要关注点是人——人的本性与人的问题、人的价值与人的命运。因为人不能成为他自己的科学研究对象。人需要超越浑沌体验(chaotic experience)和充满冲突的现实,这促使他寻求可以澄清其紧迫问题的形而上学假说。即便在今天,人们也仍然在执着地思考"自我"这一主题。

为了寻找古人是否也曾有过近似于"思维"的尝试,我们转向关注古代近东地区:两个事例映入眼帘,且相互关联。首先,我们发现思辨的发展毫无限制;它不受科学(也就是有规范的)寻求真理的限制。第二,我们注意到自然的领域与人的领域尚未被区分。

古代人与现代野蛮人一样,总是把人视为社会的一部分,而社会嵌入自然,且依赖宇宙的力量。对他们来说,自然和人类不是对立的,也就不必根据不同的认知模式来理解。事实上,我们会在本书中看到,自然现象通常根据人类体验而被构想,人类体验则根据宇宙事件而被构想。我们在此触及古今一大区别,也是本研究最重要的地方。

现代人和古代人对周围世界的态度的根本区别在于:对现代的、科学的人来说,现象世界主要是"它"(It);而对古代人来说——对原始人亦如此——现象世界主要是"汝"(Thou)。

这种表述超乎通常所谓"万物有灵论"或"人格化"的解释。事实上,它揭示出这些普遍接受的理论有所不足。因为"我"和"汝"之间的关系是绝对独特的(sui generis)。我们最好通过与另外两种认知模式的比较来解释这种认知模式的特质:主体和客体之间的关系,以及当人"理解"另一个生命时两者间的关系。

当然,“主体-客体”(subject-object)之间的关系是所有科学思想的基础,它使得科学知识成为可能。第二种认知模式是当我们去“理解”一个与我们相遇的生灵时所获得的奇妙知识——它的恐惧,或者它的愤怒。顺便说一下,这也是一种我们有幸与动物共享的知识形式。

“我”与“汝”(I-and-Thou)的关系和其他两种关系的区别如下:在确定一个对象的身份时,一个人是主动的;然而在“理解”一个同类生灵时,无论接下来会采取何种行动,一个人或动物在本质上是被动的。因为他最初得到的是一个印象。因此,这种类型的知识是直接的、情感化的、含糊不清的。与之相反的是,智性知识(intellectual knowledge)是情感上无偏好的与清晰的。

“我”对“汝”的认识徘徊在主动判断与被动“印象经历”(undergoing of an impression)之间、理智与情感之间、表达明晰与含混不清之间。“汝”可能是难以对付的,但也更容易理解。“汝”是一个活生生的临在(presence),其特质与潜能变得些许明晰——这一过程不是人类主动探索的结果,而是因为“汝”作为一种临在主动揭示了自身。

这里还有一个重要的区别。一个对象,一个“它”,在科学上总是可以与其他对象联系起来,并且作为一组或一系列事物中的一部分而出现。科学坚持用这种方式来理解“它”。因此,科学所理解的对象和事件皆为普遍规律所规定,这一普遍规律使得人能够在给定情况下预测他们的行为。然而,“汝”是独一无二的。“汝”作为一个个体,具有前所未见、不可比拟和不可预测的特质,唯有在其揭示自身时方能为人所知。此外,人们对于“汝”,不仅仅是去沉思或理解,而是在一种动态交互关系中去情感地体验。基于这些原因,克劳利(Crawley)的格言便可以理解:“原始人只有一种思维方式,一种表达方式,一种言语内容——那就是人化的(the personal)。”人们常常认为,原始人是为了解释自然现象而将人的特性赋予一个没有生命的世界。事实并非如此——原始人并不知道一个无生命的世界。正由于此,他们既没有去“人格化”(personify)无生命的现象,也没有像“万物有灵论”所说的那样,用死去的鬼魂来填充一个空无所有的世界。

在原始人看来,世界既不是无生命的,也不是空无所有的,而是为生命所充溢;无论是人、野兽和植物,还是人类遇到的每一种现象,如雷声、突然的阴影、森林中诡异而充满未知的空地、打猎时使他突然绊倒而受伤的石头,都是具有个体性的生命。任何现象在任何时候都可能显现在他面前——不是作为"它",而是作为"汝"。在这种相遇中,"汝"向人揭示了自身的个性、品质与意志。"汝"不是智性沉思中的客观对象,而是被体验为与人相遇的生命,而这段交互关系调动了人的每一种官能。思想、行动和感觉(尤其是后两者)都从属于这种体验。

接下来,我们集中讨论思维(thought)。古人很可能也意识到某些智性问题,并提出"为什么"与"怎么样"、"从哪里来"与"到哪里去"等问题。不过即便如此,我们也不能指望在古代近东文献的主要思维形式中找到我们所熟悉的思辨——这种思维形式以严格逻辑程序为前提,即便在它试图超越逻辑的时候也如此。我们已经看到,在古代近东地区,就像在今天的原始社会一样,思维不是自主运作的。人作为一个整体在自然界中遇到一个活生生的"汝",又作为一个整体——情感的、想象的以及智力的——将这种体验表达出来。所有关于"汝"的体验都是高度个性化的;而事实上,早期人类也确实把发生的事件视为独一无二的事件。这一系列的事件以及对它们的解释只能被视为行动,且必须以故事形式呈现。换句话说,古人并不是为了提供分析或结论而讲述神话。比如,我们会把旱灾缓解和降雨归于大气层的某些变化。巴比伦人也观察到这一事件,不过将其体验为巨鸟伊姆杜吉德(Imdugud)阻止灾难而拯救了受灾的他们——天之公牛(the Bull of Heaven)的热气烤焦了庄稼,而伊姆杜吉德用翅膀上的乌云遮住天空,吞噬了天之公牛。

古代人不是为了自娱自乐而讲述这样一个神话。他们也不是要客观冷静并摒除隐秘动机,而寻求关于自然现象的合理解释。他们所叙述的乃是在其自身存在范围之内切身参与了的事件。他们直接经历了一场力量斗争,其中一方对他们所赖以生存的农作物收成不利,另一方虽可怖却有益:雷雨击败并彻底摧毁了干旱,使人类在关键时刻得救。当我们在艺术和文学中看到这些叙述的时候,这些意象早已固化为传统,不过在最初意义上,它们必须被理解为由相关经验带来的启示。它们是想象的产物,却不仅是幻想。尽管传说、传奇、寓言和神话可能保留神话的元素,但我们仍有必要分清真正的神话不止于此。这里还有一种可能是,人们为了详细阐述一个神话而不断添枝加叶,直至神话沦为纯粹的故事。不过,真正的神话以一种令人信服的权威来呈现其意象及意象中的演员，它不是幻想的游戏，而是延续“汝”带来的启示。

因此，神话中的意象绝不是寓言，它仅仅是为抽象思想精心挑选的斗篷。意象与思维是分不开的，它反映了体验变为意识内容的形式。

由此，应当认真对待神话，因为它揭示了一个即使无法证实也仍然具有重要意义的真理——姑且称之为一个形而上学的真理。但是神话没有理论表述所具有的那种普遍性和清晰性。它是具体的，尽管它也宣称自己具有无懈可击的有效性——它声称得到信徒的认可；而在批评家们面前，它不假装自己是可证成的。

如果我们记住，古代人并不满足于把他们的神话仅仅描述为传递信息的故事，神话的非理性方面就尤为明晰了。他们把神话改编为戏剧并将其搬上舞台，肯定其内蕴着可经由朗诵而激活的特殊品质。

圣餐礼是一个把神话戏剧化的典例。另一个例子是在巴比伦。巴比伦人在每年的新年节日期间会重演马尔杜克(Marduk)的光辉事迹：在第一个元旦，也就是世界诞生的时候，马尔杜克战胜了浑沌之力。人们在这个一年一度的节日里吟诵创世史诗。显然，巴比伦人并不像我们接受拉普拉斯理论那样看待他们的创世故事，也就是说，创世故事并非一种关于世界如何形成的说明，从而满足他们在智识上的愉悦。古人并没有通过思考而得出一个答案；这个答案早已在与自然的交互性关系中向他揭示出来了。如果一个问题得到了回答，古人就会把这个答案再反过来分享给显现出自身的“汝”。因此，明智的做法似乎是，人们需要在每年季节转折的关键时期公开宣告与“汝”的各种力量所共同分享的知识，以便更深地参与到“汝”那强有力的真理中去。

因此，我们可以这样概括神话的复杂特征：神话呈现为诗歌，却又超越了诗歌，因为它公开宣告了一条真理；神话呈现为推理，却又超越了推理，因为它希望使其公开宣告的真理得以在现实中发生；神话呈现为行动或仪式庆典，一种虽说无法在实际行动中完全实现，但是必须公开宣告和阐述出来的真理之诗性形式。

我们在本章开头说，人们难以在古代近东地区找到思辨性思维，如今这一原因已经清楚了。自始至终，古代人缺乏智性探寻的客观冷静。然而，在以神话创作为形式的思维(mythopoeic thought)结构中，思辨仍然可能存在。即便是限于自身直观感知的早期人类,也会认识到某些问题超越了现象本身。他们认识到起源与终极目的(telos)的问题,认识到存在所要抵达的目标和所欲实现的意图的问题。他们认识到文化、习俗和制度维系着某种不可见的正当秩序;同时,他们把这个不可见的秩序与可见的秩序相联系,后者如由太阳所维系的日夜、季节与年月之间的连续性。早期人类甚至会思考他们在自然界中认识到的不同力量的等级问题。在本书第二章即将讨论到的孟菲斯神学中,埃及人曾经一度把多元神灵归约为一个真正的一神论概念,同时赋予创世思想以精神意义。然而,他们说的是神话语言。如果根据意图而非表现形式来判定的话,那么这类文献的教义可称为"思辨性"的。

举例而言,关于世界如何形成的问题,不妨预测一下我们的当代同伴会给出何种回答。一些现代原始人,比如在许多方面与古埃及人相关的希卢克人,如是回答该问题:"起初是乔奥克(Ju-ok),也就是伟大的创造者。他创造了一头大白牛,从尼罗河中升起,称为邓艾德(Deung Adok)。这头白牛生下了一个人类男婴,她哺育这个男婴,并给他取名科拉(Kola)。"[①]这种类型的故事有很多。对于这种故事,我们显然可以说,在万物生成的问题上,任何形式的具体想象事件都可以满足询问者。这里没有思辨性思维的影子。取而代之的则是视觉的直接性(immediacy)——具体的、无可置疑的、非推论性质的。

如果将创生类比于人类处境,而非局限于纯粹幻想的话,我们就可以进一步分析。创生被设想为生育;其中最简单的形式是把一对原始夫妇设想为所有存在者的父母。埃及人似乎和古希腊人、毛利人一样,认为大地和天空是原始的一对。

导向思辨性思维的下一步是把创生设想为父母之一的行为。创生可能被设想为一位伟大母亲的生育,这一伟大母亲要么是女神,要么是魔鬼(前者表现于古希腊神话,后者表现于巴比伦神话)。当然也可以把创生设想为一个男性的行为。比如,在古埃及神话中,阿图姆神独自从原初之水升起,在自己身上产生第一对神,从而在浑沌中创生宇宙。

即便可以在这些创世故事中分析出思辨性要素,但它们仍属于神话的领

---

① Seligmann, *in Fourth Report of the Wellcome Tropical Research Laboraories at the Gordon Memorial College, Khatoum*, London, 1911, Vol. B: *General Science*, p. 219.

域。不过移至思辨性思维的领域——尽管是以神话创作为形式的思辨性思维——阿图姆是创世者，他最早的孩子是舒(Shū)和泰芙努特(Tefnūt)，即空气和湿气；二者结合，生下了盖布(Geb)和努特(Nūt)，即大地和天空；二者又结合，生下了四个神，由于其中的奥西里斯(Osiris)既是人间之神亦是冥界之王，社会与宇宙力量就通过奥西里斯的循环而建立起关联。在这个创世故事中，我们发现了一个通过思辨而产生的明确的宇宙论系统。

在埃及，这一神话并非孤例。他们的思辨主题甚至延伸到浑沌本身。据说，有八种神秘生物栖息在原初之水中，四只雄性青蛙和四条雌性蛇，他们见证了作为太阳神和创世神的阿图姆。这八者，即八元神奥格多阿达(Ogdoad)，不是被创造的秩序的一部分，而是浑沌本身的一部分，它们的名字便显示了这点。第一对是努恩(Nūn)和纳乌涅特(Naunet)，即原始而无定形的海洋和原始物质；第二对是胡(Hūh)和卡乌赫特(Hauhet)，即无竟(Illimitable)和无际(Boundless)。然后是库克(Kūk)和卡乌凯特(Kauket)，即昏冥(Darkness)和恍惚(Obscurity)；最后是阿蒙(Amon)和阿玛乌涅特(Amaunet)，即隐蔽(the Hidden)和隐藏者(Concealed ones)——可能是风。因为风"随着意思吹，你听见风的响声，却不晓得从哪里来，往哪里去"(《约翰福音》3：8)。这里，当然是神话面貌下的思辨性思维。

我们在巴比伦也发现了思辨性思维，在那里浑沌不再是友好、合作并带来创造者(即太阳)的奥格多阿达，而是生命和秩序的敌人。在伟大的母亲提亚马特(Ti'amat)生育了无数生命(包括众神)之后，众神在马尔杜克(Marduk)的指示下展开了一场极重要的战斗，提亚马特在这场战斗中被击败，并且被彻底摧毁。而后，宇宙通过她的身体而得以开始。巴比伦人将这场战争视为万物存在的起源。

纵观古代近东的文献，我们发现了以神话创作为形式的思辨性思维。早期人类面对现象的态度说明了他们采取神话创作思维形式(mythopoeic thought)的原因。不过，为了更全面地理解这一特性，我们应该更详细地考察神话创作思维形式。

神话创作思维形式的逻辑

迄今为止，我们一直努力表明，原始人的思想并不是自发自主的，他们完全沉浸在现象世界的好奇态度中，这一历程可称为生命与生命的相遇。事实上，我们会发现，今人的理智判断范畴往往不适用于由思考与意志之复合体组成的神话创作思维形式。不过，前文所使用的"逻辑"这个词仍然是合理的。古代人用原因和结果来表达他们的"情感化思想"(emotional thought)(我们姑且如此称之)，用时间、空间和数字来解释现象。我们通常认为他们的推理形式与今人格格不入，事实上并非如此。他们可以逻辑地推理，不过他们通常并不费心这么做。因为纯粹的理智态度意味着客观冷静，这种态度与他们对实在(reality)的最重要体验不相兼容。那些详细地证明了原始人具有所谓"前逻辑"思维模式的学者们很可能指的是巫术和宗教实践，他们因而忘记了如下事实：他们在研究中，不是把这些康德哲学里的范畴运用到纯粹理性上，反倒是运用到高度情绪化的行动上面去了。

我们如果尝试界定神话创作思维形式的结构并将其与现代思维(即科学思维)的结构进行比较，便会发现二者差异的原因在于情感态度和意图，而非所谓的前逻辑心理。现代思维在主体和客体之间做出了基本区分。基于这一区分，科学思维通过批判和分析的方式逐步把个别事件变成一种符合普遍规律的典型事件。由此，科学思维在我们对现象的感知与用来理解这些现象的概念之间创造了一条越来越宽的鸿沟。我们看见的是太阳东升西落，思考的却是地球公转。我们看见的是颜色，描述的却是波长。我们梦见死去的亲人，那清晰的影像却被理解为潜意识思维的产物。这些科学观点几乎难以相信，但即使作为个体的我们无法证明其正确性，仍然会接受它们，因为这一点是可以证明的：科学比我们自身的感官印象更具客观性。不过，由于原初体验具有即时性，这种科学思维没机会对感知进行批判分析。原始人无法从现象中抽身而出，因为现象是通过我们此前已经描述的方式向原始人主动揭示自身的。因此，对原始人来说，主客观知识之间的区别是毫无意义的。

今人在实在和表象(reality and appearance)之间做出的区分对原始人来说也毫无意义。在原始人那里，任何可以影响思想、感觉或意志的东西都是一个不可置疑的实在。比如，没有理由可以证明一个人清醒时接受的印象应当被视为比梦境更加真实的事物。相反，比起日常生活中的单调事件，梦往往更能影响一个人；梦似乎比平常的感知包含更多的意义，而不是更少。和古希腊人一样，巴比伦人也会选择在一个神圣的地方度过一个夜晚来寻求神灵的指引，希望在梦中得到启示。埃及法老们也有关于梦境促使他们承担某些任务的记录。幻境同样是真实的。亚述王阿萨哈敦(Assarhaddon)[①]的官方编年史中记载了一些难以置信的怪物——双头蛇和绿色的有翼生物——它们是疲惫不堪的部队在干旱的西奈沙漠这个行军中最艰难的部分里见到的。我们可能还会想起，古希腊人在与波斯人的决定性战役中见证了马拉松精神的诞生。至于怪物，中王国时期的埃及人对于沙漠和他们现代的后代一样恐惧，他们在描绘了瞪羚、狐狸和其他沙漠野味的同时也以完全同样的口吻描绘了龙、狮鹫和喀迈拉(chimera)。

正如梦境、幻觉与普通视觉之间没有明显区别一样，生者与死者之间也没有明显区别。死去的人在某种程度上仍旧生存着，并且他们能和生者保持持续不断的关系，这些都被视作理所当然的事情。这是因为，死者被卷入到了生者由苦痛、期冀或怨恨所编织成的无可置疑的现实中。对于神话创作时代的心灵来说，"对人产生了影响"便意味着"有生命"("To be effective" to the mythopoeic mind means the same as "to be")。

符号也经由相同的方式得到处理。原始人像我们一样也使用符号，但就像他们不能在脑海中构想某种关系(比如说相似关系)既和该关系的诸对象相互关联又和它们彼此独立一样，他们也不能把符号构想为既象征了诸神或自然伟力，又和这些它象征的东西彼此独立。因而符号和它所象征的东西就搅和在一起。由于两个彼此对照的东西一搅和，其中一个就可以代表另一个。

我们可以通过类似的方式来解释 *pas pro toto*——"一个部分可以代表整体"这个古怪的思想；一个名字、一缕头发或一个影子可以代表一个人。这是因为，原始人认为，这缕头发或影子在任何时候都充分体现了这个人的方方面面。与他相遇的可能是携带其主人容貌的"汝"。

原始人将符号和其代表物相联合可以通过这个例子来说明，那就是他们会把一个人的名字视作这个人的关键部分——就好像名字在某种程度上与这个人是完全等同的。中王国时期的埃及法老们留下许多陶碗，他们在上面刻有位于巴勒斯坦、利比亚和努比亚的敌对部落及其统治者的名字，以及某些叛乱埃

---

① D. D. Luckenbill, *Ancient Records of Assyria and Babylonia*, Vol. II, Chicago: University of Chicago Press, p. 220.

及人的名字。在某个仪式上(可能是前任国王的葬礼),这些碗被庄严地摔碎。人们明确宣告了这一仪式的目的,那就是这些敌人都将要死去,而这些敌人显然是在法老触及范围之外的。如果我们把这个摔碗仪式称为象征性的行为,那么我们便错失了要点。古埃及人认为,毁掉名字将给敌人带来实际的伤害(real harm)。这一仪式甚至被运用于更广的范围,人们用它来施加吉祥的咒语。在列举出"他们将死去"的敌人名字之后,埃及人又加上这样的短语:"一切有害的想法,一切有害的谈话,一切有害的梦想,一切有害的计划,一切有害的精神斗争",等等。在陶碗上提及这些事情,并且在仪式上将这些陶碗摔碎,就可以在实际上削弱其伤害国王或王权的力量。

对我们来说,行为与仪式或象征性的表演之间具有根本差异。但是这一差异对于古代人来说是毫无意义的。在描述如何建造一座寺庙时,美索不达米亚的统治者古地亚(Gudea)一口气说道,他用黏土塑了块砖,用火净化了这个地方,并用油使这个平台神圣化。当埃及人宣称奥西里斯(Osiris)——抑或是巴比伦人宣称俄安内(Oannes)——赐予他们文化的基本要素时,这些文化要素既包括手工业和农业,也包括人所使用的仪式——这两类活动拥有同等程度的现实性。收获的成功是取决于农民的技艺,还是取决于新年节日仪式的正确无误的表演?这个问题在巴比伦人看来是毫无意义的。因为,要想获得成功,两者都不可或缺。

正如人们认为幻想物(imaginary)存在于现实,概念也可能被人实在化(substantialize)。一个人拥有勇敢或者雄辩等品质,就好像拥有能够跟别人分享或被别人抢走的一件东西。埃及人把"正义"或"公平"的概念称为玛特(ma'at)。法老的嘴是玛特的庙宇。玛特被人格化为一个女神,但是同时,众神也"靠玛特生存"(live by *ma'at*)。这个概念被人们形质化为一种物质:在日常仪式中,人们把女神塑像和其他物质供品(食物和饮料)放在一起,它们都是用来供奉诸神的食物。我们可以发现,神话创作思维形式中存在这样一个矛盾:尽管它不知道无生命的物质,面对着一个永远充溢生命的世界,但它无法离开有形之物的范围(the scope of the concrete),从而只能把它自己的概念视为存在的实物。

原初意义上的死亡概念是这种形质化倾向的极佳例子。对我们来说,死亡不是一个事件——如韦伯斯特(Webster)所说,是逝去的行为或事实。但是对古人来说，它多少是一种物质性的实物。因此，在埃及金字塔文本中，我们读到了关于事物起源的如下描述：

当天空尚未形成，
当人类尚未出现，
当诸神尚未诞生，
当死亡尚未降临……[①]

在史诗中，当侍酒西杜里（Siduri）怜悯吉尔伽美什（Gilgamesh）时，措辞也如出一辙：

吉尔伽美什啊，你向何处游荡？
你所要寻找的生命，永远不会找到。
因为当众神造人的时候，早就让
死亡成为人的一份，而生命
则掌握在他们自己手里。

首先需要注意的是，生命和死亡相对立，从而凸显出古人认为生命本身是无穷无尽的，唯有另一种现象——死亡——的干预才能结束它。其次我们应该注意到，神明将生命留于自己手中这句话体现了生命的形质化。如果一个人倾向于把这个短语看作修辞手法的话，那么他最好记得在另一个神话中，吉尔伽美什和阿达帕（Adapa）被赐予了通过食用生命这种物质的东西而获得永生的机会。吉尔伽美什见到了“生命之树”，但却被一只大蛇夺去；进入天国的阿达帕得到了生命的面包与水，但是他根据狡猾之神恩奇（Enki）的指示而拒绝了它们。在这两个神话中，是否食用一种具体的物质便产生了有死与永生之间的差别。

我们接下来讨论因果性的范畴。在现代思想中，它与主客体的区分一样重

① Sethe, *Die altaegyptischen Pyramidentexte nach den Papierabdrücken und Photographien des Berliner Museums*, Leipzig: J. C. Hinrichs'she Buchhandlung, 1908, par. 1466.

要。如前所述,如果科学把浑沦一体的感知(chaos of perceptions)还原为普遍规律下的具体事件的秩序(order),那么这种转换是因果关系的前提。原始人的思维自然而然地辨识出原因和结果之间的关系,但是它无法辨识出我们这种具有客观性、机械性和规律性的因果关系。因为今人在寻求真实原因时,寻找的是在相同情境下总会产生相同结果的原因,从而远离了世界的直接体验(experience)。我们都记得牛顿将三组现象放在一起考察(自由降落的物体、行星的运动和潮汐的涨落周期),从而发现了引力和万有引力定律——但如果仅靠敏锐的观察,这三者毫不相干。因此,原始人的心灵是无法从感性实在中到达科学这种认识程度的。此外,今人的其他观念也无法满足他们。原始人的心灵在寻求原因的时候,所寻找的不是"怎样",而是"谁"。早期人类面对的现象世界是"汝",也就不会期待找到一个统贯其中的客观规律,而是寻找行动背后的动机与意志。远方山脉的降水量匮乏并不足以解释河流为何不涨水。如果河流没有涨水,那是因为它**拒绝**[①]涨水。人们依赖河流灌溉,因此,这一定是因为河流——或诸神——对人类愤怒了。往好了说,河流或诸神试图给人传达一些消息。既然如此,采取一些行动就很有必要。我们知道,当底格里斯河没有涨水时,古地亚国王去神庙里睡觉,以便在梦中得到指示,从而知晓干旱的意义。在埃及,人们逐年记录尼罗河的水位变化,这些记录上溯到最早的历史时期,法老每年会在尼罗河即将涨水的时候给它献祭。关于这些被扔进河水的祭品还有一份文件记录,该记录以命令或者契约的方式宣布了尼罗河的职责。

由于我们的因果关系具有客观性,它不会让原始人类感到满意。此外,它的普遍性也不会让原始人类感到满意。我们不是去理解现象的独特性,而是去理解现象如何显现出普遍规律。但是,普遍规律无法判断每个事件的独特性。而且,事件的独特性显然是早期人类体验中最强烈的东西。我们会用生理过程来解释一个人的死亡。早期人类则会问:为什么**这个**人会在**这一时刻**以**这种方式**死亡?而我们只会说,在这种情境下,人总会死亡。正如该事件具有独特性,早期人类也希望为它找到独一无二的原因。人们不会智性地分析事件,而是体验其复杂性与独特性,这也与独特的原因相匹配。因此,死亡是**有意志的**,而这个问题也再次从"为什么"转向"谁",而不是"怎样"。

---

① 全文中的加粗文本皆为原文作者强调的文本。——译者注

将死亡视为有意志的这样一种解释与前述解释有所不同——我们曾提到，人们曾认为死亡几乎是具有形质的，更是被创造出来的。在这些章节中，我们第一次看到这种多元化解决问题的奇特方法，而这是神话创作时代的心灵的典型特征。在吉尔伽美什史诗中，死亡是具体而实在的；它分配给人类；其对立面是不朽生命，它也同样具有实在性，人能够通过服食生命之树的方式来吸收它(assimilate)。而现在，我们又看到了意志导致死亡的观点。这两种解释并不互斥，但也不一致——这与我们所期待得到的结果不同。在早期人类看来，我们所期待得到的结果并不合理。因为他们不会把事件从其特定环境中孤立出来，也不寻求能够满足所有情况的单一解释。死亡，作为出离生命的状态，被视为一种内在于所有已经或即将死亡者的物质。但是在情感上，死亡又被视为由具有敌意的意志所开展的行动。

这种二元论同样存在于对疾病和罪恶的解释中。早期人类将满载共同体罪恶的羊驱使到沙漠，其中罪恶显然被视为一种物质。早期医学文献将"发烧"解释为"热"这一物质进入人体。神话创作时代的思维将性质视为物质，并将这些物质的"发生"分别当作原因或结果。不过，导致发烧的热也可能是被邪恶魔法赋予了"意志"而降临在人的身上，或者，作为一种邪灵而进入了人的身体。

早期人类通常认为邪灵不仅有物质性，而且有意志力。他们可能含糊地将其进一步规定为"死亡之神"，不过这种解释通常被今人理解为早期思想中的把罪恶人格化的做法，它构想精细却庞杂无绪。在早期人类这里，如果邪恶成为注意焦点，并进一步激发想象力，这个人格化的过程就会走得更远。于是，便有了像巴比伦的拉玛什图(Lamashtu)这种被赋予了个性的恶魔。诸神也以此种方式存在。

进一步而言，诸神作为所有事物中具有人格化力量的存在，满足了早期人类解释现象世界的需求。有时候，在后来纷繁复杂的诸神中，仍然辨认出这一起源。有个绝佳的例子，那便是伟大的伊西斯女神源于神化了的王座。我们知道，在与古埃及人密切相关的现代非洲人这里，加冕新统治者是继任仪式中最重要的一幕。人们痴迷王座，赋予其王权的神秘力量。王子在王座上加冕为国王。因此，王座被称作国王的"母亲"。在这里，我们发现人格化的起源：人们对原本是情感渠道(a channel for emotions)的东西加以修饰，使之成为一个精心构造的神话。通过这种方式，伊西斯这个"促成国王的王座"变成"伟大的母亲”,献身于儿子荷鲁斯(Horus),历经磨难,忠于丈夫奥西里斯(Osiris)——一个充满力量的人物,埃及之外的人甚至也为其吸引,埃及衰落之后,其信仰又持续在整个罗马帝国时期。

然而,人格化只在一个有限程度内影响人的态度。像伊西斯神一样,天空女神努特(Nūt)被认为是一个充满爱意的母亲之神;但是新王国时期的埃及人在安排他们死后的天堂之路的时候,并没有言及努特神的意志或者行动。他们在灵柩中画了一个人的身形大小的女神形象;死去的身体躺在她的臂弯之中;由此便可确保死者升入天堂。由于相似性意味着分有本质,努特神的画像与它的原型合并。在灵柩中静卧的死者已经在天堂中安息了。

在每个我们看来仅仅是思维上的联系的案例中,神话创作时代的心灵都在其中发现了因果关系。每一种相似性,每一次空间或时间上的接触,都在两个物品或事件之间建立了一种关系,我们在其中一物中观察到变化,都能在另一物中寻找到该变化的原因。我们必须记住,神话创作时代的思维并不要求他们的解释能够说明一个连续的过程。最初情况与最终情况之间具有关系,可以仅仅基于他们关于其中一个随着另外一个而发生的信念。因此,我们可以看到,比如,早期埃及人和现代毛利人以如下方式解释天空和大地之间的当前关系。天空最初是平摊在大地上的;但是二者在后来分开了,天空被举到它现在所处的位置上。在新西兰,这件事情是由天空和大地的儿子做的;在埃及,这件事情是由空气之神舒做的,而舒神现在便处于大地和天空之间。天空被描述为一个用她伸展的手臂俯身在大地之上的女人,而且舒神支撑着她。

变化可以被简单地解释为:存在着两种不同的事态,其中一种乃是从另一种里面涌现出来,而这种解释并不坚持要给出一个可理解的转化过程。换句话说,变化即一种转化(transformation),或一种化形(metamorphosis)。我们发现,时间再次成为用来说明变化的工具(device),其中无需再做出更进一步的解释。一个神话解释了太阳——被视为埃及的第一个国王——现在为什么在天空上。它讲述说,太阳神拉(Rē)厌倦了人类身份,因此它坐上了天空女神努特的背,此时女神已经化身为屹立大地四方的巨牛。自那以后,太阳便在天空上了。

我们几乎不会严肃对待这个引人入胜却无关紧要的故事,而且倾向于对事实做出更为严肃的解释。早期人类并非如此。他们知道太阳神曾经统治过埃及;他们也知道太阳现在在天空上。关于天空与大地的关系,在前面那个神话中，他们解释了舒神如何进入天空与大地之间；在后面那个神话中，他们解释了太阳如何上升到天空，也解释了天空是母牛这个众人皆知的观念。所有这些都给他们带来了所有图景与已知事实各得其所的满足感。毕竟，这是一种解释理应达到的效果。

拉神坐在天空母牛上的图景，不仅是神话创作时代的心灵为了解释现象而给出的非推理性的因果关系，还体现出古代人的另一种倾向，这在前文已有所述及。我们看到，他们可能对同一种现象做出各种各样的平行描述，即便这些描述是彼此相斥的：我们在第一个神话中看到舒神怎样将努特神从大地上举起的；在第二个神话中则看到努特神以母牛的形状自行上升到天空。这个天空女神的形象很常见，尤其当人们看重她作为母亲女神的这一方面。她是奥西里斯的母亲，因此是所有死者的母亲；她也是每个夜晚给予星星、每个清晨给予太阳以生命的母亲。而当古埃及人的思维转向生育时，女神就会呈现以母牛形象。在第一个太阳和天空的神话中，天空没有以它的原初含义母牛形象出现；在第二个神话中，努特神作为母牛，唤起了一幅画面，即体型庞大的动物上升并且将太阳举到天空。当注意点落在努特神承托太阳时，太阳被称作“黄金小牛”或者“公牛”。当然也可能因为，在这里重要的不是天空与天体或重生于天空的死者的关系，而是天空作为一种独立的宇宙现象。这种情况下，努特神被描述为创生者阿图姆神的孙辈、空气之神舒和湿气之神泰芙努特的女儿，而且她与大地之神结婚。在这种理解方式下，努特神便以人类形式呈现出来。

我们再次看到，古代人在面对现象时，会根据切入点不同而形成不同的理解。现代学者批评埃及人的思想存在显而易见的矛盾之处，并且怀疑他们是否具备清晰思考的能力。这种态度纯粹是一种无理由的成见。我们一旦理解了古人思维的过程，便容易看到他们思维的正当合理性。毕竟，宗教价值不能还原为理性公式。自然现象，无论是否被人格化而成为神，都是以一种充满生命力的存在而与古代人相遇的；它是一个充满意义而超越概念定义之范围的“汝”。这种误解之所以会产生，是由于我们太习惯用灵活的思想和语言来限定和调整具体概念，以至于要让古人来承担表达与意义的重负。神话创作时代的心灵倾向于具体，他们不以今人的方式来表达非理性，而是承认条条大路通罗马，肯定不同途径皆具正当性。比如，巴比伦人以不同形式崇拜自然的创生力量：当这一力量带来有益的雨水雷电，人们便将其具象化为一只狮头鸟；当这一力量体现为肥沃的土地，它便成为一条蛇；而在雕塑、祈祷文和宗教剧中，它则表现为人形的神。早期埃及人将天空之神荷鲁斯(Horus)视为主神。他被想象为一只羽翼舒展、盘旋四方的巨型猎鹰，日出日落时的彩云是他布满斑点的胸部，太阳与月亮则是他的双目。此神也可以是太阳神，由于太阳是天空中最强大的东西，因此很自然被认为是神的显现。也就是说，太阳与同样为人所崇拜、羽翼覆盖大地的大猎鹰是相同的神性存在。尽管在古人的想象中，每个现象都展现出这么多不同姿态，我们仍不应怀疑神话创作时代的心灵肯定这些现象之间存在协调一致性，而这些不同形象都是用来应对现象的复杂性的。不过，由于神话创作时代的心灵在解释同一现象时众说纷纭，许多神话形象互不相干，这种思维形式显然远离而非靠近今人对于因果关系的解读，因为我们企图寻找能够适用整个现象世界的因果规律，即同一原因必将导致同一结果。

如果将所考察的范畴从因果性转向空间，我们也可以观察到相似的对照。正如现代思想试图将原因理解为现象之间抽象的功能性关系，空间也仅仅被视为一个集合了关系与功能的系统。我们将空间假定为无限、连续和同质的——这些都是感觉器官所无法揭示的属性。但是，原始人的思维无法从其空间体验中抽象出“空间”的概念。尽管在我们看来其中一些联系的正当性仍然存疑，但它们是古人的主要空间体验。早期人类的空间概念是具体的方位；它们指向不同地点，并带有感情色彩；这些位置或熟悉或陌生，或敌对或友善。在这些个体体验之外，共同体也发现了某些宇宙事件，这些事件赋予空间区域以特殊含义。白昼与黑夜使东方与生存相关联，西方与死亡相关联。在超出直接经验的区域中，如诸天之上或地下世界，思辨性思维也很容易展开想象。美索不达米亚的占星学家将天体、天文事件与人间的地区相联系，从而发展出一套宏大的体系。因此，神话创作时代的心灵在建立一个协调的空间体系方面可能不亚于今人的思维；但是这个体系由情感认知价值决定，而不是客观的测量。至于这个方式在多大程度上决定了原初的空间概念，我们能够在一个例子中得到最好的阐释，这个例子将会在随后的篇章中作为古代思辨的典例而再次看到。

在埃及，创世者据说起源于浑沌之水(waters of chaos)，他制作了一个干燥山丘，以作为他自身的立足之地。传说这个从创世便存在的原始之山位于赫利奥波利斯(Heliopolis)的太阳神庙——因为太阳神在埃及通常被视为创世者。然而，每个神庙里的至圣所(Holy of Holies)具有同等的神性；每个神——基于他被认为具有神性这一事实——都是创世力量的源头。因此，这片大地上的每个至圣所都与原始之山相等同。因此，人们在修建于公元前四世纪的菲莱(Philae)神庙中写道："这个(神庙)自万物未生且大地混沌之时开始存在。"人们也如是描述其他神庙。孟菲斯(Momphis)、底比斯(Thebes)、赫尔门斯(Hermonthis)的大祭坛都明确宣称它们自己为"原初浮现的神圣山丘"，或使用其他相似的表达。每个圣殿都拥有原初神性的核心品质。因为，每当一个新的神庙建立，它就朗现出这一地点的潜在神性。与原始之山相等同的东西以建筑的方式表现出来。至圣所坐落在一个明显高于入口的地方，一个人要从大厅或走廊通达至圣所，一般需要在每个入口爬上几步或者沿着一个坡道上行。

不过，在古埃及人的设想中，神性地点的意义并不仅限于神庙和原始之山的合一。法老陵墓也被修建为与之相似的形状。死去的人——尤其是法老——在死后重生。没有一个地方比原始之山更为吉利，没有一个地点比原始之山更能够确保人能顺利穿过死亡的威胁，这个原始之山是创生力量的中心，宇宙的有序历程正是从这里展开。因此，法老陵墓被修建为金字塔的形状，它表现出原始之山的赫利奥波利斯式建筑风格。

在今人看来，这种观点是完全无法接受的。在我们连续而同质的空间观念里，每个位置的地点是明确固定的。我们会坚持认为从浑沌之水中实际涌现出来的第一堆山丘必定有唯一的位置。但是，埃及人会认为这种反驳无足轻重。由于神庙、法老陵墓和原始之山具有一样的神性，建筑形式也相似，因此它们就共享了本质性的要素。证明某一建筑比其他建筑更能称为原始之山是愚蠢的。

与原始之山存在于不同地方相类似的是，人们认为作为万物之源的浑沌之水也存在于不同地方。它们有时候在国家经济中发挥作用，有时候在埃及人的宇宙图景中构成必要的部分。浑沌之水以环绕大地的海水形式而存在，大地既起源于它，如今也漂浮在它之上。因此，这些水域也存在于地下水中。在位于阿拜多斯的塞提一世的纪念碑中，灵柩被放在一个带有双叠楼梯的岛屿上，这象征着原始之山；这个岛屿被一个充满了地下水的水道所环绕。人们认为安葬于此的国王将由此在创世之处重生。不过，这个浑沌之水努恩同时也是地下世界之水，太阳和死者都必须由此穿过。另一方面，浑沌之水包含了所有生命的潜在可能；因此，它们也是尼罗河每年的洪水，它更新和复苏了河岸的肥沃土地。

与空间概念相似，神话创作时代的时间概念是性质上的和具体的，而不是数量上的和抽象的。神话创作时代的思维并不把时间视作均质的连续过程，或者同质时刻的连续序列。早期人类并不知道塑造了今人历史的框架或者数学与物理意义上的时间概念，他们不会从其时间体验中抽象出一种时间概念。

举例而言，卡西尔指出，时间体验是丰富而微妙的，即便在原始人类这里亦是如此。时间既被体验为一个人自己的生命周期与节律，也被体验为自然的生命历程。人的生命的每个阶段——童年、青春期、成熟期和老年——都具有独特性质。从一个阶段到另一个阶段的转变是一个充满危机的时期，此时人需要通过共同体联合起来而获得帮助，即，共同体根据人的出生、成人、结婚或者死亡而举办相应的仪式。卡西尔把这种将时间视为生命不同阶段之更迭的独特时间观念称为“生理时间”。而自然所显现的时间，如季节变迁与天体运动，很早就被想象为某种生命历程的标示，而这一自然的生命历程与人的生命历程相似且相关。不过即便如此，它们也不是我们所理解的“自然”过程。哪里有变化，哪里便有原因；而就像我们所看到的，有原因即意味着有意志。比如，在《创世纪》中，我们看到上帝与所有生物立约，许诺不仅洪水不会再发生，而且“地还存留的时候，稼穑，寒暑，冬夏，昼夜就永不停息了”（《创世纪》8：22）。时间秩序和自然的生命秩序（它们实际上是同一个东西）由《旧约》中的上帝以他的全能力量所自由恩许；而如果在整体意义上考虑时间秩序，那么作为一种已经建立起来的秩序，它们就会遍及其他地方，即时间都将建立在一个有意志的创生秩序之上。

但是，另一种解释也有可能，这个解释并不把各个阶段的顺序视为一个整体，而是视为从一个阶段到另一个阶段的实际转化——阶段之间的实际更迭。夜长的变化，日出与日落景象的永恒转化，春秋分之间的暴雨——这些都没有表明神话创作时代的时间“基本要素”之间有着自动而平顺的变化。反之，人们认为这里反映出某种冲突，由于人类完全依赖天气与季节的变化，这种想法被人类自身的焦虑所加强。文辛克（Wensinck）将之称为“戏剧化的自然概念”（dramatic conception of nature）。每个清晨，太阳就像它在创世之日或每个新年节日那天一样，击败黑暗和浑沌而从东方升起。在人们看来，这三个时刻是合并在一起的，而且本质上是相同的。每天的日出和每个新年节日那天的第一次日出，都重复了创世之日的第一次日出；对于神话创作时代的心灵来说，每次重复都与原初事件合并在一起——它们实际上是完全同一的。

我们在时间范畴中看到了与空间范畴相平行的现象。在空间范畴中，人们认为像原始之山这样的典型地点存在于这片土地的各个地方，因为这些地方共享了其原型的关键要素。我们曾把这一现象称为空间上的合并。在时间上的合并方面，我们可以从一首诅咒法老敌人的埃及诗歌中发现例子。首先需要说明的是，由于太阳神拉是埃及的第一个统治者，而法老同样统治了埃及，所以被视为拉神的形象。该诗如是描述法老的敌人："他们必将像新年节日早晨的阿波菲斯蛇(Apophis)一样。"①阿波菲斯蛇是充满敌意的黑暗之神，太阳每天晚上都从西方日落的地方行进到东方日出的地方，在西方世界的旅程中击败它而从东方升起。但是，为什么敌人应该像新年节日早晨的阿波菲斯蛇一样呢？这是因为人们有这样一种观念，即创生、日出与新年循环的开始在新年节日庆典中合并而且达到巅峰。因此，人们借助新年节日的魔力来增强这个诅咒。

在这个"认为每个地方存在神性与魔性、宇宙与浑沌力量的斗争之戏剧化自然概念"(文辛克语)中，人不仅仅是一个旁观者，其生活受这些斗争左右，其福祉完全依赖于此；以至于他们会认为有益的那一方必然胜利，而且无需从人类这方参与这些斗争。由此，我们在埃及和巴比伦看到，人——社会中的人，通过相应的仪式来参与自然最重要的变化。比如，埃及和巴比伦的新年节日庆典都是被精心设计的仪式，这些仪式包含模仿诸神之战或者模拟对战。

我们必须再次记住，这种仪式并不仅仅是象征性的；它们属于宇宙事件的一部分，是人类在这些宇宙事件中分担相应角色的表现。在巴比伦的第三个千年到希腊化时期这一阶段，我们发现了一个持续几天的新年节日庆典。这个庆典复诵了创世故事，而且展开了一个国王在其中扮演胜利之神的模拟对战。在埃及，我们知道有几个庆典关于击败死亡而重生或复活的模拟对战：一个发生在一年一度的奥西里斯大游行期间，位于阿比多斯；一个发生在新年前夕，位于节德柱这个建筑物前；还有一个发生在至少是希罗多德时期，位于三角洲上的帕普雷米斯。人类通过这些庆典来参与自然的生命历程。

人类可以通过这种与自然和谐相处、自然和社会力量相协调的方式来安排

① Adolf Erman, *Aegypten und aegyptisches Leben im Altertum*, Hermann Ranke (ed.), Tübingen: Verlag Der H. Lauppschen Buchhandlung, 1923, p. 170.

他们自己的生活,或者至少是安排他们所属的社会生活,这样可以给他们的事业增强额外的力量并且提高成功机会。不言而喻,整个占卜"科学"的目标正在于此。不过,也有一些明显事例说明,早期人类也确实需要让他们的行动与自然保持一致性。例如,在埃及和巴比伦,国王的加冕会推迟到一个新的自然循环开始,从而给新的统治时期提供一个好兆头。在埃及,这个时间可能是尼罗河开始涨水的初夏,或者洪水逐渐退潮、土地肥沃而利于播种的秋季。在巴比伦,国王在新年的第一天开始他的统治,新神庙的落成典礼也只在这一天举办。

人们在宇宙与社会事件之间精心设计出一种协调性,这清楚表明,对于早期人类来说,时间不是中性而抽象的指示结构,而是循环往复的阶段序列,其中每个阶段都充溢着独特的价值与意义。此外,与处理空间问题得到的成果相类似,我们在这里发现了一种脱离了时间直接体验的"区段"(region),它极大地激发了早期人类的思辨性思维——即,遥远的过去与将来。两者中的任何一个都可能具有规范性(normative)和纯粹性(absolute);二者都落在直接的时间范围之外。纯粹的过去不会逝去,纯粹的未来也无法抵达。"神之王国"可能在任何时间闯入现在。对于犹太人来说,未来具有规范性。而对于埃及人来说,过去具有规范性;没有法老能够期望达到"就像太阳神在起初的情境中"所达到的成就。

不过,我们在这里涉及了会在随后篇章中加以讨论的材料。我们已经尝试说明神话创作时代的思维中的"逻辑"这个独特结构是如何发端的,由于早期人类从不对他们的基本经验——与一个意义深长的"汝"相遇——做出判断,所以他们的智性不会自主运行。因此,当早期人类在其复杂生活的方方面面中遇到一个智性问题时,他们从不禁止运用情感和意志的因素来解释;而且,他们是通过复杂想象而非分析判断得到结论的。

这些图景所涉及的领域不是完全孤立的。我们将在此书中依次解决如下关于思辨性思维的问题:(1)宇宙的本性;(2)邦国的功能;(3)生命的意义。但是,读者会明白,我们这种对形而上学、政治学和伦理学进行区分的温和尝试是出于便捷性的考虑,它们没有深层含义。因为,对于神话创作时代的思维来说,人的生命、邦国的功能完全内嵌于自然,而且自然过程受到人类行为影响的情况,并不亚于人的生命依赖于他与自然保持和谐一致的情况。从最大强度上体察这种合一,乃是古代东方宗教留给我们的最好馈赠。古代近东世界的思辨性思维的目标,就是以直观的形象化方式来构想这种合一。

延伸阅读：

[1] Cassirer Ernst, *Philosophie der symbolischen Formen Ⅱ : Das mythische Denken*. Benlin, 1925.

[2] Frankfort Henri, *Kingship and the Gods: A Study of Ancient Near Eastern Religion as the Integration of Society and Nature*. Chicago, 1948.

[3] Leeuw G. vander, *Religion in Essence and Manifestation: A Study in Phenomenology*. New York, 1938.

[4] Lévy Bruhl L. , *How Nativcs Think*. New York, 1926.

[5] Otto Rudolf, *The Idea of the Holy: An Inquiry into the Non-rational Factor in the Idea of the Divine and Its Relation to the Rational*. London, 1943.

[6] Radin Paul, *Primitive Man as Philosopher*. New York. 1927.

Myth and Reality

H. ***and*** **H. A. Frankfort**

Abstract: Today we often consider the ancients as poor at speculation. Nevertheless, we find rather in the ancient Near East that the ancients also tangled with those intellectual problems which concern human existence. We here propose to name this kind of pattern as mythopoeic thought, which has several features below. Firstly, different to the modern subject-object mode of thinking, the ancients tend to understand the cosmos as a live presence of Thou which reveals itself at each moment. Secondly, different to the modern science which tries to uncover the universal laws concealing behind the appearance, the ancients pay much attention to appearance itself which had a direct influence upon their mind. Dreams, the imaginary and the deceased are thus considered real. Thirdly, on causality we moderns search for an impersonal, objective and lawlike functioning of cause and effect while the ancients are fascinated by motivation and will. For them each event is unique and with abundance of significance. They are more interested in the transformation from one phenomenon to another so as to make connection between the two in myth by which they discern the relation between cosmic powers, though how exactly this transformation works is out of their concern. Finally, we today understand time and space as an infinite, continuous and homogeneous system, however to the ancient mind time and space are concrete and heterogeneous site or process which have their respective value and significance.

Keywords: speculation, mythopoeic thought, I-and-Thou, concreteness

反启蒙者沃格林*

叶 颖**

［摘 要］ 启蒙以对理性的倡导而著称，但这带来的是激情对心灵的主导，而一个经过启蒙的典型现代人对理性的运用其实只是使其服务于这种主导。沃格林指出，古典哲人将人身上从开端和超越两个方向感受到来自神性实在之牵引的那个部分用“理性”（*nous*）这个符号来表达。在古典经验中，理性对心灵的主导体现为积极探求生存本原（*arche*）的生活，这种生活是秩序所在。无论是在前现代社会，还是在现代社会，都会出现有序经验（哲学、灵性经验、科学）畸变为教条的现象。由于启蒙强调人的主体性，对科学设置了关于形而上学的禁忌，并出于弘扬人本主义的立场而对人的欲望、激情进行正当化论证，从而助长了科学在现代社会的畸变，以及现代人对这种畸变之后的“科学”的接受。由此带来的后果是，作为有序人生之标志性特征的均衡状态遭到破坏，进而使人

* 基金项目：本文系北京市社会科学基金项目“当代西方古典主义政治哲学研究”（17ZXB005）的阶段性成果。

** 叶颖（1977— ），男，福建福州人，法学博士，北京师范大学哲学学院暨价值与文化研究中心副教授，主要研究方向为西方古典主义政治哲学。

无从追求不朽。同时，启蒙对自由的极致追求、对"历史的意义"的人为建构，也都反映出对实在的畸变，导致了现代社会的无序。

[关键词] 启蒙；反启蒙；理性；实在；经验；畸变；不朽

引言

在21世纪的今天谈论反启蒙，特别是在我们中国的思想文化语境下谈论反启蒙，就其给人的第一观感而言总是显得多少有些不合时宜。这是因为，在日常话语中，"启蒙"一词早已越出其原本较为狭义的指称范围，大有从原本只是一批18世纪法国思想家、作家对其观念和事业的自称，泛化成作为一切正义、美好思想代名词的趋势，人们自然也就容易将"反启蒙"与对不当观念的鼓吹联系在一起。当然，严谨的学术探讨是不会以这样随意的方式来看待启蒙与反启蒙的。如果说启蒙的核心主张在于弘扬人的理性，视其为权威的唯一来源[①]，那么反启蒙就意味着从不同角度对"应当以理性为权威"这一主张进行批评。这样的批评非但不是注定不义的，反而会有助于我们在摆脱意识形态成见的基础上，更好地认识、反思我们这个时代的秩序境况。

不过，将启蒙的核心主张描述为"应当以理性为权威"其实是不准确的，更准确的表述是"应当以那些启蒙者所理解的理性为权威"。于是我们会想到，对启蒙的批评其实可以沿着两条完全不同的路径来进行：一是主张要维护种种非理性因素对社会生活的影响力，确立其权威，这也是我们在绝大多数被学界视为反启蒙者的思想人物那里看到的共同观念[②]；至于第二条路径，我们姑且

---

① 参见伯林的观点：法国启蒙运动的主张是"宣扬理性的自律性和以观察为基础的自然科学的方法是唯一可靠的求知方式，从而否定宗教启示的权威，否定神学经典及其公认的解释者，否定传统、各种清规戒律和一切来自非理性的、先验的知识形式的权威"。（以赛亚·伯林：《反启蒙运动》，《反潮流：观念史论文集》，冯克利译，南京：译林出版社，2011年，第1页）

② 例如，斯汤奈尔（Zeev Sternhell，1935—2020）在回顾反启蒙的观念史时提出，在二战之前存在着"反启蒙的三波浪潮"，从维柯（Giambattista Vico，1668—1744）、柏克（Edmund Burke，1729—1797）、赫尔德（Johann Gottfried Herder，1744—1803），到卡莱尔（Thomas Carlyle，1795—1881）、勒南（Ernest （转下页）

不太严谨地将其表述为，要确立真正的理性对人心与社会的主导地位。这种理性不同于那些启蒙者以及得到了启蒙的现代人所理解的理性，而是以柏拉图、亚里士多德为代表的古典哲人所体验到的理性。沿着这条路径进行的反启蒙，正是我们在埃里克·沃格林(Eric Voegelin, 1901—1985)的哲学思考中可以看到的。显然，体会一下沃格林如何从这样一种弘扬理性的基调出发，对向来以弘扬理性自居的启蒙展开批评，不仅饶有兴味，而且必定能带给我们一些难得的洞见。

什么是启蒙？康德的回答是我们耳熟能详的：启蒙就是对家长制的否弃，就是号召每个人都“要有勇气运用你自己的理智”[①]。不愿运用自己理智的人是懒惰和怯懦的，相应地，积极运用自己理智的人则可称为勤奋与勇敢。然而，懒惰和怯懦固然并非美德，却也不是至恶，正如谎言并不总是不义，而勤奋与勇敢虽然常被视为美德，但却远非毫无疑义的善，正如物归原主并不总是正义。那么，启蒙的正当性何在？

康德承认，倘若只是着眼于生活的安逸，那么其实不必非得运用自己的理智去反思与筹谋；开明的家长制是可能的，在开明的家长制下衣食无忧的快乐生活也是可能的。换言之，一个人的自然欲望的满足并不以这个人运用其理智为必要条件。另一方面，尽管康德对知识与真理有着强烈而持久的热爱，但这种热爱显然不会在每个人身上都同样强烈而持久。在人类中间，对未知之物仅仅具有浅尝辄止好奇心的绝非鲜见。对这些甚至可能在人群之中属于多数的人们来说，倘若他们的确遵照了启蒙的要求而坚持运用自己的理智，那么，我们可以断定，他们的推动力并不在于对知识本身的喜爱，而在于对自由的喜爱。事实上，在康德看来，这正是启蒙之于人的根本意义所在。在运用自己理智的过程中，人恢复了自由的本性，并感到自身的尊严得到了尊重。[②]

(接上页)Renan, 1823—1892)、泰纳(Hippolyte Taine, 1828—1893)，再到梅尼克(Friedrich Meinecke, 1862—1954)、莫拉斯(Charles Maurras, 1868—1952)，而伯林(Isaiah Berlin, 1909—1997)则是二战后最重要的反启蒙思想代表人物。他们的观点尽管有所差别，但在“反理性主义”这一点上是相通的。(参见泽夫·斯汤奈尔：《反启蒙：从18世纪到冷战》，张引弘、甘露译，上海：华东师范大学出版社，2021年)

① 康德：《历史理性批判文集》，何兆武译，北京：商务印书馆，1990年，1996年重印，第22页。

② 参见康德：《历史理性批判文集》，第23—24页。

人对自由的向往既不同于对安逸、快乐生活的欲望，又不同于对知识与真理的喜爱，而是柏拉图所说的激情(*thymos*，或译为“血气”)，它是心灵之中有别于欲望和理性、使人激动的那个部分。当一个人或是感到遭受了不公平对待，或是其正义感、道德感受到侵犯，或是受到理想信念、荣誉感或权势欲的驱使时，他会表现出愤慨、热情、勇气或毅力，而在其内心与这些外在表现相对应的那个部分便是激情。[1] 于是，当一个被置于家长制的严格约束下、无法自主掌控自身事务的人对他的这种境况产生不满时，他会由于自身尊严受辱而愤慨，同时向往作为自主的自由，而在所有这些愤慨、寻求维护尊严、追求自主与自由的表现背后，正是激情在推动。[2] 在启蒙所设想的人生戏剧中，理性是活跃于台前的演员，激情则是隐身于幕后的导演。“要有勇气运用你自己的理智”——启蒙的要求最终指向对一个人自身理智的运用，但要达此目标，必备的前提是唤起勇气。该勇气出自对非自主、不自由的生存状态的道德义愤，是柏拉图所说的激情的典型表现。由此看来，引导、释放人们内心的激情，而非教育人们如何运用理智，这才是启蒙的首要任务，而其后果则是激情对心灵的主导。

启蒙运动将人从沉重的宗教负担中解脱出来，从而似乎复兴了古希腊思想将人界定为“理性动物”的传统。然而，在一个经过启蒙的典型现代人身上，理性要么成为满足自保与自利欲望的手段，要么在以“道德自由”、“自主与自律”等名义出现的激情引领下，成为满足“寻求承认的欲望”的手段。这种现代理性——或者用沃格林的话来说，关于理性的现代经验——在成为现代人心目中唯一可能的理性的同时，缩减了人在追求美好的、亦即真正和谐有序生活时的可能性。可以这样说，在沃格林看来，正是这种已在很大程度上成为现代共识的理性经验，是导致现代失序的根源。相应地，沃格林专门探讨了关于理性的古典经验，而在古典传统看来，一个有序的心灵应当是由理性主导的心灵。那么，理性在心灵中的主导地位意味着什么？由理性而非激情主导的人生，呈现什么状态？

---

① 柏拉图：《理想国》，440d。

② 参见霍布斯关于“自觉运动的内在开端(通称激情)”的灵魂学描述。(托马斯·霍布斯：《利维坦》，黎思复、黎廷弼译，杨昌裕校，北京：商务印书馆，1985 年，1997 年重印，第 35—46 页)

一、古典视角下的理性生活

沃格林认为，在古典哲人那里，“理智意义上的理性被发现既是塑造秩序的力量，又是评价秩序的标准。”[1]看到这样的说法，一位现代读者的第一反应很可能是对沃格林的追问：这里所说的理性是什么？秩序又是什么？然而，沃格林明确表示，他“将不会探讨理性的‘观念’或是对其给出唯名论式的‘定义’，而将探讨在实在(reality)中进行的一个过程。”[2]这种探讨不是要“以今度古”，用种种时兴的“概念”、“术语”去“界定”古典哲人的“学说”，而是要重温古典哲人在其所采用的话语符号背后所表达的对整全实在的经验。或许，我们可以把这看作是沃格林向我们发出的沃氏现象学邀约。通过这种重温，我们得以直面古典哲人在创造和使用诸如“理性”(*nous*)这样的符号时所直面的实在，免于迷失在由古典时代之后围绕着这些符号而生成的种种学说(doctrine)用种种概念逐渐堆砌起来的理论城堡中，从而让我们的思维和我们的生存免于意识形态化。

古典哲人对秩序的寻求从对其所处时代的境况加以观照开始。在对城邦的观照中，哲人的心灵之眼看到的或是柏拉图笔下色拉叙马霍斯(Thrasymachus)式“现实主义者”利己而又精明的心灵，或是克法洛斯(Cephalus)与玻勒马霍斯(Polemarchus)式“正派人”以智识驽钝为代价的与邻为善。而在对哲人自身的观照中，哲人认识到，“人并非自我创造的、自足的存在者，其生存的起源与意义均不在于自身。……从对这种生活的经验中涌现出令人好奇的问题：所有的实在、尤其是他自身的实在的终极本原(即 *aitia* 或 *prote*)是什么？”[3]对这个问题的意识在哲人的心灵中带来了不安，因为哲人认识到，“在人的生存的中心，人并不知道自身，而且必将始终如此”，只有当作为整体的存在“及其在时间中演出的戏剧”得到认识之后，“把自身称为人的那一

---

① Eric Voegelin, “Reason: The Classic Experience”, in *The Collected Works of Eric Voegelin, Vol. 12, Published Essays, 1966–1985*, Ellis Sandoz (ed.), Baton Rouge and London: Louisiana State University Press, 1990, p. 265.

② Eric Voegelin, “Reason: The Classic Experience”, in *The Collected Works of Eric Voegelin, Vol. 12, Published Essays, 1966–1985*, p. 265.

③ Eric Voegelin, “Reason: The Classic Experience”, in *The Collected Works of Eric Voegelin, Vol. 12, Published Essays, 1966–1985*, p. 268.

部分存在"才能被完全认识。[1] 显然,无论是在古典哲人所处的那个时代,还是在我们当下,这一点均尚未实现,且不论其是否可能实现。

根据沃格林的考察,这种不安在古典哲人那里随之转化成对一种与城邦既有生活迥然不同的生活的向往。他们发现,更值得过的生活是,"作为发问者,追问从哪来、到哪去之类的问题,追问他的生存的本原与意义"。[2] 沃格林断言,这是"划时代成就",是"洞见",是"心灵的秩序"所在。那么,他是基于什么理由而作出这样的论断的呢? 为了弄清楚这一点,我们有必要对这种生活的特性加以更进一步的探讨。

人能够体验自身,进而能够追问"从哪来、到哪去"。对这两个问题的探寻为从事探寻之人带来了对开端(*arche*, *bereshit*, the Beginning)和对超越(*epekeina*, the Beyond)的经验。所谓开端,亦即万物的本原、作为奥秘的"神性深渊"[3],抑或阿那克西曼德(Anaximander)所说"无定深处"(apeirontic depth)。[4] 这个神秘的本原"并没有被生存着的万物在其自身之中携带,而是作为生存的某种母体与它们共在"。[5] 所谓超越,亦即"对宇宙的超越"[6]、"对其(指实在——引者注)当下结构的超越"[7],抑或柏拉图所说作为目的的"理智高处"[8]。用柏拉图"洞穴比喻"的语言来说,这个高处正是洞穴之外的太阳。较之位于洞内"高处"的火光,在那些曾经超越洞穴、对阳光有所见识的人们心中,太阳时刻彰显出远胜于彼的光辉。需要注意,在沃格林看来,他的这些表述并非堆砌"术语",也不是要想方设法地对开端和超越加以"定义",而只是意在复现古典时代的卓越心灵在进行上述探寻时所使用的符号,从而重温他们通过这些

---

① 埃里克·沃格林:《以色列与启示》(《秩序与历史》卷一),霍伟岸、叶颖译,南京:译林出版社,2010年,第41页。译文略有改动。

② Eric Voegelin, "Reason: The Classic Experience", in *The Collected Works of Eric Voegelin, Vol. 12, Published Essays, 1966 - 1985*, pp. 268 - 269.

③ 埃里克·沃格林:《天下时代》(《秩序与历史》卷四),叶颖译,南京:译林出版社,2018年,第321页。

④ 埃里克·沃格林:《天下时代》(《秩序与历史》卷四),第59页。关于无定深处,还可参见沃格林的如下阐释:"(阿那克西曼德的箴言)'万物之本原是无定……万物必然朽坏成它们所源出之物;因为它们根据时间的法令而就它们的不义相互惩罚。'在这句箴言中得到体验和阐述的实在包括无定、万物、无定与万物之间的关系以及万物之间的关系。"(埃里克·沃格林:《天下时代》(《秩序与历史》卷四),第304页)

⑤ 埃里克·沃格林:《天下时代》(《秩序与历史》卷四),第134页。

⑥ 埃里克·沃格林:《天下时代》(《秩序与历史》卷四),第65页。

⑦ 埃里克·沃格林:《天下时代》(《秩序与历史》卷四),第64页。

⑧ 埃里克·沃格林:《天下时代》(《秩序与历史》卷四),第59页。

符号所表达的经验。同时,值得强调的是,开端与超越,这一对符号所指并非截然有别、各自独立的"两个东西"或者说"两个实体",而只是那些从事探寻之人在体验实在之时所走的两个方向。重要的是,二者殊途同归,可以用同一个符号来表达——"神性实在":

> 神性实在,即《歌罗西书》(*Colossians*)2:9的*theotes*(神)——
>
> 由对宇宙万物的超越(the Beyond),由柏拉图意义上的*epekeina*(超越),推动人的意识——
>
> 也由宇宙的开端(the Beginning),由《创世记》1:1意义上的*bereshit*(开端),创造与维系宇宙。
>
> 超越与开端,阐述了神性实在所被体验到的方向,至今仍是对该问题无与伦比的精确表达。[①]

沃格林指出,当我们回顾过往,我们能看到身处不同时代、文明之中的人以不同方式表达了各自有关神性实在的经验,这些表达就构成了沃格林所谓"秩序的历史"。在以色列先知和古希腊哲学家那里,他们将人身上能感受到这种来自超越的牵引、来自开端的压力的那个部分,用诸如*psyche*(心灵)、*pneuma*(灵)或*nous*(灵魂、理智、理性)这样的词语加以符号化表达(symbolization)。这些卓越的心灵进一步发现,正是在人的心灵对神性实在的回应、参与中,人性得以形成。[②] 于是,人之所以被视为理性的动物,究其根本,并不是因为、或者不只是因为人在追求日常生活中的各种目标时,能运用一般动物所不具备的学习、推理和判断力,而是因为人有能力在感受到上述牵引、推动后作出相应的回应,以探求、追寻的方式主动参与作为整体的实在,而非漠然坐视。这种回应同时也是在进行超越,对当下生存的超越,它"以神性实在为目标"[③],"以神性本原为目标","以神性秩序为方向"[④],"以作为一的存在为方向"[⑤],"以卓越的实

---

① 埃里克·沃格林:《天下时代》(《秩序与历史》卷四),第57页。

② 埃里克·沃格林:《天下时代》(《秩序与历史》卷四),第55—56页。

③ 埃里克·沃格林:《天下时代》(《秩序与历史》卷四),第53页。

④ 埃里克·沃格林:《天下时代》(《秩序与历史》卷四),第92页。

⑤ 埃里克·沃格林:《天下时代》(《秩序与历史》卷四),第118页。

在为方向"[①]，"以终末完满为目标"[②]。于是，在古典视角下，所谓理性主导下的生活，便意味着投身于上述体验和探寻，并以此为业的生活。这是一种全身心的投入，以至于过这种生活的人，亦即哲人，既没有多少时间，也没有多少兴趣再去投身于其他生活。

但是，这种生活绝非人们唯一可能的生活。"当人体验到自身的生存时，人并非无形体的、由理性塑造其秩序的心灵。他通过其身体参与有机的、动植物的实在，也参与到物质领域之中；在其心灵中，他不仅体验到朝向秩序的理智运动，而且体验到来自各种激情的牵引。"[③]身体、心灵，激情、理性，这些因素从不同方向作用于人，它们之间的此消彼长形成了多种多样的生活方式。即使是在柏拉图笔下的典范城邦中，也不仅仅只有苏格拉底式哲人，更多的人所过的是工匠—民众—"经济人"的生活和护卫者—"政治人"的生活。而从现代的视角来看，无论是一个经营有方且奉公守法的经济人，还是一个在公共生活中勤勉投入且卓有成效的政治人，必定都会如韦伯所说的那样，兼具热情、判断力与责任感[④]，如何能说他们的生活是欠缺秩序的呢？

二、对有序经验的畸变

在我们作为"经济人"与"政治人"的生活中，似乎同样可以看到从"高处"与"深处"这两个方向，对某种有别于个体自我当下日常生存的"东西"的好奇、追寻甚至是渴求。一方面，当斯密说，"政治经济学，作为政治家或立法家的一门科学的分支，提出两个不同的目标：首先，为人民提供富足的收入或生计，或者更恰当地说，是让人民能给自己提供这样的收入或生计；其次，为国家供应足够维持公共服务的收入。总而言之，其目的在于使国家和人民富裕"[⑤]，当韦伯说，"我们能传给子孙后代的并不是和平及人间乐园，而是为保存和提高我们民

---

① 埃里克·沃格林：《天下时代》(《秩序与历史》卷四)，第 305 页。

② 埃里克·沃格林：《天下时代》(《秩序与历史》卷四)，第 422 页。

③ Eric Voegelin, "Reason: The Classic Experience", in *The Collected Works of Eric Voegelin, Vol. 12, Published Essays, 1966 - 1985*, p. 268.

④ 马克斯·韦伯：《学术与政治》，钱永祥等译，桂林：广西师范大学出版社，2004 年，第 252 页。

⑤ 亚当·斯密：《国富论》，贺爱军、贺宽军编译，西安：陕西人民出版社，2005 年，第 173 页。

族的族类素质的永恒斗争”①,他们的确表达了对个体自我当下日常生存的超越,这也意味着对各自心目中的美好人生所要追寻之高处的体验与追求。对作为“经济人”与“政治人”的我们而言,这就是在洞穴中高悬的火光,既明白可见,又绝非遥不可及。另一方面,当身处不同时代的我们通过诸如宇宙论神话、启示宗教的教义或是现代宇宙学理论等符号化表达(symbolisms),认为自身已就有关开端的问题获知了确定无疑的答案,我们对深处的好奇便得到了满足,焦虑便得到了纾解。

在沃格林所追随的古典视角下,对生存之秩序或无序的衡量尺度在于心灵对本原的开放或封闭。“如果理性是生存意义上的爱,如果它是为生存所具有、并提升到意识层次的开放性,那么,对生存封闭、或者对开放性的任何阻碍,都将对心灵的理性结构造成不利影响。”②埃斯库罗斯(Aeschylus)将对神性本原的普罗米修斯式反叛诊断为一种疾病或疯癫,而在《理想国》中,柏拉图则将与本原保持一致描述为有秩序的生存,而对其封闭的状态则是无序的生存。③

当人们停留在“经济人”或“政治人”的心灵与生存状态之中时,其对秩序的疏远甚至是背离体现在,他们总是倾向于认同形形色色的教义(dogma)、学说(doctrine),将它们视为常识,奉为真理,引为指南。它们原本是那些卓越心灵基于他们从高处与深处这两个方向对终极本原的亲身体验而作出的符号化表达,但后来者(亦即通常所说的教义/学说的传承者)却常常将那些语言符号“加以实体化(hypostatize),成为关于对象的命题,从而使符号同经验相分离。”④同那些最卓越的心灵相比,“二流思想家对真理有一定的敏感性,但无法充分复现产生那种语言的经验。”⑤于是,在他们对这些语言符号的理解中,符号被实体化了,这意味着“鲜活地存在于那些符号之中的,关于实在的真理,被畸变为某种关于实在的教条真理;由于这种教条真理通过命题的方式指涉的对象并不存

① 马克斯·韦伯著:《民族国家与经济政策》,甘阳选编,甘阳、文一郡译,北京:生活·读书·新知三联书店,1997年,第92页。

② Eric Voegelin, “Reason: The Classic Experience”, in *The Collected Works of Eric Voegelin*, *Vol. 12*, *Published Essays*, *1966-1985*, p. 274.

③ Eric Voegelin, “Reason: The Classic Experience”, in *The Collected Works of Eric Voegelin*, *Vol. 12*, *Published Essays*, *1966-1985*, p. 274.

④ 埃里克·沃格林:《天下时代》(《秩序与历史》卷四),第90页。

⑤ 埃里克·沃格林:《天下时代》(《秩序与历史》卷四),第92页。

在，因而它必须被发明出来”[①]。以柏拉图为例，他体验到来自神性实在的牵引、推动，并将这一经验在他所创作的叙事，例如太阳比喻中表达出来。在柏拉

① 埃里克·沃格林著：《天下时代》（《秩序与历史》卷四），第92页。沃格林描述了在柏拉图的时代，来自荷马时代的史诗神话如何出现了实体化畸变：

> 在历经数百年的城邦兴起及其社会冲突，波斯战争，雅典帝国与伯罗奔尼撒战争，还有哲学、悲剧、喜剧与诡辩术之后，关于众神的史诗神话所具有的意义，连同产生这种神话的经验，已经一同消失。这种神话已被按照其字面含义理解为有关众神的故事，他们从事着诸如通奸、乱伦、战争、给人带来战祸等不道德行为。作为一种社会力量，这种字面论（literalism）威胁到年轻人的人性。这是由于，它将这种神话所使用的那些符号所包含的真实真理——作为关于真实的神性显现的某种真实经验的真实表达，转变为由人提出的关于众神——作为认知对象——的各种命题所包含的虚假真理。字面论将符号加以实体化（hypostatize），成为关于对象的命题，从而使符号同经验相分离。（《天下时代》（《秩序与历史》卷四），第90页）

对此，柏拉图“通过在真实的故事[亦即由他自己的神话诗（mythopoesis）所讲述的真实故事]中创造真实的神话，解决了这一真实神话问题”。（《天下时代》（《秩序与历史》卷四），第89页）不过，到了希腊化时代，符号的实体化又出现了，而与柏拉图时代不同的是，此时的斯多葛派哲学家们并未如柏拉图那样克服这种倾向。事实上，正是他们促成了这种实体化畸变：

> 到了斯多葛派哲学家那里，它（指柏拉图、亚里士多德所体验到的人对神性实在的参与——引者注）在张力的名义下变成了某种被称为心灵的物质性对象。随后，对心灵及其张力的物质化被扩展到神性实在和作为整体的宇宙。最后，通过借助隐喻解读而在斯多葛派哲学中发现荷马与赫西奥德神话的隐含含义，物质化的神性实体——灵魂、逻各斯（Logos）、以太、自然、宇宙——成为确立对古希腊过往历史的文化延续的基础。
>
> 斯多葛派的这种做法受到同时代思想家们的注意与批评。关于这个问题的大量信息来自伊壁鸠鲁派（Epicureans）发言人韦莱乌斯（Velleius）在西塞罗的《论众神的本性》（*De natura deorum*）中所做的批评性呈现。他的批评针对的是将众多符号实体化为众神。据说，芝诺（Zeno）将众神的地位对应于自然法则、以太、理性、星辰、年、月、季节；而在解读赫西俄德的《神谱》时，则剥夺了朱庇特（Jupiter）、朱诺（Juno）和维斯太（Vesta）的神性，认为他们的名字隐喻着某些具有物质性本质的神性实体。克林特斯（Cleanthes）将神性地位对应于宇宙、世界的心灵与灵魂，以及以太。克里西普斯（Chrysippus）也列出一份类似的名单，增加了命运与必然性、水、大地、空气、太阳、月亮、星辰，以及至大无外的宇宙整体；在解读俄耳甫斯（Orpheus）、穆塞乌斯（Musaeus）、赫西俄德和荷马的神话时，他娴熟地将他们笔下的众神吸收进他自己的众神行列，以至于“这些最古老的诗人怎么也想不到，甚至连他们都被弄成了斯多葛派”（1.36—41）。在这位报告者看来，必须将这些教条刻画为“谵妄之徒胡言乱语的幻梦，而非哲学家的看法”，其荒谬程度不亚于诗人对好色纵欲的众神的描写、琐罗亚斯德教巫师（Magians）和埃及人与此类似的“疯狂”奇谈，以及一般意义上无知民众的信仰（1.42—43）。（《天下时代》（《秩序与历史》卷四），第93页）

图那里，这个比喻是关于神性实在的真理；它之所以为真，并不在于它已经、或者将会被以我们今天所熟悉的实证科学的方式验证为真理，而是因为它是对柏拉图的真实经验的真实表达。然而，在后世读者那里，更常见的情形则是，他们在并未如柏拉图那样体验到来自神性实在的牵引与推动的情况下，将诸如“善的理念”或“神性实在”这样的符号视为指向、反映某个实体的概念，将柏拉图的经验表达视为柏拉图的学说，致力于论证或者验证诸如理念论等学说观点的真实性或虚假性。

除了这种被沃格林称为“哲学畸变为教条”[①]的现象以外，宗教也是一种反映出符号畸变的现象。“西塞罗将古老的拉丁术语 *religio*（义务、崇拜、敬畏）发展为保护性地既涵盖关于生存的真理，又涵盖对此真理的表达——通过对膜拜仪式的遵循、通过教条而进行的表达。”[②]古典哲人的著作外化了古典哲人对实在的理智性(noetic)经验，在使这种经验得以表达的同时，也带来了使其在他人心灵中发生畸变的风险。与此类似，通过教义、仪式与组织，宗教外化了对实在的灵性(pneumatic)经验，同时也将其置于畸变风险之中。以西塞罗为例，他在《论众神的本性》、《论法律》等著作中进行了这样的工作：“哲学家对神性实在的理解变成了宗教，而那种更为古老的神话则被贬低为迷信。”[③]对此，沃格林认为，“在对宗教的这种建构中，原初的那个问题仍然可以看到，但它已从热烈的经验分析转为对真实教条的沉默论证。”[④]同样的情形也出现在犹太教和基督教中。[⑤]

就思想、教义的传承者所知仅是僵化教条，完全无法体会原初思想之鲜活生命力这一现象，密尔在《论自由》中已有如下观察：对那些可以姑且假定为皆系真确的意见，例如“几乎一切道德教义和宗教信条”来说，我们都会看到：

> 那些教义和信条对于其创始人以至他们的直传弟子来说，原是充满着意义和生命力的。只要使它们对其他信条占上风的斗争持续下去，人们对它们的意义的感觉就不会减弱，或者甚至还把它阐发到更加充分的意识之中。……这教义于是取得了一种地位，即使不算一个公认的意

---

① 埃里克·沃格林：《天下时代》(《秩序与历史》卷四)，第 89 页。
② 埃里克·沃格林：《天下时代》(《秩序与历史》卷四)，第 98 页。
③ 埃里克·沃格林：《天下时代》(《秩序与历史》卷四)，第 98 页。
④ 埃里克·沃格林：《天下时代》(《秩序与历史》卷四)，第 99 页。
⑤ 埃里克·沃格林：《天下时代》(《秩序与历史》卷四)，第 88 页、第 99 页。

见，也算意见中得到认可的诸派别或诸部类之一；而主张它的人们一般也只是承袭了它而不是采纳了它；……从这个时候起，这教义的活力通常就可算开始衰退了。我们时常听到一些信条的宣教者悲叹地说，要使信徒心中对于他们在名义上承认的真理保持一种生动的领会，俾能透入情感而真正支配行为，那是太困难了。……一到那个信条变成了一个承袭的东西，而人们之予以接受乃是出于被动而不是出于主动的时候，就是说，一到心灵不复被迫在信条所提示的问题上照初时那样的程度运用其生命力的时候，就有一种逐步前进的趋势会把这信条除开一些公式而外的全部东西都忘记掉，或者对它只付以一种淡漠而麻木的同意，仿佛接受它既系出于信赖就没有把它体现于意识之中或者以亲身经验来加以考验之必要；直到最后，它终于变得与人类内心生活几乎完全没有联系。于是就出现了在这个世界这个年代经常出现以致形成多数的这种情事：信条之存在竟像是存在于人心之外，其作用只在把人心硬化和僵化起来以挡住投给人性更高部分的一切其他影响。[①]

对此，密尔的应对之策是倡导思想自由，让人们所持的信条在同其他意见的争论中保持为“活的真理”而非“死的教条”，唯有这样才能让信条“透入情感而真正支配行为”。[②] 不过，密尔并未进一步明确他所说的信条之中“除开一些公式而外的全部东西”究竟是什么，以及为了让信条保持为“活的真理”而需要让接受它的人们以“亲身经验”来加以体验的究竟是什么。在这一点上，沃格林的思考提供了补充。人们需要亲自去体验的，有别于在字面上明白可见的公式、概念、原则、诫命的，是这些符号所源出之原初经验，这些经验最终归结为沃格林所说对作为整全的实在、对生存的终极本原、对那个奥秘的经验。在这里，有一个关键点是密尔在对思想自由的倡导中并未谈及的：这种经验会导向对启蒙所追求的个人主体性的限制、以至于否定，因为人意识到自身生存的起源与意义均不在于自身，人所追求的秩序也不是由人自身设定的。这意味着，从古典的视角来看，在启蒙的各项主张间存在着自相冲突的可能：为包括密尔在

---

① 约翰·密尔：《论自由》，许宝骙译，北京：商务印书馆，2008年，第46—47页。着重标记为引者所加。

② 约翰·密尔：《论自由》，第46页。

内的众多启蒙者所倡导的思想自由，当其得到充分运用时，与同样为他们所倡导的人之主体性并不相容。

按照启蒙给人的通常印象，启蒙倡导独立思考，倡导人们要用自己的头脑、用科学的眼光去认识这个世界，摆脱先前各种陈旧观念的束缚，并且强调要在社会生活的方方面面、时时刻刻保持对真相与真理的认知，避免在观念上被蒙蔽、被支配。看起来，这正是要让心灵摆脱成见造成的封闭。但这或许只是表象。如果说，在前启蒙时代，由宗教的盛行带来了心灵的封闭，那么，在启蒙时代，科学的普及并未改变这种状况。需要强调的是，并非科学本身造成心灵的封闭，而是科学在普及的过程中发生的畸变造成了这种封闭。科学本身，亦即以探求未知作为唯一目标的科学生活，同古典哲人的哲学生活在致力于探求本原这一点上是完全一致的，均发端于人对作为奥秘之实在所怀有的好奇，也都有助于推动过这种生活的人从开端和超越这两个方向对实在的体验。但是，启蒙所推动普及的，并非这种本来意义上的科学，而是畸变为教条之后的"科学"。我们可以从以下两个方面来体会科学在启蒙的时代背景下是如何畸变的。

首先，为了因应对人之主体性的强调，启蒙对科学设置了"对于形而上学的禁忌"，这直接导致了科学在现代社会的畸变。[①] 在此禁忌的限制下，诸如"神性实在"、"实在的神性本原"这样的话题被排除在科学之外。在沃格林看来，一旦对理性探究未知的努力设置了这一禁忌，那么剩下的"科学"也就不再能担负起探究本原、寻求秩序的重任了。[②] 在其代表作《秩序与历史》第一卷开篇，沃格林即指出："神和人、世界和社会，构成一个原初的存在共同体。"[③]作为他就实在的基本结构所下的断言，这构成了沃格林围绕着"寻求秩序"这一主题而展开的所有哲学思辨在逻辑上的最初起点。相应地，我们可以推断出，沃格林在此主题上所可能遭遇的最根本质疑必定也会从对这一前提性断言的否认开始。面对这样的质疑，我们可以设想，如果沃格林要说服那些在他看来被"先前教育……搅乱了头脑"[④]的人们，那么他要做的并非"由概念推导出结论"的命题

① 埃里克·沃格林：《新政治科学》，段保良译，北京：商务印书馆，2018 年，2020 年重印，第 26 页。

② 参见叶颖：《学术与教育——论埃里克·沃格林对实证主义的批评》，许纪霖主编：《现代性的多元反思》，南京：江苏人民出版社，2008 年，第 260—269 页。

③ 埃里克·沃格林：《以色列与启示》(《秩序与历史》卷一)，第 16 页。

④ 埃里克·沃格林：《天下时代》(《秩序与历史》卷四)，第 90 页。

证明，而是要引导人们的心灵之眼去观看实在，因为他在这里所遭遇的质疑并不是对其论证过程是否缜密的质疑，而是对其论证所得以展开的前提是否成立的质疑。我们仿佛看到，沃格林说"窗外正在下雨"，与他同屋之人则对此予以否认，那么，沃格林要做的并不是去"论证"窗外的确正在下雨。他要做的，同时也是他能做的，只是邀请质疑者亲自看一看窗外。显然，只有那些接受这一邀约并且的确看到窗外正在下雨的人有可能转而认可沃格林的看法，二者缺一不可。也就是说，接到沃格林反启蒙邀约的人，首先需要愿意放下(至少是暂时放下)他在相关问题上的已有观念，跟随沃格林的脚步，去体会柏拉图等人在其著作中所表达的关于实在的诸般经验，然后才有可能——但也仅仅是可能——认可他就启蒙与反启蒙所说的一切。如果我们将沃格林的学术著述视为对我们现代人的一场反启蒙教化，那么可以肯定的是，这种教化必定只会在一些人、而非所有人身上起作用。就此而言，它是有限的，这与启蒙为自身设定的普遍教育目标形成鲜明对比。启蒙十分强调对普遍化的教育成效的追求，这源自"改造世界"这一政治冲动，而沃格林的反启蒙则欣然接受自身就教育成效而言的局限性，因为古典意义上的哲学并不需要通过其在城邦社会中的普及度、认同度来确证自身。众所周知，苏格拉底既是一个交谈者，又是一个教育者。作为交谈者，他是急切的，渴望尽可能多的讨论；作为教育者，他则是从容的，并不汲汲于教化世人。

其次，为了弘扬人本主义(humanism)的立场，启蒙对人的欲望、激情进行了正当化论证，这助长了现代人对发生畸变之后的"科学"的接受，妨碍了现代人对本来意义上、作为一种生活方式的科学的认同。通过这种论证，启蒙将"经济人"与"政治人"的生活方式肯定为值得过的生活，相应地否定了哲学—科学生活在古典视角下被视为最美好生活的优越地位，而是将其降格为仅仅是人们有权利选择的多种生活方式之一。在此背景下，一个得到启蒙的现代人将会视专业分工、市场分工为当然，[①]从而豁免自身在本职工作领域之外、以探究实在

① 关于现代社会中的人们因为分工愈加细化而导致的工具化、异化现象，不少启蒙思想家已有分析，并沿着启蒙的思路给出了应对之策。这个思路在沃格林看来并不能改变启蒙对人的生存秩序的剥夺。限于篇幅，这个问题无法在此展开阐述，暂且只能说明一点：在坚持"形而上学禁忌"的前提下，于各种启蒙观念内部出现的对启蒙观念的批评，不能改变其无视人对实在之终极本原的好奇与体验这一特性，从而必定无法达成沃格林所理解的有序生活。

的本原为终极目标的求知、思辨任务，安心接受这样一种生存局面，即通过被告知各个领域内的最新科学成果而塑造自身对实在的认识（这通常被称为世界观、宇宙观），既不再有时间也不再有动力去亲自投身于对作为奥秘之实在的批判性探究（亦即在基于自身对实在的体验的基础上，对有关实在的不同理论认识与解释加以比较、分析和争论），并不认为这种因为“人生而有涯”而造成的认知缺憾是一种重大的、甚至于根本性的生存缺憾，而是心安理得地接受心灵由上述意义下的“有知识”而形成的面对终极本原之时的封闭。就此而言，一个典型的现代人取得了与自身的和解，在听任欲望或者激情对生存的主导时，并不焦虑于（古典意义上的）理性的缺失。不过，这种和解并不是现代人的生存特征；相反，恰恰是由这种和解进而带来了一种更强有力的焦虑。“由于在理智性张力中的生存的意义在于通往不朽的过程，那么，当理智被那种诡辩式融合所成功畸变之后，来自无定深处的死亡压力便会愈加凸显。因此，在关于生存的所谓现代解读中，我们注意到重心的转移，从以理性之名愉快地拒斥理性——18世纪以此闻名，到当代在深处、死亡和焦虑的名义下纠结于生存。”[①]与现代人的这一处境恰成对比的是，尽管古典哲人同样受到“人生而有涯”的生理限制，但其心灵依然保持开放。他们明确地认识到自身的无知，并将这种因为人之可朽而无从摆脱的认知缺憾视为至关重要的生存缺憾，从而感到不安。就此而言，古典哲人并未与自身取得和解，而是生存在一种张力之中。不过，这种张力并非古典哲人全部的生存特征。他们会在这种张力的作用下投身于前面所说的求知生活，因为他们认识到，“本原既不会在外在世界的各种事物中被发现，也不会在享乐主义行动与政治行动的各种目的中被发现，而是超越于此世之上。”[②]在此过程中，古典哲人并不焦虑，而是充满了愉悦：“古典的、尤其是亚里士多德所说的不安具有显著的愉悦特性，因为他们的追问是有方向的；不安被体验为神显事件的开端，理智在这个事件中将自身揭示为存在于追问者的心灵中和整个宇宙中、塑造秩序的神性力量；这种不安邀请人们到理智性意识的现实化中去探寻它的意义。当时并没有表示‘焦虑’的词；在古典经验中，作为

① Eric Voegelin, “Reason: The Classic Experience”, in *The Collected Works of Eric Voegelin, Vol. 12, Published Essays, 1966 - 1985*, p. 286.

② Eric Voegelin, “Reason: The Classic Experience”, in *The Collected Works of Eric Voegelin, Vol. 12, Published Essays, 1966 - 1985*, p. 272.

其标志性特征，那种由找不到答案的疑问所带来的恐慌或惊骇基调是不存在的。”①

三、居间与不朽

从沃格林的视角来看，无论是哲学、科学畸变为教条，还是对实在的灵性经验畸变为宗教，这些有序经验的畸变在现代社会共同造成一种后果，即对作为有序人生之标志性特征的均衡状态的破坏。对现代人而言，若要摆脱这种局面，他所要做的，正如同为了摆脱密尔所说“死的教条”而必须行经的路径一样，是通过享受思想自由的社会氛围，开启或者保持心灵对终极本原的开放性，而不是让人类文明业已取得的精神成果成为否弃这种开放性的根据。

对此，沃格林的这段论述是值得我们仔细体会的：

> （在精神无序状态中）人试图使对不朽的追求，同生存（它处在作为该追求之条件的居间）所遇到的命运相脱离。同样的危险也搅扰着基督教会，并贯穿其历史，也存在于其反启示录宗派和灵知主义宗派的斗争中，这些宗派想要找到通往不朽的捷径。我已考察过天下时代里的灵知主义运动的一些方面，它将神性实在分割为一个真正神性的超越和一个由精灵塑造结构的世界。这些早期的运动试图通过将居间的各极分割成作为实体的此世和超越，从而逃离居间；而现代的启示录式灵知主义运动则试图通过将超越转化成此世而取消居间。由于人已使自我对神性本原封闭，从而使他的意识，作为可朽—不朽之物（the mortal-immortal），失去了均衡，因此，在可朽的生存中对不朽的追求，无论是那些哲学家的不朽（*athanatizein*），还是基督教对生命的神圣化，均已变得不可能。在此情况下，人们一定会通过在一个想象的、为此目的而发明的此世实在中的行动，来提供一种想象的不朽。接下来，这种对各类第二实在的想象性建构，将会遮蔽那个其结构已

① Eric Voegelin, “Reason: The Classic Experience”, in *The Collected Works of Eric Voegelin, Vol. 12, Published Essays, 1966–1985*, p. 277.

获塑造的实在(它已通过那些哲学家而变得可见)。最重要的这类实例,是从公元18世纪至今对各种思辨历史的建构,它们通过积极参与一个想象中的历史过程,提供了一种想象的不朽。①

所谓居间(*Metaxy*, In-Between),是沃格林(追随柏拉图)在描述人的有序生存时使用的一个核心符号。可以说,在沃格林看来,居间即均衡,居间即秩序。充分体会这个符号所表达的经验,这是人们为自身塑造秩序的关键所在。从阿那克西曼德(Anaximander)到柏拉图,古典哲人以不同方式表达了他们与居间问题相关的经验。沃格林认为,他们的说法看起来有所差异,但背后所传达出来的对作为奥秘之实在的经验是相通的。② 试举例如下:

阿那克西曼德认为,存在的两极分别是无定和时间。无定是具有不竭创造力的本原,它将"万物"释放到存在之中,并在它们衰朽时将其收回,而时间及其法令则是生存的限制性一极。③

柏拉图在诠释他经过分化的经验时,将作为奥秘的存在符号化为介乎一和无定这两极之间的生存。当一变成多,无定变成限定,就会在这两极之间出现"万物"的数量与形式。由形式与数量构成的这片区域正是一和无定的居间。这个居间就是人类知识的领地。④

(柏拉图)生存是一种位于存在与非存在之间的居间运动。⑤

(柏拉图)在对以神性本原为目标的生存张力的经验中,该张力的两极分别被符号化为"神"和"人",而 *methexis*、*metalepsis* 或 *metaxy* 等符号则表达了生存的居间。⑥

在阿那克西曼德和柏拉图那里,"无定"都意味着实在的开端、深处,包括人

① 埃里克·沃格林:《天下时代》(《秩序与历史》卷四),第331页。译文略有改动。

② 参见 Eric Voegelin, "Equivalences of Experience and Symbolization in History", in *The Collected Works of Eric Voegelin, Vol. 12, Published Essays, 1966-1985*, pp. 115-134.

③ 埃里克·沃格林:《天下时代》(《秩序与历史》卷四),第267页。

④ 埃里克·沃格林:《天下时代》(《秩序与历史》卷四),第266—267页。

⑤ 埃里克·沃格林:《天下时代》(《秩序与历史》卷四),第133页。

⑥ 埃里克·沃格林:《天下时代》(《秩序与历史》卷四),第350页。

在内的生存于时间之中的万物由之生成，又复归于斯。在此基础上，柏拉图进一步将他从超越、高处的方向体验到的实在另一极通过“一”、“神”等符号来表达。需要注意的是，这里所谓的两极、无定和一、开端和超越、深处和高处并不是“两个东西”——如果“东西”指的是位于时间之内、有生成和衰亡的实体的话，而是人从两个不同的方向对同一个实在加以体验之后提出的符号。进一步而言，当沃格林说“神和人、世界和社会，构成一个原初的存在共同体”时，这里的“神”、“人”、“世界”、“社会”，连同上面刚刚提到的“万物”，也都不是上述意义下作为实体的“东西”，而都只是由实在的这样一个部分——它“能体验自身，进而能运用语言把这种经验性的意识用‘人’这个名称来称呼”①——在对实在加以体验时，就所获得经验的各个部分提出的符号。

于是，我们便能体会到，所谓在居间中的有序生存，它所描述的便是为人所特有、在实在之两极间往复的那样一种均衡状态：一个心灵有序之人，既感受到一种较之自身的日常生存更加美好的力量从超越的方向对他的牵引，于是投身于对它的追寻，又体验到他所由来之处同时也是他所生存之处和他将复归之处，于是在从事上述追寻之时又小心呵护，避免那种热切的追寻破坏此世的秩序。“……生存是在一个有着生成与衰亡、出生与死亡的世界上进行的。只有在这个世界中，对不朽的追求才是可能的。只有当人接受作为无定负担的可朽时，他才能得以不朽。在高处与深处、理智与无定之间保持的意识均衡，变成在理论生活中，亦即在这个世界上的理性生活中，在不朽与可朽之间保持的均衡。”②

对有序经验的畸变以不同方式背离了居间，破坏了均衡，进而使人无从追求不朽。在科学尚未取得重大进展的前现代社会，这种失序主要是在宗教背景下发生的，即沃格林所说“……将神性实在分割为一个真正神性的超越和一个由精灵塑造结构的世界。这些早期的运动试图通过将居间的各极分割成作为实体的此世和超越，从而逃离居间”。到了现代社会，随着科学的进展与科学观点的普及，这种失序表现出新的形式，即“现代的启示录式灵知主义运动则试图通过将超越转化成此世而取消居间”。无论是前现代的逃离居间，还是现代的取消居间，它们共同的弊病在于，使人对不朽的追求变得不可能。可以说，沃格

---

① 埃里克·沃格林：《以色列与启示》(《秩序与历史》卷一)，第41页。译文略有改动。

② 埃里克·沃格林：《天下时代》(《秩序与历史》卷四)，第330页。

林之所以将古典意义上的理性生活，亦即投身于对终极本原的探求的生活，视为较之“经济人”和“政治人”的生活而言更加有序的生活，终极的理由在于，这种意义上的理性生活更有助于人在其所可能的范围内达成不朽。“随着古典哲人发现人是拥有理智的活的存在，他们同时也发现人不只是可朽者：他是一种未完成的存在，从不完美（此生之死）向完美（死后之生）运动。”[①]这是通过哲人的理性对神性实在的体验、参与而达成的。需要注意的是，哲人所实现的，是对不朽的追求，而不是不朽本身；是走在通往不朽的路上，而不是到达了作为终点—目标的不朽。而且，这种追求是在由可朽的生存所限定的范围内进行的，它并不能超越为生存所需的条件对人体的限制，也无意于或是取消人体的生存所赖以为继的这个世界，或是根据各种据说可以达成终极美好与正义的方案而对其加以某种“根本性”改造。相应地，为“经济人”和“政治人”所钟爱、同时也是欠缺理性的生活，其弊病也就凸显了出来。沃格林对此进行了阐释：

> 理性的牵引和各种激情的反拉都是真实的，但它们是由被埋没在可朽的身体中的心灵所体验到的运动。人之所以要服从其中一种牵引而非另一种，其原因不在于木偶操控中的“心理动力”，也不在于某些“道德”标准，而在于由神性显现于居间所提供的潜在的不朽。在关于理智性生存的古典经验中，人既可以自由地服从神性理智的牵引，从而投身于“不朽化”行动，也可以自由地服从各种激情的反拉，从而选择死亡。[②]

他又引用柏拉图在《蒂迈欧》中的话语作了进一步说明：

> 当一个人向其欲望（*epithymia*）和野心（*philonikia*）投降，不能自已地沉溺于其中时，他的所有想法（*dogmata*）必然都变成可朽的，于是他的每一部分必然都尽其所能地变得可朽，因为他已滋养了他的可

① Eric Voegelin, “Reason: The Classic Experience”, in *The Collected Works of Eric Voegelin*, *Vol. 12*, *Published Essays*, *1966 – 1985*, p. 279.

② Eric Voegelin, “Reason: The Classic Experience”, in *The Collected Works of Eric Voegelin*, *Vol. 12*, *Published Essays*, *1966 – 1985*, p. 281.

朽部分。与此相反，当他坚定地培养对知识和真正智慧的爱时，当他首先将其能力运用于思考不朽、神圣的事物时，由于他通过这种方式触及了真理，因此，在人的本性对不朽所能参与到的范围之内，他必然将变得不朽。[①]

四、“自由”与“历史的意义”

所以，当沃格林将理性生活确认为有秩序的生活，将柏拉图式古典哲人确认为典范人生[②]，倡导理性对生活的支配时，他并不是像我们在看到此类说法

---

① 柏拉图，《蒂迈欧》，90a—b。转引自 Eric Voegelin, “Reason: The Classic Experience”, in *The Collected Works of Eric Voegelin*, *Vol. 12*, *Published Essays*, *1966-1985*, p. 282。

② 沃格林在《秩序与历史》系列研究伊始（第一卷“前言”）便申明其对柏拉图式古典哲学生活之为有序生活的确认：“我已谈到针对当代之无序的补救方法。其中之一是哲学探索本身。……哲学是通过对神性存在（作为存在秩序的源头）的爱而产生的对存在的爱。……在作为一种生存形式的哲学中，诊断功能和治疗功能是不可分离的。自从柏拉图在他那个时代的无序中发现了这种联系以来，哲学探究便成为在时代的无序中建立秩序绿洲的方式之一。《秩序与历史》是对人类在社会和历史中生存的秩序的哲学探究。它也许将会具有补救效果——在充满激情的各种事件过程中，在哲学所允许的适当范围内。”（《以色列与启示》，第24—25页。译文略有改动。）而在《天下时代》中，沃格林对柏拉图和使徒保罗的思想均有详细探讨。我们若将他的这些分析相互比较，则可看出他对柏拉图在某种程度上给予了稍多一些的“偏爱”。此处无法对此复杂问题详加阐述，兹略举数段，聊充不完备的说明。

柏拉图晚年所使用符号的意义具有的摇摆不定和不确定性意味着，他的启示经验的确已向超越了（《蒂迈欧》中的）造物主及其理智的神性深渊运动。不过，直到普罗提诺（Plotinus）为有关该深渊的经验找到了符号——超越理智的神性单子（the divine Monas *epekeina nou*），亦即超越理智的一（《九章集》5.8.10）——对这种运动的阐述才最终完成。

但是，究竟为何应当出现意义的不确定性？柏拉图是否缺乏智力和想象力，使他无法更加简洁地说明，就他柏拉图的心灵对神性本原的回应性探寻而言，一种受到命运限制的理智是无法限制这一心灵的？我并不赞同这种解释……我更愿意认为，这些不确定性是故意创造出来的。柏拉图充分意识到，启示具有一个超越理智的维度；他想让这个维度明白无误地得到关注；但他不想进一步阐述它，因为他担心这种阐述可能会破坏意识的均衡。（《天下时代》（《秩序与历史》卷四），第323—324页）

的确，柏拉图的想象很难预计到，在他的时代之后四五百年，对超越的迷恋将会采取哪些具体形式。……柏拉图充分了解人的精神均衡的不稳定性和出现精神无序（*nosos*）的可能性，因而他在踏足这类问题出没之处时，总是如履薄冰。在一般意义上，对生存的各种迷恋性畸变是可能的；（转下页）

时往往想到的那样,在头脑中浮现出一个近乎无所不知无所不能的"理性专制者"形象。所谓哲人之更加理性,并不意味着他在各种"洞穴内"事务上较之他人更加精明,更有预见性,而是意味着他更有愿望和能力去走那条通往洞外的"陡峭崎岖的坡道"。[①]

对这种理性生活而言,密尔所重视的思想自由是有助益的,出入于街头巷尾、与友人相谈交游的自由也是值得珍视的,"只受法律制约、而不因某个人或若干个人的专断意志受到某种方式的逮捕、拘禁、处死或虐待的权利"[②]同样不可或缺。相比于斯巴达,苏格拉底更愿意在雅典生活。不过,古典哲人所希求的自由大体上也就仅限于此了。他们并不在意为一个"经济人"或"政治人"所看重的许多自由,例如"支配甚至滥用财产的权利"[③],或是"对政府的行政施加

(接上页)通过过于急切地探究以理智为内核的神显,畸变的这种或那种变体能得到实现;它们能直接或间接地通过所激起的社会压力,摧毁苏格拉底—柏拉图努力确立的理智性生存秩序。(《天下时代》(《秩序与历史》卷四),第328—329页)

保罗对生存秩序的分析与柏拉图—亚里士多德的分析高度平行。这并不出乎意料,因为无论是这位圣徒,还是那两位哲学家,都阐述了由人对神显的回应而构成的秩序。然而,阐述的重点已发生了决定性转变:从化身于这个世界之中的神性理智性秩序,转变为旨在脱离这个世界之无序的神性灵性救赎;从实在所包含的矛盾,转变为对该矛盾的克服;从对带有方向性的运动的经验,转变为它的臻于完善。关键的差异在于对 *phthora*(衰亡)的应对。在这两位哲学家的理智性神显中,心灵的不朽(*athanatizein*)同宇宙之中的创生和衰亡的节律保持着均衡;在保罗的灵性神显中,人的不朽(*athanasia*)是与对宇宙之中衰亡的克服紧密联系的。血与肉、血气的身体(*soma psychikon*),无法进入神的王国;它必须被转变成灵性的身体(*soma pneumatikon*)(《歌林多前书》15:44,55);因为必衰亡的(*phthora*),不能承受不朽(*aphtharsia*)(50)。实在转变到不朽状态,这就是保罗对那件奥秘之事(*mysterion*)的解释(51—52)。柏拉图确实保持了意识的均衡,但他并不重视神显事件所具有的破坏均衡的实在;他对那种矛盾的意识,更偏重阿那克西曼德关于无定与时间的奥秘,因为他没有充分揭示那种带有方向性的运动的各种意涵。因此,在他的历史观念中,第三位神的地位被此前分析过的各种不确定性所包围。与此相反,保罗则深深着迷于神显的各种意涵,以至于他让他的意象(对一种不会衰亡的创生的意象)介入对宇宙的原初经验。在《歌林多前书》15中,他让他的狂喜上升为启示录式诺言:"我们不是将要睡觉,乃是都要改变,就在一霎时,眨眼之间,号筒末次吹响的时候。因号筒要响,死人要复活成为不朽坏的,我们(那些尚未死去的)也要改变。"成为不朽坏的,这是在他的读者和他本人有生之年均可期盼的一个事件。**对基督再临的变形期望已然开始其漫长的失望历史。**(《天下时代》(《秩序与历史》卷四),第334—335页。着重号标记为引者所加。)

① 柏拉图,《理想国》,516a。

② 邦雅曼·贡斯当:《古代人的自由与现代人的自由》,阎克文、刘满贵译,冯克利校,上海:上海人民出版社,2005年,第34页。

③ 邦雅曼·贡斯当:《古代人的自由与现代人的自由》,第34页。

某些影响的权利"[1]，又或是"我们为子孙后代在世界上征服了多大的自由空间供他们驰骋"[2]。尤其是，对于那种通过将自我决定与自我否定相综合而达成的极致自由、神一般的自由，古典哲人给予明确的批评。这种自由是沿着现代社会对自由的持续期许而生成的终极形态自由。在黑格尔有关作为普遍者的国家所行使的具体自由的论述中，他充分表达了这种自由在政治领域的体现。[3] 对此，沃格林在《天下时代》中围绕人在政治生活中的贪欲（*libido*）或者说权势欲（*libido dominandi*）展开了批评，其观点可以归结为：贪欲使生存发生了畸变。原本是在居间中进行的生存，怀有对那个作为奥秘的、位居超越之神性实在的体验、欣赏与敬畏，在贪欲的驱使下畸变为想象中的行为法则、必然性、权力行动的根据，而使这一畸变得以发生的方法则是对人性的某种人为修剪，去除其中能对来自作为奥秘的神性实在发出的牵引作出回应的那个部分——亦即理性，只留下可由"贪欲"这一符号所概述的那些部分，诸如对财富与快乐的向往、寻求承认的欲望、对普世征服的渴求。沃格林指出，早在希罗多德和修昔底德那里，他们就已在其史学著作中记载了人在贪欲支配下的行动，这些记载同时隐含着对此类行动的某种批评性分析：

在《历史》中，对众神与人之间权力角逐的构想侵蚀了过程的奥秘。人的人性已被缩减得只剩下他的贪欲自我，而众神则和人共命运。不过，希罗多德笔下的人物对这一奥秘并非全然无感。他们清楚地懂得对与错，从而知道在扩张权力时取得的成功（*eutychia*）有所不妥；不论这种错误是什么，它都会引来众神的灾难性干涉。随后，希罗多德将这种错误的本性确定为"出于贪欲的对实在的逃离"。于是，对于那种奥秘，至少还留有一丝战栗。

在修昔底德笔下的弥罗斯对话中，战栗踪影皆无。起侵蚀作用的那种构想，其地位得到提升，被视为实在本身（5.105）：

我们相信，众神出于自然的必然性而统治他们所能统治之处；我

---

① 邦雅曼·贡斯当：《古代人的自由与现代人的自由》，第 34 页。

② 马克斯·韦伯：《民族国家与经济政策》，第 93 页。

③ 参见叶颖：《从具体自由到作为普遍者的国家——黑格尔国家理论探析》，《北京师范大学学报（社会科学版）》，2020 年第 3 期，第 120—129 页。

们知道,人亦如此。这项法则不是我们制造出来的,我们也不是最早按其行事的人;我们发现它在我们之前即已有之,也会让它在我们之后永远存留;我们只是运用它,而且知道,无论是你们,还是其他任何人,只要和我们同样强大,都将像我们一样行事。

阿那克西曼德所说的"万物"参与其中的那个过程,已然变成权力自我据以行动的法则。甚至可以说,被实体化为一项法则的这个过程,是一种自然的必然性,它恰恰是在那个进行这种实体化的人身上起作用:要想虚构出征服与实在的同一性,可以通过将实在等同于某种缩减得只剩下贪欲自我的人性来达成。借助这种出于对畸变后的生存的想象而转变实在的游戏,历史找到了可以掌控它的主体——至少直到伊哥斯波塔米战役(Aegospotami)为止。那些并非主体的人,在这里也就是弥罗斯人,则只能在"俯首称臣"和"遭受屠杀"之间进行选择。[①]

这种畸变在经历了启蒙的现代人这里依然存在,甚至愈发严重:

现代人痴迷于对实在加以畸变,其途径是将人的人性缩减为贪欲自我,谋杀上帝,拒绝参与由人进行的、神在其中作为伙伴的对话。要想充分认识这种痴迷有多么暴烈,必须将它与古典哲学家突出的开放性相对照。诚然,亚里士多德并不认可神话中的众神是万物之本原,但从一封他写于生命最后几年的存世信件片段里可以读到:"我愈是独处,便愈热爱神话。"在"现代",生活于其中的思想家本应成为哲学家,但他们却偏爱帝国缔造者的角色。这样的一个时代将会经历许多动荡,然后才能超越自身,超越它在进行反叛时的那种傲慢,找到回归谦卑的人类对话的道路。[②]

进一步而言,通过强调理性在生存中的主导地位,一个由理性塑造其生存秩序与心灵秩序的人,他所自觉选择的生活就其最终形态而言并不自由,而是

① 埃里克·沃格林:《天下时代》(《秩序与历史》卷四),第262—263页。
② 埃里克·沃格林:《天下时代》(《秩序与历史》卷四),第276页。译文略有改动。

始终受制于来自奥秘的牵引与推动。这与古典哲学对德性的强调一脉相承,却与启蒙所致力于推动的目标大相径庭。但是,被启蒙释放了对自由之渴求的人们面临着一个难解的问题:个体的生存总是有限的,来自无定深处的压力总是使经过启蒙而充满自主意识与主体性认知的人面临着归于虚无这一前景。为了对抗这一虚无前景,启蒙思想家提出了对历史意义的建构。如果历史的意义(meaning of history)得到确认,则个体之人的付出便也具有了意义。

在《天下时代》中,我们看到,随着"在历史中的意义"(meaning in history)取代了"历史的意义",成为沃格林的秩序思考所关注的对象,他从根本上否定了为历史过程人为建构某种终极性的可能。"每一种试图达成普世终极性的努力在历史上都未能是终极的。"[①]与之相应,是沃格林对历史过程的基本观点:对人而言,历史过程是一个奥秘。"历史不是一条由人们及其在时间中的活动构成的溪流。"[②]如果将历史视为这样一条溪流——实际上,这往往正是我们对历史的看法——那便意味着我们知道,或者相信我们会知道,这条溪流将会流向何方;但在沃格林看来,历史之流的终点—目标始终对人保持为奥秘。这个奥秘始终不断地在人的心灵中生成疑问,使人想一探究竟,但又始终让人无法窥见真容。于是,人的心灵便始终处在一种居间的状态下:它受到奥秘的牵引,努力地向上探寻,但却永远无法攀上想象中"就在那里"的顶峰;不过,若是由于认识到这一点而放弃攀登,甚至告诫他人再也不必做此"无用功",却亦不可行,因为奥秘还在那里,由奥秘而来的疑问也还在那里;奥秘与疑问,总是会以某种方式牵引和推动人,至少是一些人,游走于柏拉图笔下的洞穴内外。就此而言,人并不自由。一个自以为已然自由的人,其实局限于洞穴之内的生活,听任欲望排挤疑问而成为自我的主导者;一个试图通过把握奥秘从而超越奥秘的人,相信自己找到了通往真实自由之路,实际带来的却是对秩序的破坏。

既然历史是个奥秘,"历史的意义"便无从谈起,这是一个伪问题。看起来,在这一点上,沃格林与他所批评的实证主义似乎达成了共识——出于"形而上学禁忌",实证主义认定,各种与"经验事实"无涉的问题,包括"历史的意义"在内,都不应成为理性探究的对象。只不过,沃格林在将"历史的意义"排除在视

---

① 埃里克·沃格林:《天下时代》(《秩序与历史》卷四),第303页。

② 埃里克·沃格林:《天下时代》(《秩序与历史》卷四),第53页。

域之外的同时，又热忱地投入了对各种版本的“在历史中的意义”的重温、理解与比较。在沃格林看来，这种重温、理解与比较具有生存层面的意义，尤其是在现代性的语境下、对我们现代人而言。在现代社会，“对奥秘的摧毁体现在围绕各种‘答案’的当代教条之争中”[①]。我们为何执着地期待一个思想家就我们的问题给出一套“富有可行性”的解决方案？相应地，一个典型的现代思想家为何执着地要建构一套堪担“理论指导实践”重任的“体系”？沃格林的诊断是：“这种建构意在舒缓一个无法直面实在之奥秘的人所感受到的焦虑。”[②]反之，如果我们认识到历史过程是一个奥秘，认识到有关“历史的意义”的各种宣称、连同由之衍生出的各种政治学说均因此而被剥夺了终极性，那么，我们便会认识到，寻求在现实层面上彻底地“解决我们的问题”，既无可能亦无必要。

结语

对于反启蒙者，我们常常会不假思索地冠之以反理性主义之名，正如我们常常会不假思索地视启蒙者为理性主义者一样。但是，沃格林的反启蒙思想对这种惯常思维的合理性提出了挑战，因为他在批评启蒙者诸多观点的同时，又在倡导对某种“真正意义上的”理性的回归与坚持。当然，沃格林所关心的问题不是“哪种理性才是真正的理性”，不是这种定义之争，而在于“我们应当过什么样的生活”这样一个事关生存真理的问题。

伯林指出，从赫尔德到柏克，那些反启蒙者的思想均“构成了对打着普遍的道德和知识理想的旗号、以理性主义方式改造社会的努力的抵抗”[③]。与此类似，沃格林批评那些自称具备了终极性的思想主张，否定“历史的意义”。仅就观点的表象而言，沃格林同这些反启蒙者似乎是一致的，但是，双方的论据并不一致。这些反启蒙者诉诸种种非理性因素，或是出于对习俗、信仰、道德、情感的珍视，或是出于对教会、国家、贵族、精英之权威的敬重，但却都缺乏对作为奥秘的实在本身的开放性。许多反启蒙者倚重宗教的力量，不满于科学在现代社会的盛行。沃格林的反启蒙则既批评宗教作为灵性经验之畸变产物对心灵的

① 埃里克·沃格林：《天下时代》(《秩序与历史》卷四)，第 441 页。

② 埃里克·沃格林：《天下时代》(《秩序与历史》卷四)，第 441 页。

③ 以赛亚·伯林：《反潮流：观念史论文集》，第 16 页。

封闭,又批评科学成果在普及教育的过程中出现的畸变现象,及其对心灵的封闭。由此观之,这些反启蒙者同他们所反对的启蒙者在一个要点上其实是相通的:他们共同生活在由有序经验的畸变所造成的心灵封闭状态下,从而在面对实在的奥秘时缺乏敏锐而全面的感受。这种状态的延续,无论是沿着启蒙的路径,还是沿着通常意义上的反启蒙路径,导向的都是对沃格林心目中有序生活的进一步远离。

正义的人生在于将热切的精神生活与节制的政治生活相结合,这是古典政治哲人的洞见。沃格林对居间与均衡的坚守正是对此洞见的注脚。

Eric Voegelin: A Counter-Enlightener

Ye Ying

Abstract: The Enlightenment is known for its promotion of reason, but it actually causes domination of passion over mind. For a typical modern enlightened man, whenever he makes use of his reason, what he does is no more than making it serve the domination. Voegelin pointed out that the classic philosophers symbolized as *nous* (reason) that part in them which could sense the pull by diving reality from the Beginning and the Beyond. In the classic experience, the domination of reason over mind was reflected in the life which enthusiastically explored the ground (*arche*) of existence and was thus recognized as the ordered life. Whether in pre-modern society or in modern society, we can witness the phenomenon that the experience of order, be it philosophy, pneumatic experience, or science, is deformed into doctrine. Because the Enlightenment emphasizes the subjectivity of human being, it imposes on science the taboo on metaphysics and justifies human desires and passions for the purpose of promoting humanism, both of which contribute to the deformation of science in modern society as well as the acceptance of deformed "science" by modern people. The consequence is that the balance state as the characteristic feature of ordered life is destroyed, making it impossible for people to pursue immortality. At the same time, the extreme pursuit of freedom and the artificial construction of "meaning of history" by the Enlightenment also reflect the deformation of reality and result in the disorder of modern society.

Keywords: The Enlightenment, The Counter-Enlightenment, Reason, Reality, Experience, Deformation, Immortality

沃格林意识理论与东西知识传统的深度对话*

朱成明**

[摘　要]　西方传统形而上学将东方思想仅看作原始的实践智慧，这大大阻碍了东西思想的深度对话。上世纪以来哲学的发展为东西交流开启了新视野。沃格林意识哲学克服了胡塞尔意向性分析的主要缺陷，让超越(存在、不可见的尺度、"神")问题成为哲学的中心；他通过将存在问题转译为"求索根基"，取消了海德格尔"存在"(即希腊"存在")的封闭性，并让"根基"问题向整个人类开放。沃格林本人的哲学实践是东西方就终极问题(求索根基)进行对话的典范，他的理论样式也为东西思想交流提供了参考甚至基础。在其意识哲学的观照下，神话、哲学、启示等象征形式都是对同一个超越(存在)的参与，所不同的只是象征形式。哲学作为对实在的智性经验，追求对实在结构的明晰化理解，可以通过客体化的方式

* 基金项目：国家社科基金青年项目"古印度治术经典《利论》译注及研究"(17CWW008)。

** 朱成明(1983—　)，男，湖北咸丰人，文学博士，重庆大学人文社会科学高等研究院副教授，主要研究领域为印度哲学，印度西方比较哲学。

关涉其他类型的象征形式，观看、分析其经验内容，令其获得概念性理解。这为我们重新理解东方传统提供了可能性。

［关键词］ 东西思想对话；沃格林；意识哲学；存在；根基；象征真理

一

东西思想的深度对话一直缺乏坚实的基础。东方在悠久历史中累积起来的智慧，保留在紧敛的（compact）象征和象征形式中。东西文化碰撞、接触以来，讲究概念、逻辑、命题的西方传统哲学或是将东方思想[①]当成一种原始的实践智慧[②]，将其排斥在"严格意义的哲学"之外，或是专横地以"逻各斯"的知识形式对东方思想进行规范和重构。[③] 前一种是排斥态度，其根据在于，东方知识传统与西方不同，缺乏逻各斯和概念性形态；不过，这种态度虽则是排斥的，令彼此各划疆界，却不会影响不同知识形式的特性及其在相应人群中的社会效力；后一种是理解的（韦伯"理解的社会学"意义上的 verstehend）态度，它的立意虽在增进相互沟通，但在实践中却产生诸多学理问题。

毋庸讳言，西方科学[④]如今已在全球成为支配性力量，我们的智力生活，从外在的建制（大学、学院、研究所等）到知识生产方式、知识形态，都受到西式科学的规定。在此语境下，东西方学者大多承认东西文化深度交流的基础是学院

---

① "东方思想"即宽泛意义上的"东方哲学"。在本文中，为增强概念的规定性，笔者将在狭义上使用"哲学"一词，因此悬置诸如"东方哲学""印度哲学""中国哲学"等名词，而代之以"思想"或"智慧"。

② 参看黑格尔《哲学史讲演》中论"东方哲学"一节（G. W. F. Hegel, *Vorlesungen über die Geschichte der Philosophie*, *1ster Band*, Berlin: Verlag von Duncker & Humblot, 1833, pp. 135－168）。黑格尔虽然对"东方哲学"持消极态度，但似乎隐隐察觉"形式"问题是阻碍西方人理解东方"天才"的障碍（同上，pp. 138－139）。

③ 指近代以来的特殊知识事件：以西方学术分科来规范东方知识传统，使之服从概念、逻辑、命题的形式。这在东方国家表现为以西学分科整理国故，在西方国家表现为"东方学""汉学""印度学"等。

④ 本文中笔者使用古典哲学和德国语境中的"科学"（epistēmē, Wissenschaft）一词的意义，即严格的知识，它与观审（theōria，理论）、哲学（philosophia）基本同义，因此这里的"科学"指哲学在内的所有理论性知识分支。

式的“科学”或“理性”[下文将称之为“理性前提”(postulate of rationality)]。[①]不过问题在于,西方哲学的内在张力,使它本身经历流变、偏离甚至危机,在此背景下,从西方哲学立场上处理东方思想,无论是对专业哲学家,还是对“东方学”框架下的学者,可能都是较大的考验。排斥的态度固然造成彼此的隔膜甚至隔阂,但后一种沟通尝试却可能经常引起双重的混乱:东方智慧不用逻各斯式语言(概念、命题、理论)进行自我表达,单纯从语文学层面对东方思想作概念化、命题化处理,并不能得到东方思想的真髓,这直接导致人文科学在试图“科学地”处理、“理性地”阐释东方时,自身却失落在东方思辨象征和象征形式的迷津中,从而让当代许多“人文科学”研究本身变得可疑。

这并非空穴来风。虽然学者们几乎都承认“理性前提”,都认为在对东方思想的探究中应力求达到哲学的(亦即科学的)理解,但理性毕竟不等同于形式逻辑,科学也不是任意地把东方文本中的思辨象征直接当“概念”来重构命题和体系,更不是简单地以各种“主义”式“理论”肢解文本。不过长久以来,“东方哲学”一般地通过以下方式得到构建:不加检讨地将文献中的名词当作“概念”,再点缀以逻辑工具或传统形而上学的陈腔,让东方思想的象征形式重组成符合命题、理论样式的命题型甚至体系型“哲学”。在“东方哲学”的诸课题下,人们去寻找、对比、理解、阐释东方思想家的“哲学观念”、“哲学观点”,却似乎忘了一个首要事实:古典东方思想的知识形式恰恰以非概念、非逻辑为主要特点。轻率地将文本中的象征当“概念”,将诸种象征形式当成“理论”,正是忽视了这个坚硬的事实。许多“东方哲学”研究过程中都伴随着一种“遗忘”:为克服东方思想非概念、非逻辑、非理论的“缺陷”,人们对东方思想的象征形式作逻辑的、命题的改造,同时,恰在这种改造中,人们却往往已经在将非概念的语词象征当成概念。

这种分裂的“遗忘”提醒我们两个重要事实:(一)经过近现代西方启蒙哲学的教化,逻辑越来越成为理性的代名词,以至于人们相信对东方思想的逻辑化、命题化操作就是哲学研究;(二)将东方思想重构为命题、体系样式的“东方哲学”是贫乏的做法,它并不能增进我们对于东方思想的深度了解。如果要遵

---

① 在各国甚至全球的学术共同体中,学者们对“科学”、“理性”的理解、认同可能存在差异(譬如古典的还是现代的),但没有一位学者会宣称自己的研究是“非科学的”或“非理性的”。

循"理性前提",就需要更健全的哲学装备(而不仅是逻辑),而上个世纪以来的西方哲学发展,确乎让东西方思想的深度对话变得可能。

胡塞尔开创现象学,是现代哲学史的一个重大转捩点。"面向实事本身"(zu den Sachen selbst)的原则,让他从强调主客二元对立的各种"主义"废墟中发挥出新方法,展开了新视域。曾经现成的外部世界被谨慎地"悬置",哲学的目光从"所显"(现象或属性)与"显者"(本质或实体)的二元区分转移到意识经验本身。知识事业不再从主体心理表象、抽象概念、先验观念出发,进行归纳、演绎,或辩证法的推演进行命题构建,而是对主客之间那种更源始、更具明证性的"意义"(Sinn)进行研究。

东方思想在根底处表现为敏锐的直观(悟、领会),在表层方面主要表现为亚里士多德意义上的"技艺"(technē)和"明智"(phronēsis)。胡塞尔现象学拈出"意义"、"意识经验"作为课题,在一定程度冲破了西方传统形而上学藩篱,将关注点放在前科学的、更源始的人类经验上。其努力的原初立意是对西方哲学(或科学)危机作出诊断,并进行重新奠基,但将"如何"(经验、意义)视为比"什么"(传统存在论、形而上学)更源始的维度[①],却不经意开启了东西方思想结缘的可能性。胡塞尔本人对东方虽然大体上也有着黑格尔式的偏见[②],但他似乎又已经觉察到了东方智慧的某些优点,并专门地做过一些研究。[③]

在胡塞尔的自我理解中,现象学是关于意识经验的一般科学,"意向性"(Intentionalität)既是现象学得以开端的"初始概念与基本概念",又是现象学的初始主题。[④] 对于胡塞尔来说,意向性分析是其现象学的核心课题,而"先验自

---

① 虽然胡塞尔推崇观审(哲学或科学),但要为科学奠基,就必须要对前科学的人类经验进行考察,这就涉及了"意义"、"经验/体验"及"周围世界"等问题,用他自己的说法就是:"理性生活是普遍的实践生活之一分支。"(胡塞尔:《第一哲学》(下卷),王炳文译,北京:商务印书馆,2006年,第278页)

② Edmund Husserl, *Die Krisis der europäischen Wissenschaften und die transzendentale Phänomenologie: eine Einleitung in die phaänomenologische Philosophie*, Haag: M. Nijhoff, 1976, pp. 13 - 14, 321 - 326.

③ 胡塞尔:《论〈觉者乔达摩语录〉》,刘国英译,杭州佛学院编:《唯识研究》第一辑,上海:上海古籍出版社,2012年,第136—137页;同上:倪梁康译:《苏格拉底—佛陀》,第138—154页。

④ Edmund Husserl, *Ideen zu einer reinen Phänomenologie und phänomenologischen Philosophie, 1stes Buch: Allgemeine Einführung in die reine Phänomenologie*, Halle: Verlag von Max Niemeyer, 1913, pp. 167 - 168, 185, 303.

我”(transzendentales Ich)及相应的“先验主体性”(transzendentale Subjektivität)则成了哲学与科学得以发挥出来的最可靠基础。胡塞尔的意向性学说既是对积重难返的西方传统形而上学的强力反动，又是对更为深刻的本源哲思的某种牵引和触发：海德格尔(Martin Heidegger)和沃格林(Eric Voegelin)两人都受到胡塞尔影响，后来又大大地突破了他的势力范围。两人在哲学上的关键发展，很大程度上源自对胡塞尔意向性学说的克服，而且也恰是这种克服，又使得两人从不同层面、以不同的方式为东西思想交流提供了前所未有的可能性。有关海德格尔和中国古学的唱和酬酢，张祥龙先生有精彩的发挥[①]，本文选取沃格林意识哲学中的“意识悖论”洞见为切入点，略述其意识哲学要点及其对东西思想对话的意义。

二

胡塞尔哲学的最终基点是“先验自我”，但海德格尔在《存在与世间》中通过对“此在”(Dasein)的生存结构分析，质疑了胡塞尔自足的“先验自我”，并把意向性置于非本源的地位上。海德格尔的取径是某种“根本存在论”，而非认识论或意识结构分析。从意识结构分析突破意向性学说，并将相关的实在、语言、真理问题清晰地呈现出来的人，是现代政治哲人沃格林。从40年代末期开始，沃格林已经着手厘清新康德主义、胡塞尔现象学等立场的弱点，开始以经验以及对经验的象征化问题为核心，发挥出某种历史哲学(《新政治科学》、《秩序与历史》前三卷)，虽然彼时他尚未把焦点集中到意识分析(灵魂学)问题上来，但已经在意识分析视野中深入思考过历史、政治的相关问题。[②] 在60年代初，他确立了意识哲学在历史、政治理论(即哲学地考察历史、政治现象)中的核心地位

---

① 参看张祥龙：《海德格尔思想与中国天道》，北京：三联书店，2007年；张祥龙：《从现象学到孔夫子》，北京：商务印书馆，2011年；张祥龙：《胡塞尔、海德格尔与东方哲学》，《中国社会科学》，1993年第6期，第50页；张祥龙：《海德格尔论老子与荷尔德林的思想独特性——对一份新发表文献的分析》，《中国社会科学》，2005年第2期，第69—83页；张祥龙：《海德格尔与中国哲学：事实、评估和可能性》，《哲学研究》，2009年第8期，第65—76页。

② 详见沃格林《记忆·第一编》前三篇文章，参看CW，6：41-83。本文所引为《沃格林文集》(Eric Voegelin, *The Collected Works*, 34 vols., Columbia & London: University of Missouri Press，简称CW)，为节省篇幅计，用“CW，N：n”表示“《沃格林文集》第N卷第n页”。

(《记忆》),这一直到他智识生涯的末尾(《秩序与历史》第四、五卷以及一些中长篇论文)。由于沃格林本人做理论时有某种"苦行倾向"(ascetism),从不采取观念、"概念"先行的方式,总是注重具体性以及经验调控,因此他的理论洞见不以"纯理论"的方式出现,而总是和他所处理的经验材料处于水乳交融的状态。[①]因此沃格林并没有专著对自己意识哲学作出论述,我们现在能看到的最集中表述,应当是《秩序与历史》第五卷《求索秩序》(*In Search of Order*)。

在《求索秩序》开篇中,沃格林通过他推崇且惯用的亚里士多德式分析,引出了意识结构问题。他先提出语言的模糊用法现象,即"哲学语言"的特殊性问题:首先,"哲学语言"虽并不等同于某些种族、帝国或民族语言的任何一种,但要被理解,它必须是其中一种;其次,"哲学语言"虽不同于任何曾被用作哲学语言的诸种语言,但这些语言却都在哲学语言中留下或正留下特殊的意义印记,并期望在哲学著作中得到理解;另外,在求索真理的"千年历程"中,这种求索已经且正在发挥出一种本己语言(按:即哲学语言)。然后他问道:"到底是何种实在结构被经验到的时候,才会导致'语言'一词模棱两可用法的呢?"[②]他说,这种语词模糊性源自"意识的悖论式结构",以及"意识与实在本身的关联":

> 一方面,我们把意识说成是位于躯体生存中的人身上的某物,相对这种被具体地包含着的意识,实在被设定为被意向的客体。同时,作为被位于身体中的意识所意向的客体,实在本身取得了一种譬喻层面的外物性(external thingness)意味。我们在此类短句中使用这个譬喻:"意识到某物""记起或想象某物""思索某物"以及"研究或探索某物"。因此,我将意识的此种结构称为其"意向性"(intentionality),并将相应的实在结构称为其"事物性"。另一方面,我们晓得,位于躯体中的意识也是实在的,并且此种可被具体地定位到的意识并不属于另一类实在,而恰是那——相对于人的意识来说——转到"物—实在"(thing-reality)地位上的实在的一部分。那么,在这第二种意义上,实

① 已经刊出的文稿中,沃格林《法的本质》一书是他做理论方式的一个很好的过程展示(紧扣柏拉图—亚里士多德的科学方式),这和我们现代学术中观念先行的模式(开篇给出"概念"和"定义",然后组织材料以填充之,不是让概念屈服于实在,而是让实在服从理论)大为不同。

② CW, 18: 29.

在并非意识的客体，却是这样一种“某物”：在其中，意识作为一个对存在共同体中(the community of being)诸伙伴的参与(participation)事件而发生。[①]

他继续分析说，在这个过程中，实在从“被意向客体的地位”转到“主体地位”，而意向着客体的主体意识，则变成“主体实在”(subject reality)中一个“谓述性事件”(predicative event)，同时，意识本身为主体实在的真理而“显亮”(luminous)。因此，意识不仅有“意向性”结构层次，也有“显亮性”(luminosity)结构层次。此外沃格林还说，当意识被经验为实在中的一种参与性的“照亮”(illumination)事件时，意识本身可以看作居于这个包括着诸伙伴的主体实在中，而非是躯体中。于是意识就获得此种维度：它不属于以躯体生存的人，而属于那个包括着人、存在共同体中其他伙伴，以及他们彼此发生关系的整个实在。在这种意义上，意识的显亮性就位于躯体中的人类意识与被当作事物来意向的实在“之间”的某处。[②]

沃格林借用柏拉图的术语，将意识这种居间地位描述为“间际”(metaxy)[③]，同时将那包举性的实在称为“它—实在”(It-reality)[④]，与上面引文中的“物—实在”(thing-reality)相对。在这里，我们可以看到这个悖论结构：意识既作为主体去意向作为客体的实在(意向性)，同时又是被意向之实在的一部分(显亮性)；而实在本身，既是意识的客体(物—实在)，同时又为意识所谓述(它—实在)。他随后在这个意识悖论结构中引入了“语言”与“真理”问题：

当人想指示实在与意识的悖论式结构时，并没有一种自主的、无悖论的语言，作为表征系统来供人采用。恰如存在着的诸事物是这个

---

① CW，18：29.“诸伙伴”指：神、人、世界、社会(CW，14：39；18：30)。

② CW，18：30.

③ “间际”(metaxy)一词来源于柏拉图(Plato, *Symposium* 202a; *Philebus* 16d–e)，是沃格林后期经常使用的重要术语。在这个词来源的语境中，它表示人“居间”境况：人与神之间、无知与知识之间。沃格林用它来标志意识或灵魂的居间特性：此世(躯体生存)与超越(神性根基)之间，即：此世的人通过经验到超越知晓自身有限性。“间际”与他取自亚里士多德(Aristotle, *Metaphysica* 1072b20)的“参与”(metalēpsis)意义基本相同，都表示超越之下的生存。

④ 沃格林说，这个“神秘的它”在日常语言中能找到痕迹，比如“(它)下雨”(It rains)。

包举性实在中的诸伙伴,语词及其意义也是它们所指示的实在的一部分。语言参与一个悖论式的求索:这种求索通过将真理当作一个被意向的“事物”来追求,使实在为“它”(自身)的真理而显亮。①

这样就构成一个“意识—实在—语言”复结(consciousness-reality-language complex),在此结构下,沃格林讨论了几个相关问题,其中与本文论述最相关的是语言中的“概念”和“象征”问题。概要说就是,与“概念”相对的,是“意向性”意识经验与“物—实在”,而与“象征”相应的,则是“显亮性”意识经验与“它—实在”。②

沃格林意识哲学并非像其他哲人那样从纯粹的思辨出发,去寻找哲思的某个万有原理,再在此基础上进行推演和构建,而主要仰仗对历史语境中大量经验性材料的分析性阐释,并且有一个逐渐明晰、丰富、透彻的过程。③ 笔者在此地不能对之作详细的系统介绍,只能将其后期意识哲学中某一方面的几个要点先提出来,以便在下文展开分析。国内学界对于沃格林的兴趣,似乎更多聚焦在他历史、政治哲学的框架性论述方面,尚无人触及其意识哲学的细节,因此,在试图说明其意识哲学对东西思想交流的意义之前,还需要对上面引述的内容作出一定澄清。

三

与胡塞尔相同,沃格林也将意识经验作为基本课题,也基本继承了他对意向性的规定(意识的朝向、关于、指涉行动)。但不同点在于,胡塞尔的“先验自我”是一个阿基米德点,但沃格林所揭示的显亮性结构层次中,对实在进行客体化的意识,本身也是实在的一部分,意识的意向性指涉并非封闭而自足的行动,而是参与到整个包举性实在(它—实在)中的一个事件。这一点区别看似比较

① CW, 18: 31.

② CW, 18: 32.

③ 另可参看 CW 第 6、34 卷《记忆》(*Anamnesis*)、《自传性反思》(*Autobiographical Reflections*);另可参看 Ellis Sandoz, *The Voegelinian Revolution*, New Brunswick & London: Transaction Publishers, 2000, pp. 143 - 187。

细微,却构成了两人在哲学运思中的决定性差异。对于沃格林来说,意识["自我"或"思物"(res cogitans)]只有先行地投入或参与到整个实在中,意向性才可能。将意向性当成意识结构的"最本己"甚至唯一模式,让"先验自我"成为阿基米德点,取消了实在的完整性("自我"——人——在实在过程中的缺席或例外倾向)①,进而勾销了哲思的可能性:毕竟,哲思不可能发生在真空中,它只可能在整全实在中,由参与着这个实在的人发挥出来。而构建封闭、自足的"先验自我",意味着对根本的问题的遗忘:那推动着"自我"去意向客体、并让意向性得以可能的,不可能是"自我"本身。

不过,"显亮性"究竟意味着什么?包举着意识的整个实在,它作为"主体实在",与参与着这个实在的意识又是何种关系?我们尝试举例说明。

在"某甲观看某棵树"这样一个日常经验中,作为"主体"的某甲,其注意力焦点在这棵树上(但也会留意到周遭环境),在此过程中,实在(以这棵树为注意力中心)作为某甲的客体呈现给他,这样一个观看行动是某甲意识结构中的意向性层次。不过,这个层次并未穷尽意识经验的结构。某甲在注意一棵树和周遭环境的同时,无法以任何方式注意到自己的"观看"行动,但"观看"行动本身却也是整全实在的一部分(并非例外)。在这个意义上,某甲的"观看"行动发生在某个整全实在当中,而且是在这个整全实在才取得了它("观看")与被观看之物的一种鲜活的关系。意识现象发生在整全的实在当中,在参与中去照亮实在(犹如一盏灯亮于暗室,在暗室内照亮暗室),是为显亮性。意识,固然总是关于某物的意识(意向性),但意识首先是参与在整全实在中,并在整全实在中得以发生的意识(显亮性),这样一个洞见有着既丰富的蕴涵,兹就与本文相关者略举如下:

(一) 意识的两个结构层次实际上提示着意识经验的两种模式,主客经验与超越经验。意向性经验中,意识作为"主体"去关涉作为"客体"的实在(经验到自由);在显亮性经验中,整全的实在本身成为"主体",而意识则处于一种被运斡、穿透的地位(经验到必然:*IT* rains; *ES* ist mir heiß; *IL* fait beau;天下雨娘嫁人)。

(二) 意向性与显亮性两个结构层次中,显亮性结构层次更为源始、基本,因为意识首先必须要参与到存在共同体诸伙伴的鲜活关系中,才取得其指涉客

---

① 在某种意义上来说,这种倾向是个人和公共生活中失序的最大原因。

体的功用和能力。离开这个鲜活的关系(意识的具体性),构想一种自足、封闭、处于阿基米德点的抽象意识,将其看成某种"绝对之域",并从中发挥一种认识论,在前提上欠缺足够的充分性。

(三) 意识的显亮性对意向性拥有优先地位,是存在论层面的优先(本原、奠基),不是时间上的优先。就着时间来说,它们总是共时发生:任何意识都既总是参与着实在的意识,又总是关于某物的意识。

(四) 挑明意识的显亮性结构层次,可以深化我们对意识意向性的理解。当我们在这个完整的意识结构层次中理解"意识总是关于某物的意识"时,"某物"可能是内在于意识的某物(如念头),也可能是外在于意识的某物(如观看到的树、他人),也可能既不内在也不外在于意识,而是包含、托起、运斡着意识的某物(绝对的超越)。

(五) 因此,意识的两个结构层次(以客体化方式关涉实在的意向性,以参与在其中的方式谓述实在的显亮性),提示着实在本身的诸多结构层次:作为意识客体的"物",作为包举着意识及意识所关涉之物的"它",当然,还有作为意识本身的"自我"。[①] 意识结构层次的完善,让实在本身的丰富性也得到充分的显明:相对于单方面强调意识意向性结构,将哲学仅仅看成关乎"自我"与"物"之真理的智识构建来说,超越("它"、"神")问题以不可推诿的方式进入哲学视域和事域。

意识不能意向正意向着客体的意识本身,因此也就不能意向到包括意识本身的整个实在过程(正如人不可能把自己或自己所立足的大地拎起来)。恰是在这里,彻底的超越就显现出来。[②] 任何一个意识经验事件,它既然发生于整全的实在当中,它就不可能仅仅只是一个意向性行动,它还是一个参与行动(亦即"被推动""遭受""被运斡")。因此,意识的显亮性结构层次揭示出作为"推动者"的超越("它"):"它"是意识经验得以发生的根基,却不是意识能通过意向性

---

① 沃格林在本文所引文段中只提到了"物—实在"与"它—实在",未提到"我—实在",但在后文的"反思性距离"(reflective distance)问题中,他较详细地论述了意识与"物"、"它"的关系的复杂性:意识总是处于和周遭实在关系中的、具体的意识,人无论是对"物"、对"它"、对"自我"都无法达到某种"终极的"认识(CW, 18: 51 - 69)。

② 从这个意义上说,人无法拒绝超越现象。尽管在反思中"我"可以把"我"前一刻的意识经验本身及"外物"整体看作客体,但无论如何整个实在并不能被当作"外物"被摆置为客体。

直接去关涉的客体,“它”是意识和意识所关涉之物显现的基础,自身却并非两者中之一。而且,唯其当“它”对意识显现为“非一物”(非客体),“物”(客体)才可能对意识显现。

显亮性比意向性更源始,前者是后者得以可能的条件。显亮性(参与性/间际性)才是意识最本真的结构层次,这提醒我们,意识不是阿基米德点,意向性经验以对超越的“参与”为前提和基础。在与“它”的关系中,意识处于被运作的地位: 意识固然总是关于某物的意识,但关涉着客体的意识本身,总是已经先行参与到一个非客体的“某物”当中。意识若不先行参与到“它”之中,就不可能和作为客体的“物”发生关联。因此,沃格林所提到的意识显亮性(参与性/间际性)所揭示事情集中到一点就是: 超越根基问题比意向性问题更根本,超越经验(对“它一实在”的呈现)问题比科学(对“物一实在”的呈现)问题更根本。

发掘出意识的显亮性层次,是沃格林对意向性学说在形式方面的突破,虽然类似于“照亮”(illumination)之类的词在沃格林中期著作已经常见,但正式使用“显亮性”(luminosity)是在60年代中期。当然,早在1943年给舒茨(Alfred Schütz)的书信中,沃格林就曾指出,胡塞尔将世界的客体性建基于“自我”的主体性上尚需澄清,而超越问题才是哲学的关键问题。[1] 在“论意识理论”中,他承认胡塞尔先验哲学在澄清意识结构方面的巨大成就,但同时认为其成就并不能粉饰其“精神层面虚无倾向”的缺陷。[2] 显然,对于沃格林来说,胡塞尔的“先验自我”背后,仍然是“人是万物尺度”(homo-mensura)的魅影。但人如果将“我”作为绝对且自足的尺度,人作为人、人在宇宙中的建构性位置(constitutional posistion)就不可理解。如果要获得这种理解,只能从超越层面出发: 人不是自身的根基,它的本性被超越所规定。[3] 摆脱意向性分析,转向“超越”之后,沃格林让求索“生存的神性根基”成了沃格林哲学的核心主题。

四

在给另一位友人的书信中,沃格林曾谈到,自赫拉克利特首先将哲学规定

---

① CW, 6: 60-61.

② Ibid., 83.

③ CW, 6: 173,347; CW, 11: 225; CW, 12: 47.

为对意识或“灵魂”(psychē)之张力、动力及结构的深入探索,对灵魂(笔者按,与意识为同义词)的诠释就一直是哲学的核心。[①] 沃格林也按照西方传统中的灵魂学,将意识(灵魂、“自我”)分为几个层级:它一方面指心理学层面的“自我”(心思),再深一层是认识论哲学中的“先验自我”(对思想的“观看”),但最内核、最重要的层次是指朝向超越的“内在自我”(对超越的“观看”)。[②] 沃格林所强调的,正是意识中这个最核心、最基础的层次,因为这一层次的“自我”是人对超越(作为其生存根基的)进行参与的“位点”(locus),他也将其称为感知超越的“感枢”(sensorium)。[③] 不过,此处需说明的是,“意识/灵魂”和“超越”(“它”、“神”)这类词本身都不是诠释意向性经验的,因此它们不指涉在时空中实存的“物”,这些词诠释的是显亮性经验,被用来类比那不可以直接指涉的“非实存实在”(non-existent reality):它们不是意识的客体,却又是真实的,不可直指而强指之,故为类比、象征。

沃格林在处理丰富的历史材料过程中,对这个“超越”有多个象征:永恒存在(eternal being)、神性存在(divine being)、神性根基(divine ground)、“神”(God)、“它”(It)、“它—实在”(It-reality)等等。沃格林这类带着“神”的术语不指涉任何宗教或教条中的神性实体(divine entity),而只是对那唯一的、不可言说的超越根基的不同象征[④];因此,不能说沃格林在借着哲学宣示自己的“宗教立场”。他的“神”和柏拉图、亚里士多德的“至善”或“神”这类象征一样,源自对本原(archē)与根基(aition)问题的切身切己的追问,而非源自任何形而上学的、神学的教条、派性立场。

沃格林和海德格尔一样,同样致力于超越问题。他们都注意到意向性分析的缺陷,也以不同方式摆明,主客二元的对立,都先行地建基于人对超越本身的敞开。两人都认可,超越之下的生存是人在实在中的建构位置(海德格尔的“被

---

① CW, 6: 3.

② “内在自我”非沃格林原词,是笔者自行设置的用语。它在柏拉图、亚里士多德语境中是智性(nous),在新约中是灵(pneuma),在奥古斯丁那里叫灵魂的灵魂(anima animi)。

③ CW, 6: 313,361; CW, 11: 230; CW, 15: 293; CW, 17: 53,236,300,397—398,409; CW, 33: 199—203,215,363.

④ 笔者后文会谈到“概念”和“象征”的重要区别。对于沃格林来说,“神”是对超越的神话式象征,“存在”是对超越哲学式的象征,“神”、“神性存在”等词,并不是外在于经验的神性实体的名字,而是对那个超越的、“不是事物的某物”(它—实在)的象征。

抛”、沃格林的“参与”），也是人知识的本真泉源（真理的发生问题）。[①] 两位哲人在人与超越的关系、真理问题的方面有着相当的一致，但在具体的道路方面，两人又有着巨大反差。

对于海德格尔来说，“存在”是一个特殊的“概念”（Begriff），而对存在的典型经验、提出存在问题，都无疑属于希腊人（尤其是前苏格拉底哲人）的哲学天才。因此，海德格尔对存在与存在者的思考，主要囿于一些特殊的哲学、诗歌文本，取材相对局限。他的运思也聚焦于存在“显—隐”运作的张力：凡是与“存在学差异”以及他所推崇的巴门尼德“根本之思”无涉的，他一般不予以关注。海德格尔的思想是激荡在“科学”根基处的湍流，在他看来，不仅现代各种自然、社会科学缺乏真实可靠的根基，连苏格拉底—亚里士多德哲学也是一种非本源的“思”，因此，科学（尤其是人类事务的科学）在强调“地道超越”的海德格尔哲学中几乎是不可能的。当然，也恰是因为海德格尔未从存在之思的地基上发挥出关于人类事务的科学（政治学或伦理学），海德格尔对于东方的理解，仍然没能突破胡塞尔对于东方的著名论断：所谓东方思想，不过是“纯粹经验层面的人类学类型”。[②]

但对沃格林来说，“存在”一词仅仅是对超越的无数象征（symbol）中的一个，超越本身和“存在”字面意思无必然关系。如果“存在”是概念，必须取 *ist*（是、存在）字面意义，那“存在”问题就仅仅属于西方人，但如果它提示的是意识经验中超越实在或神性的生存根基，那么，不分东西古今，人都生活在同样超越之下，参与在同一个神性实在中。[③] 具有此种宽容的领悟之后，沃格林对存在（超越）的意义以及在超越经验之下产生的人类秩序序列的考察，得以在相当浩博的材料基础上展开。在沃格林看来，如果像海德格尔那样，仅仅就“存在”而

---

① 康德、胡塞尔等哲人把先验主体当作知识的来源。

② 海德格尔与老子有渊源，但这和胡塞尔对佛陀的兴趣一样，似乎是更多地带有偶然性。他的“存在学差异”、生存分析，实际在印度都有知音。但是他认为印度人的思想太多神话因素，不具哲学形态，错过了与印度古贤交流的机会。

③ 沃格林在这里并非随便将“存在”等于“神”，去创造某种意义上的“世界宗教”。相反，他识别出“存在”和“神”并非指涉客体的概念，而是对同一超越的不同象征。另外，胡塞尔、海德格尔等哲人对神话采取忽视的态度，但沃格林却认为神话是古人求索根基的方式，是一种紧敛的真理。总的来说，他把人类经验放到平等的地位上，通过考察“意识”、“真理”在形式和结构方面的紧敛性（compactness）与分殊化（differentiation），以求获得对人类更为完整和健全的理解，而这正是沃格林的卓越之处。

说存在问题，那这个“存在”就是一个封闭的“存在”。[①] “永恒存在”（即神性根基）在时间中（历史过程）通过人的求索而开显“它”的真理，实现“它”自身[②]，但唯有设身处地地与历史中那些为存在（超越）所牵引、激发的具体个人（如先知、哲人、圣徒等）进行精神层面的对话，对其历史语境中的秩序问题作同情的追问，才会出现人向存在敞开的问题。在此种普照的视野下，东西方的古贤同样地遭遇到了存在（虽然知识形态上未表现为希腊式“存在论”）。如果说，苏格拉底—亚里士多德哲学对海德格尔来说是“哲学兴而存在之思亡”，那么，沃格林不仅把古典哲学从“学说”、“体系”、“主义”这类专断阐释中解救出来，同时还摆明了哲学（科学）本身就是灵魂对“存在”（作为永恒存在的神性努斯）的敞开。[③]哲学和智性科学（noetic science）不仅可能，而且正是因为“存在”（超越）而可能。

两位哲人在具体道路上的区分，根底可能仍在于与“意向性”决裂的方式和程度不同。海德格尔从《存在与时间》起，可能就面临一个极大的诱惑和挑战：用指示客体（“存在者”）的语言去开显“存在本身”。语言总是客体指涉性的，这导致他既想摆脱语言的桎梏，同时又不得不借道这种语言去进行表述。比如，海德格尔明白“存在”和“无”（Nichts）都不能被摆置为纯粹的客体而且是“一回事”，却仍然不得不总提到“存在概念”，这恰恰说明了其中的艰难情形：“存在”和“无”这类词如果是概念，它们一定不可能指同一实在，因为概念的规定性就在对语词本身的赋意上（好比手指和脚趾绝非同一事物）。但如果将“存在”和“无”看成象征，那么它们可以指向同一件事情，因为象征的意义不是语词的字面意义，而只是用来类比被非客体化地经验到的超越（好比手指和脚趾可以指

① CW，5：255，275－276。沃格林在此主要是从思想史意义上说明海德格尔通过“根本存在论”所构建的“封闭的存在过程”切断了内在世界与超越之间的纽带，是“灵知主义”的一种极端表现。当然，我们从东西文化交流层面来说，也可以看到，如果说“存在”问题不被转译为超越问题，那么，东方就因为没有“存在”问题，没有终极追问，这显然与事实不合。因此，从语词意义层面上来说，海德格尔的“存在”也还是封闭的，仍然还将终极追问限定在希腊或西方样式上。

② CW，6：312－337；CW，28：173－232。沃格林对于“存在”的阶段性理解浓缩在“永恒的存在在时间中实现‘它’自身”这个表述中，这不仅令我们想到海德格尔的《存在与时间》，也让我们想起海德格尔对于现象学的理解：“让显现自身者，一如其自我显现的那样，从它自身那里（被）看到。”（apophainesthai ta phainomena）（M. Heidegger，*Sein und Zeit*，Tübingen：Max Niemeyer Verlag，1986，第 34 页）

③ 关于这一点，可参看沃格林《秩序与历史》第三、四卷（即 CW，16，17）。

向同一个月亮)。由此可以看到:“存在”和“无”都不是指涉客体的概念,而仅仅是引领人去观看那个本身无法被客体化的超越:“存在”和“无”两个词意义虽然相反,却都可以作为权便(convenient handles)去开显同一个超越。海德格尔虽然终生强调“存在”的超越性,但其运思却又为“存在”这个希腊烙印的词的赋意性所累,没看到“存在”所象征的“实事本身”(超越)实际上是人类共同的根基,只不过在其他文明中有着不同的象征化表达。海德格尔当然明白客体指涉性的“概念”语言给他造成的困扰,但他未能像沃格林那样找到“语言—真理”问题的症结与解决办法,海氏后期在语言上越来越隐晦和特异,其立意虽在开显存在,本身却成了一个大雾笼罩的语词迷津。海德格尔与沃格林两位哲人在与意向性的决裂中,一个诉诸于更为紧敛的“思”与“诗”,另一个则锤炼出更分殊化、更通达的意识哲学。如果说,海德格尔在努力地想说出不可说的东西,那么,沃格林在理智层面摆明了这整个事情的复杂性,并通过自己对历史中经验材料的阐释作出了明白交代。

五

与海德格尔相同,沃格林的“真理”也特指与超越相关的、生存层面的(existential)真理,即希腊古典哲人口中的 *alētheia*(真实、真理)。沃格林的自我认同是哲人(追求智慧者),因此对于他来说,“真理/知识”指哲学或理论科学(theōria),不过他没有像“西方中心倾向”的哲人、学者那样,把哲学当作忽视乃至蔑视其他类型知识的堡垒,而是将其当作理解其他类型知识的精神和理智装备。在沃格林看来,即便是哲学或科学真理,也“不是关于内在世界诸客体的命题集合,而是超越于世的 *summum bonum*(至善)被体验为灵魂中的导向性的力量。——但关于至善,我们只能用类比的象征来言说”[①]。这是他对古典哲学本源精神作出恢复性阐释后的小结,也是他为贯通其他类型真理而找到的包容性表述。在沃格林的诠释中,神话、哲学、启示等象征形式中都蕴涵着生存真理,区别只是紧敛性与分殊化程度不同。前面介绍了沃格林“意识悖论”,并对显亮性结构层次,以及由此带出的超越问题在沃格林哲思中的核心地位作了说

① CW, 16: 418,另参看 CW, 12: 117。注意不要将“至善”理解为一个叫“至善”的实体或本体。

明,现在我们再回到"意识—实在—语言"复结,说明一下"语言—真理"问题。

在"意识悖论"结构中,我们可以总结出两组平行概念:"意向性、物—实在、概念"和"显亮性、它—实在、象征"(分别为意识—实在—语言)。两组中前两对术语在前面已经说明,那么,"概念"和"象征"有什么区别?它们与真理有何种关系?通过前文介绍及两者的平行关系,很容易知道概念指向物—实在。而象征问题则相对复杂,它也彰显了沃格林意识哲学的创辟性,在面对人类历史中不同"真理"的情况下,"象征"问题始终居于中心,以至于沃格林也将自己的哲学称为"象征形式哲学"。[①]

"象征"是沃格林在探究和阐释历史过程中诸般秩序经验时的核心词汇之一。他对象征问题的认识也有一个较长的明晰过程,该过程在这里无法详述[②],此处仅限于借助他的意识哲学略作说明。

从"显亮性、它—实在、象征"的对应关系中可以看到,象征不指涉物—实在(或客体之物),而是用来显明、诠释显亮性经验中被经验到的"它—实在"的语言。"它—实在"非客体之物,也不实存于时空中,却又被具体地、真实地经验到。前面提到,语言总是客体指涉性的,要诠释这种非客体性的真实,又只能借助客体化的语言,就涉及类比、譬喻的方式去说出那"不可说"者(比如一个人惊呼"天哪"的时候,"天"不指涉物理意义的天,它只是用来类比那个被现实经验到却非客体之物的"某物")。换句话说,一个概念传达的真实,是一个客体之物(或可感觉,或可想象、设想、思索等),但一个象征所传达的真实,不再是可感觉甚至可思索的客体之物,而是说话人显亮性经验中所经验到的超越,因此,理解象征的意义,总是需要回溯到催生该象征的显亮性经验本身。象征语词意义欲得到保持或恢复,不是通过思辨和逻辑推理,而总是需要一次次重造催生这些语词的显亮性经验。象征本身虽然可能以文本或声音留存下来,但当催生这些象征的显亮性经验不再,它们的意义也就失落了,那么包含这些象征的象征形式就只剩下它字面的意义。亦即,除非象征语词能在接受者那里再次激唤起类

① CW, 6: 38.

② 沃格林在40年代遭遇到象征问题,从而放弃了庞大的"观念史"研究计划[即《政治观念史稿》(*History of Political Ideas*, 1-8),见CW,19—26],随后投入到对象征及催生象征的意识经验的研究与阐释,在《政治新科学》(CW, 5)、《秩序与历史》(CW, 14—16)前三卷中,作为"历史哲人"的沃格林已经形成了成熟的分析方法,但尚未对象征问题作具体说明。60年代中期以后,象征问题就有了十分清晰的表述。

似的显亮性经验，否则这个象征的意义就会被错误地当成指代客体之物的“概念”，或者干脆完全无法理解。“象征实存于世界(按：时间和空间)，但其真理却属于那凭借象征表达自身的、非实存的经验。”[1]

因此，象征只是“语词引得”(language indices)，一种“权便”，它们的作用是带领人观看非客体化、非实存的实在，而不向外指涉客体之物；也就是说，它们是“参与”到实在中的人对自身经验内容所作的类比，不是“主体”表象外物的概念或观念。启蒙时代以来主体哲学的主导地位，导致了哲学、理论行动的唯意向性倾向(intentionalism)：从流俗的自然主义到先验哲学，“主体”对“客体”的经验模式成为“被解放的”人所唯一知晓的经验模式；可感知、可思维的客体之物成了实在的唯一模型；各色纯认知型智识构建(“逻辑”、“命题”、“体系”)垄断了哲学、科学、理论形态。这种生存姿态催生了大量偏狭的“立场”，比如神学中的基要主义、哲学中的各色专断论，一直到后来的诸般自诩“真正的开端”甚至“终极真理”的智识构建。对古代事物的理解方面，唯意向性倾向也发挥着它的支配力量，它导致现代人阐释古代文本时，常常不加批判地[2]把象征(诠释显亮性经验的类比语言)当成概念(诠释意向性经验的语言)，把各种象征形式——不论神话、启示、哲学还是各种混合形态——中的陈述都当成“命题”和“事实”来理解。在理解和阐释文本时，唯意向性论必然导致字面化倾向。所以现代智识人见到“神”、“诸神”之类的象征，脑海中就飘荡着实存于时空中的神性实体，见到“存在”、“道”之类词汇时，也不假思索地将其看成指涉可直接思维之客体的“哲学”、“形而上学”概念。在现时代，我们既有把某些经典上文字按字面照单全收的基要主义者，也有根据“科学”和“逻辑”把这些经典斥为“迷信”的科学小将。两者立场虽截然相反，但驱动其理智生活的精神内核却是同一个：唯意向性倾向。[3]

如果能从沃格林意识角度来切入神话、启示、哲学或诸般混合型思辨象征

---

① CW, 12: 52-53.

② 现当代以来，一个反讽意味的现象是，抱着“理性主义”态度的智识人最好讲“批判性/检讨性”，但他们从来不检讨自己唯理性(他们的理性特指人类理性、世俗理性)、唯意向性倾向的前设是否站得住脚。

③ 现时代的精神、理智潮流被各种意向性中心论者(intentionalists)所主导，这导致形形色色或温和或极端的自我指涉、自我主张倾向：各种专断论(形而上学的、神学的、意识形态的)、字面化、基要主义、体系迷狂、科学主义、心理主义、实证主义等等。缺乏超越导向、唯逻各斯的干枯思辨(不切身、不切己)，催生了无数或精巧高明或粗鄙拙劣的理智构建(以“哲学”“理论”为名)，这类东西让人在细枝末节的事情上越发机灵，但在最根本的问题上却越发盲目。这是沃格林所谓的“精神层面的虚无主义”的症候。

形式，目标不再设定为搜罗、分析、清理古人思想中的“学说”和“主义”，而是试图恢复其经验内容，那么事情会显得很不一样。比如，“起初，神创造天地”（《旧约·创世记》1：1）这类故事（myth），既不是某个古人想在事实层面来科学地解释世界的来源（如科学小将所认为的那样），也不是某个神性实体以人的语言把自己的作为直接知会某个先知（如基要主义者所相信的那样），而是一个求索着的人以象征和故事来诠释自身的显亮性经验：人和可见世界根基不可能就是人自己和这世界本身。无论是在神话、启示还是在哲学中，诸如“神”这类象征都并非外向地描述、指涉外在于人的神性实体，而是以类比的方式诠释人自身生存张力（惊异、焦虑、敬畏……）的极点（terminus，pole）。这个极点（“神”）都并非实存于时空中的客体，亦非“主体”的“投射”、“幻想”，而是作为生存张力另一极点的“人”所具体经验到的真实。① 因此，无论是将神话和启示当成浅薄的迷信，还是用逻辑手段证明“神的存在”以强化某种神学立场，都是对问题本身的偏离和扭曲。沃格林将这种偏离和扭曲称为“象征的实体化”（hypostatization of symbols）：将产生于“参与性/间际性”（显亮性经验，或朝向神性根基的张力经验）并诠释这种经验的象征，实体化为可感或可思维的客体，将意识张力经验中的双极（人—神）当作自足封闭的实体。②

本节开头提到了沃格林关于真理的表述，再结合前面所作介绍和说明，我们可以看到，对沃格林来说，阿基米德点的认知主体并不充分，实在是在参与中被经验到的实在，真理则是对鲜活参与经验的诠释。由于意识经验本身并不可说，但若必须用言说加以传达，就只能用类比象征的方式。从这意义上讲，一切真理，都只是真实的意识经验在“外部世界”的“成像”（声音、文字）。因此，就着载体来说，一切真理都是对意识经验进行类比和靠近的象征形式（symbolisms，symbolizations，symbolic forms），都必然只是象征真理（symbolic truths）；就

---

① 被我们称为“人”的这种实在，其真正的“自我”（或本性）并不是一个客体之物，而是朝向其自身神性根基运动的意识。现代人在灵性（spirituality）上的败坏已经深刻到一个地步，以至于人们不仅倾向于客体化地理解周遭实在，而且还倾向于客体化地理解自身，把身体、心理学层面的自我当成人真正的“自我”或人的本性。形形色色的“主义者”在身体（生理、本能）、心理（欲望、激情等）层面大谈“人的本性”“人的本质”“改造人性”。

② 笔者在这里只是按照自己研读沃格林的心得作简单介绍，沃格林对象征问题本身的分析在他后期占据重要地位。主要可参看 CW，6：174，373—381；CW，12：52—94；CW，28：177—188；CW，33：199；CW，34：98—100。

着其本性来说，一切真理都是意识经验的实在性本身。职是之故，真理首先是经验性真理而非命题、学说；诠释经验的语言（诸般象征形式）所关涉的总是经验内容本身，而非外在于人的客体；对真理的理解需要人在灵魂中再现、观看经验，而非运用"理性"、"逻辑"去作贫乏的思辨。

在沃格林看来，神话、启示、哲学以及各种混合象征形式，都是可以传达真理的象征形式（犹如器皿不同，但都可以装水），只不过各种真理之间有紧敛性与分殊化程度的不同（如哲学真理较神话真理更为分殊化）。沃格林把从神话到启示或哲学的分殊化事件称为"跃入存在"（leap in being）或"神显"（theophany）[①]：人发现超越（人生存的根基），让自身的生存与超越相调谐，形成关于超越真理的象征形式，并传达此种真理，力求在现实中实现个人（伦理）和社会（政治）秩序。两个术语中，"存在"和"神"同指超越，沃格林通过对象征问题的明确和澄清，让"存在"问题转化为超越或神性根基问题，这让他在阐释历史上东西方各种秩序问题时得心应手，既深度反省了西方传统，也很恰切地理解了东方文明。在他看来，各种象征形式的真理本身并无所谓高下之分，但就探究、理解和阐释实在结构这个事情上，在理智层面最为充分、最得力的则是古典哲学或智性科学（noetic science）。

沃格林将古典哲学理解为人类历史上众多"神显"事件之一，哲学是"神显"，对哲人显示自身的神被象征为"神性努斯"（Nous）：在创立哲学的当事人那里，神性努斯既被经验为灵魂中的整饬性力量（ordering force），也被经验为一切存在的神性根基。在智性神显中，人作为拥有或分有智性的存在（noun echōn），通过灵魂中的智性（nous）参与到作为根基的神性努斯中去，求索关于实在之结构的确切知识。[②] 哲学是智性意识的象征形式，哲学的真理是特殊的知识——智性科学。

六

按沃格林意识哲学的观照，就对超越根基的参与来说，神话（原初宇宙经

---

① 这两个词（组）是沃格林哲学中的重要术语，它描述人对超越（存在）的发现以及进入超越之下的生存这种事件，它们基本同义，只不过在《秩序与历史》前三卷用的是"跳入存在"，而后两卷则多用"神显"。

② 参看 CW, 17: 291 - 302。应当注意，这里的"神性努斯"仍然只是对神性根基的象征，不是神性实体。

验)、哲学(智性经验)、启示(灵性经验)及一些混合型象征形式并无不同,但在经验和对经验的象征表达这两个层面,三者却有结构、分殊化程度上的不同。智性经验相对其他经验类型有其特殊性:它本身也是朝向生存根基的一种运动("走向上的路"、"生活的救赎"),但它的知识重点是在这种生存运动中求索、明晰实在结构(论证、理论、说服的知识方式和形态);它通过最大化地扫除神话、启示、教条之类的负累,以最彻底的方式向实在结构敞开,并发挥出批判性、分析性语言,以合乎理路的论证去开显实在的结构,从而形成了"科学"(epistēmē)这种特殊的真理。其中,"走向上的路"指人对自己身上神性部分(努斯)的实现(即分有努斯、明智、智慧),它体现在神性努斯(Nous)的导向性,因此神显理性 *nous* 是希腊古典科学的精神性面相(spiritual aspect);论证、理论、说服指知识形态上合乎理路(logos),它体现在概念性语言和辩证术的工具性、认知性,因此 *logos* 是希腊古典科学的理智面相(intellectual aspect)。[①] 职是之故,沃格林把古希腊哲学也称为 *noetic science*(智性科学/智性知识)。

古典哲人通过智性朝向存在秩序的根基敞开(参与经验),其智性之眼也洞见、穿透入存在秩序,并以逻各斯(logos,理路、论证)的方式去明晰、阐释、传达存在的结构(主客认知经验)。既如此,那么诸如神话、启示等非智性经验的象征形式,它们作为实在的一部分,可以被智性意识设置为客体,成为哲学分析所关涉的客体:哲学通过对这类象征形式及其经验内容的批判性分析,令它们的结构变得可理知(noēton)。不过,在此过程中,哲学并不产生关于非智性经验所未知之实在的知识(因为所有知识都来自对同一个根基的参与,没有高下之分),而仅仅是对之前被紧敛地经验着的实在予以更分殊化的洞见(经验与真理分殊化程度、象征形式却不相同)。[②] 因此,无论古今东西,人作为人(对神性实在的参与)没有本质的区别,只是在表达和具体象征形式(在对真理的言说层面)上有所不同。

东方未产生希腊式哲学或希腊式存在问题,但正如施特劳斯(Leo Strauss)

① 古典希腊哲学的智性(nous)是人用以捕捉永恒存在(存在、至善等)的官能(巴门尼德、柏拉图、亚里士多德),它总是以至善为导向,从来不是自诩"价值中立"的世俗理性。后世尤其是启蒙以来的哲学、理论过于强调科学的理智面相(逻各斯),以至于整个西方科学传统被后现代哲人不加区分地总结为"逻各斯中心主义"。

② CW, 6: 375.

所说,东方以某种方式经验着存在,该方式虽阻碍了东方对存在者的研究和主宰,但"存在"一词所揭示的,却是"任何可能的诸神的根基",因此他断言,"东西方的交会依赖于一种对存在的理解"。[1] 对沃格林来说,希腊的"存在"真理(哲学)只是"存在"开显它自身的一种可能性,东方人同样观看到希腊人用"存在"一词所象征那同一个根基,同时也以具体的方式生活在"存在"真理之下——虽则东方诸民族的真理形态并非希腊式"存在论"或智性科学。从《政治新科学》展开的历史哲学,到后期的意识哲学,沃格林全力投入到对西方传统的检讨和对东方思想的理解和阐释,他的孜孜努力,为我们开启了一个重新认识"存在",探索其真理的视域。

论及东西方思想形态的碰撞时,张祥龙曾提议将哲学理解为"任何深化对终极问题的理解的活动"[2],"深化对终极问题的理解"实际是指人类"求索根基"(参与、超越之下的生存)的各种平行的努力。不过,前面已经提到,同样的"参与",却产生了不同的经验、象征、真理,而智性经验及其象征形式(哲学)只是其中一种,因此,不是所有的真理都是古典哲学意义上的"哲学"。因此,笔者认为,我们将"深化对终极问题的理解的活动"——包括非逻各斯的"东方哲学"和以逻各斯为中心的现代哲学[3]——称作"哲学",这很大程度是文化的、论题意义上的"哲学",而非古希腊的智性科学。因此,在处理东方文明中的思想遗产时,我们一方面不必纠缠东方哲学这个名称的"正当性"(legitimacy),但一方面应该把东方思想与智性科学、现代以来的纯逻各斯化的理智构建作出区分。显然,无论是古典希腊的智性科学,还是后世西方的纯逻各斯化的哲学、科学,它们两者在象征形式层面都以逻各斯化的语言为主,这与东方思想所留下来的象征形式确实大大不同。东方缺乏希腊关于事物本性的存在论,从而无法真正发挥出概念、形式逻辑,这乃是事实。承认、认可这一点,不把东方思想文本当

---

① 施特劳斯:《古典政治理性主义的重生》,郭振华等译,北京:华夏出版社,2011 年,第 91 页。

② 张祥龙:《从现象学到孔夫子》,第 197—198 页。

③ 希腊哲学(智性科学)是哲学的典范,它的后裔是现代以来纯逻各斯化的理智构建(人类理性基础上发挥出来的科学),两者不可相提并论(这似乎涉及西方内部的"古今之争"问题)。按沃格林的理解,两者的差别在于,前者的内核"努斯"(nous)与后者的核心"理性"(ratio, raison, Vernunft, reason)有着原则上的差别。努斯为神显智性,现代的理性则是完全内在化(immanantized)世俗理性,两者在象征形式层面虽然都表现为逻各斯的论证语言,但后者缺乏前者中那种对永恒存在的注目,在精神导向(spiritual orientation)上有天壤之别。

成概念性语言构成的象征形式，反而有助于我们理解和阐释东方思想。[①] 张祥龙在前面所引书中反对将东方思想直接进行概念化处理，这是一个很重要的洞见。

如前所说，在当今东西各层面交通日渐强化的情势下，我们理解东方传统，同时与西方进行深度交流，已经采用了西方的“理性”和“科学”方式，我们称之为东西思想交流之“理性前提”。“理性前提”决定了我们不可能延续传统的经传注疏方式[②]，但另一方面，“理性前提”既不能是“整理国故”，也不是令其成为支持各种“主义”立场的材料，因此我们不能将东方思想的诸元素直接拆解开来，以逻辑工具进行某种粗糙的“重构”。在这个节点，或许我们需要借助沃格林的意识哲学洞见，甚至借道沃格林回到希腊古典哲学，从更源始的意识经验层面出发，将东方思想的深刻洞见用更分殊化的智性科学的语言表达出来。“没有一种关于哲学史的探究不同时也是哲学探究本身”[③]，东方古贤不以概念思考，我们不能把他们留下来的象征形式大厦拆散，再用“逻辑”、“推理”这类混凝土去构建出一个概念型的“东方哲学”，但是通过对这些象征形式之经验内容的发掘和恢复，我们的探究本身可成为哲学的探究；东方古贤未选择以智性科学来思考，但我们可以选择以智性科学的方式去思考他们，这或许是“理性前提”在当代的应有之义。亦即，“理性前提”中的“理性”，不应该是自诩“价值中立”的世俗理性或形式逻辑，而是对文字背后经验内容进行“观看”(theōria)的“理性/智性”(nous)。最后，笔者略提几点作为本文余论。

(一) 海德格尔与沃格林以不同方式挑明，哲学不是阿基米德点上的自足“主体”对现成的客体进行“思辨”和“认知”，真理也不是正确命题或正确命题堆积而成的“体系”，更不是在各种“哲学的”“观点”“观念”“理念”“学说”或“体系”

① 或许有学者会把“存在论”“逻辑学”“理性”本身看作思想是否“高明”的标准，因此觉得承认这一点很难为情。这种情结对于一个追求真实的人来说毫无必要。一方面，学者应当关心真实和真理，而不是自己话语的权力；另一方面，退一万步说，承认这一点也并不等于承认西方就一定比东方“高明”，两种真理形态不同而已；最后，苏格拉底、柏拉图对名为“哲学”的这种灵魂秩序和象征形式的创立，不仅仅是为希腊人、西方人，而是为整个人类。

② 笔者并不认为传统注疏方式“落后”或有任何不妥，而仅仅是想说，如果学者在试图“理解”或“阐释”东方思想传统的话，他需要更加分殊化的方式(智性科学、哲学)，这样方可以增进东西沟通、交流。但如果一个学者的目的不是增进东西交流，他完全可以继续那种古老而可敬的学问方式。

③ Leo Strauss, *Philosophy and Law*, New York: Suny Press, 1995, p. 41.

构成的黑森林中寻找最自洽者，而是生存着（在世或参与）的人主动向真实——尤其是朝超越——的敞开和屈服。因此，就根底来说，哲学首先是一种生存姿态或态度（“爱智”），而不是落实到文字的“观念”和“学说”。

（二）希腊式智性科学是特别的真理，只有当智性科学成为智性科学，才能给予其他类型的真理（神话、启示以及混杂型思辨）及其象征形式以更分殊化的洞见，令其得到理解。虽然我们习惯上在文化的、论题层面把东方思想以及西方启蒙以来的各种纯逻各斯化的理智构建都称作“哲学”，但这种习惯用法实际上遮蔽了希腊古典哲学（智性科学）与后两者之间，甚至三者彼此之间的深刻差别。这种差别既涉及象征形式（逻各斯与非逻各斯的语言），也涉及经验类型，这将引出一系列更为复杂的问题，此处无法详述，作者仅仅希望在此提请学者们注意这类问题，并关注沃格林哲学对此问题的贡献。

（三）哲学（或智性科学）把东方思想中的各种象征形式当成具体之物来研究，就必须服从此具体之物本身的规定性（是其所是）：一方面，东方诸般象征形式的非逻各斯形态，不能见到名词就是“概念”，见到陈述就当作“命题”，见到论述就当成“学说”“理论”；另一方面，更重要的问题也不是“概念”“命题”“理论”，而是这些象征形式背后或根底处流淌的经验内容，只有这些经验内容，才是这些象征形式（名词、陈述、论说）意义的保证。因此，恢复每一个名词、陈述、论说背后的经验内容，才是学者最迫切的任务，对经验内容的恢复，是学术切身切己的过程，也是学术在个人身上具体化的过程，也才是学者与先贤共同执行同一求索，参与到同一神性根基的过程。而且仅就理智层面来说，唯有恢复所探究象征形式背后的经验内容，学者们用更为分殊化的名词对经验内容的拆解才能达到某种真正的概念性。概念性不是“抖机灵”（Scharfsinn），研究者要对概念负责[①]；学术研究也不是炼金术，仅仅用逻辑和命题方式来操作神话、启示或带这些因素的象征形式，可以是任何智力活动，唯独不是哲学研究。

（四）哲学地理解、突破东方思想的各种象征形式的思辨结构，不是在语文学层面对象征进行“格义”，也不单是为语词象征寻求满意的翻译，而应恢复产生该象征的意识经验。从此种意义上说，我们一方面将古人当成研究对象，一

---

① M. Heidegger, *Grundbegriffe der Aristotelischen Philosophie*, Frankfurt am Main: Vittorio Klostermann, 2002, p. 6.

方面又成为他们的伙伴，一起求索生存的神性根基、寻找安身立命之所。如此才能获取对古人生存张力的洞见，并对他们的象征真理进行检讨性的评估。通过检讨象征，我们发展出自己的类型概念，用真正的概念来表述哲学的洞见。仍不能忘记，新的洞见只是意识经验形态和知识形式上的分殊化，而不是说我们经验到了古人未经验的实在，在根本的意义上比他们"知道更多"。说到底，非逻各斯象征形式到哲学的可转译性(translatability)，不在语词层面，而在更源始的参与或生存经验——亦即"人之为人"——层面。

Voegelin's Philosophy of Consciousness and the Possibility of Relevant Intellectual Dialogue Between East and West

Zhu Chengming

Abstract: The traditional western metaphysics has been taking Oriental thinking for a mode of primative practical wisdom, but betrays some deficiency when launching a theoretical penetration into the oriental materials of thought, this state of affairs sets an impediment for a deeper communication between the highest wisdom of the ancients of both Oriental and Occidental traditions. The development of philosophy achieved during 20th century, however, lays open a new horizon for a more substantial dialogue between the two. Eric Voegelin's philosophy of consciousness overcomes the deficiency of Edmund Husserl's intentional analysis, thus making the problem of Transcendence the central theme of philosophy; He transforms the problem of Being into the problem of the Ground, establishing the equivalence of the Search for Ground for both the Orientals and the Westerners, therefore revealing a common root for the generation of all symbolisms-be it mythical, philosophical, and revelatory-in history of mankind. Voegelin's philosophy of consciousness, being a philosophy of symbols at the same time, is a paradigm for the dialogue between east and west regarding the ultimate problem, and his theoretical pattern serves as a very efficient instrument for the penetration of the symbolisms of Oriental ancients, thus placing the intellectual discourse of comparative philosophy on a more sturdy foundation.

Keywords: The Intellectual Dialogue between East and West, Philosophy of Consciousness, Eric Voegelin, Noetic Science, Ground, Symbolic Truth

试从《天下时代》看沃格林对哲学的理解*

张　缨**

［摘　要］　尽管“哲学”一词如今被用在各种场合，但“什么是哲学”，却远非一个清楚明白的问题。作为20世纪最著名的历史哲学家，沃格林为我们提供了探索该问题的一个独特视角。在其晚期的重要著作《天下时代》中，沃格林提出一对解释性的概念——“理智性的”与“灵性的”——来建构其观念史。本文指出，此对概念实际上取自使徒保罗的《哥林多前书》，其中蕴涵属人的理智或属人的智慧远远低于属神的灵的主张。通过探究沃格林对保罗、斐洛和柏拉图的解释，本文进一步表明，沃格林将哲人对“理智性运动的参与”理解为“对神显事件的一个回应”，取消了哲学的自主性。沃格林甚至声称，“向哲人们显现的神……就是向摩西启示自身的同一位

* 本文初稿曾以“《天下时代》中的保罗与斐洛——兼论沃格林对哲学的理解”为题，在华东师范大学中国现代思想文化研究所举办的“沃格林《天下时代》工作坊暨《思想与文化》论坛”（2021年1月9—10日）报告。此增补修订稿充分考虑了各位与会学者对此报告的评议和批评。对陈赟教授的邀请以及诸位与会同仁的回应，笔者深表谢忱！

** 张缨（1970—　），女，河南内黄人，哲学博士，华东师范大学哲学系副教授。研究方向为希伯来圣经、基督教哲学、中世纪犹太哲学等。

神”。然而,这样一种观点在海德格尔和施特劳斯这样的哲人看来是很有问题的。他们认为,哲学与启示不共戴天,且哲学在根本上具有无神论的性质。

[关键词] 沃格林;《天下时代》;理智性的与灵性的;作为对神显事件之回应的哲学;作为根本上乃是无神论的哲学

引言:《天下时代》中的新概念

本文尝试解读沃格林(Eric Voegelin, 1901—1985)在《天下时代》(*The Ecumenic Age*)里对犹太教思想家亚历山大里亚的斐洛(Philo of Alexandria,约公元前20—公元50)与基督教思想家使徒保罗(Paul the Apostle,约公元前4—公元62或64年)的论述,并借此探究一个问题:沃格林如何理解“哲学”?这个问题有意义的地方在于,沃格林并不把自己视为一般而言的思想史家或政治史家——沃格林称自己为“哲学家”。[①] 诚然,我们习惯上把沃格林从事的研究称为历史哲学,但他并不称自己为“历史哲学家”(philosopher of history)。“哲学是什么”这个问题如今并非不言自明,探究一位哲学家对“哲学”的理解应当会有助于对该问题的深入反思。

乍看上去,要讨论沃格林对“哲学”的理解,最理想的莫过于围绕他对柏拉图的解读来展开。不过,就《天下时代》这部代表沃格林晚期思想的著作而言,聚焦于沃格林对斐洛和保罗的论述有某种不可替代的优势,因为只有在沃格林对这两位各具代表性的同时代著作家的论述中,我们才能全面理解《天下时代》里一对支柱性的新概念——noetic[理智的]与pneumatic[灵性的]——之出处及其隐含意味。在沃格林这里,“理智的经验”(或意识)与柏拉图为代表的哲学传统相联,“灵性的经验(或意识)”则指代各种宗教性的经验(或意识)。由于《天下时代》对柏拉图的讨论仅意在传达上述这对概念中“理智的经验”一方,故纯粹围绕沃格林对柏拉图的解读并不能真正帮助我们从整体上把握他的思想、

---

① 比如,见埃里克·沃格林:《天下时代》(《秩序与历史》卷四),叶颖译,南京:译林出版社,2018年,第51页;及其《福音与文化》,谢华育译,收入恩伯莱(P. Emberley)、寇普(B. Cooper)编:《信仰与政治哲学——施特劳斯与沃格林通信集》,上海:华东师范大学出版社,2007年,第193页。

进而认识他对“哲学”的理解。

《天下时代》在沃格林的著作中有着特殊且重要的地位：作为沃格林历史哲学巨著《秩序与历史》(*Order and History*)的第四卷，《天下时代》与卷二(《城邦的世界》)及卷三(《柏拉图与亚里士多德》)的出版间隔了17年之久。[①] 在这17年中，沃格林对历史中的秩序的思考经历了一次深刻的转变，几乎可以说，《天下时代》标志着沃格林思想的“第二次起航”。按《沃格林文集》的编者弗朗茨(Michael Franz)的说法，无论在“哲学的深度、理论的广度还是解释的力度”上，《天下时代》都可谓沃格林著作中的翘楚。[②] 很大程度上可以说，《天下时代》和《秩序与历史》前三卷的最大差异在于沃格林考察历史的新视角以及一套新的理论框架。如果说《秩序与历史》前三卷探究的是“从各种秩序类型的**前后相继中**浮现的历史的秩序”[③]，那么第四卷《天下时代》考察的是“**不沿时间路线发展的历史中的意义**(meaning in history)的种种重要路线”[④]。伴随这种视角转变的是一整套术语体系的转换。

在《天下时代》中，沃格林提出了一系列专有概念或术语，这些概念要么在前三卷完全没有出现，要么偶尔出现却不具有重要性。显然，沃格林认为他理解历史的新视角，需要这样一套术语体系来表达。在《天下时代》“导言”里，沃格林一方面借汤因比批评雅斯贝尔斯(Karl Jaspers)的“轴心时代”概念，表示此概念不能很好地解释出现在轴心时代之外、却对人类历史的进程有同样重要意义的摩西、耶稣、摩尼和穆罕默德这类“灵性迸发”(spiritual outbursts)[⑤]，另

---

① 沃格林《秩序与历史》各卷出版时序如下：卷一《以色列与启示》(*Israel and Revelation*)出版于1956年，卷二《城邦的世界》(*The World of the Polis*)及卷三《柏拉图与亚里士多德》(*Plato and Aristotle*)均出版于1957年，卷四《天下时代》出版于1974年，卷五《求索秩序》(*In Search of Order*，未完成)在沃格林身后出版于1987年，各卷均由Louisiana University Press出版，后各卷经编订收入《沃格林文集》(*The Collected Works of Eric Voegelin*)卷14—18，由University of Missouri Press于1999—2001年间出版。

② Michael Franz：《编者导言》，见沃格林：《天下时代》，第1页。下引《天下时代》，随文附中译本页码，译文或据原文略有调整，不再一一注明。

③ 沃格林：《以色列与启示》(《秩序与历史》卷一)，霍伟岸、叶颖译，南京：译林出版社，2010年，第21页。重点为笔者所加。以下若无其他说明，引文中的重点均为笔者所加。

④ 埃里克·沃格林：《天下时代》(《秩序与历史》卷四)，第49页。

⑤ 通常在沃格林著作的中译本里，spiritual outbursts被译作“精神突进”(见叶颖译《天下时代》)或“精神迸发”(见朱成明译《记忆》)。为了使读者更清楚地看到spiritual outbursts与spiritual [= pneumatic] consciousness [灵性意识] 以及spiritual [= pneumatic] experience [灵性经验] 之间的关联，本文将spiritual outbursts译成“灵性迸发”。

一方面他指出，无论汤因比还是雅斯贝尔斯都“只从‘处于时间中的现象’这个层次”来讨论“种种神显事件”(hierophanic events)[①]，“而未将他们的论证深入到经验性意识的结构”(the structure of experiencing consciousness)(《天下时代》，第52页)。

沃格林继而表明：

> 人类根本不是具体的社会。在追索[谁是隐藏在“人类”这个平淡无奇的象征之后的主体]这个问题时，要做的分析必须把种种**灵性迸发**(the spiritual outbursts)视为**历史中的意义**的来源以及人关于该分析所拥有的知识的来源，而非某种人类历史中的现象。通过让人意识到，其人性作为实存(humanity as existence)与**神性实在**(divine reality)处于张力中，**种种神显事件**(the hierophanic events)催生了关于在**神—人居间**(divine-human In-Between)中、在柏拉图的Metaxy[居间]中人的生存的知识，同时也催生了用于阐述这种知识的语言符号。(《天下时代》，第53页)

这段话提纲挈领地展现了《天下时代》所启用的各种新术语概念之间的关系，以及这些概念对于理解他所谓的“历史中的意义”的重要性。简而言之，在沃格林看来，人的生存始终处在相对“神性实在”的张力中，这种张力体现于“神—人居间”这种在世结构；人类的知识来源于各种“神显事件”触发或造就的“灵性迸发”，正是历史上的这些“灵性迸发”构成了“历史中的意义”。这段话清楚表明，在《天下时代》乃至后期沃格林思想里的重要概念“居间”意味着“居于神与人之间”。在沃格林看来，人类不仅生存于一个有神启(divine revelation)(用他的术语即“神显”)的世界中，而且人类的一切意义都源于那些“神显事件”——可以说，“神显”对人类生存具有核心的**主体地位**。

值得留意的是，沃格林所说的“灵性迸发”并非局限于摩西、耶稣等宗教人物，也包括柏拉图、亚里士多德以及老子、孔子等东西方哲人。也就是说，每一

---

① 严格来讲，hierophany[神圣者/神圣物的显现]字面上并不等同于theophany[神的显现]，考虑到在《天下时代》里，沃格林并没有严格区分这两者，而且后者的出现次数远多于前者，因此我们就把通常跟“灵性迸发”联系在一起使用的hierophanic events直接译作“神显事件”了。

位人类思想的伟大代表的出现，在沃格林那里都是一次“神显事件”。当然，就理解这些“神显事件”的“经验性意识结构”而言，沃格林对哲人与宗教人的经验或意识作出了区分，他将柏拉图等哲人获取并传达“神显”的经验和意识称为“理智性的”(noetic)，而将保罗、奥古斯丁等启示宗教的代表获取并传达“神显”的经验和意识称为“灵性的”(pneumatic)。

一、保罗《哥林多前书》中的“灵”与“理智”

按沃格林所使用的希腊语原文，noetic-pneumatic[理智性的-灵性的]这对概念明显与使徒保罗(Paul the Apostle)[①]的《哥林多前书》14 章 14 节有关。在《天下时代》第五章“保罗的复活者意象”的第二节“意象与理性”中，沃格林引述了这节经文：

> for when I pray in a tongue, my *pneuma* is praying, but my *nous* remains barren [因为，当我用言语祷告，是我的**灵**在祷告，可我的**理智**仍然荒芜。(林前 14: 14)]……(见《天下时代》，第 339 页)[②]

从沃格林自己的英译里我们可以看到，《哥林多前书》14 章 14 节清楚地出现了“灵”(pneuma)与“理智”(nous)的**对立**，而这种对立正好对应于沃格林用来描述思想家们领受“神显”的两种不同的经验类型(“灵性的经验”与“理智性的经验”)以及两种不同的意识类型(“灵性意识”与“理智性意识”)。对《天下时代》的作者来说，灵性经验与理智性经验，以及对这些经验的意识结构的分析，是《天下时代》整体框架的枢纽，亦是理解“历史中的意义”的钥匙(“导论”，第 47—53 页)。对我们来说非常重要的一点是，pneumatic[灵性的]与 noetic[理智性的]这对概念的**出处**是基督的使徒保罗的《哥林多前书》。

在引述此节经文后，沃格林继而追问：

---

① 保罗原名扫罗，出生在大数，起初是个虔诚的法利赛人，后来在去大马士革的路上受到神迹般的启示，彻底改变了人生，从基督徒的迫害者变为弘扬基督信仰的使徒。见《新约・使徒行传》9 章及以降。

② Eric Voegelin, "The Ecumenic Age", in *The Collected Works of Eric Voegelin*, Vol. 17: Order and History, Vol. IV, Michael Franz (ed.), Columbia and London: The University of Missouri Press, 2000, p. 310。以下引述此卷，简称 *CWEV* 17。

保罗的nous[理智]意指什么？过度深究那些文本将会显得并不恰当，因为保罗的语言仅仅是半技术性的。然而，保罗想表达的意思是足够明晰的。Nous[理智]不是任何——或许在此世的智慧的层面上、在共同体中——说着可理解的、有说服力的话语的人的理智(mind)，而是由*pneuma*[灵]来指令的一个教师或先知的*nous*[**理智**]。这一点在《哥林多前书》第2章[的上下文]里变得更清楚，保罗在那里将"此世的灵"(*to pneuma tou kosmou*)与"出于上帝的灵"(*to pneuma ek tou theou*)(2：12)对立起来。

正如其语境(1：18—25)所显示，"此世的灵"要被理解为《以赛亚书》29章11—21节的[先知以赛亚的]视像(vision)意义上的"其心灵远离我[上帝]的"属人的"灵"；具体而言，他们是"按着肉体有智慧的、有能力的、有尊贵的人"(林前1：26)。按"此世的灵"生活的人是*psychikos*[有生气的人/自然的人][①]，这种人只有"**属人的智慧**"(human wisdom)；来自属神的*pneuma*[灵]的礼物[或"恩典"]超逾他的理解力。按"来自上帝的灵"生活的是*pneumatikos*[属灵的人]，这种人能用灵性语言表达那个灵的礼物(the gifts of the spirit)，从而"我们*pneumatikoi*[这些属灵的人]能拥有基督的*nous*[理智](noun Christou echomen)"(2：16)。(《天下时代》，第340页；*CWEV* 17, p. 310)

在这段话里，沃格林指出，保罗那里的"理智"不是跟"属人的智慧"相联的理智，而是服从上帝之灵的先知或教师的"理智"。在这个地方，沃格林非常准确地把握到保罗思想的特征，在保罗那里，属人的"理智"受制于"来自属神的灵"。由

① 关于《哥林多前书》里psychikos与pneumatikos的差异，参见Richard A. Horsley, "Pneumatikos vs. Psychikos: Distinctions of Spiritual Status among the Corinthians," *The Harverd Theological Review*, Vol. 69 No. 3-4(1976)：269-288。值得留意的是，该文作者引入ψυχή[灵魂/soul]作为πνεῦμα[灵/spirit]的参照，他指出，在犹太传统中，当"灵魂"与"灵"这两个词用在人身上时，无论是斐洛还是《所罗门智慧书》(*Wisdom of Solomon*)的作者都没有对之作出区分，也没有将"πνεῦμα"[灵]置于"νούς"[理智]之上。关于psychikos与pneumatikos这两个词及与之相应的概念的出处和义理，参Joseph A. Fitzmyer, S. J., *First Corinthians: A New Translation with Introduction and Commentary*, New Heaven and London, Yale University Press, pp. 182-185。将psychikos译作"自然的人"，依据的是《圣经》英译本English Standard Version，此译本将该词译作the natural person。

此出发，我们需要追问的是：沃格林自己究竟如何看待灵与理智之间的关系？他有没有将灵置于理智之上呢？

在论及保罗所言的 nous[理智]的时候，沃格林专门提及《以赛亚书》29 章 11—21 节以及保罗《哥林多前书》1 章 26 节。在他看来，保罗所说的拥有“此世的灵”的人就是先知以赛亚那里“嘴唇尊敬”上帝、“心却远离”上帝的人(参《赛》29：13)，而保罗在《哥林多前书》1 章 26 节提到的“有智慧的、有能力的、有尊贵的人”也是只具有“此世的灵”的人。表面上看，这两句引文所针对的人群并不相干，但沃格林接下来马上告诉我们，“这种人只有‘属人的智慧’”——正是“属人的智慧”将两个文本分别针对的两群人联结起来。①

在上面引述的这段沃格林的文字里，“human wisdom”[属人的智慧]被打了引号，可是在整个这一节(《天下时代》第五章第二节)的所有引文里——甚至在这一章乃至这一卷里，都没有出现这个词组。为什么 human wisdom 要用引号？通常来讲，用引号意味着这是一个有出处的借用词组，但沃格林在这里没有交待出处。他没有交待出处或许是因为，就在沃格林引述的保罗的《哥林多

---

① 事实上，沃格林所例示的两个文本直接相关：比较《以赛亚书》29 章 13—14 节——

> 主说：因为这百姓[按：指以色列人]亲近我，用嘴唇尊敬我，心却远离我；他们敬畏我，不过是领受人的吩咐。所以，我在这百姓中要行奇妙的事，就是奇妙又奇妙的事。**他们智慧人的智慧，必然消灭**，聪明人的聪明，必然隐藏。

——以及《哥林多前书》1 章 19—27 节：

> **就如经上所记：我要灭绝智慧人的智慧，废弃聪明人的聪明。**智慧人在那里？文士在那里？这世上的辩士在那里？上帝岂不是叫这世上的智慧变成愚拙么？世人凭自己的智慧，既不认识上帝，上帝就乐意用人所当作愚拙的道理，拯救那些信的人；这就是上帝的智慧了。犹太人是要神迹，**希腊人是求智慧**，我们却是传钉十字架的基督，在犹太人为绊脚石，在外邦人为愚拙；但在那蒙召的，无论是犹太人、希腊人，基督总为上帝的能力，上帝的智慧。**因上帝的愚拙总比人智慧**，上帝的软弱总比人强壮。弟兄们哪，可见你们蒙召的，按着肉体**有智慧**的不多，**有能力**的不多，**有尊贵的**也不多。上帝却拣选了世上愚拙的，叫有智慧的羞愧；又拣选了世上软弱的，叫那强壮的羞愧。

显然，保罗所谓的“经上所记”，指向的正是《以赛亚书》29 章 14 节。保罗引述《以赛亚书》的相关章节，就是要贬低“希腊人的智慧”。沃格林在此向我们显示了他对基督教《圣经》(《新旧约全书》)的熟稔。此处《圣经》译文据和合本。

前书》第2章,“属人的智慧”出现了两次:

> 我说的话、讲的道,不是用智慧委婉的言语,乃是用圣灵和大能的明证,叫你们的信不在乎**属人的智慧**,只在乎上帝的大能。然而,在完全的人中,我们也讲智慧。但不是这世上的智慧,也不是这世上有权有位、将要败亡之人的智慧。我们讲的,乃是从前所隐藏、上帝奥秘的智慧,就是上帝在万世以前预定使我们得荣耀的。这智慧世上有权有位的人没有一个知道的,他们若知道,就不把荣耀的主钉在十字架上了。……
>
> 只有上帝借着圣灵向我们显明了,因为圣灵参透万事,就是上帝深奥的事也参透了。除了在人里头的灵,谁知道人的事;像这样,除了属神的灵,也没有人知道上帝的事。我们所领受的,并不是此世的灵,乃是出于上帝的灵,叫我们能知道上帝开恩赐给我们的事。
>
> 并且我们讲说这些事,不是用**属人的智慧**所指教的言语,乃是用圣灵所指教的言语,将属灵的事讲**与属灵的人**(pneumatikos)。然而,**有生气的人**(psychikos[按]或:自然的人;和合本作:属血气的人)不领会属神的灵的事,反倒以为愚拙,并且不能知道,因为这些事惟有属灵的人(pneumatikos)才能看透。属灵的人能看透万事,却没有一人能看透了他。(林前2:4—15;译文据“和合本”,略有改动)

在《哥林多前书》第2章里,“属人的智慧”在“上帝的大能”和“属神的灵”面前,一无是处,如沃格林所言,“属人的智慧”不接受圣灵,从而不能获悉上帝的隐藏且奥秘的智慧。显然,在此脉络中,上帝的智慧远远高于“属人的智慧”。

然而,沃格林打了引号的“属人的智慧”还有另一个著名的出处,熟读柏拉图的沃格林不会不知道这个出处。柏拉图笔下的苏格拉底在《申辩》里说过这样一段话:

> 雅典的人们,我得到这个名声[①],不为别的,正是因为智慧。这种

① 苏格拉底这里所说的“名声”,指他受到的指控:“苏格拉底行了不义,忙忙碌碌,寻求地上和天上之事,把弱的说法变强,并把这些教给别人。”见《苏格拉底的申辩》b4-c1,吴飞译本,第75—76页。

智慧到底是什么样的？也许就是一种**属人的智慧**。也许我确实善于这种智慧。而我刚刚提到的人，要么确实有**比属人的［智慧］更高的智慧**，因而是智慧的，要么我说不出那是什么。因为我不懂这些，而谁说我懂，都是在说谎，制造对我的污蔑。(《苏格拉底的申辩》20d8 - e4)[①]

在《申辩》里，柏拉图笔下的苏格拉底——这个哲人中的哲人——宣称，自己只有"属人的智慧"，没有"比属人的智慧更高的智慧"。苏格拉底进一步说，自己没有关于"那种更高的智慧"的知识。我们可以说，这一点正是哲人与先知的区别，也是哲学与立足于启示的信仰的截然差异。哲人探求的知识有别于 doxa［意见或信仰］，是属于这个世界的 episteme［知识］。

在解释中世纪犹太思想家犹大·哈列维(Yehudah Halevi，约 1075—1141)的《哈扎尔人书》(*Kitab al-Khazari*)时，沃格林同时代的思想家施特劳斯(Leo Strauss, 1899—1973)敏锐地指出，哈列维在其著作中两次引用苏格拉底关于"属人的智慧"的言论，而且哈列维是在对照"哲学的追随者"与"律法的追随者"那一段的中间部分第一次引用苏格拉底的那段话。[②] 可见，身处哲学与启示宗教冲突中的中世纪犹太思想家清楚知晓，"属人的智慧"与探求智慧的哲学紧密相连。在《苏格拉底的申辩》中，正是沃格林最为推崇的哲人柏拉图本人，以苏格拉底为典范对何为哲人以及何为哲学做出了清晰的呈现。

沃格林在前述引文特别提到"属人的智慧"并打上引号，表面上看是为了引出 psychikos［有生气的人］与 pneumatikos［属灵的人］的差别，实则或许是要暗示，"有生气的人"中的最有智慧者哲人与受到神的启示的属灵人之间存在差别。在保罗那里，毫无疑问属灵的人占据更高的位置，会不会这也是沃格林本人的观点？

---

① 柏拉图：《苏格拉底的申辩》(修订版)，吴飞译、疏，北京：华夏出版社，2017 年，第 80 页。"属人的智慧"吴飞译文为"凡人的智慧"。

② 施特劳斯(Leo Strauss)："《哈扎尔人书》中的理性法"，《迫害与写作艺术》，刘锋译，北京：华夏出版社，2012 年，第 99、101 页。比较施特劳斯："耶路撒冷与雅典：一些初步的思考"，何子建译，《柏拉图式政治哲学研究》，北京：华夏出版社，2012 年，第 229—230 页；另参施特劳斯："论柏拉图的《苏格拉底的申辩》和《克力同》"，应星译，《柏拉图式政治哲学研究》，第 59 页以降：此文揭示了对"属人的智慧"的理解如何在《苏格拉底的申辩》中发生从否定到肯定的转折——最终，"属人的智慧"的标志是"哲思"(philosophizing)(第 64 页)。

二、斐洛对“灵性经验”的“理智性”解读

我们现在来看一下沃格林在《天下时代》导言里对斐洛的论述。斐洛与保罗是同时代人，他们都是罗马帝国治下的犹太人。据略晚于斐洛的犹太史家约瑟夫斯(Titus Flavius Josephus，公元37—约100)所言，斐洛出身在亚历山大里亚一个显赫富有的家庭，曾代表当地犹太人出使罗马，但他的政治生涯似乎仅限于此。[①] 亚历山大里亚是希腊化时期的文化中心。斐洛像保罗一样熟稔犹太人的律法书和先知书(当时还没有“正典”意义上的犹太教《圣经》)，与此同时，他有深厚的希腊教养，熟悉古希腊史诗、悲剧、哲学——斐洛运用古希腊哲学来解读犹太教圣典令人印象深刻。有意思的是，虽然斐洛的著作很大程度上是在为犹太教辩护，可是他的作品和思想却几乎跟后世犹太教的发展绝缘。他的著作能保留下来，首先是因为他影响了几代亚历山大里亚城的基督教希腊教父，比如亚历山大里亚的克莱门(Clement of Alexandria)和俄里根(Origen of Alexandra)。可以说，斐洛和保罗这两位犹太人都对基督教思想的确立和发展影响巨大。

现在问题来了：斐洛和保罗对于灵和理智的态度一致吗？史称斐洛是个柏拉图主义者[②]，可显然我们不会说保罗是个柏拉图主义者。既然如此，细读沃格林对斐洛的论述，就有可能帮助我们认识他如何理解柏拉图，进而追问他如何理解哲学与启示之间的关系。

在《天下时代》的“导言”里，沃格林专辟一小节论述斐洛，标题是“重获均衡——斐洛”。这个标题的含义是，受强烈的终末意识主导的古代灵知派力图逃离宇宙，其中“以色列式的启示经验”打破了认识实在的灵性意识与理智性意识之间的均衡[③]，在这样的背景中，斐洛“将灵性洞见与理智性洞见加以融合”[④]，从而促成了均衡的恢复。可是，我们很快会认识到，斐洛在沃格林笔下

---

① Josephus, *Antiquities of the Jews*, Vol. XVIII, Ch. 8, §1, translated by William Whiston (1737)，见 http://penelope.uchicago.edu/josephus/ant-18.html，2021年2月22日检索。

② 参章雪富：《基督教的柏拉图主义》(第二版)，第一章，北京：中国社会科学出版社，2012年，第43—69页。

③ 埃里克·沃格林：《天下时代》(《秩序与历史》卷四)，第78页，第70—79页。

④ 埃里克·沃格林：《天下时代》(《秩序与历史》卷四)，第80页。

并不是一个真正持守均衡的思想家。沃格林虽然同意沃尔夫森(Harry A. Wolfson, 1887—1974)的观点,视斐洛为尝试融合启示宗教与哲学——或者用他的术语,融合灵性洞见与理智性洞见——的第一位宗教哲学家[①],但他显然不满足于用这样一种相对"超然"的眼光来看待斐洛,他"要比沃尔夫森更进一步,评估斐洛著作的历史后果"。

在随后列举的斐洛确立的"样式"(pattern)的历史后果中,沃格林说,斐洛"将哲学作为各种新圣典(new Scriptures)的侍女来使用"——如此说法位于此节的中间位置。[②] 显然,沃格林对斐洛确立的用哲学来解释《圣经》乃至启示信仰的"样式"多有不满,用他自己的话说,这种样式"不恰当"(inadequate)。[③]

沃格林尤其不满斐洛对《圣经》作寓意式解读。在论述斐洛对摩西在燃烧的荆棘丛面前领受的神启时[④],沃格林指出:

> 因此,摩西本人必须被转化为一个哲人。斐洛在《逃离与发现》(*De fuga* [*et Inventione*])161 以降解释荆棘丛插曲时这样处理神迹:摩西根本没有看见燃烧的荆棘。作为一个知识的热爱者、在寻求事物的原因时,他对事物何以衰朽并生成、何以在所有这种衰亡里仍有存余感到惊异,进而,他用一个隐喻式问题:"何以荆棘在燃烧却并没有被烧光?"来表达他对那个阿那克西曼德式(Anaximandrian)生成与衰亡的惊异。
>
> 然而,借着这个问题,摩西擅自闯入了创造的神性奥秘中。要是他作进一步的探究,他的劳作会是徒劳的,因为人没能力想透宇宙的

---

① 参沃尔夫森(Harry A. Wolfson),*Philo*, *Foundations of Religious Philosophy in Judaism*, *Christianity and Islam*, vols. I, II, revised third print (Cambridge: Harvard University Press, 1962[1947])。尽管沃格林说他要比沃尔夫森多走一步,考察斐洛思想的现代"后果",他对斐洛的理解事实上完全立足于沃尔夫森所界定的"宗教哲学的奠基者"。

② 正如沃格林所言,"各种新圣典的侍女"这一说法同样来自沃尔夫森:沃尔夫森《斐洛》一书第二章的标题就是"圣典的侍女"(Handmaid of Scripture),在此章里,沃尔夫森详尽讨论了"哲学是神学(圣典)的侍女"这个论断在斐洛那里的出处。见《斐洛》,前揭,第 87—154 页,犹见第 145—154 页。

③ 埃里克·沃格林:《天下时代》(《秩序与历史》卷四),第 82 页,参第 82—84 页。见 *CWEV* 17, p. 77,参 pp. 77-79。

④ 见《圣经·出埃及记》第 3 章。

因果结构。因此，拯救之神（the savior-god）的声音出自原因论（aetiology）的神圣基础，且命令那个智性探险者限制他的好奇心。“不要走近”的警告意味着，因果性的主题——即何以诸事物是其所是的问题——是人的理解力无法企及的。……

《逃离》的这一段揭示出我所说的斐洛的不恰当性的样式（the Philonic pattern of inadequacy）的结构核心。斐洛忽略了荆棘丛插曲所表达的**那种经验**，对其象征意义碎片化，并将这些碎片当作一种**不同的经验**的**寓意**（allegories）来解释。（《天下时代》，第 83—84 页）

沃格林对《逃离与发现》中的“荆棘丛插曲”的转述简略而精准，当然，阿那克西曼德的名字没有出现在斐洛的文本中。尽管沃格林没有在这里点明“那种经验”以及与之“不同的经验”究竟是什么，我们不难从他在前文确立的解释框架发现“那种经验”指“灵性经验”，而与之“不同的经验”则指“理智性经验”。显然，沃格林所说的斐洛的样式的不恰当性就在于斐洛用“理智性经验”来解释“灵性经验”。

在这个地方，沃格林没有考虑斐洛论述这个《圣经》片段的语境：在《逃离与发现》里，这个摩西面对燃烧的荆棘丛领受神启的片段，是作为“发现”部分的“寻求然而无所发现”的事例来论述的。[①] 换言之，斐洛在这里的目的不是解释这个《圣经》片段，而是借这个片段来例证一个道理——有时候人寻求知识，却并不能获得这种知识。斐洛在这里举这个例子，是要说明人“寻求而无从发现”的知识是超逾自然的知识：燃烧的荆棘不会被火焰吞没或者说不会被烧成灰烬，是一个反常的或反自然的现象，寻求这种现象的原因，在斐洛看来是超逾人的能力的。

诚然，如沃格林所说，摩西在这里被刻画为一个孜孜寻求事物原因的哲人，这样的形象跟《出埃及记》中面对燃烧的荆棘显得有些不知所措的那位先知看

① 在这个部分，斐洛从“寻求”与“发现”之间的四种关系入手来考察“发现”，这四种关系是：不寻求也没发现、寻求而有所发现、寻求而无所发现，以及不寻求而有所发现。斐洛：《逃离与发现》，第 120 页。见 Philo, “On Flight and Finding” (De fuga et inventione), in *Philo* (Loeb Classical Library), Vol. V, with an English translation by F. H. Colson and G. H. Whitaker, Cambridge, MA: University of Harvard, 1968[1934], pp. 74 - 75。

上去相距甚远,可斐洛其实并没有忘记属人的理智性经验(用沃格林的术语)的限度,"寻求而无所发现"正是他对这种限度的认识。斐洛借这个插曲要传递给他的读者这样一个讯息:属人的理智无从寻获反自然的知识,且除了那句含混的"我将是我所将是"(《出埃及记》3:14)外,亦无从得知上帝的本性。

沃格林没有提到,斐洛在另一部著作《论摩西的生平》里论及同一个荆棘丛插曲时,对之作出了完全不同的解释。他在那里将燃烧的荆棘解读为"那些因冤屈而**受苦的人们的一个象征**":

> 燃烧的荆棘不会燃烬,这是受苦者不会被欺压者摧毁的征兆。(《论摩西的生平》67)

斐洛继而进一步说明,燃烧而不会燃烬的荆棘是犹太民族当年的境遇的写照,它仿佛在向当今的受苦者们宣告:

> 不要失去信心……那些渴望吞噬你们的人将无意中成为你们的拯救者而非毁灭者。(《论摩西的生平》69)[①]

同样运用寓意式解读,在《论摩西的生平》里,斐洛为荆棘丛插曲提供了政治化的解释。在这个解释里,我们看不到沉思者摩西的身影,取而代之的是作者本人对这个故事的反思。这个"受苦者"的意象与随后上帝拣选摩西作为政治领袖去解救在埃及受苦的以色列民族的叙事若合符节。

如果我们提问,究竟要怎样理解斐洛对同一个神启叙事的两种完全不同的解释,斐洛的当代研究者们会告诉我们:斐洛的不同作品针对不同的读者或听众。[②] 按大部分斐洛学者的划分,斐洛著作大致可分为三个类别:解经类作品、

---

① Philo, "Moses I. and II" (De Vita Mosis), in *Philo* (Loeb Classical Library), Vol. VI, with an English translation by F. H. Colson, Cambridge, MA: University of Harvard, 1968[1934], pp. 312 - 313.

② 这一点在20世纪中期最重要的、然而立场殊异的斐洛研究者沃尔夫森和古德英纳夫(Erwin R. Goodenough)的斐洛研究中即已指出,如见 Harry A. Wolfson, *Philo*, p. 122;Erwin R. Goodenough, *An Introduction to Philo Judaeus*, 2nd edition, Oxford: Basil Blackwell, 1962[1940], p. 46 等。古德英纳夫对沃尔夫森的《斐洛》的批评,见"Wolfson's Philo," *Journal of Biblical Literature* 67/2(1948): 87 - 109。

护教和历史类作品以及哲学类作品。《逃离与发现》属于解经类下属的"寓意解经"(Allegorical Commentary)系列①,而《论摩西的生平》则属于"护教和历史作品"类。② 斐洛的"寓意解经"系列被相当部分学者认为是隐微(esoteric)作品,针对的是熟悉希腊文译本《圣经》且有学问的犹太人,而"护教和历史类作品"的预设读者则范围很大,不但不必熟悉《圣经》,甚至不必是犹太人。③ 显然,沃格林没有将斐洛当作追随柏拉图的精心修辞的思想家,无论有心还是无意,他没有指出斐洛针对不同受众以不同笔法写作这一点。

沃格林对荆棘丛从神启中灵性经验的强调让人不免好奇,究竟他自己如何解释这个《圣经》里最著名的神启片段。在《秩序与历史》第一卷《以色列与启示》里,沃格林专门讨论了这个重要的"启示的戏剧"(the drama of the revelation)。④ 对观《天下时代》,在《以色列与启示》里,沃格林既没有用到具有对应关系的 noetic-pneumatic [灵性的-理智性的]这对概念,也几乎没有提及"灵性经验"(spiritual/pneumatic experience)、"灵性意识"(spiritual/pneumatic consciousness),更没有触及"理智性经验"(neotic experience)和"理智性意识"

① 斐洛的解经类作品下分三个系列:(1)(《创世记》、《出埃及记》经文)问答(Quaestiones)系列;(2)寓意解经(Allegorical Commentary)系列;(3)细述律法(Exposition of the Law)系列。详参 James R. Royse (with the collaboration of Adam Kamesar), "The Works of Philo," in *Cambridge Companion to Philo*, Adam Kamesar (ed.), Cambridge: Cambridge University Press, pp. 32 - 64; pp. 32 - 34。值得指出的是,对个别作品的归类,斐洛学者们之间的意见时有出入。例如,见下注。

② 近年 Gregory E. Sterling 提出,《论摩西的生平》是"细述律法"系列的"引言"性作品。见氏著"Philo of Alexandria's *Life of Moses*: An Introduction to the Exposition of the Law", *The Studia Philonica Annual* 30(2018): 31 - 45。对我们的论述而言,即使将《论摩西的生平》归入"细述律法",其受众依然不同于属于"寓意解经"系列的《逃离与发现》: 前者为显白作品,后者为隐微作品。有关斐洛作品里的"隐微"、"显白"之分,见 James R. Royse, "The Works of Philo," p. 33。另见 Erwin R. Goodenough, "Philo's Exposition of the Law and His De Vita Mosis," *The Harvard Theological Review* 26/2(1933): 109 - 125;113。

③ 参 Ellen Birnbaum, *The Place of Judaism in Philo's Thought: Israel, Jews, and Proselytes* , Atlanta, Georgia: Scholars Press, 1996, pp. 17 - 21; Gregory E. Sterling, "The Structure of Philo's Allegorical Commentary," *Die Theologische Literaturzeitung* (Dezember 2018), pp. 1225 - 1238, note 42; Maren Niehoff, *Philo of Alexandria: An Intellectual Biography* ,New Haven: Yale University Press, 2017, pp. 5 - 10。

④ 见埃里克·沃格林:《以色列与启示》(《秩序与历史》卷一),霍伟岸、叶颖译,南京:译林出版社,2010 年,第 550—562 页。

(noetic consciousness),书中提到神的启示时,也没有使用 theophany[神显]这个词。[①]

与《天下时代》里对荆棘丛插曲的论述形成反差的还有,在《以色列与启示》里,沃格林投入大量篇幅讨论《旧约》的历史考据(historical criticism)问题。比如,他追问荆棘丛插曲的作者是否摩西本人,根据旧约学者对《摩西五经》的典源假设(documentary hypothesis),沃格林认为这个文本不会早于公元前 8 世纪,而他本人对照古埃及历史中出现一神信仰的时代,推测摩西生活于公元前 13 世纪。沃格林甚至接受深受历史考据派影响的马丁 · 布伯(Martin Buber)的看法,认为荆棘丛插曲里有一些部分是后来增补的。[②]

从这样一种对照中我们可以看到,在《天下时代》里,沃格林在追索历史的意义时,的确是彻底地采用了"经验—意识"分析的另一种论述框架、另一套语言系统。可值得留意的是,"灵性"这个概念在《秩序与历史》第一卷到第四卷中是一脉相承的:在《以色列与启示》里,沃格林称荆棘丛插曲为"关于神的启示与人的回应的一个**灵性事件**(spiritual events)"[③]。

让我们回到《天下时代》。值得指出的是,对斐洛作品的不同面向和智性高度,沃格林其实是了解的。在"重拾均衡——斐洛"之后的那节"寓意解读"(Allegoresis)中,沃格林将他对斐洛的批评主要集中于两点:其一,斐洛不像柏拉图那样将神话当神话,或者说将辩证法与神话区分开来,而是站在犹太教立场上将神话完全视为多神教的产物;其二,沃格林特别不满意斐洛对犹太教《圣经》所作的寓意式解读。

事实上,这两点可以归结为一点:沃格林真正不满的,是斐洛对《圣经》乃至《圣经》里类神话的叙事作**理性化的或哲学化的寓意解释**。在沃格林看来,斐洛在罗马的天下帝国时代尝试**整合**希腊哲学与以色列的"托拉"或曰"律法",然而这使得斐洛的哲学"既非柏拉图和亚里士多德那样的理智性分析,又非上帝通过先知之口启示的圣言"(《天下时代》,第 88 页)。换言之,沃格林认为哲学式智性经验与神启的灵性经验理应各归其类,而斐洛融合二者的做法让双方的

---

① 在《以色列与启示》中,"理智性的"(noetic)一次也未得到提及,"灵性的"(pneumatic)被提到两次(均在第 604 页注①),"灵性经验"(spiritual experience[或译]精神体验)被提到一次(第 329 页)。

② 埃里克 · 沃格林:《以色列与启示》(《秩序与历史》卷一),第 549、553、562 页。

③ 埃里克 · 沃格林:《以色列与启示》(《秩序与历史》卷一),第 552—553 页。

真面目都遭到遮蔽。

从后果上看,沃格林相信是斐洛开启的所谓"宗教哲学"在中世纪让哲学沦为启示神学的婢女,故而他特地追问什么是斐洛理解的哲学,按他的说法,

> **斐洛所意指的哲学**,是对苦于亚历山大的帝国扩张之冲击的古典哲学的修正——或毋宁说,**是古典哲学的畸变**(deformation)。(《天下时代》,第 88 页)

使用"畸变"这个词,可见沃格林对斐洛的评价极其负面。最终,他将"斐洛的分析的特定的不恰当性",称为"理智性的半意识的状态"(the state of noetic semiconsciousness)(《天下时代》,第 88 页)。沃格林所谓"理智性的半意识的状态"指的是,一方面,斐洛对《圣经》进行寓意解释,抽离掉了《圣经》内含的特有的"灵性经验",使得斐洛的读者不再能够触及那样一种对理解《圣经》几乎必不可少的经验。另一方面,沃格林认为斐洛没有像柏拉图那样认识到,"非要对超越了居间的神性实在进行符号化表达的话,那只能通过神话来进行"(《天下时代》,第 89 页)。就此而言,斐洛所呈现的只能是一种"理智性的半意识状态"。

对我们来说意味深长的是,在谴责斐洛败坏哲学的时候,沃格林似乎将自己当作柏拉图和亚里士多德意义上的古典哲学的捍卫者。果真如此的话,所谓"重拾均衡——斐洛"这个标题就显得有问题。论述斐洛的这一小节位于"导言"部分,地位重要,沃格林如此解释斐洛以及《出埃及记》第 3 章上帝启示摩西的叙事,应该是为了适应自己在《天下时代》中提出的新观点。从《天下时代》提出的"理智性—灵性"这对概念框架来看,这种新观点即——思想家应该在这两者之间保持均衡。

三、沃格林论"理智性意识"与"灵性意识"的"均衡"

顺着沃格林对斐洛所理解的哲学的追问,我们也自然地回到我们最初的问题:究竟沃格林本人如何理解"哲学"?要讨论沃格林所理解的"哲学",首先需要看一下沃格林在《天下时代》里如何理解"历史"。因为《天下时代》针对的是黑格尔以降的**哲学式历史观**。一方面,沃格林批判黑格尔那种纯然以西方基督

教文明为中心的**线性历史观**，另一方面，如前文所述，他对 20 世纪雅斯贝尔斯提出的各古代文明几乎同时兴起的“**轴心时代**”概念感到不满。他认为雅氏将“关于人性的普遍意识”以排他的方式归入公元前 800 年到公元前 200 年间的“轴心时代”——“尤其是，把摩西和耶稣都排除在外”——忽略了此前及此后同样重要的“灵性迸发”(spiritual outburst)(《天下时代》，第 51—52 页)。[①]

正是在批判黑格尔—汤因比—雅斯贝尔斯的历史哲学的脉络里，沃格林在《天下时代》“导言”中提出：

> 历史不是一条人类及其在时间中的行动构成的溪流，而是**人参与到以终末为方向的神性临在的流变**(a flux of divine presence)**中的过程**。(《天下时代》，第 53 页)

沃格林的这个表述具有强烈的基督教意味。人们当然可以说，终末论未必仅属基督教，可是与沃格林相属的终末论式的信仰非基督教莫属。[②] 很大程度上，沃格林对基督教这种“历史宗教”的态度，可以从他在《政治观念史稿》卷五论述博丹对“真宗教”与“历史宗教”的区分时插入的一段评议来理解：

> 尽管真宗教是灵魂在孤独中的状态，但我们不能放弃历史宗教，因为人的灵性生活本质上也是一种在社会和历史中的生活。**孤独的人是软弱的，容易犯错**。只有作为一个整体的人类才能在上帝的指

---

① 沃格林对“哲学”与“历史”之间的多层关系的更理论化的论述，见“时间中的永恒存在”，收入《记忆——历史与政治理论》，朱成明译，上海：华东师范大学出版社，2017 年，第 351—389 页。此文首刊于 1964 年，正是沃格林孕育《天下时代》的时期。下引此书，随文标注书名及中译本页码。

② 沃格林与基督教的关系是学界一个有争议的话题，按 Glenn Hughes 的说法，非基督教学者往往认为沃格林有强烈的护教倾向，但沃格林对基督教的某些教义和教条的批评又常常让基督教学者们对他持批判态度。沃格林自己会说，在讨论基督教、讨论耶稣和保罗的教诲时，身为哲学家他持一种不偏不倚的立场。尽管如此，Hughes 仍然认为，“基督教是哲学家沃格林的核心关注，这倒不是出于某种信仰主义的或教派的忠诚，而是因为，首先，基督教构成了哲学与历史的自我解释的最精彩部分(high point)；其次，基督教为西方的人学与宇宙观提供了基础”。Glenn Hughes, “Eric Voegelin and Christianity,” *The Intercollegiate Review* (Fall/Winter 2004): 25。参 Michael Henry, “Eric Voegelin on the Incarnate Christ,” *Modern Age* (Fall 2008): 333。

引下过一种真正的灵性生活。历史中的人类,通过那些被拣选的个人身上发生的超越式干预来接受灵性引导。……希伯来人的族长和众先知、**古代的异教贤哲们**(sages of pagan antiquity),基督以及圣徒们——**在所有这些人身上上帝向人启示自身**。[①]

"真宗教"与"历史宗教"的区分完全可以用在沃格林自己身上。沃格林当然并没有将他所谓的"神性实在"直接等同于基督教意义上创世和拯救的上帝。然而,强调人性的"软弱"和"易犯错",从而强调来自神的拯救的必要性,恰是启示信仰的根本特征。

回到《天下时代》里对"历史"概念的辨析,沃格林继而指出,这样一种"历史过程及在其中可以辨识的这种秩序",不是一个被从头到尾讲述的故事,而是"**启示过程**中的一个奥秘"(a mystery in process of revelation)。[②] 这意味着,纯然属人的行动不构成历史的意义,一切意义都出自神性临在或神的启示。这一点在沃格林酝酿《天下时代》时期所写的文章"时间中的永恒存在"里表达得更清楚。在解释何为"世界"时,沃格林小结道:

没有作为世界彼侧之实在的神,便根本没有作为神之此侧的、由独立的各种事物构成的世界。(《记忆》,第383页)

显然,在沃格林看来,神与世界是共生共存的。换言之,对他来说,可能会有没有世界的神,却不会有没有神的世界。

在《天下时代》的论述框架里,沃格林用"理智性意识"来指称哲人们对实在的认识及象征化表述,而用"灵性意识"来指称先知和使徒对神启的领受和回应。在他那里,这两种意识都是意识的"领域"(field)。[③] 按他的说法,理智性意识仅出现于希腊文化的背景中,而——

① 埃里克·沃格林:《宗教与现代性的兴起》[《政治观念史稿》卷五(修订版)],霍伟岸译,贺晴川校,上海:华东师范大学出版社,2018年,第231—232页。

② 埃里克·沃格林:《天下时代》(《秩序与历史》卷四),第54页。

③ 埃里克·沃格林:《天下时代》(《秩序与历史》卷四),第304页。

对理智性运动的参与**不是**[人的]**行动的一个自主项目**(autonomous project),**而是对神显事件的回应**(格外明亮的普罗米修斯之火,苏格拉底的 daimonion[命相神灵]),或是其有说服力的交流(柏拉图的说服女神珀伊托[Peitho])。(《天下时代》,第 306 页)

这无异于说,哲人的一切活动——他们对宇宙、万物本性和人性的理解、思考和阐述——都并非自主的行动,而仅仅是对神显事件的"回应"。

诚然,在论述古希腊哲人们的理智性意识时,沃格林提到的神是柏拉图《法义》卷三提及的取代克洛诺斯(Cronos)和宙斯(Zeus)的第三位神"Nous"[理智]。[①] 这给人一种印象,仿佛沃格林在论述无远弗届的神显时,区分了哲人的神与启示宗教的神。在《秩序与历史》第三卷《柏拉图与亚里士多德》中,沃格林曾经指出,Nous 是"创世神德穆革(Demiurge)内部的具有神性的创造性实体(divinely creative substance)",而且他明确说,"柏拉图的德穆革**不是**全能的基督教的质料的创造者"。[②] 然而,在《天下时代》里,恰恰在强调理智性意识与灵性意识要保持"均衡"的那一节(第四章"征服与逃离"最后一节),沃格林对哲人的神与启示宗教的神之间的关系做出了不同于此前的论断:

以启示作为生存中的理性的来源,这个问题习惯性地遭到麻痹(anesthetized),因为人们仔细地转述哲人们的"观念"(ideas)时,从不触及**激发它们[这些观念]的经验**。然而,在一种哲学研究里,哲人们的神显(the philosophers' theophanies)必须被严肃对待。必须不回避启示的种种经验注入的问题;这些问题必须被清晰地提出:**谁是那个驱动哲人们进行研究的神**(God)?祂向他们启示了什么?且,祂如何与向以色列人、犹太人和基督徒启示自身的上帝(God)相关?(《天下时代》,第 320—321 页)

---

① 埃里克·沃格林:《天下时代》(《秩序与历史》卷四),第 327 页。参埃里克·沃格林:《柏拉图与亚里士多德》(《秩序与历史》卷三),刘曙辉译,南京:译林出版社,2013 年,第 284—285 页。另参柏拉图:《法义》714a。

② 埃里克·沃格林:《柏拉图与亚里士多德》(《秩序与历史》卷三),第 249 页。

除非我们想要耽溺于超乎寻常的种种神学假设，那个向哲人们显示(appeared)的神、那个引诱巴门尼德欢呼“是”(Is)！的神，正是向摩西启示自身(revealed himself)为“我是我所是”(I am who [or: what] I am)的**同一个神**——作为那位是其所是的(who is what he is)、在具体神显中人向之回应的神。当神让他自己被看见，无论在燃烧的荆棘丛抑或在普罗米修斯之火里，他就是在该事件中启示自身之所是(what he reveals himself to be)。(《天下时代》，第292—293页)

这样两段话再清楚不过地说明，沃格林认为，柏拉图的理智神就是摩西的给予神法的神，或者说，哲人的神与启示宗教的神是同一位！

沃格林这样说，岂不是强行将理智性经验归入灵性经验？如果沃格林对斐洛的批评有道理，即不该让哲学成为神学或圣典的婢女，那他自己的说法有没有犯同样的错？做出这样的论断时，沃格林难道完全没有考虑到，摩西的律法神是一位有意志、行奖罚的正义神，这样的神跟柏拉图那里通过运思来进行创造的理智神根本是两回事？即便对沃格林来说“神性实在是一”[①]且神显是唯一重要的实在结构，他让柏拉图和亚里士多德以及他们之前和之后的真正哲人成为传说中《圣经》作者那样凭借灵性启示来写作的作者，无异于彻底取消了“启示与哲学”之间的冲突或张力。

结语：哲学是什么？依然是一个问题

对哲学与神启之间的尖锐对立关系做模糊化处理，并认为两者可以“综合”或和谐共处——沃格林不是第一位持这种意见的思想家，也绝不会是最后一位。真正的哲人并不认同这样的意见。在其早年的讲座《现象学与神学》中，海德格尔(Martin Heidegger, 1889—1976)在论及哲学与神学之间的关系时指出：

哲学乃是对神学概念的存在者状态上的，而且前基督教的内涵所作的可能的、形式上显明着的存在论上的调校。但哲学只能是它所是

① 埃里克·沃格林：《天下时代》(《秩序与历史》卷四)，第67页。

的东西，而不能实际地充当这种调校。

> 这一独特的关系并不排除，而是恰好包含着下面这回事情，即：作为一种特殊的生存的可能性，在其最内在的核心中的**信仰**对于本质上为**哲学**所包含的、并且实际上最为可变的**生存形式**(*Existenzform*)来讲依然是不共戴天的敌人。如此绝对地，哲学根本不只是要以某种方式与那个死敌作斗争！整个此在的这一在信仰状态与自由的自我承当之间的**生存论上的对立**，早在神学与哲学**之前**就已经存在了，而并不是通过作为科学的神学和哲学才形成的；这一**对立**恰恰比如包含着**作为科学**的神学和哲学的**可能共性**，只要此种联系能够保持为一种真正的、摆脱一切幻想和软弱的调解努力的联系。所以，并没有一种诸如基督教哲学这样的东西，这绝对是"自相矛盾"(hölzernes Eisen[直译]木的铁)。但也绝没有什么新康德主义神学、价值哲学的神学、现象学的神学等，正如决没有一种现象学的数学。[1]

在这段话里，海德格尔异常清晰地表明，哲学对神学概念进行的"调校"不是哲学"所是的东西"，换言之，哲学不能成为神学的婢女。进而他指出，"在其最内在的核心中的**信仰**对于本质上为**哲学**所包含的、并且实际上最为可变的**生存形式**来讲依然是不共戴天的敌人"，这句话的意思是，哲人的生存形式从"实际"层面来讲总是可变的，因他们各自的生存境遇不会相同，但这不影响他们"本质上"作为哲人的"生存形式"。从"本质上"说，信仰与哲学是截然相对、不共戴天的两种"生存形式"。看不到哲学与信仰之间的这种尖锐的敌对性，尝试调解两者的努力都是"幻想和软弱"！——现在我们可以看得更清楚，当博丹和将博丹引为知己的沃格林称"**孤独的人是软弱的；他容易犯错**"(Solitary man is weak; he is apt to err)时，他们下意识地站在奥古斯丁一边，持一种正统基督教对人性的看法；他们没有认识到，有一类人是"极北净土之人"[2]，他们孤独却从不软弱。

在上述引文中，海德格尔还尖锐地指出，"并没有一种诸如基督教哲学

① 海德格尔：《现象学与神学》，《海德格尔选集》，孙周兴译，上海：上海三联书店，1996年，第750—751页。重点为原文所有。

② 尼采：《敌基督者——对基督教的诅咒》，余明锋译，北京：商务印书馆，2016年，第3页。

(christliche Philosophie)这样的东西":"基督教哲学"这个词从概念上讲"自相矛盾",或者说,基督教与哲学根本就水火不容。就我们关心的问题而言,海德格尔将哲学理解为"自由的自我承当"(freier Selbstübernahme),这表明,从事哲学活动是哲人"自由地为自己"接受的任务,也就是说,哲学是一种"自主的"而非"被动接受的"活动。[①] 与此相对,沃格林将柏拉图等希腊哲人的理智性活动解释为"对神显的回应"从而使哲人失去自主性(《天下时代》,第 306 页),在这个事关哲学的独立自主性的问题上,他对"哲学"的理解显然已经基督教化了。

在理解哲学与启示的"不共戴天"方面,沃格林的朋友施特劳斯要比海德格尔更坚定。[②] 在一场面向基督教神学家们所做的题为"理性与启示"的讲演中,施特劳斯指出:

> 没有任何选择比如下选择更为根本:属人指引或属神指引(human guidance or divine guidance)。*Tertium non datur* **[没有第三个选项]**。哲学与启示之间的选择,不能通过任何和谐化或"综合"来回避。……在每一次和谐化的尝试中,在每一次无论多么令人印象

① 值得指出的是,海德格尔是在 1970 年才发表其《现象学与神学》讲稿的,他将此书题献给他的朋友、曾在马堡跟他共同授课的新教神学家 Rudolf Bultmann(1884—1976)。此时距离他做这个讲座的 1927—1928 年已过去 40 多年。这意味着,晚年的海德格尔并没有改变"哲学与信仰不共戴天"这个立场。——就此而言,尽管海德格尔在 1966 年接受《明镜》(*Der Spiegel*)周刊采访时,面对已然受制于技术时代的人类命运说出"只还有一个上帝能拯救我们"(Nur noch ein Gott kann uns retten),他并没有将这样一种"拯救"视作当然,他其实道出了关于这个上帝的两种可能性:"作好准备随时迎候上帝的到来**或者上帝的缺席**。"也就是说,无论 1966 年的海格尔是否对他所说的"随时迎候上帝的拯救"当真,他依然没有将"上帝的拯救"等同于对上帝的信仰——因为他说,上帝有可能缺席。关于海德格尔的《现象学与神学》以及他与布尔特曼的根本分歧,参迈尔(Heinrich Meier),*Die Lehre Carl Schmitts: Vier Kapitel zur Unterscheidung Politischer Theologie und Politischer Philosophie*, Vierte Auflage, Stuttgart, Weimar: J. B. Metzler, 2012, p. 136 n. 48。中译见:迈尔,《施米特的教训:区分政治神学与政治哲学四章》,林国基、余明锋译,北京:华夏出版社,2022 年,第 135 页,注㊽。关于海德格尔的《明镜》访谈,见海德格尔,"只还有一个上帝能救渡我们——1966 年 9 月 23 日《明镜》记者与海德格尔谈话",《海德格尔选集》,第 1306—1307 页。按海德格尔的要求,此访谈要在海德格尔身后才能发表:它刊登于 1976 年 5 月 31 日(即海德格尔逝世 5 天后)的《明镜》周刊。

② 参刘小枫:《施特劳斯的路标》,《施特劳斯的路标》(增订本),北京:华夏出版社,2020 年,第 88—183 页;尤见第 159—167 页,第 164 页,第 178 页以降。

深刻的综合中，这两个对立要素中的一方都会被牺牲掉……：意在成为女王的哲学，必定被迫成为启示的婢女，或**反之亦然**。[①]

与早年的海德格尔一样，施特劳斯认为，在真正的哲学与启示之间没有“调和”的余地，任何“综合”两者的尝试都会以牺牲其中一方为代价。在《天下时代》中，当沃格林将整全称为“神性实在”，将柏拉图的作品乃至柏拉图的思想视作“神显”的产物，甚至将向柏拉图“显现”的神等同于基督教的上帝时，他显然站在启示一方。

在一封致沃格林的信中，施特劳斯向沃格林本人揭示了这一点(尽管那远在沃格林出版《天下时代》之前)，并指出他与沃格林之间在理解“何为哲学”这个问题上的差异：

人们不得不假定，某种来自上帝的东西发生在人身上。但是这种发生(Geschehen)并不是**必然**要被理解为呼召(Ruf)或招呼(Anrede)；这[按：指“呼召”]是一种**可能的**解释；**因此**，对这种解释的接受，有赖于信仰而非知识(Wissen)。我再进一步：在上帝的呼召本身与人对这种呼召的表述(Formulierung)之间存在着根本的差异；我们在历史上面对的是后者(在不接受字句默示[Verbal-Inspiration]的情况下：人能够接受字句默示，但不**需要**)。**要么**，人的表述彻底成问题，从而人终止于基尔克果(Kierkegaard)的主观论(Subjektivismus)，导向这种主观论的想法是，人可以**仅仅**信仰上帝本身而无需人类中介——脱离[这样]一种主观论，基尔克果**只是**通过使信仰的**内容**(道成肉身的奥秘)变得**可理解**才能拯救他自己，在此之前，可能没人尝试过[这种主观论]。

要么，人的表述并**不**彻底成问题——也就是说，有某种**标准**允

① 施特劳斯：《理性与启示》，叶然译，载《苏格拉底问题与现代性——施特劳斯讲演与论文集：卷二》(增订本)，刘小枫编，刘振、彭磊等译，北京：华夏出版社，2016年，第212页。本文为1948年1月8日施特劳斯在位于美国康涅狄克州的哈特福德神学院(Hartford Theological Seminary)所作的学术报告，由迈尔(Heinrich Meier)编辑发表。见 Heinrich Meier, *Leo Strauss and The Theologico-Political Problem*, translated by Marcus Brainard, New York: Cambridge University Press, pp. 141 - 167。

许在非法的(异端的)表述与合法的表述**之间**作出一种区分。如果我对您的理解是正确的,您持后一种观点。基于同样的观点,您接受基督教的教义(christliche Dogma)。不过,我不知道,您是否在天主教的意义上[接受基督教教义]。要是这样的话,我们会很容易达成一种理解。因为我在启示与属人知识之间作出的区分——对此您反对——与天主教的学说相协调。您抛弃了(与**《圣经》**原则不同的)**传统**原则,这里有一个重大的困难,而天主教在这方面最为一贯。

带着某种不情愿,作为一个非基督教徒,我冒昧论及这个基督教内部的问题。但我能这么做,正是因为我能够明确对自己说,这个问题以及这整个问题域,正是一个基督教的问题,而且,通过一种恰当的延伸,这也是一个犹太教的问题;但恰恰因此这不是一个"普遍的—人类的"问题。那意味着,它以一种**特定的**信仰为前提,哲学之为哲学(die Philosophie als Philosophie)没有这样的前提也不能够有这样的前提。在我看来,在这里且惟有在这里,我们之间存在分歧……

对您的断言,即您设定为前提的东西是——如您所说——"可接受的",我并无异议。唯一的问题是,[您的预设]它是否必然。

……

用一句话说——我相信哲学在柏拉图的意义上是可能的也是必然的——您相信在那种意义上理解的哲学已经因启示而变得过时。神知道谁是对的。[①] 但是:就对**柏拉图**的解释而言,看来人们必须——在批评柏拉图之前——以**他**想要[得到理解]的方式理解柏拉图。而这就是哲学——从始至终都是如此。[②]

---

① 施特劳斯的这句话很像是在摹仿柏拉图《苏格拉底的申辩》结尾苏格拉底的话:"我去死,你们去生。我们所做的事哪个更好,谁也不知道——除了神"(42a3－5)。柏拉图:《苏格拉底的申辩》,吴飞译,第145页。

②《施特劳斯致沃格林,1951年6月4日》,见《信仰与政治哲学——施特劳斯与沃格林通信集》,谢华育、张新樟译,上海:华东师范大学出版社,2007年,第125—126、128—129页。此信原文见《信仰与知识:沃格林与施特劳斯1934—1964通信集》(*Glaube und Wissen: Der Briefwechsel zwischen Eric Voegelin und Leo Strauss von 1934 bis 1964*),Peter J. Opitz (ed.),München: Wilhelm Fink, 2010, S. 104－108。

在这封信里，施特劳斯从理论上分析了启示在认识上的困难：人终究还是要在属人的层面言说启示，这就意味着，神的启示需要人来解释。然而，就基督教而言，要避免对诸如"道成肉身"这样的核心教义的解释流于极端的主观论，就需要有教会的"传统"作为保护。在基督教内部，天主教重视"传统"，而"惟凭《圣经》"的路德宗新教则抛弃了天主教的教会"传统"。[①] 施特劳斯在这里点明，沃格林接受基督教教义，而且持非天主教的立场。在此基础上，他指出沃格林思想中的内在矛盾：抛弃基督教"传统"的新教很难避免走向一种"属人的"主观论，然而强调神启的沃格林无论如何不会承认，对"上帝的呼召"的种种属人经验——或者，用他在《天下时代》里使用的术语，对"神显"的"理智性经验"或"灵性经验"——仅仅是主观的。

施特劳斯认为，像沃格林那样接受这一点——存在着来自上帝的呼召或启示——当然没有问题，但他向沃格林澄清道，这种接受事实上以一种特定的信仰为前提，这意味着，对启示的接受并不具有普遍性或共通性。最重要的是，施特劳斯强调，接受启示这个前提，跟哲学格格不入：本原意义上的哲学——前基督教的或古典哲学——没有这样的前提，也不能有这样的前提。

至此，我们可以看到，施特劳斯与沃格林的真正分歧体现在他们对柏拉图的理解，进而最终体现在他们对"何为哲学？"这个问题的理解。在沃格林那里，**哲学仅仅是人类的超越性经验**(experiences of transcendence)之一，由于这经验来自对"神显"的回应，故而哲人只是"以其灵魂感枢(psychic sensorium)**回应**永恒存在(eternal being)的人"[②]，也就是说，哲人并无哲思的自主性。但是，对施特劳斯而言，"哲学原本是对真理、**终极**(*the*)真理的求索——对所有事物的**终极**开端的求索"；哲学"要求严格论证神性存在者们的存在，要求从每个人都明白的现象分析开始进行论证。因为没有任何论证能**预设**这个

① 关于"惟凭《圣经》"在新教路德宗的核心地位，参 Theodore Engelder, "The Three Principles of the Reformation: Sola Scriptura, Sola Gratia, Sola Fides," in *Four Hundred Years: Commemorative Essays on the Reformation of Dr. Martin Luther and Its Blessed Results in the Year of Four-hundred Anniversary of the Reformation*, by Various Lutheran Writers, edited by W. H. T. Dau, St. Louis, MO: Concordia Publishing House, 1916, pp. 97 - 109; 101ff.。在此文中，作者解释了何以路德坚持"惟凭《圣经》"："最主要和最至关紧要的考量是，在寻求拯救的道路上，遵循属人的指引(human guide)是致命的"(第 101 页)。

② 埃里克·沃格林：《时间中的永恒存在》，《记忆》，第 353—354 页。

demonstrandum[应得到论证的东西],故哲学具有**极端的**无神论性质”。①

可以预见的是,体现在这两位哲人之间的分歧还会继续,因为“哲学是什么?”依然并将持久的是一个问题。

A Preliminary Study of Voegelin's Understanding of Philosophy in *The Ecumenic Age*

Zhang Ying

Abstract: While the word "philosophy" is widely used in different contexts and becomes popular in our time, the question "*What is philosophy*?" is by no means clear and evident. Eric Voegelin, *the* philosopher of history in the 20th century, provides us with a unique example to explore this question. In his *Ecumenic Age*, Voegelin proposes a pair of core interpretive concepts, *noetic* and *pneumatic*, for his construction of the history of ideas. This article points out that this pair of concepts is in fact taken from Paul's *First Corinthians* 14 and its context, which advocates that human mind or human wisdom is far inferior to divine spirit. By investigating Voegelin's interpretation of Paul, Philo and Plato, the article further discloses that Voegelin understands philosopher's "participation in the noetic movement" as mere "response to a theophanic event," therewith eliminates autonomy from philosophy. Moreover, Voegelin goes so far as to claim that "the God who appeared to the philosophers ... was the same God who revealed himself to Moses." Yet such a view is problematic in the eyes of the philosophers such as Martin Heidegger and Leo Strauss, who think that philosophy and revelation are mortal enemies, and that philosophy is "radically atheistic".

Keywords: Eric Voegelin, *The Ecumenic Age*, noetic and pneumatic, philosophy as a response to a theophanic event, philosophy as being radically atheistic

① 这段引文之后,施特劳斯举例说:“如果相比于柏拉图与任何基于宗教经验的学说之间的区别,柏拉图与德谟克利特这样的唯物论者的区别就会失去意义。柏拉图和亚里士多德之尝试论证神的存在,远未证明他们的教诲具有宗教特征,实际上恰证明这种特征不存在。”施特劳斯,“理性与启示”,“第 4 节:哲学的原初意义”,《苏格拉底问题与现代性》(增订本),第 208—209 页。重点为原文所有。

埃里克·沃格林对意向性和启明性的区分*

陈勃杭**

[摘　要]　要整体把握埃里克·沃格林的哲学,理解他针对人的意识世界做出的意向性和启明性之间的区分甚为关键。但长久以来,这一关键区分以及何为意识的意向性层面和启明性层面等问题却被沃格林的阐释者忽视,导致沃格林的哲学影响力多局限于崇拜者小圈子,无法为更多人理解。本文首先从沃格林的文本出发,介绍他对意向性和启明性的区分(第二节和第三节)。之后再通过日常生活经验以及一些基本的哲学和科学知识阐释沃格林的区分,尤其是"启明性"在沃格林哲学中的含义(第四节)。文章认为,沃格林对意向性和启明性的区分是对"事实和价值二分"命题的深化(或至少应该从后者出发进行理解);而正因为如此,沃格林可能也很难回应来自坚守事实和价值二分立场的学者的挑战(第五节)。在结论中,文章

* 本文的部分内容曾在华东师范大学中国现代思想文化研究所陈赟教授组织的"沃格林《天下时代》"工作坊(2021年1月8—9日)中公开展示,并收获了一些有益的评论和改进建议。另外,朱成明教授、高来源教授和唐文明教授专门阅读了本文并进行了评论,使笔者受益匪浅。在此特别对他们表示感谢。

** 陈勃杭(1989—　),男,重庆万州人,比利时根特大学哲学和道德科学系哲学博士,浙江大学哲学学院研究员,主要研究方向为科学史和科学的逻辑等。

简单介绍法国学者雷蒙·阿隆实用主义式的“中庸明智”之道，作为解决沃格林式疑难的初步思路(第六节)。

［关键词］ 沃格林；胡塞尔现象学；意向性；启明性；事实和价值的二分

一、引论

近年来埃里克·沃格林(Eric Voegelin)的名字在中文学术界愈发响亮，相关介绍工作已经展开并取得了一批成果。[①] 此外，在西文学术界沃格林也是一个响当当的名字，已经有不少专著致力于阐释他的思想。[②] 沃格林一生著述颇丰，涉及的主题众多，常令入门者有不知所措之感。[③] 为帮助消除这种状况，本文特别关注沃格林在学术生涯大部分时期都有意强调的一个区分，即意向性和启明性的区分。在笔者看来，这一区分是把握沃格林哲学的最关键线索之一。[④]

---

① 比如，叶颖：《论埃里克·沃格林“新政治科学”的逻辑起点》，《北京师范大学学报(社会科学版)》，2018 年第 6 期；刘小枫：《从“轴心时代”到“天下时代”——论沃格林〈天下时代〉中的核心问题》，《深圳大学学报(人文社会科学版)》，2019 年第 5 期；唐文明：《乌托邦主义与古今儒学——评张灏的中国思想史研究》，《读书》，2019 年第 8 期；严博瀚：《如何着手研读沃格林的〈记忆〉》，华东师范大学硕士论文，2020。

② 比如，Barry Cooper：*Eric Voegelin and the foundations of modern political science*，University of Missouri Press，1999；Glenn Hughes：*Transcendence and history*：*The search for ultimacy from ancient societies to postmodernity*，University of Missouri Press，2003；Charles R. Embry：*The Philosopher and the Storyteller*：*Eric Voegelin and Twentieth-Century Literature*，University of Missouri Press，2008。此外，还有专门展示沃格林研究新成果的网站(https://voegelinview.com/)。

③ 沃格林的主要著作，现已集结成《沃格林全集》出版，参见 Eric Voegelin，*The Collected Works of Eric Voegelin* (Vol. 1－34)，University of Missouri Press。本文引用的沃格林著作均来自此全集，简称 CW。此外，全集中不少已经有中文译本，特别是五卷本的《秩序与历史》(*Order and History*，CW14－18)、生前并未出版的《政治观念史稿》(*History of Political Ideas*，CW19－26)以及代表作《新政治科学导论》(*The New Science of Politics*：*An Introduction*，在 CW5 中)。

④ 就笔者所知而论，即便是西文学术界都极少有人注意到沃格林对意向性和启明性做出的区分。笔者认为，对这一关键性区分的忽视，使现存绝大多数阐释沃格林思想的西文学术专著都仅有隔靴搔痒之效。简单来讲，这些专著无法用圈外人亦能理解的术语阐释沃格林，亦无力用沃格林的哲学重构和回答当下学术界关心的问题。这样一来，沃格林的哲学在迈出崇拜者小圈子之后便寸步难行。在本文中，笔者希望能够克服这个毛病，以平易近人的方式阐释沃格林哲学。

沃格林哲学的出发点是人的意识世界。为阐释方便,笔者从日常生活经验出发。生于此世,我们有各种经验。一方面,我们有对于外部世界的各类事物(物理的、有生命的以及有精神的)的经验;另一方面,我们还有各种想法,用于表达自己或他者的期望,如希望自己能够完成理想以及全社会都遵纪守法等。

在沃格林哲学的术语中,这些对于意识的描述属于“前分析式的白描”(pre-analytical descriptions)。[①] 称它们是前分析式的,意味着这些描述还未分门别类,形成较精确的知识。而在沃格林看来,后者正是求知者或哲学家进一步的任务。当然,这并不意味着分门别类之后形成的知识必然比前分析式的白描优越,且在各个场合前者必须取后者而代之。[②] 但是,分门别类之后的知识能够帮助求知者更好地把握前分析式的白描,这一点当无疑义。例如,上面提到的各种意识很明显可以分为两大类,一类是对客观世界对象的意识,另一类是对人生以及国家、社会和世界等各类共同体应该如何运作的意识——当然这类意识多表达为一些模糊的感受。

这时明眼人会立即指出,这个区分似乎指向的是事实和价值的二分:对客观世界对象的意识,可以粗略划归事实这一范畴,而对人生和各类共同体应该如何运行的意识则大致应由价值这一范畴统摄。这种说法有一定道理(详见第五节),但沃格林想对这两类不同的意识进行更精确的区分。[③] 为达到此目标,沃格林在“意向性”(intentionality)这一胡塞尔现象学(Husserlian phenomenology)的经典术语之外,又引入了“启明性”(luminosity)这一新术语来描述意识的非意向性层面。接下来,本文将详细介绍和阐释沃格林对意识的

---

① CW27, p. 8.

② 比如,在日常生活的交流中,前分析式的白描已经足够交换信息。这里还应注意的是,在后期胡塞尔现象学中,这些白描也可以称为对生活世界(life world)的描述,参见 Edmund Husserl: *The Crisis of European Sciences and Transcendental Phenomenology*, David Carr (trans.), Northwestern University Press, 1970。而胡塞尔的一个核心洞见是,由于精确知识来自前分析式的白描,所以后者是前者的基础。这一洞见也为实用主义共享。参见 John Dewey: *The later works of John Dewey, 1925—1953: 1925, Experience and Nature*, the Southern Illinois University Press, 1981,以及,陈亚军:《站在常识的大地上——哲学与常识关系刍议》,《哲学分析》,2020 年第 3 期,第 88—100 页。

③ 应该指出的是,沃格林在著作中不愿使用“价值”一词,称其是意识形态符号。参见 CW11, p. 124。不过笔者认为沃格林有一些矫枉过正,因为真正重要的是名词背后的含义,而不是名词本身。况且,沃格林经常以类似理由指责讨论者使用意识形态符号,这本身就不利于理性讨论的深入。笔者认为,要形成真正的对话,应从双方都熟悉的名词和符号开始,而非一开始就暗示对方是意识形态分子。

意向性和启明性层面做出的区分。文章具体结构安排如下：第二节关注沃格林对意向性以及胡塞尔现象学的评价；第三节介绍沃格林为自己哲学引入的新术语，即"启明性"；第四节就"启明性"这一新术语及其含义做出进一步说明；第五节论述哲学上对沃格林这一区分可能做出的最大挑战；第六节总结全文，并简单论述法国政治学家和哲学家雷蒙·阿隆对沃格林哲学及其面临的困难做出的一个实用主义和准儒家式回应。

二、沃格林论意向性（及胡塞尔现象学）

从已发表的著作看，沃格林没有写过系统解读胡塞尔现象学的文章。但总的来讲，沃格林对胡塞尔现象学的评价可谓毁誉参半。在赞誉部分，沃格林认为胡塞尔现象学以超验哲学（transcendental philosophy）反击形而上自然主义（metaphysical naturalism）和物理主义（physicalism）（关于这三个名词的准确含义，详见第四节），能够克服后二者可能带来的概念混乱，是理解实证科学的最好框架。但是，沃格林同样认为胡塞尔现象学有其局限性。在他看来，胡塞尔现象学最大的问题——和多数人的理解完全相反——是其严重的科学主义（scientism）倾向。沃格林认为，胡塞尔现象学暗含了真理只能在实证科学中获取这一主张，不幸大大窄化了人类知识的范围。

即便是在西文学术界，沃格林对胡塞尔现象学的这一批评恐怕也会让很多现象学家惊讶。毕竟，在学院哲学内部，现象学被认为是和崇拜实证科学的分析哲学相对立、并强调人文精神的一个流派；而不少学者希望从现象学中获得资源，反击现代社会似乎日益严重的科学主义倾向。笔者认为，对现象学的这一理解，放在马丁·海德格尔（Martin Heidegger）存在主义转向之后的现象学上是可以成立的。不管我们是否赞同海德格尔，他反对实证科学对真理解释权的垄断，这一点是无疑义的（详见第四节）。但是，海德格尔现象学的这一特征，不能安到胡塞尔现象学上。[①] 其实，如果我们能用明白晓畅的语言阐释胡塞尔

① 从重构学科史的角度讲，可以说海德格尔发展了胡塞尔现象学（这一发展甚至可以说和沃格林对胡塞尔现象学的批判性改造有异曲同工之妙！参见本文第三节）。但是，晚年胡塞尔反对海德格尔对（转下页）

现象学的精髓，认识到后者乃至后者代表的超验哲学传统是理解实证科学的最好框架并不是什么难事儿。[①] 可遗憾的是，很难说西文学术界的现象学专家对这一点有所察觉；而如果不能理解这一点，那就完全无法理解沃格林为何批评胡塞尔现象学带有严重的科学主义倾向。在笔者看来，似乎是出于同样的原因，西文学术界的不少沃格林专家似乎都没有理解沃格林对胡塞尔现象学提出的这一非常另类的批评。所以接下来笔者将详细论述沃格林对胡塞尔现象学及其关键的意向性概念做出的评价，分为赞誉和批评两个部分。

（一）赞誉

沃格林对胡塞尔现象学的赞誉散落在他的一些书评、通信以及未发表文章里。在1923年的一个书评中，沃格林用凝练的语言论述了胡塞尔现象学对科学知识的理解：

> 胡塞尔……认识到科学有两类逻辑基础：其一，科学的结构由其处理的对象决定；第二，科学的结构由一般科学都遵循的普遍逻辑决

（接上页）现象学的改造，这一历史事实是无疑的。参见 Edmund Husserl：*Psychological and transcendental phenomenology and the confrontation with Heidegger（1927－1931）*，Thomas Sheehan and Richard E. Palmer (trans. and eds.)，Springer Science & Business Media，1997，p. 30。此外，近期的一些哲学史研究显示，胡塞尔早年和分析哲学鼻祖如戈特洛布·弗雷格（Gottlob Frege）和鲁道夫·卡尔纳普（Rudolf Carnap）接触密切，并且他们关注的是相同问题。参见 Michael Dummett：Origins of Analytical Philosophy，Harvard University Press，1993，以及 Thomas Ryckman：Carnap and Husserl，In Michael Friedman and Richard Creath (eds.)，*The cambridge companion to Carnap*，Cambridge University Press，2007，pp. 81－105。少数分析哲学大家如雅克·欣提卡（Jaakko Hintikka）对胡塞尔欣赏有加。参见 Jaakko Hintikka：The phenomenological dimension，In Barry Smith and David Woodruff Smith (eds.)，*The Cambridge Companion to Husserl*，Cambridge University Press，1995，pp. 78－105。而一位游离于主流分析哲学之外的波多黎各哲学家吉列尔莫·阿多克（Guillermo Haddock）则经常言辞激烈地批评主流分析哲学，并坚称胡塞尔是最好的分析哲学家。参见 Guillermo Haddock：*Against the current：selected philosophical papers*，Ontos，2012。在这个问题上，笔者认为真理掌握在少数人手中，支持欣提卡和阿多克的观点。

① 关于这一点，笔者将另文详细论证。现可参见胡塞尔的学生兼友人菲力克斯·考夫曼（Felix Kaufmann）从胡塞尔现象学视角完成的科学方法论著作。参见 Felix Kaufmann：*Methodology of the Social Sciences*，The Humanities Press，1958，以及 Felix Kaufmann：*Theory and Method in the Social Sciences*，Robert Cohen and Ingeborg Helling (eds.)，Springer，2014。可以认为，沃格林对胡塞尔现象学的理解基本和考夫曼一致。

定。因此,每一个具体的科学都是被双层套牢的。首先,它被形式逻辑的定律以及最宽泛意义上的普遍数学定律套牢。这些定律所有科学都要遵循,这也是科学之为科学的原因。其次,它还被它所处理对象的特殊逻辑……套牢。各种不同种类的对象组成了整个"世界",因为每个对象都能构成可能为真的命题。在这一洞见之下,科学最基本的逻辑问题在原则上便解决了。①

如果没有对超验哲学传统和实证科学的基本逻辑有基本了解,一般人估计很难明白沃格林在讲什么。不过,沃格林的论述也许可以解释如下。在胡塞尔现象学框架内,任何一个具体的实证科学,如物理学、化学、生物学、经济学、社会学等,都必须遵守两类逻辑。第一类逻辑是形式逻辑和数学,第二类是具体科学本身的特殊逻辑。前者比较容易理解,而后者则指某个具体科学所拥有的基本概念框架。处于框架之内的基本概念间有先天或先验(a priori)的联系——如在经典物理学中,质量 m 乘以加速度 a 等于力 f,并构成该具体科学的灵魂。除非是极特别的情况——比如发生了托马斯·库恩(Thomas Kuhn)意义上的科学革命——日常科学研究不应对这些概念进行质疑。②

进一步,学习某一个具体的科学,除了掌握适用于一切科学的形式逻辑和数学之外,最重要的就是学会使用相关的基本概念去解释和预测相关现象。沃格林认为,在一次具体的科学研究中,胡塞尔现象学强调知识有两大来源:

我们所采取的立场是一个批判式的观念论(Critical Idealism);具体来讲,是胡塞尔的超验哲学(transcendental philosophy)。在这个框架之下,认知有两类来源:最开始的给定(originally given)和对本质(essence)的洞见。将科学区分为关于事实的科学(sciences of

---

① CW13, p. 10,胡塞尔原文见于 Edmund Husserl: *Ideas Pertaining to a Pure Phenomenology and to a Phenomenological Philosophy*, K. Kersten (trans.), Nijhoff, 1983, pp. 17-8。此外,本文的英文材料译文皆为自译,且以意译为主。笔者这样做的原因,主要是因为沃格林哲学以及胡塞尔现象学使用的很多术语都晦涩难懂,直译得出的译文一般读者很难理解。而意译则可以尽量使用读者熟悉的语言表达,以求译文和正文无缝衔接,帮助理解。

② Thomas Kuhn: *The Structure of Scientific Revolution*, Chicago University Press, 1962.

matters of fact)和关于本质的科学(sciences of essence),这一区分正好对应了认知的两类来源。每一个事实都通过一系列理想定律(eidetic laws)和一连串其他事实相连;或者换句话讲,每一个事实都有一个本质来决定其存在的方式。所以,每一个关于事实的科学都有一个物质本体(material ontology),后者由该科学处理的对象的同一性(the unity of its object)决定。而这种同一性以先天综合判断(synthetic a priori judgments)的可能性呈现出来。[①]

在这里沃格林使用了更多的哲学术语,而一个人如果对超验哲学的认识论术语(如"最开始的给定"和"对本质的洞见"等)缺乏了解,很容易有不知所云之感。但沃格林的论述也许可以解释如下:在胡塞尔现象学看来,任何事件背后都有大量预设,后者构成了理想定律或胡塞尔式(非康德式)先天综合判断。为加强理解,我们仍用经典物理学举例。在任何一次简单的经典物理学研究中,我们不可能凭空而起,必须要有某些已知的事件,比如命题"某物体的加速度是 a"。这份知识我们叫作关于事件的知识;同时在经典物理学中我们还知道,"质量 m 乘以加速度 a 等于力 f",而这是一份关于理想定律和先天综合判断的知识。有了这两类知识,我们便可以在经典物理学里进行解释和预测。最后,沃格林总结了和实证科学相关的三种可能的研究模式:关于事实的(经验研究)、关于理论的(胡塞尔现象学称之为"关于本质的",其实就是我们通常说的理论研究)、关于普遍科学的(形式逻辑和数学)。[②]

---

① CW32, p. 20。

② 有人可能讲,这样一来胡塞尔现象学讲的都是显而易见的常识。这种说法在某种程度上讲是可以成立的。不过实证科学最基本的逻辑就在于此,就是如此简单,而胡塞尔现象学只是将其清楚阐释了出来。上述和实证科学相关的三种可能的研究模式可以产生异常丰富的成果,但取得这些成果是实证科学家的任务,和关注实证科学的最一般逻辑的胡塞尔现象学没有关系。值得一提的是,在论述实证科学最基本的逻辑之后,沃格林对长篇大论讨论所谓科学方法论问题持怀疑态度。他在一封信中讲了自己对考夫曼方法论著作的评价(参见 Eric Voegelin: 29. Voegelin to Schütz(1945), W. Petropulos (trans.), In G. Wagner and G. Weiss (Eds.), *A Friendship that Lasted a Lifetime: The Correspondence between Alfred Schütz and Eric Voegelin*, University of Missouri Press, pp. 76 – 7):

在很大程度上我愿意赞同考夫曼的分析,但是社会科学真正重要的问题是在一个更具体的层面以及更具体的领域之内。而这些考夫曼的分析都没有触及到,或至少没有都触及到。他说(转下页)

总的来讲，在沃格林看来，胡塞尔现象学在阐述实证科学的一般逻辑上最为清晰准确，是理解实证科学的最好框架。在这一点上，笔者完全赞同沃格林，并认为胡塞尔现象学配得上沃格林的赞誉。①

不过，就沃格林哲学的主体部分而言，他对胡塞尔现象学持批评态度。但是正如笔者在本节开头所言，只有理解了沃格林对胡塞尔现象学的赞誉，我们才能更好地理解他对其做出的批评。而在详细论述沃格林的批评之前，笔者尝试先从“意向性”这一胡塞尔现象学的核心术语入手做一简单说明。在胡塞尔现象学中，意识一定是对某物的意识(consciousness of something)，而这里的某物一定是“外部世界的客体”(objects in the external world)②，而研究这些客体正是实证科学的任务。③ 但在沃格林看来，胡塞尔现象学对意识的理解仅仅抓住了其意向性层面，并因此把知识窄化为实证科学知识。而这样做的结果就

(接上页)的每句话都是对的，但那又怎么样呢(but so what)？它和具体的社会科学又有什么关系呢？你知道，我对那些考察方法论问题的人充满了怀疑——这些人想要给我解释一门科学，但实际上他们没有学过这门科学，也没有研究过里面最普通的经验问题……在这一点上我赞同康德所言：科学的事实是第一位的，只有在掌握这些事实之后，一个人才能开始反思自己实际干了些什么。

沃格林用有些刻薄的语言评价了考夫曼的方法论著作：它讲的也许都是正确的，但和具体的科学问题基本无关。最后沃格林引用康德：科学的事实是第一位的。换言之，如果想要掌握一门科学，最关键的一点就是学会使用该学科内的基本概念解释和预测客观世界中的事件，空谈该科学的方法论甚至哲学问题会显得十分可疑。

① 笔者在自己博士论文的导论部分比较了20世纪初四大主要哲学流派——逻辑经验主义、实用主义、新康德主义和胡塞尔现象学——对待科学知识的态度，结论是四者殊途同归，都主张对科学知识进行逻辑分析，并且代表超验哲学传统(现象学态度)的新康德主义和胡塞尔现象学在表述的清晰和严格程度上要高于代表健康自然主义传统(自然主义态度)的实用主义和逻辑经验主义。参见 Bohang Chen：*A historico-logical study of vitalism：life and matter*，Ghent University，PhD thesis，2019。

② CW34，p. 124。

③ 在这里笔者必须要总结性地澄清一下何谓“外部世界”。这里的“外部世界”是一个不准确的说法，是沃格林为了论述的方便采用了主客二分的语言，即心理学意义的“我”面对那个不以“我”的意志为转移的外部世界。但我们知道，所谓整个客观世界，必须既包括所谓外部世界，还要包括物理学意义、生理学意义以及心理学意义上的“我”；换言之，物理学意义、生理学意义以及心理学意义上的我也是客观世界的一部分，也可以对象化(和外部世界客体无异)，在超验主体(transcendental ego)——而非心理学主体(psychological ego)——中借助概念框架建构出来。而超验主体和心理主体的区分是为康德到胡塞尔的超验哲学传统所坚持的基本区分，理解不了这一区分便不可能理解胡塞尔现象学。参见 Felix Kaufmann：*Methodology of the Social Sciences*，1958，p. 239。

是，人类知识的另一重要组成部分即人文性的知识便不幸被忽视了。而在沃格林那里，这一部分知识直接和意识的启明性层面相连。

(二) 批评

现在我们可以进入沃格林对胡塞尔现象学乃至意向性的批评。沃格林在1943年致友人阿尔弗雷德·舒尔茨(Alfred Schutz)的一封信中详细评论了胡塞尔的名著《欧洲科学的危机》(*The Crisis of the European Sciences*)。下面这段话尤其值得关注：

> [胡塞尔]对于之前解决超验哲学问题努力的批评在我看来绝对是切中要害的。相应地，他对"唯我"(egological)域的分析，以及用超验主体(transcendental ego)为世界的客观性奠基的努力，这些在我看来全部都是成功的。我认为胡塞尔的这部著作是我们时代在认识论批判领域中最重要的贡献……但是，和胡塞尔其他著作一样，这部著作仍然让我失望。因为，虽然认识论批判是哲学中相当重要的一部分，但它绝对没有穷尽所有哲学问题。[①]

沃格林在这段话的前半部分仍然在表达自己对胡塞尔现象学的赞誉。他认为胡塞尔用超验主体为客观世界奠基的做法完全是成功的。可在后半部分沃格林却话锋一转，表达了对胡塞尔现象学的失望。在沃格林看来，尽管胡塞尔现象学将哲学的认识论批判功能发挥到了极致，但它并没有穷尽所有哲学问题。而在笔者看来，沃格林对胡塞尔现象学的批评，也正是其对实证科学方法局限性的批评。

那么沃格林认为实证科学方法的局限性在哪里呢？针对这个问题，我们可以从沃格林的著作中找到答案。其实，在很多场合下沃格林都强调仅研究所谓客观世界是不够的，还对实证科学主导人类知识表示遗憾或不满：

> 科学方法被当成研究世界的唯一方法，而认同这一点，还成了人的基本义务。自19世纪长时期以来以至于今，"形而上"这个术语都

① CW6, p. 46.

被当成一个骂人的词,而宗教成了“人民的鸦片”。

实证主义带来的破坏是以下两个基本预设的结果。自然科学的高度发展以及一些其他因素,带来了第一个预设,即,针对外部世界进行的数学化科学(mathematizing sciences)研究方法具有一些内在的优越性,而其他科学如果也模仿使用这些方法就能够取得类似的成就。就这一预设本身而言,它顶多是一个无害的癖好。当狂热崇拜所谓模范科学的人在自己的科学中工作一段时间却没有取得预期成果时,这一癖好就会消失。不过,这一癖好如果和第二个预设结合起来就会变得危险。而这第二个预设是,采用自然科学方法应当成为生产有效知识一般意义上的前提。这两个预设合在一起,就会产生如下一系列论断:对实在(reality)进行的研究,只有当其采用自然科学方法时才能成为科学的;用其他方法研究的问题都是虚幻的问题,特别是形而上学问题;由于形而上学问题无法用研究现象的科学方法解答,所以它们就不应该被问出来;不能用所谓模范方法研究的存在之域(the realm of being)是无关的,甚至更极端地讲,是不存在的。[①]

在今天,这一发展的结果以狂热的科学主义形式展现在我们面前,其内容主要包含三大教条:(1)用数学工具处理自然现象这一科学模式被当成模范,而其他科学被要求向这一模范靠拢;(2)存在(being)的所有层面都能用研究现象(phenomena)的科学方法进行研究;(3)如果不能用科学方法进行研究,那么该层面就会被认为是无关的,或者更极端地讲,是虚幻的。

对实在的强调愈发倾向于其内在存在部分(immanent being)……“科学”和“经验”等术语被内在世界客体垄断所有;而关于

① 沃格林在很多场合都将数学化科学研究方法等同于自然科学研究方法。这种做法可以理解,毕竟自然科学自近代科学革命以来取得的许多成就都由数学物理学带来。但是,由于自然科学成就还有一大部分明显来自实验科学(如生物化学领域),沃格林的做法难称准确。而且,研究客观世界对象的科学不仅有自然科学,还有社会科学。其实,沃格林在这里真正要表达的是,和他的“新政治科学”相对的是旧式实证主义政治科学,后者和自然科学一起属于所谓研究客观世界对象的科学。而研究客观世界对象的科学——比如数学物理学和计量经济学——明显受益于数学化方法。

经验的科学成了关于内在世界客体科学。[①]

当你阅读一个英国分析学派学者著作比如艾耶尔(A. J. Ayer)的《语言、真理和逻辑》(*Language, Truth and Logic*)时,你会发现他使用了外部世界客体作为范本,来规定何为存在之物。在这之后他又预设科学中所有的句子形式都必须是适用于描述这类客体的命题形式。所以,如果你的句子形式不是这一类命题形式——比如关于人、神、灵魂和意识的句子形式——那么它们就不属于科学。如果对于外部世界客体的经验被绝对化为意识结构的所有可能性,所有和神性实在经验相连的精神及知性现象都黯然失色。[②]

在沃格林看来,虽然胡塞尔现象学敏锐地抓住了意识的意向性层面,并对研究客观世界的实证科学的基本逻辑进行了卓越分析,但是它却滑向科学主义:宣称实证科学知识是知识的唯一形式。在笔者看来,这才是沃格林对胡塞尔现象学的最核心批判所在。显然,沃格林认为除实证科学知识之外还有其他形式的知识。那么沃格林眼中的实证科学领域之外的知识在哪里呢? 答案是在意识的启明性层面。

三、沃格林论启明性

沃格林认为,除意向性经验之外,人类意识还有一不可消除的经验,即启明

① "内在存在/世界"是超验哲学中的一个重要哲学术语,而在沃格林哲学中可以认为它等同于我们通常所说的客观世界——即包含时空(space-time)中所有客体的世界。沃格林有时也用"现象界"和"经验实在"表达相同的含义。而"内在存在"相对的是"超越[为防混淆,没有翻译成"超验"]存在"(transcendental being)。这里的"超越"意味着超越"内在存在/世界、现象界和经验实在"。特别应该注意的是,在另一些场合"超越存在"又经常被当成"超越于认知者自身的存在"(这种用法在胡塞尔的著作中也可以找到,参见 Dermot Moran: Immanence, Self-Experience, and Transcendence in Edmund Husserl, Edith Stein, and Karl Jaspers, *American Catholic Philosophical Quarterly*, 2008,82(2),265 - 291),等同于不以认知者意志为转移的外部世界(客观世界减去物理学、生理学和心理学意义上的"我")。在这一点上,本文极大受益于朱成明教授的澄清。

② 以上依序请见,《政治宗教》(*Political Religions*),CW5, p. 60;《新政治科学导论》,CW5, pp. 90 - 91;《科学主义的兴起》("the origin of scientism"),CW10, pp. 168 - 169;《希特勒和德国人》(*Hitler and the Germans*),CW31, p. 261);CW33, p. 257;CW34, p. 124。

性经验。在沃格林看来，意向性和启明性构成了人类意识的两大基本形式。前者面向客观世界，并认为超验主体在逻辑上先于客观世界。但是，意向性并不能穷尽人类意识的所有可能性，因为后者还有另外一种形式，即启明性。按照沃格林在《秩序与历史》最后一卷《追寻秩序》(*In Search of Order*)中的说法：

> 意识有两层结构性含义，可区分为意向性和启明性。相应地，实在也有两层结构性含义，可区分为物—实在和它—实在(the thing-reality and the it-reality)。

沃格林还强调二者之间不能互相取代，应该井水不犯河水：

> 区分了意向性经验和启明性经验以及物—实在和它—实在之后，两类研究[作者注：可理解为科学研究和人文研究]的本质将变得明晰；只要两类研究都局限于自己应该在的实在之域追求真理，那么它们都是可成立的；但如果任何一类研究开始做起白日梦，想用概念科学的意向性，或神秘主义和启示符号的启明性去垄断真理，那得出的结果肯定是错的。

此外沃格林还记录了哲学史上对二者的研究以及采取的不同方法：

> “概念”(concept)和“符号”(symbol)两个名词的区分贯穿哲学史，但赋予这两个术语准确的含义也一直比较困难。这个困难从柏拉图认识到它开始就一直干扰哲学家的言说。在柏拉图自己的哲学实践中，为了解决这一困难，他同时采用概念分析和符号表征两种互补形式去追求真理。

在沃格林的框架下，概念指向应由实证科学进行研究的客观世界，即物—实在及背后的超验主体，而符号则表征意识的启明性层面，沃格林称之为它—实在。

如果说意识的意向性层面还好理解，启明性看起来简直匪夷所思。但沃格林认为这种匪夷所思感的形成，正是现代实证科学真理观过度膨胀的结果：

> ……自然科学的进步使人们把精力大量放在自然科学中出现的具体概念式[意向性]问题上。这种精力投入之大,为一个在社会学意义上仍在扩张的宗派运动提供了源动力。而这一干宗派分子企图垄断"真理"和"科学"这些名词,认为它们只能描述数学化科学的结果和方法。①

不可否认的是,现在绝大多数学者都下意识地认同实证科学的思维模式(虽然他们多数表达不清楚其基本逻辑,详见第四节),启明性经验在他们看来简直无法理解。可是沃格林会认为,他们感到的这种不可理解正是实证科学思维模式洗脑多年的结果。

无论我们是否赞同沃格林,理解了他对意向性和启明性的区分,就可以理解他为什么批评胡塞尔在《危机》中并没有把握到欧洲精神危机的根源。沃格林认为,在《危机》中胡塞尔的确成功击倒了自然主义和物理主义,并用超验主体为客观世界奠基。可这一哲学上的努力仍然局限于实证科学的思维模式,仅仅关注意识的意向性层面。② 胡塞尔否认或者忽视意识的启明性层面,用所谓超验主体取代基督教传统的上帝,导致他无法把握到欧洲精神危机的根源。

值得一提的是,在欧洲精神危机的问题上,20 世纪初的另外三位大哲维特根斯坦(Ludwig Wittgenstein)、海德格尔和马克斯·韦伯(Max Weber)的认识亦比胡塞尔高出一筹,可与沃格林对胡塞尔的批评对照理解。维特根斯坦似乎觉察到了在实证科学之外仍然有某种真理存在,但他却坚持声称,"对于不可说之物,应该保持沉默"。③ 而海德格尔则跟沃格林一样,发展出了另外一套真理

---

① 本节沃格林的引文,依序请见 CW18, p. 30,32。

② 胡塞尔在《危机》中也用生活世界为精确科学奠基,但胡塞尔对生活世界的理解仍然局限于意识的意向性层面。所以,虽然从精确科学(多为物理学)世界到生活世界,胡塞尔现象学的确提供了深刻洞见,但是在沃格林(以及海德格尔)眼里,胡塞尔还没有完全意识到生活世界的复杂性——里面不仅有意向性的客体,还有各种启明性经验。关于这些内容,详见第四节。

③ Ludwig Wittgenstein, *Tractatus logico-philosophicus*, D. F. Pears and B. F. McGuinness (trans.), Routledge, 2001, p. 89;另请见 Ludwig Wittgenstein, a lecture on ethics, *The philosophical review*, 1965,74(1): 3-12,以及尤金·韦布(Eugene Webb)以沃格林和维特根斯坦为对象进行的比较研究。参见 Eugene Webb, *Eric Voegelin: Philosopher of History*, University of Washington Press, 1981,尤其是第 2 章。

观，针对“存在的无蔽性”（unhiddenness of being）而言，和“正确性和符合性”（correctness and correspondence）相对。[①] 而在这一点上认识最深刻的恐怕非韦伯莫属。作为严格的科学家，韦伯几乎将意识的意向性层面的研究，亦即实证科学研究推到了极致，并且已经从实证科学的角度研究了大量表征启明性经验的符号。但韦伯坚持认为知识只能是实证科学知识，拒绝其他类型的知识。而在沃格林看来，这一点导致韦伯忽略了知识的其他可能性。[②]

最后还有一点需要阐明。无论我们是否赞同沃格林，在沃格林意向性和启明性的区分基础之上，我们可以将人类知识区分为科学知识和人文知识。科学知识对应意识的意向性部分，而人文知识则对应启明性部分。在这个基本区分之上，沃格林进一步区分了人类知识的两种类型，一边是实证科学知识，包括物理学、生物学以及社会科学等，另一边是人文知识，包括宗教、神话、文学以及艺术等。进一步我们还可以讲，从柏拉图到胡塞尔的伟大哲学传统，也可以看作两类知识不断积累和增长的过程。其实，古典意义上的、作为爱智慧的哲学从来没有讨论过今天在学院哲学里面讨论的很多“哲学”问题，相反，它关注的对象要么是意向性经验，即今天称之为科学的知识，要么是启明性经验，即现在所谓人文知识。沃格林有言，“为什么要做哲学，是为了再现实在（Why philosophize, recapture reality）”。[③] 而这里的实在必须既包括物—实在，也包括它—实在。

四、进一步说明

在上一节笔者已经暗示过，解释何为启明性经验或者意识的启明性层面恐怕非常困难。造成这种困难的原因，首先是一种对实证科学的意识形态化的理解。这种理解笼统地认为实证科学给出了对“世界”唯一正确的描述（形

---

① Martin Heidegger, *The essence of truth: on Plato's cave allegory and Theaetetus*, Ted Sadler (trans.), Continuum, 2002, p. 8.

② CW5, pp. 88 – 108；韦伯的表达这一立场的代表性作品为 Max Weber, Science as a profession and a vocation, In H. H. Bruun and S. Whimster (eds.), *Max Weber, Collected Methodological Writings*, H. H. Bruun (trans.), Routledge, 2012, pp. 335 – 353，以及 The meaning of "value freedom" in the sociological and economic sciences, pp. 304 – 334。

③ CW34, p. 118.

而上自然主义)，甚至还想把“世界”的基本结构限定在微观物理层面(物理主义)。比如，美国知名分析哲学家蒯因(W. V. O. Quine)曾经放言，自然主义要求“实在是在科学内部——而不是什么先天的哲学中——进行刻画和描述”[①]，并且“所有的事件，包括心灵和社会事件，归根到底(ultimately)都是物理作用力作用在粒子之上造成的”。[②] 蒯因与其同路人制造了大量类似的口号，而这些口号在当下的影响力不可忽视。可实际上，多数呼喊口号的人对实证科学的逻辑和内容很难说有任何深刻理解。但即便如此，这样一个对实证科学的意识形态化的错误理解足以对人文学科形成压制。这种理解部分援引科学技术为人类带来的巨大物质福利，部分凭借着自我赋予的对“世界”的独占式解释权，认为人文学科最多只是在抒发主观感受，再进一步质疑其存在的意义。

在这种状况下，胡塞尔现象学对蒯因一类人持有的形而上自然主义和物理主义僵化立场的批评意义重大。首先，胡塞尔现象学表明，理解实证科学以及其所支持的某种健康的自然主义甚至物理主义，主张澄清实证科学背后各种预设的超验哲学是最好的框架；同时，僵化的自然主义和物理主义也根本无法得到科学知识的支持。其次，胡塞尔现象学还认识到，实证科学——特别是微观物理学——描述的世界并不比日常生活世界更加真实；相反，前者只是后者的延伸，并以后者为基础。这样一来，胡塞尔现象学大大扩充了实在的范围，将生活世界也明确纳入进来。[③]

可是，在沃格林眼中，胡塞尔现象学并没有将哲学思考进行到底。在沃格林

---

① W. V. O. Quine, *Theories and things*, Harvard University Press, 1981, p. 21.

② W. V. O. Quine, *The roots of reference*, LaSalle: Open Court, 1973, p. 6.

③ 这两点也为20世纪初的实用主义和逻辑经验主义两大哲学流派支持，二者是健康的自然主义的代表。关于这一点，可参考沟通了实用主义和逻辑经验主义的美国哲学家欧内斯特·内格尔(Ernest Nagel)的著作(Nature and convention, *The Journal of Philosophy*, 1929, 26(7): 169－182; *The Structure of Science: Problem in the Logic of Scientific Explanation*, Hackett, 1979)。而健康的自然主义和以新康德主义和胡塞尔现象学为代表的超验哲学并不矛盾。关于自然主义和超验哲学关系的详细论述，参见Bohang Chen, *Vitalism*, 2019。而在当代科学哲学中，超验哲学最好的代表之一是迈克尔·弗里德曼(Michael Friedman)(*Dynamics of Reason*, CSLI Publications, 2001)，而健康的自然主义的最好代表可能是马克·威尔逊(Mark Wilson)(*Wandering Significance: An Essay on Conceptual Behavior*, Oxford University Press, 2006)。

林看来,尽管胡塞尔指出了生活世界的奠基性功能,但他的现象学却仍然只触及到意识的意向性层面。这样一来,日常生活经验的丰富性并没有被胡塞尔完全挖掘出来。而在沃格林哲学中,这部分被忽视的经验组成了意识的启明性部分。

以上文字的基本目的是从一般的学理出发,针对沃格林的意向性和启明性之区分进行逻辑梳理。不过可以预料,由于对实证科学的意识形态化理解在当下非常流行,很多人断然难以认同沃格林的区分。于是,在这一节的剩余部分,笔者准备对沃格林笔下的启明性经验做进一步说明。为求清楚明晰,笔者仅从日常生活经验和基本的哲学以及科学知识入手,说明其背后可能涉及的启明性经验。

(一) 日常生活经验

在这一章开头,笔者描述了一些可能的日常生活经验。在这些经验之中,显然有所谓意向性经验,即外在于自己的客观事物的经验。但是,对这些事物的经验显然没有穷尽日常生活经验,因为其中还包括对国家和世界等共同体应该怎么运作有一些模糊的想法。如果用我们现在的语言讲,意向性经验是在描述世界,而启明性经验更多地与规范和要求相连。用现代哲学术语讲,这是"是"(be)与"应该"(ought to be)之间的区分。请注意,在这里笔者不是要论证意向性和启明性的区分就是所谓事实和价值之间的区分,而是讲前者应该从后者入手进行理解,或者前者应理解为对后者的深化。换言之,对价值和规范问题的思考,可以将人引入意识的启明性层面。

可是,在一个仅承认意向性经验有效性的实证主义者眼里,真理仅仅存在于"是"的领域,而"应该"的领域应该交给个人,让每个人自己决定。[①] 可是,我

① 可以预料,此处定会有人祭出希拉里·普特南(Hilary Putnam)的名篇"事实与价值"(fact and value)(*Reason, truth and history*, Cambridge University Press, 1981, pp. 127 - 150),反对所谓实证主义的一个基本预设,即"事实和价值的二分"。可是在笔者看来,普特南的反驳是无法成立的,主要的原因在于,事实和价值的二分不是一个既成的事实(所以普特南当然可以举出很多例子,证明在日常生活语言中事实和价值经常缠结在一起),而是一个理念上的预设,或者用康德的话讲,是一个调节性理念(regulative idea)(普特南之所以能够证明在日常生活中事实和价值缠结在一起,原因是他已经预设了一个理念上的事实和价值的二分)。其实,"事实和价值的二分"最著名的支持者韦伯早就考虑到了普特南提 (转下页)

们知道事实并非如此。很显然,在“应该”的领域我们也在谈论真假,区别对错(当然,这里的真假和实证科学里面的真假不同):人人都有朋友,但多数人会区分真朋友和假朋友;有人看到别人的生活方式,决定模仿学习,因为他觉得那才是真正的幸福生活;有人突然觉察到人生短暂,去追寻人生的意义;还有人在名利场角逐中败北,退下来之后和家人在一起方才体会到人生的真谛。日常生活经验中类似的例子太多太多。

对这些例子进行细致分析之后,我们可以剥离其中包含的意向性部分,从而留下仅和启明性相关的经验。这时我们就会发现,首先,这部分经验占据了日常生活经验中不小的部分。其次,如果对哲学史和文学史稍有熟悉,就会知道古今中外的大量经典作品,从《理想国》到《红楼梦》,都对这部分经验进行了细致的讨论。仅从这两点出发,我们就可以断定,启明性经验是人类意识中不可消除的部分,并且,里面多半还有真理和谬误、深刻和浅薄之别。鉴于此,我们可以确认,对启明性经验进行研究至少非常必要。

(二) 伦理学

英美分析哲学创始人之一乔治·爱德华·摩尔(G. E. Moore)反对形而上学的玄思,主张哲学的任务是阐明和分析日常生活经验。而在沃格林看来,对日常生活经验的精细分析完全可以使启明性真理显现。其实,摩尔对“好”(good)这一伦理学基本概念的分析正好反映了这一点。在这个问题上,摩尔提出了著名的开放性问题论证(the open question argument),主张“好”无法用任何自然性质定义,否则便会引发自然主义谬误(the naturalistic fallacy)。但摩尔亦拒斥仅仅将“好”解释为个人或群体的主观偏好,于是他得出结论,“好”是一个客观但不可还原的性质。

(接上页)出的一类反驳,并做出了回应(Weber, The meaing of “value freedom”,2012)。“事实和价值的二分”在哲学上还有更大的后果,即指明实证主义的最终逻辑结果是存在主义。这一点当代著名伦理学家阿拉斯戴尔·麦金太尔(Alasdair MaCintyre)有清晰论述(*After Virtue: A Study in Moral Theory*, Duckworth, p. 26)。同理,如果拒绝承认沃格林的所谓启明性真理标准,其逻辑结果仍然是存在主义。这一点在美国政治哲学家苏珊·谢尔(Susan Shell)评论沃格林(以及黑格尔和科耶夫)哲学的文章中展现得淋漓尽致:“考察了这些沃格林式的遗产,我们必须要问,对于这一现代困境最好的回应是不是……一个尼采式的意志主张或者信仰的飞跃。”(“The Confession of Voegelin”, *Canadian Journal of Political and Social Theory*, 1981,5(3),90 - 92)

设想沃格林如何评价摩尔。笔者认为，沃格林会评价说，摩尔基于日常生活经验的分析走在了正确的路上，但还未抵达终点。用沃格林的术语讲，虽然“好”是一个客观性质，但属于启明性真理，和表达意向性真理的自然性质不同。摩尔的洞见符合日常生活经验，且是对后者的精确提炼。在日常生活中，人们会遭遇各种事件，也会对各种事件进行评价。人们在社会交往过程中必然要形成有关好坏的规范，且会认识到“好”在不同领域可能含义相差很大。而每当某个新兴事物(比如“大数据”)兴起时，和“好”有关的伦理问题总会显现，逼迫人们针对新生事物制定新的伦理规范。这样一来，“好”当然无法和任何具体的自然性质完全对应(虽然，在某些领域“好”可能和某一些自然性质有比较高的相关性)。这里用沃格林的术语讲，即是启明性真理不能被任何意向性真理完全代替。启明性意义上的“好”更像一个高悬于人类之上的指挥棒，指导人类实践。

不过公正地讲，以上洞见在康德伦理学中都可以找到。在康德看来，“好”只是实践理性(practical reason)的一个调节性理念(regulative idea)，指导人类在不同领域的伦理实践。换言之，“好”在不同领域内必然有不同的表现。不过，康德仍然为实践理性制定了所谓奠基性原则。但在沃格林看来，这些原则仍然不够“基础”，只代表了启蒙运动对人性的一些基本预设，而最基础的“好”只能和启明性真理相连。[①] 沃格林的这一立场在政治哲学中能够更加明白无误地展现出来。

(三) 政治哲学理论

政治学研究中的主流是进行实证研究，用一个理论或至少是一个假说去解释和预测某些政治现象。而实证研究中使用的理论，就是意向性层面上的理论。但是，一般还有少部分政治学学者在做另一种意义上的理论工作——学界一般称之为政治哲学工作，比如约翰·罗尔斯(John Rawls)的《正义论》及其所代表的社会契约论传统。不过，我们现在已经明确知道，签订社会契约这件事情在历史上没有或很少发生。所以，社会契约论绝对不是，并且也不可能是一

① 沃格林在自己的法哲学中为“法律”做了相同的阐释(CW27)。在沃格林看来，作为单称名词的法律不能等同于任何具体的法律条文，也不是宪法等一类为其他法律条文奠基的所谓根本大法；作为单称名词的法律只能代表和启明性真理直接相联系的最高秩序，而这在世界各大文明中都有相应的符号对其进行表征：“……古埃及的 maat，中国的‘道’，古希腊的 nomos，以及拉丁语系的 lex”(CW27, p. 24)。

个有关社会起源的历史社会学理论；它被提出的目的——不管提出者有没有意识到——最终只可能是，通过提供一系列基础规范，奠定社会的最根本秩序。但是，沃格林认为最根本秩序只能在启明性真理中找到，这一点和社会契约论构成矛盾。这样一来，社会契约论可理解为，在“最根本秩序来源何处”这一问题上提出了和启明性真理不同甚至互相竞争的答案。而用沃格林的话讲，社会契约论并没有恰当表达启明性经验。

自西方文明带动整个世界走入现代以来，除了社会契约论之外，另一被经常引用的政治哲学理论是民族国家理论。用民族理论为政治共同体奠基，其最常见的口号就是“民族神圣”。而在奠基努力中最常见的做法就是称现有的共同体构成了一个民族，并就民族的光辉过去给出一套论述，或者为共同体描绘一个美好未来。和社会契约论类似，民族国家理论也是一个和启明性真理发生竞争的理论；而沃格林也必定认为民族国家理论也无法恰当表达启明性经验。

当然，尽管社会契约论和民族国家理论没有恰当表达启明性经验，但这并不妨碍它们现在是无可争议的主流意识形态。在当今世界，宪政民主政体的世俗国家一般以社会契约论为蓝本打造，人们普遍接受国家的合法性来自人民授权（当然，还有一套复杂的启蒙理想）。此外，这类国家也会有限度地使用民族主义增加自身存在的合法性。而在非宪政民主政体的世俗国家——可以预见——统治集团往往会尽最大可能地利用民族主义。

近现代政治哲学理论中除了社会契约论和民族国家理论，还有现在几乎已经没有市场的种族国家理论等（CW2）。[①] 在沃格林看来，这些政治哲学理论都在试图回答启明性真理要回答的问题，即最根本秩序的来源问题。而沃格林认为，这些理论通通逊色于古典政治和基督教政治哲学，而如果称后者为哲学，前

① 还有一个和西方近代哲学演变有关的现象颇值得一提，即各种政治哲学理论，越接近20世纪，越喜欢援引所谓科学（即意向性真理）为自己增添合法性。比如沃格林20世纪初在批评当时甚嚣尘上的种族理论时曾经提到，“在这一点上，种族观念和其他历史时期的身体观念对比之后表现出显著差异，后者在一个基础层面就相信共同体具有神秘的身体统一性[笔者注：比如西方古代的基督教共同体相信自己以某种神秘的方式和基督的身体相连]，所以也就完全或在很大程度上不认为共同体需要进一步以科学辩护为基础”（CW2, p. 8）。这一现象可以和沃格林对胡塞尔现象学科学主义倾向的批评互相呼应，即愈进入现代社会，意向性意义上的真理标准愈发具有独占性，而启明性意义上的真理标准愈发模糊不清。

者只能被贬为意识形态。[①]

从沃格林的这一基本认识出发也可以理解他对整个近现代实践哲学的批评。以康德为例。在实践哲学中,康德为个人伦理订立了和义务相关的基础规范,为共和国家订立了以社会契约论为蓝本的基础法则,为国际社会订立了以永久和平为目标的基础原理。[②] 但沃格林会认为,康德的实践哲学最多只是适用于现代社会的权宜之计,和启明性真理并不直接相关,并且现代社会急切需要后者进行补充。进一步,沃格林反对称近现代实践哲学理论(如社会契约论等)优于之前的理论(如君权神授等);而只要后者有能够恰当表达启明性经验的理论补充,它比社会契约论将更能维护相关共同体的精神健康。[③]

(四) 所谓“世界”

在以上的例子中我们主要论及人事。在涉及人事的学问中,意识的启明性部分相对容易发现,意向性经验和启明性经验似乎也不难区分。现在我们来看一个有挑战性的例子,涉及“世界”这个概念。如果我们从意向性角度出发,“世界”可以勉强定义为客观事物的集合以及它们所处的时空,即我们一般意义上的客观世界。这个集合包括实证科学能够处理的一切对象。可是这样的定义很难让人满意。意识的意向性对象即客观事物原则上可以无穷无尽,贯穿古今,但我们是如何知道它们组合在一起,构成了一个所谓世界的呢?换句话讲,既然内容和边界都不确定,这个世界本应相当模糊,难以把握(可对比一个边界和内容都确定的容器);但这样一来,我们认定其存在的那种确定性来源于哪里

---

① 当然,沃格林不会在政治实践中笼统贬低意识形态。在他看来,应当承认意识形态也有维护共同体稳定和凝聚人心的作用;但是,如果共同体要长久繁荣并代表文明的高度,在这些意识形态之外必须还要有启明性真理加持。关于这一点可参见沃格林对罗马帝国多神教和基督教关系的讨论(CW5, pp. 149 - 74)。

② Immanuel Kant, Theory and practice, In M. J. Gregor (trans. and ed.), *Practical Philosophy*, Cambridge University Press, pp. 273 - 310.

③ 本文无意在理论层面详细阐述沃格林所谓的启明性真理。但回到常识层面,如果把沃格林的启明性真理用到政治哲学上,就是要求在政治共同体中培养德才兼备的君子,而他们的存在是维护共同体稳定和繁荣的关键。换言之,再好的制度也必须由君子运作才不至于衰败,而君子也可以改变不好的制度,使之能够应对新的时代挑战。值得一提的是,这一观点和春秋时期吴国季札访问中原诸国品评人物时表达的观点一致(《史记·吴太伯世家》),也和近代中国钱穆先生在《国史大纲》中的主要论点一致(九州出版社,2011),还和当代中国国际问题关系学者阎学通的看法一致(*Leadership and the rise of great powers*, Princeton University Press, 2019)。

呢？在沃格林看来，这个确定存在的世界，其来源是针对世界或宇宙(cosmos)原初的启明性经验。[①] 而在后来的历史发展过程中，赋予世界确定性的启明性经验被遗忘，而只有和意向性经验对应的客观世界概念保留了下来。

（五）微观物理世界

前面笔者暗示过，现在整个学术界——特别是自然科学界——都有一种物理主义倾向。一些科学家认为世界的本质是一些物理学基本粒子，而了解世界的终极秘密在于把握有关基本粒子的知识。这样一种物理主义倾向在学界风头强劲，不可忽视。前些年发现希格斯玻色子(Higgs Boson)时，物理学家的欣喜和迷狂显然不能用一个普通的物理学发现来解释。希格斯玻色子有时又被称为上帝粒子。这一名称最开始提出可能只是为了吸引眼球，但很显然不少人(甚至包括物理学家)会认为这个发现相当于窥见了上帝的秘密，或者希格斯玻色子在扮演上帝的角色。但是从沃格林哲学的角度看，大众对基本粒子等相关物理学概念(其他还有，熵和宇宙大爆炸等)的追捧，以及某些物理学家推波助澜，为迎合大众写出的一些神棍式科普作品，都模模糊糊地显示了人对指向超越存在的启明性经验的热情。但遗憾的是，他们只是把启明性经验误置到了某些物理学概念上。[②]

五、质疑和问难

可以预料，即便是读了以上说明，实证主义者多半仍然不会信服。他们会讲，即便人们在讨论启明性经验，并且启明性经验也非常重要，但这并不意味着可以针对不同类型的启明性经验区分真假。但面对实证主义者的疑问，沃格林会抱怨他们只承认实证科学中的真理观，拒绝甚至无视哲学史上另一个非常重

---

① CW6, p. 332.

② 这种误置，还有一个原因就是现在一些科学家缺乏基本的逻辑训练，无意识中受到科学革命以来一直非常流行的机械论意识形态影响，接受了形而上自然主义和物理主义立场。而要达到沃格林哲学似的清晰程度，首先应借助逻辑分析，从形而上自然主义和物理主义走向超验哲学。以色列物理学家和化学家阿里耶·本-奈姆(Arieh Ben-Naim)退休之后专注在科普图书市场中捕捉神棍式著作，并用逻辑分析方法对这些著作进行批判。值得注意的是，他特别把世界知名物理学家和科普作家霍金的《时间简史》挑了出来。参见 Arieh Ben-Naim, *The briefest history of time*, World Scientific, 2016。

要的真理观。这时明眼人就会看出来，实证主义者和沃格林的争论其实仍是围绕韦伯之事实和价值二分这一经典命题展开！归根到底，沃格林对意向性和启明性的区分，实际上是对事实和价值二分的深化。而跟坚称价值没有真假之分的学者不同，沃格林认为在价值以及意识的启明性层面仍然可以区分高下。

这正是沃格林哲学中最激进的地方。可以预料，这种激进态度肯定会引发巨大的争议。沃格林在代表作《新政治科学》中细致介绍了自己的哲学框架，而这一框架激起了他博士论文的导师、著名法学家汉斯·凯尔森(Hans Kelsen)的愤怒。凯尔森言辞激烈地批评了沃格林所谓启明性真理的说法，认为这种说法破坏了事实和价值二分这一实证科学的基本立场，指责沃格林的所谓新政治科学是彻头彻尾的伪科学。[①] 同样的批评，于沃格林在某次会议和几位学者的争论中表现得更为淋漓尽致。鉴于这次争论完美展现了沃格林哲学的最激进之处，以下全文摘录：

吕西安·戈德曼(Lucien Goldmann)：在我看来，沃格林先生的论述中有一个大前提，即关于一个"自然"态度的哲学观念，他希望今天的人类能够回到这个观念。如果我理解正确的话，这个观念被定义为弥赛亚主义的消亡(absence)。而这种态度对应于一个确定的、不可变的"真理"，后者直接和对于超越存在的体悟联系在一起。沃格林先生就是从这一观念出发，认定弥赛亚主义的出现是某种倒退和衰败，以及和"实在"的远离。我想知道做出这一价值判断(a judgment of value)的基础是什么？因为，简单来讲，如果一个人把弥赛亚态度当成"自然"态度，那么反过来他就会认为超越观念是一种倒退。

沃格林：我不认为这是一个价值判断的问题，就像戈德曼先生理解的那样。在我看来我的分析是建立在客观标准(objective criteria)基础之上。我把"理性"定义为在存在(being)领域的最大限度的区分。在这个定义之下，难道我们不能以最客观的方式说，如果内在和超越(immanence and transcendence)的区分被抹掉了，我们就走上了

① Hans Kelsen, *A New Science of Politics: Hans Kelsen's Reply to Eric Voegelin's "New Science of Politics"*, Ontos, 2004.

倒退之路？

戈德曼：也许吧。但是，首先你可能需要证明你所述的不同的存在之域[笔者注：即内在之域和超越之域]确实存在，并且超越之域不是一个幻象。

沃格林：在这一点上，如果不进入一个艰深的形而上学讨论，我就无法回答你；我现在只能说，在历史中确实有对于超越的体验(experience)。面对这样的体验，你需要做出选择：要么你接受它，把它当作是参与超越存在，要么你必须发展出一套费尔巴哈式的心理投射(projection)机制。

戈德曼：有比费尔巴哈更好的，在同等意义上说……

沃格林：不管这种心理投射机制是费尔巴哈式的，还是你脑海中的一些更好的形式，我想说的是，如果你要接受它，首先必须要证明对于超越的体验不是体验者所声称的那样。现在这些体验都是历史事实，我们必须要先接受它们。

戈德曼：我承认我无法准确地理解你，因为实际上在历史中有成千上万种体验经批判性分析之后都被还原或显示为某种幻象。当你自己在谈论一个你称为灵知(gnosis)的体验时，你就在进行我说的那种还原。社会主义者的弥赛亚体验指的就是某种宗教体验，一种没有超越成分的体验。这种体验和其他体验一样，也是历史事实，你有什么先在(a priori)的理由反对它？

沃格林：我反对是出于一个认识论上的原因，在我看来是完全有效的：因为那是一个衍生式(derivative)的经验，而不是原初(original)经验。

戈德曼：但这正是我发现价值判断的地方。为什么没有超越成分的弥赛亚体验不是某种原初的宗教体验，而有超越成分的反过来是某种衰败的形式？很显然，不一定年代越往后就越衰败(declining reality)。科学出现在魔法之后，但在某种程度上可以说，魔法是衰败的科学。

沃格林：我们不能从历史顺序抽离(abstract)出来，因为那是问题产生的地方。在有神论之前没有无神论；有神论是无神论最终发展起来的条件。

戈德曼：当然。但我只是在讲，宗教并不一定需要超越体验，完全可以凭超人(superhuman)模式展示出来。我把宗教看成一个根本事实，它可以在所有文明中找到。但我们没必要说宗教必须要和超人观念绑定在一起。你说过现代文明没有产生普世宗教。但在我看来，社会主义正是这样的一个普世宗教，它完美表达了一种真实的宗教体验。当它在事实上综合了之前体验中一切有效的成分时，一个人无权将其当作一种衰败形式的宗教加以反对。

雅库斯·马多勒(Jacques Madaule)：这是个大问题，也许我们可以留给另一次讨论。

阿隆(Raymond Aron)：我们不能留给另一次讨论，因为这个问题正好触及到沃格林先生论述的核心所在。沃格林先生告诉我们，在有关建立一个普世宗教的问题上，西方文明完全是无力的，它只产生了某种衍生性的、只有二等价值的意识形态。所以在他看来，现代西方的衰落跟它反对真(authentic)宗教和支持错误的意识形态直接相关。

……

沃格林：毫无疑问，一个人可以回答称，人的本性不变，但是本性的展现过程确实是历史化的。

戈德曼：你怎么证明?

沃格林：这里我们不需要证明，准确地讲。“本性”是一个哲学术语，按定义本性就不能变。

戈德曼：如果反过来，我通过变化来定义人的本性呢?

沃格林：对我来说，人的本性可变这种说法，就跟所谓方的三角形一样。

……

沃格林：就本性而言，人在社会中的本性的确不变，但是本性展现出来可以是历史发展的过程，可以有振荡。你理解的所谓本性的改变仅仅只是历史罢了。而本性问题一直在那里，就是这个本性是分析的对象。

戈德曼：但是，由于你承认了本性的展现是一个历史过程，而显然这个历史是还没有完成的，并且不是一个循环往复，这样你如何能够知道人的真实本性？难道这个真实本性不是建立在一系列未知因素之上吗？

沃格林：完全正确——每一次想要知道人的本性的努力（并且这种努力自人类历史开始就出现了）都注定要失败。历史是不确定的；它没有本质；我们能够知道的永远只是它的一部分。但是，就我们经验所及而言，人的本性是没有改变过的。

戈德曼：请允许我说这只是用词的不同。你承认了我们对于历史只有有限的经验，所以历史只能向我们展示所谓人类本性中极有限的一部分。在这种情况下，我再次祭出我之前的问题：什么东西给了你权力说对于超越的认识更真实地表达了人类的本质？还有，如果你同意的话，我还想加一个和塞巴格（Sebag）先生论述相关的问题。你指责他诡辩（existential rhetoric），但他其实只是在论述经验中给定的东西。这些经验中给定之物看起来和你接受的"基督教价值"或"超越体验"类似。如果你拒斥这些经验给定之物，我觉得你也很难从认识论的角度区分你所说的分析性真理（analytic）和那些还停留在意见（topoi）层面的东西。

沃格林：我认为对超越的认识特殊，是因为它表现了理性的进步，而理性则是要最大限度地分化（differentiate）存在的不同领域。

吕西安·塞巴格（Lucien Sebag）：但每一次分化都有效吗？

沃格林：理性带来的分化在某个历史时刻就建立起来了。比如，柏拉图区分了哲学和意见（philodoxie）。现在，我们生活在今天这样一个时代，其观念混淆之严重，以至于所有被柏拉图拒斥为意见的东西都被称为哲学。当你拒绝做出这个柏拉图式区分——而这个区分已经在柏拉图的作品中被准确以及有力地建立起来——你只是想为自己的某个立场辩护。

……

阿隆：我希望讨论不要开始一个太技术化的哲学转向。此外，讨论还可能进入一个僵局。因为沃格林教授肯定会认识到，他在分析性真理和前分析(pre-analytic)之域(即所谓世界观)做出了一个根本性区分,但他的反对者明确拒绝这个区分。如果反对者敢于告诉你他们所思的实质时,我相信他们会说,你当作一个哲学实在(philosophical reality),并认为它不同于存在意见(existential topoi)的东西,最后其实也只是一个存在意见。也许他们这么想错了,但是澄清你们各自不同的立场显然已经超出我们讨论的范围了。[①]

这段精彩的讨论可以总结如下。在一开始戈德曼的发难中,他认为沃格林在和启明性相关的经验中区分好坏是做了价值判断。但沃格林否认这一点,认为自己的区分是建立在客观标准之上。但戈德曼并不买账,并继续挑战沃格林如何知道某类启明性经验——即对所谓超越存在的体验——不是幻象。在讨论进入僵局之际,马多勒建议讨论应该转向其他问题。但阿隆敏锐地察觉到,戈德曼和沃格林的争论触及到了沃格林哲学的最核心问题,于是他讲"我们不能留给另一次讨论,因为这个问题正好触及到沃格林先生论述的核心所在"。最后阿隆精确地总结了两边互相对立的观点:"[沃格林]当作一个哲学实在,并认为它不同于存在意见的东西,[在他的反对者看来],最后其实也只是一个存在意见。"阿隆的总结触及到了沃格林哲学中最核心的部分或者问题:如果不引入沃格林的启明性真理标准,哲学实在和存在意见之间是无法区分的。但是,沃格林引入的所谓标准在实证科学中是无法验证的。这样一来,只承认实证科学真理标准的戈德曼等人只会将沃格林的判断当作价值判断,并且拒绝买账。

六、结论

在本文中,笔者仅致力于阐述沃格林哲学的基本框架,并特别注意说明如何理解"启明性"这一术语。本文的目的不在于对沃格林哲学进行评论。不过笔者认为,沃格林对启明性真理的要求过于严苛,而阿隆对启明性经验的实用主义和准儒家式态度似乎更加合理。以下简单论述阿隆的态度供读者参考。首先,阿隆指出,在实证科学的大背景下,沃格林同样避免不了韦伯的问题:

① CW11, pp. 113 – 133.

阿隆：沃格林教授提醒了我们，讨论这一类的论题是多么困难。如果一个人拒绝他的前提和公设，理性讨论明显会被阻断，因为一个人最多能做的就是把讨论推进到双方意识到自己的价值立场不相容的那一刻。这样一来最多只有一个局部讨论，当讨论开始触及到最高价值时就会破产(break down)。这一点正是我们会议到现在为止的情况。马克斯·韦伯——沃格林教授对他的了解至少跟我一样多，甚至更多——为这类讨论提供了原型。韦伯接受在手段(means)、机构和组织问题上进行理性讨论的可能性。而当触及到最高价值时，讨论就会终止，并且让人痛苦(came to grief)。韦伯声称，理性讨论在那一刻终结。

与此同时，阿隆对沃格林主张所谓启明性真理(最高善、对超越存在的体验等)的说法抱有疑虑：

但是另一个假设，即接受最高善和人类本性说的那个假设，也带来了两个困难。第一，我们必须知道理性在多大程度上能够决定超越性的智性存在(Nous)，而据说人类的心灵会参与这一存在的运动。第二……在谈论人类本性的时候，我们确实预设了它是不变的，但这实际上是一个定义问题。这样一来，这个人类本性是在何种程度上的对历史的一个抽象，以及是否代表了一种[对人性认知]的终结？还有，为什么不按精神分析所说的，把人类本性定义为一系列本能冲动(impulsions)？[1]

从阿隆的话可以看出，他的质疑和戈德曼主张的其实并无多少不同。此外，根据阿隆和列奥·施特劳斯(Leo Strauss)的一个共同学生皮埃尔·曼内特(Pierre Manent)的回忆，阿隆对所谓超越存在其实没有任何兴趣：

[阿隆]生存于此世，没有任何焦虑；对他来说人类事物很明显有

① 以上两处均见 CW33，p. 105。

自己的运作方式：控制人类事物运行的规律就在政治生活中显现。只要我们假设人类并不完全是堕落的（阿隆也没考虑过任何其他假设），那么就没必要去什么超越之域或其他地方寻找某些东西。如果人是正常人，人类生活的法则在他们实践人性的过程中就会完全展示出来。我会说，阿隆就是完美的、没有任何超越需求的绅士。人性内在的法则对他来说就足够了。到最后，也许他是对的，也许那才是真正的智慧。[①]

曼内特回忆中的阿隆不禁让人想起了儒家士人以及韦伯对他们生活态度的描述。[②] 其实，当子产意识到“天道远，人道迩，非所及也，何以知之”（《左传·昭公十八年》）时，他做的不是去不断思索不可及和不可知的天道，而是选择在确认道在伦常日用之中后（Fingarette 1998；李泽厚 2014）[③]，“敬鬼神而远之”（《论语·雍也》）。这一态度不仅和阿隆的态度类似，也许还构成了对沃格林专注从理论角度探索原则上却不可得的启明性真理的有力回应：探究启明性真理固然重要；但如果以建立文明的人类共同体为目的，在人事中实践启明性真理恐怕更为重要。

阿隆是20世纪顶级政治学者和国际关系问题专家，他一生致力于理解人类社会的实际运作情况。尽管阿隆非常同情沃格林和施特劳斯等古典哲人对所谓“最高善”和“自然正当”的推崇，但他同样也指出，在人类日常生活中其实没有那么多极端的、需要援引最高价值的时刻，并且人类在多数情况下——即便根本价值观不同——仍然能够通过理性讨论达成局部共识。基于此，他对沃格林的立场也进行了隐晦批评：

阿隆：最后，沃格林教授在占据多数人头脑的意识形态……和哲学能够掌握的理性真理之间做了一个很细致的区分……我完全不认

---

① Pierre Manent, Pierre Manent on Raymond Aron and Leo Strauss, 2015, https://voegelinview.com/pierre-manent-on-raymond-aron-and-leo-strauss/.

② Max Weber, *The Religion of China*, Hans H. Gerth (trans. and ed.), The Free Press, 1951.

③ Herbert Fingarette, *Confucius: The Secular as Sacred*, Waveland, 1998，以及李泽厚：《李泽厚对话集·中国哲学登场》，北京：中华书局，2014年。

为沃格林教授错了，因为哲学讨论的一个基本条件就是讨论者不能是意识形态分子，不能是意见分子(men of opinion)，用柏拉图的话讲，就是不能是教条主义分子(men of doxa)。如果我们只是教条主义分子，我们能做的就是坚持对立立场，然后理性讨论就变得不再可能。然而，也许他稍微夸张了一些，因为如果我们假设共同立场或共同心愿的话，很多理性讨论还是可能的。在社会中，尽管很多人可能没有对最高善(supreme good)的理性意识(awareness)，但一个模糊的或者不完全的意识总是有的。多亏这个事实和人性(模糊地意识到最高善)，即便是在坚持教条主义的人中间，理想讨论仍然是可能的。那些否认理性的人并不像他们自己以为的那样坏。他们也相信某种程度上的理性，即便他们可能声称只有意见和意识形态起作用。而只要模糊地意识到最高善，即便是在坚持教条主义的人中间，理想讨论仍然是可能的。[1]

而在另一个场合，阿隆也从日常生活经验的角度对韦伯式极端存在主义的立场进行了批评(特别应注意的是，阿隆在同一篇文章中也否认施特劳斯从古典哲学立场出发对韦伯进行的批评是有效的)：

在多数情况下，明智(prudence)能在两个极端[不同的最高善]之间找到理性平衡。

在科学命题……和个人决定之间……总是有理性讨论空间的，即，建立在理性之上的讨论，虽然讨论可能会影响某些人的利益。

……韦伯并没有考虑到以下这样一个可能性，即一个人做决定，有可能背后并没有特别的理由，或者即使一定有，该理由可能并不是一定要诉诸普世原则。价值、信念和文化的历史多样性，这是任何一个历史学家和社会学家都不会否认的基本事实。但是，如果他们把这一基本事实绝对化，就不可能继续对这种历史多样性进行研究了。

作为历史性存在的人(historical man)面临选择。而由于科学是

① CW33, pp. 109-110.

有限的，未来是不可知的，短期的某些价值可能是矛盾的，这些选择并不是完全可证明[为理性]的。但是，选择的必然性，并不意味着选择一定是建立在本质上非理性的决定之上。而存在(existence)也并不是建立在完全拒绝妥协(甚至向真理妥协)的绝对自由之上。①

阿隆准确理解了偏离日常生活经验、但非常深刻的两种极端立场。一种是危险的、否认唯一最高善存在的韦伯式存在主义，另一种是沃格林推崇的幽微的、确认唯一最高善存在的古典和基督教哲学。② 而他最后的选择是对人性和天道皆有深刻体察的明智(prudence)："人心惟危，道心惟微，惟精唯一，允执厥中"(《尚书·虞书·大禹谟》)。

Eric Voegelin's intentionality-luminosity distinction

Chen Bohang

Abstract: To grasp Eric Voegelin's philosophy as whole, it is essential to understand his intentionality-luminosity distinction for human consciousness. However, this essential distinction, along with questions related to the nature of intentionality and luminosity, has long been ignored by Voegelin interpreters, especially Western interpreters. This gives rise to an unfortunate situation, in which Voegelin's philosophical influence has been restricted to his admirers and has remained inaccessible to the larger scholarly community. This article first introduces Voegelin's intentionality-luminosity distinction based on his own writings (section 2 and section 3), then seeks to articulate this distinction through common sense experience and elementary philosophical or scientific knowledge (section 4). This article also claims that, Voegelin's distinction is a deepening of the fact-value distinction (or at least it should be understood through the

① Raymond Aron, Max Weber and Modern Social Sciences, Charles Krance (trans.), In *History*, *Truth*, *Liberty*: *Selected Writings*, F. Draus (ed.), University of Chicago Press, 1985, pp. 335 - 74，以上引文分别来自 p. 364, p. 366, p. 372, p. 373。

② 其实，阿隆这一类批评可以称为来自实用主义角度的批评。实用主义者曾经对相关讨论做出类似回应，参见 Sidney Hook, *the Quest for Being*, St. Martin's, 1961。

latter), and it is therefore difficult for Voegelin to respond to challenges raised by scholars who stick to the fact-value distinction (section 5). This article concludes by introducing the French scholar Raymond Aron's way of "moderation and prudence", as a possible solution to Voegelin's problem.
Keywords: Voegelin, Husserlian phenomenology, intentionality, luminosity, the fact-value dichotomy

化俗为圣：从伊利亚德看沃格林论灵性神显

严博瀚*

[摘 要] 灵知主义一般被认为是沃格林进行现代性批判时的关键术语。然而在沃格林的晚期著作中，灵知主义这一主题似乎销声匿迹。另一方面，在其晚期著作中，对《新约》正典的分析开始取代过往的灵知主义批判。在《天下时代》第五章“保罗的复活者异象”中，沃格林对保罗书信进行了深入分析，揭示了暗藏在保罗式的灵性神显(pneumatic theophany)背后对历史进行变形的倾向。为了阐明该分析的含义与效力，本文将取道伊利亚德的遂古存有论思想，以伊利亚德的圣/俗区分，帮助揭开沃格林在分析保罗的这一章节背后的关切。

[关键词] 灵知主义；实在；实相；变形；复活

在进入具体问题前需首先说明我对个别术语的用法：

Reality，在汉语学界今天所能见到的沃格林著作的译本中大多被译作“实

* 严博瀚(1995—)，男，上海人，华东师范大学—里昂高等师范学院联合培养博士候选人，主要研究领域为西方政治思想史、近代欧洲哲学。

在”。倘若不作特定说明,“实在”一词在现代汉语中一般是指独立于人的主观意识的外部世界,即所谓“客观实在”。但沃格林对 reality 一词的使用并不受唯物论的预设所限,而是指人生活于其中,并为人所领会和把握的整全过程。[①] 唯物论所谓“外部世界独立于人的主观意识”只是对整全的诸种领会方式中的一种。[②] 也正是在沃格林这种对 reality 之理解的基础上,他所谓的“次级实在”(secondary reality)、“神性实在”(divine reality)等术语才具有其丰富涵义。沃格林有时也会在托马斯·阿奎那的意义上使用 realissimum 以指称“作为整全过程”的实在,以与“仅在物理时空中展开”的 reality 区分,但遗憾的是多数时候他未能坚持这一极富洞见的区分,有时亦笼统地使用 reality 一词,这就要求我们小心分辨其涵义。

由于现代汉语中“实在”一词已被唯物论严重污染了,我拟坚持沃格林对 reality 与 realissimum 的区分,并以“现实”(reality)和“实相”(realissimum)分别对译之,尽可能避开“实在”一词。“实相”出自释典,取之以殊显“如其所是的万有整体”之维,以期尽量避免由名言带来的实体化问题。需要指称独立于主观意识的外部世界时,我倾向使用“物理时空”或“尘世”。

一、引言

在《新政治科学》(1952)与《科学、政治与灵知主义》(1959)之后,灵知主义

---

① 埃利斯·桑多兹为沃格林编纂的《自传性反思》中,编者在书中附上了一份术语列表,其中解释了一系列出现于沃格林作品中的专门术语的含义,他将 reality 解释为“在其最深的层面上,不可被理解为物或事,而是如下过程,即通过尘世与超越间的张力,向着实是最高程度的完满与明澈牵引的过程。该实在是在那些讲述神性事物与诸神之领域的神话语言中被符号化。”(In Voegelin's thought, reality, at its deepest level, is not to be understood as a ‘thing’ or a ‘fact’, but as a process structured, through the tension between the poles of ‘world’ (q. v.) and ‘Beyond’ (q. v.), as a pull toward the perfect fullness and luminosity of being that is symbolized in the language of myth by the realm of the divine or the gods. 见 Eric Voegelin, *Autobiographical Reflections*, Columbia: University of Missouri Press, 2011, p. 177)这里编者与其说解释了 reality,不如说解释了 divine reality。这是因为,reality 自身只具有形式涵义,唯当人自我敞开并主动参与到天的运作方式之中,reality 才对他显现为具有实质涵义的 divine reality。此即所谓“人能弘道,非道弘人。”另外,沃格林本人对 reality 的阐明请参考沃格林:《天下时代》(《秩序与历史》卷四),叶颖译,南京:译林出版社,2018 年,第 250—258 页。

② 而且我们很快会发现,在阅读保罗书信的时候秉持该理解将会遇到巨大的困难,因为在保罗那里,“外部世界独立于人的主观意识”这一定理恰恰是成问题的。

似乎不再作为一个主要论题出现在沃格林的思考中。在其晚期的代表性文集《记忆》(1966)(它是沃格林一生唯一一部自编文集,其过往的学术发展历程皆被浓缩其中)里,甚至都找不到一篇以灵知主义为主题的文章。这一事实耐人寻味,难道说沃格林在经历了60年代德语学界对灵知主义的大讨论后[①]彻底抛弃了用这个观念界定现代性的尝试?

其在世时出版的最后著作《天下时代》(1974)不仅没有解决这个疑惑,反而使之变得愈发令人感到费解。《天下时代》一书所处理的内容,从时间范围上界定,恰是"自波斯帝国的兴起至罗马帝国的衰亡"[②]的那段时期,也即历史上的灵知主义流派大爆发的时代。但本书的写作内容却丝毫没有触及活跃于该时代的那些灵知主义思想家(如马吉安、巴西里德、瓦伦汀等),而是发散性地处理了多个看似无关的问题领域[③],而这些领域又很难说在多大程度上与灵知主义有关。

好在,细读该书后,这个疑惑可以被挥散了。在《天下时代》中,沃格林并没有抛弃灵知主义问题,而是经由在《记忆》中实现的第二次起航,通过一种作为严格的科学的体验-意识分析,进一步突破了其在50年代之作品里对灵知主义的理解。灵知主义不再与历史中的某个具体宗派相关,也不仅仅表达了一种反宇宙、反世界的"逃离"式形而上学。相反,按照《天下时代》的全新界定,灵知主义被理解为一种引起均衡之丧失与意识之畸变的特殊体验,这种体验最终导向对实相的变形。具体而言,这种体验首先来自由精神突破(哲学与启示)[④]带来的人的意识的殊显,在该殊显中,人在自身内部发现了神显得以发生的场所,用来表征该场所的符号可以是 psyche、pneuma 或 nous。当他参与到由其意识中

① 其中尤具代表性的是布鲁门伯格与沃格林两人在灵知主义问题上的意见分歧,对于这场争论的细节可参考 Thierry Gontier. "La modernité: récidive gnostique ou sortie du gnosticisme? Blumenberg et Voegelin." *Dianoia : rivista di filosofia*, Vol. 27(2018), p. 95 - 108。

② 埃里克·沃格林:《天下时代》(《秩序与历史》卷四),第182页。

③ 对这些问题线索的概述,见埃里克·沃格林:《天下时代》(《秩序与历史》卷四),第114—115页。

④ 精神突破是指,人通过启示或者哲学而在意识中获得对存在之真理的洞见。该洞见的实质内容是:1)这个持续产生照亮功能的意识体验到自己正运动于有(being)与无(non-being)、有限与无限、人与神、时间与永恒之间;2)体验到上述四组概念对子在实质上是共延的;3)体验到该运动是一种有方向的运动,它受到来自无、无限、神或永恒那一极的牵引;4)一旦来自上方的牵引真正被体验到,这个意识将自动地、无可抵抗地参与这一运动,以回应该牵引。

的神显所引发的牵引运动中时，神显之真实所具有的绝对强度可能扭曲物理时空在其意识中的显现。由物理时空的现实结构和历史过程两者一同对人性设下的制约由此被遗忘，从而产生如下可能后果：意识与物理时空的界限被消弭，他倾向于把发生于自己意识中的变形视作对物理时空同样有效，从而，对超越的意识全面压倒了对开端的意识。经过一个标志性的事件（道成肉身与复活），由其朝向神性实在的爱欲在意识中塑造的变形被视作物理时空本身的变形。物理时空和神性实在间的张力被消弭了，最终，两者叠合为一。

这一体验结构引起了神性实在（realissimum）与物理时空（reality）、内在（immanence）与超越（transcendence）、开端（bereshit）与超越（epekeina）之间张力的失衡，也即，对宇宙和历史中的人类生存之为居间的遗忘。由此，各种类型的畸变得以进入到历史中具体的人类社会实践内。以上这些初步的说明依旧过分依赖于沃格林本人发明的一系列晦涩术语，下面我将借用伊利亚德的圣/俗范式以清楚明白的方式阐明之。

二、古今灵知主义（上）

沃格林在《科学、政治与灵知主义》中，曾对灵知主义的特点作出过界定：

> 在丰富的灵知体验及其象征性表达之中，其中有一特征可以作为广泛的意义重塑中的一个核心因素：把世界体验为一个人迷失在其中的异乡，人们必须找到回到他所从来的那个世界的道路。……。对于他来说，这个世界已经成了他想要逃脱的一个监狱。……就是要摧毁旧世界，进入到一个新世界。拯救的工具就是灵知本身。[①]

在这一表述中，灵知体验的核心被界定为对尘世的陌异感，以及借助灵知逃离尘世、进入实相的渴望。说实话，倘若这就是灵知体验的核心内容，那么它似乎既不怎么特别，也不怎么有害。

之所以说其不特别，是因为依米尔恰·伊利亚德（Mircea Eliade, 1907—

① 沃格林：《没有约束的现代性》，张新樟、刘景联译，上海：华东师范大学出版社，2007年，第18—20页。

1986)的见解，则数千年前的初民对这些“尘世的陌异感和撤离尘世、进入实相的渴求”就已再熟悉不过了，上述体验对于持续了千万年的早期人类生活而言不过构成一种千年常态而已。下一节我将主要阐明这一点。

更重要的是，它也不怎么有害。之所以这么说是因为，仅从这一表述中，想要引出沃格林所激烈批评的那种试图建立地上天国的政治狂热，似乎还缺少了一个关键环节。古代灵知人所欲实现的拯救绝不是通过在尘世中的具体政治行动来建构起一个新的社会安排。gnosis 独一地属于灵(相对于血气和魂而言)，属于人类灵魂中最纤细的那个部分。自灵中所领受的神秘知识导向的决不是灵知社会主义，而是各种宗教冥想和精神修炼，那种沾满污浊血气的尘世征伐不仅并非其所欲，而恰恰为其所鄙夷。譬如在据称代表瓦伦汀派观点的《三部训言》(*Tractatus Tripartitus*)中就有如下表述：

> 人类按其本性而言可分为三种：属灵的、属魂的与属肉体[血气]的，这与道的三重本性相一致。……
>
> 属灵者一定要领受完全的救恩。属肉体[血气]者一定要被折毁……
>
> 救恩被宣告之后，完美的人立时领受了知识，从而可以急速返回合一的状态。他满有喜乐地归回自己先前所生的地方，就是他先前流出的那地方。他的众肢体需要得着一个受教的地方，那地方是被荣耀的。他们因此能够接受与众形象和众本体相似，就像镜子一般……[①]

很清楚，按照瓦伦汀派对实相的领会，灵—魂—血气构成一个三元等级秩序，而该秩序又植根于道(logos)—德穆革—物质世界的三元等级秩序。[②] 所谓救赎乃是指属灵者里面的灵(这灵构成了他的实质)通过领受神秘知识，从物质

① 罗宾逊、史密斯编：《灵知派经典》，杨克勤译，上海：华东师范大学出版社，2008 年，第 102—104 页。我所引述的段落中，最后两句译文的意思不是很清楚。或可参考拉瓦尔大学拿戈玛第经卷图书馆的法语译本见网址：https://www.naghammadi.org/traductions：Ses membres toutefois avaient besoin d'une école-celle-ci se trouve dans les régions (inférieures) qui sont pourvues de manière à ce qu'elle reflète les images et les archétypes comme un miroir. 即：他的诸肢体却需要一个受教之处，它坐落于卑下之地(指物质世界)，这卑下之地通过像一面镜子一样反射(天上的)诸相与诸原型，而把自己装配起来。

② 罗宾逊、史密斯编：《灵知派经典》，第 96 页。

世界的牢笼中挣脱出来，回归其所从之流溢的源头，也即回归于道，而他物质性的肉体则仍将被留在这个卑下的物质世界。回归后的灵压根不需要肉体，这是因为，灵在源头本就可以自足生存，唯堕入物质世界后乃不得不遵循物质世界之理而以肉体行世。肉体原本就不过是对天上原型(archétype)的镜面反射而已，说到底，肉体只是幻影。

在另一部灵知派经典《论复活》中，我们能看到类似的救赎理论：

> 所以，雷金诺啊，不要再片面地想问题，不要像那些无生命的人那样按肉体而活，要逃离分裂与羁绊的枷锁，这样你就享有复活了。……对任何人而言，透过一定的方式去实践都是合宜的，他要从物质中得到解脱，因此不至犯错，而是重新领受那原先的(真我)。①

按照这篇教诲，复活压根无关于肉体，而是指通过禁欲修行从物质世界中抽身。真正的复活乃蔽晦于肉体中的灵的再发现，由此人回归到堕入物质世界前的原初状态，即，在天上的、以纯灵魂形式存在的原型。

如上所述，古代灵知人欲借助 gnosis 实现的拯救仅仅是一个意识中的运动，也就是说，仅仅限定于个体之生存范围以内的、使自己的灵魂通过神秘知识与密契修炼，从这个邪恶的德穆革之大牢笼中脱出，回归原初至善之太一的意识运动。它不仅无关历史与社会实践，而且恰恰鄙夷、否弃之。由此，想要从这种坚持灵肉二元区分并尊崇前者鄙夷后者的灵知主义导向沃格林在《科学、政治与灵知主义》中所揭露的体系哲学的禁止提问、反叛者们的智识骗局和格雷姆的精神巫术是说不通的，至于从中推出欲建立地上天国的政治热望就更成问题了。一句话，古代灵知主义者恰是最极端的精神洁癖分子，他们坚持开端与

---

① 罗宾逊、史密斯编：《灵知派经典》，第 64 页。拉瓦尔大学拿戈玛第经卷图书馆的法文译本如下：Aussi, au nom de l'unité, garde-toi de penser partiellement, ô Rhéginos, ni de te conduire selon cette chair, mais dégage-toi des divisions et des liens, et déjà tu possèdes la Résurrection!...... Chacun doit pratiquer l'ascèse de maintes façons. Ainsi il sera délivré de cet élément, en sorte de ne plus être dans l'erreur, mais de se reprendre à nouveau tel qu'il était d'abord. 即：同样，以太一之名，雷吉诺哟，不要只是片面地思考复活，也不要被这具肉体牵着走，而要从这些[物质的]分与合中抽身出来，这样一来你就已经复活了呀！……每个人都该以诸多方式练习禁欲。这样一来他就能从其周遭中解脱出来，不再堕入谬误，而是重获其原初之所是。

超越间存在的根本张力，彻底拒绝混合。如沃格林那样将现代大众政治和地上天国运动界定为灵知主义的增进，这是说不通的。在梳理自近代以来知识分子们对灵知主义的考察史时，理查·史密斯(Richard Smith)尖刻地讥讽道："要不是在政治科学领域内外都发生了重大影响的话，沃格林的作品其实可以说是愚蠢的"[①]。这一说法并非毫无道理。

那么，难道沃格林及其作品就果真如此愚蠢？难道他就没有意识到自己所激烈批评的那些现代性面向恰恰与古代灵知主义扞格不入？难道将现代性界定为灵知主义之增长的努力是一场彻底的失败？我将在第三节回到这个问题，下面我先谈一谈伊利亚德。

三、初民是灵知主义者吗？

在本节中我将通过概述伊利亚德的"遂古本体论"(archaic ontology)分析，点出其笔下之初民与上节所述之古代灵知主义者的相似处，并通过思考"初民是灵知主义者吗"这一问题，以尝试殊显出灵知主义体验的更深层结构。

我下面引述一段话概括伊利亚德的基本观点：

> 不管是外界的事物，或是人的行为，都没有独立自足的内在价值。事物或行为所以有意义，乃因于它们以某些样式参与超越它们的某种实在，才有可能得到，它们也由此才变为真实的。[②]

全部的尘世生存皆不直接具有本体论意义。初民将这个物理时空及在其中发生的行动与事件统统领会为"非实相"，换句话说，尘世中的生存并非真实的生存。人唯通过某种特定方式(仪式、礼、庆典等)把自己的尘世生存拔擢到神性实在中，方能为其尘世行动和事件赋予真实性。这一基本理路即伊利亚德的圣/俗区分。

伊利亚德随后从比较宗教学和宗教史的视角以大量的例子表明了初民对

① 罗宾逊、史密斯编：《灵知派经典》，第652页。

② 伊利亚德：《宇宙与历史——永恒回归的神话》，杨儒宾译，台北：联经出版事业公司，2000年，第2页。

从尘世进入实相的渴望与具体做法。它们大体可以分为两方面：

(1) 在空间上，对实相的渴望表现为对“宇宙中心”的渴求和奠立。“宇宙中心”并非一个地理学的测量中点，而是在宇宙论层面作为联结地下、地上与天界间的唯一枢纽。更重要的是，在现实中实施的圣地奠立工作与在宇宙论神话中被描绘的创世过程叠合了。“宇宙中心”的奠立被把握为一次创世行动，一场从混沌到有序、从无状到有象的开辟过程，人居领地由此得以在物理时空中展开。从而，世界的神圣开端和这个处于物理时空中的中心点重合了，这个具体的空间从神圣的源头获得一种绝对真实、至诚无妄的地位，而成为物理时空的意义中心，一切现实的具体空间若想同时成为有意义的(真实的)，则必须以某种方式受其辐射。这一类的空间包括圣山、圣城与圣殿等。[①]

(2) 但中心的奠立不是一劳永逸的。通过投射入创世神话而完成的奠立行为必须周期性地进行更新，这具体体现为遍布于各民族间的新年前后一段时间的各种仪式。各民族对于该周期的具体时长划定反映了他们对于宇宙节律之基本单元的理解，但不论该具体时长如何，有一点是恒定的：它终究是一个周期，也就是说，它具有终结与新的开端。世界毁灭，然后重塑；诸罪皆免，然后重生。真正的问题在于，为什么初民需要这样周期性地泯除时间，以求更新自我与世界？为何时间不能是线性单向的？为何需要循环与永恒复归？

按照伊利亚德的分析，这是因为历史对初民而言乃是一种恐怖。对物理时间之不可逆转性，或者更具象地说，对他们自己此时此刻的向死之在的认识决定性地影响了他们对于历史的态度。死亡犹如一粒种子，在生的那一瞬间就已在其内部扎根发芽。逝者如斯，每一个瞬间的流逝都让他们更加受到死的力量的侵蚀。只发生于尘世的单向时间流动从而成为朽坏、腐败和远离神性真质的衰退之旅，从中不仅无法得到任何意义，反而只有意义的消逝。因而必须终止历史的腐化作用，更具体地说，必须要把如下恐怖的认识从头脑里清除出去：这个实是此刻、当下正在走向虚无。必须立刻停下来！终止流变，重归静止与永恒，由此才能回到实相，回到在变动不居的真实之中的生存。

初民试图赋予历史一种循环的模式以泯除物理时间那恐怖的不可逆转性。

---

① 伊利亚德所举的例子很多，请看伊利亚德：《宇宙与历史——永恒回归的神话》，第9—13页和伊利亚德：《神圣与世俗》，王建光译，北京：华夏出版社，2002年，第1—31页。

这一循环时间通过在各种节日中对原始神话事件的再现而实现。在这些节日中,人通过仪式模仿和再现位于宇宙开端处的诸神的壮举,把自己拔擢到诸神所活动的那个宇宙节律之中,该节律不同于流变的物理时间,相反,它元始、纯净、绝对静止。通过这样周期性地回归到绝对真实的宇宙节律之中,他从无意义的尘世时间序列中挣脱出来,挣扎着进入在实相中的生存。伊利亚德总结道:

传统社会的人排斥历史,而且永不歇止地仿效原型,这证明他们渴求实在,以及害怕自己被俗世存在之无意义所湮没而"丧失"自己。[①]

对伊利亚德思想的简单概述就到这里。不难发现,上述的这些属于初民的本体论体验和我们第一节梳理的古代灵知主义者们的体验看上去没有太大差别。初民同样认为物理时空中的行动和事件不具本体论层面的意义,同样渴望从尘世逃离,回到一个绝对真实的生存状态(创世时刻,相对于古代灵知主义者们的太一)。同样地,对于初民而言,也尚且不具有那种把尘世和实相叠合的倾向。各种具体的圣化措施(圣地奠基、节日庆典等)其目的不在于让尘世自身成为实相,相反,它们的目的在于拔擢,在于把生存于尘世的人拔擢到一条平行于物理时间的宇宙节律中去,从而使他的生存尽管处于流变的物理时空中,但又同时冥契于绝对真实的宇宙节律。

基于此,我的判断是:古代灵知主义乃初民的一种更高发展形式,他们共享着相同的体验内核:对尘世之无本体论层面意义的认识,以及对生存于实相之中的强烈渴求。古代灵知主义者抵达了一个更高(也因此更加悲惨)的阶段乃是因为,天下时代中发生的各种现实征伐加重了他们对于尘世历史之无意义的认识,而他们生存于其中的各种小共同体的毁灭以及相应宗教仪式的破除使得所有形式的回归开端行动(节日、圣地奠基、庆典等)失去了其拔擢的效力,他们再也无法通过这些行动从尘世跃入实相了。在这一新的历史形势下,纯粹内在的属灵修行成为唯一的出路。

---

① 伊利亚德:《宇宙与历史——永恒回归的神话》,第 79 页,另参考伊利亚德:《神圣与世俗》,第 55—61 页。

四、古今灵知主义(下)

在用各种形式的循环论抵抗时间之侵蚀的过程中，有一条独特的路线引起了人们的注意，这就是犹太一基督宗教。与其他民族通过周期性地回归绝对真实的神性起源，以消除时间造成的朽坏不同，犹太一基督宗教则通过将历史转化为神的意志的直接显现，从而为物理时间赋予一种本体论上的意义：历史成为了人在神之下生存的处境。[①] 对以色列民族而言，神并非活动在纯粹的、静止的、绝对真实的宇宙节律中，他恰恰就在尘世历史，也就是说，就在物理时间中向人显现。时间具有不可逆性，那又如何！不可逆性不再是朽坏和无意义的同义词，它恰恰成为了终末事件的标志。一系列的苦难(包括不可逆性或有死性本身)皆是人的忤逆与神的怒火的结果，由此，人的行动和生存第一次被赋予一种本真性的责任，该责任来自他在神之下的生存。只要他在其尘世生存的全部行动中谨守诫命、全心全意爱他的神，则神也会实现他所曾与其约定的至福。

但这还不够。至此最多也只能说历史在犹太教中被转化成了某种“圣显”[②](hierophany)，即它具有显露神性实在的功能。至于物理时空或者尘世历史本身跟实相发生重叠，以致尘世历史的展开跟实相的运动过程同一，则是现代灵知主义者的一大壮举。该叠合运动的两个核心步骤是道成肉身与复活。

至此，我们终于能回到《天下时代》了。沃格林自己也清晰地认识到了我们在第一节中指出的那个困难。他承认：

> 尽管异化与反抗提供了推动力，但仅凭这些并不足以产生一种通过相当可观的思辨努力，试图囊括实在及其过程的灵知主义体系。需要的还有另外一项因素：对那种以超越为方向的运动的意识，它是如此强烈、明晰，以至于成为过度的光芒，反而使人对作为语境结构的实在视而不见。[③]

---

① 埃里克·沃格林：《天下时代》(《秩序与历史》卷四)，第 162—166 页。

② 额外说一句，沃格林在《天下时代》中多次运用了伊利亚德生造的 hierophany 概念，此外，在第一章的一个关键段落中，沃格林直接大段引述了伊利亚德(第 132 页)。

③ 埃里克·沃格林：《天下时代》(《秩序与历史》卷四)，第 69 页。

随后沃格林表明“被现代的灵知主义者奉为祖师的，并不是瓦伦汀或巴西利德斯，而是《约翰福音》”①。由此，这一困难现在被克服了。沃格林不再把古代灵知主义者当成现代灵知主义者的精神前辈，相反，在他看来，后者真正所继承的竟然是通常被认作的基督教正典！在此可以看到，现代灵知主义的真正要义原来不在于我们在第一节辨认出的那些古代灵知主义者们的基本体验结构，而在于“对古代灵知主义的一种特定理解，即过于狭隘地仅专注于那些以心理剧的方式进行思辨扩展的实例”②，说得更具体一点，即“灵知主义对意识的畸变”③。这意味着，在本卷中沃格林实际上对灵知主义的涵义作了进一步的限定，真正需要揭露和分析的部分仅限于它的核心特征，即“通过开端与超越之间均衡的丧失来对意识进行的干扰”④。

辨认出这一核心特征后，沃格林进一步提出，“灵知主义的实质内核肇始于以色列—犹太地区，而非那些多元文明帝国的任何其他区域”⑤。“虽然灵知主义并非一种犹太运动，而是在普世帝国中出现的多元文明运动，但对它独有的激情和世俗层面推动力的理解，离不开这段先知性的、启示录式的灵知主义史前史，它以基督的显现为顶峰，是一项重要的起源因素。”⑥

现在问题就在于，犹太因素究竟如何最终导致了均衡的丧失，而基督的显现又何以是畸变的顶峰？

对于前一个问题，沃格林以“逃离”概念说明之。以色列的逃离共有四个阶段：首先是从埃及的逃离，一并伴随着的是精神层面上从宇宙论形式的帝国统治下逃离；接下来是公元前 8 世纪王权与先知之间的冲突，它标志着对社会和历史中的生存所具有的现实结构的逃离；再次是在“第二以赛亚”提出的“作为受难仆人的以色列”中，对以色列身份自身的逃离；最后是在公元前 2 世纪与塞琉古帝国的冲突时，被表现在《但以理书》之末世预言中最终逃离，它表现为以

① 埃里克·沃格林：《天下时代》(《秩序与历史》卷四)，第 71 页。

② 埃里克·沃格林：《天下时代》(《秩序与历史》卷四)，第 71 页。

③ 埃里克·沃格林：《天下时代》(《秩序与历史》卷四)，第 71 页。

④ 埃里克·沃格林：《天下时代》(《秩序与历史》卷四)，第 78 页。

⑤ 埃里克·沃格林：《天下时代》(《秩序与历史》卷四)，第 73 页。

⑥ 埃里克·沃格林：《天下时代》(《秩序与历史》卷四)，第 79 页。

启示录形式实现的对整个实相的彻底否弃。[1] 以色列民族的苦难历史最终抵达如下洞见：

> 各个帝国的前后相继是无意义的；无论是在现实层面战胜帝国敌人，还是在精神层面转化人类，都没有成功的希望。如果要重新引入神性秩序，那么，由于实在的当下结构是没有意义的，来自神的干预就必须改变这个结构本身。[2]

由民族苦难引起的反宇宙主义最终走向了启示录式的变形期盼。在此，均衡的丧失就已隐约可见了，它体现为《以赛亚书》中先知以赛亚对犹大王亚哈斯(Ahaz)的谏言[3]和耶和华神对亚述大军的屠杀[4]。在前一个场景中，先知要求国王在现实政治冲突中不应仰仗军队、给养等现实因素，而应凭靠对耶和华神的信仰解决问题；在后一个场景中，全心信仰耶和华神的希西家王(Hezekiah)凭靠他的信仰引发奇迹，解决了亚述大军的威胁。在这两个场景中，如下信念被突显：物理时空的现实结构可以凭借历史中的人通过其意识活动加以直接改变。在此，先知彻底无视了现实的历史过程对人性和社会施加的具体限制，而通过仅存于个人意识中的某种强烈愿景，完全颠覆物理时空自身所具有的结构。

畸变的高潮发生于基督耶稣的显现，具体而言即道成肉身和复活。沃格林对这一点也抱有清晰的认识，他在对《约翰福音》的分析[5]中处理了前者，在对保罗的分析[6]中处理了后者，而这两篇文本也正是《天下时代》全书对灵知主义的全部处理。

道成肉身乃是这样一个事件，神把自己显现为羁系在物理时空之局限下的人的形态。通过神在历史时间中的自我显现，神性实在的活动场域不再是某个

---

① 对四次逃离的具体列举，见埃里克·沃格林：《天下时代》(《秩序与历史》卷四)，第77—78页。

② 埃里克·沃格林：《天下时代》(《秩序与历史》卷四)，第77—78页。

③《以赛亚书》7。

④《以赛亚书》36—37。

⑤ 埃里克·沃格林：《天下时代》(《秩序与历史》卷四)，第61—70页。

⑥ 埃里克·沃格林：《天下时代》(《秩序与历史》卷四)，第332—370页。

平行于历史时间的神圣宇宙节律，而是人类历史本身。对于基督徒而言，道成肉身乃时间的开端（“公元”，anno domini，注意 domini 乃属格，意即属主之年），这并非是说在基督耶稣降生以前就没有变迁和流逝，而是指，由基督耶稣的降生，历史时间终于获得了本体论上的绝对真实特征，它不再只是无意义的朽坏与衰亡，相反，历史时间就是救赎过程，也就是说，就是实相本身。历史时间，这个我们生活于其中的世界，连带着其所包含的全部人类行动，都被转化为绝对真实的救赎过程的一个环节。它仅仅发生一次，一劳永逸的一次，当它发生时，物理时空的整体结构彻底变形了，历史成为指向救赎终点的终末论运动，也就是说，物理时空与实相重合了。沃格林看得很清楚，“……是基督的显现；将宇宙起源论意义上的开端，置于它与神性超越在人的意识中的显现这二者的关系中加以阐述”[①]。其要害在于：

> 作者将关于创世的宇宙起源论“言语”，与由那个“我是”从超越之处向人说出的启示性“言语”混杂了起来。……这两种“言语”很容易在一个强烈地被基督的显现所塑造与转变，以至于对此后的那些语言分析问题毫不关注的思想家那里，混合成一种关于神性实在的语言，对应于唯一的神性实在。……各种灵知主义答案的内核所具有的谬误是，它将意识从超越扩展至开端。在各种灵知主义体系的建构过程中，对以超越模式进行的神性显现的直接经验被以思辨的方式加以扩展，用于包含某种关于开端的知识，而这种知识其实只能以经过中介的经验这种模式为人所认知。[②]

这就是发生在保罗身上的事情。

尽管弥赛亚已然降临，但化身为人的基督依旧无法免于具体的物理时空对人的制约：死亡。倘若仅仅如此，倘若救赎的奥秘止步于此，那对于这生存于生成与毁灭中的人又如何称得上是救赎呢？救赎若要完成，变形若要实现，则物理时空那最顽固也是最强力的终极法则就必须被击毁：人若想要跃入实相，

① 埃里克·沃格林：《天下时代》（《秩序与历史》卷四），第 61 页。

② 埃里克·沃格林：《天下时代》（《秩序与历史》卷四），第 67—69 页。

就必须克服死亡。当然，这是从后人的视角来看了，对于当时的人而言，救主的降临与否乃是不确定的。之所以能够拥抱福音的核心内容，即"耶稣是基督"这一信念，恰是因为他们认为这个历史时空中的个体如经上的预言所记的那样出生、传道、受难、复活。在此，复活担当了这一确证过程的最终环节。经由复活，这个人现已战胜了死亡，对于那些相信这件事确实发生的人而言，已经无法再怀疑如下事实：这个个体就是预言中的救主（"耶稣是基督"）。保罗深刻地理解了这一点，他将全部的基督信仰都奠基在了复活上："若没有死人复活的事，基督也就没有复活了。若基督没有复活，我们所传的便是枉然，你们所信的也是枉然。"[①]救赎的最终环节乃克服死亡："尽末了所毁灭的仇敌就是死"[②]、"我们若是与基督同死，就信必与他同活，因为知道基督既从死里复活，就不再死，死也不再作他的主了。他死是向罪死了，只有一次；他活是向神活着。"[③]

我们很难想象在保罗前往大马士革的路上，于他的意识中到底发生了什么。但可以确定的是，自该事件以来，这个人就从内到外地被彻底转变了：他把自己原先令人自豪的犹太人名字改成了一个卑贱的代号[④]，从迫害犹太人的急先锋摇身一变成为耶稣基督最狂热的信徒。造成其转变的核心正是如下信念：救主已然降临（更准确地说，就是那个核心命题"耶稣是基督"）。这一信念也构成了他后半生孜孜不倦以传播的所谓"好消息"（εὐαγγέλιον）的核心。我们在这里可以提取出一条逻辑链，即：复活（异象）——"耶稣是基督"（信念）——天国降临（宇宙维度的变形）。

基于对复活的证实，则必须相信救主已然降临；基于救主已然降临的信念，则整个宇宙维度的变形过程也已然开始（这是基督带来的必然结果），并且很快（在他的有生之年）就将随着救主的再临而彻底完成。然而这条逻辑链只能是一个现代人的回溯性视角，我们之所以能够将这些环节间的逻辑关联视作必然的，这已是建立在使徒们的工作成果之上而得到的结论。在保罗那里，问题恰

---

① 《哥林多前书》15：12—14。

② 《哥林多前书》15：27。

③ 《罗马书》6：8—10。

④ 对保罗改名事件的分析请参考阿甘本：《剩余的时间》，钱立卿译，北京：中央编译出版社，2016 年，第 15—19 页。

恰在于,对第十三位受差遣的人(ἀπόστολος)[①]而言,他是如何在复活事件上建立起一整套从死亡走向生命的宇宙层面的神圣喜剧的?在背后主导着保罗将复活事件引向神国降临的推动力是什么?在讨论这一点之前,我先插入一个更宽泛的技术上的问题,即为何信念影响对实在的理解是可能的。

我正在讨论一个信念(它由一个超自然现象支持)引起了该信念持有者眼中宇宙与历史的变形。应当注意的是,无论宇宙还是历史,作为整体它们都不是人能够直接经验到的对象,从而我们对它们的认知也不具有我们对物(桌子、电脑)的感知所具有的准确性。相反,它们是经由人的概念性构造而被把握的[②],因而,在某个先导性信念的影响下,以一种全然不同的方式去构想作为整全的宇宙与作为全部实在过程的历史是完全可能的,对于生活在这一信念中的人而言,这一变形了的宇宙图景所具有的真实性与常人所具有的无二[③],也就是说,它们发挥的效力是一致的。

回到保罗的主题。在对保罗书信的分析中,沃格林敏锐地发现:

> 阐述的重点已发生了决定性转变:从化身于这个世界之中的神性理智性秩序,转变为旨在脱离这个世界之无序的神性灵性救赎;从实在所包含的矛盾,转变为对该矛盾的克服;从对带有方向性的运动的经验,转变为它的臻于完善。关键的差异在于对 phthora(衰亡)的应对。[④]

与哲学家的理智性神显相比,在保罗对存有之秩序(order of being)的理解中透露出对尘世强烈的不信任。物理时间的不可逆转性、尘世生活中强凌弱众暴寡的无序性以及人的有死性都让人所生活于其中的这个尘世显得愈发不宜

---

① 顺便一提,保罗使徒身份的特殊性可参考佩特森的解释。佩特森:《面向终末的美德》,谷裕译,上海:华东师范大学出版社,2010 年,第 35—38 页。

② 我的意思不是说,"宇宙"或者"历史"的所指对象是不存在的,但是,只有对于全知全能的观照者(倘若有的话),它们才可以像"桌子"或"电脑"那样以物的样态被理解。对于人而言,则是不可能的。

③ 朱成明老师曾经打过一个比方,这就好比是醉酒的人眼中的世界景象,颠倒错乱对于他们而言是完全真实的。

④ 埃里克·沃格林:《天下时代》(《秩序与历史》卷四),第 334—335 页。

居,而救主的降临就意味着将之鼎革为一种更宜居的状态(否则无所谓拯救),也就是说,有死性等尘世中令人厌恶的特征都将得到修正。也正是基于这一期盼,令人难以置信的复活事件具有了更深一层的含义:它不仅仅是一个征象,用于应验经上的预言,它还直接成为了尘世鼎革的序幕。救主从死里复活意味着他战胜了死亡,从而统治尘世的有死性原理正在一点一点被撬动,当它彻底被撬开时,整个宇宙结构就在根本上完成了其转变,从此有死性将被彻底抹除。

埋藏在这种蔑世态度背后的,正是在上一节中所发现的心理结构:对实相的渴求,或曰,对真实的、有意义的存有的渴求。在保罗身上它具体地以"复活者异象"的形式表现出来。复活不应被简单地理解为一个被观测到的超自然事件(这显然不太可能),但如果我们把它理解为当事人对其意识状态的一种神话性的表述或许会更具有启发性。在复活这一表述中所传递的是一种关于转变的经验[1],从消逝到对消逝的克服,从历史中一个经验的个体到被存有充分占据的那个绝对个体,从无明颠倒的虚妄生存到如如不动的真实生存,这一转变真实而有力地在表述者的意识结构中发生了,并且该体验具有的强烈真实感驱使他必须寻找到某种能够令人信服的方式以对其进行自我阐释,该阐释后来被扩展为一整套关于宇宙的变形戏剧。

有趣的是,在保罗的这个例子当中,渴望逃离尘世的冲动却恰恰反映了尘世中的生存所具有的一组相互矛盾的基本结构,该结构可以被刻画为尘世的必然(一切基于物理时空的法则为存在者施加的限制)与终末的自由(人的心灵却又能够逾越一切上述限制),只不过在保罗那里对后者的强烈渴求使他不愿再忍受在时间与永恒、开端与超越、人与神、存有与非存有之间的不完美的生存。正如在罗马书开篇所表明的那样,他已把自己无条件地、无保留地交给了由上及下的整饬性力量[2],这股力量特派(ἀφωρισμένος)给他的任务便是,将带有诸多限制的居间生存(尘世)被经由变形的真实宇宙(神的国度)所取代的好消息尽可能地传给更多的人。

总结一下,将物理时空进程(reality)变形为实相(realissimum)的工作将在

---

① 在东方,一个类似的表述被称为"觉"(从梦里醒来)。

② 佩特森:《面向终末的美德》,第 34—35 页。佩特森在解读δοῦλος这个词的时候特别区分了两种德语译法,即"奴仆"(sklave)与"仆人"(knecht),他批评后面这种路德的译法弱化了使徒对基督的财产隶属关系,从而弱化了保罗这里的谦卑态度。

基督的复活,即对于死的克服中开始启动。由这一事件,宇宙的结构发生了根本改变,原本在物理时空中作为一项对人的限制的不可逆性(人死不能复生)被取消了,衰老、退化或远离神性真质之类的事情也就不再可能发生。依旧生存着的人被拔擢进一个纯粹、静止的点,圆融无碍、至诚无妄。很清楚,这其实是曾一度片刻发生于某个敏感心灵中的内在体验,但根据保罗这个洁癖分子的变形理想,它被扩展为自救主登基起,物理时空中一切人的普遍生存状态。意识中的体验由此被扩展到物理时空中的生存里,充当了变形的真正秘密。

五、结论

本文首先通过区分古代灵知主义(历史的灵知主义)与现代灵知主义(沃格林意义上的灵知主义),界定了沃格林谈论灵知主义时的实指范围;随后借助伊利亚德遂古存有论中的圣/俗结构,分析了古今灵知主义背后共同的根本驱动力,即对实相的渴求;最后着重讨论了沃格林在《天下时代》中对《约翰福音》和保罗书信的分析,一方面揭示出灵性神显是如何将意识中的超越错位为物理时空中的超越,另一方面则又发掘出尽管这条理路可能导向对尘世的蔑视与逃离,但在根本上其所反映的仍是恒常的人类意识结构(human nature)中的基本矛盾。

据沃格林,整个实相过程乃是一种双轨制,它同时是如下两者:(1)对万有之神性本源的参与;(2)对物理时空之事件序列的参与。在人这一实是领域,这种双轨制表现为:(1)通过回应发生于意识中的、朝向神性根基的张力而来的生存;(2)通过回应发生于物理时空中的、以维持整个事件序列之延续为目的的生存。不论对整全还是对人而言,两种参与的性质都截然不同,前一种参与形式我们可以界定为"领会"(understanding),后一种参与方式我们可以界定为"行动"。基于两种不同的参与形式,在参与过程中所触及到的对象也在本体论层面上具有差异。第一类参与对象(或曰实体类型)被笛卡尔刻画为"能思者"(res cogitans),第二类参与对象(或实体类型)为"具广延者"(res extensa)。现代性被沃格林在《史稿》中剖析为整全之越来越此世化(或去超越化)的过程,它愈发向尘世一面倾颓,愈发切断其与神性根基的关联。与此相应的,在人这一实是领域上,它表现为向行动一面倾颓,即领会着的思的退场和行动主义的高扬;在参与所发生的点位上,它表现为向具广延者一面倾颓,即将心灵或意识理解为从属于物质性部件的一种模态、一种效果、一种功能或一种副现象。沃格林哲学的全部工作在于重新维持内在—超越张力的均衡,重新维持居间,重新托举起并育而不相害的两条轨道,不使其堕于一偏。

这就是维持意识的均衡,重新取回实相的含义。

From the Profane to the Sacred: on Voegelin's Analysis of Pneumatic Theophany through an Eliade's Perspective

Yan Bohan

Abstract: Gnosticism is generally considered as a key word in Voegelin's critic of modernity. However, it seems that gnosticism as a subject has been disappeared in Voegelin's later works. On the other hand, an analysis of texts in the New Testament has though taken large proportions there. In the fifth chapter "the Pauline Vision of the Resurrected" in *The Ecumenic Age*, Voegelin comes deeply into the Pauline epistles and reveals a deformative power towards history comprised in the Pauline pneumatic theophany. In order to elucidate the implication and efficacy of this analysis, this article would turn to Mircea Eliade's archaic ontology, precisely his distinction between the profane and the sacred, to help understand Voegelin's intention in his analysis of Pauline epistles.

Keywords: Gnosticism, reality, realissimum, deformation, resurrection

宋明理学中的宇宙论与形而上学

——从沃格林和牟宗三的差异谈起

段重阳*

[摘　要]　在沃格林看来，中国思想从未完成对宇宙论的突破，即“神性根基”未在超越与开端两个方向显示自身。与之相反，在牟宗三的哲学史书写中，宇宙本体论恰恰指向了对宇宙的超越。然而，在宋明理学中，作为对紧凑宇宙论的突破，体用论的形而上学不导向对开端的探问，也没有对超越之创造者的寻求。道之体用所表达的“实在之过程”与以终末论为标志的“居间”有着差异，道并不表明自身为某种作为“端点”的“本原”。

[关键词]　宋明理学；体用论；宇宙论；本体论；沃格林

引论　中国哲学中的宇宙论与超越问题——从沃格林和牟宗三谈起

埃里克·沃格林(Eric Voegelin)提出，“只有在以色列和希腊，宇宙论形式

* 段重阳(1993—　)，男，陕西耀州人，哲学博士，山东大学儒学高等研究院博士后，主要研究领域为宋明理学与现代新儒学。

才因在存在中的飞跃(亦即各个灵性神显事件和理智性神显事件)而彻底瓦解,并让位于新的符号化表达——启示和哲学"[①],而中国"拥有如此众多富有原创力、坚强有力、投身于灵性精神冒险和理智冒险的个人,这些冒险原本可能达成对于宇宙论秩序的彻底脱离,但最终还是未能摆脱困境,不得不屈服于占据主导地位的形式"[②]。在沃格林那里,无论是"灵性冒险"还是"理智冒险",指向的都是对宇宙论的突破,从而达到了"启示"和"哲学"。尽管沃格林所举的例子大多是西周和秦汉时期的文献,但是他的论断几乎涵盖了整部中国思想史。换而言之,在沃格林看来,中国思想从未完成对宇宙论的突破,因为伴随着这种突破的是对宇宙万物的超越,即灵魂(精神)直接参与"神性本原"而无关于宇宙内实在,而这样一种经验对于中国思想来说是陌生的。与之相关的是牟宗三,他以"宇宙本体论"或者"本体宇宙论"为架构写出的中国哲学史就已经阐明了中国古典思想中"宇宙论"与"本体论"(形而上学)的紧密联系,以至于他将宇宙论与本体论分离的形态(朱子哲学)视作中国思想的歧出。

当然,若对二者的判定加以比较,那么显然,牟宗三肯定不会同意沃格林的看法。在沃格林那里,宇宙论有两种形态,即原始的紧凑形态的宇宙论和经过"精神突破"之后的宇宙起源论。"在紧凑的宇宙论模式下,所有的实在均被符号化为一个由宇宙内'万物'构成的宇宙。生存着的万物变成这个由神塑造秩序的宇宙的同质组成部分,非生存的神性本原则被符号化为宇宙内众神。这个宇宙在很大程度上是内在于它所囊括的万物之中的,就像万物内在于这个宇宙之中一样。事实上,万物在很大程度上就是这个宇宙。"[③]与之不同,宇宙起源论关注的是宇宙的开端。开端问题之所以显现,则在于超越宇宙万物的神性本原的出现,"只有关于具有绝对创造力的超越的经验才能深入消解那种紧凑性,使具有绝对创造力的开端得以显现"[④],"如果要在超越方向上获得的有关神性实在的经验同有关开端的神话相关联,结果就将必定是一种从虚无中的创造"[⑤]。换而言之,宇宙起源论对开端的讨论意味"神性本原"通过宇宙内的实

---

① 埃里克·沃格林:《天下时代》(《秩序与历史》卷四),叶颖译,南京:译林出版社,2018年,第387页。

② 埃里克·沃格林:《天下时代》(《秩序与历史》卷四),第387页。

③ 埃里克·沃格林:《天下时代》(《秩序与历史》卷四),第136页。

④ 埃里克·沃格林:《天下时代》(《秩序与历史》卷四),第60页。

⑤ 埃里克·沃格林:《天下时代》(《秩序与历史》卷四),第106页。

在而显现，从而使得“超越”与“开端”保持着均衡，而开端之所以被重视，因为在开端时就存在的东西来自超越的本原，如神圣的律法。因而，在沃格林看来，宇宙起源论是摆脱灵知主义的图景，因为“关于宇宙起源的神话将如同宇宙一样永不消失，任何试图战胜或抛弃这种神话的努力均犹如魔法，由某种旨在摧毁宇宙本身的启示式欲望所推动”[①]，只要生活在宇宙之内的人保持着对万物之实在的信任，那么宇宙论便不能被摧毁。如果要作出分别的话，那么在沃格林看来，中国古典思想更接近于那种紧凑的宇宙论而非宇宙起源论。一个明显的旁证是，中国古典思想虽然有很多对宇宙原初状态及其演化的讨论，但是原初状态并不是从虚无中诞生的开端。然而牟宗三却不会认为这种宇宙论是缺少超越性的，“本体宇宙论”这个概念的使用就意味着在不否弃这个实在的宇宙基础上对超越性的寻求，这与沃格林提出的“神性本原”在开端与超越两个方向上同时显现并经由宇宙起源论而达到均衡有着类似之处，而超越问题在沃格林那里和中国思想中的差异似乎也可以用“外在超越”与“内在超越”的区别来说明。

当然，这种类比是简单而粗略的，比如沃格林和牟宗三对“超越”的使用并不一致，基于灵性突破的“启示式欲望”也难以用“外在超越”来描述。对于沃格林而言，他的理论在面临中国文本时遭遇了困难，“不完全的突破”（the incomplete breakthrough）就说出了这点。对于牟宗三而言，他的理论背景是道德形而上学，超越性指向的是创造性实体，而此实体同时作为人的道德实践之超越根据便是主体，这也就是“即存有即活动”之本体。尽管在执的存有论中，现象界被视为“有而能无、无而能有”的，但是这并不是对宇宙之实在的否弃，恰恰相反，本体界被视为人之道德实践所关涉的真实存在，而其中的物并不是区别于现象界中不同之物，而是“物在其自己”（物自体）。但是，在去除时空相之后的“物自体”便与“宇—宙”这个概念所指向的实在有所差异。因此，在某种意义上，沃格林的分析也适用于牟宗三：对超越之根据（超越的神性本原）的寻求导向的是对这个宇宙内实在的抽离根基，换而言之，对宇宙之神性根基的寻求使得“宇宙分裂为一个去神化的外在世界和一个超越于世界之上的神”[②]。但是，这种超越并不导向对开端的探问，因为它从未使得灵魂（精神）与神性本原

---

① 埃里克·沃格林：《天下时代》（《秩序与历史》卷四），第57页。

② 埃里克·沃格林：《天下时代》（《秩序与历史》卷四），第137页。

相联系时否弃这个实在的宇宙以至于需要通过开端来重回宇宙。与沃格林提到的灵魂(精神)概念相等同的是中国哲学中的“心性”,而在中国哲学中,心性论恰恰以这个宇宙(以及人之身体)的实在为前提,而不是某种只在灵魂中呈现自身的非宇宙的神性根基。

在中国思想中,彻底朗现宇宙与心性之关系的是宋明理学。在“中国天下”的结尾,沃格林提到,“在汉代,开始了各种运动和学派之间的斗争,为的是提供强权巨人所尴尬缺失的精神实质。对精神和权力进行的那种新式综合被人们找到,并经历了各种变化,直到在新儒学正统学说中稳定下来”[①],“新儒学”这里指向的是汉代的儒学,而这种儒学并未达到对宇宙论的突破。其实,如果按照一种通行的哲学史诠释,沃格林的见解是可以被接受的,因为真正实现对宇宙论突破的是宋明理学,而魏晋玄学可以充当它的序曲——尽管沃格林并未将宋代的新儒学与汉代的新儒学区别开来。但是,如果按照沃格林的理论,这种突破恰恰要求的是对宇宙内实在的否弃,而我们在理学的开创者之一张载那里看到的首先是对宇宙之实在的肯认,而真正否弃宇宙的恰恰是作为他们理论对手的佛学。佛学对宇宙内实在的否弃并不是通过超越宇宙之本原,而是直接抽离宇宙内万物之确定性,从而使得宇宙本身为虚幻,这种虚幻本身是最“真实”的。因而,这种重回宇宙不是通过使得神性根基同时在开端与超越处显现而达成的,而是使得神性根基重回宇宙内万物而达成的。然而这种重回与汉代的宇宙论不同,对于根据的追问已经开启了一种形而上学,它所追问的是宇宙以及万物的生成和秩序的根基。通过这种追问,宋明理学重新回到了被佛教视为虚幻的这个实在之宇宙,因为神性根基被视为内在于宇宙以及每一个宇宙内的实在之物。因此,对宋明理学中宇宙论的研究需要显明的便是一种基于“不是分化事件的缺失,反倒是它们的存在”[②]的心性论秩序,而对根据的寻求所显明的形而上学同时必须被视为一种宇宙论,这意味着在沃格林和牟宗三所开启的论题中的前进。

一、气化宇宙论与根据问题

一般而言,我们会将气的化生论作为古典儒学宇宙论的基本形态,然而气

① 埃里克·沃格林:《天下时代》(《秩序与历史》卷四),第403页。

② 埃里克·沃格林:《天下时代》(《秩序与历史》卷四),第389页。

论在儒学的演变过程中也有着变化。在通常的哲学史书写中，我们会将汉代的气论与宋明理学中的气论区别开来，前者是自然宇宙论，也就是追寻万物之本原("始基")的气论，而后者则是本体宇宙论，是寻求万物之本体的气论。无论是本原还是本体，都是对根据的寻求。

这种对于根据的寻求，按照沃格林的说法，就是对于"处在生存中的万物的非生存本原"的寻求。沃格林在谈到对宇宙的原初经验时说："它是由居下的地和位上的天构成的那个整体——天体及运行；季节的变化；动植物生命的生长节律；人的生活、出生和死亡；尤其是，正如泰勒斯一直知晓的那样，它是一个充满众神的宇宙。"[①]而众神，尤其是其中的最高神，便作为人之生存的根据，"神的意志通过统治者的行动或不行动，通过社会的有序或无序而得以显明。国王是宇宙秩序的中介者，宇宙秩序通过他而从神流到人"[②]。这种分析也适用于早期的中国，然而沃格林在《天下时代》中所讨论的，就是对这种原初的宇宙论形态的突破，而"未完成的突破"也是指向了这里。对原初的宇宙论形态的突破意味着对根据(原因)的寻求："并没有被生存着的万物在其自身之中携带，而是作为生存的某种母体与它们共在的这个神秘本原是什么"[③]，然而这种"本原"并不是生存着的，因而指向的就是虚无，"所以关于本原的问题便是虚幻的；如此这般，直到体验到的实在张力中的非生存一端消失在对其实在性的实体化否定为止"[④]，而这种否定就是对宇宙论的突破，这一过程表现为生存之非生存的根据在宇宙内的不断变动以至于超出宇宙本身。

那么，又如何理解汉代儒学宇宙论的特征？在沃格林看来，汉代儒学的出现是东周以来的紧凑宇宙论形式崩溃后的产物，"紧凑的宇宙论秩序分解为权力和精神"[⑤]，"在汉代，开始了各种运动和学派之间的斗争，为的是提供强权巨人所尴尬缺失的精神实质"[⑥]，而对精神和权力的新的结合方式就是汉代的新儒学。这种新的结合方式也就是董仲舒哲学所提供的。具体而言，如果说"屈

① 埃里克·沃格林：《天下时代》(《秩序与历史》卷四)，第 127 页。

② 埃里克·沃格林：《天下时代》(《秩序与历史》卷四)，第 129 页。

③ 埃里克·沃格林：《天下时代》(《秩序与历史》卷四)，第 134 页。

④ 埃里克·沃格林：《天下时代》(《秩序与历史》卷四)，第 134 页。

⑤ 埃里克·沃格林：《天下时代》(《秩序与历史》卷四)，第 402 页。

⑥ 埃里克·沃格林：《天下时代》(《秩序与历史》卷四)，第 403 页。

民而伸君”确认了人类社会的权力结构的话，那么“屈君而伸天”就意味着精神与权力之间关系的重塑，这也就是“天人感应”。权力意味着人类社会的政治秩序，若政治秩序缺乏精神性根基——比如“仁”，那么，它也就缺乏了宇宙论的支持，“不仁之人的统治将不会出现，这一告诫对于使普世统治来说至关重要的仁在宇宙秩序中具有了无可动摇的地位”[①]。同时，正如我们在“人副天数”、“天人感应”等学说中看到的，对(政治)生存之最终根据的寻求并非超越宇宙之上的创世神，也非宇宙内的神灵(尽管对“上帝”的祭祀仍旧是重要的)，而是“天”。虽然有不少学者将“天”解释为人格神，将“天人感应”理解为“君权神授”，但是“天”的显现恰恰不是人格的。“天地人”构成了中国古人对宇宙之整体的划分，其中，日月往来、雷霆雨露、四季流转皆是“天”，而山川丘陵、江河湖海等为“地”，在“天人感应”中，生存着的人间权力的拥有者如果丧失了自身的精神——即“不仁”，那么，“天地”就会有对应的灾异发生。也就是说，天地作为宇宙中人之生存之外的区域而为人之生存的根据——“天地之符，阴阳之副，常设于身，身犹天也，数与之相参，故命与之相连也”[②]，从而不必设想一个人格化的天(神)，因为“天人感应”所依赖者是气化之宇宙论，人间治乱与天地之间的感应并不是经由人格化的神灵来担保的——“人，下长万物，上参天地。故其治乱之故，动静顺逆之气，乃损益阴阳之化，而摇荡四海之内”，“是故常以治乱之气，与天地之化相殽而不治也。世治而民和，志平而气正，则天地之化精，而万物之美起。世乱而民乖，志僻而气逆，则天地之化伤，气生灾害起”[③]。因此，如果说汉代的气化宇宙论表现为一种气的生成论的话，那么这种宇宙论并不在于寻求一种原初状态，而且通过气来说明天人之间的感应的可能之根据以及基于此的人间秩序之根据，而这种非生存着的根据仍然是实在的，并朝向人的生存开放自身。

沃格林并未讨论宋明儒学与汉代儒学的差异，而在牟宗三那里，这种差异被刻画为纯粹的气化宇宙论与本体宇宙论之间的差异。本体宇宙论意味着对宇宙本身的突破，它要寻求的是气之化生的根据，这种根据被视为超越宇宙的，这点首先表现在对张载和二程哲学的诠释中。然而这种诠释是有问题的，根本的误区在于将在宋明理学中作为追问根据的体用论作为超越宇宙的本体论。

① 埃里克·沃格林：《天下时代》(《秩序与历史》卷四)，第397页。

② 董仲舒著，苏舆撰：《春秋繁露义证》，北京：中华书局，1992年，第356页。

③《春秋繁露义证》，第466页。

诚然，在体用论中，这个气化的宇宙被视为用，但是作为根据之体却从未超出这个变动不居的宇宙。本体论指向的是超越于这个宇宙之上的根据，而体用论不能够越过宇宙论得到思考，尽管体用论的出现改变了之前的宇宙论形态。当然，作为体用论的宇宙论指向了我们生存于其中的实在之整体及其根据。正是在指向整体及其同一之根据这一点上，宇宙论是形而上学，并意味着宇宙论本身的转变。在汉代儒学中，气的流行本身成为根据，它显现出的天地之条理成为人之行为的根据，而气本身又成为人与天之感应的中介（根据）。在体用论中，气的流行本身被视为用，而流行之根据则成为问题。这一发问本身当然可以被视为受到了佛教的刺激，而这种刺激恰恰不同于以色列人达到的“存在的飞跃”，而是“有无问题”。在佛教中，无论是空宗还是有宗，真如缘起还是法界缘起，其所留意的只是如何说明万物之空寂。归根结底，万物之空寂在于缺少自性，换而言之，每一物自身缺少使自身成立者，此即缘起性空；而我们所执万物之实有皆为妄见，只是心识所现。于是，对于体用论而言，需要回应的便是如何说明万物之实有。佛教提出的理论挑战刺激了儒学，也参与塑造了理学问题意识的形成，但是佛教从未有超越宇宙之本体论，以“本体论焦虑”来说明理学之问题意识确为不谛，而有无问题虽然引导着理学之发问，但是对这一问题的回答是儒学的，那种“阳儒阴释”的见解亦是不审之辞。体用论对有无问题的回应首先要表明万物之实在的根据，以及人如何获得这种根据，而后一问题便是对佛教以心识起灭天地的驳斥。如果说“释氏虚，吾儒实”指向的是前者的话，那么“释氏本心，吾儒本天”就是后者。理学家对自身思想之问题指向有着明确的意识，体用论所要维护的恰恰是这个宇宙本身。

我们首先可以在张载那里看到这种体用论。张载对气化宇宙之体用有明确的表述：“神，天德；化，天道。德，其体；道，其用。一于气而已”[①]，神—德作为气之体，表明的就是气之化的根据。[②] 在张载哲学中，神、德、体、性指向的都是

① 《张载集》，北京：中华书局，1978 年，第 15 页。

② 唐纪宇准确地看出，“一物两体是要为这个氤氲不息的世界提供某种根源性的解释”，“基于一物两体的神与化，并非是并立的关系，而是一种体用关系”，“这个氤氲不息的世界本质上就是作为最普遍的感应作用之神所鼓动的两体之间不已的相互作用所导致的连续不断的发展变化”，“天地之性本质上就是一物两体之气固有的一体本性”，见《一物两体——张载气本论中的“性”之观念探析》，《中国哲学史》，2020 年第 4 期。“一物两体”指向的就是“感”，而那种以“神”“虚”为超越之本体而试图演绎出本体宇宙论的诠释毋宁说是一种由未经审视的思维前见而对张载做出的根本性误解。

气之相感，具体而言："物所不能无感者谓性"[①]，"感者，性之神；性者，感之体（在天在人，其究一也）"[②]，"未尝无之谓体，体之谓性"[③]。所谓"不能无"、"未尝无"就意味着"实"，这也就是张载所说的"虚"："无所不感者虚也，感即合也，咸也"[④]，"天德即是虚"[⑤]，"天地之道无非以至虚为实，人须于虚中求出实……凡有形之物即易坏，惟太虚无动摇，故为至实"[⑥]。体意味着物之性，而这种性无论在可见之气还是不可见之气中都是实在的，它同时就是生成万物之根据，而生成之过程便是由"神"来说明的，即合阴阳相感而为一："一物两体，气也，一故神（两在故不测），两故化（推行于一），此天之所以参也"[⑦]，"气有阴阳，推行有渐为化，合一不测为神"[⑧]。可以看出，作为宇宙之整体的根据，恰恰内在于宇宙内每一物自身，而这一根据也不仅仅通过人的心而呈现。"成吾身者，天之神也。不知以性成身而自谓因身发智，贪天功为己力，吾不知其知也"[⑨]，人的身体同样是神—性的成就。同样的，"合性与知觉，有心之名"，心表现为通过相感（性）而对外物之知，既有对具体的物之知（见闻之知），也有对宇宙之整体的感知（德性所知、万物一体），但并不是对超越宇宙之上的本原—根据的感知，后者会导致对包括人身体在内的宇宙内实在的否弃，"灵魂"直接与"上帝"的直接关联意味着宇宙需要超出自身的根据，于是"气"被下降到"质料"的层面，这也正是我们在牟宗三的道德形而上学中所看到的——"太虚神体"被视为气化宇宙的超越之根据，此根据只有以纯粹意志呈现自身的"心"才能得以体证，而宇宙内万物之呈现时空相抑或为无相之物自身皆赖此"心"之运转，难免陷入张载所批评的"以心法起灭天地，以小缘大，以末缘本"[⑩]。张载有言："体物体身，道之

① 《张载集》，第 22 页。
② 《张载集》，第 63 页。
③ 《张载集》，第 61 页。
④ 《张载集》，第 63 页。
⑤ 《张载集》，第 269 页。
⑥ 《张载集》，第 325 页。
⑦ 《张载集》，第 10 页。
⑧ 《张载集》，第 16 页。
⑨ 《张载集》，第 25 页。
⑩ 《张载集》，第 26 页。

本也，身而体道，其为人也大矣"[①]，"以我视物则我大，以道体物我则道大。故君子之大也大于道，大于我者，容不免狂而已"[②]，此其异也。无论是气化宇宙与其根据的分离，还是在心灵中实现的"存在之飞跃"，都不是理学家身处的那个宇宙。

然而，宇宙内之根据的最大问题在于其自身的不确定。沃格林在对人类早期的宇宙论秩序的研究中说道："这种对相互类比的宇宙论式摆弄，无法建立在某个外在于自身的坚实基础上；它所能做到的仅仅是，生成一个特殊的实在区域（在这个例子里，就是历史中的社会及其秩序），该区域向关于生存（位于非生存的深渊之上的生存）的奥秘敞开"[③]，而这意味着"将生存与非生存压缩成宇宙内万物"[④]，进而言之，"对实在的原初经验之所以是对某个'宇宙'的经验，仅仅是因为，通过这个天体意义上的宇宙和宇宙内众神，处在生存中的万物的非生存本原变成某个既非生存着的，亦非非生存着的实在的一部分。来自实在的这种张力已被吸收进那种作为整体、被称作宇宙的中间性实在。宇宙实在的居间将生存与非生存的本原之间的张力封闭在它的紧凑性之中"[⑤]。按照沃格林的看法，这种紧凑性必然面临着解体，即分化为一个去神化的宇宙和一个超越宇宙之上的神，因为将宇宙内某些物置于更高的地位也无法阻止这种瓦解。"对相互类比的宇宙论式摆弄"似乎可以对应于汉代儒学，但是若深究起来，汉代的宇宙论恰恰实现了不同于沃格林提出的早期的宇宙论秩序，而关键就在于"类比"。在沃格林那里，"类比"指的是"使他（引案：统治者）的地位得到天体意义上的宇宙和宇宙内众神"[⑥]，而从东周以来到汉代所实现的宇宙论变化，便是把"类比"从宇宙内的某个神灵置换成天地（宇宙内的非生存之实在区域）的变化及其条理本身。因此，一方面，对"神性本原"的追寻不会通过某种存在者等级的划分而朝向那个创造这个宇宙的最高存在者，如同在古希腊哲学和基督教神学中那样（这也是与存在论哲学的不同之处）；另一方面，天地变化及其条

---

① 《张载集》，第 25 页。

② 《张载集》，第 26 页。

③ 埃里克·沃格林：《天下时代》（《秩序与历史》卷四），第 131—132 页。

④ 埃里克·沃格林：《天下时代》（《秩序与历史》卷四），第 136 页。

⑤ 埃里克·沃格林：《天下时代》（《秩序与历史》卷四），第 137 页。

⑥ 埃里克·沃格林：《天下时代》（《秩序与历史》卷四），第 136 页。

理的确定性使得向超出宇宙之外的确定性本原的寻求缺少了动力，换而言之，《易》所言“变易”与“不易”便规定了儒学寻求确定性根基的运思路径。这种思路同样规定了宋明理学。

宋明理学的宇宙论已经摆脱了“类比”思路，对生存之根据的寻求不再通过对天地运行的类比而达成，因为后者作为具体的事件因其偶然性和类比的失效仍旧难以保证人间秩序的必然，而解决之道便是将天地运行之条理和人间秩序都视为同一根据的不同显现。但是，这种根据并不指向某种最高的存在者，这也正是“天理”所表达的。正因为理不能被视为某种最高的存在者，因此理并不是这个宇宙的创造者，即“无造作”，而宇宙万物的生成动力仍旧有赖于气。进而言之，物的生成被视为秩序实现的一个环节，而秩序本身无所谓生成，在这一点上，天理本身是超越的，并保证了万物运行的基于同一之确定性，所谓“道，一本也”，一者，不二也。当然，对这一点的指出有赖于二程和朱子，张载那里的“天理”根植于气之感而为“时义”，不会被视为超越的所以然者。但是，当理与气相分离时，一个明显的趋向就会产生：万物秩序之根据与变化中的万物之分离，而当这一根据同时也是万物生成之根据(所以然—所当然者)时，沃格林提到的开端与超越的问题便会出现，这一点在朱子对“太极动静”的讨论中尤为突出。但是，朱子对宇宙“动静无端、阴阳无始”的强调恰恰是为了否认“太极”能够作为超越宇宙的创造者，其中的纠缠会使得宋明理学的宇宙论特征更加凸显。

二、超越与开端：朱子论太极与动静

太极与动静问题是朱子宇宙论的核心，而太极标志的根据问题也指向了形而上学。朱子曾言，“谓太极含动静则可(以本体而言)，谓太极有动静则可(以流行而言)，若谓太极便是动静，则是形而上下者不可分，而‘易有太极’之言亦赘矣”[①]，太极与动静的区别便是理与气的区别，若混淆理气，则必然之根据会被动摇，而太极与动静之间的关系则可以分别以“太极含动静”和“太极有动静”来说明。“含”指向的是理本身，即所谓“以本体而言”，它意味着太极既是动之理，也是静之理，动之理不外于静之理，否则便不是理之一而有柏拉图分有说之

① 顾宏义：《朱熹师友门人往还书札汇编》，上海：上海古籍出版社，2017年，第2981—2982页。

困境。“有动静”指向是气之动静，即所谓“以流行而言”，“含动静之理”则“有动静”，即“有是理便有是气”[①]。正如在上节提出的，在宋明理学中，体用论是用来表达宇宙论中追问根据及其作用方式的，而朱子对太极与动静的关系说明有一个明确的表述：“熹向以太极为体、动静为用，其言固有病，后已改之曰‘太极者，本然之妙也；动静者，所乘之机也’”[②]，前后表述的差异对于理解朱子的宇宙论是关键性的。在上节提到的张载哲学中，气之感一性一神是气的流行之体，这意味着气自身的相感是它流行的动力因，即气自身的能生成，这是体用论的基础含义，即体能产生用。因此，若以太极与动静为体用关系，那就意味着太极作为超越宇宙者，直接产生了动静之气，此即虚无中的生成而有气之开端，而当朱子断绝太极与动静的体用关系时，也就阻止了这种可能的理解取向。

在对动静问题的阐发中，朱子区别了“动而生阳，静而生阴”和“动而后生阳，静而后生阴”，前者是作为动静之理的太极之动与太极之静，而后者则言气之动静。理之动静与气之动静不同，“阳动阴静，非太极动静，只是理有动静”[③]，“太极只是理，理不可以动静言”[④]。理是作为气之动静的所以然者而说动静，如果理自身能够有动静，那就意味着理（太极）通过自身的动静而生出了阴阳之气，那么，“动静无端、阴阳无始”便不能够成立，此流行之整体必有开端，而开端之上有太极之一物，此太极之动静便是宇宙之创生与开端，这样的图景是朱子所不能接受的，他一直强调“一静一动，便是一个辟阖。自其辟阖之大者推而上之，更无穷极，不可以本始言”[⑤]，宇宙无开端之时，“太极非是别为一物，即阴阳而在阴阳，即五行而在五行，即万物而在万物，只是一个理而已”，“才说太极，便带着阴阳；才说性，便带着气。不带着阴阳与气，太极与性那里收附？然要得分明，又不可不拆开说”。[⑥] 因此，“动而后生阳，静而后生阴”便是气之动静阴阳，“动而静，静而动，辟阖往来，更无休息”。[⑦] 换而言之，“动静之机”表明的是不同之时，而“本然之妙”则须以体用论释之。

---

① 《朱子语类》，北京：中华书局，1986年，第2页。

② 顾宏义：《朱熹师友门人往还书札汇编》，第2981—2982页。

③ 《朱子语类》，第2374页。

④ 《朱子语类》，第2370页。

⑤ 《朱子语类》，第2366页。

⑥ 《朱子语类》，第2371页。

⑦ 《朱子语类》，第2374页。

体用之别指向的不是太极和众理(皆为理之一),也不是理和气(太极和动静之气),而是在流行中的理和象。朱子在给吕子约(吕祖俭)的信中借“道”和“行”分别了体用,前者是“所能”之理而后者是“能”之事,而混同事物与用之理(体),则难免陷入“谓当行之理为达道,而冲漠无朕为道之本原”[①],体用之别是形而上、形而下之别,也是理象之别。所谓“一源”指向的“体中有用”表明的就是作为用之理的体并不因为用未显而不存——“盖自理而言,则即体而用在其中,所谓一源也”[②],“用在其中”者,体即用之理,非“用之理在其中”;“言理则先体而后用,盖举体而用之理已具,是所以为一源也”[③],此言“用之理”即“体”也,而“先体而后用”,则先有“所能”而去“能”也,先有“道”而后“行道”也。又所言“自象而言,则即显而微不能外,所谓无间也”[④],“言事则先显而后微,盖即事而理之体可见,是所以为无间也”[⑤],“微”者,理也,“理之体”非微之理外仍有体(即“非此理之外,别有一物冲漠无朕也”[⑥]),此理即为体也。于是,“理在动之中”,可以通过气之动而此见理之用,这是“显”,所谓“动”,便是万物在生成之中;“理在静之中”,虽然气未动而物未生,或者物已生但未有用处,但此理仍在,这是“微”。“太极之体”和“太极之用”的说法较易引起误解——太极之用,为气之流行;太极之体,即太极自身,为流行之理,“体是这个道理,用是他用处”[⑦]。

如果对体用的分析只是指明何者为体、何者为用的话,那么这种分析仍旧是静态的。正如同一直强调的,体用指向的是理象之间的关系而非理气,这是因为体用是在流行中而言的,只有在流行中才能以理为体、以气为用,这便是理与象,否则会将理当做能够造作之体,以“所能”为“能”,这是牟宗三哲学中才出现的“创生实体”。[⑧] 然而,这里仍须进一步探究,在流行中,体如何达成用?朱

---

① 《朱子全书》第 22 册,上海:上海古籍出版社;合肥:安徽教育出版社,2010 年,第 2227 页。

② 《朱子全书》,第 1307 页。

③ 《周敦颐集》,北京:中华书局,1990 年,第 10 页。

④ 《朱子全书》,第 1307 页。

⑤ 《周敦颐集》,第 10 页。

⑥ 《朱子全书》第 22 册,第 2227 页。

⑦ 《朱子语类》,第 101 页。

⑧ 藤井伦明提出:“以‘理’为本体,以‘气’为作用的这番见解是有其问题存在的。因为‘理’之作用并不是‘气’本身,而是形而下的各种现象”,见氏著《朱熹思想结构探索——以“理”为考察中心》,台北:台大出版中心,2011 年,第 181 页。引文出自结语,具体分析可参考该书第三章《流行之“理”——朱子之“理”的再检讨》。

子说，“自太极至万物化生，只是一个道理包括，非是先有此而后有彼。但统是一个大源，由体而达用，从微而至著耳”[①]，“非是先有此而后有彼”意味着此处之“太极”指的是气中之太极，也就是太极图的第二个圆，即《太极图说解》中的“诚通诚复”。所谓“一个大源”，便是体用一源、理气无间，而“由体而达用”之过程，也就是太极随气之流行而规定之以成万物的过程。朱子的解释是，体用似乎可以从两个角度谈：以理而言，冲漠无朕之理为体，而见于事物之迹者为用，即“发于事物之间者为之用”[②]；以事物而言，它自身为体，而“理之发现者为用”[③]。其实，就事物之自身而言体，朱子在其他地方也说过，比如目是体、视是用之类，尽管这种用法超出了理气动静的讨论，但是若与“道不能自行”联系起来，则意味着作为体的理不能自行，“所谓道也，当行之路也”[④]，朱子提出道是“所能”而非“能”也是此义。在朱子对太极的论说中，“本然之妙”和“本体”是核心的用法，“本”若指向的是当然、本来如此的话，那么“妙”和“体”则与“用”相连。朱子会引用《通书》“动而无动、静而无静，神也”来形容太极，如“动而无动，静而无静，非不动不静，此言形而上之理也，理则神而莫测”[⑤]，“动而无静，静而无动，物也；动而无动，静而无静，神也。动而无动，静而无静，非不动不静也。物则不通，神妙万物。‘动静者，所乘之机也’”[⑥]，“神”便是“妙”的指向。也就是说，“神”是理解朱子通过体用论展开对万物生成之说明的核心概念之一。但是，“神”并不是理或者体本身，又与单纯的气相区别。朱子说，“神是理之发用而乘气以出入者，故《易》曰：‘神也者，妙万物而为言者也’，来喻大概得之，但恐却将‘神’字全作气看，则又误耳”[⑦]，“物之聚散始终，无非二气之往来屈伸，是鬼神之德为物之体，而无物能遗之者也”[⑧]，“鬼神只是气之屈伸，其德则天命之实

① 《朱子语类》，第 2372 页。

② 顾宏义：《朱熹师友门人往还书札汇编》，第 1951 页。

③ 顾宏义：《朱熹师友门人往还书札汇编》，第 1951 页。

④ 顾宏义：《朱熹师友门人往还书札汇编》，第 1951 页。

⑤ 《朱子语类》，第 2403 页。

⑥ 《朱子语类》，第 84 页。此话是朱子学生所说，朱子回应道：“某向来分别得这般所在。今心力短，便是这般所在都说不到”，表示许可。

⑦ 《朱子语类》，第 131—132 页。

⑧ 顾宏义：《朱熹师友门人往还书札汇编》，第 1880 页。

理，所谓诚也”[①]。可以看出，朱子对“神”的规定与“体物而不可遗”相关，它意味着生成万物之动力根据，与理不同（“理之发用”），但又区别于气（非完全不同于气，而是不能“全作气看”，“乘气以出入”）而有理为之根据（“德为之体”），因而，“神”可以理解为往来于宇宙内的能动之气，它的凝结和暂住便是万物。这将体用论推向了深化，并与“天地之心”相关。在《仁说》中，朱子谈到“天地之心之德”为“仁”：“天地以生物为心者也，而人物之生，又各得夫天地之心以为心者也。故语心之德，虽其总摄贯通，无所不备，然一言以蔽之，则曰仁而已矣”[②]，而天地之心的根本含义在于“主宰”，即在流行中使得气合于理，于是体用论就表现为心之体用，“如果没有天地之心来推动天地之理去执行其规定性，理的规定性就无法实现，因此，天地之心所承担的主宰功能，在宇宙创生的过程中具有不可抹煞的独特意义”，“天地之心作为一个超越的观念正是被用来统合理气之间的这种复杂关系的”[③]。于是，天地之心的出现一方面否认了理直接生气的创世说，即隔绝了理与气（太极与动静）的体用关系，一方面以心之体用来统合理气，使体用论成为说明宇宙生成与秩序之根据的理论，即以德为体（元亨利贞，统之曰仁）而有春夏秋冬之序，无所不通的春生之气也就是“鬼神之气”，鬼神之德就是心之德，即所谓仁体，而不外乎天地之心。而事物自身之体能为用也依赖于自身之心，也就是得天地之心以为己之心。于是，“天地无心而成化”，天地之心也；“圣人有心而无为”，人之心也。“成化”者，天心之体用；“无为”者，人心之体用。

正是在体用论和太极动静之关系的复杂论说中，朱子阐明了自己的宇宙论和形而上学。从宇宙生成论来说，朱子否认了宇宙有所谓开端之时，作为根据之体并不是超越宇宙的创造者，而是内在于这个宇宙的根据，它仅仅表达为“有是理便有是气”、“太极含（有）动静”。因为理并不是具有自身动能的存在者，而是“所以然”和“所当然”，前者表现为后者，而它的实现有赖于天地之心。若去追问作为超越整体之气化宇宙的创生根据，那么朱子的答案恐怕只能是以太极“非有以离乎阴阳也”[④]而否认这种可能，即形而上学并未突破宇宙论而演变成

① 顾宏义：《朱熹师友门人往还书札汇编》，第 889 页。

② 《朱子全书》，第 3279 页。

③ 唐文明：《朱子论天地以生物为心》，《清华大学学报（社会科学版）》，2019 年第 1 期。

④ 《周敦颐集》，第 1 页。

本体论。换而言之，宇宙生成与秩序之根据并不被理解为一个最高的存在者，生成之根据仅仅被理解为“必然如此”、“应当如此”，而不是此根据本身的“能生成”——“能”所标志的动力因被视为这个宇宙本身的动能，也就是鬼神之气，两者的结合便是内在于宇宙的“天地之心”。而牟宗三所阐发的本体宇宙论恰恰是将“心”脱离宇宙论而与“理”合一成就所谓“即存有即活动”之本体从而作为超越整体之“创生实体”。当然，牟宗三认为朱子析心与理为二，理只存有不活动(对这一点的指出的确独具慧眼，尽管解释路径与本文相异)，因此只有本体论而无本体宇宙论，而王阳明的“心即理”才是真正的本体宇宙论。然而，对这一点的否认恰恰是理解作为宋明理学的阳明心学而非某种现代心学的引导线索。

三、“心即理”的宇宙论根基

沃格林在谈到“实在中的运动”时说道：“实在被阐述为两种存在模式，即无定模式和事物模式”，“这两种模式不是被体验为‘存在’这一大类下的两个不分轩轾的不同变体，而是被体验为以带有因果关系和张力的方式相互联系，其中一方是不受限定的 arche，即万物的起源和本原，另一方则具有限定之物的特征，它起源于无定，并回归于无定。因此，这两种存在模式的地位是有差异的：无定比万物‘更加真实’”，“这种整全意义上的实在被体验为进行着一种超越自身的运动，它以卓越的实在为方向”[①]，而整个实在也就在此过程中照亮自身。进一步，在沃格林看来，只有经过对宇宙内实在的超越，“神性本原”才能够彻底呈现自身，而柏拉图和亚里士多德的理智性洞见“在根本上是属于宇宙内的特征”，“这种古典分析抵达了神性起源(aition)，作为位于实在中的秩序的源头；它对处于居间的生存的结构加以分化，但它并未涉及神性实在的结构，该实在处在创世和救赎的灵性深处”[②]，也就是说，“神性本原”在超越与开端的同时显现，只有这样，“本原”才是不朽的、时间之外的“神性持存”。在此过程中，才有了“历史”：“人性的历史维度既不是世界—时间，也不是永恒，而是处于居间的

---

① 埃里克·沃格林：《天下时代》(《秩序与历史》卷四)，第 305 页。

② 埃里克·沃格林：《天下时代》(《秩序与历史》卷四)，第 408 页。

显现之流”[1],而“将其人性展现在这一显现之流中的人类是普遍人类。人类的普遍性是由处于居间的神性显现所建构的”[2]。可以看出,对沃格林而言,“普遍人性”之“普遍”需要通过“神性本原”自身的结构才得以成立,并且,很关键的,这种普遍来自宇宙外的超越,而其之可能就在于灵魂的洞见与回应。当我们将王阳明的“心”或者“良知”理解为主体—本体的时候,其实也就是当作某种超越宇宙的确定性根基,从而比宇宙内的实在更加“真实”,以便赢获某种“普遍”。然而,这仍旧是经过诠释的现代心学。

在王阳明那里,“心即理”必须有着以理气关系为核心的宇宙论为根基,并在宇宙内寻求“不朽”——“通人物,达四海,塞天地,亘古今,无有乎弗具,无有乎弗同,无有乎或变者也,夫是之谓六经。六经者非他,吾心之常道也”[3],换而言之,“宇宙即吾心、吾心即宇宙”(陆象山语)。

在气化宇宙论中,气的出现意味着宇宙内万物之实存的确立,而理意味着万物的根据——既是实存的根据,也是秩序的根据,此即“生生之理”和“太极”。而在王阳明那里,情况发生了变化。针对理气关系,王阳明提到,“‘精一’之‘精’以理言,‘精神’之‘精’以气言。理者气之条理,气者理之运用;无条理则不能运用,无运用则亦无以见其所为条理者矣。精则精,精则明,精则一,精则神,精则诚;一则精,一则明,一则神,一则诚。原非有二事也”[4]。“一”和“神”构成了理和气的区别,前者标志着万物之同一根据,如明道所言“道,一本也”,伊川言“天下之理一也”,而后者意味着万物的生成,如明道言“生生之用则神也”和朱子所言“鬼神之气”,而阳明则以“条理”和“运用”绾合理气,二者不再是“所以然”者的关系,“原非有二事也”。更进一步,阳明说:“夫良知一也,以其妙用而言谓之神,以其流行而言谓之气,以其凝聚而言谓之精,安可以形象方所求哉”[5],“妙用”和“流行”指向的便是气化流行,而良知之“一”便是“天理”。在程朱理学中,天理同时也是生生之理,即万物的生成之根据,而阳明同样谈到了“太极生生之理”:“太极生生之理,妙用无息,而常体不易。太极之生生,即阴阳

---

① 埃里克·沃格林:《天下时代》(《秩序与历史》卷四),第409页。

② 埃里克·沃格林:《天下时代》(《秩序与历史》卷四),第409页。

③《王文成公全书》,北京:中华书局,2015年,第309页。

④《王文成公全书》,第76—77页。

⑤《王文成公全书》,第77页。

之生生。就其生生之中，指其妙用无息者而谓之动，谓之阳之生，非谓动而后生阳也。就其生生之中，指其常体不易者而谓之静，谓之阴之生，非谓静而后生阴也”①。“太极”与“阴阳”意味着理气之别，但正如“条理”与“运用”之关系，太极的妙用无息也就是阴阳之生生，气之生生中的理便是常体之一。而太极生生之理的动，便是条理之流行运用，静便是流行之条理。太极从“所以然”到“条理”的转变意味着生生之理被视为“主宰”，也便是“心”、“良知”，“天地气机，元无一息之停；然有个主宰，故不先不后，不急不缓，虽千变万化，而主宰常定，人得此而生”②。正如同朱子的天地之心的主宰在于合理气一样，阳明论心首先也是主宰之义，“理一而已。以其理之凝聚而言，则谓之性；以其凝聚之主宰而言，则谓之心”③。谈论主宰必在流行中，理必以气之条理而言，故可以言“凝聚”，性亦以气言，“生之谓性，生字即是气字，犹言气即是性也”，“若见得自性明白时，气即是性，性即是气，原无性气之可分也”④。换而言之，理作为实存之根据的含义被取消了，只是作为秩序之根据，而秩序要能“运用”，必有主宰之心，“知是理之灵处，就其主宰处说，便谓之心”⑤，合而言之，心即理也，即给出秩序者。

心即理的宇宙论基础在于理气合一，而它的成立仍旧需要进一步阐明，换而言之，心如何就是理，这牵涉对心(良知)之本质的理解。王阳明对此有相关的阐发：“所谓汝心，却是那能视听言动的，这个便是性，便是天理。有这个性才能生，这性之生理便谓之仁。这性之生理，发在目便会视，发在耳便会听，发在口便会言，发在四肢便会动，都只是那天理发生，以其主宰一身，故谓之心。这心之本体，原只是个天理。”⑥所谓“能”，便是主宰，也就是“性”和“天理”，也就意味着“天理发生”。在朱子，天理的发生是需要心的，此即“能”与“所能”之别，而阳明论天理以“能”，故言心即理。正是以“能”言天理，而有良知之体用，亦是理一与众理之别。阳明有言：“心无体，以天地万物感应之是非为体”，“是非”即“天理”，而“感应”则意味着万物的生成。于此而言，心并不以“天地万物感应”

① 《王文成公全书》，第 79—80 页。
② 《王文成公全书》，第 38 页。
③ 《王文成公全书》，第 95 页。
④ 《王文成公全书》，第 75 页。
⑤ 《王文成公全书》，第 42 页。
⑥ 《王文成公全书》，第 45 页。

为体，换而言之，心体并非关联于万物的生成，而是万物的秩序之“生成”，此即“良知之用”。因此，王阳明的如下话语可以得到理解：“我的灵明，便是天地鬼神的主宰。天没有我的灵明，谁去仰他高？地没有我的灵明，谁去俯他深”[①]，“主宰”非创生，只是规定，而“仰他高”与“俯他深”意味着规定之显现。以“心即理”而言，那种试图将灵明之主宰理解为“任意”的是去天理而言心，而将理视为离心而独存者是去心而言理，前者丧其主宰而后者理无所显现。阳明关注理的“寂”与显现的区别：“你未看此花时，此花与汝心同归于寂”[②]，“今看死的人，他这些精灵游散了，他的天地万物尚在何处”[③]。显寂之别也可以理解为某种意义上的“生”：“良知是造化的精灵。这些精灵，生天生地，成鬼成帝，皆从此出，真是与物无对”，“造化之精灵”便是气之动且灵处，即所谓主宰，而天地的成形同时就意味着它对人的显现，即所谓“感应之几”[④]、“不在你的心外”[⑤]。因此，“可知充天塞地中间，只有这个灵明，人只为形体自间隔了。我的灵明，便是天地鬼神的主宰”[⑥]。灵明者，即主宰(能)即显现(觉)，其实无非天理。良知作为对天理的觉察而有其体(在对自身伦常价值的直接意识中有对理一之明证)，天理必然显现为不同之理而有良知之用，此即良知之体用。在阳明看来，“人者，天地之心”首先指向的就是万物一体，而万物一体的明证性在于万物之理皆显现于我之心，这一显现过程也就是良知之用的展开。阳明说道：“天地鬼神万物离却我的灵明，便没有天地鬼神万物了。我的灵明离却天地鬼神万物，亦没有我的灵明。如此，便是一气流通的，如何与他间隔得”[⑦]，天地鬼神万物若无我的灵明则与我同为寂，而我的灵明若无天地鬼神亦无以显，这也就是“良知之昭明灵觉，圆融洞彻，廓然与太虚而同体”[⑧]之义。于是，“心即理”的理论背景在于理气合一，而其指向在于主宰与灵觉，“有流行之理，则必有流行之物，气也；有

① 《王文成公全书》，第 153—154 页。

② 《王文成公全书》，第 132 页。

③ 《王文成公全书》，第 154 页。

④ 《王文成公全书》，第 153 页。

⑤ 《王文成公全书》，第 133 页。

⑥ 《王文成公全书》，第 153 页。

⑦ 《王文成公全书》，第 154 页。

⑧ 《王文成公全书》，第 255 页。

流行之理,则有此理之显,心也。虚无感动,理气不二也。清明炤哲,理心不二也”[①]。于天地而言,良知(心)为气之灵而有理之运用,此理必显于人心而证万物一体,故有理之一;于人而言,良知(心)为对理之觉察而主宰于一身,故良知为理之一而有体用。

因此,对于阳明心学而言,心并不作为宇宙的“本体”、“创生之根据”,而是“以天地万物感应之是非为体”、“与太虚同体”,那种将心与宇宙之根据联系起来的是现代版本的心学,也是沃格林提出的对宇宙论的超越。对于阳明而言,“心即理”所指出的无非是理自身的能动(“条理之运用”和“良知之体用”)和显现(“感应之几”与“显寂之别”),而此理作为气之条理无非是宇宙的秩序本身,并非有超越宇宙之“本原”以为根据。

余论　道与本原

在沃格林的理论中,“神性本原”是一个关键的概念,而在中国思想中相对应的概念则是“天”与“道”。正是在这种有着对应但是也有着重大区别的核心概念中,思想的差异才能得以彰显。在沃格林那里,“神性本原”(divide ground)是人类经验的符号化表达,而人的生存是朝向神性本原为目标的张力中的生存,即神与人的居间(in-between),“它们之所以被体验为有意义的,是由于它们形成了时间之内的之前与之后,它指向某个完满状态,指向某个位于时间之外的终末(eschaton)。历史不是一条由人们及其在时间中的活动构成的溪流,而是人参与一条以终末为方向的神性显现之流的过程”[②]。这个既在时间之外也在时间之内的开端与终结处的神性本原与“天”或者“道”的根本区别在于后者并不仅仅是某种作为“端点”的“本原”(aition/arche/ground)。对宇宙论的突破是存在者等级的不断拉大而导致的,只有某种能够创造宇宙的存在者的出现才能够与宇宙内不同等级的存在者彻底区别开从而有“超越”,而人的生存只有凭借着超出宇宙内变化的“神”才能够获得普遍而确定的意义,即“居间”中的普遍人性。正如同沃格林提出的那样,中国思想中也有对原初宇宙的突

---

① 丁耘:《道体学引论》,上海:华东师范大学出版社,2019 年,第 245 页。

② 埃里克·沃格林:《天下时代》(《秩序与历史》卷四),第 53 页。

破,但是,这种突破并没有导向对宇宙的超越,因为作为对应概念的“天”仅仅指向存在者等级中的最高者。虽然我们在商周的资料中可以看到,“天”作为与“帝”相等同的“符号化表达”,指向了宇宙内的最高神灵,但是恰恰是在东周以来的思想变动中,“天”越来越去人格化而成为了“天道”,这正是我们在汉代思想中看到的。及至宋代理学,“夫天,专言之则道也”[①],而道的理化更是取消了对最高的存在者的寻求。这一差异可以进一步视为中国思想(道论)与存在论哲学的差异所在(牟宗三恰恰是以存在论规范道论),而道之体用所表达的“实在之过程”与以终末论为标志的“居间”也有着差异,它并不凭借超出于每一物而赋予每一物以意义。当然,对这一问题的展开非本文之任务,而沃格林与牟宗三所引发的论题也是根本性的——它要求我们不断地凭借思想文本而回返这一问题本身。

Cosmology and Metaphysics in Neo-Confucianism

Duan Chongyang

Abstract: In Voegelin's Opinion, Chinese thought has never completed the breakthrough of cosmology, that is, the "divine foundation" has not shown itself in the two directions of transcendence and beginning. On the contrary, in Mou Zongsan's history of philosophy, the universe ontology just points to the transcendence of the universe. However, in Neo-Confucianism of the Song and Ming dynasties, as a breakthrough of compact cosmology, the metaphysics of Ti-Yong does not lead to the investigation of the beginning, nor to the search for transcendental creator. The "process of reality" expressed by the Ti-Yong of Tao is different from the "In-Between" marked by the theory of eschatology, Tao does not show itself as some "toles" or "ground".

Keywords: Neo-Confucianism, Theory of entity (Ti) and function (Yong), Cosmology, Ontology, Eric Voegelin

---

① 《二程集》,北京:中华书局,2004年,第695页。

儒耶异同与道一教殊：从“天下时代”解读《天主实义》

蒋 鑫*

［摘 要］ 天下时代的以色列、希腊与中国发生了平行的精神突破。虽然他们都发现了普遍人性朝神性实在运动这一生存真理，但以色列的灵性启示最具超越性，而中国的德性启示因其宇宙论风格而被认作“不完全的突破”。“灵魂”与“天堂”作为表达生存真理的教条式符号，在以利玛窦为代表的儒耶文明交流中引发了教条之争。“万物一体”宇宙观、“以气为神”灵魂观、“善应登天”天堂观、“基督人鬼”上帝观等争论，彰显出道（神性实在）一而教（启示模式与教化传统）殊的人类历史现实。在作为神显之流的历史中，真正重要的是对实在的无尽体验而非执着于任何教条。这是从“天下时代”解读《天主实义》所带给我们的审视文明互动的历史哲学视域。

［关键词］ 天下时代；《天主实义》；精神突破；意识分化；儒耶

* 蒋鑫（1994— ），男，四川成都人，华东师范大学人文社会科学学院哲学系在读博士生，研究方向为中国哲学。

一、《天下时代》：三种精神突破与两个平行天下

所谓"天下时代"，既是指沃格林的历史哲学名著《天下时代》一书，亦是指"从波斯帝国的兴起开始，延续到罗马帝国的衰亡"[①]这一时代。"在西方天下时代，关于生存的真理从关于宇宙的真理中分化出来。"[②]所谓"关于宇宙的真理"，亦即"宇宙论风格的真理"，是一种对于神性实在结构之意识尚未充分分化的、紧凑的符号化模式。在宇宙论真理中，"所有实在均被符号化为一个由宇宙内'万物'构成的宇宙"[③]，甚至"非生存的神性本原"本身也"被符号化为宇宙内众神"[④]。神性实在被认为内在于宇宙万物，它的超越性维度尚未被意识到，"以至于在宇宙论思想的早期阶段甚至没有表示宇宙的词"[⑤]，正是由于没有一个超出宇宙之上以反观整体性宇宙之视角的缘故。然而，宇宙论真理是不稳定的，它注定要"分裂为一个去神化的外在世界和一个超越于世界之上的神"[⑥]。这种宇宙论真理的解体，缘于人对于实在的认知意识在历史中的分化，亦即意识到："实在处于一场以对其当下结构的超越为方向的运动中"，"宇宙由其神性开端向对自身的某种神性超越运动"。[⑦] 换言之，人意识到自己生存于"神与人的 in-between（居间）"[⑧]之中，即"生存与非生存之间的张力"[⑨]之中：万物在宇宙中的生存始于并朝向着非生存的神性深渊。宇宙"刚刚从虚无中出现，另一边则是复归于虚无"[⑩]。

神性实在于个人意识中的启示与显现形成了人的经验及其意识的分化，造

---

① 埃里克·沃格林：《天下时代》（《秩序与历史》卷四），叶颖译，南京：译林出版社，2018 年，第 182 页。

② 埃里克·沃格林：《天下时代》（《秩序与历史》卷四），第 404 页。

③ 埃里克·沃格林：《天下时代》（《秩序与历史》卷四），第 136 页。

④ 埃里克·沃格林：《天下时代》（《秩序与历史》卷四），第 136 页。

⑤ 埃里克·沃格林：《天下时代》（《秩序与历史》卷四），第 136 页。

⑥ 埃里克·沃格林：《天下时代》（《秩序与历史》卷四），第 137 页。

⑦ 埃里克·沃格林：《天下时代》（《秩序与历史》卷四），第 68 页。

⑧ 埃里克·沃格林：《天下时代》（《秩序与历史》卷四），第 53 页。

⑨ 埃里克·沃格林：《天下时代》（《秩序与历史》卷四），第 133 页。

⑩ 埃里克·沃格林：《天下时代》（《秩序与历史》卷四），第 132 页。

就了作为“存在中的飞跃”的划时代的分化事件、神显事件、精神事件。这事件正是“关于生存的真理”的精神突破。它“具有多场运动的历史形式”[①],在以色列、希腊以及中国的“天下时代”平行发生着。这类事件有着多元的模式。在以色列,它表现为以先知尤其耶稣为代表的灵性意识分化,意识到“位于(超越之)神之下的一个人类”[②];在希腊,它表现为以哲人尤其柏拉图、亚里士多德为代表的理智性意识分化,意识到“进入对宇宙所具备之理智的参与,这种参与使人得以不朽”[③];在中国,它表现为以圣贤尤其孔子为代表的德性意识分化,意识到独立于天子的圣人也是“一位同宇宙的道很好地保持合拍的人,他能成为塑造社会秩序的力量,支持——或者取代——王朝的德”[④]。原本在宇宙论风格真理得以被发现的宇宙论秩序帝国中,“国王是宇宙秩序的中介者,宇宙秩序通过他而从神流到人;众神的安排掌管着处在时间中的社会的生存与秩序”[⑤],“中国的天子对应于法老,都是作为宇宙—神秩序与社会之间的中介(mediator)”[⑥]。然而无论在“古希腊有关神性实在的理智性启示,或是以色列—犹太有关神性实在的灵性启示”[⑦],或是中国有关神性实在的德性启示之中,皆程度不等地突破了宇宙论真理,进展至生存真理,使“心灵开始超越宇宙内众神”[⑧],意识到“超越了造物主行动的那种神性,它是非化身性(non-incarnate)、非宇宙性(acosmic)的深渊”[⑨]。换言之,宇宙是神性实在的显现之域,是人对于实在的经验之域;但神性实在本身是超越于宇宙与人的生存之上的。当人的意识分化到足以明晰此种实在的结构,充分体验到“生存与非生存之间的张力”[⑩]时,原本借由生存着的“宇宙和众神起到了非生存本原的功能”[⑪]

① 埃里克·沃格林:《天下时代》(《秩序与历史》卷四),第405页。

② 埃里克·沃格林:《天下时代》(《秩序与历史》卷四),第328页。

③ 埃里克·沃格林:《天下时代》(《秩序与历史》卷四),第328页。

④ 埃里克·沃格林:《以色列与启示》(《秩序与历史》卷一),霍伟岸、叶颖译,南京:译林出版社,2020年,第87页。

⑤ 埃里克·沃格林:《天下时代》(《秩序与历史》卷四),第129页。

⑥ 埃里克·沃格林:《以色列与启示》(《秩序与历史》卷一),第113页。

⑦ 埃里克·沃格林:《天下时代》(《秩序与历史》卷四),第406页。

⑧ 埃里克·沃格林:《天下时代》(《秩序与历史》卷四),第325页。

⑨ 埃里克·沃格林:《天下时代》(《秩序与历史》卷四),第325页。

⑩ 埃里克·沃格林:《天下时代》(《秩序与历史》卷四),第135页。

⑪ 埃里克·沃格林:《天下时代》(《秩序与历史》卷四),第136页。

的这种紧凑性表达，就会改由被意识到进而符号化的非生存本原自身——"那个未知的、位居对这片多样化神灵领域的超越的父神"[①]来承当。"这些启示将人直接置于神之下，从而剥夺了宇宙论帝国的统治者作为神性秩序与人的中介者的地位。"[②]沃格林认为："历史的秩序来自秩序的历史。"[③]与此种对存在之洞见的分化提升相应的历史进程，于以色列案例而言，表现为逃离周围的宇宙论帝国而"进入'直接位于神之下的一个民族'这种状态"[④]；于希腊案例而言，表现为城邦秩序的崩溃与独立的理性生活之发现；于中国案例而言，表现为"圣人出现，并被承认为独立于王朝体制之外的普世秩序来源"[⑤]。这就是发生于天下时代的意识分化与历史进程："紧凑的宇宙论秩序分解为权力和精神"[⑥]；政统、教统融于一体的宇宙论帝国将被新分化出来的普世帝国与普世宗教所取代。

虽然精神突破平行发生于以色列、希腊与中国，沃格林却认为它们有重大的程度差异：以色列最彻底，希腊次之，中国最弱，乃至沃格林称之为"不完全的突破"："只有在以色列和希腊，宇宙论形式才因在存在中的飞跃(亦即各个灵性神显事件和理智性神显事件)而彻底瓦解，并让位于新的符号化表达——启示和哲学。"[⑦]他比较中国"圣人"与希腊"哲学家"，认为儒家圣人"想要作为体制内统治者的智囊发挥作用"，道家圣人则欲"从这个世界的秩序抽身"，二者皆未决裂到成为体制之外的秩序之源，所以说"塑造秩序的力量在某个人的灵魂中出现并获得承认，这在中国并未发展为柏拉图—亚里士多德意义上的哲学"。[⑧]他又比较中国与以色列的"普世主义"，认为"中国社会是文明人类的唯一承载者"这一自我意识，虽然堪与"普遍意义上的人在神之下的此世生存重负，是由身为被选民族的以色列作为代表来承载的"这一世界历史建构相比；但是"以色列与处在宇宙论形式中的周边各文明相分离，而中国的普世主义则是从作为母

---

① 埃里克·沃格林：《天下时代》(《秩序与历史》卷四)，第 355 页。
② 埃里克·沃格林：《天下时代》(《秩序与历史》卷四)，第 162 页。
③ 埃里克·沃格林：《天下时代》(《秩序与历史》卷四)，第 19 页。
④ 埃里克·沃格林：《天下时代》(《秩序与历史》卷四)，第 301 页。
⑤ 埃里克·沃格林：《天下时代》(《秩序与历史》卷四)，第 401 页。
⑥ 埃里克·沃格林：《天下时代》(《秩序与历史》卷四)，第 402 页。
⑦ 埃里克·沃格林：《天下时代》(《秩序与历史》卷四)，第 387 页。
⑧ 埃里克·沃格林：《天下时代》(《秩序与历史》卷四)，第 401 页。

体的中国的宇宙论秩序本身发展出来的，它从不曾与该母体完全分离”。[①] 沃格林曾说：“儒家思想发现了灵魂的秩序，因此，依靠其在神性秩序之下所具有的自主性和直接性，它革命性地突破了宇宙论集体主义，包含了在更加有利的条件下可能会成长起来的‘宗教’萌芽。”[②]但是儒家毕竟没有成为基督教那样的普世宗教。“的确有两个天下时代，一个西方的和一个远东的，二者在时间上平行展开。”[③]在环地中海的西方天下，出现了哲学与启示的相遇。“以色列对意识的灵性分化和古希腊对意识的理智性分化，都具有一神论趋势”；灵性思维“必须吸收哲学家的理智性思考”，而哲学家的“宇宙内众神”符号化表达“此时则必须接受犹太和基督教灵性思维对位居超越的唯一神更加激进的分化”。[④]这两种精神突破的交融，“是多元文明社会发现自身实为一个普世社会的过程”[⑤]。其硕果，则是结出了作为普世宗教的基督教。而在另一个平行的中国天下，儒家后来则受到更为激进的、摆落历史意识而直达“此世背后的神性虚无”[⑥]的佛教之刺激，而发展出宋明理学。至于基督教文明与儒家文明两者的接触，不算近代，古代史上大端有三：第一次是唐代景教(聂斯托利派)来华，第二次是元代的也里可温教(包括景教与天主教)，第三次则是明清之际的天主教。由此来看，明末利玛窦来华的历史意义，从最深刻的角度而言，代表着三种精神突破与两个平行天下在千年以后的相遇；具体而言，是经院哲学的基督教与宋明理学的新儒家的相遇。欲辨析其儒耶文明交流的典型文本《天主实义》中所反映出的种种问题，唯有从意识分化与历史进程的中西异同根源处着眼，才能有所洞见。

二、超越之神·普遍人性·畸变教条

沃格林对基督教与儒家的根本分判，在于他认为前者是最彻底的精神突

① 埃里克·沃格林：《天下时代》(《秩序与历史》卷四)，第386页。

② 埃里克·沃格林：《以色列与启示》(《秩序与历史》卷一)，第87页。

③ 埃里克·沃格林：《天下时代》(《秩序与历史》卷四)，第404页。

④ 埃里克·沃格林：《天下时代》(《秩序与历史》卷四)，第79—80页。

⑤ 埃里克·沃格林：《天下时代》(《秩序与历史》卷四)，第80页。

⑥ 埃里克·沃格林：《天下时代》(《秩序与历史》卷四)，第440页。

破，后者反是不完全的，因为“儒家学说没有导致帝国的宇宙论形式的断裂”[①]。“尽管神性实在是一，但其显现则通过超越与开端这两种模式得到体验。超越显现于对心灵中的运动的直接经验之中，而神性开端的显现则经由一种经验的中介，即对宇宙中的事物之生存与可知结构的经验。”[②]神性实在具有生存（神性宇宙）与非生存（神性虚无）之际的张力结构。“创世之神”与“超越之神”都是同一个实在的显现。不过在宇宙论真理中，这两种模式尚未得到明晰的分化。“非生存的神性本原则被符号化为宇宙内众神”[③]，创世之神“被认作最高造物神，作为与所有其他神相对的最高神，例如在埃及的阿蒙赞美诗中那样”[④]，但它的超越之维尚未被充分意识到。哪怕“理智性意识一旦被分化出来，哲学家就无法认可神话中的众神是万物之本原”[⑤]，“然而，柏拉图肯定并未将造物主设想为一个从虚无中创造宇宙的神”[⑥]，而是在“宇宙已有的原材料所施加的限制之内”，“按照创世神自己的形象（理智）而建造宇宙”。[⑦] 换言之，在理智性启示中，“神启示为处在宇宙之中和人身上的理智”[⑧]。但那个“超越理智的一”[⑨]，“在那个以理智性的方式塑造结构的宇宙之外”[⑩]的超越之神，直到在犹太教先知的灵性意识分化中，才充分启示了它自身。“先知将他们的灵性意义上的真实的神同宇宙论神话中的那些伪神相抗衡”[⑪]，以此突显那位撇开作为中介的宇宙论帝国统治者而直接“将自身向摩西启示为‘我是我所是’（I-am-who-I-am）”[⑫]的、“隐身于他将自身启示为的任何东西背后”[⑬]的超越之神、未知之神、隐匿之神。这正是犹太基督教的灵性意识分化更甚的标志所在：

① 埃里克·沃格林：《以色列与启示》（《秩序与历史》卷一），第114页。
② 埃里克·沃格林：《天下时代》（《秩序与历史》卷四），第67页。
③ 埃里克·沃格林：《天下时代》（《秩序与历史》卷四），第136页。
④ 埃里克·沃格林：《天下时代》（《秩序与历史》卷四），第56页。
⑤ 埃里克·沃格林：《天下时代》（《秩序与历史》卷四），第275页。
⑥ 埃里克·沃格林：《天下时代》（《秩序与历史》卷四），第322页。
⑦ 埃里克·沃格林：《天下时代》（《秩序与历史》卷四），第323页。
⑧ 埃里克·沃格林：《天下时代》（《秩序与历史》卷四），第324页。
⑨ 埃里克·沃格林：《天下时代》（《秩序与历史》卷四），第323页。
⑩ 埃里克·沃格林：《天下时代》（《秩序与历史》卷四），第326页。
⑪ 埃里克·沃格林：《天下时代》（《秩序与历史》卷四），第89页。
⑫ 埃里克·沃格林：《天下时代》（《秩序与历史》卷四），第320页。
⑬ 埃里克·沃格林：《天下时代》（《秩序与历史》卷四），第321页。

只有当超越已进行了自我启示之后，这场以对宇宙的超越为方向的运动才能得到充分阐述。只有当人意识到，神性实在对其人性的推动，不是通过神性实在在宇宙中的显现，而是通过一种由超越直达他的灵魂的显现，他的回应才能变得明晰，成为朝向超越、使人得以不朽的反向运动。[①]

不再借由宇宙中的神显（以宇宙论帝国中上下接通神性实质的神圣王者为中介），而是直凭个体心灵中的神显，便能体验到神性实在。在中国，这便对应着虽无王位、而有圣德、尽心尽性、上知天命的孔子之德性启示。这就是儒家的精神突破事件。而在基督教，则是"在基督的显现中，人性在历史中的形成所具有的意义得以显明"[②]。这就是说，"当那些不信神的对话者问基督'你是谁'时，他以摩西式的'我是'（《约翰福音》8：24）确认了神性实在在他身上的显现"[③]。此即发生在耶稣身上的神显事件。"这个'我是'是神性言语在耶稣身上的显现，并将其作为基督，带着从黑暗中经过救赎返归光明的应许与要求，派给每个人。"[④]这意味着"整个受造世界能得到救赎，因为在一个点上，在人身上，神之子的身份是可能的"，"作为符号化表达的那个人（耶稣），他能获得摆脱宇宙命运束缚的自由，能进入神的自由，能被来自那个神（他本身是不受宇宙控制的）的爱之恩典所救赎"。[⑤] "派给每个人"，意味着每个人都有将其人性提升至神性的普遍潜能："神能带着他的神性所具有的完满，将自身化身在作为受造物的人的身上，将人变形为神一般的人（god-man）（《歌罗西书》2：9）。"[⑥]神显事件具有发生在每一个心灵中的可能性，虽然事实上并未如此。尤金·韦伯指出：

（沃格林）尤其批评了这样一种普遍倾向：将神圣性的显现解释

① 埃里克·沃格林：《天下时代》（《秩序与历史》卷四），第65—66页。

② 埃里克·沃格林：《天下时代》（《秩序与历史》卷四），第66页。

③ 埃里克·沃格林：《天下时代》（《秩序与历史》卷四），第62页。

④ 埃里克·沃格林：《天下时代》（《秩序与历史》卷四），第64页。

⑤ 埃里克·沃格林：《天下时代》（《秩序与历史》卷四），第346页。

⑥ 埃里克·沃格林：《天下时代》（《秩序与历史》卷四），第346页。

成耶稣身上某种独特的内容，其他人却不具备这种独特性。[1]

> 道成肉身并不是发生在耶稣身上的独有事件，而是神人参与的同一种神秘性，所有人都卷入到这种神秘性中——就他们实际上都提升至人性之潜能而言。……尽管会在程度上有所差别，这种普遍性使得耶稣所宣讲的那些人可以理解他的道成肉身。[2]

沃格林承认，“在耶稣身上存在完全的存在开放性和充分的神人参与，这在人群中间显得卓尔不群”[3]。但他却不把这种“神人参与”(神性实在在个体灵魂中的显现与启示，以及灵魂朝向实在的超越性运动)的普遍可能性封闭在耶稣一人身上。“沃格林将人理解成处在奔向基督的运动中，他的潜在人性在神圣荣光中得以转化，这种潜在人性在基督那里得到了圆满地实现。”[4]耶稣说：“没有人能靠近我，除非他被天父所吸引(No one can come to me unless drawn by the Father who sent me.)(《约翰福音》6: 44)。”沃格林解释为：“没有人能认可这种在圣子身上所显现出来的神圣性，除非他已经借助神圣天父在他身上的显现而作好了准备。”[5]耶稣是人性得到完满实现的典范，所有感受到神圣性牵引力的灵魂都朝向他而运动。同样地，孔子既一面说“天生德于予”，自信承当起发生在自己身上的神显事件；又一面说“我非生而知之者”，将“尽心知性知天”的可能性向普遍人类开放。只有当不再是“天子”(宇宙论帝国中垄断神人中介地位的统治者)，也不独是生知的“圣人”，而是“人皆可以为尧舜”、“及其知之一也”的时候，儒家才可谓获得了与基督教等价的精神突破：发现普遍人性。“在意识层面上，我们体验到神性实在的显现，这是构成人性的要素。”[6]体验实在，既已不被宇宙论帝国统治者所垄断，也将不为先知、哲人、圣贤所独占。“人类的普遍性是由处于居间的神性显现所建构的。”[7]然而，不同的典范所启示的灵魂超升之路毕竟有所不同，尤其是它们在开端与超越之间的倾向程度不同。

---

① 尤金·韦伯：《沃格林：历史哲学家》，成庆译，长春：吉林出版集团，2011年，第217页。

② 尤金·韦伯：《沃格林：历史哲学家》，第219页。

③ 尤金·韦伯：《沃格林：历史哲学家》，第220页。

④ 尤金·韦伯：《沃格林：历史哲学家》，第221页。

⑤ 尤金·韦伯：《沃格林：历史哲学家》，第219页。

⑥ 埃里克·沃格林：《天下时代》(《秩序与历史》卷四)，第466页。

⑦ 埃里克·沃格林：《天下时代》(《秩序与历史》卷四)，第409页。

“神人参与的神秘性通过不同的民族以不同的程度来得到实现。”[①]这是利玛窦所要面对的儒耶异同之实质根源：划时代事件的“分化的程度各不相同；脱离对宇宙的原初经验的程度各不相同；重视和忽视的问题各不相同；天下的地平线的实际范围各不相同；对于在某个思想者眼中已变得具有普遍性的人类的过往，他所实际拥有的知识各不相同”[②]。此外，当体制化的“宗教”不得不对启示真理加以教条化的保存的时候，真理又遭到严重畸变。譬如在儒耶各自的教条教义中：唯有耶稣完具神人二性；孔子以后也再无圣人。这也是《天主实义》大谈上帝论而几乎讳言难为中国人接受的基督论的深层原因。

“畸变”源于“隐喻解读法”(allegoresis)和“字面论”(literalism)的误用。“属于以色列和古希腊文化遗产的重要文献，已遭受严重的含义萎缩；这种解释学明确地带有在新的生存境况下拯救文化遗产、保存历史延续性的目的”[③]，“在古希腊这边，必须让哲学产生畸变，以便使它成为一种适合进行隐喻解读的工具；在以色列这边，通过《圣经》的中介，直接的灵性经验受到畸变，以便使它成为隐喻解读的对象”[④]。“斯多葛派思想家发展出来的畸变技巧已通过斐洛在基督教那里得到延续”[⑤]，哲学分析“畸变为有关想象中的对象的概念和命题”[⑥]，律法书的神话畸变为“关于实在的叙事”[⑦]，而“(神人)参与式符号被实体化为一种教条性的神之言语”[⑧]。沃格林认为，原本，“有关人在神—人的居间生存的真理所使用的语言，是在那些神显事件中产生的”[⑨]。实在、关于实在的经验、关于经验的符号，都是非实体性的、“不能成为命题式知识的对象”[⑩]。因为启示本身“被体验为对神性实在的参与”[⑪]，启示中所见的“意象发生于居间，

① 尤金·韦伯：《沃格林：历史哲学家》，第220页。

② 埃里克·沃格林：《天下时代》(《秩序与历史》卷四)，第422—423页。

③ 埃里克·沃格林：《天下时代》(《秩序与历史》卷四)，第87页。

④ 埃里克·沃格林：《天下时代》(《秩序与历史》卷四)，第88页。

⑤ 埃里克·沃格林：《天下时代》(《秩序与历史》卷四)，第91页。

⑥ 埃里克·沃格林：《天下时代》(《秩序与历史》卷四)，第97页。

⑦ 埃里克·沃格林：《天下时代》(《秩序与历史》卷四)，第110页。

⑧ 埃里克·沃格林：《天下时代》(《秩序与历史》卷四)，第112页。

⑨ 埃里克·沃格林：《天下时代》(《秩序与历史》卷四)，第112页。

⑩ 埃里克·沃格林：《天下时代》(《秩序与历史》卷四)，第112页。

⑪ 埃里克·沃格林：《天下时代》(《秩序与历史》卷四)，第362页。

所以绝不应将其分割为‘对象’和‘主体’”[①]，而“关于真理的语言的出现，是那种真理之奥秘的一部分”[②]，因而也不是可以抽象地指称某个实体性对象的命题式语言，而是“神—人交会的一部分”[③]的“真实真理”：“作为关于真实的神性显现的某种真实经验的真实表达。”[④]“然而，产生了那种语言的神显事件随同有幸经历该事件的人流逝”，二流思想家“无法充分复现产生那种语言的经验”，于是“在那种语言中残存的真理能获得某种独立的、与它所源出于其中的那个实在无关的地位”。[⑤] “真实真理”畸变为“教条真理”，教条真理出于“字面论将符号加以实体化，成为关于对象的命题，从而使符号同经验相分离”[⑥]。沃格林认为，“宗教几乎不可避免地要落入教条主义的窠臼”[⑦]。因为“宗教并不是任意一种对存在性真理进行深入参与的精神活动，而是一个有组织、经过社会调节的过程”[⑧]。为了在大众层面承担、保护、传播真理，“它必然带有某种绝对性的意味，不仅仅是一种可能性，而是一种主动异化为意见性思考的趋势”[⑨]，“即存在性真理的体验必须用假设来进行归纳（为了沟通与交流之需），这种假设可能会被误解成代表了关于目标对象的意见（doxai），该意见超越于体验之上”[⑩]。这就有了“独断论”的危险：自诩为“一种完美的教义陈述，这种陈述将以其终极有效的圆满性去表达真理”，“而且切断任何深入质询的可能性”，最终导致“对本真的人类存在的扭曲”[⑪]，以及“这个陈述自身意义的失落”[⑫]。即以基督所显现的普遍人性而论，沃格林认为：

> 要成为真实意义上的人，并不是让某种给定的静态“本质”显现出

---

① 埃里克·沃格林：《天下时代》（《秩序与历史》卷四），第336页。
② 埃里克·沃格林：《天下时代》（《秩序与历史》卷四），第92页。
③ 埃里克·沃格林：《天下时代》（《秩序与历史》卷四），第92页。
④ 埃里克·沃格林：《天下时代》（《秩序与历史》卷四），第90页。
⑤ 埃里克·沃格林：《天下时代》（《秩序与历史》卷四），第92页。
⑥ 埃里克·沃格林：《天下时代》（《秩序与历史》卷四），第90页。
⑦ 尤金·韦伯：《沃格林：历史哲学家》，第199页。
⑧ 尤金·韦伯：《沃格林：历史哲学家》，第201页。
⑨ 尤金·韦伯：《沃格林：历史哲学家》，第201页。
⑩ 尤金·韦伯：《沃格林：历史哲学家》，第199页。
⑪ 尤金·韦伯：《沃格林：历史哲学家》，第201页。
⑫ 尤金·韦伯：《沃格林：历史哲学家》，第202页。

来；而是说，个体以不同的程度参与到完美的人性中，这种完美人性最终在耶稣那里得到全部实现，而且他们通过神圣恩宠的牵引得以实现这种完美人性，这种神圣恩宠让他们与耶稣变得具有相似性。[①]

"神圣恩宠的牵引"就是神性超越对于一切灵魂的向上吸引。耶稣不过是最圆满地实现了这种神—人性。基督所显现的人性，不同于基督教教条所论证的人性。"这些教条是用哲学上有关'本性'(nature)的半实体化的次级语言来表达的。"[②]三位一体论和基督论的教义只"是一种保护措施，用来维护未知神的唯一性，防止被混同于对其他神性显现的经验"，但是"尼西亚会议和迦克敦会议所说的'基督'，并非我们在保罗的复活者意象中遇到的神显历史的实在"。[③] 因为"在道成肉身的参与式语境下，它是作为实在的神性显现，发生在耶稣身上"[④]；保罗也曾亲历基督的显现；而一般的神学家们没有亲历神显的经验，便不得不"将经验的某项'内容'同经验的实在性相分离"，"将内容视为命题式知识的对象"[⑤]。但是沃格林告诫我们："绝不可将关于过程的真理实体化为某种'绝对'真理。"[⑥]人性同样是一个关于过程的真理(神人参与：神性吸引人性而人性朝向神性运动)而非静态的本质。因此我们要时刻注意，"对于借助教义表现体验到的真理而言，这些教义只具备辅助作用"[⑦]；"教义所发挥的应是棱镜的作用——不是将信众的注意力聚焦在教义上，而是在超越上"，"让人的注意力聚焦在教义所隐喻的神秘性上"。[⑧] 而一旦"当它(教义)成为聚焦意识的对象后，它就会变得模糊难懂，并且在信众与他们追求的神圣实体之间不再承担中介的角色"[⑨]。由此导致的后果是，"各种经验符号普遍畸变为教条。在神学内部，由这种畸变造成的深远影响是教义神学与神秘神学之间的持久争论

① 尤金·韦伯：《沃格林：历史哲学家》，第 221 页。
② 埃里克·沃格林：《天下时代》(《秩序与历史》卷四)，第 365 页。
③ 埃里克·沃格林：《天下时代》(《秩序与历史》卷四)，第 356 页。
④ 埃里克·沃格林：《天下时代》(《秩序与历史》卷四)，第 338 页。
⑤ 埃里克·沃格林：《天下时代》(《秩序与历史》卷四)，第 338 页。
⑥ 埃里克·沃格林：《天下时代》(《秩序与历史》卷四)，第 257 页。
⑦ 尤金·韦伯：《沃格林：历史哲学家》，第 205 页。
⑧ 尤金·韦伯：《沃格林：历史哲学家》，第 206 页。
⑨ 尤金·韦伯：《沃格林：历史哲学家》，第 204 页。

的源头”[1];而在宗教外部,则是宗教之间无休止的教条之争。

三、《天主实义》中的灵魂与天堂:神性超越及其意识的教条真理式符号

当利玛窦来华遭遇到另一个以普世主义自居的中国天下之后,他不得不策略性地安排他的传教策略:说什么,不说什么,怎么说。读者首先会惊奇地发现,在这个儒耶文明交流的早期典型案例中,基督教方面的核心教义——基督论,几乎不占篇幅。柯毅霖区分过天主教传教的“要理本”(针对非基督徒,凭借自然理性谈到信仰的理性基础)与“道理本”(针对天主教徒,教导天主教信仰的重要教条)。[2]《天主实义》无疑属于前者。利玛窦有鉴于过往失败的传教经验,有意删除了所有教条,简略提到原罪,基本不谈天主拯救史,而只略说到“托胎降生”“复归升天”[3]的耶稣事迹。用奥古斯丁的术语来说,利玛窦大谈“自然启示”,而略谈“历史启示”。事实上,在奥古斯丁那里,这两种启示已经是基督教融合了希腊的理智性启示与以色列的灵性启示的结果。而理智性启示与中国的德性启示一样,在相当大程度上还倾向在神性开端一面。无论是“神性理智”(Nous)[4]还是“天地之德”,都更多地体现在实在的过程及其结构——宇宙与人心——之中。虽然“启示具有一个超越理智的维度”[5],但“超越理智之外的那一灵性深处”[6]直到犹太基督教中才得到充分阐发。对此,柏拉图“故意将心灵的这种进一步深入运动(以神性实在的深处为方向)包裹在游移不定之中”[7],而孔子则以“予欲无言”与“不可得闻”的方式来避免过度“阐释可能会破坏意识的均衡”[8]。由此我们可以理解,中国人易于接受“自然启示”而非“历史启示”,根源在于德性意识分化与理智性意识分化有着类似的在生存(神性宇宙)与非

---

① 埃里克·沃格林:《天下时代》(《秩序与历史》卷四),第103页。

② 利玛窦:《天主实义今注》,梅谦立注,北京:商务印书馆,2015年,第4页。

③ 利玛窦:《天主实义今注》,第217页。

④ 埃里克·沃格林:《天下时代》(《秩序与历史》卷四),第330页。

⑤ 埃里克·沃格林:《天下时代》(《秩序与历史》卷四),第324页。

⑥ 埃里克·沃格林:《天下时代》(《秩序与历史》卷四),第345页。

⑦ 埃里克·沃格林:《天下时代》(《秩序与历史》卷四),第345页。

⑧ 埃里克·沃格林:《天下时代》(《秩序与历史》卷四),第324页。

生存(神性本原)之间的意识均衡模式,"它对处于居间的生存的结构加以分化,但它并未涉及神性实在的结构,该实在处于体现为创世和救赎的灵性深处"[①];且较远离于灵性意识分化,后者"超越了这个受造世界的结构,进入了它的源头——作为自由与爱的神的创造性"[②]。当"超越宇宙的神和他的爱"[③]得到人的清晰意识与回应,"哲学家的不朽(athanatizein)才扩展为灵性不朽(aphtharsia)",才带来了"历史的终末论结构"[④]:实在"以超越其结构为运动方向"[⑤],而历史是一片"宇宙的方向性运动"启明其中的"实在区域"[⑥],"是人参与一条以终末为方向的神性显现之流的过程"[⑦];历史处于"宇宙的命运和终末论运动的自由之间"[⑧]。从理智性启示到灵性启示,意识的重点"从化身于这个世界之中的神性理智性秩序,转变为旨在脱离这个世界之无序的神性灵性救赎"[⑨]。人也在"创生与衰亡的时间"之中"经历过生存之苦难"之后,觉悟到"像耶稣那样,向圣灵敞开自身"而得以"升入不朽"。[⑩] "六合之外,圣人存而不论。"相较之下,儒家始终没有发展出明确与气化宇宙完全分离的纯粹的"外在超越"的本体观,也就没有相应的终末的历史观与救赎的人性观。沃格林因此评价道:"圣人的权威与天子的权威属于同样的宇宙论类型","从根本上说,它并没有变成超越的"。[⑪]

"灵性不朽"在基督教中被教条化为实体性的个体灵魂之存在及其不朽。利玛窦不惜笔墨地大加证明人死身灭而灵魂"永存不灭"[⑫],试图使中国人接受。他反对"魂为可灭"说,介绍经院哲学的"生魂"(植物的灵魂)、"觉魂"(动物

① 埃里克·沃格林:《天下时代》(《秩序与历史》卷四),第408页。
② 埃里克·沃格林:《天下时代》(《秩序与历史》卷四),第345页。
③ 埃里克·沃格林:《天下时代》(《秩序与历史》卷四),第345页。
④ 埃里克·沃格林:《天下时代》(《秩序与历史》卷四),第408页。
⑤ 埃里克·沃格林:《天下时代》(《秩序与历史》卷四),第355页。
⑥ 埃里克·沃格林:《天下时代》(《秩序与历史》卷四),第17页。
⑦ 埃里克·沃格林:《天下时代》(《秩序与历史》卷四),第17页。
⑧ 埃里克·沃格林:《天下时代》(《秩序与历史》卷四),第355页。
⑨ 埃里克·沃格林:《天下时代》(《秩序与历史》卷四),第334页。
⑩ 埃里克·沃格林:《天下时代》(《秩序与历史》卷四),第336页。
⑪ 埃里克·沃格林:《以色列与启示》(《秩序与历史》卷一),第114页。
⑫ 利玛窦:《天主实义今注》,第109页。

的灵魂)、“灵魂”(理性的灵魂)说[1],认为“乾坤之内,惟是灵者生灵,觉者生觉”[2],人的理性灵魂出于上帝的“神性理智”。他区分“以火气水土四行相结而成”[3]的“形”与“超形之性”[4]、无形之神,认为出于“神性”的“人心与天神同也”[5]。形有朽化,而“人魂为神,不容泯灭者也”[6]。他援引儒经《盘庚》《金縢》《召诰》等,说明“周公、召公何人乎? 其谓成汤、文王既崩之后,犹在天陟降,而能保佑国家,则以人魂死后为不散泯矣”[7]。又引伯有为厉之事,证明“古春秋世亦已信人魂之不散灭矣”[8]。并借用中国固有的魂魄观念,说明“人死者,非魂死之谓,惟谓人魄耳,人形耳”,区分有朽的肉体,与“归于本乡”的灵魂。[9] 这充分表现出作为天主教徒的利玛窦对于“神性超越”的意识。比如他大力说明:“不能朽者精神,速腐者髑髅”[10],区分人身上的不朽部分与有朽部分;“人有今世之暂寄,以定后世之永居……以此为行道路,以彼为至本家”[11],区分今世的宇宙(生存的神性宇宙)与后世的天国(非生存的神性本原)。因此,他“重来世之益者,必轻现世之利”,因为“来世之利,至大也,至实也”[12];而“吾今所见者,利害之影耳”,人在宇宙中“咸赤身空出,赤身空返,临终而去……何必以是为留意哉? 今世伪事已终,即后世之真情起矣”。[13] 伪者有朽,真者不朽。宇宙虽然是神性实在的显现区域,但它更是一场以超越其自身结构为方向的终末论运动;人生存其中,朝着不朽的基督奔去。“吾本家室,不在今世,在后世;不在人,在天。”[14]重返天国,是人心的本质渴望。“现世者,非人世也……人之在世,不过暂

---

① 利玛窦:《天主实义今注》,第 109 页。
② 利玛窦:《天主实义今注》,第 97 页。
③ 利玛窦:《天主实义今注》,第 111 页。
④ 利玛窦:《天主实义今注》,第 112 页。
⑤ 利玛窦:《天主实义今注》,第 112 页。
⑥ 利玛窦:《天主实义今注》,第 114 页。
⑦ 利玛窦:《天主实义今注》,第 120 页。
⑧ 利玛窦:《天主实义今注》,第 123 页。
⑨ 利玛窦:《天主实义今注》,第 123 页。
⑩ 利玛窦:《天主实义今注》,第 168 页。
⑪ 利玛窦:《天主实义今注》,第 145 页。
⑫ 利玛窦:《天主实义今注》,第 166 页。
⑬ 利玛窦:《天主实义今注》,第 168 页。
⑭ 利玛窦:《天主实义今注》,第 108 页。

次寄居也，所以于是不宁不足也。”[①]万物不过是天主的痕迹，人却是天主的肖像，故而人心所以不宁不足，在于人心充分类似于天心："司明者(理智)尚真，司爱者(意志)尚好”[②]，“人之所愿，乃知无穷之真，乃好无量之好。今之世也，真有穷，好有量矣，则于是不得尽其性矣。夫性是天主所赋，岂徒然赋之？必将充之，亦必于来世尽充之”[③]。宇宙是有限者，人的灵魂却具有无限的潜能与向往，必非宇宙所能给予；充尽其潜能则为基督，实现其向往则为天国。“人心之司爱向于善，则其善弥大，司爱者亦弥充。天主之善无限界，则吾德可长无定界矣。则夫能充满我情性，惟天主者也。”[④]人是在世的超世者，始终受到神性实在的向上牵引而运动，具有现世所无法框限的超越维度。但利玛窦的终末论向往又并未倒向“使位于人身上的灵由其位于宇宙中的异化状态，通过基于知识的行动，回归位居超越的神之灵”[⑤]的灵知主义，因为他所信奉的经院哲学之作者阿奎那乃是一位沃格林所称赞的出色保持了意识均衡的神学家[⑥]。因此利玛窦强调："司爱之大本在仁”[⑦]，“仁也者，乃爱天主与夫爱人者”[⑧]。我们不能爱天而遗人，完全投身超越而摆落现世，因为现世本身也是实在的显现区域。“然爱天主之效，莫诚乎爱人也。所谓‘仁者爱人’，不爱人，何以验其诚敬上帝欤?”[⑨]爱人是爱神的见证，一如生存的人类是非生存的神性本原的见证。神一神性本原不是一个实体，而是在人与神、生存与非生存、开端与超越的张力结构之间突显出来的超越维度。取消了张力中的一端，也就取消了实在的结构，神性本身也就无从显现，将与被取消的人“同归于寂”而已。用儒家的话来讲，“天人之际”正是天与人双方赖以相互呈现的结构背景。在万物那里，我们看见天地之德；在人那里，我们看见天地之心；若无人物，则天亦无以自现，归于息矣。

① 利玛窦：《天主实义今注》，第 107 页。

② 利玛窦：《天主实义今注》，第 189 页。

③ 利玛窦：《天主实义今注》，第 173 页。

④ 利玛窦：《天主实义今注》，第 194 页。

⑤ 埃里克·沃格林：《天下时代》(《秩序与历史》卷四)，第 70 页。

⑥ “通过掌控这些力量并出色地使之保持和谐，阿奎那成为独一无二的人物。”参见埃里克·沃格林：《政治观念史稿·卷二》，叶颖译，上海：华东师范大学出版社，2019 年，第 277 页。

⑦ 利玛窦：《天主实义今注》，第 189 页。

⑧ 利玛窦：《天主实义今注》，第 190 页。

⑨ 利玛窦：《天主实义今注》，第 195 页。

毕竟,所谓“超越”乃是相对现世而言的比较之词;若无现世,亦无所谓超越。人的特异之处就在于,他身处现世,而不满足于现世(利玛窦所谓“禽兽之本处所也”[①]),时时向往彼岸;而这种向往本身的超宇宙维度正是对那超越之神的最好见证:“神理之爱”[②]受之于天!归根到底,人生存在居间之中,在神人两端之中,神对人的吸引或曰人对神的向往彰显出人身上的超越维度。而那向往着神性实在的人之“灵魂”也就如同“神”、“天”一样不能被教条化理解为一个实体,乃是对超越性的符号化表达。

如果说“神”、“天”和人的“灵魂”都不能实体化理解,那么所谓“天堂”“地狱”更然,因其不过是“不朽区域”与“有朽区域”的具象符号。然而,正是教条化的理解,导致了利玛窦笔下关于此的儒耶之争。利玛窦首先援引《诗》《书》说明“夫(文王)在上、(三后)在天、在帝左右,非天堂之谓,其何欤”,并指出虽然“地狱之说决无可征于经者”,但“有天堂自有地狱,二者不能相无,其理一耳”[③];“故儒书虽未明辩天堂地狱之理,然不宜因而不信也”[④]。在对话体的《天主实义》中利玛窦假托“中士”提出了一种他所反对的意见:“儒有一种言:善者能以道存聚本心,是以身死而心不散灭;恶者以罪败坏本心,是以身死而心之散灭随焉。”[⑤]利玛窦驳称:“人之灵魂,不拘善恶,皆不随身后而灭”[⑥];“本性之体,兼身与神,非我结聚,乃天主赋之,以使我为人……天主命其身期年而散……命其灵魂常生不灭”[⑦]。笔者认为,如果放弃静态的本性、实体式理解,并跳出儒耶两家的教条,那么基督教的天堂地狱说与儒家的心魂聚散说[⑧]实乃等价的符号化表达,虽然有意识分化程度之异,但它们都体验到了开端与超越之间的生存的居间结构。只不过儒家是用宇宙内的心魂聚散来表达人对于神性牵引力的意识与否;基督教则用超宇宙的天堂地狱来表达。当人超拔现世而意识到神性超越的存在,他自身的超越性也就彰显出来。我们便可以说他“本心”不灭或上登

① 利玛窦:《天主实义今注》,第 107 页。

② 利玛窦:《天主实义今注》,第 194 页。

③ 利玛窦:《天主实义今注》,第 175 页。

④ 利玛窦:《天主实义今注》,第 176 页。

⑤ 利玛窦:《天主实义今注》,第 117 页。

⑥ 利玛窦:《天主实义今注》,第 117 页。

⑦ 利玛窦:《天主实义今注》,第 118 页。

⑧ 利玛窦从否定的角度说:“人魂匪沙匪水,可以聚散。”参见利玛窦:《天主实义今注》,第 118 页。

天堂,所指是一个意思。其实,当利玛窦反对本心说而援引儒经的天堂说时,他并未意识到后者也与基督教的天堂说有分化程度之异:儒家的天堂不在现世之外,而在其内。

四、儒耶异同:"万物一体"宇宙观、"以气为神"灵魂观、"善应登天"天堂观、"基督人鬼"上帝观

儒家天堂观要点有四。第一,儒经中有天堂而无地狱。第二,《诗》《书》中的天堂只对圣王贤臣开放。第三,基于"万物一体"的宇宙观:儒家的天堂不在宇宙之外,而就是一气流行的宇宙中的太虚元气之所在。第四,基于"以气为神"的灵魂观:人心是气之精爽,生前合德于天则死后通气于天,是谓在帝左右;小人则魂气澌灭而已。关于第一点,利玛窦已经意识到。关于第二点,则是因为《诗》《书》反映的是三代宇宙论风格的真理,在其时唯有宇宙论帝国的统治者集团垄断了上下接通神性实质的特权。故而唯有王者才是圣人,而其辅臣亦分有了王者的超越性。《诗经·云汉》祈雨求神所缕举的"昊天上帝"、"父母先祖"、"群公先正"清晰反映了这一结构。这一点利玛窦并未分辨出。关于第三点,则是因为孔子的德性意识分化并未完全放弃三代宇宙论真理,而还保留着其外衣,故而儒家的超越性意识乃呈现为一种特殊的"内在超越",即不离宇宙而超越宇宙。儒家的"天"兼有主宰之天、自然之天、义理之天三义合一可谓反映了这一点。而利玛窦尤反对之。对于主宰之天,利玛窦说"独有一天主始制作天地人物,而时主宰存安之"①,强调在上帝与宇宙并存的主宰阶段之前的创世阶段,亦即强调上帝之于宇宙的先在性、超越性。对于自然之天,利玛窦严辨"无始无终"的天主与"有始无终"的天地②,认为后者创始于前者,前者乃是"在物之外分"的"公作者"。③ 他区分"天之形圆"和"上帝索之无形"④,认为"有色

① 利玛窦:《天主实义今注》,第 87 页。
② 利玛窦:《天主实义今注》,第 84 页。
③ 利玛窦:《天主实义今注》,第 139 页。
④ 利玛窦:《天主实义今注》,第 102 页。

之天地”[①]不过是上帝之“宫阙”[②]。他改造儒学称:“君子如或称天地,是语法耳……天地之主,或称谓天地焉。非其以天地为体也,有原主在也。吾恐人误认此物之原主,而实谓之天主,不敢不辨”,“孰指兹苍苍之天,而为钦崇乎”。[③]总之,他严分作为被造物的有形之天地与作为造物主的形上之上帝,突出后者相对宇宙的超越性。这分明是灵性意识分化的传统使然。

对于义理之天,利玛窦激烈反对所谓“仁者同体”与“万物一体”之论:“除人己之殊,则毕除仁义之理矣。设谓物都是己,则但以爱己、奉己为仁义”,“人己,非徒言形,乃兼言形性耳”。[④] 他认为,万物各有本性、实体,互不相同,更不能合为一体。且若取消了异体的他者,则对于他人与万物的博爱也就失去了对象与意义。他因此持物各有间的“博爱”论而反对同体无间的“一体”论:“故有志于天主之旨,则博爱于人以及天下万物,不须徒胶之为一体耳。”[⑤]博爱是在上帝之下对于异己他者的普遍之爱:“我一体,彼一体……皆天主上帝生养之民物,即分当兼切爱恤之。”[⑥]既然自、他异体,那么我爱他者的原因就不在自、他身上,而在自、他所同出的本原——上帝那里:“仁者爱天主,故因为天主而爱己爱人,知为天主,则知人人可爱……爱人之善,缘在天主之善,非在人之善。”[⑦]这里我们分明看见灵性意识的超越性:把人际之爱的原因推到人之上的人神之爱:人因为天主之爱的吸引而爱天主,才“爱屋及乌”的爱人。利玛窦甚至说:“人之中虽亲若父母,比于天主者,犹为外焉。”[⑧]对比同时代的王船山,极可见儒耶之异。船山恰持“天亲合一”[⑨]论,力斥以“父母特其所禅之几”[⑩]的观点与“舍父母而亲天地”[⑪]的行为,认为“父母之外,天地之高明博厚,非可躐等而与

---

① 利玛窦:《天主实义今注》,第 102 页。

② 利玛窦:《天主实义今注》,第 103 页。

③ 利玛窦:《天主实义今注》,第 103 页。

④ 利玛窦:《天主实义今注》,第 142 页。

⑤ 利玛窦:《天主实义今注》,第 197 页。

⑥ 利玛窦:《天主实义今注》,第 142 页。

⑦ 利玛窦:《天主实义今注》,第 196 页。

⑧ 利玛窦:《天主实义今注》,第 190 页。

⑨ 王夫之:《张子正蒙注》,《船山全书》,长沙:岳麓书社,2011 年,第十二册,第 351 页。

⑩ 王夫之:《张子正蒙注》,第 351 页。

⑪ 王夫之:《张子正蒙注》,第 352 页。

之亲。而父之为乾，母之为坤，不能离此以求天地之德”[1]。事亲即所以事天，“事亲之中，天德存焉”[2]而不在人物之外，此之谓“内在超越”。对比基督教的“外在超越”：儒家是从下往上“以敬亲之身而即以昭事上帝”[3]，基督教是从上往下由爱上帝而爱人。差异之源在于儒家认为人与人、人与天之间“合而无间”[4]，同气(宇宙论)同性(本体论)，“吾之形色天性，与父母无二，即与天地无二”[5]。儒家的意识分化始终克制在宇宙论范围之内，不是借助与超宇宙之神的关系而是宇宙内同体状态的差异来表现这种分化。利玛窦也意识到这一点：

> 中士曰：(天下万物皆同)谓同体之同也。曰君子，以天下万物为一体者也；间形体而分尔我，则小人矣。君子一体万物，非由作意，缘吾心仁体如是。岂惟君子，虽小人之心，亦莫不然。[6]

基督教的神是超越宇宙的神，儒家的天是主宰、自然、义理三义合一的天。基督教以宇宙之外的天堂地狱来象征性表达人对于神性本原的意识与向往与否，儒家以宇宙内的心魂聚散来表达。基督教以爱神为爱人的前提，因为去神化的宇宙中万物异体；儒家以仁民即敬天，因为天德即体现在万物之中而万物本为一体。儒耶之同，在于二者都意识到了生存的居间结构；儒耶之异，在于二者突破宇宙论形式的程度不同。义人爱上帝而登天堂，罪人反之；君子体万物而心魂不灭，小人反之；两者表达出同样的实在之张力，不过前者是以超宇宙的形式，后者则是宇宙内的。利玛窦对此次区别有明确的自觉：“所谓一体，仅谓一原耳已。如信之为真一体，将反灭仁义之道矣……仁义相施，必待有二。”[7]神是超乎宇宙万物之上的共同本原，而非“整个宇宙是神”、“每个事物中有神”[8]。利玛窦要反对“仁者同体”的境界论与“万物一体”的宇宙论，就必须根本

---

① 王夫之：《张子正蒙注》，第 352—353 页。

② 王夫之：《张子正蒙注》，第 357 页。

③ 王夫之：《张子正蒙注》，第 356 页。

④ 王夫之：《张子正蒙注》，第 353 页。

⑤ 王夫之：《张子正蒙注》，第 354 页。

⑥ 利玛窦：《天主实义今注》，第 141 页。

⑦ 利玛窦：《天主实义今注》，第 141 页。

⑧ 利玛窦：《天主实义今注》，第 137 页脚注 3。

反对“内在超越”观，即儒家所保留的紧凑的宇宙论风格外壳，而这恰恰是历史上犹太基督教所突破的：

> 中士曰：吾古之儒者，明察天地万物，本性皆善，俱有宏理，不可更易。以为物有巨微，其性一体，则曰天主上帝，即在各物之内，而与物为一。故劝人……勿害物以侮其内心之上帝焉。又曰人物坏丧，不灭本性而化归于天主，此亦人魂不灭之谓，但恐于先生所论天主者不合。[①]

中士的意见，其实“是宋明理学‘物物各具一太极’的观念”[②]。对于遍在万物的太极之理，利玛窦坚决否认其存在。首先，从亚里士多德“自立体”(substance)和“依附体”(accident)的区分来看，利玛窦认为“若太极者，止解之以所谓理，则不能为天地万物之原矣。盖理亦依赖之类，自不能立，曷立他物哉”[③]；其次，从有无灵觉意志的区分来看，利玛窦认为“理无灵无觉，则不能生灵生觉”，“则上帝、鬼神、夫人之灵觉，由谁得之乎”[④]；最后他认为，太极至多只是上帝所立之原理：“造物之功盛也，其中固有枢纽矣。然此为天主所立者。物之无原之原者，不可以理、以太极当之。”[⑤]这里的讨论已经关涉到儒家天堂观的第四点。宋明理学认为宇宙万物一气一理，故君子内求本心而可以上达天德，其死后便魂气不灭而复归太虚。但“谢文郁指出，与其他文明相较，中国长期以来并未发展出个体灵魂的观念”，“死后得以归入祖先神灵之中，但儒家并没有明确提出个体性灵魂的概念”，“人死后，气散回阴阳二气之中，人之个体性亦随之消亡”。吕妙芬指出，即便认为中国有“个体灵魂”概念，“个体灵魂不朽”的概念也是阙如的。[⑥] 朱子则认为“人死后，气会回归天地间公共之气，只有在

---

① 利玛窦：《天主实义今注》，第 131 页。

② 利玛窦：《天主实义今注》，第 132 页脚注 1。

③ 利玛窦：《天主实义今注》，第 95 页。

④ 利玛窦：《天主实义今注》，第 97 页。

⑤ 利玛窦：《天主实义今注》，第 99 页。

⑥ 吕妙芬：《成圣与家庭人伦：宗教对话脉络下的明清之际儒学》，台北：联经出版公司，2017 年，第 40 页脚注 2。

子孙诚敬祭祀时,祖先神魂才可能被暂时性地感格而会聚,即使圣贤亦然”[①]。换言之,哪怕圣贤魂气不灭,在帝左右,但其“个体性”并不突出。因为儒家的天堂乃是宇宙内而非宇宙外的、元气“混然合而无间”[②]的太虚之境,而非个体灵魂的超世救赎之所,保有三代“宇宙论集体主义”[③]色彩。这种气化的灵魂观,利玛窦批之为“以气为神”,而坚持“气非生活之本”,区分“气者,和水火土三行,而为万物之形者也;而灵魂者,为人之内分、一身之主,以呼吸出入其气者也”。[④] 气是构成有朽的“有形之身”的质料,而灵魂则属于不朽的“无形之神”。[⑤] 如果“以气为神”,则会混淆人身上的有朽部分与不朽部分,湮没人的超越维度而等之于物,必将导致灵魂有朽(神灭)的“谬论”:“中士曰:谓人之神魂死后散泯者,以神为气耳。气散有速渐之殊,如人不得死,其气尚聚,久而渐泯,郑伯有是也。”[⑥]利玛窦尤其批判理学家万物一气的鬼神观:“所谓二气良能、造化之迹、气之屈伸,非诸经所指之鬼神也”[⑦];“如(晦庵)云‘死者形朽灭,而神飘散,泯然无迹’,此一二匹夫之云,无理可依,奈何以议圣贤之所既按乎哉”[⑧];“古经书云气、云鬼神,文字不同,则其理亦异。有祭鬼神者矣,未闻有祭气者,何今之人紊用其名乎”[⑨]。利玛窦之认为鬼神灵魂不可化约为气,在于强调前者超越于气化宇宙的维度。反对神魂即气,就要反对“天地万物共一气”[⑩],反对“阴阳二气为物之体,而无所不在。天地之间,无一物非阴阳,则无一物非鬼神也”[⑪]。万物皆气皆鬼神,是一种既分化(区别了物与鬼神)又紧凑的意识表达,它把超越性(鬼神灵魂)收纳于现世性(宇宙万物)之中,而成为所谓“内在超越”模式:神魂不在此世之外。利玛窦既反对“以气为鬼神灵魂”的灵魂观,又区别

① 吕妙芬:《成圣与家庭人伦》,第 42 页。

② 王夫之:《张子正蒙注》,第 353 页。

③ 埃里克·沃格林:《以色列与启示》(《秩序与历史》卷一),第 87 页。

④ 利玛窦:《天主实义今注》,第 130、131 页。

⑤ 利玛窦:《天主实义今注》,第 188 页。

⑥ 利玛窦:《天主实义今注》,第 124 页。

⑦ 利玛窦:《天主实义今注》,第 121 页。

⑧ 利玛窦:《天主实义今注》,第 123 页。

⑨ 利玛窦:《天主实义今注》,第 125 页。

⑩ 利玛窦:《天主实义今注》,第 130 页。

⑪ 利玛窦:《天主实义今注》,第 124 页。

“鬼神在物，与魂神在人，大异焉”[①]，认为“彼曰天下每物有鬼神，而每以鬼神为灵，如草木金石，岂可谓之灵哉”，“与人类齐，岂不令之大惊哉”，并反对“鸟兽之性同乎人”而气通乎人的万物一理一体的宇宙观。[②] 如果气即鬼神，而万物皆气，则将推导出万物皆鬼神，而抹杀了鬼神尤其是人的灵魂的独特性（相对于物）、不朽性（相对于气）、超越性（相对于宇宙）。如果再把非生存的神性本原也紧缩进宇宙与人的生存之域，而认为“天主即是各物”[③]，“天主于我既共一体”[④]，则将导致利玛窦所讥的如下悖论：“从是说（“其性一体，则曰天主上帝，即在各物之内，而与物为一”）也，吾身即上帝，吾祭上帝，即自为祭耳，益无是礼也。果尔，则天主可谓木石等物，而人能耳顺之乎？”[⑤]利玛窦因此强调：“凡物不以天主为本分，故散而不返归于天主，惟归其所结物类耳矣。”[⑥]上帝并不内在于去神化的宇宙而为万物之本性，万物乃至人的肉身都是属世而有朽的。只是人奇迹般地能够意识到那未知之神而向往之。人的此种意识得之于实在的奥秘，而被符号化为向往“天堂”的“灵魂”。

前面提到，儒家天堂观的第一个要点是有天堂而无地狱。而所谓天堂亦不在宇宙之外，不过是气化流行中太虚公共之气的所在。仁者与万物同体而存聚本心不灭，便达天堂。小人魂气澌灭，便如堕“地狱”。故儒经不另言实体化的地狱。[⑦] 其实这种地狱观念的缺失，用利玛窦的话也能够解释：“西士曰：吾以性为能行善恶，固不可谓性自本有恶矣。恶非实物，乃无善之谓；如死非他，乃无生之谓耳。”[⑧]恶无实体，只是善的缺失；地狱无实体，只是天堂的缺失；正如有朽的去神化宇宙乃是永恒的神性本原的缺失。但善、天堂、神性本原亦非实

---

① 利玛窦：《天主实义今注》，第 125 页。

② 利玛窦：《天主实义今注》，第 126 页。

③ 利玛窦：《天主实义今注》，第 137 页。

④ 利玛窦：《天主实义今注》，第 136 页。

⑤ 利玛窦：《天主实义今注》，第 137 页。

⑥ 利玛窦：《天主实义今注》，第 139 页。

⑦《礼记正义·乐记》：“幽则有鬼神。”郑玄注：“圣人之精气谓之神，贤知之精气谓之鬼。”孔颖达疏：“圣人气强，能引生万物，故谓之神”，“（贤知）气劣于圣，但归终而已，故谓之鬼。”又《曲礼》：“大夫曰卒……庶人曰死。”注：“卒，终也……死之言澌也，精神斯尽也。”疏：“死者，澌也。澌是消尽无余之目，庶人极贱，生无令誉，死绝余芳，精气一去，身名俱尽，故曰死。”案：由圣人之神，降至贤人之鬼，降至小人之澌尽，可见其本心（德性意识）的觉醒与存聚状态差异。

⑧ 利玛窦：《天主实义今注》，第 184 页。

体,而是一个指向超越的维度:此超越亦要在相对于现世——宇宙与人的生存之域——的张力结构中才得以呈现自身。此呈现聚焦在作为天地之心的人身上,聚焦在人的灵魂对于天堂——神性超越之域——的向往之上。如果执泥在仅为象征性符号的"天堂""地狱"本身,将遗忘字面背后超绝名象的超越与奥秘而陷入无谓的教条之争。利玛窦批评中士所论"何必信天堂地狱?如有天堂,君子必登之;如有地狱,小人必入之。吾当为君子则已"。[①] 不肯信天堂地狱之实有,但利氏之论实与其同致:"凡行善者有正意三状:下曰,因登天堂免地狱之意;中曰,因报答所重蒙天主恩德之意;上曰,因翕顺天主圣旨之意也。"[②]享福天堂免祸地狱,纯出一己私利之心,无足称;报恩侧重于对神性开端(宇宙万物之创生)的意识,人、神犹相对待,实体性的人格神尚存;顺意则是对神性超越的向往,是人的灵魂的自我超升运动。在这个层次,重要的是向善、向上本身,而不是什么"天堂""地狱"的神道设教,后者是针对"民溺于利久矣,不以利迪之、害骇之,莫之引领"[③]的大众层面真理传播之需。然而"恶者恶恶,因惧刑也;善者恶恶,因爱德也"[④]。天堂地狱的教条,于善者非必需,于恶者则可利用。一旦教条日益僵化以致丧失了对神性超越的指示作用,则将沦为扭曲人类存在的病态机制:恶者苟出利心、谨遵教条亦可以跻身天堂,显然违背了"天堂"这一本欲唤起人之超越性意识的符号的功用。而历史上此种被宣称进入天堂的恶者非鲜。这再次提醒我们:不能错以实在的符号遮蔽实在本身。对于教条的警醒与超越,利玛窦已举了一个生动的例子:方济会修士"泥伯陆"虔心向神。魔鬼"欲沮之,伪化天神"而对圣方济说:"泥伯陆德诚隆也,虽然,终不得跻天堂,必堕地狱。"圣方济信之,见泥伯陆而泣。泥伯陆得知原委,乃怡然曰:"吾所为敬爱之(天主)者,非为天堂地狱,为其至尊至善,自当敬、自当爱耳。今虽弃我,何敢毫发懈惰,惟益加敬慎事之,恐在地狱时,即欲奉事,而不可及矣。"圣方济恍然悟叹:"有学道如斯,而应受地狱殃者乎?天主必跻尔天堂矣。"利玛窦评论道:"天堂非他,乃古今仁义之人所聚光明之宇;地狱亦非他,乃古今罪恶之人

① 利玛窦:《天主实义今注》,第 177 页。

② 利玛窦:《天主实义今注》,第 169 页。

③ 利玛窦:《天主实义今注》,第 169 页。

④ 利玛窦:《天主实义今注》,第 169 页。

所流秽污之域。”[①]此言与中士“不必言天堂地狱”[②]、“如有天堂，君子必登之”之义何以异？“泥伯陆”显然代表着那种能够穿透教条真理的符号(“天堂”)而直接体验到神性实在本身的卓越灵魂。人应当关注的只是灵魂超升本身，天堂何足挂怀！利玛窦亦曰：“终身为善，不易其心，则应登天堂……终身为恶，至死不悛，则宜堕地狱。”[③]对于人的得救上天堂，天主教持“善行”加“信心”的“神人合作论”(synergism)。利玛窦所谓“应然”“宜然”，指出了人的向上行善与神的向下恩典之间的互因性：一者必然意味着另一者，而两者所指是同一个灵魂超升的过程。沃格林指出：

> 保罗所用的符号，即先知(propheteuon)、属灵之人和成年人，是亚里士多德所说的“高尚之人”的等价物。这些符号是等价的，但生存真理的推动力已从人的探寻转到神的恩典(charisma)，从人通过爱欲而生的张力向神的上升，转到神通过因为爱(Agape)而生的张力向人的下降。……保罗并不像那些哲学家那样，专注于分析实在的结构(该结构通过理智性神显而显露出来)，而是关注神性的突入，它形成新的生存意识。[④]

儒家与希腊哲学都偏重于“分析实在的结构”，主要是指分析塑造并显现于受到命运(缘于气与质料)限制的宇宙的神性秩序中的德性与理智性神显。而基督教所谓“新的生存意识”的“神性的突入”，则是指对超越之神的自由之域——神性本原本身的激进意识。吸收了亚里士多德哲学的经院哲学，大体保持住了在人的上升(善行)与神的下降(恩典)之间的均衡。“为善应登天堂”，乃是人的神人参与式生存的教条真理式符号化表达。儒耶天堂观的讨论，有意义处不在于“心魂”“天堂”实体概念异同的纠缠，而在于理解其为意识分化程度有异而又等价的不同模式。而这种分化程度又是可以相互影响而改变的。

“晚明以降许多儒者均不满意张载、程朱‘人死气散无知’的看法”，或受民

---

① 利玛窦：《天主实义今注》，第 170、171 页。

② 利玛窦：《天主实义今注》，第 171 页。

③ 利玛窦：《天主实义今注》，第 174 页。

④ 埃里克·沃格林：《天下时代》(《秩序与历史》卷四)，第 340—341 页。

间宗教、天主教之刺激,而有"个体灵魂"、天堂观念之发生。[1] 譬如比利玛窦稍晚的另一位大儒黄宗羲便深受前者影响,也强调上帝,"引证古经以证明上帝的存在正是传教士对付中国儒学的方式,而他的'《破邪论·上帝》篇末一段,大意竟然与教士的说话相同'"而反对"言天以为理而已";也讲灵魂不朽,"以利玛窦论证'灵魂不灭'的方式否定了宋儒'无有不散之气'的观点"。[2] 但不同在于,"黄宗羲所讲的不灭的灵魂仍是以气作为物质载体的,而基督教哲学所讲的不灭的灵魂则是不依赖于物质而存在的纯粹精神","重在论证'圣贤之精神'不灭"而非"一切人的灵魂不灭"[3],即仍未突破利玛窦所批评的、以宇宙内心魂聚散状态差异来表达德性意识觉醒程度的符号模式。相应的,黄宗羲在《破邪论·地狱》中亦不肯定地狱之实存。最要者,黄宗羲尤其不能接受"道成肉身":"为天主之教者,抑佛而崇天是已,乃立天主之像,记其事,实则以人鬼当之,并上帝而抹杀之矣。"(《破邪论·上帝》)一方面,黄宗羲严分天人之别,认为"无论是人格意义上的'天'还是鬼神意义上的'天',都是对天的一种降低"[4],不相信先天之上帝化身为后天之"人鬼";但另一方面,他又以"主宰是气"来界定"昊天上帝"(《破邪论·上帝》),上帝职能仍不出宇宙之外。学者称他的"气"一元论"人们无法对之进行分类和区分,这是一个混沌的综合体"。[5] 用沃格林的理论来分析,这个气化宇宙即被视为实在(上帝)的全部区域,而未清晰分化出开端与超越两极。黄宗羲的这种思想,可谓鲜明体现出儒家德性意识传统的底色与界限。而这也是《天主实义》讳言基督论的思想根源。不同于儒家一天三义的浑融,基督教恰是在彻底分化出神化宇宙与超越之神后,复通过基督身上的神人二性兼备来表达人与神性实在之间的互动相吸,并以基督再临表征这场终末论运动的完成。如此便不难理解利玛窦的如下言论:

> 凡人在宇内有三父:一谓天主,二谓国君,三谓家君也……其为之子者,听其上命,虽犯其下者,不害其为孝也。……比乎天主之公父

① 吕妙芬:《成圣与家庭人伦》,第 69 页。

② 许苏民:《黄宗羲与儒耶哲学对话》,《北京行政学院学报》,2013 年第 4 期。

③ 许苏民:《黄宗羲与儒耶哲学对话》,《北京行政学院学报》,2013 年第 4 期。

④ 贾庆军:《黄宗羲的"上帝"观——兼论其对天主教的态度》,《船山学刊》,2008 年第 3 期。

⑤ 贾庆军:《黄宗羲的魂魄说和地狱观——兼论其一元世界观》,《船山学刊》,2009 年第 1 期。

乎，世人虽君臣父子，平为兄弟耳焉。[1]

不信有后世者，以为生世之后，已尽灭散，无有存者，真可谓之无后。吾今世奉事上帝，而望万世以后犹悠久常奉事之，何患无后乎？[2]

故中国之传道者，未闻其有出游异国者，夫妇不能相离也……（耶稣会士）无有托家寄妻子之虑，则以天主为父母，以世人为兄弟，以天下为己家焉。[3]

与王船山认为事亲即事天不同，利玛窦更加强调上帝与尘世之间的张力：违背君父人伦而遵从上帝天伦，亦是大孝。他指出，耶稣会士无后而传福音于天下，胜于中国人执着于此世后嗣延续而不能超拔于家国体制之外。这正是作为普世宗教的基督教与未能独立于王朝体制之外的儒家的形态差异。利玛窦还反对儒家子孙承负式报应观，而认为："天主既能报人善恶，何有能报其子孙，而不能报及其躬"，"善恶之报于他人之身，紊宇内之恒理……不如各任其报"。[4] 如果不谈后世，则报应只能落实在子孙身上；而如果超越现世，则报应应以个体灵魂各自的天堂地狱之赏罚为公正。利玛窦引用奥古斯丁的名言："天主所以生我，非用我；所以善我，乃用我。"[5]人要主动参与朝向非生存的神性本原的终末论运动，用基督教的话说，人要信靠上帝才能获得拯救。这种主动信靠是超越尘世的，而人在尘世中的被造却非人所主动参与的，一如万物那般。故若人不能意识到自己身上的超世维度，他将沦为在世的一物。这种相对于现世的超越性、终末性及其"基督论"教义版本，乃是儒家义理所未能容纳的。《天主实义》的讳言与《破邪论》的批判，构成晚明儒耶交流中有趣的文本间"互文"。

① 利玛窦：《天主实义今注》，第 213 页。

② 利玛窦：《天主实义今注》，第 214 页。

③ 利玛窦：《天主实义今注》，第 210 页。

④ 利玛窦：《天主实义今注》，第 172 页。

⑤ "当天主创造了你的时候，你没有参与；不过，除非你参与，祂不能拯救你。"参见利玛窦：《天主实义今注》，第 184 页，及脚注 5。

结语、道一教殊：实在与历史中的意义

“神人参与的神秘性通过不同的民族以不同的程度来得到实现。”[①]神性实在(道)只是一，但不同文明的精神突破及其教义化传统(教)有异，此可谓“道一教殊”。《天主实义》中的辟佛老之论，亦可在此种文明论视域下解释之。利玛窦反对心学、禅宗的“毋意、毋善毋恶”[②]之说，亦以“老庄亦有勿为、勿意、勿辩”[③]为悖论。他不以“君子为善无意”[④]为最高境界，恰相反，他坚持“正意为为善之本”[⑤]，认为人凭自己的自由意志主动参与到神的拯救中才能得救，这鲜明地突出了人对神性超越的意识。与此不同，被沃格林认为以“进入作为神性虚无的涅槃来获得解脱”[⑥]为目标的佛教则彻底摆落了历史意识，“关于那个过程之奥秘的疑问均未在印度得到充分分化”[⑦]，即神性实在不被理解为一个由生存的神性宇宙与非生存的神性本原组成的张力结构，以及一场从开端朝向超越的终末论运动(它呈现为人的历史意识)，而直接被认做取消了张力之现世一极的神性虚无。至于道家，也被沃格林认为欲“从这个世界的秩序抽身，遁入神秘主义隐士的与世隔绝状态”[⑧]，亦是离弃现世者。如此，利玛窦对佛老的批判就容易理解了：“吾天主所授工夫，匪佛老空无寂寞之教，乃悉以诚实引心于仁道之妙。”[⑨]如果取消了现世与超越的居间结构，人对神性超越的意识也就无从基于与现世的相对性而生发，泯灭神人两端的“无意”本身就将成为最高的意识境界(亦即达到了神性虚无的涅槃，或曰人、道合一)。而利玛窦所说的仁者之博爱恰恰要保全神人之间的张力，不能把爱天主合并于爱自己，利氏故曰“彼教

---

① 尤金·韦伯：《沃格林：历史哲学家》，第220页。

② “似乎利玛窦的批评对象是王畿的思想运动，其被认为摆脱了伦理学的框架，经常被指责受到了禅宗的影响。”参见利玛窦：《天主实义今注》，第160页，及脚注5。

③ 利玛窦：《天主实义今注》，第161页。

④ 利玛窦：《天主实义今注》，第159页。

⑤ 利玛窦：《天主实义今注》，第163页。

⑥ 埃里克·沃格林：《天下时代》(《秩序与历史》卷四)，第439页。

⑦ 埃里克·沃格林：《天下时代》(《秩序与历史》卷四)，第440页。

⑧ 埃里克·沃格林：《天下时代》(《秩序与历史》卷四)，第401页。

⑨ 利玛窦：《天主实义今注》，第198页。

(佛老)不尊上帝,惟尊一己耳已"[1]。利玛窦批评佛教"上帝固具无量能,而吾人心亦能应万事"、"天地万物咸蕴乎心"、"方寸间俨居天主"[2]之论曰:"智者之心,含天地,具万物,非真天地万物之体也。"[3]哪怕圣人能以德配天,也绝不等于天。而兼备了神人二性的基督,其再临则意味着现世与历史的终结。就人而言,张力中的"居间—天人之际"是其恒久的现实生存之域。因此,无论对于取消张力的佛老,还是囿于宇宙论风格而张力不足的儒家,基于基督教立场的利玛窦皆予批判:"以空无为物之原,岂非空无天主者乎?以人类与天主为同一体,非将以上帝之尊,而侔之于卑役者乎?"[4]利氏因又批判三教的人格范型:"圣也,佛也,仙也,均由人生,不可谓无始元者也。不为始元,则不为真主"[5],而强调超越之神相对于众神的唯一性:"上帝知能无限,无外为而成,无所不在……奚待彼流人(中士曰"或天主委此等佛祖、神仙、菩萨保固各方"[6])代司之哉?"[7]超越之神不是与"宇内"神佛们并存的"贵方(西方)别有神祖耳"。[8]

除了分别批判三教,利玛窦尤其反对所谓"三教合一":"三教各撰其一,近世不知从何出一妖怪,一身三首,名曰三函教。"[9]他认为:"三教者,或各真全;或各伪缺;或一真全而其二伪缺也。苟各真全,则专从其一而足,何以其二为乎?苟各伪缺,则当竟为却屏,奚以三海蓄之哉……苟唯一真全,其二伪缺,则惟宜从其一真,其伪者何用乎?"[10]他并自信地提出:"于以从三教,宁无一教可从。无教可从,必别寻正路。其从三者,自意教为犹馀,而实无一得焉。"[11]天主教的"上

---

① 利玛窦:《天主实义今注》,第 199 页。

② 利玛窦:《天主实义今注》,第 133 页。

③ 利玛窦:《天主实义今注》,第 134 页。

④ 利玛窦:《天主实义今注》,第 214 页。

⑤ 利玛窦:《天主实义今注》,第 215 页。

⑥ 利玛窦:《天主实义今注》,第 198 页。

⑦ 利玛窦:《天主实义今注》,第 199 页。

⑧ 利玛窦:《天主实义今注》,第 198 页。

⑨ "利玛窦并不是讨论某个具体的宗教如同'三一教',而是更笼统讨论当时三教合一的思想运动。在阳明后学或者天台宗、华严宗都有这样的影子。"参见《天主实义今注》203 页,及脚注 4。

⑩ 利玛窦:《天主实义今注》,第 204 页。

⑪ 利玛窦:《天主实义今注》,第 204 页。

帝正道”[①]正是他所谓的“正路”。利玛窦的看法,是典型的自诩为完美教义的独断论:“理无二是,设上帝之教是,则他教非矣;设他教是,则上帝之教非矣。”[②]如此非此即彼、非黑即白的论断,源于教条真理自我封闭为一个静态、自洽的教义系统。但真实真理本为一个动态的、不断加深对实在之体验与洞见的过程。实在有着始终不可为人完全认识的奥秘面相,因此真理也就不可能达于所谓完美与自洽的终点。它不断地否定自己、发展自己,但却不意味着后来转真,先前为伪。至多只能说是洞见的分化程度有异而已,它们都是“历史中的意义”,但没有谁有资格宣称自己了结了“历史的意义”。神显之流展衍出无尽的段落,未有涯涘。“正道”确实无二,但历史中的教化传统却可有万殊。其所以殊,则是因为不同时空环境中的具体人类社会对于同一个实在的体验必然有所不同。基督教为了保护灵性启示所获的对超越之神的独特意识,而固持教条化的唯一真神观;而“三教者,一尚无,一尚空,一尚诚、有”[③],反倒在虚无与现世的侧重中有了彼此包容的余地。儒耶异同之处,无论是去神化宇宙或万物一体,灵魂不朽或以气为神,天堂与基督是否真实存在,皆不值得在教条层面作无谓之争,而应洞见其背后共证的神性实在,明悟人类各种精神突破的模式及其历史中的意义所在。

The Dissimilarities between Confucianism and Christianity and “One-Dao-Diverse-Civilizations”: An Interpretation of the Ture Meaning of God according to “the Ecumenic Age”

Jiang Xin

Abstract: In Ecumenic Age, the spiritual outbursts have happened in Israel and Hellas and China at the same time. Although they both have discovered the existential truth about that the universal humanity moves toward the divine reality, the pneumatic

① 利玛窦:《天主实义今注》,第 204 页。

② 利玛窦:《天主实义今注》,第 199 页。

③ 利玛窦:《天主实义今注》,第 204 页。

revelation of Judaism-Christianity is most thorough while the moral revelation of Confucianism has been called "the Incomplete Breakthrough" because of it's cosmological style. "Soul" and "Heaven" become a kind of symbolism of doctrinal truth and have caused Dogmatomachy in the inter-civilization exchanges between Confucianism and Christianity represented by Matteo Ricci. The arguments about cosmos, soul, heaven and God show this human history fact about that the one reality(Dao) exists in different human revelation patterns and civilizations. In the historical theophanic turbulence, the real important thing is the experience of reality rather than Dogmatomachy. According to "the Ecumenic Age", there is an angle of historical philosophy which interprets "the Ture Meaning of God" as an example of civilization interaction.

Keywords: the Ecumenic Age, the Ture Meaning of God, spiritual outbursts, differentiation of consciousness, Confucianism and Christianity

政治哲学

“人民为政治之主体”？

——荀子“立君为民”说解义*

东方朔**

［摘　要］ 荀子的“立君为民”说常常被学者认为是荀子“民本思想”的重要主张，有的学者更认为荀子的这种说法体现出了以人民为“政治之主体”的观念。我们有理由相信，荀子“立君为民”的主张，有其出于真诚关心民众福祉的道义担当的一面，但经由对“立君为民”命题的整体分析，我们看到，在荀子那里，“立君”问题原与建立政治国家的必要性问题密切相关，而相对于民众而言，君主是拯救者和救世者；相对于天下和国家而言，民众与其说是政治哲学意义上的“主体”概念，毋宁说只是国家构成意义上的“实体”概念；君主“为民”及其所包含的爱民、利民等措施乃是为了保有天下国家的目的所给予民众的“施”与“济”的手段。

［关键词］ 荀子；立君为民；主体；实体

* 基金项目：国家社科基金重点项目“荀子的政治哲学研究”(15AZX010)阶段性成果。

** 东方朔(原名林宏星)，(1963—　)，男，江西寻乌人，哲学博士，复旦大学哲学学院教授，博士生导师，主要从事宋明和先秦儒学研究。

“民本思想”常被认为是中国传统政治哲学中非常独特的一部分。学者认为,民本思想是我国春秋战国以来最具特色的主张之一,也是中国传统政治哲学中最为精彩、最为重要的一部分[①],而荀子的“立君为民”说即被学者认为是荀子“民本思想”的重要主张。今浏览荀子研究的相关论著,几乎所有的学者在论及荀子的“民本思想”时都不约而同地注意到荀子“立君为民”的命题,有的学者认为荀子对君民关系的此一主张即便在此后二千多年的中国社会中都是极为罕见的,有的学者更认为荀子的这种说法体现出了以人民为“政治之主体”的观念[②],当然也有许多学者提出了不同的意见[③]。无疑的,这些讨论内容丰富也各有所见,但若绾合本文并上升到荀子的思想系统加以审视,我们觉得其间仍存有较大的解释空间。

一

在论及荀子的“民本思想”时,学者皆特别重视荀子“天之生民,非为君也;天之立君,以为民也”(《大略》)这一说法,对此我们姑且简洁地称之为“立君为民”说。有学者认为,在中国传统的民本思想体系中,“从理论价值上看,‘立君为民’是‘以民为本’、‘民为国本’的终极依据,在民本思想的各种理据中,它最具权威性。”[④]当然,“立君为民”如何具有理据的“权威性”,涉及对“立君”、“为民”的具体的理论解释。《尚书·吕刑》有谓“四方司政典狱,非尔惟作天牧”。《泰誓·上》亦有“天佑下民,作之君,作之师。惟其克相上帝,宠绥四方”一说,《孟子》亦复援引之(《孟子·梁惠王下》),大体可以认为是“立君为民”的另一种

---

① 梁启超:《先秦政治思想史》,上海:上海古籍出版社,2014年,第3页;金耀基:《中国民本思想史》,北京:法律出版社,2008年,第6页。

② 廖名春:《论荀子的君民关系说》,《中国文化研究》,1997年夏之卷;金耀基:《中国民本思想史》,第11页。

③ 游唤民:《先秦民本思想》,长沙:湖南师范大学出版社,1991年;王保国:《两周民本思想研究》,北京:学苑出版社,2004年等。

④ 张分田:《论“立君为民”在民本思想体系中的理论地位》,《天津师范大学学报(社会科学版)》,2005年第2期。张氏又认为,“中国古代没有‘民本’这个范畴。孔子、孟子、荀子等许多著名思想家、政论家也没有使用‘以民为本’、‘民为国本’等命题来表达民本思想。然而他们都主张‘立君为民’,并据此推演、论证各种与民本思想相关的思路、命题和政策。”(同上)

雏形说法，表达出天子代天牧民的意思。[①] 事实上，在荀子之前，与“立君为民”相关联的说法还有不少，如《左传·襄公十四年》晋国贤臣师旷即谓“天生民而立之君，使司牧之，勿失其性。有君而为之贰，使师保之，勿使过度”；与荀子大体同时的慎到则云“立天子以为天下，非立天下以为天子也；立国君以为国，非立国以为君也”（《慎子·德威》）；荀子之后的董仲舒基本上步荀子之意而言“天之生民，非为王也；而天立王，以为民也”（《春秋繁露·尧舜不擅移汤武不专杀》）。不过，“立君为民”作为一种设君之道，在荀子之前，天的意志依然十分强大，君位天定，君权天授。至荀子为之一转，荀子所言之天乃是无意志的、不能以其喜好降祸福于人间的“自然”之天。如是，“天”既没有情感，没有意志，只遵循其自身一定的自然而然的轨道，并不能为人间事务作主，那么，对于作为人间治理和秩序的问题诸如为何“立君”？如何“立君”？“君”又在何种意义上“为民”等等，在荀子的思想中便必须从“人为”的角度，凭人的智慧给出一个新的解释和论证，而这个新的解释和论证则涉及荀子有关建立政治国家之必要性和可能性的一整套理论预设。

今案，荀子“天之立君，以为民也”一说出自《大略》篇，整段原文是这样的：

> 天之生民，非为君也；天之立君，以为民也。故古者，列地建国，非以贵诸侯而已；列官职，差爵禄，非以尊大夫而已。

依荀子，大自然生育民众，并不是为了君主；而大自然所以确立君主之位，却是为了民众。古时候，分列土地，建立国家，不是为了贵诸侯（而是为了更好地治理民众）；同样，设官分职，差等爵禄，也不是为了尊大夫（而是为了更好地管理民众）[②]。当然，这是纯依字面意义所作出的解释，正如上面所说的，大自然为

---

① 李存山认为，“民之上是王，而王是天所选择的能够秉承天的道德意志而‘敬德’‘保民’的统治者。天所选择的王称为‘天子’，因天子能够像父母般地爱护、保护人民，所以他才能称为王。”（李存山：《中国的民本与民主》，《孔子研究》，1997年第4期）

② 此处“天”如何理解或有争议。有学者认为，“在荀子这一命题中，很显然，天、君与民之间的关系并不属于同一平面上的相互关系，而是分属于两个不同层次。天不仅是民的创造者，也是君的创设者，因而君与民的关系，就其最终源泉而言，乃是由天所生成、所主宰的。”（储昭华、幸玉芳：《从荀子君民关系思想看儒家政治哲学的内在矛盾》，《社会科学》，2019年第4期）储教授在后文虽然对荀子所言之天有进 （转下页）

何立君、又如何立君？君在何种意义上为民？类似问题在《大略》篇中并没有为我们给出清楚的交待。

依杨倞，《大略》“此篇盖弟子杂录荀卿之语，皆略举其要，不可以一事名篇，故总谓之大略也”。久保爱亦谓“此篇间有以抄录者，不特荀卿语也”。王天海则案之云：“据本篇所录之内容与形式看，皆荀子前数篇所论之简略摘要之文并及曾子之文、大戴礼之文。”[①]基本上，《大略》一篇非如《性恶》、《天论》等属主题明确的专论篇章，段与段之间，内容不仅简略，且常常相互独立，彼此没有脉络、意义上的关联。因此，倘若要真正理解其中重要段落的重要思想，我们似乎不能仅仅满足于就某一段之字义、句义乃至段义的理解，而有必要上升到荀子的思想系统中加以衡断。也正是在此一意义上，我们看到，许多学者只着眼于孤立的某一说法便落于先入之见，将荀子“立君为民”说作漫荡式的联想乃至浮想，如谓荀子此说实乃宣明了“以人民为政治之主体”云云。[②] 但何谓“政治之主体”？在持此论者那里毋宁说这是一个极为模糊的概念，实其意大体是说天下(国家)是由人民所组成的天下(国家)，而不是为君主所独有的天下(国家)，或如《吕氏春秋·贵公》所谓“天下非一人之天下也，天下之天下也”。但如此一来，“主体”概念便一转而成一描述意义上的、构成意义上的“实体”概念。[③] 实则从政治哲学的角度上看，人民为“政治之主体”此一说法，当谓政治国家及其权力结构之安排乃取决于民众的意志自由和自决，离此则所谓人民之作为政治的主体便无从安立[④]，但若要证成此一说法，则需跳开《大略》篇，在荀子的整个政

(接上页)一步的说明，但仅就上述说法而言，本文并不认同。应该说，荀子所言的“天”对于作为人事的君民关系或政治国家而言，不具创设义和主宰义，相反，荀子所致力的工作就是要在“自然”与“人为”上作出严格的划分，人间秩序不出于“天”之“自然”，而出于“圣王”之“人为”。参阅拙文《荀子伦理学的理论特色》，《文史哲》，2020 年第 5 期。

① 荀子：《荀子校释·下》，王天海校释，上海：上海古籍出版社，2005 年，第 1036 页。

② 金耀基：《中国民本思想史》，第 11 页。

③ 不过，也有学者认为，“实体”与“主体”概念的分别不宜过于斩截。荀子“立君为民”的观念，就“为民”的意义上看，立君是为了天下民众，因为民众是国家之本，故此一说法虽解释不出“人民的统治”，但在某种意义上包含统治者的统治源于人民，或为了人民实行统治，因而它蕴含了一个政治权力的性质及功能的维度。

④ 在徐复观那里似乎也同样存在类似概念不清的问题，如徐氏谓“中国的政治思想，除法家外，都可以说是民本主义，即认定民是政治的主体。但中国几千年的实际政治却是专制政治，政治权力的根源（转下页）

治哲学系统中作出有效的解释。

但问题是，荀子的思想能够支持如此这般的解释吗？

二

如前所言，“立君为民”常被认为是儒家的设君之道，在广义上，涉及政治国家的起源与君权的产生等重大问题，而这些问题在荀子思想系统中的确有其特定的解释，也具有超越前儒的理论自觉，如为什么要“立君”？“君”在何种意义上“为民”？荀子是站在君的立场还是站在民的立场强调“立君为民”？显然，这些问题都深刻地关联对荀子“民本思想”的理解，但若要有效地回答这些问题，则必须回到荀子所假设的“自然状态”理论，这是荀子政治哲学赖于建立的理论前提和出发点。[①]

具体地说，在荀子那里，“立君”问题在本质上与为何要建立政治国家的问题或政治国家是因何而产生的问题密切联系在一起。依荀子，人的本性天生就具有好利恶害且贪得无厌的特点[②]，但满足人的本性欲望的物品却有限[③]，如是，欲与物之间的矛盾便会产生争夺；同时，人人天生都有判断的能力，但判断的结果却互不相同，所以人在行为的表现上是有智愚差别的。然而，在群居的前政治国家的状态中，由于没有相应的政治体制，人“群而无分”，此即荀子所谓的“无君以制臣，无上以制下”(《富国》)，其导致的逻辑结果，一方面是“知者未得治”，亦即民众中的智者没有机会施展其才能为社会民众服务，人人天然平等，谁也不服谁，谁也管不了谁；另一方面则在没有国家政府所具有的一系列强

(接上页)系来自君而非来自人民。于是在事实上，君才是真正的政治主体。”(徐复观：《中国的治道——读陆宣公传集书后》，《学术与政治之间》，上海：华东师范大学出版社，2009年，第44页)徐氏一方面从常说的民本主义的角度认为，在中国的政治思想(包括荀子)中，民是政治的主体；另一方面又认为，政治权力的根源不来自民而系乎君，君才是真正的政治主体。此处，徐氏前后两个“主体”概念显然不同，若肯定后者的理解，则应否定前者的理解。

① 相关看法可参阅拙文《“欲多而物寡”则争——荀子政治哲学的逻辑前提和出发点》，《社会科学》，2019年第12期。

②《荣辱》篇云：“人之情，食欲有刍豢，衣欲有文绣，行欲有舆马，又欲夫余财蓄积之富也；然而穷年累世不知不足，是人之情也。”

③《富国》篇云：“欲恶同物，欲多而物寡。”

制约束的法则、规范的情况下，人们为满足一己之私的欲望便会无所忌惮地纵欲行私，最终酿成人与人之间的争夺和冲突，所谓"强胁弱也，知惧愚也，民下违上，少陵长，不以德为政：如是，则老弱有失养之忧，而壮者有分争之祸矣"(《富国》)。荀子还举实例来说明人群何以"无分则必争"的道理，如荀子云："事业所恶也，功利所好也，职业无分，如是，则人有树事之患，而有争功之祸矣。男女之合，夫妇之分，婚姻娉内，送逆无礼：如是，则人有失合之忧，而有争色之祸矣。故知者为之分也。"(《富国》)依荀子，人的本性都是好利恶劳的，若职业无分，人就会觊觎别人的劳动成果并试图占为己有，最后发生争夺；人都是爱好美色的，若没有婚姻制度规定一夫一妻，则必有强抢争夺美色的事件，所有这些祸患都是起于无分。荀子甚至以假设的方式为我们生动地描述了一幅人类在"自然状态"下的生存图景："今当试去君上之势，无礼义之化，去法正之治，无刑罚之禁，倚而观天下民人之相与也。若是，则夫强者害弱而夺之，众者暴寡而哗之，天下悖乱而相亡，不待顷矣。"(《性恶》)此处，"君上"、"礼义"、"法正"、"刑罚"等乃是泛指政治国家的各种强制措施。依荀子，若没有政治国家，天下就会悖乱相亡，而建立政治国家即必须有"知者"(亦指向如理的君主)出来为人群制定礼义，明分定职，确立合理的"度量分界"以使"欲"与"物"之间能够相持而长，进而避免人类陷于悖乱相亡之境。

审如是，在荀子，为何要"立君"？原来立君的着眼点是为了"救患除祸"，止争息乱，也是为了拯民于水火。我们完全有理由认为，秩序、和平与安全确乎构成了荀子"为何立君"的初衷和目的。向使无君，则民众之生存便只会依循"纵性情，安恣睢"(《性恶》)的逻辑，其结果便只能服从于丛林法则，人群社会也便只会引向争夺乃至灭亡。可见，君主或"知者"首先是以拯救者或救世主的身份出现的，"天地生君子(此处指君主——引者注)，君子理天地……无君子，则天地不理……夫是之谓至乱。"(《王制》)"父能生之，不能养之；母能食之，不能教诲之；君者已能食之矣，又善教诲之者也。"(《礼论》)又云："无土则人不安居，无人则土不守，无道法则人不至，无君子则道不举……君子也者，道法之摠要也，不可少顷旷也。得之则治，失之则乱；得之则安，失之则危；得之则存，失之则亡，故有良法而乱者有之矣，有君子而乱者，自古及今，未尝闻也。传曰：'治生乎君子，乱生于小人'，此之谓也。"(《致士》)由此可见，在荀子那里，君是"治之本也"(《礼论》)。何谓"治"？"治"即是治理、政治，谓管理众人之事也；何谓

“本”？“本”谓根本，又引申为主体。可见，在荀子有关政治治理的理解中，君才是“本”，才是“政治之主体”。也正因为如此，在荀子，君者当必得其尊，“君者，国之隆也”（《致士》），“立隆而勿贰”（《仲尼》）。① 在此一脉络下，荀子已经以其特有的理论自觉为建立政治国家的必要性作出了强有力的理论说明；同时，荀子也以其特殊的方式为君主之临世给出了“合理性”之辩护。学者恰当地指出，就总体而言，儒家的“民本”思想是与君主制结合在一起的，因而存在着“以民为本”和主张君主制的矛盾或历史局限，这一现象在荀子思想中同样存在。不过，透过此一现象以及荀子对君主制起源的理解②，我们的确很难看到荀子“立君为民”的说法中包含了“人民为政治之主体”的含义，在荀子那里，建立政治国家、确立权力结构及其安排并非出于民众的意志自由和自决。③

三

无疑，学者仍或疑问，谓荀子“立君为民”之说包含了君主的权力最终需要获得民众的同意，否则人民便可以“改厥元子”、诛一夫暴君；而“为民”则意味着民众的利益高于君主的利益等等。但不得不指出，上述说法皆不免有倒果为因和过度诠释之嫌。按荀子的论述，设立君主的考虑源自止争息乱的目的，然而我们要问，在荀子那里，君主或“知者”毕竟是如何获得为民众或人群明职定分的权力的？而君主之权力又在何种意义上取得了民众的同意？简单地说，在荀子的思想中，君主之所以能使民众顺服而有权力，并不是因为其统治的权力在究竟来源上获得了民众的意志同意，而是说，民众之所以对君主顺服（而使其有权力），原因在于“知者”或君主卓越的德、能及其制定的制度设施所具有的带给民众的客观效果（利益或好处）所致。由此可见，民众对君主权力的“同意”或“认可”（consent）既可以出自自身意志的自由和自决，也可以出自别的理由。

---

① 萧公权认为，在荀子那里，“政治组织既由圣智之君主以产生，政治生活亦赖继体之君主而维持。治乱系于一人，则尊荣殊于万众。”（萧公权著：《中国政治思想史》，沈阳：辽宁教育出版社，1998 年，第 103 页）

② 学者认为，“严格来讲，判断一个人是君本主义者，还是民本主义者，关键是看他如何阐述社会等级或曰君主制度的起源的，而不是看他是否提出富民的主张，是否要求君主惠民、顺民。”（陈雍：《“君本”抑或“民本”——荀子君民关系探源》，《学习与实践》，2007 年第 11 期）

③ 学者指出：儒家以民为本的思想中并没有“公民和政治权力”的设定。（李存山：《儒家的民本与人权》，《孔子研究》，2001 年第 6 期）

事实上,荀子特别注重如理的君主如何使"人服"(《王霸》),"人服"与民众的"同意"、"认可"意义相似。但是,"人服"在权力的来源上却有两种意义完全不同的理解,一是从权力根据的正当性上理解,一是从权力效果的证成性(合理性)上理解;前者在"因地"上说,后者在"果地"上说。这种源和流、原因和结果、"发生进路"和"目的进路"的关系不可颠倒[①],理由在于,当我们说君主的权力要获得民众的同意时,我们所要追问的是权力在究竟根源上的正当性问题,亦即权力在"发生的进路"上获得民众或被统治者的意志认可,而不仅仅是在权力应用结果的合理性或在"目的的进路"上证成权力的合理。[②] John Knoblock(王志民)认为,在荀子那里,"真正的君主和所有真正的政府皆依'德'而立。正是通过'德',君主乃真正确立其统治。""真正的服从只能依'德'而有,故统治者乃为民众所珍视,在此一意义上,'德'作为正当统治建立的基础,被描述为天生的统治者所以吸引民众的'道德力量'或'内在力量'。"[③]的确,"德"是统治者获得权力的先决条件,因此,儒家向有"德治"(rule by moral)一说。[④] 但拥有"德"的"天生"的统治者之所以为民众所"珍视",原因在于他能给民众带来"结果上"的实惠和好处,而正是这结果上的"实惠和好处"能够让民众对君主拥戴、臣服而使其有权力,即此而言,在"发生的进路"上经由民众意志自由和自决而给君主予权力,在荀子的思想中是不可想象的。[⑤]

---

① 罗哲海便认为,在荀子那里,"人民的认可即是权力的直接基础。"(罗哲海:《轴心时期的儒家伦理》,陈咏明等译,郑州:大象出版社,2009 年,第 94 页)此一表述在含义上是一种模棱两可的说法。不过,此句的英文原文为"the acceptance by the people directly becomes the mandate for power",此处罗氏没有用"consent"而用"acceptance",前者偏向于根源上的意志表达的同意,而后者则明显偏向于对效果或结果的接纳。(Heiner Roetz, *Confucian Ethics of the Axial Age — A Reconstruction under the Aspect of the Breakthrough toward Postconventional Thinking*, Albany: State University of New York Press, 1993, p. 75)

② 周濂指出:"一个政治权力哪怕拥有再多的证成性,也无法推出它就拥有正当性,但是一个原本具备正当性的政治权力,如果它缺乏足够的证成性,例如缺乏基本正义、民不聊生、社会动荡不安,就一定会削弱它的正当性。"(周濂:《现代政治的正当性基础》,北京:生活·读书·新知三联书店,2008 年,第 43 页)权力的正当性和证成性两者的关系必须把握清楚,权力应用结果的合理性(证成性)并不等于权力在究竟来源上的正当性,但权力的正当性却又离不开证成性。

③ John. Knoblock, *Xunzi: A Translation and Study of the Complete Works, Vol. I*, Stanford: Stanford University Press, 1988, p. 90.

④ Lucian W. Pye, *Asian Power and Politics: The Culture Dimensions of Authority*, Harvard University Press, 1985, p. 41.

⑤ 参阅拙文《权威与秩序的实现——荀子的"圣王"观念》,《周易研究》,2019 年第 1 期。

然而，荀子何以会持有这样的主张？其论证的理由或理据究竟是什么？今撇开其他因素不论，其中的一个重要原因就在于，在荀子看来，民众只是一群愚陋无知而且是自私自利之人，所谓“彼众人者，愚而无说，陋而无度者也”（《非相》）。他们不学问，无正义，只以货财为宝，以从俗为善，以富利为隆。“志不免于曲私，而冀人之以己为公也；行不免于污漫，而冀人之以己为修也；甚愚陋沟瞀，而冀人之以己为知也：是众人也。”（《儒效》）《荀子》一书中类似的言说所在多有，无法也不必一一列举。依荀子，民众之所以会对君主“贵之如帝，亲之如父母”，甚至“为之出死断亡而愉者”，原因在于身处在一个“欲多物寡”、弱肉强食的社会，对民众而言，唯有靠君主的知虑、仁厚和德音才能给自己带来和平和安宁，而这些民众看中君主的并不是其他的原因，而是所谓“其所是焉诚美，其所得焉诚大，其所利焉诚多”（《富国》），意即君主（因其德能之卓越）所制定的政令主张实在好，从君主那里得到的幸福实在大，从君主那里获得的利益实在多，这种说法与荀子将民众视为自私自利愚陋无知的小人的看法完全一致。

唯其如此，在逻辑上，依荀子，一方面，领导群伦之事，经国定分之业断然不能寄托在这些民众身上；另一方面，也许是更为重要的方面在于，在荀子看来，民众也没有能力依其自己的知识和意志选择出富有“德能”的统治者。如是，君与民的关系亦可形象地表述为“大海航行靠舵手，万物生长靠太阳”[①]，民众只是君主所养、所教的对象，这种说法当下意味着他们是一群在心智和能力上皆不成熟、不可靠的人，他们像小孩一样，需要的只是君主之作为“父母”（《王制》、《礼论》）的照顾和照看：就“照顾”言，若无君主，民众便无法靠其自己谋取自己的生活，故云：“君子以德，小人以力；力者，德之役也。百姓之力，待之（指君子或君主）而后功；百姓之群，待之而后和；百姓之财，待之而后聚；百姓之势，待之而后安；百姓之寿，待之而后长”（《富国》）；就“照看”言，若无君主（及其所拥有的国家机器和权力），民众就会纵其所欲，肆无忌惮，社会人群便会呈至乱之境乃至铤而走险。由此而观，君主的权力在究竟根源上（发生进路上）与民众并无直接的关系，而坊间所谓君主的权力最终要获得民众的同意只是对“果地”（革命或以暴力推翻政权）的一种描述；同时，君主之“为民”也主要是为了其统治的利益（“稳定”）而对民众所表达的“照顾”和“照看”而已，故云“马骇舆，则君子不

① 参阅拙著《差等秩序与公道世界》，上海：上海人民出版社，2016 年，第 61 页。

安舆；庶人骇政，则君子不安位……'君者，舟也；庶人者，水也。水则载舟，水则覆舟'"(《王制》)。驾车的马看见车就害怕，坐车的人就不会安心坐车；民众不安于国家的政令，君主就不能安坐其位。

我们自然要问，君主为何应该对民众的不安感到惊惧？我们说过，民众虽然是一群愚陋无知的自私之人，但他们的集体暴反却可以推翻君位。因此，无论是"马舆之论"还是"君舟民水"之说皆是着眼于君主安稳的统治所提出来的鉴戒性的、警示性的说法，在思路上与《尚书·五子之歌》所谓的"予临兆民，懔乎若朽索之驭六马"一脉相承。但如何让君主长久地安坐君位？方法即是给民众以实惠，让他们安居乐业。换言之，统治者之所以要对民众施之以"惠"，授之以"利"，正如同驾车的驭手为不使马车翻覆而施马以"静"一样，其动机和目的原不在民，而在自己的"安位"，故而"为民"只是由"安位"拖带出来的。如此看来，如何使统治者"安位"便成了荀子愁肠百结、念兹在兹的中心主题，如是，"立君为民"既是对君主的劝诫、建言，也是一种道德吁请，荀子真正的用意在于希望君主能够像"王良、造父"那样善于驾驭民众[1]，使国家这驾马车能够行之安且远，此亦如《尚书·梓材》所谓"若兹监，惟曰：欲至于万年，惟王子子孙孙永保民"，意即唯有以爱民、利民的方式来治理，则王位才会万年长久，同王的子子孙孙永远保有对民众的稳定统治。[2]

此当是荀子"为民"之初义的确解。

四

也正是在此一点上，我们看到徐复观的说法亦不免有些凌乱，一方面徐氏在引用荀子"天之立君，以为民也"后认为，"天下不是私人可得而取或与，乃系决定于民心民意，则人君的地位与人民对人君的服从，无形中是取得人民同意

---

① 荀子云："王良、造父者，善服驭者也。聪明君子者，善服人者也。"(《王霸》)在荀子之前，《管子·形势解》亦云："造父，善驭马者也，善视其马，节其饮食，度量马力，审其足走，故能取远道而马不罢。明主犹造父也，善治其民。"

② 所谓"民本思想"中的"保民"一说，其原初的含义(original meaning)是保持和看守住(keep or hold)对民众的有效管理和统治，而其延伸的含义(derive meaning)即是养民、富民、惠民、教民等。

的一种契约关系。”[①]另一方面又认为，中国政治思想中权力的“根源系来自君而非来自人民”[②]。也许，按徐复观的说法，这两者乃是“理念”与“现实”的差别。但是，即便从“理念”言，如前分析，在荀子那里，所谓“人民的同意”，并非当今政治哲学意义上的究竟根源的同意[③]，毋宁说，“民众同意”所服从的多半是基于功利效果的逻辑，而非出自有关自身权力的政治理念；至于说到君民关系是一种“契约”关系，严格来说，这只是一种无端的兴会和联想而已。[④] 不过，在荀子那里，君在何种意义上、又以何种方式“为民”？徐复观从儒家思想的总体特征出发倒有十分妥帖的说明。依徐氏，“儒家所祖述的思想，站在政治这一方面来看，总是居于统治者的地位来为统治者想办法，总是居于统治者的地位以求解决政治问题，而很少以被统治者的地位去规定统治者的政治行动，很少站在被统治者的地位来谋解决政治问题”，正因为这样，尽管儒家政治思想中包含立君为民、以民为本的观念，然而，“这一切都是一种‘发’与‘施’的性质（文王发政施仁），是‘施’与‘济’的性质（博施济众），其德是一种被覆之德，是一种风行草上之德，而人民始终处于一种消极被动的地位……于是政治问题总是在君相手中打转，以致真正政治的主体没有建立起来。”[⑤]依徐氏，立君为民、以民为本的主体是君主，民众只是被动接受君主的“施”与“济”。然而，民众为何还是“本”而且“贵”呢？原因在于，民众是构成天下国家的“实体”，尽管他们自私愚陋，可一旦他们的生存不保，他们的暴反便会危及君主的统治。对此，贾谊倒有十分深刻的观察，其云：“夫民者，至贱而不可简也，至愚而不可欺也，故自古至于今，与民为雠者，有迟有速，而民必胜之。”（《新书·大政上》）如是者，君主之注重民众的利益，甚至将之看作高于君主之利益，最终是为了服务于自己保天下、保社稷的目的[⑥]；“为民”的动机则来源于“何为则民服”（《论语·为政》），而非来源于对

① 徐复观：《荀子政治思想的解释》，《学术与政治之间》，第 172 页。

② 徐复观：《中国的治道——读陆宣公传集书后》，《学术与政治之间》，第 504 页。

③ 参阅拙文《荀子的政治正当性理论——以权力来源为中心》，《现代哲学》2019 年第 5 期。

④ 罗哲海在其论著中也认为荀子的学说“确实有某种契约的成分作为基础”（罗哲海：《轴心时期的儒家伦理》，第 90 页）。此间所涉论旨另有专文论述，今不赘。

⑤ 徐复观：《儒家政治思想的构造及其转进》，《学术与政治之间》，第 12 页。

⑥ 从这个意义上看，亦无异于说君主之利民乃是为了自利，或利民即是自利，只不过这种“利”通常是以家长对子女的道德责任的形式表现出来的。《左传·文公十三年》记：“邾文公卜迁于绎。史曰：‘利于民而不利于君。’邾子曰：‘苟利于民，孤之利也。天生民而树之君，以利之也。民既利矣，孤必兴焉。’”

民众的政治权力的关心,所谓"不利而利之,不如利而后利之之利也。不爱而用之,不如爱而后用之之功也。利而后利之,不如利而不利者之利也。爱而后用之,不如爱而不用者之功也。利而不利也,爱而不用也者,取天下矣。利而后利之,爱而后用之者,保社稷者也。不利而利之,不爱而用之者,危国家者也"(《富国》)。为何君主对民众要"利而不利"、"爱而不用"?莫非真的如一些学者所认为的那样,君主如此"高尚无私"的行为是纯粹出于对民众福祉的考虑?荀子对此说得非常清楚,这样做的目的就是为了"取天下"、"保社稷",亦即永远保持住对民众的有效统治,这是核心的目的;而聪明的君主则要通过"兼覆"、"养长"民众百姓,使其成为实现国家富强和荣耀的手段,所谓"用国者,得百姓之力者富,得百姓之死者强,得百姓之誉者荣"(《王霸》)。如是,君之"为民"所包含的爱民、利民,所谓"生民则致宽,使民则綦理"等只是服务于君主统治的安稳和实现国家富强的手段。在此一言说脉络中,民众之为"本"、为"贵"并不能在权力结构安排中被"独立说出",即便可以被独立说出,其意义也多半只止于手段乃至工具的性质,此断无可疑者。[1] 循此脉络,所谓荀子思想中"立君为民"的"民本思想",其实质始终只是站在统治者的立场,并切身处地地出于为统治者长治久安的目的而着想的一种引导性范畴和道德性论述[2],所谓"君人者,欲安,则莫若平政爱民矣"(《王制》),寥寥数语,良工苦心,不言自明。[3]

---

① 刘清平:《儒家民本思想:工具性之本,还是目的性之本》,《学术月刊》,2009年第8期。《荀子》一书中有大量有关惠民、利民、爱民的论述,无法一一援引,表明荀子对政治的理解倾向于保障民众的幸福生活,具有十分重要的意义。但即便如此,我们也不能据此证立在荀子那里,人民为政治之主体。

② 姚福林认为,"'民本'理念是我国古代政治理论的精华。'民本'理念可以衍化出爱民、裕民、富民、利民等多种有利于民众的表达辞语,历代王朝的统治者若如此爱民,以民为本,固然是好事,和盘剥残害民众的劣行相比有天渊之别。然而,还应当指出的就是,'以民为本'理念的重视与关爱民众只是一种治术,其终极目的是为君主献策。这是'民本'理念生而俱来的底色。"(姚福林:《从"民本"到"君本"——试论先秦时期专制王权观念的形成》,《中国史研究》,2013年第4期)

③ Murthy一方面认为,儒家的"民本"与"民主"并非同义,但另一方面则认为儒家"民本"思想中的一些原则有助于推动建立一个公民在政治和经济上获得权力的政权。作者通过对孔、孟和贾谊的分析,认为他们均强调政府应当满足民众的基本需要,并认为物质生活的富裕是民主的先决条件,而此一点在当代的讨论中常常被忽略。基本上,Murthy的主张是站在现代的立场并且带着现代的眼光去观察古代的思想,他在很大程度上忽视了在专制体制中富民本质上是一种统治者为了获得长久统治的手段,尽管其效果也有值得肯定的意义。参阅 Viren Murthy, "The Democratic Potential of Confucian Minben Thought", *Asian Philosophy*, (2000) Vol. 10 No. 1。

毫无疑问，我们如此分析荀子“立君为民”的主张，并不否认此一主张作为一个抽象命题本身所具有的重要的理论意义。冯友兰曾这样认为，“在中国哲学史中有些哲学命题，如果作全面了解，应该注意到这些命题底两方面的意义，一是抽象的意义，一是具体的意义……在了解哲学史中的某些哲学命题时，我们应该把它的具体底意义放在第一位，因为这是跟作这些命题的哲学家所处的具体社会情况有直接关系的。但是它底抽象意义也应该注意，忽略了这一方面，也是不够全面。”[①]所谓一个命题的抽象意义即是撇开哲学家提出某一命题时的具体社会状况和言说脉络，单就某一命题所可能包含的普遍义理而言。即此而观，荀子“立君为民”的命题的确表达出了儒家政治思想中对为君者的责任伦理的要求，如要求统治者以“仁厚兼覆天下”(《君道》)，爱民利民、以民为本(《富国》、《王制》)等，同时也为儒者的政治批评撑开了一个理论平台，民众的利益高于王权。

然而，究竟应当如何评价荀子“立君为民”的主张，我们认为，对于类似意义重大但又缺乏言说脉络的命题，唯有从荀子的整个思想系统出发，才能对荀子为何要“立君”、“君”在何种意义上“为民”、荀子是站在君的立场还是站在民的立场强调“立君为民”等核心问题作出客观而有效的解释。我们有理由相信，荀子“立君为民”的主张，有其出于真诚关心民众福祉的道义担当的一面，事实上，荀子对其所处时代的统治者加诸民众身上的横征暴敛曾深加挞伐。[②] 但经由对“立君为民”命题的整体分析，我们看到，在荀子那里，“立君”问题原与建立政治国家的必要性问题密切相关，而相对于民众而言，君主是拯救者和救世者；相对于天下和国家而言，民众只是构成意义上的“实体”概念，而不是政治哲学意义上的“主体”概念；君主“为民”及其所包含的爱民、利民等措施乃是为了保有天下国家的目的所给予民众的“施”与“济”的手段。目的决定手段，原因决定结果，而不是反过来。

① 冯友兰：《三松堂全集》第十二卷，郑州：河南人民出版社，2001 年，第 94 页。

② 荀子云：“今之世而不然：厚刀布之敛，以夺之财；重田野之赋，以夺之食；苛关市之征，以难其事。不然而已矣：有掎挈伺诈，权谋倾覆，以相颠倒，以靡敝之。”(《富国》)

The interpretation of Xunzi's proposal of "establishing the Monarch for the people"

Dongfang Shuo

Abstract: Xunzi's proposal of "establishing the Monarch for the people" is often regarded by scholars as an important proposition of Xunzi's Minben thoughts, some scholars believe that this proposal of Xunzi reflects the concept of taking the people as the political subject. However, through the comprehensive analysis of the proposal of establishing the Monarch for the people, we found that the problem of establishing the Monarch was originally closely related to the necessity of setting up a political state in Xunzi's thought. It seems to Xunzi, the monarch is the savior that compared with people; the people is only a concept of entity in a constitutive sense that compared with political state other than a concept of political subject. Therefore, monarch "for the people" and its included measures such as love and benefit the people are only the means of maintaining or keeping his reign.

Keywords: Xunzi, establishing the Monarch for the people, subject, entity

由“自然”概念看老子的“公正观”*

伍 龙**

[摘 要] “自然”作为一个富有哲学意蕴的概念与老子“无为而治”的治国理念密切相关,体现出“自然”概念的政治哲学内涵。在国家治理的过程中,对百姓的生活少加干预,实现社会的和谐发展,需要统治者具备一颗“公正心”,这同时彰显了对人本身的尊重。老子依托于人性与物性层面的“自然”,凸显了“人性平等”与“物性平等”,进一步具体化这一尊重的内涵。在实践两类平等的过程中,老子哲学体现出一种宽厚包容的“公正观”。从形而上的层面看,“自然”与“道”密切关联,“道”之意义上的“自然”,使得“公正”的实现以“自然”状态的到来为旨归:“道”所保障实现的“公正”期望达成万事万物各归其性,自然而然的状态。上述“自然”的多重维度,不但在社会关系中展现了老子的“公正观”,而且彰显了这一“公正观”的形上之维。

* 本文系上海师范大学青年学术骨干培育项目“由‘听’看先秦儒道两家思想的异同”(项目编号:A-7031-18-004026)阶段性成果。

** 伍龙(1985—),男,安徽安庆人,哲学博士,上海师范大学哲学与法政学院副教授,研究方向为中国哲学、中国伦理学。

［关键词］ 自然；老子；公正；平等；道

历史地看，“自然”是一个合成词，它由“自”和“然”两部分构成，有各自独特的含义。[①] 将“自”、“然”合起来作为一个富有哲学意蕴的概念，加以倡导和发扬，是从《老子》开始的。“崇尚自然的学说，首唱于老子。”[②]“自然”在《老子》中的多次阐发，使得它逐步从一个哲学概念上升为一种价值原则，成为了老子哲学体系中不可或缺的组成部分。

通过“自然”这一概念，我们可以窥探老子的基本哲学观，包括在国家治理过程中，应贯彻何种政治理念和治国方略；面对人性和物性，应采取怎样的态度。同时，也可以帮助我们更好地理解“道”，进而凸显出老子哲学观的特质。与之相应，以“自然”概念为关注点，立足于国家治理、人性与物性、“道”的理解等三个方面进一步考察老子哲学，便可窥见老子对于社会正义的一般看法，在新的角度理解先秦道家的“公正观”。

一、政治层面的“自然”与公正心

（一）政治层面的“自然”

《老子》中直接使用“自然”一词共五次[③]，它们散见在《老子》的不同章节中。第一次出现，与国家治理有关：

---

① “自”甲骨文中作“”，是一个鼻子的形象，意思是人指鼻子以表“自指”，即自己。《说文解字》中对“自”的解释是：“自，鼻也。象鼻形。”段玉裁在《说文解字注》中解释说：“此以鼻训自。而又曰象鼻形。……今义从也，己也，自然也皆引申之义。”由此可见，第一，“自”一开始是“鼻子”的形象，为“自己”之“己”意。其二，“自然”虽与“自”有关，但为后来引申之义。那么，为什么“然”和“自”能最直接地联系在一起呢？“然”最早见于金文，作“”。《说文解字》中对“然”的解释是：“然，烧也。从火。”段玉裁进一步注释说：“然，烧也。”“然”之本身意是“燃烧”，但以“燃”来代替“然”，又被段玉裁否认，“俗作燃。非是。”所以，“然”逐渐演化出了自己的意思。《玉篇·火部》：“然，如是也。”《礼记·学记》：“故君子之于学也，藏焉，修焉，息焉，游焉。夫然，故安其学而亲其师，乐其友而信其道。”孔颖达疏：“然，如此也。”这里“然”的意思是“如此这般”、“是这样”。这一意思就和现在我们所理解的“然”有相通之处了。于是，在这个意义上将“自”与“然”联系起来就变得顺理成章了。

② 张岱年：《中国哲学史大纲》，江苏：江苏教育出版社，2005年，第320页。

③ 不直接使用，而是用其他语词来表达“自然”意义的就更多，这里主要集中考察直接使用的“自然”。

太上，下知有之；其次，亲而誉之；其次，畏之；其次，侮之。信不足焉，有不信焉。悠兮其贵言。功成事遂，百姓皆谓：“我自然。”[①]

最理想的圣王，在老子看来是“无为而治”的。他治理天下，以至让百姓都不知道他的存在。当一切都得以治理，百姓却认为，我本来便应如此。一切的治理皆顺应百姓的自然状态，自然本性而成。这一理解，使其明显区别于儒家理解的圣王。[②] 以“自然”为切入点，可以帮助我们更好地反观这一差异，呈现两者各自不同的特质。

儒家所理解的“圣王”更多地呈现为一种“积极”的圣王，这种“积极”主要体现在，因为君主的积极有为，让国家健康运行，社会和谐发展，一切人与物皆能处于适合自己的位置，达到最好的状态。荀子所谓“曲得其宜，如是，然后圣人也”。[③] 也透露出类似的看法：让万事万物都在自己适宜的位置上、状态中，这样的人便可称之为圣人。与这种“积极”相对，老子所推崇的“圣王”似乎显得有些“消极”。圣王在国家治理上，并不积极有为，而是消极无为：对于一切事物，包括人和自然，都少加干预，甚至不加干预，让它们按照自己的本性存在。因为“无为”，从而没有损伤万物的本性。

如此一来，世间万物能以自身的本然状态为基础，存在、生长、成就。在这个意义上，圣王确实无需做什么。但是，这里的问题是，万事万物是否自然存在，就能相互和谐？这里的自然存在之“自然”应如何理解？这种和谐状态的达成，似乎还需要一些作为，此种“作为”又应作何解？这便涉及老子所理解的“圣王”到底在何种意义上，实行了上述的“消极的无为”？进一步说，道家所推崇的“圣王”，在看似消极的背后，是否蕴含着某种积极或作为？这个“作为”又与“自然”存在着怎样的关系？

众所周知，老子倡导的最高境界的“圣王”能达到“垂拱而天下治”[④]，孔颖

---

① 《道德经·第十七章》。

② 具体解释还可参见刘笑敢先生的《老子之自然与无为概念新诠》一文，发表于《中国社会科学》1996 年第 6 期第 137 页的内容。

③ 《荀子·非十二子》。

④ 《尚书·武成》。

达疏:“谓所任得人,人皆称职,手无所营,下垂其拱。”[①]他看似无所作为,但却做了一件最为“有为”的事,即让万事万物按照自身之本性存在。换言之,这种“有为”实际展现为对万事万物本性的尊重和理解,并在此基础上,将万事万物安排在天地之间,让其自然存在。应注意的是,这里的“安排”并非“圣王”的安排,而是天地自身的“安排”,是遵循天之大道,又符合万物自身之“道”的安排。所以,道家理解的“圣王”,其“无为”是内蕴了这一“有为”的“无为”。这即是说,要以此“有为”为基础展开“无为”,而不是“一无所为”,更不是“肆意妄为”。

事实上,对世间万物本性的了解、掌握,克制住自己强加干预的冲动,让它们按照自性存在,并非易事。这是一个放万物回归自然状态,同时控制自我“有为”冲动的过程,是一个反省、认清并合理使用自我欲望的过程。正是因为遵循了万事万物的本性,让它们按其自性的存在,才有了后面的“百姓皆谓:‘我自然’”[②]。这种“自然”,之于万物是物性得以被尊重、被保留的自然;之于个人是人性得以被顺应,被彰显的自然。处于这一“自然”之中的万事万物,都将“自然而然”,是物性和人性不丧失、不损减的状态。但是,这里的“自然”因为与“圣王”相联,所以内蕴了一个国家治理的维度,故而此处的“自然”可以说是政治层面的自然,即达成国家治理、社会运行的自然状态。

政治层面的“自然”还可见于《老子》第二十三章的内容:

> 希言自然。故飘风不终朝,骤雨不终日。孰为此者?天地。天地尚不能久,而况于人乎?故从事于道者,同于道;德者,同于德;失者,同于失。同于道者,道亦乐得之;同于德者,德亦乐得之;同于失者,失亦乐得之。信不足焉,有不信焉。[③]

这里用天地来做比喻,说明了即便是天地,也不能让风一直刮,让雨一直下,何况于人。这是将天地和人世作对比,以显示“同”之重要性。这里的“同”

---

① 孔安国传,孔颖达疏:《尚书正义》,北京:北京大学出版社,2000 年,第 350 页。

②《道德经·第十七章》。

③《道德经·第二十三章》。

有的解释为“与得同体”[①]，有的则未做具体解释[②]。大体来说，这里的“同”是，与“德”、“道”同体的意思，即遵从“道”、“德”行事的人，最高的境界便是与之同体，合二为一，不分彼此。“道以无形无为成济万物，故从事于道者以无为为君，不言之教，绵绵若存，而物得其真，与道同体。”[③]王弼这里提及的“不言之教”与一开始的“希言自然”相联系。

老子说：“听之不闻，名曰希。”[④]王弼解释得尤其好，“无味不足听之言，乃是自然之至言也。”[⑤]这一方面是要求统治者顺应自然，少言、希言，不要用过多的言行对万事万物强加干预，即所谓“不施加政令”[⑥]；另一方面，是让自然自己发声，不要用人为之“声”加以干涉。这种行不言之教，是合乎“自然”的。既合乎万物的自然本性，也合乎社会、国家的运行规律。从政治哲学的角度来看，就是要求统治者少言，行不言之教，从而保全万物的自然本性，让社会、国家的运行处于自然而然的状态。这实际上还是“无为而治”的另一种表达，所以，这里的“自然”依然是与政治相关的自然。

（二）政治层面的“自然”呼唤公正心

老子在政治治理过程中，主张的“无为而治”的治国理念，在政治层面的“自然”中有充分的体现。百姓之所以认为自己处于一种自然的状态，是因为道家认同的理想君主，对百姓的生活、国家的运行、社会的治理采取了“无为而治”的治国策略。他们在政治治理的过程中不妄为，对万事万物的存在、生长、成就不加干预，让它们按照自身的本性生成。在这一过程中，自然地达到社会治理、国家健康运行的效果。这里的“自然”一方面是万事万物的自然，另一方面也是国家运行的自然，它们都处于各自最好的“自然而然”的状态中。那么，圣王应如何对待自然万物呢？

---

① 王弼：《王弼集校释（上）》，楼宇烈校释，北京：中华书局，1980 年，第 58 页。

② 如陈鼓应先生在《老子注释及评介》一书中就对此没有具体进行解释。朱谦之先生的《老子校释》也只是对这一句的原始文本为何，做了考证、论述，并没对“同”的具体意思加以解释说明。刘笑敢先生的《老子古今》也没有涉及“同”的具体含义的解释。

③ 王弼：《王弼集校释（上）》，第 58 页。

④《道德经·第十四章》。

⑤ 王弼：《王弼集校释（上）》，第 57 页。

⑥ 陈鼓应：《老子注释及评介》，北京：中华书局，1984 年，第 157 页。

将欲取天下而为之，吾见其不得已。天下神器，不可为也，为者败之，执者失之。故物或行或随、或歔或吹、或强或羸、或挫或隳。是以圣人去甚、去奢、去泰。[①]

在老子看来，君主想要将天下治理好，又想用强力妄加干预，是达成不了的。王弼的注释很好地说明了这一点："万物以自然为性，故可因而不可为也，可通而不可执也。物有常性，而造为之，故必败也。"[②]万物皆有自己的本性，处于一种自得的自然状态，这是它们自身所处的最好状态，只能顺应（因），了解通达（通），而不可妄为（为），固执、执着（执）。如果妄加干预，刻意而为则必然失败。所以"圣人达自然之性，畅万物之情，故因而不为，顺而不施。除其所以迷，去其所以惑，故心不乱而物性自得之也"[③]。圣人因自心不乱，而能秉承一颗因敬畏而产生的"公正"心，在尊重万物本性的基础上，顺其性，畅其情，从而让万物自得其性地存在。如此一来，想要达成人与自然的和谐，国家运行的和谐，社会发展的和谐，都不再是难事，甚至可以"无为而治"。

政治的运作并不需要统治者过分的干预，在整个过程中，要行"不言之教"——"希言自然"。这种"希言"是自我的把持，也是对万事万物的尊重，它同样是圣王秉持"公正"的结果。正是因为有一种公平正义的理念在主导，才能使圣王在尊重万物本性的基础上，顺其本性地去治理国家，而不是将自己凌驾于它们之上，肆意妄为。从老子的角度来说，这是他对于圣王的一般要求，要求圣王保持一颗"公正"的心，让百姓处于"自然"的状态。这其实也是为国家更好地健康运行服务。

其实，当统治者对万事万物不加干预，尊重了它们的本然之性后，自身也可以得到超脱，达至"不以物累"的状态。老子说："道常无名。朴虽小天下莫能臣也。侯王若能守之，万物将自宾。天地相合以降甘露，民莫之令而自均。"[④]王侯如果能够对这一"自然"的原则加以守持，万物自然就会处于一种最适宜的状

---

①《道德经·第二十九章》。

② 王弼：《王弼集校释（上）》，第 77 页。

③ 王弼：《王弼集校释（上）》，第 77 页。

④《道德经·第三十二章》。

态。王弼解释说:“抱朴无为,不以物累其真,不以欲害其神,则物自宾而道自得也。”[①]当统治者不累于物,不害其神时,一方面万物可以“自宾”,“道”可以自得;另一方面,统治者本身也能无为、自得。于是,在更广的意义上,人与物都能找寻到自己在天地间的位置,各安其位,又各安其性。

总之,政治层面的“自然”所蕴含的老子的“公正”理念,主要是通过政治上的“无为而治”体现的。在“无为而治”的过程中,统治者以一颗“公正”心对待万事万物,顺应它们的本性,使其自然而然地存在,从而促使人和自然万物自得其性又各安其性,社会、国家于是能达成无为而和谐的最高状态。

二、人性平等与物性平等体现出公正

(一)人性平等与物性平等中的“自然”

老子主张君主要以百姓心为心,不要有自我的私欲,所谓“无常心”[②]。如前所述,真正圣明的君主应对百姓的生活少加干预,让他们感觉不到自己的存在,所谓“百姓皆谓:‘我自然’”[③]。这个“自然”具体指百姓处于一种自然而然的状态,它体现出人性平等的价值原则。“这里的人性,是指人的价值本质,所谓人性平等,也就是承认和肯定人在价值层面的平等性。”[④]百姓不再是君主实现自我统治,满足自我私欲的工具,他们各安其位,在价值层面是平等的。君主并不比百姓尊贵,他与百姓一样,在自己的位置上实现自我价值;百姓也不比君主卑微,他们同君主一样,处于自身的位置,按照自我本性,独立地存在于世间。

事实上,君主与百姓不但在价值层面,于本质上是平等的,而且因为圣明的君主懂得尊重百姓,从而实行“无为而治”的治国理念,使得他们不会受到过多外在的政治干预,促成了百姓顺其自性的生活。在百姓得以“自然”的过程中,老子人性平等的观念得以凸显,这可以被视为人性意义上的“自然”。从这一意义上的“自然”出发,老子进一步将这种“平等”的观念,从人与人之间的关系拓展到人与自然界之间的关系,并在论述过程中凸显了“自然”的意义和价值。

---

① 王弼:《王弼集校释(上)》,第 81 页。

②《道德经·第四十九章》。

③《道德经·第十七章》。

④ 杨国荣:《“公”与“正”及公正观念》,《天津社会科学》,2011 年第 5 期。

是以圣人欲不欲,不贵难得之货,学不学,复众人之所过,以辅万物之自然而不敢为。[①]

道家所理解的“圣人”与前面所说的“圣王”相通,他是“圣王”在个体人格状态上的表现。在老子看来,真正的“圣人”对别人所意欲的、难得的东西并不刻意追求,学习的恰恰可能是别人不学的东西,以此来弥补众人的过错。“圣人”所要做的,并不是对万物之自然加以干预,让它们按照他的想法存在。恰恰相反,一个“辅”字表达了关键之意。圣人之于万物之自然只是起到了一个“辅助”的作用,而这个“辅助”最终的目的也不过是在尊重万物自然本性的基础上,不敢强有所为。这一个“辅”字展现的是圣人谦卑的姿态,同时也蕴含着圣人将自己置于天地之间,并不凌驾于万物之上,从而体现出对于自然万物的尊重。在万物面前,圣人是辅助性的服务者,他并不主导,甚至无所为,所能做的不过是做个帮手,帮助万物达成自然的状态。

从实质层面看,圣人要做的是去除对于“万物”的“有为”,包括阻止他者的有为和克制自我的有为,达成万物之自然。换一个角度看,唯有如此做的人,才能称得上是道家意义上的“圣人”。在这里,“自然”与“万物”连用,意为物之自然,即万事万物的自然本性,自然状态。与“圣人”相联系,其成为了道家意义上是否成“圣”的标准之一。圣人的“不敢为”是对物之自然的敬畏,而其“辅”的行为,则彰显了其从属的状态,在凸显“自然”的价值与意义的同时,也证显了人与自然的平等:即便是圣人,在万物自然面前也只是“辅”的角色。正是秉承了平等的观念,圣者才能做到辅之而不敢为,才能真正成为圣者。

从圣人到普通个体,老子逐步完善了其物性平等的观念。所谓“物性平等”是指世间万物作为一种“物”的存在,在价值层面是平等的。老子说:“故道大,天大,地大,人亦大。域中有四大,而人居其一焉。”[②]在天地间的“四大”里,人只是“居其一焉”,而不是凌驾其上。他的存在与行为的方式,要通过“地”、“天”、“道”,不断向“自然”取法,从而使自身处于“自然”的状态。“人法地,地法天,天

① 《道德经·第六十四章》。

② 《道德经·第二十五章》。

法道,道法自然。”[①]由此可见,在老子看来,包括圣人、圣王在内的人并不是居于最高位置,高高在上般地俯视天地万物,将它们作为自我实现的工具和达成目的的手段。相反,人只是作为万事万物中的一物存在,他与其他万物在物性上是平等的,所以,人应尊重它们,对自然界不要进行过多的干预。

老子说:“保此道者不欲盈,夫唯不盈,故能蔽不新成。”[②]又说:“知其白,守其黑,为天下式。”[③]这里的“蔽”有着丰富的含义,其与“物”相伴而生,是一种对人而言的“遮蔽”,这样的“蔽”具有本体论的意义,它是物得以成为物,物之物性不丧失的重要保障。这种“蔽”与“黑”又密切联系,所谓“守其黑”的“黑”,正是要守护这种“蔽”,让物之物性不丧失,方能在“成物”的同时“成己”。这种对于物的尊重和敬意,是对人的提醒:消极地说,这是提醒人不要过多地干预物,导致物性丧失,使物逐渐沦为人的附庸与工具;积极地说,这是提醒人要对物怀抱一种平等和敬畏的态度。人应向自然取法,从而生出一种对物的温情与敬意,这彰显着一种“物性平等”的情怀,即人和其他万物,都属于物的范畴,作为天地间存在的一物,其价值从本质上看是平等的。

如果说,人性平等关涉的是人与人之间的关系,那么物性平等,则除了涉及人与自然之间应平等相处外,还涉及自然万物自身应处于彼此平等的状态中。天地间的万物“由道而生”,在“道”面前物物平等,“道”自身具有调节的功能,能做到“损有余而补不足”[④],促使事物处于一种和谐的秩序之中。在此秩序中,自然万物都是平等的,它们互不侵扰,各安其位。此外,“物性平等”放于自然万物的层面来考察时,还体现为每一事物都有自身的本性,它们在天地间发挥着自己的作用,促使自然万物和谐共存。从它们之于这种和谐状态来说,万物所起到的作用都是平等的,有其存在的必要性,并因此而具备了不可替代的价值。由此看来,“物性平等”不仅可以从“人与自然”的关系来理解,即人属于自然界中的一物,与其他事物在价值上平等,同时还可以从自然界内部来理解。这彰显了“物性平等”更为丰富性的内容。

由上可知,无论是“人性平等”还是“物性平等”,背后都关联着“自然”这一

---

① 《道德经·第二十五章》。

② 《道德经·第十五章》。

③ 《道德经·第二十八章》。

④ 《道德经·第七十七章》。

概念。“人性平等”从“百姓皆谓我自然”、“希言自然”而来，启示我们：人均处于自身的“自然”状态，他们彼此在价值本质上是平等的。唯有如此，才能实现人自身的本性不丧失，被尊重，并以此为基础，实现人与人之间的和谐相处，进而促使国家、社会的和谐运转。“物性平等”从政治上的“无为而治”而来，从人向“自然”取法而来。无论是人与自然，还是自然界内部的万物，都是平等的。唯有这一“平等”观念深入人心，才能谈及人不凌驾于物之上，实现人与物，物与物的和谐相处。进言之，唯有心中有道，胸怀天地，才能实现天地间的人、物的和谐共在。

（二）人性平等与物性平等内蕴着公正

老子主张对万事万物的本性应保持一颗恭敬之心，这是万物得以按其自性存在、发展、成就的前提。在这一理念的背后，蕴含着人性平等与物性平等的思想，这体现着老子博大的公正观。

“人性平等”的实现与“无为而治”的政治理念有着密切的关联，正是因为实行了“无为而治”，百姓才能顺其本性地存在和发展，从而保障了包括君主在内的个人，都能作为平等的个体独立地存在。正是立足于“大自然观”，老子才倡导了“人性平等”，认为在“道”的面前，每一个体都是相对独立的、相互平等的存在，他们在人的价值本质上应该是平等的，每个人的存在都应该被尊重。这一观念下降到具体的政治实践中，就必然会促生“无为而治”的政治理念，要求君主在“人性平等”观念的指导下，不要过多地干预百姓的生活，凌驾其上。

事实上，“公正”总是和一定的秩序相联系，“谈传统哲学中的公正观念时，需要充分吸纳其中注重协调、秩序的思想”[①]。从这一观点出发，因为“自然”的观念而引出的“人性平等”的价值原则，促使了人与人之间和谐共处，从而在人世间树立起一种和谐共在的秩序，这可以说是老子公正观的一种期许和愿景。不难看到，这里谈及的“公正”和“平等”密切相关，因为尊重了人性，实现了人在价值层面的、本质上的平等，所以彰显了“公正”。除了主张“人性平等”外，老子还兼及“物性平等”，这彰显了老子博大的情怀，体现出不一样的公正观。

如前所述，老子思想体现出的“物性平等”，不仅强调人作为世间一物，与其他万物在价值上平等，而且指自然界的万物从“由道而生”的角度来说也相互平

---

① 杨国荣：《“公”与“正”及公正观念》，《天津社会科学》，2011 年第 5 期。

等。从“人性平等”到“物性平等”，老子对于“公正”的考察关乎了人世间和天地间两个场域，体现出其“公正”观的开放性和包容性的特点。“在价值观上，‘公’同时又包含开放性、包容性之意。这一点在老子那里表现得比较明显。”[①]

老子曾说：“知常容，容乃公，公乃王（又作全），王乃天，天乃道，道乃久，没身不殆。”[②]这里提到了几个重要的概念：“常”、“容”、“公”。老子所说的“知常”是指“对普遍之道的把握，它不同于具体的知识，是对恒常之道的认识”[③]。他认为，如果做到了这一点，就能够拥有“一种宽容开放的境界”[④]，在老子看来，这便是一种“公”。达到这一点就能“成王”、合乎“天”和“道”。由此可见，一方面，“公”在老子这里与“容”相联系；另一方面，它也是“成王”，体味和合乎“天”、“道”的重要途径。前者使得老子所说的“公”具有了一种开放性和包容性，后者则使“公”具有了与“天”、“道”相接的可能性。

这两个方面并非截然相分，“公”之所以能上接“天”、“道”，下接“成王”，正因为其所内蕴的开放性和包容性。河上公对此注解到：“无所不包容，则公正无私。”可见，老子所理解的“‘公’是指无所不包容”，“就个体而言，这里体现的是一种开放的胸怀”[⑤]，这样的胸怀，使得老子能够将天地万物纳入到自己的考察范围中来。这也正是他与其他思想家的不同之处。

当我们具体考察这种“包容性”和“开放性”时就会发现，老子不仅想在人类社会，而且期望在人与自然、在自然界的万事万物之间建立起“公正”，这展现了老子独特的“公正观”。在这样广阔的视域中考察和树立“公正”，便使得个体不但能在人世间“成王”，而且能在天地间合乎“天”与“道”。事实上，“公正”本身也是“道”的内在要求，是一种合乎“天道”和“人道”的价值原则。

从目的上看，“人性平等”和“物性平等”都指向一种和谐秩序的建立与运作。消极地说，如果君主过分地干预百姓的生活，让百姓不得安宁，沦为君主统治的工具；人过多地干预自然，使自然丧失本性，沦为人实现自我价值的工具，那么，人类社会，人与自然界不但实现不了和谐，反而会相互背离，渐行渐远。

---

① 杨国荣：《“公”与“正”及公正观念》，《天津社会科学》，2011 年第 5 期。

②《老子·十六章》。

③ 杨国荣：《“公”与“正”及公正观念》，《天津社会科学》，2011 年第 5 期。

④ 杨国荣：《“公”与“正”及公正观念》，《天津社会科学》，2011 年第 5 期。

⑤ 杨国荣：《“公”与“正”及公正观念》，《天津社会科学》，2011 年第 5 期。

君主与百姓,人与自然之间,都不再有“平等”可言,更谈不上“公正”。积极地说,如果君主要与百姓,人要与自然和谐共处,就必须做到“公正”,即君主要平等地对待百姓,人要平等地对待自然。

可见,在“平等”的牵引下,“人性平等”、“物性平等”与“公正”存在关联,它们以实现和谐的秩序为目标。和谐、良好的秩序(包括人与人之间,人与自然之间,自然万物之间的秩序)在彰显“人性平等”和“物性平等”的同时,也是两种“平等”贯彻始终的必然结果。它们是“公正”得以实现的重要保障,也是“公正”自身的内在要求:“公正”地对待他者、他物,首先需要保有一颗平等待之的心,否则就无从谈及“公正”。

综上所述,老子所提倡的“人性平等”和“物性平等”,是“自然”观念的顺然引申,也是“无为而治”的必然结果。

三、“道”之意义上的“自然”与公正

(一)“道”之意义上的“自然”

“自然”在上面的使用中,都还在“关系”中展开,包括人与人之间的关系,如国家治理过程中的君民关系;或人与自然之间的关系,如圣者与万物的关系。除此之外,“自然”还和另一核心概念“道”产生着密切的关联,从而为“自然的原则提供了形而上的根据。”[①]

> 道生之,德畜之,物形之,势成之。是以万物莫不尊道而贵德。道之尊,德之贵,夫莫之命而常自然。故道生之,德畜之;长之育之;亭之毒之;养之覆之。生而不有,为而不恃,长而不宰。是谓玄德。[②]

万事万物都因“道”和“德”而成:“道”是生,“德”是育。但是,“道”之所以值得“尊”,“德”之所以值得“贵”,“在于不命令或不干涉万物,而任其自化自成”[③]。

---

① 刘笑敢:《老子之自然与无为概念新诠》,《中国社会科学》,1996年第6期。

②《道德经·第五十一章》。

③ 陈鼓应:《老子注释及评介》,第262页。

它们让万事万物自然而然地存在，对其本性保持一种尊重和敬意。事实上，我们之所以尊德、贵道，就是因为道、德两者尊、贵万物，让万物按其本性的存在，而不强加干预。更进一步考察“道”与“自然”的关联，我们或可说，“道”本身也是“自然”存在的。

首先，“道”之本源性的地位是自然存在的，它的这一地位并不是别人册封的，也不是自己刻意追求而来的，而是“自然”存在于那里的，是自然如此的。其次，“道”在生成万物的过程中，其自身并不以本源性的地位自居、自傲，而是处之泰然，不喜不悲。在这个意义上，“道”方能更好地利用这一本源性的地位，生成万事万物。第三，“道”在生成的过程中，也是让万事万物按其自性存在，尊重它们的本性，并不将自身的意志、想法强加给生成的万事万物。所以，这里的“自然”也可以理解为“道”之意义上的“自然”：一则，“道”本身是自然而然地存在着；二则，其生成万事万物的过程又是那样的“自然”，是顺应了万物本性而为的自然行为。也正是在这个意义上，我们认为“道”与“自然”的关联为“自然”提供了一个形而上的根据，它与前面处于各种具体关系中的“自然”相区别。

“道”之意义上的“自然”，除了指“道”本身处于一种“自然”状态外，还表现在“道法自然”[①]，即“道”积极地取法于“自然”上。这两个方面本密不可分，一方面，正是因为“道法自然”，所以“道”才能更好地处于一种“自然”的状态，与“自然”融为一体；另一方面，“自然”之状态本身也是“道”的一种内在要求，是其不可或缺的特性，不然“道”是否是“常道”[②]之“道”就颇值得怀疑。那么，如何理解“道法自然”呢？

> 道大，天大，地大，人亦大。域中有四大，而人居其一焉。人法地，地法天，天法道，道法自然。[③]

如前所述，在《老子》的文本中，“自然”更多时候被理解为一种“自然而然”的状态。这里的“道法自然”从字面上来看，就是“道”通过取法于“自然”，让自己也处于一种“自然而然”的状态，具备“自然”的品质，所以河上公说：“‘道’性

---

①《道德经·第二十五章》。

②《道德经·第一章》。

③《道德经·第二十五章》。

自然,无所法也。"[①]"道"的特性就是自然,取法乃是要达到"无所法"。董思靖说:"其体自然而已"[②]"道"就呈现为一种"自然"的状态。吴澄说:"'道'之所以大,以其自然,故曰'法自然',非'道'之外别有自然也。"[③]首先,并不是"道"外还有自然,而是"道"本身就处于一种"自然"的状态。这里便有一个问题,即"道"如何就"自然"了?也许我们可以说,"道"本身就是"自然"的,"自然"是"道"的一种内在品质。由此出发,我们甚至可以说"道"就是"自然","自然"和"道"互为别称。

但是,这个说法可能有点问题,即如果我们把"自然"理解为"自然而然"的状态时,"道"何以就是一种"自然而然"的状态呢?我们只能说,"道"处于一种自然而然的状态。此外,王弼说:"法,谓法则也。"[④]进一步引申,可以将"法"理解为"效法"、"取法"。"道"效法"自然",便是说:即便是"道"也要向"自然"学习、效法,唯有如此,才能被人所"尊",才能更好地生成万物,让它们按其本性存在。然而,上面几位先生的解释,也有合理之处:正是通过这样一个"法"(取法)的过程,"自然"成为了"道"的内在特性,"道"才呈现一种"自然"状态,从而使得"道"与"自然"融为一体。但从这个"法"字出发,不难看到,"自然的观念在老子的思想体系中的确是一种普遍的根本的价值"[⑤],"自然"才是这一关系链条中最高的原则。这个"根本"的价值,一方面体现在"自然"作为最高、最根本的"道"所应具有的重要地位上;另一方面,从"自然"往后推,就会发现,它贯穿于从"人"到"道"的整个过程,成为了"域中四大"所应遵循的普遍性原则。

事实上,吴澄的上述说法,部分内容可以看成是对王弼解释的一种诠释。王弼说:"道不违自然,乃得其性,法自然也。法自然者,在方而法方,在圆而法圆,于自然无所违也。自然者,无称之言,穷极之辞也。"[⑥]吴澄说:"道之所以大,以其自然。"[⑦]其实,"道"的"大"就可以表现在"大"之"无形"、"无象",故而可以

① 陈鼓应:《老子注释及评介》,第168页。
② 陈鼓应:《老子注释及评介》,第168页。
③ 陈鼓应:《老子注释及评介》,第168页。
④ 王弼:《王弼集校释(上)》,第65页。
⑤ 刘笑敢:《老子之自然与无为概念新诠》,《中国社会科学》,1996年第6期。
⑥ 王弼:《王弼集校释(上)》,第65页。
⑦ 陈鼓应:《老子注释及评介》,第168页。

为一切之形、象。如此方能遇方而方，遇圆而圆，从而能与一切之物的自然状态深相契合，毫不违背。而在这个过程中，“道”也因为不违背自然，包括事物自然而然的状态，以及事物本身的自然本性，而使自身具备“自然”之性。从这一角度出发，“法”便呈现为名词和动词的叠加：既是以“自然”为“法则”，也是向此法则“取法”、“效法”，用自己之特性去迎接“自然”之特性，从而无缝契合，交融为一。这个意义上的“自然”，可以理解为“道”之意义上的“自然”，但这个“自然”一方面是即成性的，即“道”具备了“自然”这一特性；另一方面又是生成性的，即“道”以“自然”为法则，不断向“自然”取法。

（二）“道”所保障的“公正”以“自然”为旨归

由上可知，“道”和“自然”存在密切关联。首先，“道”为“自然”提供了形而上的依据。其次，“道”要向“自然”效法、取法。第三，通过取法，两者合二为一，“道”具有了“自然”（自然而然）的特性。与之相应，“公正”也是“道”的内在要求，而“道”同样为“公正”提供了形而上的依据。在这一点上，“公正”与“自然”有相通之处。进言之，“自然”本身也蕴含了公正性，即“自然”状态的到来，要求人们公正地对待自己，对待自然万物。这体现出老子公正观的形上之维：

> 天之道，其犹张弓与！高者抑之，下者举之；有余者损之，不足者补之。天之道，损有余而补不足。[1]

“天之道”“作为独立的本体性存在的‘道’”[2]犹如一张弓，它将“有余者损之”，是为了补足“不足者”，达到某种平衡。在这里，“道”似乎成为了一个无形的杠杆，协调着事物之间可能存在的“有余”和“不足”，最终达成“损有余而补不足”的平衡。这种不会多余，亦不会不足的平衡状态，体现着“公正”。但应看到的是，这种“平衡”容易被理解为一种“平均”，“后来的解释者从老子这里看到了更多的平均主义倾向”[3]，但这可能会造成一种误读，即将这里的“平衡”理解为

---

① 《道德经·第七十七章》。

② 王慰：《老子“公平正义”思想解析》，《求索》，2012 年第 2 期。

③ 高瑞泉：《平等观念史论略》，上海：上海人民出版社，2011 年，第 91 页。

一切事物均处于量上相同(不会多余,不会不足)的平均状态,但事实上,它更多地是指在“道”的调节下,每一事物都能按其本性地存在,顺其自性地发展,正是在这个意义上的“平衡”体现着“公正”。

这里,“公正”和“自然”就已经存在着关联了。“道”所达到的“损有余而补不足”[①]就是为了促使世间万物达到“自然”的状态,这一状态具体表现为按照其自然本性存在。与之相反,“人之道”则因过分的人为干预,而造成了“损不足而奉有余”[②]的失衡状态。前者对有余的加以减少,对不足的予以补足,体现出一种“公正”的态度,后者则显然有失公允。这种“公正”的态度,最终是以“自然”的状态为旨归,即以“道”的特性为指引,实现万事万物的“公正”,这个“公正”即表现为万物都能顺其本性地存在、发展。换言之,这种“自然”状态的到来,本身是一种“公正”的体现与彰显。

于是,在这个意义上,“公正”就不仅仅是“道”的题中之义,还是“自然”的内在要求:“自然”要达成,需要这种“公正”的态度。与“天之道”相比,“人之道”有失公允,因此,应以“天之道”为标准向其靠近,在这个意义上,“天之道”为“倡导公平正义的人之道提供形上学的依据”[③]。从具体的实践层面来看,“公正”与社会秩序紧密关联,一个良好、和谐的社会秩序,不仅是“公正”的具体表现,而且为“公正”的实现提供保障。要树立起这样的秩序,“国君就应当以道为法,自己无为,而让大众各尽其能。”[④]

从这里不难看到,在老子看来,一个良好、和谐的社会秩序应通过效法“道”得以建立。那么,“道”又需要向谁取法呢?所谓“道法自然”[⑤]是也。“道”要向“自然”积极取法,让自身具备“自然”的特性。也正因为“道”具有了“自然”之性,才能为和谐的社会秩序提供形而上的依据。进一步说,在老子看来,真正和谐的社会秩序,就是万事万物都处于“自然”的状态。不干预、不减损它们的本性,顺从其本性地进行社会的运作和发展,这才是真正的“公正”,才是向“道”学习后,理想的社会状态。在这个意义上,“公正”的实现再一次以“自然”的到来

---

①《道德经·第七十七章》。

②《道德经·第七十七章》。

③ 王慰:《老子“公平正义”思想解析》,《求索》,2012 年第 2 期。

④ 冯友兰:《中国哲学简史》,赵复三译,天津:天津社会科学院出版社,2005 年,第 91 页。

⑤《道德经·第二十五章》。

为前提。[1]

上面提及的两个方面,即“公正”是“道”的内在要求,“道”为“公正”提供了形上的依据,并非截然相分。正是因为“道”是最公正的,它能做到“损有余而补不足”[2],才能成为“公正”的形上依据。老子说:“大道泛兮,其可左右。万物恃之以生而不辞,功成而不名有。衣养万物而不为主,常无欲可名於小。万物归焉,而不为主,可名为大。以其终不自为大,故能成其大。”[3]王弼解释说:“万物皆由道而生,既生而不知其所由。故天下常无欲之时,万物各得其所,若道无施于物,故名于小矣。”[4]首先,“万物归焉”是指“万物各得其所”。如果把这里的“所”理解为归所的话,那么这句话的意思就是,万事万物都得到了自己的归处,获得了自己的位置,互不侵扰地存在着。之所以如此,是因为“万物皆由道而生”。“道”之“公正”性,使得它能调节天下一切不正、不公的情况,最终促使万事万物达到平衡状态。同时,自然万物各得其所,乃是因为它们“由道而生”,“道”保障了这一“公正”的实现。

当我们将“道”、“自然”、“公正”放在一起考察时,便不难发现,无论“公正”是“道”的内在要求,还是“道”为“公正”提供了形上的依据,都内在地关联着一个看法:“公正”实现的最终期许是万事万物都达到“自然”的状态。老子所期望实现的“公正”恰恰是万事万物各得其所,各安其位,顺其自性地存在与发展。所以,从这个意义上说,“自然”状态的到来成为了“公正”实现的目的。

小结

在老子哲学中,“自然”首先与老子的政治哲学思想密切关联。在国家治理的过程中,老子主张“无为而治”,这需要统治者具备一颗“公正心”。将这颗“公

---

① 立足于中国传统哲学的语境,“公正”有三个内涵,即“公平”、“正义”和“公道”,老子对于“公正”的理解体现出“公正”所蕴含的“公道”的含义,这具体体现在“道”和“公正”的关系中。这与亚里士多德在《尼各马可伦理学》中所谈论的“公道”有所不同,亚氏所理解的“公道”更多地表现为“公道自在人心”之意,即法律有所偏颇的情况下,“公道”能“主持公道”,保证“公正”的实现,而老子“公正”观中所体现的“公道”更多的是指“公正”有“道”作为其实现的形上依据。

② 《道德经·第七十七章》。

③ 《道德经·第三十四章》。

④ 王弼:《王弼集校释(上)》,第 86 页。

正心”作用的对象予以扩展,直面天地间的万事万物,便涉及了人性与物性意义上的“自然”,老子依托于此凸显了“人性平等”与“物性平等”。在“平等”实现的过程中,体现出一种博大的“公正观”:不仅要在人世间,而且期望在人与自然、自然万物内部,树立起“平等”、“公正”。最后,“自然”与“道”密切关联,“道”之意义上的“自然”,使得“公正”的实现以“自然”状态的到来为旨归:“道”所保障实现的“公正”期望达成万事万物各归其性,自然而然的状态。前两个方面的“自然”,是在社会关系中展现了老子的“公正观”,最后一个方面的“自然”,则因与“道”的关联,凸显了老子“公正观”的形上之维,彰显了老子“公正观”的独特品质。

Though the “Nature” to study “Justice” of Lao Zi

Wu Long

Abstract: “Nature” as a philosophical concept is correlated with a governance conception of Lao Zi which is “govern by doing nothing that goes against nature”. It reflects the political nature. In the process of national governance, put less intervention to the people’s lives to achieve healthy social development and national operation which need the leader has “justice”. Out of political governance, Lao Zi relies on the “nature” which embedded in nature of human and things which highlights the “equality of human nature” and “physical equality”. In the process of implement them which reflect a broad view of justice. In addition, “natural” is closely related with “Tao”. “Nature” which in the sense of “Tao” makes the purpose of achieve “justice” is that arrive the “natural” state. The justice which protect by nature expect everything goes its natural state. These three aspects of “nature” not only show the justice of Lao Zi in the social relations, but also highlight the metaphysical dimension of justice.

Keywords: Nature, Laozi, justice, equal, Dao

伦理学研究

孟子之后，舜当如何？
——读《孟子》“尽心上”篇“窃负而逃”章

伍晓明*

［摘　要］　如果天子之父犯杀人之罪，天子自己当如何面对？在这一想象出来的伦理困境中，除了让天子舜背着父亲偷偷逃到海边以躲避惩罚，孟子似乎不能为舜找到更好的出路。然而，作为不仅必须为自己父亲负责，而且必须为天下之人负责的天子，舜在孟子为他设计的解决方案中真能安心吗？如果不能，我们今天是否能为舜设想一条更好的出路呢？更好，亦即，更加公正，因为当没有对于每一个人的公正之时，整个社会的基础就会动摇。

［关键词］　他人；伦理；公正；责任；法律

一、引言：经典作为文本

本文试图重读《孟子》“尽心上”篇中弟子桃应与其师的一段对话。这段对

* 伍晓明(1954—)，男，天津人，哲学博士，现任四川大学文学暨新闻学院讲座教授，主要研究领域为比较文学、西方文学理论，中国思想、比较哲学。

话常以“窃负而逃”这一语焉不详的标题为人所知。[①] 一个更能表示这一著名对话之内容的标题可以是：“天子舜窃负杀人之父瞽叟而逃。”对话不长，共计八十三字：

> 桃应问曰：“舜为天子，皋陶为士，瞽瞍杀人，则如之何？”
> 孟子曰：“执之而已矣！”
> “然则舜不禁与？”
> 曰：“夫舜恶得而禁之？夫有所受之也。”
> “然则舜如之何？”
> 曰：“舜视弃天下犹弃敝蹝也；窃负而逃，遵海滨而处，终身䜣然，乐而忘天下。”[②]

这一展示某种伦理困境的文本近年激起过很多热烈讨论，甚至激烈的争论，但我在此并不想加入这一行列。这也就是说，我并不试图对其中所说的——或所设想的——舜的行为做出评价，因为评价意味着采取立场，而我很怀疑，一旦我们发现自己处于这样的伦理困境，是否也能像圣人那样为自己找到一个简单明确的立场，一个让我们可以或者拥护、或者批评、甚至同时拥护和批评天子舜**或者**圣人孟子在这一伦理困境中所做出的选择和决定的立场。我说“天子舜或者圣人孟子”时之所以突出“或者”二字，是因为我想将孟子与舜——一个虚构出来的伦理困境中的两个真实人物，即行动的设计者和行动的实行者——明确分开，因为在这一文本为我们逐步展开的伦理困境中，其实既不是舜在为**自己**做选择和决定，也不是孟子在为**自己**做选择和决定，而是孟子“让”——我还不敢说“代”或者“为”——舜在这一困境中做了某个——或者某些——选择和决定，因为孟子“让”舜做的选择和决定似乎不止一个。而这就是说，我们在这一文本中看到的伦理选择和决定既不能说完全是舜的，但也不能说完全是孟子的。反之，我们也可以说，这些选择和决定既是舜做出的，也是孟子做出的。是孟子藏

---

① 本文原为提交于“纪念孔子诞辰2565周年国际学术研讨会暨国际儒联第五次会员大会”的会议论文，原题为《德治与法治的辩证关系——以〈孟子〉“天子舜窃负杀人之父而逃”章为例》。目前这一版本是对原文加以重大修订和扩展的结果。本文意在通过经典的重读而引起对其中具有当代性的重要问题的讨论。

② 《孟子·尽心上》，杨伯峻译注：《孟子译注》，北京：中华书局，1960年，第317页。

在舜的身后说话或**通过**舜说话——说孟子自己所要说的话——吗？还是舜藏在孟子身后或**通过**孟子行事，行舜自己所欲行之事呢？我们应该如何理解这一文本中两位不同“人物”的关系？对此我们其实很难立即给出明确的回答或做出明确的决定。因此，如果我们认真对待这一文本，那就不仅应该注意这一文本的所有细节，而且也应该注意这一文本的微妙语气。这也就是说，我们应该将其作为本来意义上的“文本”(text)来对待。[①]

正因为如此，我才不急于对这一复杂文本做所谓“客观”评价，因为任何评价都只有基于某种立场才能做出，并在这一意义上必然“主观”。此种主观并非坏事，因为这意味着，我们阅读的文本必然会以这种或那种方式将我们卷入其中，必然会要求我们采取立场。或者，更准确地说，是必然会逼出我们的立场，必然会把我们逼到自己未曾自觉或不愿想到的立场之上。清白无辜的阅读是不可能的，而声称可以做出客观评价就意味着某种不自觉的甚至是自觉的逃避。而在试图这样做的时候，我们其实是在想把文本视为仅仅传达确定意义的透明媒介，并以为这么做是可能的，甚至是可取的。“可取”是相对于那种让自己毫无保护地暴露于文本并为其所困的阅读方式而言。以为自己可以安全地待在文本之外，以为自己可以与文本保持一定距离，而只将文本作为一个明确思想的纯粹表达，就会削弱甚至压抑一个必然始终多音多义的文本的积极的

① 亦即，不是作为传达先已存在于某一头脑中的确定思想的透明载体，而是作为由一条条文字彩线编成的一片织物。所谓文字彩线指由连接具有不同色彩的单个文字而形成的彩色线条。这里，单个文字对应于单个色彩，彩色线条对应于由这些文字形成的语句，织物则对应于由众多这样的彩线编成的文本。在这样的织物之中或之上来辨识可能呈现出来的图案，就是观者或读者的工作。观者或读者根深蒂固地倾向于将其所辨识出来者，也即通常所谓“意义”，归因于文本的编者或作者——他或他们本来就是要我们这样看的！这当然也不错，因为作为观者或读者的我们面对的不是自然的图案，而是人为的图案。但尽管承认织物的编者或文本的作者起初必有其特定的用心，他们却无法控制我们在观看或阅读时连接不同色彩线条以形成某种图案的方式。维特根斯坦用在其《哲学研究》中的鸭兔图(rabbit-duck illusion)很可以用来阐明此处所欲说明者：创作鸭兔图者可能想让我们看到鸭或兔，或可能想让我们轮流看到鸭和兔，或甚至可能想让我们同时看到鸭和兔，但他们却不可能完全控制我们的观看方式。我们很可能恰好会像创作者希望的那样观看，但也很可能无法像创作者希望的那样观看，因为假使我们从不知兔或鸭为何物，我们就不会在图中看到兔或鸭，而看到什么别的东西，甚至什么也看不到。而且，我们也不可能决定我们是否已如创作者所希望的那样观看了。这一意义上的文本——永远多义、永远暧昧的文本——正是汉字“文”的本义。当然，说作为文本来对待也意味着，我们也总有可能把文本作为别的东西——例如，仅仅如实记录先哲思想的透明符号——来对待。

"生产力",亦即一个作为经典或作为我们的思想文化资源的"过去"文本继续为我们生产或产生"现在"思想的力量。而本文此处想做的就正是,试图让"窃负而逃"这一可能掩盖或暴露着深刻伦理—政治问题的经典文本继续为我们发挥其创造对话和激发思想的力量。所以,我们对"窃负而逃"这一文本的阅读将带有某种探索性,因而也将带有某种冒险性。

二、如果天子之父杀人

阅读这一文本,我们首先应该注意其中孟子说话的语气。在回答舜在父亲杀人的情况下会怎么办这一问题时,孟子的话说得似乎很轻快,至少是听起来如此。他最初的回答似乎并非全然认真之语,而此一可能是假装出来的"并非全然认真"则很可能是因为,面对此一困境,一个弟子设想出来放在老师面前的伦理困境,一个会让舜吃惊地发现自己竟然需要在其中做出艰难选择和决定的伦理困境,孟子可能已经知道,即使身为天子的舜一定也会感到进退维谷。因为,即使是天子之父,犯了杀人之罪也得依法论处,不然天下——国家——就没有普遍的公正可言。在"公正"之前加上"普遍"这一形容词可能是不必要的,因为公正概念本身就蕴含着普遍:对天下所有人的"一视同仁"。所以,虽然身为天子,但假若父亲杀人,舜恐怕也只得听任自己的执法官依法办理。除此之外,舜还能有什么办法呢?好像没有。至少,孟子起初应该就是这样认为的,所以他才用了听起来轻快的口气回答说,"执之而已矣(抓起他来就是了)!"此一简短的回答其实已经蕴含着孟子对于法之必要及执法之必要的承认。但我们应该注意的是,这是孟子设想此种情况下将会发生或应该发生的事,而不是舜亲自下的命令。事件在此按照既定程序展开:在自己的父亲杀了人的时候,舜自己不必说话,不必行动,因为有公正的皋陶为他执法,后者在这种情况下要做什么应该是非常明确的。这似乎就是蕴含在孟子的"执之而已矣"这一轻快回答之中的不言而喻之意。

"然则舜不禁与(那舜就不管了吗)?"孟子的弟子桃应锲而不舍地追问。"夫舜恶得而禁之(舜又怎么管得了呢)?"孟子回答。管不了是因为,皋陶把瞽瞍抓起来乃是受命而行("夫有所受之也"),而此命当然是来自舜,舜之命则来自天。那舜又该怎么办呢?就眼睁睁看着自己的父亲被抓起来?似乎也不行。

情急之下，孟子就“让”舜做了这样一个选择和决定：把天下像用旧的草鞋那样扔掉，背上自己的父亲偷偷逃走，到远远的海边住下来，一辈子高高兴兴的，把天下全都忘掉。这就是孟子“为”舜设想的最终出路。

但孟子对他为舜设想的出路真就那么放心吗？如果放心，为什么孟子要用听上去似乎轻松的语气——至少是表面上的轻松语气，或假装出来的轻松语气——说这些话？他为什么好像不想让自己的话太被弟子当真？他为什么似乎要与自己的话保持某种距离？他不想完全为他所说的负责吗？或他是否在想以某种方式将自己跟他“让”舜做的选择和决定分开？把孟子这种暧昧态度明确出来，似乎是这样的：我认为舜在这种情况下一定是会这样做的，但这是舜的选择和决定，不是我的选择和决定。但为什么会是这样呢？是否因为孟子自己也已经隐隐感到，他“让”舜做这样的选择和决定有些不妥？是否因为他觉得其实自己也不能确定，如果舜发现自己处于这一伦理困境之中，是否真就会做出他让舜所做的选择和决定？

是否正因为有这些疑虑，孟子才想让自己听起来是在跟学生开某种玩笑：在自己的父亲因杀人而犯法的情况下，你说舜又能怎样呢？他既不能禁止皋陶抓人，但也不能眼睁睁看着自己的父亲被抓吧？因为，如果舜禁止皋陶因瞽瞍杀人而抓他，那么舜就是将自己的父亲置于法所应该具有的普遍性之外，从而使自己的父亲成为相对于普遍之法而言的“例外”，并因此也就否定了法之为法。因为法之为法即意味着：其可遍行于天下而无例外。更有甚者，否定了法之为法——为天下之法——也就是否定了天子自身的合法性或其存在理由，因为在一个以天命为最高统治者的最终合法性或其存在理由之最终依据的地方，受天命而王天下的天子本身就是天下之法的依据。执法者受命于天子，天子则受命于天，所以天子为天下所立之法最终自天而来。[①] 法意在维持公正，否定法之为法就会危害公正。然而，如果舜听任其父被受命的皋陶依法而抓，那他可能就会为天下树立一个不孝的榜样，宣布一个人可以为了公正而不顾亲情。

---

① 孟子知道舜不能禁止皋陶抓人，因为皋陶的权力“有所受之”，而此“受之”最终乃是“受之于天”。惠士奇已经点出了这一点：“夫有所受之也，恶乎受之？曰：受之舜。杀人者死，天之道也。皋陶既受之舜矣，而舜复禁之，是自坏其法也。自坏其法，不可以治一家，况天下乎？且受之舜犹受之天。受之天者，非谆谆然命之也，谓其法当乎天理，合乎人心而已。”语见焦循《孟子正义》所引惠士奇《春秋说》。焦循：《孟子正义》，北京：中华书局，1987 年，第 931 页。

如之奈何呢？那只好就带着自己的父亲跑吧。跑得远远的，跑到法律可能管不到的地方住下来。这样，舜似乎就可以继续尽他对父亲的孝了。当然，“代价”——如果这里可以谈论代价的话，如果舜的窃负而逃是一种交换的话——似乎也不小，因为这得以抛弃整个天下来换取。但既然是为了自己的父亲，也就顾不了那么多了。而且，还不仅如此。孟子“让”舜以为，拿天下来跟自己的父亲比，天下又算得了什么呢？不过就是穿旧的鞋子而已。这似乎就是孟子为在这一虚构的伦理困境中的舜所能设想的最佳解决方案，于是孟子就“让”舜如此这般地行动了。但是，舜真能“心安理得”地同意和接受孟子“让”他做的——或者是“为”他做的——这个选择和决定吗？

三、伦理之困与选择之难

现在我们应该回过头来先问一个预备性问题：在这一设想出来的伦理困境中，舜为何会发现自己需要做出一个困难的选择和决定？当只有一个他人时，当我只面对一个他人时，我并不需要选择。面对这一他人，我会发现自己必然已被置于要为这一他人负责的地位之上了。而对于他人的这一责任必然是无条件的，因而也是无限的。这意味着，我不仅要为他人的不幸和痛苦负责，甚至也要为他人所犯的过错和罪恶负责。如果需要阐明此种责任的无条件性和无限性，我们始终可以回到孟子话语中那一将入于井之孺子。在我的生活中，碰到一个将要落入井中的孺子可能是非常偶然的，但与这一弱小无助的他人的非常偶然的遭遇却立即就会将那先前似乎并无对此孺子之任何责任的我置于无法推卸也无法逃避的责任之下。何以如此？孟子说，不是因为我想跟孩子的父母结交，不是因为我要在乡里朋友间获得名声，也不是因为我讨厌孩子的哭声，而是因为我作为人即必有“人皆有之”的“怵惕恻隐之心”。[①]

必有怵惕恻隐之心则意味着，必会受他人影响，亦即，必会**因**他人而不安，也必会**为**他人而不安。因而，正是人皆有之的怵惕恻隐之心，把我和他人牢不可破地结合在一起。如果我无法逃避自己的怵惕恻隐之心（虽无法逃避，但可

---

① 《孟子·公孙丑上》：“今人乍见孺子将入于井，皆有怵惕恻隐之心；非所以内交于孺子之父母也，非所以要誉于乡党朋友也，非恶其声而然也。”杨伯峻译注：《孟子译注》，第79—80页。

以压抑，也可能遗忘[①])——因为我就是这一怵惕恻隐之心——那我也就无法逃避他人，亦即，无法逃避我必然会**因为**他人而起的不安。因此，我也无法逃避并不从我的意志或我之自由中开始的对于他人的责任，而且我也既无法为此责任加上条件，也无法对之做出限制。

只有当此一他人之旁还有另一他人之时，亦即还有“第三人”之时，我对他人的无条件的、无限的责任才需要受到限制并变成有条件的，而这也就是说，此时才会有选择的需要和如何做出选择的问题。选择蕴含着进行比较的需要。但如果每个人都独一无二，那又将如何在这些不可比较者之间进行比较，如何在这些独一无二者之间进行选择，如何对无法决定者做出决定呢？只有在这样的关键时刻，有关公正的问题才会出现。对于公正的需要就是对于不可比较者进行比较的需要。如果只有**一个**孺子处于将入于井的危险之中，我就无须在究竟救谁的问题上犹豫不决。但如果有两个孺子将入于井，而我又不可能同时援救，那我应该先救谁呢？或者，如果母亲和妻子同时落水，丈夫一个人又该先救谁呢？[②] 对于公正的需要就这样出来了，而一个公正的决定就是在我不可能有绝对把握时还必须为之负责的决定。所以列维纳斯才会言简意赅地说：有两个人的时候是伦理，有三个人的时候就是政治。[③]

但这样的选择不会是“价值选择”，也不会是在父亲的生命和天子之位二者

---

① 《孟子・告子上》：“富岁子弟多赖，凶岁子弟多暴。非天之降才尔殊也，其所以陷溺其心者然也”；“仁，人心也。义，人路也。舍其路而弗由，放其心而不知求，哀哉！人有鸡犬放，则知求之；有放心而不知求。学问之道无他，求其放心而已矣。”杨伯峻译注：《孟子译注》，第 260 页，第 267 页。

② 面对两个他人同时遭遇危险时，我的犹豫不决是在如何同时拯救二者这一问题上的犹豫不决。面对一个孺子将入于井时，我可能也会迟疑，但那是面对自己的无可逃避的责任之时仍欲逃避的犹豫不决，与前者不在同一层面。参阅拙著《情与人性之善》（伍晓明：《文本之间——从孔子到鲁迅》，北京：北京大学出版社，2012 年，第 178—221 页）中的具体分析。母亲和妻子同时落水之例常以妻子拷问丈夫是否爱自己的方式流行于中国民间：我和你妈都落水了，你先救谁？在电影《唐山大地震》中，我们也看到了同样的伦理两难：母亲的一对男女双胞胎同时被压在塌下的水泥梁柱之下，救男孩则女孩死，救女孩则男孩死，而母亲却必须在刻不容缓的情势下立即做出选择。

③ 这是列维纳斯在一次访谈中说的。他的原话是：“一旦有三个人，与另一者的伦理关系就变成了政治关系并进入存在论那进行总体化的话语之中。”见 Richard Kearney, *Dialogues with Contemporary Continental Thinkers*, Manchester: Manchester University Press, 1984, pp. 57 - 58。

之间的选择。[1] 舜并非在较为重要者与较不重要者之间做选择,也不是在选择以放弃天子之位为"代价"而换取父亲的生命(也就是说,以极为重大的代价来换取父亲的生命)。需要选择是因为还有另一人,即还有父亲以外的其他人。这些其他的人也必然与我有关,这也就是说,必然是我应该对之负责和为之负责者,所以我不能忽视他们。对于"普通人"来说,这个对于天下一切人的普遍责任可能隐而不显,或受到具体的限制,但对于舜来说,这样的责任应该显而易见,明确具体。作为天子,舜必须为天下所有人负责。而每一他人都是独一无二的、不可替代的、不可比较的(舜只有一个父亲,但那个被假设为是舜的父亲所杀的人也必然是不可替代的某子之父或某父之子,或某个家庭的成员)。所以,如果此处有所谓"选择"问题的话,如果舜真是需要在此困境之中做出选择的话,他的选择不是在可比者(因而可被估价者)之间的选择,而是在不可比者(因而不可估价者,或超出价值者)之间的"选择"。谁能在每一个人——每一他人——身上都放上一个确定的价格或价值?谁能说舜之父就比他人之父"值"得更多?或更加宝贵?但正因为在不同他人之间不可能进行真正的比较,我们在此已经超出"客观比较"的可能性。"客观比较"之可能是因为有明确的标准,亦即有固定的尺度。例如,在治国人才的选拔上我们可以任人唯贤,而这是因为这里我们有一个明确标准,即管理能力。但是,在自己的父亲杀人这一困境之中,我们却不可能将一个他人与另一他人进行比较。而既然他人与他人不可比,那也就无从选择,无可选择,无法选择。但如果我们仍然还是必须做出某种选择的话,那么此种选择就只能是在无法比较者之间做出的选择,因而是一个没有选择的选择。而所谓"没有选择的选择"是说,在不可能根据任何确定的原则或标准或规矩而进行选择之时却仍然必须做出某种选择。而这也就是说,我们无论如何都仍然必须做决定,并且必须为自己的并无绝对保证的决定负责。

四、舜真会按照孟子为他做的选择行动吗?

但是,我们这里也可以设想一种可能的反驳:在父亲杀人这一情况下,舜

---

① 此二说法分别为杨泽波与丁为祥所持。详见郭齐勇编:《儒家伦理争鸣集:以"亲亲互隐"为中心》(湖北教育出版社,2004年)中两位学者之文。

其实并不需要做出任何涉及自己父亲以外的他人的选择。相对于父亲这一具体他人而言,天下只是一个抽象概念,而相对于父亲这一仍在自己面前的生者而言,被害人这一死者已经消失不见,并且即在此意义上不再构成另一他人。因此,这里其实仍然只有一个他人,一个舜需要面对的有血有肉的他人,即舜自己的父亲,而我们以上所说的舜所需要做的选择和决定因而就并非真正的——亦即,自觉的或有意识的——选择和决定。孟子会认为,舜在自己的父亲杀人这种情况下的最终"窃负而逃"只是一种自然反应。而之所以自然是因为父子关系这一亲缘纽带是自然的。因此,在这种情况下,舜不可能有别的反应,因而也不可能做出别的举动。

但果真如此吗?舜在"自然地"选择了自己的父亲之前不是至少还犹豫了一下吗?一个可能非常关键的犹豫:在允许自己父亲被抓与背着父亲逃走之间的犹豫。但更准确地说,是孟子"让"舜犹豫了一下,或让舜对自己的第一个反应感到后悔。的确,是后悔。这一后悔让舜从允许父亲被抓转变为背着父亲逃走。这一后悔表明,舜背着父亲偷偷逃走的举动并不是出于自然,而是由于选择。但这一选择和决定是孟子"为"他设计的。是孟子想象自己所如此称颂的圣人舜在这种情况下会做出的选择和决定。而这可能也会是孟子想象自己在这种情况下将做出的选择和决定。

然而,舜真能让自己接受孟子"让"他或者"为"他做出的选择和决定吗?他会发现自己真能承担这样一个决定吗?一个"后圣"为"先圣"所做的决定?我们很可能会不无理由地怀疑。所以我们才必须在分析中不厌其烦地强调,在《孟子》的这一文本中,在这个假设的伦理困境中,在面对自己的父亲杀人这一极端情况之中,不是舜自己,而是孟子,"让"舜做了这样一个最终选择窃负杀人之父而逃的决定。而孟子"让"舜所做的这一决定又是孟子自己在被弟子的提问逼入困境之时仓促做出的。我们因而应该在分析中充分注意"仓促做出"这一重要细节的意义。

让我们回到文本,更仔细地审视一下这一情境:

> 桃应问曰:"舜为天子,皋陶为士,瞽瞍杀人,则如之何?"
> 孟子曰:"执之而已矣!"
> "然则舜不禁与?"

曰："夫舜恶得而禁之？夫有所受之也。"

"然则舜如之何？"

曰："舜视弃天下犹弃敝蹝也；窃负而逃，遵海滨而处，终身䜣然，乐而忘天下。"

在这一对话中，桃应设三问而孟子做三答。此三问步步进逼，盯住不放地追问舜在这一假设的父亲杀人事件中最终将会如何。桃应在第一问中设想了一种情况，其中有四人被直接涉及，他们纠缠于以下数种复杂的关系之中：

舜与皋陶——立法者与被授权执法者的关系；

舜与瞽叟——子与父的关系；

瞽瞍与被想象为其所杀者——违法者与受害者的关系；

皋陶与瞽瞍——执法者与执法之对象的关系；

舜与被想象为被其父亲所杀者——法之代表者与法之应该保护者之间的关系。

从以上所列诸关系之中我们可以看到，父子关系并不是舜在其中与他人密不可分的唯一关系。作为天子，作为立法者和法之代表，舜也不可避免地卷入与其他人的关系之中。他必须同样考虑这些他人，而不能仅仅想到自己的父亲。在其第一问"舜为天子，皋陶为士，瞽瞍杀人，则如之何"中，桃应问的是在此种情况中所涉及的**每一个人**各自将会做出什么反应，采取什么行动。因为，就问题的表述本身来看，所问的不仅是舜的可能的反应和决定，不仅是皋陶的可能的反应和决定，而且也是瞽瞍的可能的反应和决定（尽管据说瞽瞍以顽劣著称，但我们没有理由对瞽瞍的可能的反应和决定不加考虑），甚至还是与瞽瞍的受害者直接有关者的可能的反应和决定，因为我们必须记住，此受害者也必然是某人之子，或某人之父，或某一家庭的成员。

对于这样一个问题，一个直接或间接地涉及如此众多之他人的问题，孟子的第一反应虽非面面俱到，却似乎最为直接或最为"自然"。这里的基本情况就是有人杀人，而杀人者——无论非法还是合法——首先即必须被执法者拘捕和审问，亦即，必须在要求一视同仁的法的面前为自己之行为负责，并接受由法所规定的相应惩罚或开释,即使天子之父也不能例外,所以孟子的回答才似乎直接而干脆(语气也轻松):“执之而已矣!……舜恶得而禁之?”

如果桃应没有发其第三问,我们也许永远都不知道,除了让舜眼睁睁看着其父被皋陶抓起来,孟子还会为舜设计出什么“出路”来。当孟子让舜坐视皋陶依法逮捕其父时,他其实就已经表明了自己的最初立场:让天子之父被带至法律面前,让公正得以实现。但桃应却非要继续追问:此种情况之下,舜究竟会如何。我们可以感到,孟子在此被逼入了困境。他本来已经让舜坐视其父被抓,因为这是当时认可的公正之举。这似乎也很符合舜的形象:“恭己正南面”而天下治。既然有可以信赖的皋陶执法,舜就不需要自己再做什么了。但是,桃应的第三问“然则舜如之何”蕴含着,他不太相信舜真的会坐视其父被抓。瞽瞍不是舜的父亲吗?作为儿子的舜真可以对父亲这样吗?这样做“合情合理/礼”吗?这样做还算是孝吗?孟子一想也对,的确,舜不能让父亲就这么被抓走,尽管父亲对他从来都不好,而且不是一般地不好,何况现在又杀了人。但这毕竟是父亲啊,而父亲只有一个!所以,还是得给舜想点儿办法吧?

但什么办法呢?孟子不能让舜利用自己的权力禁止皋陶抓人,尽管舜似乎能够做到这一点,因为这样就破坏公正。孟子也不能让舜为自己的父亲说情,因为这样做可能更糟。作为天子的舜如何能为了自己的父亲而请求让自己所代表的公正网开一面呢?仓促之间,孟子就想出了他的最后办法:舜可以抛弃天下(注意,是抛弃天下,而不是如丁为祥所说,抛弃天子之位,二者之间是有重要区别的),背上自己的父亲偷偷逃走,逃到法律还管不到的海边去(或者说,**逃到法律/公正之外**)。孟子觉得,舜会高高兴兴地跟父亲在那儿住下来。但是,如果孟子转念一想,也许就会后悔他为舜做的选择了:舜真能就这样逃走吗?这样逃走他高兴得了吗?遗憾的是,弟子桃应并没有向老师孟子提出这样的问题,一个可能的甚至是不该缺少的第四问。

五、在我为我之“第一他人”受过与我为天下之人尽责之间

然而,在让舜出于孝而窃负其父而逃之时,孟子是否也是在让舜为他人——一个对他而言非常特殊的他人——的过错负责呢?历来论者,包括近来卷入舜窃负而逃之争论者,多以舜之窃负其父而逃只是出于亲情。但一个尚未

被认真考虑的问题是，如果根据有关舜之家庭的经典叙述，舜之父与舜之弟对舜皆毫无那据说应该是**天然**的血亲之情可言（而这其实已经在证明着，所谓天然的血亲之情并非天然，或并非完全天然），亦即，毫无父对子之慈与弟对兄之悌，那么我们又如何还能够坚持说，舜窃负其父而逃乃是完全为亲情所推动？[①] 而如果即使没有父子之间似乎应该存在的亲情，孟子却仍然让舜自己出于对父亲的孝而偷偷背着父亲逃走，那这样的孝——一种缺少了"父慈"的"子孝"——又究竟意味着什么呢？难道舜之窃负其父而逃不正是因为瞽瞍**也是**他人，而我作为我即始终对所有他人——包括父母在内的一切他人——都负有无可推卸的责任？但父之于子虽然也是他人，却是一极为特殊的他人，即我作为我而在我的生命中与之发生关系的"第一他人"。[②] 当然，每一他人之于我皆为特殊他人，皆为独一无二者，皆为不可替代者。就此而言，父其实并不比任何其他人更为特殊。但作为我之第一他人的父（或母）的特殊之处可能在于，我与此一他人的关系是与生俱来的，因而对我来说是"注定"的。所以，如果我不可能推卸和逃避我对他人的责任，那么我最不可能推卸和逃避的首先就是我对父母的责任，不是因为所谓血缘关系，而是因为我之生——那并不由我自己决定的生——本身即注定让我与此他人最近。此近并不使我对此他人的责任更重，但却使我对此他人的责任更**直接**，因而也就更不能无动于衷。[③] 所以，舜之窃负其父而逃，可能并非出于通常总被理解为是由血缘关系决定的父子之情，或亲

① 传统说法是，舜父瞽叟在舜母死后娶妻生象，舜于是不见爱于其父。司马迁在《史记》之《五帝本纪》中说："瞽叟爱后妻、子，……瞽叟顽，母嚚，弟象傲，皆欲杀舜。"一次瞽叟要烧死在谷仓顶上进行修缮的舜，还有一次是瞽叟与象要活埋在水井下进行疏浚的舜："瞽叟……使舜上涂廪，瞽叟从下纵火焚廪……又使舜穿井……舜既入深，瞽叟与象共下土实井"，但两次谋害皆未成功，舜则分毫不减其孝悌，"事瞽叟爱弟弥谨"。见司马迁：《史记·五帝本纪》，北京：中华书局，1991年，第25—26页。早在司马迁之前，《孟子》一书之《万章上》篇中即提到这一故事。见杨伯峻：《孟子译注》，北京：中华书局，1960年，第209页。

② 关于父母之为我之第一他人，及我与父母之关系乃我与我生命中所遭遇的第一他人的第一关系，详见拙作《吾道一以贯之：重读孔子（第二版）》，北京：北京大学出版社，2013年，第184—187页。

③ 如果在我与他人的关系中，公正是必要的，亦即，一视同仁是必要的，那么我与父母的关系之近并非意味着这一关系就更加重要。但我对他人之应承/责任必须有一具体的开始，有一具体的落实之处。不然，我就有可能"空想"爱人而不能爱任一实际之人，意欲公正和兼爱而不知如何具体地公正和兼爱。因为，之所以会有对于公正的要求，正是由于必然有远近亲疏厚薄，而之所以会有对于兼爱的要求，正是由于在我所爱之外，还有要求我之爱（牵挂惦念关怀照顾）者。此乃每一我皆无所能为而又必为者。是谓"伦—理"之难。

子之爱。我们可以说舜的行为——孟子为他设想的行为——是出于孝,但此孝首先必须被理解为:**我为一特殊他人负无可推卸和无法逃避之责,就像我也会为其他人负无可推卸和无法逃避之责一样**。而此一负责也必然包括:为此他人的过错负责。

的确,即使舜确如孟子所设想的,会放弃天下,带着父亲逃到海边住一辈子,舜的此种行为首先也还是应该被理解为一种为他人——尽管是为一个特殊的他人,亦即为自己的父亲——受过的行为,而不是单纯的徇情枉法。本来,经历了一切磨难之后,舜似乎已经可以安安稳稳地"恭己正南面"而治天下了。然而,他顽劣的父亲,他生活中这个特殊的他人,在桃应的设问中又一次将他置于磨难之中。当然,作为圣人,只要是为了他人,为了一切人,为了全天下之人,舜什么都可以做,包括心甘情愿地放弃天下。然而,如果他人是一个单数,一个整体,如果他人只有一个声音,一个要求,或者,如果只有一个他人,问题就简单得多:舜会为此他人献出一切,以至于自己的生命。但问题是,这里涉及至少两个他人,两个互不相容的他人:他自己的父亲,和一个假设被他父亲所杀者。这又该怎么办呢?死者虽然不能复生,但以命抵命却似乎是人类社会的最古老的法则。但是,能让自己的父亲如此去死吗?如果让父亲如此去死,舜作为子之孝何在?但这一问题其实却远不止于孝,而远远超出了孝。因为,这一问题从根本上蕴含着,我能让他人——任何人——去死吗?我能听任或允许任何人由于任何原因或任何理由去死吗?我对他人有此权力吗?不要以为这是只有现代自由人道主义才会提出的问题。身处于悲剧性的伦理困境之中,面对是否要让自己之父去面对一个要求"杀人者死"的刑法,舜难道不会被迫以某种形式思考这样的根本问题吗?①

① 《荀子·正论》:"杀人者死,伤人者刑,是百王之所同也,未有知其所由来者也。"荀子认定杀人者死这一刑法自然而然,天经地义,因此人们甚至无法确定这一刑法的起源,但他这一断言却是在反对那些认为"治古无肉刑"而只有象刑的人之时做出的。"象刑"在此指以象征性的惩罚代替实际的肉刑。此种象刑之是否历史地存在并不确定,但荀子之认为必须反驳此说却表明,"杀人者死"这一刑法其实可能并非被公认为自古已然,天经地义。《尚书·益稷》中虽出现"象刑"二字("皋陶方祗厥叙,方施象刑,惟明"),但注释者孔安国以为其仅指刑法("又施其法刑,皆明白")。《尚书·舜典》中又有"象以典刑"之文,孔注为"象,法也。法用常刑,用不越法",亦不以此为指荀子所说的象刑。在王先谦《荀子集解》中,前人注释荀子此文时所引《尚书大传》和《慎子》二书中虽有尧舜时代存在象刑之说(前者有"唐虞之象刑,上刑赭 (转下页)

当然,我们也只能设想,替舜设想,就像孟子当年替舜设想那样。我们看到,孟子仓促之间替舜做出的最好设想就只是,背着父亲逃到海边。让我们不要忽视这个细节:"窃负而逃",背着父亲偷偷逃走。孟子知道舜必然知道,这样做是违法的,**违他作为圣人为天下所立之法**。所以才要"窃",所以才是"窃",偷偷地,不让天下看见。而且,他不仅要"窃",还要"负",自己亲自背着。而作为天子,舜应该不会没有车驾吧?那他为什么放弃不用,却要背着父亲偷偷逃走?难道不是因为他知道自己已经无法面对天下之人,已经"对不起"天下之人?[①]在这样的情况之下,舜今后还会高兴得起来吗?他今后还能欣然而忘天下吗?很难。真正的"忘天下"要求与天下的分离。但舜和他的父亲不可能完全离开天下。"天下"意味着普遍性,意味着与他人共在,意味着要对天下之人一视同仁。因此,孟子最后一个回答是有矛盾的。孟子的这一回答,他为舜设想的出路,即使宽宏大量地说,也是一个仓促之间来不及深思熟虑的回答,但**这一回答也是一个无法超出这一深刻的伦理困境的回答**。如果舜选择背着自己的父亲偷偷逃到海边,那么他当然并不是在"视弃天下犹弃敝蹝"。他的背负会很沉重,因为在如此背负着有过之父时,他也是在背负着其父之过。而在如此背负着其父之过时,他也是在背负着因其父之过而受害者。在将父亲偷偷背负到海边之时,他将不仅会把其父之过背到海边,而且也会把其父之过的受害者背到海边。在这样的情况下,在这些会将人压垮的道德重负之下,舜真会"终身䜣然,乐而忘天下"吗?很难!

六、设想舜欲令皋陶废除死刑?

所以,如果我们分析孟子的最后一个回答,就会看到其中的问题。如果舜真是"视弃天下犹弃敝蹝",他就不会"窃负而逃",因为在"视弃天下犹弃敝蹝"

(接上页)衣不纯"之说,后者有"有虞氏之诛,……布衣无领当大辟"之说,皆谓尧舜时会让人穿没有衣领的红衣或布衣来代替死刑),但不能作为尧舜时代存在象刑的确证。以上引文分别见王先谦:《荀子集解(下)》,北京:中华书局,第326—327页;孔安国传,孔颖达疏:《尚书正义》,北京:北京大学出版社,1999年,第65页,第126页;高流水、林恒森译注:《慎子,尹文子,公孙龙子全译》,贵阳:贵州人民出版社,1996年,第50页。

① 参阅拙著《吾道一以贯之:重读孔子》第65—69页中有关"对不起"这一习以为常的汉语表述的详细分析。

中有股孟子所说的本质上与人之道德责任感密不可分的“浩然之气”,而此气概则只有那些相信自己拥有正义的人才能具备。我们都记得孟子是怎么形容“浩然之气”的:“其为气也,至大至刚。以直养而无害,则塞于天地之间。其为气也,配义与道。无是,馁矣。是集义所生者,非义袭而取之也。行有不慊于心,则馁矣。”[①]舜之“窃负而逃”,不就正是因为并非理直气壮,因而“行有不慊于心”,即对于自己的行为感到不满,并因此而“有愧于心”吗?在此种情况下,舜就算是背着父亲偷偷逃到了海边,他能高兴得起来吗?他能忘得了他所欠于天下之人的吗?因此,尽管根据孟子的设想,舜可能会选择窃负而逃,但因为其父之过,他却不会——而且孟子可能也并不完全相信——真能“视弃天下犹弃敝蹝”,因而也不会真能“终身䜣然,乐而忘天下”。如果舜选择了跟他杀了人的父亲一直住在海边的话,他可能将会背负着他人的过错(他自己的父亲)和他人的痛苦(受害者,那假设被瞽叟所杀者之父或子的痛苦)郁郁而终。

作为圣人,尤其是,作为一个为天下立法者,难道舜在这一伦理困境中就没有更好的——亦即,更负责的——选择了吗?孟子似乎没能为舜找到。因为,让皋陶抓走瞽叟就意味着,根据杀人抵命的古老原则,瞽叟将需要为被杀者抵命。谁能忍心让自己的父亲如此?换了我们自己又能如何呢?因此,我们同情舜,也同情孟子。然而,舜的不忍心,孟子的不忍心,或者我们的不忍心,却**不是因为他人是我们父亲,而是因为父亲也是他人**,尽管是我生命中实际上或至少理论上与他人发生的“第一关系”之中的“第一他人”。[②] 我们的不忍心是不忍让他人痛苦,哪怕他人是一个犯有过错甚至罪恶的他人。正因如此,我们才不仅需要承担他人的痛苦,而且也需要承担他人的过错。我们为他人遭受的痛苦而痛苦,我们为他人所犯的过错而负责。然而,如果我们对我们的承担或我们的责任作出限制,如果我们仅只为某一他人——即使是自己的父亲这样一个特殊他人——忍受痛苦和承担过错,却因而放弃其他人,我们——或者舜自己,或者在仓促之中“为”舜做出这一决定的孟子——就已经对其他人不公正了。之所以如此,是因为我们从来不止面对仅仅一个他人。一个他人是另一者,但另

---

① 《孟子·公孙丑上》。见杨伯峻译注:《孟子译注》,第 62 页。“行有不慊于心”之“慊”有嫌疑义,有贫乏不足义,有心有不满义,也有满意快心义。赵岐注“慊”为“快”。杨伯峻此句译文为“做一件于心有愧的事”(同上,第 66 页)。

② 参阅拙著《吾道一以贯之:重读孔子》,第 184—187 页。

一者之旁还有另一者，即第三者。例如，在瞽叟杀人这一假设的情况中，除了舜的父亲，还有被瞽叟所杀者，以及此死者之父或子，以及同样期待着公正并期待着同样公正的天下之人。他们都已在瞽叟杀人这一假想情况中现身并注视着舜的选择。

那么，我们能为舜设想一个更好的选择吗？一个更加负责的选择？一个更加公正的选择？舜当然不应该听任父亲被依照杀人抵命的法律处死。但这并不应该是因为他出于亲情而要偏袒父亲，而是——我们可以想象——因为面对自己父亲杀人的问题，作为立法者的舜可能会被迫考虑下面这样一些根本性问题：我真有权批准杀人吗？人真有权批准杀人吗？一个人真有权批准杀他人吗？依据某种对等观念或交换原则的以命抵命这一法律真是"天经地义"吗？等等。当然，为了公正能够具体地实现，必须有法律。但法律是逐渐形成的，亦即，是历史地建构起来的，因而并非是一成不变的。法律需要不断被加以完善，尽管其始终都不可能被最终完善，因为法律的最终完善——假使这是可能的话——将意味着不再会有对于公正的要求。因为虽然法律的建立就是为了保证普遍的公正——难道还有必要重复说"普遍的公正"——的实现，但公正却不可能在任何既成法律之中完全实现，无论一部既成法律比较而言是如何的完善。推动法律不断趋于完善但永不可能绝对完善的正是对于公正的不断要求，而对于公正的要求从根本上说是另一者的要求。对于公正的要求只能来自他人，而且公正也总是为了他人的，亦即，是为了让所有人都能被一视同仁的。而既然每一他人都独一无二，不可比较，不可替代，所以没有——不可能有——完美的公正。"没有完美的公正"意味着，虽然我们力求对每一他人都尽量公正，但正因为每一他人都是独一无二、不可比较、不可替代者，所以我才每一次都需要在具体的、特定的语境中重新**发明/创造**另一者所要求的公正。这样的悖论情形也许可以表述为：我们始终需要有一定之规，我们始终不可能有一定之规。因此，在孟子的学生设想出来的这一伦理困境中，正因为舜不仅要为一个特殊的他人——自己的父亲——负责，而且也要为其他的人——直接受害者和他的家人，乃至天下之人——负责，舜可能才会感到既成法律的不足和问题，并因而发现自己面对着一个重新发现/发明/创造公正的任务。而也许正是这一任务，这一在某种意义上几乎是不可能但又绝对必要的任务，可能会推动舜去改善那本质上必然应该是旨在保证天下公正的法律。

现在，就像孟子那时一样，我们或许也可以斗胆为舜设想一下，而这应该不至被视为越俎代庖。但是，与孟子不同，我们不会想象舜将选择窃负而逃，而是会想象舜可能将会因为父亲杀人这一偶然事件而考虑让“天下”的法律更趋于人性化？[①] 我们甚至会想象，舜也完全有可能考虑立法废除死刑。为什么不呢？当初正是他命令皋陶善用包括死刑在内的五刑，现在也应该是他来命令废除其中的极刑。[②] 当然，这样的想象确实过于大胆，但征诸中国传统中上古无肉刑的传说，加之现代国家很多已经废除死刑的现实，让舜考虑废除死刑应该并非只是异想天开。就我们的传统而言，这是一个未曾实现的可能，而就我们的未来而言，这将是一个可以实现的希望。当然，即使废除了死刑，为了公正，舜可能也不会不让自己的杀了人的父亲面对法律。孟子自己也首先承认了这一点。然而，舜也许应该能够做一个比孟子让他做出的选择和决定更好的选择和更加公正的决定？也许，舜不仅不会窃负而逃，而且首先会去为父亲请求受害者的宽恕？甚至可能会请求代父受刑，或陪同父亲一起服刑？是否这样他就会更加坦然，因为这样做的时候，他既对得起父亲，也对得起天下之人？他没有“不近人情”地放弃父亲，但也没有无动于衷和不负责任地放弃天下。而这也就是说，没有放弃天下之人，没有放弃他对天下每一个人的责任。他不会郁郁而终。相反，作为圣人，作为立法者，他将为中国开创一个未来，一个其实仍然有待于到来的未来：一个废除了死刑的文化。

一个废除了死刑的文化：这难道不是为了防止我们对他人可能犯下的无可挽回的不公正所必须的最低限度的制度要求？[③]

---

① 我们没有这方面的历史记载。但据说历史上的汉文帝曾经因为当时犯罪而当刑的齐太仓令淳于公之女缇萦恳请代父受刑而下令废除肉刑。事见司马迁之《史记·孝文本纪第十》。司马迁：《史记》，北京：中华书局，1999年，第295页。

② 根据《尚书·舜典》，是舜初命皋陶公正地善用包括死刑在内的五种刑罚：“帝曰：‘皋陶，蛮夷猾夏，寇贼奸宄。汝作士，五刑有服，五服三就。五流有宅，五宅三居。惟明克允！’”

③ 这一问题当然远比此处所能讨论的复杂。但让我们也像孟子的弟子那样做个假设，一个相反的假设：瞽叟最终被发现并未杀人。说他杀人其实是诬陷。诬陷者欲破坏舜所成就的“恭己正南面”而天下治的大好局面，因此故意出难题使坏，逼舜表明自己的伦理态度和政治立场，而瞽叟却在舜尚未知情的情况下即已屈打成招，判成死罪，立即执行。那又会怎么样呢？根本就不可能发生的事吗？还是很可能发生并已在我们身边发生过的现实呢？活着的人又将如何请求已经不再能做出反应的死者原谅呢？

What Would Shun Have to Do *after* Mencius? — Reading the Chapter on "Shun stealthily carried his Father on the Back to Run Away"

Wu Xiaoming

Abstract: If the Son of Heaven Shun's father had committed a crime of killing a man, what would have been the appropriate way for Shun to confront this matter? In this imagined ethical dilemma, Mencius did not seem able to find a better way out for Shun except for allowing the Son of Heaven to stealthily flee with his father on the back to the coast to avoid punishment. However, as the Son of Heaven who must not only be responsible for his father alone but also for all his subjects, would Shun really have been able to find the peace of mind in the decision planned for him by Mencius? If not, are we today able to design a better way out for Shun? Better, meaning more just, because the whole foundation of the society would be shaken when each and every individual is not treated impartially.

Keywords: the other, the ethical, justice, responsibility, the law

自由与责任的因果变奏*

——兼论孔子与康德的道义分野

宋　健**

［摘　要］　在康德与孔子的哲学互镜中，不难发现二者均深具“道义”色彩：与重视“自由”是“责任”的前提条件相比，更强调“责任”是“自由”的生成根据——唯有担当责任，方可配享自由。然而，在对责任的具体理解上，孔子并未囿于主体一维，而是更多地致力于自我与他者的融合：一方面，寓德行于群体之间，彰显出责任的“毋我”特质；另一方面，在明察伦常中培养能力、提升境界，涵养了责任的“为己”品格。而毋我与为己的回环互动、交修并进，既是增强责任意识的工夫所在，又是防止自由异化的重要屏障。

［关键词］　自由；责任；道义论；毋我；为己

---

* 基金项目：国家社科基金青年项目“先秦儒家‘成人’思想的形上意蕴研究”(18CZX040)。

** 作者简介：宋健(1987—　)，男，山西榆次人，哲学博士，曲阜师范大学政治与公共管理学院副教授，中山大学哲学系特聘研究员，孔学堂签约入驻学者。主要研究领域为儒家哲学、美德伦理学。

一、引言

在对自由与责任关系的诸般讨论中，通常蕴含着一项原则：如果某人本来可以做出不同选择，那么他就应当为其行为负责；反之亦然，倘若行为主体只是出于“被迫”[①]，人们便难以要求其承担全责。哈里·法兰克福(Harry G. Frankfurt)将此原则称作“可供取舍的可能性”(principles of alternate possibilities，简称 PAP)。[②]

尽管法兰克福质疑上述原则的可行性，但不少学者依旧试图捍卫“PAP”[③]。而强调“可供取舍”的必要性，不仅因其本身就象征着某种“自由”，且还为“责任”找到了理论的源头——唯当自由，故可负责——自由是先决条件，而责任是附带结果。

如此一来，自由(或“自由意志”[④])便如莱茵河上女巫的歌声，不知迷醉了多少哲人：“从康德、黑格尔，到约纳斯、鲍曼，都认为道德活动、责任意识，均是人的自由意志的体现。”[⑤]自由是“因”、责任是“果”，一度成为不同哲学流派的共识，“多年来我一直费尽心机思考自由意志的问题，大概除了有关伦理学基础的问题外，我花费在这个问题上的时间最多。我时常会产生一些新的思想，但又很快凝固……因此，我不得不承认，自由意志的问题是最令人头疼、最难以把握

---

① 亚里士多德认为有两类违反意愿的行为，主体不必承担全部责任：一是“被迫”，二是“无知”。(亚里士多德：《尼各马可伦理学》，廖申白译注，北京：商务印书馆，2003 年，第 58—64 页)拙文侧重关注前一类型，至于后一方面，“无知”在某种意义上可视作认知领域内的“被迫”。

② Harry G. Frankfurt, *The Importance of What We Care about*, Cambridge: Cambridge University Press, 1988, P. 1.

③ 约翰·马丁·费希尔：“一个人为了能够对自己的行为承担道德责任，他就必须(在到达那个行为的某个相关点上)具有某种类型的可供取舍的可能性，这是一个基本的、广泛的假设。”(亚里士多德：《法兰克福式例子与半相容论》，葛四友译，见徐向东编：《自由意志与道德责任》，南京：江苏人民出版社，2006 年，第 392 页)

④ 洛斯基：“我们要说的是人的自由，亦即人的意志自由。”(亚里士多德：《意志自由》，董友译，北京：生活·读书·新知三联书店，1992 年，第 2 页)笔者并非完全赞成洛氏所言，只是此处暂无必要进一步辨别“意志的自由”与“行动的自由”的异同。虽然这种区分在当代行动理论中渐居主流，且已有不少哲学家指出：“意志”作为一种官能，正在迅速地从哲学的视野中消失。

⑤ 程东峰：《责任伦理导论》，北京：人民出版社，2010 年，第 112 页。

的问题”[①]。

与之相应的是，自由（意志）不仅在学理层面备受关注，且还于现代社会不断示现。或者更为确切地说，并非“自由”在“现代”成为可能，而是“自由”使“现代”成为可能。[②] “代替那存在着阶级和阶级对立的资产阶级旧社会的，将是这样一个联合体，在那里，每个人的自由发展是一切人的自由发展的条件。”[③]

然而，人类对“自由”的美好憧憬，并未带来“责任”的水涨船高；甚至恰恰相反，在自由一骑绝尘的映衬下，责任显得愈发干瘪：“关于我们的责任观念和自由观念以及它们所依赖的自愿观念的任何讨论，也需要处理在自由意志问题的名目下对这些概念的威胁。”[④]此间所存的背反吊诡，不单凸显出因果假定的理论缺陷，同时还牵涉更为棘手的现实困境。如，自由主义的泛滥与变形[⑤]，随着“新冠肺炎”的爆发，不再是书斋里的杞人忧天；疫情防控中的一系列公私对冲，更因其切己具体的特质而频频牵动大众的神经。

拙文即以自由与责任的因果关联为轴心，第二节剖析康德在此问题上的循环论证，并尝试探讨这一逻辑缺陷的正面意义；第三、四两节分别从“毋我”与“为己”两个维度入手，勾勒孔子对责任与自由的耦合性思考；第五节，概括全文要旨，厘清儒家与康德之间的“道义”分野。

---

① Robert Nozick, *Philosophical Explanation*, Cambridge: Harvard University, 1985, P. 293.

② 在不少研究者看来，有无肯认“自由”的终极价值，是一个社会“现代”与否的判断标准。因此，“现代”不仅是一个时间概念，更蕴含与“传统”迥异的文化特征，即“现代性”。诚如希尔斯所言：“理性和科学程序的实践以及它们的威望已大大增加，与此同时，它们使特定的传统信仰和一般的传统名誉扫地。”（希尔斯：《论传统》，傅铿、吕乐译，上海：上海人民出版社，2014 年，第 5 页）

③ 马克思、恩格斯：《共产党宣言》，中共中央编译局译，北京：中央编译出版社，2005 年，第 46 页。

④ 托马斯·斯坎伦：《我们彼此负有什么义务》，陈代东、杨伟清、杨选等译，北京：人民出版社，2008 年，第 274 页。

⑤ 以赛亚·伯林曾对自由（尤其是“积极自由”）的扭曲变形给予了充分的关注：“积极自由的观念确实发生了变态而走向其反面——对权威的尊崇神化，这长久以来已经成为我们这个时代最为熟悉、最具压制性的现象之一。”（以赛亚·伯林：《自由论》，胡传胜译，南京：译林出版社，2003 年，第 44 页）有关于此，亦可参阅刘擎《自由及其滥用——伯林自由观的再考察》（载《中国人民大学学报》，2015 年第 4 期，第 43—53 页）一文。

二、倒"果"为"因"

作为哲学范畴的"自由"(freedom 而非 liberty)[①],其意义首先与"必然"相涉;而此种关联也在一定程度上决定了问题思考的角度,通常是以"宇宙论"的形式展开:"自由概念同世界观整体的联系,诚然将永远保持为一个必然的研究课题。"[②]包括人在内的现实世界及其未来发展的方向是否早已确定?"决定论"与"非决定论"即由此而生,且多有龃龉。

彼此间旷日持久的争论,同时成为相互借鉴的过程:双方观点的合理因素在渗透中走向综合,持决定论立场的一些学人,不再完全否定自由意志的存在,甚至宣称"不包含决定论的自由意志是不可设想的"[③]。于是,一种次生理论逐渐成型,"相容论"(compatibilism)随之登场。当然,需要指出的是,相容论是个较为含混的学术标签,其间既有类型差异,也有新旧之别。

决定论与自由意志能否真正相容,绝非遽然可定,"相容论"的哲学洞见并不在于折中调和,而是将"自我"观念引入"自由"之中:"如果我们有自由意志,我们是如何拥有它的?"[④]决定论与非决定论虽各执一词,却有着相同的思维旨趣,即偏重从宇宙的整体层面来论证人类有无自由。因此,不论具体观点为何,都或多或少的带有"形上色彩"。与之不同的是,相容论把关注的焦点投向"自我"。如此就将关于自由的讨论,从"天道"(宇宙论)转向"人间"(伦理学)。[⑤]

---

① 冯契:"从严复以来,中国人所用的'自由'一词,既是指'自由、平等、博爱'中的自由,又是指和必然、必要相对的那种自由。"(冯契:《人的自由和真善美》,上海:华东师范大学出版社,2016 年,第 1 页)所谓"作为哲学范畴的自由",即冯先生论及的后一类"自由"。

② 谢林编:《对人类自由的本质及其相关对象的哲学研究》,邓安庆译,北京:商务印书馆,2008 年,第 49 页。

③ 霍巴特:《不包含决定论的自由意志是不可设想的》,谭安奎译,见徐向东编:《自由意志与道德责任》,第 69 页。

④ 洛伊·韦瑟福德(Roy Weatherford)曾将关于自由意志的形上争论概括为三个问题:其一,具有自由意志意味着什么?其二,我们能够证明我们有或者没有自由意志,或者为此提供证据吗?其三,即文中所引。(洛伊·韦瑟福德:《决定论及其道德含义》,段素革译,见徐向东编:《自由意志与道德责任》,第 25 页)

⑤ 赵汀阳:"自由问题既有政治背景又有伦理学背景,还有存在论背景,而这些作为背景的理论本来就有着根深蒂固的各种困难,它们之间又有着交叉解释、循环解释的关系。"(赵汀阳:《论可能生活——一种关于幸福和公正的理论(修订版)》,北京:中国人民大学出版社,2004 年,第 117 页)

<table>
<tr><th>事件
类型</th><th colspan="3">石块→棍棒→手臂→?</th><th>观点</th></tr>
<tr><td>甲</td><td rowspan="2">石块
被棍棒拨动</td><td rowspan="2">棍棒
被手臂挥动</td><td>手臂
被人抬起</td><td>主体因果性</td></tr>
<tr><td>乙</td><td>这只手臂
被某些特定肌肉的紧张引起的</td><td>事件因果性</td></tr>
</table>

表中所举例证源自亚里士多德[①],拨动石块的原因究竟为何,甲乙双方分别代表了两类思理:前者将事件的发生归因于行动者本身,此为“内在于自身的因果关系”(或“主体因果性”);后者将事件的发生追溯到另外一些事件,此为“超越自身的因果关系”(或“事件因果性”)。在自然科学取得长足发展的当代,只将手臂的抬起归因于“人”,而非一系列特定的生理(或心理)事实,不免显得太过笼统。可是,在齐硕姆看来,前者远比后者更为究竟,“如果我们不理解内在于自身的因果关系的概念,我们也就不会理解超越自身的因果关系的概念”[②]。

所谓“内在于自身的因果关系”,自觉承继的是康德哲学的衣钵[③],在此不妨对其经典理路稍作回顾。众所熟知,在理论理性中,自由只是一个消极的先验概念,现象界中任何事件的发生总有原因,而原因背后还有产生原因的原因。如此一来,整个经验领域无论延伸到多么远,始终难逃因果关系的藩篱。而在实践理性中,自由“已经是另外一种情况”[④],它独立于一切感性经验的驱动,具有积极的样态。“主体因果性”的实质,便是纯粹理性的实践运用;更简单地说,就是(自由)意志。

言及实践理性,大可从不同方面(或层次)分别予以考察;但万变不离其宗,无论何种角度,恐怕均难以绕过两个基本要素:一为,“自由(意志)”;一为,“道德法则”。

---

① 亚里士多德:“例如棍棒拨动石块,自身又被手所挥动,手又受人所支配,而人不能再说他是被别的事物推动的了。”(亚里士多德:《物理学》,张竹明译,北京:商务印书馆,1982年,第234页)

② 罗德里克·齐硕姆:《人的自由与自我》,张亚月译,见徐向东编:《自由意志与道德责任》,第100页。

③ 齐硕姆试图澄清“某事发生”与“做某事”并不相同,此间区别又可进一步分为“霍布斯式的探讨”与“康德式的探讨”。而在其看来,前者虽然在当代被广泛接受,但他相信“康德式的探讨才是正确的”。(相关内容参见齐硕姆:《人的自由与自我》,第100—101页)

④ 康德:《实践理性批判》,李秋零译注,北京:中国人民大学出版社,2011年,第12页。

当我现在把自由称作道德法则的条件、而在后面的论述中断言道德法则是我们惟有在其下才能意识到自由的条件时,为了使人们在这里不至于误以为发现了不一致,我要提醒的仅仅是,自由当然是道德法则的 ratio essendi(存在根据),但道德法则却是自由的 ratio cognoscendi(认识根据)。[①]

自由与道德法则不但构成理解实践理性的关键,更为重要的还在于两者常呈盘根错节之态:一方面,自由是道德法则的"因",任何道德法则都必须从自由的属性导出,自由被康德誉为整个伦理大厦的拱顶石;另一方面,自由又是道德法则的"果",惟有敬重道德法则之人,才有自由可言。道德法则是人类配享自由的现实根据。那么,自由与道德法则究竟何者为先?康德对此问题同样感到困惑:"我们对无条件实践的东西的认识是从哪里开始的,是从自由开始,还是从实践法则开始?"[②]

自由的确有些若存若亡[③],非但无法由经验直接意识到它,而且日常生活中往往呈现其对立面——机械的因果律。人们既不能直接意识到自由,也不能间接推导出自由。所以,在康德看来,人类不可能从"自由"开始,答案只能锁定在"道德法则"上。对无条件实践的认识,是在道德法则中确立的,而道德法则的根本特性与核心要义就是自律:

意志的自律是一切道德法则和符合这些法则的义务的唯一原则;与此相反,任性的一切他律不仅根本不建立任何责任,而且毋宁说与责任的原则和意志的道德性相悖。[④]

所谓"自律",不仅表现为自我立法,还体现在自我守法。然而,不论"立法"还是

① 康德:《实践理性批判》,第 2 页。

② 康德:《实践理性批判》,第 28 页。

③ 康德:"在思辨理性的一切理念中,自由也是唯一我们先天知道其可能性、但却看不透的一个理念。"(康德:《实践理性批判》,第 1 页)

④ 康德:《实践理性批判》,第 32 页。

“守法”，归根结底都渗透着责任意识；也正是此种精神，使得“倒果为因”成为可能，“责任”标志着“自由”的开端。康德在最早关于道德问题的论述——《试论乐观主义》一文中，就已明确提出“职责”（pflicht）与“义务”（verbindlichkeit）两个概念，如果某个行为不是出于责任，那么他只是欲求做某事（事情只是完成目的的手段），而非应当做某事（事情就是目的本身）。

上述思想可谓贯穿康德伦理学始终，其后期著作里进一步区分了“任意”（willkür）与“意志”（willk）：前者基于自然欲求，或许自由、或许不自由，准确地说是，表面看似自由，实则深受因果关系的支配；后者遵从理性法则，独立于自然机械论，其本身就是行为发动的原因，所以是自由的。遵从法则的责任意识，体现的恰恰是自由意志：“这种意志的自由是通过存在绝对责任这一事实获得证明的。”[①]

不难看出，自由与责任在康德伦理学中具有某种“循环论证”的特点，而其本人对此并非不察：“人们必须坦率地承认，这里表现出一种看起来无法摆脱的循环。我们假定自己在作用因的秩序中是自由的，以便设想自己在目的的秩序中服从道德法则；然后我们设想自己是服从这些法则的，因为我们已经把自由归于我们自己。”[②]可后世学者对此循环论证，要么口诛笔伐、全盘否定；要么偏重“循环”中的一个半圆——自由是责任的“因”，而有意无意地忽略另一个半圆——自由同时也是责任的“果”。窃以为，貌似说理大忌的循环论证，却为重新思考自由与责任的因果变奏提供了某种可能。

三、毋我彰显责任

康德重视责任，使其伦理学具有“道义论”的特点：“一个自由意志和一个服从道德法则的意志是一回事。”[③]孔子在某种意义上算是康德的知音，二人对道德的理解具有相似品格，学界（尤其是当代新儒家）于此多有论述。然而，言其“相似”，也就同时表明需要铢分毫析，否则便是混为一谈。个中差异，不妨先就下则对话而观：

---

① 刘易斯：《〈实践理性批判〉通释》，黄涛译注，上海：华东师范大学出版社，2011 年，第 222 页。

② 康德：《道德形而上学的奠基》，李秋零译注，北京：人民大学出版社，2013 年，第 73—74 页。

③ 康德：《道德形而上学的奠基》，第 70 页。

长沮、桀溺耦而耕，孔子过之，使子路问津焉。长沮曰："夫执舆者为谁?"子路曰："为孔丘。"曰："是鲁孔丘与?"曰："是也。"曰："是知津矣!"问于桀溺。桀溺曰："子为谁?"曰："为仲由。"曰："是鲁孔丘之徒与?"对曰："然。"曰："滔滔者，天下皆是也，而谁以易之? 且而与其从辟人之士也，岂若从辟世之士哉?"耰而不辍。子路行以告，夫子怃然曰："鸟兽不可与同群! 吾非斯人之徒与而谁与? 天下有道，丘不与易也。"(《论语·微子》)

夫子怅然慨叹蕴含着"人禽之辩"的哲学洞见(insight)：人从根本上说，不可能与鸟兽混同共居，"与人打交道"才是人的存在方式。所谓"人禽之辩"，包括一破一立两个层面：就"破"而言，"人猿相揖别"标识着人类社会的开端；就"立"而言，社会关系("吾非斯人之徒与而谁与")构成了人的本质[①]。从"自然状态"向"应然存在"的过渡，既开启了人类的历史，又确立了人(类)的本质。[②]

人生在"世"的根本特质是人生于"群"："力不如牛，走不如马，而牛马为用，何也? 曰：人能群，彼不能群也。"(《荀子·王制》)就个体的生命历程而言，无论起初的孕育、出生，还是后来的成长、衰老，直至最终的死亡，都很难脱离其所属的社会关系。"没有社会底人，若何存在，亦是我们所不能想象底。"[③]或许有人会说，死亡是最为自我的事件，可以与"群"无关。其实不然，纵便是生理意义的死亡，都很难"自证"；更何况还有法理学、价值论层面的"死亡"。另外，还需注意的是，当说"这个'人'死了"(而不仅仅是"死了")时，其实就已包含了某种群体认同。

"人"生来就与"群"有着不解之缘，"人生坠地，只有父母兄弟，此一段不可解之情，与生俱来，此之谓实，于是而始有仁义之名"[④]；而生理性的血缘关系，

---

① 马克思、恩格斯："人的本质不是单个人所固有的抽象物，在其现实性上，它是一切社会关系的总和。"(马克思、恩格斯：《德意志意识形态》，见《马克思恩格斯选集》，北京：人民出版社，1995年，第56页)

② 杨国荣："'鸟兽不可与同群'，隐喻着人不能停留或限定于自然的状态，和'斯人之徒与'，则意味着以文明的形态为存在的当然之境。"(杨国荣：《善的历程——儒家价值体系研究》，上海：华东师范大学出版社，2009年，第433页)

③ 冯友兰：《新原人》，郑州：河南人民出版社，2000年，第542页。

④ 黄宗羲：《孟子师说》，见《黄宗羲全集(第一册)》，杭州：浙江古籍出版社，1985年，第101页。

常以社会性的家庭形式呈现,“直接的或自然的伦理精神——家庭”[①]。借用海德格尔的话说,“此在”是在“共在”(being-with)之中的:“由于这种有共同性的在世之故,世界向来已经总是我和他人共同分有的世界。此在的世界是共同世界。‘在之中’就是与他人共同存在。”[②]

而“群”(共在)中之“人”(此在),并非“鸡犬之声相闻,民至老死不相往来”(《老子·第十八章》)的独体,而是衍化为一系列具体的社会关系,“凡社会的分子,在其社会中,都必有其伦与职”[③]。不管人伦,还是职分,首先表现出“毋我”的样态。此处言“毋”而不用“无”[④],一是,为了与“虚无主义”保持距离;二是,有意凸显“毋”的动词意味——“有而无之”。

所谓“毋我”,又可以进一步分为“形式”与“实质”的两个层面;前者主要是指社会关系对人的“角色”定位,如“君君、臣臣、父父、子子”(《论语·颜渊》)。日常生活中,人们往往通过“角色”来认识彼此,“血缘”(谁的亲属)、“地缘”(哪的人/谁的老乡)、“学缘”(谁的门生、部下)通常构成了一个人的“名片”,此即米德(G. H. Mead)所谓的“有组织的客我”[⑤]。而安乐哲(Roger T. Ames)受此启发,尝试以“角色伦理”来诠释“儒学。[⑥]

角色不仅在形式层面上标注人际关系,更在实质内容上蕴含道德规范。角

① 黑格尔:《法哲学原理》,范扬、张企泰译,北京:商务印书馆,1961年,第173页。

② 海德格尔:《存在与时间(修订译本)》,陈嘉映、王庆节译,北京:生活·读书·新知三联书店,2012年,第138页。

③ 冯友兰:《新原人》,第546页。

④ 在孟旦看来,儒家和道家虽然对于自我与他者的同一的根本性质有着不同的看法,但两家都产生了“无我”的理论。相关思想可参看孟旦:《早期中国“人”的观念》,丁栋、张兴东译,北京:北京大学出版社,2009年,第175页。

⑤ 米德:“‘主我’是有机体对其他人态度作出的反应;‘客我’则是一个人自己采取的一组有组织的其他人的态度。其他人的态度构成了有组织的‘客我’,然后,一个人就作为‘主我’对这种‘客我’作出反应。”(米德:《心灵、自我与社会》,霍桂恒译,北京:华夏出版社,1999年,第189页)

⑥ 安乐哲:“儒学角色伦理学,则是基于将人视为处于互系的观念,将人家庭角色及关系作为修养道德能力的起步;这样,它在精神上呼唤道德想象,并能激励通过人的相系而生成的道德力。呵护相系关系,被视为是人的道德本质。……(引者省)儒学认为,人经验之中事物相系关系的重要,它意味着:这一事物内容的根本是事件性、有机性、过程性和相互依赖性。经验是整体性的,意思是说,事物与事物之间没有沟壑,没有最终界限;转变与接合如同事物本身存在一样确实。”(安乐哲:《儒家角色伦理学:挑战个人主义意识形态》,载《孔子研究》,2014年第1期,第7—8页)

色并非只是对“实然”的摹写，更包括对“当然”的提点[①]。人伦职分同时意味着尽伦尽职，父母、子女、兄弟、夫妇、君臣等诸如此类的角色名称，在描述具体关系的同时，也构建了相应的道德要求，“父慈，子孝，兄良，弟悌，夫义，妇听，长惠，幼顺，君仁，臣忠”（《礼记·礼运》）。

现实生活中，由于角色的不同，每个个体承担的责任不尽相同，即使同一个体在不同时期承担的责任也有所变化；但无法想象没有角色的个体，有的恐怕只是人为地放弃某些角色，而非角色的凭空消失。角色伦理从根本上说，是对“原子式自我”的否定，此即实质层面的“毋我”。

责任所“毋”之“我”，并非要对“自我”予以全盘否定，而是警惕“个人主义”的极度膨胀。在原子式的自我观念中，“他者”纯属“异己”力量——不但压迫自我，而且阻碍自由。可是，在完全排斥他者后，个体又找不到安身立命之所，人生只留下苦闷与荒谬，正所谓“如果个人否认了社会，也就等于否认了自身”[②]。对他者的恐惧最终导致的是责任意识的淡漠，“现在的人总以为道德是来束缚人的，所以就讨厌道德、讨厌宋明理学家，因为理学家的道德意识太强。其实，道德并不是来拘束人的，道德是来开放人、来成全人的”[③]。

道德责任，一方面“开放人”，一方面“成全人”；前者以“毋我”为标识，后者以“为己”为旨归。康德虽注意到责任是自由的生成根据，但囿于对经验世界偶然性的排斥，未及分辨“他者”与“它者”的不同，就一并将其拒之道德必然性的门外。相反，孔子不仅重视二者的区别，“厩焚。子退朝，曰：‘伤人乎？’不问马”（《论语·乡党》）；而且肯认他者对自我具有成全意义，“君子成人之美”（《论语·颜渊》）。君子在成就他者的同时，他者也成就了“君子”，“是必人与人相偶而仁乃见也”[④]。正是他者与自我的良性互动，使康德循环论证中的另一半圆（自由是责任的“果”），不再停留于纯粹的思辨领域，继而获得其现实根据，此即孔子开启的儒家传统与康德道义论的标志性分野。

① 安乐哲、孟巍隆：“角色的名称及其相关的责任、活动，也是一种道德规范。”（安乐哲、孟巍隆：《儒家角色伦理》，载《社会科学研究》，2014年第5期，第5页）

② 涂尔干：《社会学与哲学》，梁栋译，上海：上海人民出版社，2002年，第40页。

③ 牟宗三：《中国哲学十九讲》，长春：吉林出版集团有限责任公司，2010年，第70页。

④ 阮元：《论语论仁论》，见《揅经室集》，北京：中华书局，1993年，第176页。

四、为己涵养自由

与自由相比，责任首先表现为“毋我”的品格；但这并不代表责任只是一味地否定自我、蔑视自由，更不可将道德责任简单地等同于某种意识形态。或许在不少学者看来，儒家具有很强的集体主义倾向，似乎“修身”的目的只是为了“齐家”、“治国”、“平天下”。在此有必要对“责任”与“责任意识”略作区分：前者指的是某类实然关系，如血缘亲情或职业分工；后者指的是主体精神活动，其内含“为仁由己，而由人乎哉”（《论语·颜渊》）的自觉品格。

自我与他者所形成的社会关系是“责任”的起点，却非“责任意识”的全部。孟子曾明确区分“行仁义”与“由仁义行”（《孟子·离娄下》）。乍看之下，“行仁义”也在履行责任，但此时的“德行”只是徒具其表，并未与主体的“德性”发生关联，更无法真正的“明”于庶物、“察”于人伦。

进而言之，人们在承担责任、履行义务时，不仅会考虑“做不做”，还会思量“如何做”，后者关乎广义的“能力”——我能够（could）为什么负责，以及如何负责。“‘应当’往往以‘能够’为前提，惟有基于‘能够’，应当才具有现实性。”[①]

在能力方面，康德异常重视“理性”的作用，认为一切无理性的存在者只能受自然必然性（外在因果律）的支配，而理性存在者把自己看作是原则的创作者。“自然的每一个事物都按照法则发挥作用。唯有一个理性存在者具有按照法则的表象，即按照原则来行动的能力，或者说具有一个意志。既然为了从法则引出行为就需要理性，所以意志无非就是实践理性。”[②]但正如黑格尔、舍勒等多位哲人所言，康德念兹在兹的普遍理性具有空洞的形式性，被其视为经验世界偶然性而拒之门外的“他者”，恰恰构成舍勒质料伦理学的一个核心——伦常明察（sittliche Einsicht），此与儒学不无暗合，当然亦有区别（容另文再述）。

而明察伦常的过程，不仅是规范的“自觉”，还应包括情感的“自愿”。在与弟子宰我关于“三年之丧”的讨论中，孔子就突出强调了“心安”的重要性——多次反问“于女安乎”（《论语·阳货》）。可见，只有在心悦诚服的状态下，主体实

---

① 杨国荣：《伦理与存在——道德哲学研究》，北京：北京大学出版社，2011年，第89页。

② 康德：《实践理性批判》，第30页。

践道德法则才是“道德的”,“传统不仅讲天理良心,同时也讲心安理得。……(引者省)只有当情感反应与规范要求重叠或刚好一致时才有意义”[①]如若不然,就只能是“以理杀人”[②]或权力主义伦理学,而所谓的“美德”只是威权枷锁上的花环,“现代意义上的‘美德’却是一种权力主义伦理学的概念。成为有德性的意味着自我否定或顺从,它是对个性的压抑,而不是其最充分的实现”[③]。

其实,不仅是“安”,与之相反的另一类情感“忧患”,同样在激发人类的责任意识:“它的(忧患意识——引者注)引发是一个正面的道德意识,是德之不修,学之不讲,是一种责任感。”[④]在责任意识的萌生过程中,忧患既具有动力意义,又起着检证作用,正所谓“困,德之辨也”(《周易·系辞》)。身逢困厄,最易人品甄别,“君子固穷,小人斯滥矣”(《论语·卫灵公》);君子之所以处之泰然,并非麻木不仁,而是深谙“居不隐者思不远,身不佚者志不广”(《荀子·宥坐》)。倘若人生太过顺达无虞,思虑就无法高远;没有经受现实的考验,志向便不能宽广。可见,忧患同样是锤炼责任的重要法门,“君子固穷”同样也是一种“心安”。康德为求道德的必然性而强调理性自觉,孔子则将情感自愿升华为道德实践的动力,继而倡导的人性能力是“知”、“情”、“意”的统协。[⑤]

儒家所谓的责任意识并不囿于伦理学(或道德哲学)之内,还包含社会学、政治哲学等诸多领域,最终延伸到宇宙论层面。与亚里士多德将“自然”(Nature)视作“未经人手”不同的是,儒家所谓的“自然”多与“人文”相通而非对立。“天命之谓性,率性之谓道,修道之谓教”(《礼记·中庸》),即为“人文”与“自然”交相贯通的典型写照。而所谓“交相贯通”,一方面是人以自然为法,“天行健,君子以自强不息;地势坤,君子以厚德载物”;另一方面是自然因人而成,

① 陈少明:《心安,还是理得?——从〈论语〉的一则语录解读儒家对道德的理解》,见陈嘉映编:《教化:道德观念研究》,上海,华东师范大学出版社,2009年,第144页。

② 戴震:“圣人之道,使天下无不达之情,求遂其欲而天下治。后儒不知情之至于纤微无憾是谓理,而其所谓理者,同于酷吏之所谓法。酷吏以法杀人,后儒以理杀人,浸浸乎法而论理,死矣,更无可救矣。”(戴震:《与某书》,见《戴震全集(第一册)》,北京:清华大学出版社,1991年,第211页)

③ 埃里希·弗罗姆:《自为的人——伦理学的心理探索》,万俊人译,北京:国际文化出版公司,1998年,第10页。

④ 牟宗三:《中国哲学的特质》,台北:学生书局,1982年,第15页。

⑤ 相关内容可参看拙文《君子固穷:比较视域中的运气、幸福与道德》,载《华东师范大学学报(哲学社会科学版)》,2015年第6期,第98—105页。

“为天地立心，为生民立命，为往圣继绝学，为万世开太平”。世界的“未济”形态[①]，既对责任提出了要求，也为自由预留了空间。

责任从伦理学走向宇宙论，不仅是人类能力获得锤炼，而且意味着自由境界相应提升。冯友兰先生有关“四种境界”的划分为人所熟知，从道德境界向天地境界的跃迁同样离不开责任意识——从觉解自我是人类社会的一员，拓展到是宇宙的一份子，如此方能“上下与天地同流”（《孟子·尽心上》）。张载继而将“尽心”延拓为：“大其心则能体天下之物……（引者省）其视天下无一物非我。孟子谓尽心则知性知天，以此。”（《正蒙·大心篇》）儒家一贯重视“与天地万物为一体”，相关论述不胜枚举；而对于“境界”的理解，不能仅仅局限在精神形态上，还需落实到广阔的人类实践中，尤其是蕴涵责任意识的行动中。从勇于担当到乐于奉献，才可体悟并配享“鸢飞鱼跃”的自由境界。

可见，责任并不仅是自由的果，同时也是自由的因。在二者的因果变奏中，尤以自我与他者之间的存在关联最为紧要。而主体性哲学的突出成就，同样也是其致命硬伤——对“他者”的不当化约[②]——貌似在为自由张目，实则斩断了自由存在的根基。

五、结语

当“现代”社会已经拉开自我批判的帷幕，重思自由与责任的因果变奏，并非是想从曾经偏执的以“今”律“古”，走向更为盲目的借“古”讽“今”。责任与自由的背反吊诡，亦不属于“古今之争”的应有内容。

而奠定现代精神的康德哲学，与代表传统智慧的孔子思想，在“道义”方面更不乏互镜可能：非但重视“自由”是“责任”的先决条件，更强调“责任”是“自由”的生成根据——唯有承担责任，方可配享自由——自由是责任的“因”，同时

---

① 杨国荣：“人所面对的，既不是本然的存在，也非已完成的世界。以人观之，世界具有未完成的性质。”（杨国荣：《成己与成物——意义世界的生成》，北京：北京大学出版社，2011 年，第 1 页）

② 柯林·戴维斯：“西方思想的存在论帝国主义表现为不同的形式，但隐藏的目的却总是要找到一种抵消他性之震惊的途径。”（柯林·戴维斯：《列维纳斯》，李瑞华译，南京：江苏人民出版社，2006 年，第 44 页）为了将“他者”整合进不断扩张的“自我”范围之内，而被迫“承认”他者的存在，从根本上说就是一种化约。然而，“他者既不是我视野里的一个客体，也不是看着我的一个主体”（吉尔·德勒兹：《什么是生成》，陈永国译，见汪民安主编：《生产（第五辑）》，桂林：广西师范大学出版社，2008 年，第 95—96 页）。

也是责任的"果"。

然而,在对责任的具体理解上,孔子并未囿于主体一维,而是更多地致力于自我与他者的融合:一方面,寓德行于群体之间,彰显出责任的"毋我"特质;另一方面,在明察伦常中培养能力、提升境界,涵养了责任的"为己"品格。要之,毋我与为己的回环互动、交修并进,既是增强责任意识的工夫所在,又是防止自由异化的重要屏障。

Variations of Freedom and Responsibility — Discussion on the distinction of morality between Confucius and Kant

Song Jian

Abstract: Contrast with Kant and Confucius' philosophy, we can see that they not only pay attention to "freedom" is the precondition of "responsibility", also stressed that "responsibility" is according to "freedom". But people could enjoy freedom only when they undertake responsibility. In understanding of responsibility, Confucius did not limit himself to the dimension of subject, but committed more to the fusion of "Non-selfish" and "Self-improvement". The interaction of "non-selfish" and "self-improvement" constitute the primitive power and intrinsic character of responsibility. As far as the former is concerned, responsibility is manifested in the coherence of group and morality; in the latter case, responsibility also means the cultivation of "ability" and the promotion of "realm". It is not only the work of strengthening the sense of responsibility, but also the important barrier to prevent free alienation.

Keywords: freedom, responsibility, deontology, Non-selfish, Self-improvement

开显理智德性：由孟子“心之官则思”论起*

耿芳朝**

［摘　要］ 当代德性认识思潮对理智德性推崇备至，并将它解读为主体的相关认知能力或品质，该思路为重新理解孟子“心论”提供了新的理论支持。在保留以道德德性阐释孟子“心论”的同时，若从广义上的官能层面入手，“思”则表现为心所具有的能力德性。因特殊的心性结构及其功能表现，“心”所蕴含的道德德性和理智德性相互融合而非彼此隔绝；后者又显现为主体的能力、品质和情感等层面，它们共同作用于主体相关的行动之中，充分体现了先秦儒家心性论的特色。

［关键词］ 德性认识论；理智德性；心；能力；品质

当代西方认识论发展思路各异，其中德性认识论（virtue epistemology）学

---

* 基金项目：教育部哲学社会科学研究重大课题攻关项目“稷下学派文献整理与数据库建设研究”（19JZD011）；山东省社科规划研究项目“先秦儒家‘仁智统一’思想研究”（21DZXJ03）；山东理工大学社科项目（719011；720004）。

** 耿芳朝（1987—　），男，山东菏泽人，哲学博士，山东理工大学齐文化研究院讲师，主要研究方向为先秦儒家哲学。

者主张鲜明,将知识视为产生于认知德性的真信念。[①] 他们以复兴理智德性(intellectual virtues)为核心,用伦理的规范性来理解认知(信念)的规范性(epistemic normativity),突出德性主体、德性理论和认知价值,重视认知行为中认知者的德性品质或能力等问题。这一进路特色鲜明,力求兼顾德性伦理学和传统认识论。德性认识论的这一致思取向受到中国哲学相关论题研究者的关注,不仅为重新理解先秦儒家"仁智统一"思想提供了新的解读思路[②],而且对提振先秦儒家德性论思想、重建伦理学知识体系的实践智慧之道具有启发性意义。[③]

德性认识论主要有推崇主体能力德性(competence virtue)的可靠论和推崇人格特质(character virtue)的责任论两派,分别是以索萨(Ernest Sosa)为首的"建立在卓越能力基础上的德性认识论",及以扎格泽波斯基(Linda Zagzebski)为首的"建立在人格特性基础上的德性认识论"。前者通常被称为德性可靠论(virtue reliabilism),是一种强调以知识理论为发展基调的认识论;后者常被称为德性责任论(virtue responsibilism),是一种着重以智性伦理学为讨论焦点的认识论。[④] 后来又演绎出"基于人格特质基础上的德性认识论",主张索萨的德性认识论可以作为扎格泽波斯基德性认识论的辅助理论,代表人物为贝尔(Jason Baehr)。无论是扎格泽博斯基还是贝尔,他们都主张从心(mind)展开德性认识论的理论建构[⑤],二人的代表作及其研究进路,也均以该概念为主要关键词。[⑥] 加上当代中国哲学研究者所提出的"对'心灵'理解要多样化"、兼顾"道德主体和知性主体"等理论诉求,故构成重新反思孟子"心"观念

① Greco, John. Virtues and Vices of Virtue Epistemology. *Canadian Journal of Philosophy*, 1993,23(3): 413-432.

② 耿芳朝:《德性认识论与先秦儒家"仁智统一"研析》,《山东理工大学学报(社会科学版)》,2020年第6期。

③ 付长珍:《重新发现智德——儒家伦理学知识体系的当代省察》,《求是学刊》,2020年第4期。

④ 米建国:《两种德性知识论:知识的本质、价值与怀疑论》,《世界哲学》,2014年第5期。

⑤ 当然,中西哲学对"mind"和"心"的理解各异、含义也不完全对等,由之展开的"心灵哲学""心学",乃至"认知科学"也大相径庭。但是基于"德性"和"人格特质"的视角,二者确实具有较多的共通性,这是当代沟通中西哲学的一个重要思路。

⑥ Linda Zagzebski. *Virtues of the Mind: An Inquiry into the Nature of Virtue and the Ethical Foundation of Knowledge*, Cambridge: Cambridge University Press, 1996. Jason Baehr. *The Inquring Mind: On Intellectual Virtues and Virtue Epistemology*, Oxford: Oxford University Press, 2011.

的出发点。现拟由孟子“心之官则思”论题开始,推扩以往主要关注孟子“心论”之道德德性这一相对“窄薄”的诠释思路,探索其可能具有的理智德性的维度。

一、“心之官”含义初解

在孟子思想的研究中,以往的学者多将“心”解读为道德本心和价值主体,这一解释思路聚焦于道德德性的考察且广为学者所接受,但对其蕴含的理智德性有所忽略。德性可靠论的代表索萨认为,理智德性可具体分为两类:第一序的德性(first order virtue),主要包括视力、听力、记忆等能力,人和动物都有类似的基本能力;更高阶的或第二序的德性(higher order virtue, second order virtue),主要指反思(reflection),该能力使得主体意识到自身行为、意识等,往往只有人类才具备。据该理路,我们尝试将孟子“心之官则思”的说法,以及与之相关的理论作广义理解,以期探索新的诠释思路和可能。从更为宽泛的意义上来说,孟子对“心”的基本界定是从“心之官则思”入手的。据《孟子·告子上》记载:

> 公都子问曰:“钧是人也,或为大人,或为小人,何也?”
>
> 孟子曰:“从其大体为大人,从其小体为小人。”
>
> 曰:“钧是人也,或从其大体,或从其小体,何也?”
>
> 曰:“耳目之官不思,而蔽于物,物交物,则引之而已矣。心之官则思,思则得之,不思则不得也。此天之所与我者,先立乎其大者,则其小者弗能夺也。此为大人而已矣。”

从粗略考察传统“心”的概念来看,古人论“心”要义有三:其一,“心”是具有思维功能的器官,即便在对大脑及其相关功能的研究已经非常深入的今天,这一看法依然流行;其二,“心”是思维、思想或意识,及与之相关的活动或过程;其三,“心”是道德层面的情感或善性。据文中措辞来看,孟子此处所说的“心”显然并非完全是道德意义上的“善心”,证据不仅在于孟子以“心之官则思”的说法切入论题,而且明确了“心之官”发挥与否——“思”与“不思”,则会直接导致“得”或“不得”两种认知结果。此外,孟子所讨论的“养身”问题,也从侧面寓意了上述论证思路："人之于身也，兼所爱。兼所爱，则兼所养也。无尺寸之肤不爱焉，则无尺寸之肤不养也。所以考其善不善者，岂有他哉？于己取之而已矣。体有贵贱，有小大。无以小害大，无以贱害贵。养其小者为小人，养其大者为大人。"(《孟子·告子上》)孟子此处明确提出主体贵在"养其大者"、"从其大体"，正是内在隐含了从官能或功能的层面出发去理解"心"。结合上一则引文来看，相对于"小体"(耳目之官)以感官感觉意识内容为对象，"大体"(心之官)则以意识活动自身作为其对象。前者是以知觉(perception)作为知识之起源，后者则是以反省作为知识之来源，而且这种意义上的"心之思"通常被称为自知之明或自识之智。因此说，孟子也正是在这个意义上提出"思则得之，不思则不得也"主张的。

把"心"理解为一种官能，实际上并非孟子首创。早在管子时，就明确基于"官能"义提出"心术"和"心本"两种说法，前者将探讨方向指向"心"之功能，后者则在认识论意义上明确了"'能知'之'心'为认识之本，'所知'之物依附于心"的说法。[①]《国语·周语上》载："夫民虑之于心而宣之于口，成而行之，胡可壅也？"可见左丘明也是从官能("虑")层面来讨论"心"的。春秋末期的邓析子也提出类似主张："目贵明，耳贵聪，心贵公。以天下之目视，则无不见。以天下之耳听，则无不闻。以天下之智虑，则无不知。"不言而喻，邓析子的主旨有二：一是主张耳、目、心同为认识的官能，二是指明"心"的官能是智虑。在孟子之后，荀子在"人禽之辨"中主要以"知"作为人和禽兽的区分，从而赋予"心"认知的功能和作用，这也是当代学者据此提出荀子"心知说"的主要理据之一。[②] 在朱熹那里，"心"则具有知识创获意义上的"虚灵知觉"的能力："心官至灵，藏往知来。"[③]"此心至灵，细入毫芒纤芥之间，便知便觉。六合之大，莫不在此。……这个神明不测，至虚至灵，是甚次第！"[④]这一思考进路，构成当代学者从德性认识论视角重新阐释朱熹"格物致知说"的基点。[⑤] 王夫之在阐释"性日生日成"时，

---

① 陈鼓应：《管子四篇诠释》，北京：中华书局，2015 年，第 36—40 页。

② 解晓东：《性危说：荀子人性论新探》，《哲学研究》，2015 年第 4 期。

③ 黎靖德编：《朱子语类》(第一册)，北京：中华书局，1994 年，第 85 页。

④ 黎靖德编：《朱子语类》(第二册)，第 404 页。

⑤ 沈享民：《再探访朱熹格物致知论：并从德性知识论的视域略论其可能性与限制》，《哲学与文化》，2012 年第 2 期。

也明确了“心之官”的观点:“目日生视,耳日生听,心日生思。”[①]以上举例同时说明:置于官能视域中来看,和主体的耳、目等相比,“心”有思维的功能、并不具有绝对的超越意义;“心之官”的主张在传统哲学中时隐时现,而非鲜见。

作为德性认识论的重要代表,索萨的贡献之一就是区分了动物之知(animal knowledge)和反思之知(reflective knowledge)。前者源于第一序的理智德性,意味着认知者的“判断和信念源于对影响(impact)的直接反应、少有反思或理解”;后者源于第二序的理智德性,揭示认知者不仅是对已知事实的如上反应,而且“在一个包含这个人有关它的信念与知识,以及它们是如何产生的更广阔的整体中理解它的处境”[②]。据此来看,孟子对“小体(耳、目)”“大体(心)”的区分,某种程度上就是德性可靠论者对第一序的德性和第二序的德性的区分。换言之,“心”是继耳、目一序之后的认知官能,是更高阶或第二序的认知德性。因此说,“心”并非仅仅指向性善意义上的道德德性,它还具有更为宽泛的能力德性的内涵,“思”即是最典型的例子。由此来看,孟子对“大人”与“小人”的区分,并非完全基于道德审视或价值判断,更倾向于是对认知活动或日常行为中,所展现或运用不同德性主体的一种描述。这一思路也为荀子所继承,其对“君子之学”和“小人之学”的区分就是基于如上思路展开的:“君子之学也,入乎耳,着乎心,布乎四体,形乎动静。端而言,蝡而动,一可以为法则。小人之学也,入乎耳,出乎口。”(《荀子·劝学》)

综合前文思路来看,“心”同时蕴含了道德德性和理智德性。单就“思”而言,其内在蕴含了主体在相关活动或行动中对其行为有无自觉意义上的把握,是从“第二序的德性”层面剖析了“官能”之“心”的内涵。竹简《五行》的相关内容可以对此作出说明,因为“竹简《五行》的一个思想特色是,用‘思’来把握德行发生的内在机制”[③]。原因在于,如果从德性发生机制予以分判的话,“道德德性以‘气’为指标,理智德性则以‘思’为指标”[④]。正是因为“思”,主体的道德判

① 王夫之:《船山全书》(第2册),长沙:岳麓书社,2011年,第301页。

② Ernest Sosa. *Knowledge in Perspective: Selected essays in epistemology*, Cambridge: Cambridge University Press, 1991. p. 240.

③ 陈来:《竹简〈五行〉篇与子思思想研究》,载杜维明主编:《思想·文献·历史:思孟学派新探》,北京:北京大学出版社,2008年,第18页。

④ 匡钊:《早期儒家的德目划分》,《哲学研究》,2014年第7期。

断及其行动也同时获得了智性保障。以此而论,如果从德性理论层面的功能(function)或表现(performance)入手论说主体之"心",那么孟子德性论思想可以获得新的内涵。

二、"心论"与理智德性

如上考察可知,孟子对"心"的探讨并非仅从伦理或道德层面的善恶与否展开,也基于德性层面的表现或功能而论,尤其是"心之官则思"的论调具有十足的德性意味。为开显其理智德性提供了可能。欲要开显孟子"心论"该层面的德性内涵,当代德性认识论的相关理论具有启发意义。

理智德性是当代德性认识论的核心概念,但不同学派或个人对其含义有不同的理解。即便是主流德性认识论学者如索萨、扎格泽博斯基等人,他们对理智德性的理解也存在一定的分歧。这与近当代伦理学对德性含义理解存在分歧不无关系。继亚里士多德之后,尽管许多学者将德性理解为一种卓越(excellence),但对于什么样的事物、品格或能力能够被视作"卓越"却聚讼不已。不过相对明晰的是,亚里士多德传统(Aristotelian tradition)下的"卓越"指一系列的能力(ability)、倾向(disposition)、力量(power)、才能(faculty)或习惯(habit),这一理解进路颇有代表性。此外,加上主流德性认识论学者对知识论本身问题看法的不同[1],也使得他们对理智德性的理解存在异议。如上问题的交织,不仅构成当代德性认识论产生的理论背景之一,也使得相关学者对理智德性的理解颇相玄远:德性可靠论者从能力德性入手,探讨主体之听力、视力、反思、记忆、推理等能力德性;德性责任论者则以品质德性作解,关注主体之智德勇气、开放心灵、智德谦逊、谨慎、坚持等品质德性。其他德性认识论学者对理智德性也有各自的理解。蒙特马奎特(J. Montmarquet)将理智德性解读为真理渴望者(truth-desiring person)想拥有的品质(quality),突出强调主体追求真理过程中的认知特质(epistemic traits),如勇气、无私、良知和稳重等品质。[2]

---

① 德性可靠论者把知识当做行动在研究,即知识作为行动(knowledge as action);德性责任论者强调知识的价值,即在行动中的知识(knowledge in action)。

② James Montmarquet. Epistemic Virtue and Doxastic Responsibility. *Philosophy & Phenomenological Research*, 1996,56(4): 970-973.

德性责任论的后起之秀贝尔主张以人格特质(character traits)为基础的德性认识论,其推崇的人格特质主要包括好奇心、谨慎、追根究底、省思、开放心灵、公平无私、智德勇气、自律自主、缜密的研究态度和谦虚,等等。[①] 与以上进路不同,斯洛特(Michael Slote)在结合近代认识论的背景下,主张从情感主义(sentimentalist)的角度来讨论德性认识论,他明确提出:作为认识论上的道德判断(断言)可以还原为人的移情机制(即情感上的赞同与否),从而由"移情"来充当道德的认知或判断机制。[②] 因此,他倡导将曾一度被忽略的认识论意义上的决断力(decisiveness)和接受能力(receptivity)融合起来,并由此沿着情感主义的路径深入探索,开辟一条其称为"中道"的新路径,使得德性认识论在未来取得更大的理论成就。值得注意的是,虽然不同的德性认识论学者对理智德性的理解有异,但扎格泽博斯基和贝尔都主张从"心"入手展开德性认识论。这一思路为重新反思与"心"相关的理智德性提供了一定的理论借鉴,为寻获孟子"心"之理智德性提供了参考意义。

其一,能力德性的层面。接前文所论,孟子以"心之官则思"界定"心"与"耳目之官"的区别,由此寓意"心"之德性的内涵。据此,孟子"心之官则思"意义上的"心"之德性(思),可以用索萨等人所谓的能力德性加以解读,特别是以"思"为代表的德性在一定意义上首先对应于此类德性。而且前文考察已论,传统学者对孟子"心"的理解业已包含了这一向度,故相对可行。析分来看,孟子所谓的"小体(耳、目)"类属主体之第一序的德性,无反思、反省的特性;与之有别,"大体(心)"类属主体之第二序或更高序列的德性,有反思、反省等特性。因为主体之第一序的德性(耳目)无反思、反省的能力,所以出现"蔽于物"的情况,因此最终被漂亮的房屋宫殿、妻妾的服侍、贫困者感激自己等"物"所"蔽"而"引之而已矣",由此失去了主体自主性及其意志,因此"失其本'心'"。此外,孟子以"才质"论潜能,认为主体"潜能"是否得到展现,某种程度上取决于"心"之功能的发挥(《告子上》)。正如学者所说,孟子深知"心定,方能有正确的知觉;心不定,则必发生谬误"[③]。

① Jason Baehr. Four Varieties of Character-Based Virtue Epistemology. *Southern Journal of Philosophy*, 2008,46(4):469–502.

② Michael Slote. *Moral Sentimentalism*, New York: Oxford University Press, 2010.

③ 张岱年:《中国哲学大纲》,北京:商务印书馆,2015年,第759页。

其二，品质德性的层面。不限于索萨等人的理论启示，扎格泽博斯基所关注的品质德性也为孟子"心论"的阐释提供了借鉴。据前文对孟子"心之官则思"观念的分析和界定来看，孟子"心论"的旨意之一在于鼓励主体发挥心的理智德性。如孟子在讨论"心之官"内涵的同时，也试图指出在实际效用层面，"小体(耳、目)"是不可靠的，唯有"大体(心)"才不会被外物所引诱。因此，其对专心致志的提倡和对"弗思"的批驳便蕴含了对"用心"的推崇。换言之，孟子号召主体发挥"心"的官能和作用，即是明确倡导主体要充分发挥"心"的诸种德性(含道德德性和理智德性)。所以说，在不被"丧""放""夺"或"陷溺"等情况下，主体"心的功能或状态良好"则能很好地尽心、用心或专心致志："思则得之，不思则不得也"(《告子上》)；"胸中正，则眸子瞭焉；胸中不正，则眸子眊焉"(《离娄上》)。这无疑彰显了"心"的品质德性，堪与扎格泽博斯基等人的理路相映照。

此外，在孟子之前的文献资料(如《郭店楚简》)中，广布大量以"心"为偏旁部首的文字，如"德、仁、勇"。[①] 若据亚里士多德德性理论粗略划分归类，前三者(德、仁、义)为道德德性，最后一个(勇)当属理智德性。当代学者刘翔通过详细举例、系统考察西周以后的金文及先秦古籍相关资料后得出如下结论："心"大多表示心思、思想或意念；而且，随着人们社交活动的展开、生活体验的丰富以及心理情感或知觉表达等方面的现实需要，与"心"相关的活动及意涵也慢慢丰富起来。[②] 而且，随着对"心"的感应功能和认知功能等方面的探索，与之有关的文字逐渐被创造出来，用以表达、描述"心"的诸种活动或功能，"志"便是其中一例。孔子曰："吾十有五而志于学"(《为政》)；"志于道，据于德，依于仁，游于艺"(《述而》)。孔子如上观点从侧面表达了"心"的意向性特征和虑见的作用，这是"心"作为一种能力德性之"感"(sense)"思"德性的初步揭露。另外，还有相当一批文字，都直接或间接表达"心"的功能。如表担忧和忧虑的"患"，"不患人之不己知，患不知人也"(《学而》)；表羞愧之情的"耻"(恥)，"恭近于礼，远耻辱也"(《学而》)。这些字在间接层面彰显了孔子论"心"的功能和作用，为我们探讨孟子"心论"之理智德性提供了一定的参考。据此，结合当代德性认识论对理智德性的解读，尝试解析孟子所讨论的部分理智德性如下：

---

① 如"德"字由上部的"直"和下部"心"构成；"仁"字由上部的"身"和下部的"心"构成；"勇"由上部的"甬"和下部的"心"构成。这一类型的构字法，也内在预示了"心"之德性。

② 刘翔：《中国传统价值观诠释学》，上海：上海三联书店，1996 年，第 199—203 页。

Ⅰ“心”之能力层面：思、智、反、权；

Ⅱ“心”之品质层面：尽心、用心、恒心、勇、慎、诚、专心致志；

Ⅲ“心”之情感层面：忧、虑、患；

Ⅳ其他理智德性：闻、见、察、识等。

三、孟子“心性论”的德性底色

前文的论证指出，孟子“心论”及其相关德性并非仅仅指向伦理层面的道德德性，它也蕴含认知层面的理智德性。从德性论基本理论和文字学训诂来看，孟子“心性论”的重要论题之一——“良心”便获得了德性层面的新内涵：因为“良”字本义是“好”，就“良心”一词的构词方法而言，“良心”便蕴含了主体德性层面“心”的功能、状态或表现良好，同时包含道德德性层面和理智德性层面。[①]若置于孟子哲学中来看，“恻隐之心”旨在说明：在“乍见孺子将入于井”的紧急情景下，主体没有诸种理性的考量(比如称誉于乡党朋友、欲与其父母交好等)而毫不犹豫地去施以营救，那一刻就是心性功能的表现良好。[②] 而主体之所以能做到如此，“理由在于对人心中本来具有的成就德性的倾向的认定。……人性的成就，取决于德性的获取。具备德性的人，所呈现之人格面貌便可谓善。”[③]扩言之，孟子思想中的“良知良能论”或“性善论”究其原因在于：主体之于当时的情景作出了一种“好”的表现。这一进路，不仅构成重新理解广义孟子德性伦理思想的整体思路，也进一步推扩了孟子“心性论”的视野。但若析分来看，孟子“心性论”的德性进路有其自身的底色。因为在亚里士多德对德性划分基础上，当代德性认识论学者进一步将理智德性细化为能力德性、品质德性和

---

① “良”本义为“好”，其在先秦时期多被用作形容人、物的品质、品格或性能方面的卓越，特别是强调其作为该类人、物很好地实现了其应有的责任、能力或功能。类似用法不胜枚举：良臣、良庖、良医、良马、良工、良弓、良剑……总结分析可知，“良＋工种名或实物名”的这类特殊构词无不是在德性层面而言的：“良庖”指精于烹饪的厨师，“良马”指跑得快的好马，“良弓”指趁手且能很好实现射击性能的好弓或强弓，等等。那么，德性意义下的“良心”之旨便不言而喻。

② 耿芳朝：《孟子“不虑而知”新解与良知的实现——基于德性认识论的视角》，《管子学刊》，2020年第4期。

③ 匡钊：《“四端”之心——孟子对德性理据性的追问》，《现代哲学》，2018年第2期。

情感德性，而这一分类在孟子那里或许并不是十分有效。

首先，道德德性、理智德性和情感德性杂糅。孟子曰："人之所以异于禽兽者几希，庶民去之，君子存之。舜明于庶物，察于人伦，由仁义行，非行仁义也。"(《离娄下》)该论不仅明确阐明了孟子承续孔子"仁智统一"传统，而且他在此鲜明提出兼顾道德德性(仁、义)和理智德性(明、察)的诉求。此外，从"恻隐之心"的论证可以进一步看出，主体所作出的道德行为，不仅体现了其道德德性(仁)，也内在蕴含了其行为判断中所彰显的理智德性和伴随的情感感受："'恻隐之心'是主体内心非常伤切的无私情感……'是非之心'是指对人、事、物之正确与否的体认和分辨"[①]。其中的原因在于，"德性不仅是正确行动的品质，而且也是正确情感的品质。"[②]质言之，当代德性认识论学者所推崇的理智德性诸方面，在孟子那里被糅合于"四心"之中。

其次，能力德性和品质德性并非截然相分。孟子提出"心之官则思"的观点，用以界定"心"与"耳目之官"的区别。这个意义上的"心"之德性(思)，更加接近或对应于德性认识论学者所谓的能力德性。当然，我们不可将能力一词的理解偏狭化，"这里所使用的'能力'一词，并不指可以直接获得的'直觉性'知识。这是一种获取经验，并对经验进行推理的能力，它要求人们付出内心的努力，并持续不断地积累这种努力。"[③]虽然史华兹(Benjamin I. Schwartz)曾将孟子"四大德性(仁义礼智)"中的"智"德误读为"'知识'德性"，但是其将知识的获得与主体"付出内心的努力"关联起来，实是看到了"心"之理智德性在知识成就过程中的作用。他实际上强调的是和能力德性相对的人格特质或品质德性，这类理智德性为扎格泽博斯基一派所推崇。结合前文所论，以"心之官则思"为基点的孟子"心性论"在能力方面和品质方面不可析分而论。

最后，"心""性"通于理智德性。在孟子"心性论"思想的研究中，孟子论"心"、说"性"不相分离，即便字形、字源等方面有诸多区别，但从德性及其官能表现而言，二者具有共通性。史华兹在中国古代思想的研究中表明，性"所包含的是一种宝贵的思想能力，是一种既可能又不能调动起来去获得知识、深思熟

---

① 戴兆国、耿芳朝：《〈孟子〉"四心"义考辨》，《河北学刊》，2016年第5期。

② 余纪元：《德性之境：孔子与亚里士多德的伦理学》，林航译，北京：中国人民大学出版社，2009年，第148页。

③ 本杰明·史华兹：《古代中国的思想世界》，程钢译，南京：江苏人民出版社，2014年，第399页。

虑的气质、反思的能力、自觉完成其预定目标的思想能力”①。毫无疑问,他此处所理解的“性”即指向德性认识论学者笔下的理智德性,且特征鲜明。因为在史氏看来,“性不可能依靠对于与生俱来的道德禀性的引导来生成”,他甚至主张将之译为“心灵”:“至少就人们对‘心灵’这个词的第一感觉而言,它正是典型的‘有为’意识尤其是人们获得知识之能力的中心。”②他这一说法虽然是出于对“性”的理解,但是他将对“性”的讨论转移到对“心”的能力关注上、重点指称“性”作为一种宝贵的思想能力而贯通二者,这一做法颇有见地。因为,“作为人的内在规定,能力涉及多重方面。就其不同于外在的手段而体现了人的本质力量、不同于抽象的逻辑形式而融合于人的存在过程并与人同‘在’而言,它既具有认识论的意义,也渗入了本体论与价值论的内涵”③。反观孟子,其基于“心之官则思”予以论“心”、说“性”,彰显了“心”“性”在理智德性层面贯通的特性。

总论孟子“心性论”,作为德性层面的“善性”或“良心”而言,其本义便指向主体心性的功能、力量或倾向。这一视角无疑有助于转换孟子“心性论”的理解进路。因为,与康德所依托的“道德律”或“道德法则”不同,孟子将人性之“善”的理据诉诸德性潜能实现的必然性——德性层面的“四端”之“心”。而这种意义上的“心性论”含义有二:一是主体展现其德性好的功能、表现良好,如眼耳能很好地视听、心灵能很好地思考或发挥诸种功能(含能力、品质和感情等方面);二是主体之言、行超越外在理性的计度和功利的考量,作出符合德性主体的行为和行动。这无疑丰富和推扩了孟子“心性论”思想的内涵和外延。因为主体生来具有实现好的生活的内在秉性,其具有非反思性和应激性;但需要借助潜存于心中的某些官能之运作(如思、省)或情感表达(如“四端”)的形式展现出来。就现实实践而言,如上运作或表达不仅是主体相关德性的具体实现,也孕育了主体禀赋(性)及其诸种成就(achievement,如道德成就、认知成就、行动成就等)的外化,其中认知成就表现为德性知识的获得、道德成就表现为理想人格的达成、行动成就表现为好的行为结果。这一致思取向,在一定意义上充分体现了孟子乃至儒家德性论的特色。

① 本杰明·史华兹:《古代中国的思想世界》,第 398 页。

② 本杰明·史华兹:《古代中国的思想世界》,第 398 页。

③ 杨国荣:《论人性能力》,《哲学研究》,2008 年第 3 期。

Exploring Intellectual Virtues: A Discussion from Mencius' "The Faculty of the Mind Is to Si"

Geng Fangchao

Abstract: The contemporary virtue epistemology highly esteems "intellectual virtue", which provides theoretical support for reinterpreting and reconstructing Mencius' thought of "Xin". While retaining the explanatory method of the moral virtue of the "Xin", it is understood in a broad sense by functional meaning: "Si" serves as a competence virtue of the "Xin". Because of the special structure and function of the theory of "Xin and Xing", the moral virtue and the intellectual virtue contained in the "Xin" are fused with each other, instead of being isolated from each other, and the latter appears as the competence, trait and emotion of the subject. They act together in the actions related to the subject, which fully reflects the characteristics of the Pre-qin Confucian theory of "Xin and Xing".

Keywords: Virtue Epistemology, intellectual virtue, Xin, competence, trait

孟子“不动心”的概念

卢 山*

[摘　要] “不动心”简洁而明了的概念是“气不动心”。“不动心”的核心是“理性主导感性”的原则，根据对这一原则是否有自觉而分为自在的“不动心”、自为的“不动心”和自在而自为的“不动心”，它们分别构成对“不动心”的人性根据、践行之维和形上之维的理解。孟子之“不动心”具体呈现为“居仁由义”，是严格意义上的“不动心”；“告子之不动心”具体表现为“自暴自弃”，其名具有讽刺意味。

[关键词] 不动心；本心；四端之心；不忍人之心；恒心

“不动心”作为孟子的一个重要哲学概念，似乎被中国哲学的研究者们冷落，与西方哲学的研究者们每每借用它来表达其论域的相关思想形成鲜明对比。本文将给予“不动心”一个简洁而明了的概念，揭示“不动心”这个概念丰富的哲学内涵，并通过对孟子之“不动心”与告子之“不动心”的比较而具体呈现“不动心”的概念及其哲学内涵。

---

* 卢山(1972—)，男，四川巴中人，哲学博士，现任职于西南科技大学马克思主义学院，主要研究领域为中国哲学、中西比较哲学与伦理学。

一、“不动心”的概念

“不动心”在《孟子》中的表现虽然呈现出多样的形式，但是孟子对其概念的集中阐释则是出现在《孟子·公孙丑上》关于“志—气”关系的论述中。

> “夫志，气之帅也；气，体之充也。夫志至焉，气次焉。故曰：持其志，无暴其气。”“既曰‘志至焉，气次焉’，又曰‘持其志，无暴其气’者，何也？”曰：“志壹则动气，气壹则动志也。今夫蹶者趋者，是气也，而反动其心。”（《孟子·公孙丑上》）

这里涉及的三个概念，“志”“气”“心”，都是抽象的类概念，不妨先行简要地揭示它们的涵义。《孟子》中，“气”是一个感性物质的概念：不仅“小体”“耳目之官”“在外者”“恒产”“利”“人爵”“食色”是“气”，言与行（“蹶者趋者”）、富贵、寿夭、荣辱也是气，所谓辞气（言）、勇气（气）、财气、气象、运气是也[①]；狭义的“气”特指“勇气”（行）而与“辞气”（言）相对，广义的“气”则指向包括“辞气”（言）和“勇气”（行）在内的一切感性及其对象，而与“心”“志”相对。[②] 尽管“理性”是西方哲学术语中一个重要的哲学概念，对于中国哲学来说仅仅是近现代的事情，但这并不意味着中国先哲完全缺乏与“理性”相关的观念。[③] 在孟子的哲学中，理性就首先取得了与“心”的紧密联系。“心”作为《孟子》中的一个重要哲学概念，既可以对它作广义的理解，而与情感和意志相涉，又可以对它作狭义的把握，主要指不同于想象、直观和感知等形式表现出来的思维能力或机能，而具有先天性。在《孟子》中，“心”作为一个重要的哲学概念，首先指向“理性”及其对象，虽然可以对它做广义的理解而与情感、意志相涉；但是当它与另一个指向

---

① 这里笔者沿用赵岐、焦循对“言”与“气”的理解：将“言”解释为“辞气”，把“气”理解为“勇气”。无论是“辞气”还是“勇气”，都属于广义的“气”。请参见焦循：《孟子正义》，北京：中华书局，2017 年，第 156，160—161 页。

② 卢山：《不动心有道乎？》，上海：华东师范大学博士学位论文，2021 年，第 95—103 页。

③ 杨国荣：《中国哲学中的理性观念》，《文史哲》，2014 年第 2 期。

“感性”及其对象的重要哲学概念“气”相对时，则只能将它理解为理性及其对象。[①] 在中国哲学尔后的演化中形成“气一元论”与“心一元论”的对立，无疑可以上溯到孟子“心气之辩”这一源头。在《孟子》中“心”“志”在某种意义上所指向的对象是同一的，即《墨经》所说的“重同”，因而可以视为同一个概念，这段论述把“志—气”关系等同于“心—气”关系就表明了这一点。

基于对“志”“气”“心”的如上理解，“志”与“气”的关系，就如同战场上的将帅与士卒之间的关系。战争指向何方、进攻哪个敌人、攻打什么地方、要达到什么意图，以及如何进攻、攻打时机的选择，这个指挥权与决定权在于统帅的理性谋划与坚定意志（“心、志”）；而作战任务的具体落实与完成还得靠士卒勇敢坚毅的“士气”。与此类似，人往哪个方向努力这要由以理性为核心的“心、志”来决定，但是具体如何实现这个理想，以及最终能否实现这个理想目标，还有赖于具体的身体力行，即感性的“人气”。这就是，“夫志，气之帅也；气，体之充也。夫志至焉，气次焉。故曰：持其志，无暴其气。”

在“志至焉，气次焉”和“持其志，无暴其气”之间，似乎存在着某种张力，正如公孙丑所反问的那样：“既曰‘志至焉，气次焉’，又曰‘持其志，无暴其气’者，何也？”对此，孟子解释道：“志壹则动气，气壹则动志也。今夫蹶者趋者，是气也，而反动其心。”

一般而论，矛盾双方并不是势均力敌、平行对等的，而存在着矛盾的主要方面和矛盾的次要方面，二者在一定条件下是可以相互转化的，矛盾的主要方面可以下降为次要方面，而矛盾的次要方面可以上升为主要方面。在孟子的视域中，“心、志”与“气”之间的关系就呈现为一对矛盾：“心、志”是这对矛盾的主要方面，而“气”是其次要的方面，这就是，“夫志至焉，气次焉。”这不是一个纯粹的认知判断，而有评价的意味，即从应该上讲，理性之“心、志”应该主导感性之“气”。虽然“心、志”作为矛盾的主要方面对于其次要的方面“气”居于统帅地位、发挥着统领作用，但是“气”也有其自身独特的地位与作用，那就是“心、志”呈现于外总要通过“气”来实现。譬如，道德理想的实现总要通过具体的道德实践来完成，这就是孟子所说的，“气，体之充也”。更何况，“气”对于“心、志”有变被动为主动的可能。所以，在持守“心、志”这个矛盾的主要方面的同时，不能放

① 卢山：《不动心有道乎？》，第72—73页。

弃(暴)“气”这个矛盾的次要方面。虽然不能放弃“气”这个矛盾的次要方面,但是也不能放任(暴)“气”这个矛盾的次要方面,否则它将反客为主,变矛盾的次要方面为矛盾的主要方面。譬如,在道德实践中,如果一味地只注重行为的动因(“仁义”之“心、志”),而不注重行为的效果或后果(“事功”之“气”),以至于好心办了坏事,这样的道德实践恐怕很难具有真正的道德价值;相反,如果在道德实践中太注重行为的效果或结果,那么感性对象就有取代理性对象而成为行为动机的危险,理性对象不再是道德动因,不再是行为的动因,也就取消了道德行为及道德本身。就如同将帅与士卒之间的关系一样,将帅的意图固然有仗士卒去落实,但如果因此就把士卒抬得高高的,让他们取代将帅的统帅地位和统领作用,让士卒们指挥,而让几个甚至一个将帅去冲锋陷阵,那就走向了它的反面,对于期望战争胜利的意图来说无异于灾难。这就是,“气壹则动志也。今夫蹶者趋者,是气也,而反动其心。”[①]因此,放弃“气”(蹶者)与放任“气”(趋者)一起共同构成对“暴其气”的完整理解,即“暴其气”构成“蹶者”与“趋者”的合题。[②]

由此可见,这段论述的主题或主旨是在阐释“志—气”关系,即理性意义上的“心、志”和感性意义上的“气”之间的关系。关于此,孟子的主张很清楚:在理性和感性之间的关系中,理性之“心、志”必须成为感性之“气”的统帅,不能让感性之“气”取代甚至动摇理性之“心、志”的统帅地位与统领作用,即“气不动心”。“气不动心”,就是“不动心”的概念,也是“不动心”的哲学内涵最简洁而明了的表达。

二、“不动心”的哲学内涵

对于“不动心”的概念,首先可以有强弱两种不同的理解。就孟子的“我四十不动心”而言,“不动心”直接指向一种人生境界,即完全不受任何外物,譬如“齐之卿相”那样的高官显爵或“王霸”那样的显赫功名影响,而依然坚定自己意

---

① “反动”和“反作用”或许是两个不同的概念:一般把产生负面影响的反作用视为“反动”,是一个贬义词;而“反作用”并不一定都将产生负面的影响,产生正面影响的反作用也是反作用,它是一个中性词。

② “暴其气”和“蹶者趋者”,互相暗示,构成解释学意义上的循环。“蹶”就是“一蹶不振”之“蹶”,“趋”就是“趋之若鹜”之“趋”,其本意分别指向行为趋向上的“不及”与“过”,而引申为度量分界意义上“不及”与“过”之一般,即“暴”。而“无暴”(勿暴),则是“暴”与“蹶者趋者”的反对,或中道,即既无“不过”也无“不及”。所以,“暴”与“蹶者”“趋者”这三个词和“心”“志”“气”一样,都是类概念。

志力量的意识状态。这是对“不动心”弱的理解，表现为一个事实陈述或事实判断，即“气没有动心”，它蕴含着理性抵挡住了来自感性及其对象的诱惑，体现了实践主体处于一种不受外界任何影响而依然坚定自己意志力量的意识状态。这无疑构成对理想人格和完美德性的人生境界的一种可能的理解。这里的“四十”，固然是一个时间点，但是它蕴含着时间的绵延。在这个时间的绵延中，有一个“不动心”的成就过程，以及成就后的保持过程。伴随着这一成就与保持过程的是主体自我成就的强烈愿望，与价值选择或价值取向，其中蕴含着对一个道德命令的理解。而对“不动心”强的理解就意味着主体的价值取向，而表现为价值判断，即“气不许动心”，或感性之“气”不能取代甚至动摇理性之“心、志”的统帅地位和统领作用，蕴含着理性对于感性而言居于统帅地位、发挥着统领作用的要求，而相当于康德的道德命令，让理性成为情感、欲望的规定根据，即理性要主导感性。就对“理性主导感性”的原则是否有清楚明白的意识和愿望而言，前者所表现的主要是一个“气没有动心”的事实，对“理性主导感性”的原则的意识和愿望可以理解为是潜在的、隐而不现的，因此，借用马克思的“自在”与“自为”的概念，不妨将它称为“自在”的“不动心”；而后者对“不动心”强的理解则蕴涵着康德式的“气不许动心”的道德命令，对“理性主导感性”的原则则有自觉意识和强烈愿望，因而不妨将它称为“自为”的“不动心”。

这是对经验之域中作为动宾词组的“不动心”的直接涵义的理解。以此经验现象中的意义为根据，“由果溯因”追溯到超经验之域的先验根据，则得到先验之域“不忘其初”之“初(心)”(《孟子·尽心下》)、“本心”“四端之心”等意义上作为偏正词组的“不动心”，即作为人性根据的“自在”的“不动心”。就理性要求成为感性的规定根据、理性要求并主导了感性而言，这种理性无疑具有实践理性的意味，因而“自为”的“不动心”蕴涵着实践理性的涵义，而指向“不忍人之心”，要求把人同时看成目的，而不仅仅是工具。“理性”之所以叫“实践理性”，就是指它能给予感性先天的影响而自行开启一个因果系列。因此，就“不动心”要求或实现了理性对感性的主导而言，“自为”的“不动心”所具有的实践理性意义，构成对经验之域直接涵义的“不动心”的进一步引申。而“自为”的“不动心”试图通过终生道德实践以达到孔子“从心所欲不逾矩”式的这种极致的“不动心”，则是“自在而自为”的“不动心”，即孟子所说的“恒心”。

概而言之，“不动心”的直接涵义是不受外界影响的意识状态，其核心是理性之“心、志”对非理性之“气”(情感与意志)的主导,即“理性主导感性”的原则;就对“理性主导感性”这一原则是否有自觉而言,它可以分为“自在”的“不动心”和“自为”的“不动心”。在引申的意义上,“自在”的“不动心”可以理解为“不动心”的人性根据,而具体体现为“初(心)”“本心”和“四端之心”,由此构成对“不动心”人性根据的理解。就“自为”的“不动心”包含达到或保持“理性主导感性”这种意识状态的要求而言,无疑具有实践的维度,要求“言”(辞气)、“行”(勇气)理性化,后者进一步引向道德的规范意义并涉及理性的实践内涵,蕴含着一个道德命令——“气不许动心”,即感性不应该动摇甚至驾驭理性,具有实践理性的意味,而具体体现为“不忍人之心”。“自为”的“不动心”所追求的终极目标就是“不动心”本身,即“恒心”,这是“自在而自为”的“不动心”。

因此,“不动心”的“气不动心”概念,至少蕴含着如下三层涵义:“不动心”的核心是“理性主导感性”的原则,就对“理性主导感性”的原则是否有自觉而言,它可以分为“自在”的“不动心”和“自为”的“不动心”:前者具体体现为“初(心)”“本心”和“四端之心”,构成对“不动心”人性根据的理解;后者表现为“不忍人之心”,构成对“不动心”实践维度的理解;而“恒心”作为“自为”的“不动心”终生追求的目标,构成对理想人格和完美德性的人生境界的理解,“不动心”因此具有形而上学的维度。这样三层涵义,相互蕴含,彼此交织在一起,共同构成对“不动心”哲学内涵的完整理解。

在《孟子》中,“初(心)”“本心”和“四端之心”,“不忍人之心”,以及“恒心”等等,尽管它们名称不同,但是都指向同一实践理性,即“理性主导感性”的原则。“不动心”蕴含着一个道德命令,指向并体现同一实践理性的其他诸“心”也从不同的角度蕴含着同一道德命令,就像康德的同一个道德原则可以有自然法则公式、目的公式和自律公式三种不同的表达方式一样:“上述表现道德原则的三种方式,从根本上说只是同一法则的多个公式而已,其中任何一种自身都结合着其他两种。然而在它们之中毕竟有一种差别,虽然这种差别与其说是客观—实践上的,不如说是主观的,即为的是使理性的理念(按照某种类比)更接近直观,并由此更接近情感。”①

“初(心)”“本心”和“四端之心”一样,在与仁义礼智所构成的因果关系的链

---

① 康德:《道德形而上学奠基》,杨云飞译、邓晓芒校,北京:人民出版社,2013年,第74页。

条上同样处在原因的位置。“端”指向事物的开端，或事情的起因，在因果关系的链条中处在原因的位置上，“四端之心”就是指“不忍人之心”构成仁义礼智等德性的根据。[①] 而所谓“本”，《尔雅・释言》解释为“柢”：“柢，本也。”指树木的根系，与枝蔓相对，引申为根据、根本与原因。而“初”本身就有“根本”之意[②]，因此可以说“初(心)”就是“本心”。这样，“初(心)”“本心”以不同于“四端之心”的另一种表达方式表达了同一实践理性潜在地构成“仁义礼智”等德性的先天根据，三者皆蕴涵着“理性主导感性”的原则。因此，“初(心)”“本心”和“四端之心”，主要从因果关系的角度、以自然法则作为类比，给予理想人格和完美德性以先天的人性根据(本、初或端)，而具有同样的普遍必然性。“初(心)”“本心”和“四端之心”对于“不动心”的意义，有似于自然法则公式对于康德道德命令的意义。

如果说“初(心)”“本心”和“四端之心”，是从因果关系的角度、以自然法则作为类比，表达了“不动心”所蕴含的“理性主导感性”的原则具有普遍必然性，那么“人皆有不忍人之心”命题的提出则从先天的角度论证了其普遍必然性。[③] 三个“非”字所组成的排比句——“非所以内交于孺子之父母也，非所以要誉于乡党朋友也，非恶其声而然也”——是在寻求“今人乍见孺子将入于井，皆有怵惕恻隐之心”的原因，但是从排比句所形成的趋势看其寻求的结果，它却排除了一切经验性的原因，那么，作为结果的“今人乍见孺子将入于井，皆有怵惕恻隐之心”就只能以非经验性的原因为原因，这个非经验性的原因被孟子命名为“不忍人之心”。[④] 因此，“不忍人之心”同样蕴含着“理性主导感性”的原则。孟子对“不忍人之心”普遍必然性的论证表明，“今人乍见孺子将入于井，皆有怵惕恻隐之心”的原因不是经验性的原因，就意味着没有把人仅仅当做手段，而是把人同时当做目的，作为道德主体的“我”是出于对“孺子”这个具体的、活生生的人的生命的尊重才有“今人乍见孺子将入于井，皆有怵惕恻隐之心”这个心理反应，后者在先天性、非经验性上有似于康德的敬重感，进而促使我伸出援手。“不忍人之心”在社会伦常关系中的直接体现是，“老吾老以及人之老，幼吾幼以及人之幼”(《孟子・梁惠王上》)，即所谓“亲亲而仁民”(《孟子・尽心上》)；而在引申

---

① 参见《孟子・公孙丑上》。

② 夏征农主编：《辞海》，上海：上海辞书出版社，2001 年，第 2170 页。

③ 参见《孟子・公孙丑上》。

④ 卢山：《不动心有道乎?》，第 80—81 页。

的意义上,是对自然万物的仁爱、怜悯或怜惜之心,即所谓"仁民而爱物"(《孟子·尽心上》)。这样,不仅应该把人同时当做目的,而且应该同时把万物当做目的,人不再是唯一的价值批判的尺度。后来张载的"民胞物与"说(《西铭》)的思想源头,无疑可以上溯到孟子的这个目的观念,万物不仅仅是手段,而应该同时被视为目的。因此,对"理性主导感性"原则有自觉的"不忍人之心"对于"不动心"的意义,有似于目的公示对于康德道德命令的意义。

与杨国荣先生将"恒心"理解为"稳定的道德意识"[①]相应,本文将"不动心"理解为"实践主体处于一种不受外界任何影响而依然坚定自己意志力量的意识状态","恒心"和"不动心"无疑有相通的地方。"恒心"和"不动心",从语义和逻辑的角度看,它们之间构成一种典型的形式逻辑意义上的分析关系,彼此相互都可以分析出对方来;而从伦理学的角度看,它们具有同样的伦理地位,在伦理意义、价值取向上构成等值关系。因此,"恒心"和"不动心",是一种等同关系,或同一关系,在某种意义上可以相互指代。"恒"(常)在引申的意义上指永恒的,而永恒性蕴含着普遍必然性,无限性;因为永恒的东西在绝对的意义上就是必然的,不生不灭的,具有超越时空的普遍性和无限性。"恒心"("不动心")所体现的实践理性具有超越时空的特点,意味着它不需要其他原因,具有自因、自律的绝对性。因此,"恒心"对于"不动心"的意义,有似于自律公式对于康德道德命令的意义。

与康德的道德命令的三个公式在伦理学意义上具有分析关系类似,这三组六个概念彼此相关,甚至两两之间彼此都可以分析出对方来。每一个概念,都是一个命题,它们从不同的角度表达了同一个实践理性的无条件命令,即"理性主导感性"的原则。以有似于康德道德命令的目的公式的"不忍人之心"为例,"人皆有不忍人之心"的论证,是通过"由果溯因"的方式实现的,"不忍人之心"和"怵惕恻隐之心"构成一个特殊的因果关系,它无疑蕴含着道德命令的自然法则公式,而它本身是原因而不是结果,因而又蕴含着道德命令的自律公式。

因此,与"心"之一般指向广义的理性相对,"初(心)""本心""四端之心""不忍人之心""恒心"指向狭义的理性即同一个实践理性,它们从不同角度诠释了"不动心"的哲学内涵。"初(心)""本心"和"四端之心""不忍人之心",以及"恒

① 杨国荣:《孟子的哲学思想》,上海:华东师范大学出版社,2009年,第77页。

心”是同一“不动心”的题中应有之义,它们从不同角度诠释了“不动心”之“理性主导感性”的原则。对“不动心”的概念及其哲学内涵的具体把握,可以通过对孟子与告子之“不动心”的对比而得到实现。

三、孟子与告子之“不动心”

孟子与告子之“不动心”的区别,集中体现在二人对“言一心”“心一气”关系的不同观点。“言一心”“心一气”关系和“志一气”关系一样,都是理性和感性之间的关系,三者可以概括为“言一心、志一气”概念系统:

> (公孙丑)曰:“敢问夫子之不动心,与告子之不动心,可得闻与?”“告子曰:‘不得于言,勿求于心;不得于心,勿求于气。’不得于心,勿求于气,可;不得于言,勿求于心,不可。”(《孟子·公孙丑上》)

联系具体语言环境,告子上面这段论述中的两个命题——“不得于言,勿求于心;不得于心,勿求于气”,以及孟子对它们的裁决——“不得于心,勿求于气,可;不得于言,勿求于心,不可”,无非是以“言”(“辞气”)和“气”(“勇气”即行)为例,以阐释告子和孟子在“言一心”“心一气”关系,即理性和感性关系上的不同观点,而正是这种不同体现了“告子之不动心”与“夫子之不动心”的区别。

“不得于心,勿求于气”,是指在理性的主导地位还没有确立之前,不能去追求以非理性的“气”这一形式表现出来的意志力量。这里所强调的,仍然是理性对于非理性意义上的意志力量的主宰。“不得于心,勿求于气”之所以“可”,是因为它与孟子所坚持的“理性主导感性”的原则不矛盾,即感性之“气”(意志力量)没有驾驭理性,或理性抵挡住了来自感性对象的诱惑,而没有做出“非礼”或“不义”的行为,而表现出消极的自由来。但是,也仅仅“可”而已,理性并没有实现对感性之“气”的统治,或理性没有能够主导感性,在两者势均力敌的张力中,理性最多与非理性打了一个平手,因此,还不是积极的自由。也就是说,告子之“不动心”中存在着消极的一面,即正面中消极的一面(不及)。

“不得于言,勿求于心”,就是说,作为物质外壳的语言层面的问题(“言”)还没有解决之前,你不能去追求意识层面的东西(“心”),这句话就是说,意识层面的"心"受作为物质外壳的语言概念("言")的影响。对于告子来说,只有语言概念("言")层面的问题解决了,才能解决意识("心")层面的问题。但是,对于孟子来说,意识层面的"心"实际上超越于作为物质外壳的语言,不受语言的影响。在引申的意义上,"不得于言,勿求于心"是指,理性之"心"受感性之"辞气"("言")的影响,即理性沦为感性的工具与奴隶。"不得于言,勿求于心"之所以"不可",是因为告子感性之"言"(辞气)已经动摇甚至驾驭了理性之"心",使之从统帅的地位下降到了奴隶的地位,成为了工具理性,从而违背了"理性主导感性"的原则。告子一系列的言论,譬如"性无善无不善""食色,性也""仁内义外""生之谓性"等等,出于感性而缺乏理性(或理性失位)的"辞气"(《孟子·告子上》),都已经动摇甚至驾驭了人们的理性,所以"不可"。这时,理性成为感性的工具,根本没有主导感性的任何可能性,而毫无自由可言。也就是说,告子之"不动心"中存在着负面中积极的一面(过)。

概而言之,告子的"不动心"体现在如下两个方面:行("气"或"勇气")上的谨慎从事、中规中矩,即"不得于心,勿求于气"所体现的正面中的消极(不及),以及"言"("辞气")上的口无遮拦、大放厥词,即"不得于言,勿求于心"所体现出来的负面中的积极(过)。就这两个方面而论,行("气"或"勇气")的方面合乎对"不动心"的消极理解,而其"言"("辞气")的方面则与"不动心"格格不入。毫无疑问,这样两个方面不是平行、并列、对等的,尽管在"言—心、志—气"概念系统中"气"(行或"勇气")和"言"(或"辞气")本身是平行、并列、对等的[①],但是在告子身上这样两个方面在量上却严重不对等。

而且从性质上看,行("气"或"勇气")上的谨慎从事、中规中矩,虽然感性之"气"没有驾驭理性,或理性抵挡住了来自感性对象的诱惑,但它并不是出于理性对于感性之"气"的统帅与主导,因此行为虽然合乎"仁义"之道,但不是出乎"仁义"之道。这与"言"(或"辞气")上的口无遮拦、大放厥词是一脉相承的。告子坚持"生之谓性"和"食色,性也"的人性论,不承认仁义之性,这就意味着他以自然法则作为行为准则,而把道德法则视为外界强力的植入,即所谓"以人性为仁义,犹以杞柳为桮棬"(《孟子·告子上》),而不是以内在先天的"四端之心"这些"端"为根据、原因,所以是"义外"。因此,即便行为合乎道德法则,但不是出

① 卢山:《不动心有道乎?》,第28—29页。

于道德法则,因而没有道德可言,在“仁义”之道上停滞不前、静止不动。如果说行(“气”或“勇气”)上的谨慎从事、中规中矩,只是个人在“仁义”之道上停滞不前、静止不动,那么“言”(或“辞气”)上的口无遮拦、大放厥词,则是“仁义”之道上的倒行逆施,必将产生广泛的负面影响,因此,它构成对告子“不动心”的主要理解:在《孟子》的视域中,它无异于“处士横议,杨朱、墨翟之言盈天下”(《孟子·滕文公下》)的遗毒。孟子之所以许告子“不动心”,从肯定方面看,勉强指向其行(“气”或“勇气”)上的谨慎从事、中规中矩;而从否定的方面看,则主要指向他在“言”(或“辞气”)方面的累教不改,而极具讽刺意味。

孔子曾经下过这样一个近似武断的判断,“唯上智与下愚不移”(《论语·阳货》)。而告子在“言”(或“辞气”)乃至“心志”上的“见善而不迁”或许就是这种“不移”。单纯从字面上理解,“见善而不迁”之“不移”就是“不动”。“不得于言,勿求于心”,就是在人生境界上放弃对仁义道德的追求,即“勿求于心”,而在言语上表现为“言非礼义”(“自暴”),并进而在行动上表现为“吾身不能居仁由义”(“自弃”),而不以义为事,萎靡不振、有如死一样的寂静,而静止不动。因此,“告子之不动心”可以用一个词来概括,那就是“自暴自弃”。在这个意义上,孟子说“告子先我不动心”,无疑是对告子自暴自弃的讽刺,它无疑构成对告子之“不动心”理解的主体。与“告子之不动心”相对,“夫子(孟子)之不动心”,同样表现在“言”(“辞气”)和行(“气”或“勇气”)这样两个方面,即“我知言”、“我善养吾浩然之气”,但它无疑与告子之“不动心”形成反对。与“告子之不动心”表现为“自暴自弃”相对,孟子之“不动心”表现为“居仁由义”;前者在“仁义”之道上裹足不前,静止不动,而后者在此道上未曾懈怠,勇往直前。告子的持续不动,与孟子的持续向前,在保持各自的人生状态上具有共同点,即都表现为一种“惯性”,只是同一个“惯性”具有不同的呈现方式而已,一个静止(自暴自弃),而一个运动(居仁由义)。犹如牛顿惯性定律所揭示的那样,现象界的惯性或表现为静止,或表现为匀速直线运动,理智世界中的“惯性”——“不动心”——同样有类似的不同呈现,或表现为“告子之不动心”的持续静止(自暴自弃),或表现为孟子之“不动心”的持续前行(居仁由义)。

由此可见,孟子的“不动心”至少有广义和狭义两种不同的理解。广义上的“不动心”,泛指一切“完全不受外界任何影响而依然坚定自己的意志力量的意识状态”,它所强调的是对自我意志力量的保持、坚持所体现出来的坚毅、坚韧;

在引申的意义上,甚至于包括无动于衷、麻木不仁、屡教不改、见善不迁、顽固不化等惯性。这个意义上的"不动心",既包括"匹夫之勇"和"文武之勇""北宫黝之养勇"与"孟施舍之所养勇","孟施舍之守气"(或孟施舍守约)和"曾子之守约",也包括"夫子之不动心"和"告子之不动心","上智与下愚"之"不移"等众多形态。与对"不动心"的这种广义的理解相对,则是对它狭义的理解,特指其中受理性主导的部分,即孟子严格意义上的正面的"不动心",譬如"文武之勇""曾子之守约""上智"之"不移"。当然,这里的"上智"不是仅仅指向智力水平极高而聪明绝顶的人,而具有更多的伦理意义。因此,狭义的"不动心"所体现的意志力量的保持或坚持,是受到理性特别是实践理性制约与主导的,不是仅仅表现为蛮勇、一味地无所畏惧,而是既有"不该惧怕的事物"(富贵、贫贱、威武),也有"该惧怕的事物",即敬畏的事物(仁义、礼仪)。一般在不明示的情况下所言说的"不动心",都是这种狭义的意义上所使用的"不动心"。

告子之"不动心"与孟子之"不动心"的区别,是通过阐述"言—心""心—气"这两对关系而获得解释的。"言—心""心—气"和"志—气"这三对关系,都是"言—心、志—气"概念系统的不同呈现。"言—心、志—气"概念系统的内在要求就是,理性之"心、志"对感性之"气"("辞气"和"勇气")的主导,即"理性主导感性"的原则;"不动心"的"气不动心"概念和"言—心、志—气"概念系统之间的关系,是内容和形式的关系。①

The Concept of Mencius'"No-Moving-the-Mind"

Lu Shan

Abstract: "No-Moving-the-Mind" 's concise and clear concept is "Qi Does not Move the Mind". The core of "No-Moving-the-Mind" is the principle of "rationality dominates sensibility". According to the consciousness of the principle, it can be divided into in-

① 卢山:《不动心有道乎?》,第 43—44 页。

itself "No-Moving-the-Mind", for-itself "No-Moving-the-Mind" and both in-itself and for-itself "No-Moving-the-Mind", which respectively constitutes the understanding of the human basis, practical dimension and metaphysical dimension on "No-Moving-the-Mind". Mencius' "No-Moving-the-Mind" is embodied in "dwelling-in-benevolence and practising-righteousness", which is the "No-Moving-the-Mind" in the strict sense; Gaozi's "No-Moving-the-Mind" is embodied in "renouncing-self and abandoning-self", which name is ironic.

Keywords: No-Moving-the-Mind, Original mind, Four-Origin-Mind, Benevolent Mind, Invariable Mind

中西思想

资本语境的德国变型与知识人的观念之惑

——以二元关系和1914年理念为中心

叶 隽*

[摘 要] 大航海时代以来，随着经济全球化的率先实现，西方（先是欧洲后为美国）以其暴力优势而君临天下，并试图使世界按照某种划一的范式向前推进，但考其实际，"世界政府"无论是作为一种理念还是实践都与世界政治远为脱节。这其中表现的不仅是集团利益的狭隘分割，更体现出其内驱动力资本语境的困窘悖论，甚至是文化层面的先天不足。如果我们区分细部，会发现即便是在欧洲内部，也呈现出不同的发展模式。作为"另一种西方"的德国，就曾因其"特殊道路"而被视为与英、法相异的另类。本文试图考察资本语境的德国变型，也就必然涉及器物层面的经济变化所导致的制度、文化层面的连锁反应。资本语境和世界市场的呈现，既是面对东方他者的方式，也是对西方内部一体化的加强性措施。所以，对德国这样一个后发国家而言，资本语境的逐渐形成乃是迫使其应对时势的重要背景，而德国变型则既是结果也是方

* 叶隽（1973— ），男，安徽桐城人，同济大学人文学院特聘教授，研究领域为文化史与文化哲学。

式。我们可以看到,“资本支配—现代性危机—德意志道路”几乎构成一个三位一体的立体过程。在充分意识到器物层面支配的基础上,我们将目光主要关注德国知识精英的理念层面,因为他们向来具有普适性的世界胸怀,考察他们在日益严峻的资本语境下是如何选择应对的方式并调试自家安身立命的理念,从歌德“一体二魂”式的二元分裂到黑塞笔下精神之狼的“人狼两性”并存,既表现出德国精英对元思维模式的持续追问,也充分映射出18世纪开始的机器化过程到20世纪现代性压抑的愈演愈烈。相比1789年的法国理念(自由、平等、博爱),1914年德国理念(责任、秩序、公正)的出现,不仅是民族性的表现,说到底更是资本语境德国变型的产物。两次世界大战的失败,使得德国人彻底丧失了在政治舞台发言的公平权利,但并不代表其理念就真的失效。无论如何,1914年理念既有特殊时代背景下的对策成分,也不妨视作德国历代精英人物荟萃的“理念宣言”,因为这其中表现出的“德国式自由”的坚守和迷惘,最终恐怕还是要归结到最优秀人物的理念孕育中去。

[关键词] 资本语境;思想史;文学史

一、资本语境的德国变型——资本支配—现代性危机—德意志道路

或者,还是应该从德国语境本身的争论说起。二战之后,西方思想界普遍认为希特勒的国社党及其德国浩劫乃是德国近代历史文化的必然产物,卢卡奇(Lukács, Georg, 1885—1971)尤其强调“一些特殊的条件使德国成为非常适合非理性主义的土壤”,“非理性主义不仅反对资产阶级的进步概念,而且反对社会主义的进步概念”[①];而梅内克(Meinecke, Friedrich, 1863—1954)则反驳此

① 卢卡奇:《理性的毁灭》,王玖兴等译,济南:山东人民出版社,1997年,第13页。

种论调，强调德国道路的偶然性[①]。这种非常明显的针锋相对，或许不仅是一种简单的学术争论，而有着更丰富的社会史、政治史和精神史意义；倒是希特勒提出了一个非常有意思的现象，就是他认为马克思建立理论的初衷在于"准备一切基础以使得国际金融资本与股票资本能实现统治"[②]，说到底就是以人数多寡而决定世界命运，最终归之以犹太人的金融资本的世界统治。按照这样一种逻辑推断，正是宗教二元而导致了国族竞胜，之所以要掀起各个国族之间的竞争局面，乃归因于希氏为马克思设想的犹太教借助其金融资本之力量统治世界的目的。即便不是"以小人之心度君子之腹"，但希氏在这里过于"强人以就己"。对于理解德国史进程来说，强调"德意志特殊道路"（Deutscher Sonderweg）并不稀奇，但如果脱离了西方现代性（大概念）的整体背景则难求正解，因为问题的根源显然仍在于资本驱动，而非其他。这点马克思的认识是非常深刻的："资产阶级除非对生产工具，从而对生产关系，从而对全部社会关系不断地进行革命，否则就不能生存下去。反之，原封不动地保持旧的生产方式，却是过去的一切工业阶级生存的首要条件。生产的不断变革，一切社会状况不停的动荡，永远的不安定和变动，这就是资产阶级时代不同于过去一切时代的地方。一切固定的僵化的关系以及与之相适应的素被尊崇的观念和见解都被消除了，一切新形成的关系等不到固定下来就陈旧了。一切等级的和固定的东西都烟消云散了，一切神圣的东西都被亵渎了。人们终于不得不用冷静的

---

① 参见何兆武《译序》，载梅尼克：《德国的浩劫》，何兆武译，北京：生活·读书·新知三联书店，2002年，第17页。

② 德文为：Ich begann wieder zu lernen und kam nun erst recht zum Verhältnis des Inhalts des Wollens der Lebensarbeit des Juden Karl Marx. Sein „Kapital" wurde mir jetzt erst recht verständlich, genau so wie der Kampf der Sozialdemokratie gegen die nationale Wirtschaft, der nur den Boden für die Herrschaft des wirklich internationalen Finanz- und Börsenkapitals vorzubereiten hat. Adolf Hitler, Mein Kampf, Zwei Bände in einem Band ungekürzte Aufgabe. Erster Band, Eine Abrechnung; Zweiter Band, Die nationalsozialistische Bewegung. München: Zentralverlag der N. S. D. A. P., 1936. p. 234. 这段德文的首句比较含混不可解，英译本将其简化了：I was beginning to learn afresh, and only now came to a right comprehension of the teachings and intensions of the Jew, Karl Marx. Only now I did understand his Capital, and equally also the struggle of Social Democracy against the economics of the nation, and that its aim is to prepare the ground for the domination of the truly international capitals of the financiers and the Stock Exchange. Adolf Hitler, My Struggle, London: Paternoster Library, 1938. P. 96。

眼光来看他们的生活地位、他们的相互关系。"[①]这种变与不变的关系,如果按照《易经》思维来观照之,其实并无大碍;但问题的关键则在于,这种"促变"的因素,究竟在多大程度上是合理的? 因为按照这种论述,其实"变革手段"多少有点类似"饮鸩止渴",不是为了某种正义的目的而去变革,更多是出于求生本能而求变革,这两者有本质之分野;这种"求毒攻毒"的结构性规定,使得资本主义的周期性经济危机不断,而世界市场的形成更使得全球一体、概莫能外。所以我们必须意识到的是,资本语境的形成不是孤立的,不是从天而降的,更不是孤立在一个民族国家语境就能解释和解决的问题。

就德国思想对资本问题的重视而言,或许从席勒、歌德开始就已经敏锐地意识到了。譬如哈贝马斯将所有的现代性问题都归结到席勒处,他说:"最初,或者在18世纪末,曾经有过这样的知识和时代,其中预设的模式或者标准都已经分崩离析,鉴于此,置身于其中的人只好去发现属于自己的模式或标准。"他由此将现代性首先看作是"一种挑战"[②]。哈贝马斯之论席勒的《审美教育书简》,确实有独到的判断:"席勒用康德哲学的概念来分析自身内部已经发生分裂的现代性,并设计了一套审美乌托邦,赋予艺术一种全面的社会—革命作用。"如此席勒不但超前于谢林、黑格尔、荷尔德林等人,而且更重要的是提出了一种替代信仰的范式:"艺术应当能够代替宗教,发挥出一体化的力量,因为艺

① 德文为:Die Bourgeoisie kann nicht existieren, ohne die Produktionsinstrumente, also die Produktionsverhältnisse, also sämtliche gesellschaftlichen Verhältnisse fortwährend zu revolutionieren. Unveränderte Beibehaltung der alten Produktionsweise war dagegen die erste Existenzbedingung aller früheren industriellen Klassen. Die fortwährende Umwälzung der Produktion, die ununterbrochene Erschütterung aller gesellschaftlichen Zustände, die ewige Unsicherheit und Bewegung zeichnet die Bourgeoisepoche vor allen anderen aus. Alle festen eingerosteten Verhältnisse mit ihrem Gefolge von altehrwürdigen Vorstellungen und Anschauungen werden aufgelöst, alle neugebildeten veralten, ehe sie verknöchern können. Alles Ständische und Stehende verdampft, alles Heilige wird entweiht, und die Menschen sind endlich gezwungen, ihre Lebensstellung, ihre gegenseitigen Beziehungen mit nüchternen Augen anzusehen. Marx/Engels, Manifest der kommunistischen Partei, in Ausgewählte Werke, Bd. 4, p. 465. URL = 〈http://www.digitale-bibliothek.de/band11.htm〉《共产党宣言》,载马克思、恩格斯:《马克思恩格斯全集》第4卷,北京:人民出版社,1972年,第469页。

② 包亚明主编:《现代性的地平线——哈贝马斯访谈录》,李安东等译,上海:上海人民出版社,1997年,第122页。

术被看作是一种深入到人的主体间性关系当中的'中介形式'(Form der Mitteilung)。"[①]相比较席勒的哲性思考,歌德无疑更倾向于用感性的认知来感触世界。譬如在借助家庭纺织业领导人物苏姗娜(Frau Susanne)之口描述田园诗般的旧式社会的消亡时,歌德明显表现出一种依依惜别之感:"这一切都将烟消云散,经过若干世纪的努力,这片荒原曾勃勃生机、人丁兴旺,但不久它就要退回到原始的孤寂中去了。"[②]对于机器大生产时代对人性的戕害,对于现代性以一种狂飙方式袭来有着相当清醒的认识,借苏姗娜夫人面对机器生产威胁职业的生存恐惧可以看得明白:"机器的剧增使我又惊又怕,它如山雨欲来,虽然速度缓慢,但却方向已定,不容抗拒。"[③]所以也难怪在时人的心目中:"歌德的整个创作好像就是一幅自身陷入分裂的世界的动荡之图像。"[④]

如果说这里提供了一种由诗人思想洞烛客观语境的微妙画卷,那么,学者的睿智则为我们深入理解问题的根源所在提供了更为明确的理论资源。在德国学术史上,通过马克思(Marx, Karl, 1818—1883)—西美尔(Simmel, George, 1858—1918)—韦伯(Weber, Max, 1864—1920)的相继深入,形成了一组非常明确的"资本天问",马克思一针见血地指出:"如果按照奥日埃的说法,货币'来到世间,在一边脸上带着天生的血斑',那末,资本来到世间,从头到

---

① 《论席勒的〈审美教育书简〉》,载哈贝马斯:《现代性的哲学话语》,曹卫东等译,南京:译林出版社,2004年,第52页。

② 德文为:wie das nach und nach zusammensinken absterben, die Öde, durch Jahrhunderte belebt und bevölkert, wieder in ihre uralte Einsamkeit zurückfallen werde. Goethe, *Werke*: *Wilhelm Meisters Wanderjahre*, in *Werke*, Bd. 8, p. 430. URL = 〈http://www.digitale-bibliothek.de/band4.htm〉此处中文为作者自译。

③ 德文为:Das überhandnehmende Maschinenwesen quält und ängstigt mich, es wälzt sich heran wie ein Gewitter, langsam, langsam; aber es hat seine Richtung genommen, es wird kommen und treffen. Goethe, *Werke*: *Wilhelm Meisters Wanderjahre*, in *Werke*, *Bd. 8*, p. 429. URL = 〈http://www.digitale-bibliothek.de/band4.htm〉此处中文为作者自译。

④ 原文为:Goethes ganze Dichtung ist fast nur das Bild der Zerrüttungen einer mit sich selber in Zwiespalt geratennen Welt. Karl August Varnhagen von Ense, *Im Sinne der Wanderer*, in *Goethe im Urteil seiner Kritiker-Dokumente zur Wirkungsgeschichte Goethes in Deutschland*, Band II, ed., Mandelkow, Karl Robert, München: C. H. Beck, 1977, p. 28。

脚，每个毛孔都滴着血和肮脏的东西。”[①]其本质则是，“资本主义制度却正是要求人民群众处于奴隶地位，使他们本身转化为雇工，使他们的劳动资料转化为资本。”[②]而西美尔则以“货币哲学”的视角提供了另一种观察资本和货币的方式，提出了更为系统的理论建构[③]，他认为“货币经济这一特别现象带有的心理能量是理智，不同于人们通常所谓的感情或情感这样的能量，在那些尚未由货币经济决定的时期和利益范围的生活中，后面这些能量更为突出”[④]。这就非常清楚地告诉我们，金钱—货币经济(资本)—理性之间是有一条内在的逻辑线索的，这非常重要。或者可以说，货币经济现象就是理性的产物。他进一步指出了货币的致命弱点：“金钱处处都被当作目标，并因此迫使特别多的、真正带有目标本身特征的东西，降格为纯粹的手段。但是金钱自身无论在哪里都只能成为手段，这样，存在(Dasein)的内容就被安置在一个庞大的目的论关联中。在这种关联中，没有什么目标位居首位，也没有目标奉陪末座。因为金钱用残酷的客观性衡量一切事物，这样确定的价值尺度决定了事物之间的联结，产生了涉及一个由客观的和个人的生活内容编织在一起的网，连续不断地结合在一起，具有严格的因果性，在这些方面，它与符合自然规律的宇宙很类似。这个网被充斥一切的货币价值粘连在一起，就像自然被赋予一切生命的能量粘贴在一起一样，能量和货币价值一样有千万种形式，但是通过它自身本质的一致性和对于任何形式的可转换性，将每一件东西都同别的东西联系在一起，使任何一

---

① 德文为：Wenn das Geld, nach Augier, „mit natürlichen Blutflecken auf einer Backe zur Welt kommt “, so das Kapital von Kopf bis Zeh, aus allen Poren, blut- und schmutztriefend. Marx, *Das Kapital*, *in Ausgewählte Werke*, Bd. 23, p. 788. 马克思、恩格斯：《马克思恩格斯全集》第23卷《资本论》第1卷《资本生产的过程》，北京：人民出版社，1972年，第829页。

② 德文为：Was das kapitalistische System erheischte, war umgekehrt servile Lage der Volksmasse, ihre eigne Verwandlung in Mietlinge und Verwandlung ihrer Arbeitsmittel in Kapital. Marx, *Das Kapital*, in *Ausgewählte Werke*, *Bd. 23*, p. 748. 马克思、恩格斯：《马克思恩格斯全集》第23卷《资本论》第1卷《资本生产的过程》，第788页。

③ Simmel, Georg: *Philosophie des Geldes*. URL = 〈www. digbib. org/Georg_Simmel_1858/Philosophie_des_Geldes〉西美尔：《货币哲学》，陈戎女等译，北京：华夏出版社，2002年。

④《货币与现代生活风格》，载西美尔：《金钱、性别、现代生活风格》，顾仁明译，上海：学林出版社，2000年，第18页。

样东西都成为别的东西的条件。……”[①]到了韦伯，则明确地以“理性”(Rationalismus)为西方文明的基础，提出“资本主义精神”(kapitalistischer Geist)的命题，在他看来，“资本主义更多地是对这种非理性欲望的一种抑制或至少是一种理性的缓解。”[②]他指出：“获利的欲望，对营利、金钱的追求，这本身与资本主义并不相干”，因为道理很简单，“这样的欲望存在于并且一直存在于所有的人身上”，“可以说，尘世中一切国家、一切时代的所有的人，不管其实现这种欲望的客观可能性如何，全都具有这种欲望”[③]。这是基本事实，同时也提醒我们，对于物欲的理解必须有一个较为公正的尺度，否则很可能物极必反，将问题推到一个极端上去了。

当然，如果追溯源头，这样一种资本潮来的现象，是在大航海时代之后出现的，“正是在16世纪中，某种建立在资本主义生产方式基础上的欧洲的世界经济体开始出现。这一资本主义早期阶段最奇怪的方面，是资本家没有在世界面前炫耀他们的旗帜。占支配地位的意识形态不是自由企业制度，也不是个人主义、或科学主义、或自然主义、或民族主义。作为世界观，以上这些都要到18或19世纪才能成熟。似乎能达到盛行程度的意识形态就是国家统制主义(statism)，即国家利益至上。”[④]这给我们揭示了一种很重要的现象，就是“表象与实质”的张力维度，甚至是背道而驰。至今为止，我们仍在民族国家为主导的

---

① 《货币与现代生活风格》，载西美尔：《金钱、性别、现代生活风格》，顾仁明译，上海：学林出版社，2000年，第21页。

② 德文为：Kapitalismus kann geradezu identisch sein mit Bändigung, mindestens mit rationaler Temperierung, dieses irrationalen Triebes. Max Weber, *Vorbemerkung*, in *Gesammelte Werke*, *Bd. 1*, p. 4. 马克斯·韦伯：《新教伦理与资本主义精神》，于晓等译，北京：生活·读书·新知三联书店，1987年，第8页。

③ 德文为：Und so steht es nun auch mit der schicksalsvollsten Macht unsres modernen Lebens: dem *Kapitalismus*. »Erwerbstrieb«, »Streben nach Gewinn«, nach Geldgewinn, nach möglichst hohem Geldgewinn hat an sich mit Kapitalismus gar nichts zu schaffen. Dies Streben fand und findet sich bei Kellnern, Aerzten, Kutschern, Künstlern, Kokotten, bestechlichen Beamten, Soldaten, Räubern, Kreuzfahrern, Spielhöllenbesuchern, Bettlern: -man kann sagen: bei »all sorts and conditions of men«, zu allen Epochen aller Länder der Erde, wo die objektive Möglichkeit dafür irgendwie gegeben war und ist. Es gehört in die kulturgeschichtliche Kinderstube, daß man diese naive Begriffsbestimmung ein für alle Mal aufgibt. Max Weber, *Vorbemerkung*, in *Gesammelte Werke*, *Bd. 1*, p. 4. URL=〈http://www.digitale-bibliothek.de/band58.htm〉马克斯·韦伯：《新教伦理与资本主义精神》，第7—8页。

④ 伊曼纽尔·沃勒斯坦：《现代世界体系》第1卷《十六世纪的资本主义农业与欧洲世界经济体的起源》，尤来寅等译，北京：高等教育出版社，1998年，第79页。

政治制度之中，但这与资本要求的器物层面的统一性其实有自相矛盾的一面。

或者按照汤因比的判断就是："自15世纪由于中国人、葡萄牙人和西班牙人掌握了航海技术而使人类文明世界连为一个整体以来，民族国家的政治理想一直是某种经济上的时代错误。"①也就是说，在政治制度层面一直停留在民族国家的政府组织上，就是一种落后乃至错误的表现，至少不是与时俱进的。而其目标则应指向一个世界政府，"人们需要某种形式的全球政府来保持地区性的人类共同体之间的和平，来重建人类与生物圈其余部分之间的平衡，因为这种平衡已被作为工业革命结果的人类物质力量的空前增长所打破。"②而这种要求确实与时代发展密切相关，因为我们也要注意到："中古时期欧洲的政治经济体制，大体可说是孕育于一种反映小国寡民政治单元的小规模空间。"③政治与经济的互动意义在于，"当小规模政治单元日益受到中央集权国家君王扩大领土野心的冲击，那种能够将货物吸纳到更广泛流通范围的更大规模的商业网络也便日渐发展。等到更大规模市场层级能够穿透各地村落而将众多农村居民与小镇市民融入与较大城市的商业交换网络，位于商业网络之中的领土国家也便得到进一步的发展。"④所以归总言之，"资本主义世界经济体的鲜明特征是：经济决策主要面向世界经济体的竞技场，而政治决策则主要面向世界经济体内的有法律控制的较小的组织——国家(民族国家、城市国家、帝国)。"⑤其后果就是："经济和政治的这种双重导向，也可称之为'差别'，是各个集团在表明自己合适身份时的混乱和神秘化的根源，这种身份是集团利益合情合理的、理性的表现形式。"⑥一方面是出自低端的物质层面的制度性诉求，另一方面则是源自高端即文化层面的制度性诉求，这就很可能造成"文明的冲突"不仅表现在异质文化之间的冲突，也显现出内部结构性矛盾面相。

---

① 汤因比：《人类与大地母亲》，徐波等译，上海：上海人民出版社，2001年，第517—518页。

② 汤因比：《人类与大地母亲》，第523页。

③ 卜正民、格力高利·布鲁主编：《中国与历史资本主义——汉学知识的系谱学》，古伟瀛等译，北京：新星出版社，2005年，第273页。

④ 卜正民、格力高利·布鲁主编：《中国与历史资本主义——汉学知识的系谱学》，第273—274页。

⑤ 伊曼纽尔·沃勒斯坦：《现代世界体系》第1卷《十六世纪的资本主义农业与欧洲世界经济体的起源》，第79页。

⑥ 伊曼纽尔·沃勒斯坦：《现代世界体系》第1卷《十六世纪的资本主义农业与欧洲世界经济体的起源》，第79页。

如果我们进一步区分细部，会发现即便是在欧洲内部，也呈现出不同的发展模式。作为“另一种西方”的德国，就曾因其“特殊道路”而被视为与英、法相异的另类。考察资本语境的德国变型，也就必然涉及器物层面的经济变化所导致的制度、文化层面的连锁反应，马克思讲得很清楚：“商品流通是资本的起点。商品生产和发达的商品流通，即贸易，是资本产生的历史前提。世界贸易和世界市场在十六世纪揭开了资本的近代生活史。”[①]资本语境和世界市场的呈现，既是面对东方他者的方式，也是对西方内部一体化的加强性措施。所以，对德国这样一个后发国家而言，资本语境的逐渐形成乃是迫使其应对时势的重要背景，而德国变型则既是结果，也是方式。我们可以看到，“资本支配—现代性危机—德意志道路”几乎构成一个三位一体的立体过程。在充分意识到器物层面支配的基础上，我们将目光主要关注德国知识精英的理念层面，因为他们向来具有普适性的世界胸怀，考察他们在日益严峻的资本语境下是如何选择应对的方式并调试自家安身立命的理念，从歌德“一体二魂”式的二元分裂到黑塞笔下精神之狼的“人狼两性”并存，既表现出德国精英对元思维模式的持续追问，也充分映射出 18 世纪开始的机器化过程到 20 世纪现代性压抑的愈演愈烈。

二、从“二元分裂”到“精神之狼”的出现

物质层面的困惑，必然导致在精神层面寻求解答。同样作为物质语境中的存在物，作为精神阶层主要载体的知识人也不可能对客观环境视若无睹，既因其精神灯塔的现实生存土壤母体关乎的必然性，同样也是社会人规定的本质属性的制约作用。

这种二元分裂关系在文学史、思想史上都是有非常明显的体现的，在歌德那里是浮士德的“一体二魂”，“啊！ 两个灵魂居于我的胸膛/它们希望彼此分割，摆脱对方/一个执着于粗鄙的情欲，留恋这尘世的感官欲望/一个向往着崇

---

① 德文为：Die Warenzirkulation ist der Ausgangspunkt des Kapitals. Warenproduktion und entwickelte Warenzirkulation，Handel，bilden die historischen Voraussetzungen，unter denen es entsteht. Welthandel und Weltmarkt eröffnen im 16. Jahrhundert die moderne Lebensgeschichte des Kapitals. Marx，*Das Kapital*，*in Ausgewählte Werke*，Bd. 23，p. 161. 马克思、恩格斯：《马克思恩格斯全集》第 23 卷《资本论》第 1 卷《资本生产的过程》，第 167 页。

高的性灵，攀登那彼岸的精神殿堂！”（Zwei Seelen wohnen, ach! in meiner Brust, /Die eine will sich von der andern trennen; /Die eine hält, in derber Liebeslust, /Sich an die Welt mit klammernden Organen; /Die andre hebt gewaltsam sich vom Dust/Zu den Gefilden hoher Ahnen. ）[①]在黑塞处则变成了荒原狼式的哈里的“人狼两性”，道理很简单，“在他身上，人和狼不是相安无事，互助互济，而是势不两立，专门互相作对。一个人灵魂躯体里的两个方面互为死敌，这种生活是非常痛苦的。……在感情上，他和一切混杂生物一样，忽而为狼，忽而为人。但有一点与他人不同，当他是狼的时候，他身上的人总是在那里观察，辨别，决断，伺机进攻；反过来，当他是人的时候，狼也是如此。比如，当作为人的哈里有一个美好的想法，产生高尚纯洁的感情，所谓做了好事时，他身上的狼就露出牙齿，狞笑，带着血腥的嘲弄口吻告诉他，这场高尚的虚情假意与荒原狼的嘴脸是多么不相称，显得多么可笑，因为狼心里总是清清楚楚，他感到惬意的是什么——孤独地在荒原上奔驰，喝血，追逐母狼；从狼的角度看，任何一个人性的行为都是非常滑稽愚蠢和不伦不类的。反之也一样，当哈里狼性大发，在别人面前龇牙咧嘴，对所有的人以及他们虚伪的、变态的举止和习俗深恶痛绝时，他身上的人就潜伏一边，观察狼，称他为野兽、畜生，败坏他的情绪，使他无法享受简单朴素、健康粗野的狼性之乐。”[②]归根到底，这就是所谓的荒原狼的两种本性“人性和兽性”[③]，其实这与歌德所谓的“一体二魂”如出一辙，但其发展则在于前者更多似乎还停留在理念层面，而到了黑塞时代，已经转化为行动的现实了。或者更直接地说，人类精神的德国变型，正表现出更多地向着“狼性”方面转化的倾向，而且两者之间的关系表现得不是“互助论”，而是“竞存论”，即更多是丛林法则的相互竞争、角逐，甚至势不两立。

黑塞其实努力在开辟出一条新路，无论是对歌德的感谢，还是对德国传统的自觉承继意识，都体现出他作为德意志精神谱系的核心人物的本色，他在《感谢歌德》一文中开宗明义地表示：“在所有的德国作家之中，歌德是我最深具谢

① Goethe, *Werke*: *Faust. Eine Tragödie*, in *Werke*, Bd. 3, p. 41. URL=〈http://www.digitale-bibliothek.de/band4.htm〉此处为作者自译。《浮士德》中译本参见歌德：《歌德文集》第 1 卷，绿原译，北京：人民文学出版社，1999 年，第 34 页。

② 赵登荣：《荒原狼》，倪诚恩译，上海：上海译文出版社，1986 年，第 37 页。

③ 赵登荣：《荒原狼》，第 37 页。

意，也是我最常尚友、困惑、受启，迫使我想成为其后继者或挑战者的那一位。”①而在我看来，这种承继自觉，首先是表现在思想史路径的“古典思脉”的继承，即努力延续古典和谐的道路，在传统的浪漫—启蒙之间，选择中间道路。然而调和终究是易于表述，难以实行。所以，黑塞的意义，与其说他是开辟了某种新路，还不如说他表现了德国知识精英的这种“寻道苍茫”的努力和失败，因为就其思想构建来说他也远未超过歌德，而他所身处大时代的资本支配力量与困境则远超前贤，这才是更有价值的问题。其关键或在于体现出，知识人的观念之惑所表达的问题要求我们思考的，乃是如何回应西方现代性强势迫来和资本那只“看不见的手”的精神窘局。其实，如果我们借助二元三维的侨易思维，就可以明显发现，在德国这个具体语境（无论其另类与否）中所体现的资本支配下的现代性场域，其“二元结构”日益显示出规定性的特征，而缺少“第三维”的有益平衡，如果从歌德、席勒那代人努力构建作为第三维的“古典思脉”开始算起，德国知识场域的二元三维结构基本已成雏形，虽然时势迁移，主要仍是浪漫—启蒙两大思脉为中心运动，但基本结构不变。最困难的是试图把握中道的“古典思脉”中人，他们往往身当二元分裂之苦，而难得二元归一之道。知识人的变动，必然导致政治人和经济人的同时变动，也许时间上有差距，但其结构性链性变化是必然的。这也就自然不仅关涉传统延续的问题，也导致了文化迁移的制度、器物层面影响，从而构成了整个文明结构的立体性变迁。

一体二魂其实符合“二元结构”，而且更重要的是我们可以看到一种内外之间互通的张力，即在外部是二元，在内部依然构成一种二元。我要特别强调的是，这种“二元分裂”乃是理解德意志民族的一把金钥匙，是打开他们精神之门

① 原文为：Unter allen deutschen Dichtern ist Goethe derjenige, dem ich am meisten verdanke, der mich am meisten beschäftigt, bedrängt, ermuntert, zu Nachfolge oder Widerspruch gezwungen hat. Er ist nicht etwa der Dichter, den ich am meisten geliebt und genossen, gegen den ich die kleinsten Widerstände gehabt habe, o nein, da kämen andere vorher: Eichendorff, Jean Paul, Hölderlin, Novalis, Mörike und noch manche. Aber keiner dieser geliebten Dichter ist mir je zum tiefen Problem und wichtigen sittlichen Anstoß geworden, mit keinem von ihnen bedurfte ich des Kampfes und der Auseinandersetzung, während ich mit Goethe immer wieder Gedankengespräche und Gedankenkämpfe habe führen müssen. Dank an Goethe (1932), in Hermann Hesse, *Dank an Goethe-Betrachtungen, Rezensionen, Briefe mit einem Essay von Reso Karalaschwili* (Frankfurt am Main: Insel Verlag, 1975), p. 9. 值得注意的是，此文是黑塞应罗曼·罗兰（Rolland, Romain）之邀，为《欧洲》（Europa）杂志的“歌德专号”（Goethenummer）所撰。

的“阿里巴巴秘诀”。他们的所有民族性特点，譬如仆从性乃至奴性的特征、譬如对责任的强调、譬如对秩序的过度寻求，甚至最大的总结性观念表述：1914年理念都可以从中去寻找蛛丝马迹。

三、秩序何以可能？——1914年理念的资本语境问题

德国人会特别强调自家的1914年理念(Die Ideen von 1914)，即所谓的“责任、秩序、公正”(Pflicht, Ordnung, Gerechtigkeit)。在20世纪早期的时候，这一组理念随着德国国势的兴盛，曾一度成为主导性的“思想旗帜”。时当一战爆发之际，德国知识阶层(包括历史学家、哲学家和文化批评家等)充满了民族自负与未来憧憬，他们在黑格尔的“扬弃”(Aufhebung)概念意义上来对待法国人的1789年理念，从而提出了1914年的德国理念。它包含着关于国家与民族(Staat und Volk)的反自由、反民主与社团主义的概念，但通常却缺乏对这种情绪的具体化辨析。一般而言，它被认为是针对英国自由主义、法国民主博爱的“德国性”(Deutschtum)的表现。特罗尔奇(Troeltsch, Ernst, 1865—1923)在其《1914年理念》的演讲中有很清楚的表述。[①] 此外，如托马斯·曼(Mann, Thomas, 1875—1955)与纳尔托普(Natorp, Paul Gerhard, 1854—1924)等知识精英也都有所论述。

虽然这并非简单的一种观念或口号式表述，可它确实也在某种意义上表现出一种群众性运动的特点。1914年10月23日，3 000名德国大学教师签署了“德意志帝国大学教师宣言”(Erklärung der Hochschullehrer des Deutschen Reiches)，貌似一种轰轰烈烈之精神运动。但其中牵涉甚广，非三言两语能简化之，更重要的是一种本质性的理念之别，诸如“文化”(Kultur)与“文明”(Zivilisation)、“共同体”(Gemeinschaft)与“社会”(Gesellschaft)等。[②] 这种理念的提出，当然有其特殊的时代背景和历史语境，与其仅仅将其视为一种简单

---

① 参见 Ernst Troeltsch, “Die Ideen von 1914” (Rede, gehalten vor der Deutschen Gesellschaft), *Die neue Rundschau* 27(1916): pp. 605 - 624。

② 详细论述，此处不展开，可参见 Rudolf Kjellén, *Die Ideen von 1914 - Eine weltgeschichtliche Perspektive* (Leipzig, 1915). Johann Plenge, *1789 und 1914 - Die symbolischen Jahre in der Geschichte des politischen Geistes* (Berlin, 1916)。

的口号宣传或政治策略，还不如将其视作体现了德意志民族的文化心理积淀的理念表述。所以我这里更着重从理念本身可以阐释的意义，超越一时一地一执着的狭隘，结合其思想史背景尤其是文学话语的特点来加以理解。所谓“一沙一世界，一花一天堂”（英国诗人布莱克诗），看的就是佛心大世界。

按照席勒的观念：“惟有经过道德修养之人，方能获致自由。”（Der moralisch gebildete Mensch, und nur dieser, ist ganz frei.）[①]在我看来，德国特征就是“责任式自由”的标示，这在1914年理念中表现得是清楚的，1914年理念的三个内容分别可以指向文明结构的三层次，对高端文化层次要求“责任”、对中端制度层次要求“秩序”、对低端器物（社会实际运作）层次要求“公正”。这种“责任式自由”的指向，既对于人类文明史中最大公约数的寻求是有其特殊价值的，也是资本语境德国变型的重要收获。至今为止，我们仍没有对此引起充分重视，这不仅是对精神资源的一种明珠暗投，更是对资本语境的熟视无睹。按照马克思的话来说：“资产阶级，由于一切生产工具的迅速改进，由于交通的极其便利，把一切民族甚至最野蛮的民族都卷到文明中来了。它的商品的低廉价格，是它用来摧毁一切万里长城、征服野蛮人最顽强的仇外心理的重炮。它迫使一切民族——如果它们不想灭亡的话——采用资产阶级的生产方式；它迫使它们在自己那里推行所谓文明，即变成资产者。一句话，它按照自己的面貌为自己创造出一个世界。”[②]这种创造，不仅停留于物质世界的新塑造，而且也包括了精神观念的重大变型。希特勒显然也是要创造一个新世界的，他是产生于资本语境并且对抗了这个资本语境的，但他更多谱上的是德意志精神的“西

① Friedrich von Schiller, “Über das Erhabene”, in *Gesammelte Werke*, *Band 8*, Berlin: Aufbau-Verlag, 1955, p. 499.

② 德文为：Die Bourgeoisie reißt durch die rasche Verbesserung aller Produktionsinstrumente, durch die unendlich erleichterten Kommunikationen alle, auch die barbarischsten Nationen in die Zivilisation. Die wohlfeilen Preise ihrer Waren sind die schwere Artillerie, mit der sie alle chinesischen Mauern in den Grund schießt, mit der sie den hartnäckigsten Fremdenhaß der Barbaren zur Kapitulation zwingt. Sie zwingt alle Nationen, die Produktionsweise der Bourgeoisie sich anzueignen, wenn sie nicht zugrunde gehn wollen; sie zwingt sie, die sogenannte Zivilisation bei sich selbst einzuführen, d. h. Bourgeois zu werden. Mit einem Wort, sie schafft sich eine Welt nach ihrem eigenen Bilde. Marx/Engels, *Manifest der kommunistischen Partei*, in *Ausgewählte Werke*, *Bd. 4*, p. 466. URL =〈http://www.digitale-bibliothek.de/band11.htm〉《共产党宣言》，载马克思、恩格斯：《马克思恩格斯全集》第4卷，第470页。

格弗里"的英雄记号,一旦他不符合资产阶级的需要,就必然为资产阶级所颠覆。希特勒更多是文化的符号,而非资本的佣仆。他是按照强烈的"艺术意志"和古老的"民族意志"在行事的,虽然过犹不及,但确实是试图对抗资本的。希特勒现象,就是狼性的表现,而且明显属于精神之狼,即他是可以有狼性,也是可以有人性的。

或者,我们需要追问的是,从本质而言,这个世界究竟是"文明的冲突"还是"资本的奔逐"? 这个问题是极为关键的。资本奔逐必然导致对世界的资本驱动,资本如同机器,是由人发明的,但却最终将无法为人所控制;而文明毕竟只是人类的整体性发展概念,与其说"文明的冲突",或者还是逼向"文化的冲突"。在理念层面我们试图按照人的理性,用金子一般的心灵去塑造世界;可在器物层面,那些貌似"百姓日用而不知"的物质生活本身,却很可能蕴藏有"一统世界"的帝国力量,或许这正是我们理解科幻文学中那些机器人(智能人)能够操纵乃至统治人类的忧虑的钥匙吧? 这样一种"为物所役"的悲哀结局,才正是人类这个物种的可能悲哀之处。我们究竟向何方安置我们的身体和灵魂? 从这个意义上来说,德国人民族性中的"仆从"特征并不是很突兀的东西,而 1914 年理念所暗含的"责任式自由"理念,更是值得再三体味。

或许我们还是该回到歌德的元思维探索中去,在歌咏《银杏》(Gingo Biloba)的时候歌德表现出明显的形而上学意味,他这样描绘银杏叶:

它是一个有生命的物体,
在自己体内一分为二?
还是两个生命合而为一,
被我们看成一个整体?

Ist es *ein* lebendig Wesen,
Das sich in sich selbst getrennt?
Sind es zwei, die sich erlesen,
Daß man sie als *eines* kennt?①

---

① Goethe, *Werke*: *West-östlicherDivan*, in *Werke*, *Bd*. *3*, p. 90. URL=〈http://www.digitale-bibliothek.de/band4.htm〉《西东合集》,载歌德:《迷娘曲——歌德诗选》,杨武能译,桂林:广西师范大学出版社,2003 年,第 291 页。

这段"二"与"一"关系的辨析相当精彩，而且借助诗人的手笔将哲人的阐述之难似乎抹平了。其实这是一个极为重大的认知史元命题，即"一""二"和"三"的关系。在我看来，1914 年理念的核心仍是如何处理好这个一、二、三的关系问题，即以责任为核心，注重秩序建构、公正寻求为两翼，注意与法国理念的调和，即取"责任式自由"为依归。这或许是德国人给寻求最大公分母的世界理念所做出的最大贡献。因为有差异才有冲突，有差异才有互补，有差异才能刺激创新。所以就本质而言，有差异是好事情，它可以推动人的进步。当器物层面不断地走向一统的时候，保护文化层次的差异性无疑极为必要。但从另一个角度来看，人类实际上是给自己设置了一种悖论，即统一必然是立体结构的，不可能孤立发生，所以当物质大一统格局真正形成之日，却恰恰是文化多元走向终结的标志。问题是，世界市场已经形成，世界政府和世界文学究竟该如何应对？在我看来，关键或许不是后者的应对，而是重新反思世界市场的设计模式究竟该是怎样的？它不应当是绝对划一的，而是应考虑形成二元结构，如此才可能求得一种动态平衡。所以不幸在于，资本对世界市场实现了大一统式的支配。世界政府也是必要的，问题仍在于不能划一而统治。既要寻求最大公分母，又要保持二元三维结构，这是人类自设的难题，但或许又是不二之道！

在这种理念中，其实最根本的还是"秩序"，因为只有秩序存在，才有可能实现整个人类的和平共处、不断发展。所谓责任，所谓公正，前者属于个体品质，后者则属于理想诉求，都不能构成最核心的东西。而最根本的，仍是秩序建构。比较而言，1789 年理念对于"平等"的要求，2005 年理念则凸显了"和谐"的因子[①]，或侧重于间性关系，或侧重于总体维度，但都过于理想化，反而不如"秩序"诉求之简洁有力而有可行性。当然在秩序这样一个严肃的词语下，也透露出德国人的民族性来，而且稍不谨慎，就可能滑向极端专制的边缘，史有前鉴，不可不察。要知道，德国人曾经就走向了几乎是万劫不复之路，1914 年理念不但没有赢得战争，而且搭进去了几乎是全民族的"身家性命"。何以然？

从歌德"一体二魂"式的二元分裂到黑塞笔下精神之狼的"人狼两性"并存，既表现出德国精英对元思维模式的持续追问，也充分映射出 18 世纪开始的机器化过程到 20 世纪现代性压抑的愈演愈烈。相比 1789 年的法国理念（自由、

① 叶隽：《2005 年理念：不朽、和谐、仁义》，载《中华读书报》，2011 年 7 月 6 日。

平等、博爱),1914年德国理念(责任、秩序、公正)的出现,不仅是民族性的表现,说到底更是资本语境德国变型的产物。两次世界大战的失败,使得德国人彻底丧失了在政治舞台发言的公平权利,但并不代表其理念就真的失效。无论如何,1914年理念既有特殊时代背景下的对策成分,也不妨视作德国历代精英人物荟萃的"理念宣言",因为这其中表现出的"德国式自由"的坚守和迷惘,最终恐怕还是要归结到最优秀人物的理念孕育中去。

所以,精神狼性说到底是资本语境下人性的必然变型,只不过德国人以他们的理性极端式实践给世界提供了一面必须借鉴的镜子。问题则在于,我们在何种程度上能够驾驭和控制这种狼性?一方面,这可能是人类与生俱来的天性软肋;另一方面,客观语境的营造也是知识人必须面对和承认的文化责任。当下技术高度发达,可人类社会却日益现出迥途陌路迹象,"世界治理"已是当务之急,可如何引领之,却有待各阶层精英的良性互动。周辅成说:"我希望人类终有一股正气来让人类能安静地生活下去,可能这也只是希望,但比较合理一点。"[①]从这个意义上来说,我们重归资本语境的德国变型之路,重温一流知识人当此大变局中的观念之惑,指向文明史问题的元观念与元思维,也非全然是"纸上谈兵"。

The German Variation in Capital Context and the Intellectuals' Doubts on Conceptions: Centering on the Binary Relationship and Ideas of 1914

Ye Jun

Abstract: Since the age of exploration, with the first realization of economic globalization, the West (first Europe and then the United States) has ruled the world with its violent advantage, and tried to make the world move forward according to a unified paradigm, the root cause lies in the "World Government" is far decoupled from world politics whether it is an idea or practice. It manifests the narrow division of group

① 周辅成致赵越胜信,转引自赵越胜:《燃灯者——忆周辅成》,长沙:湖南文艺出版社,2011年,第139页。

interests, as well as the embarrassing paradox of the capital context which was its internal driving force, and even the inherent deficiencies of the cultural level. We could find that there are also different development models even within Europe if we distinguish the details. As "another kind of West", Germany was once regarded as an alternative to Britain and France because of its "special road". This article attempts to examine the German variant in capital context, which inevitably involves the chain reaction at the institutional and cultural levels caused by economic changes at the material level. The presentation of the capital context and the world market is both a way of facing the other in the East, and a strengthening measure for the internal integration of the West. Therefore, for such a latecomer country as Germany, the gradual formation of the capital context is an important background which forces it to cope with the current situation, and the German variation is both a result and a method. We can see that "capital control-modernity crisis-German road" almost constitutes a process of the trinity. On the basis of fully aware of the domination of the material level, we focus our attention on the spirit level of the German intellectual elites, because they always had a universal mind with the world, and examine how they choose the method and adjust of the idea of self-reliance in the increasingly severe capital context. From the binary separation of Goethe's "one body and two souls" to the coexistence of the dual spirit of "man" and "wolf" of the Steppenwolf described by Hesse, it not only shows the German elites make the continuous inquiries about the meta-thinking mode, but also mirrors the mechanization process and the increasing repression of modernity which began from the 18th century to the 20th century. Compared with French ideas of 1789 (freedom, equality, fraternity), the emergence of German ideas of 1914 (responsibility, order, justice) is not only a manifestation of nationality, but also a product of the German variation in capital context in essence. The failure of the two world wars which caused the Germans to completely lose their fair right to speak on the political stage, but it does not mean that their ideas are really invalid. In any case, the idea of 1914 both has a countermeasure component under the background of a special era, and it may also be regarded as a "declaration of the idea" of the German elites of the past generations, Because the persistence and the confusion of the "German-style freedom" which shown in it, may be come down to the ideas of the best people who gave birth to in the end.

Keywords: the capital context, the history of thought, the history of literature

《史记》“黄老”的概指及老子思想的展开

张 涅*

[摘 要] 《史记》出现了“黄老”之名，且往往与“老子”“道家”异名同实。其有一定的意义指向，但是没有确定的内涵和外延，故而不是概念。用一个新词表达，可谓“概指”。大略包括政治论和人生论两个方面。其中政治论又有“有为”与“无为”之别，“有为”重视刑名法术，“无为”讲顺乎自然，不勉强而为；人生论则有追求精神逍遥和长生不老的不同。这也正是阐释《老子》思想的“老韩”“黄老”“老庄”“老君”四个派别的发展方向。“老韩”讲君王御臣之术，在战国后期已经发达。“黄老”主张“无为而治”，在汉初最盛。“老庄”逃避世俗政治，追求个人精神生命的逍遥，汉末后成为道家思想主潮。“老君”则认为养生至上，提倡服食丹药、炼气导引，成为道教一脉。这些发展不是单线转折进行的，而呈现出多元性和多向性。

[关键词] 黄老；道家；老子；概指；派别

* 张涅(1963—)，本名张嵎，男，浙江岱山人，浙江科技学院中文系教授，主要研究领域为先秦文学和诸子思想。

“黄老”的思想在战国已经兴起，其名则始见于《史记》，后来成为中国文化思想中的重要术语之一。但是，学界对于“黄老”的指称似未充分明达。例如不少学者认为韩非属于黄老一派，杨宽就说：“法家用‘术’的主张，是吸取黄老学派的学说而加以发挥的。”[①]韩非等的“刑名法术”与汉初黄老所主张的“无为而治”都在政治的范畴内，但是具体所指迥然不同，何以能归为一派？从现代学术的要求看，显然需要作界定和梳理。另外，这个问题有关对于老子思想的认识，故而也附论之。

一、《史记》中的“黄老”及其异名同实

讨论这个问题，首先得注意不少学者强调过的一点，即汉初以前的著作普遍存在着“名”“实”不一的现象。其中有异“名”同“实”的，也有同“名”异“实”的，两者还经常交结在一起。那个时代，对于相同的事件和问题，往往各以个人的角度和方式去表达，不免“名”不同。故而，常常不同的“名”却指示着同一个“实”，相互间构成内涵相近、相同的组；即异“名”同“实”。同时，同一个“名”，在不同的语境中，往往指示不同的意义；即同“名”异“实”。故而张岱年说：“古人的名词，常一家一谊。其字同，其意谓则大不同。”[②]两者又往往相混合，异“名”同“实”与同“名”异“实”交结在一起。异“名”因为同“实”，而等于一“名”。又因为同“名”可能异“实”，则异“名”作为一“名”而能指称异“实”。这就要求我们，不能简单地以西学的概念逻辑的套路来认识。

《史记》中的“黄老”“老子”“道家”即是如此。其既可指称同一个“实”，又往往在不同的语境中各有所指，形成内涵的多种性。先来看异“名”同“实”的情形。

在《史记》中，“黄老”之名出现了 14 次。计《孝武本纪》《封禅书》：“窦太后治黄老言，不好儒术。”[③]《曹相国世家》：“其治要用黄老术。”[④]《老子韩非列传》：

---

① 杨宽：《战国史》，上海：上海人民出版社，2016 年，第 556 页。

② 张岱年：《中国哲学大纲》，北京：中国社会科学出版社，1982 年，“自序”第 18 页。

③ 司马迁：《史记》，北京：中华书局，1982 年，第 452 页，第 1384 页。

④ 司马迁：《史记》，第 2029 页。

“申子之学本于黄老而主刑名。”“(韩非)喜刑名法术之学,而其归本于黄老。”[①]《孟子荀卿列传》:“(慎到等)皆学黄老道德之术。”[②]《袁盎晁错列传》:“(邓公)其子章以修黄老言显于诸公间。”[③]《张释之冯唐列传》:“王生者,善为黄老言,处士也。”[④]《田叔列传》:“叔喜剑,学黄老术于乐巨公所。”[⑤]《魏其武安侯列传》:“太后好黄老之言。”[⑥]《汲郑列传》:“黯学黄老之言。”“庄好黄老之言。”[⑦]《儒林列传》:“而窦太后又好黄老之术。”“武安侯田蚡为丞相,绌黄老、刑名百家之言。”[⑧]可见“黄老”已经是一个专名。

这个专名应该是黄帝和老子的合称。因为另有 4 段文字中,有 6 处称为“黄帝、老子”。即《外戚世家》:“窦太后好黄帝、老子言,帝及太子诸窦不得不读黄帝、老子,尊其术。”[⑨]《陈丞相世家》:“太史公曰:陈丞相平少时,本好黄帝、老子之术。”[⑩]《乐毅列传》:“乐臣公善修黄帝、老子之言。”“太史公曰:……乐臣公学黄帝、老子,其本师号曰河上丈人,不知其所出。”[⑪]《日者列传》:“褚先生曰:……(司马季主)术黄帝、老子,博闻远见。”[⑫]这足可证明。学界周知,黄帝是上古人物,没有文献留下来。有关黄帝的记载始见于《左传》《国语》,到战国中期才蔚为大观,因此把黄帝放在老子前面,显然是为了加强权威性而已。《淮南子·修务训》说:“世俗之人多尊古而贱今,故为道者必讬之神农、黄帝而后能入说。”[⑬]吕思勉也说:“多出于依托。”[⑭]已点明这一点。故而,“黄老”事实上即“老子”,是假托黄帝而实以老子思想立言的。

---

① 司马迁:《史记》,第 2146 页。
② 司马迁:《史记》,第 2347 页。
③ 司马迁:《史记》,第 2748 页。
④ 司马迁:《史记》,第 2756 页。
⑤ 司马迁:《史记》,第 2775 页。
⑥ 司马迁:《史记》,第 2843 页。
⑦ 司马迁:《史记》,第 3105 页,第 3112 页。
⑧ 司马迁:《史记》,第 3117 页,第 3118 页。
⑨ 司马迁:《史记》,第 1975 页。
⑩ 司马迁:《史记》,第 2062 页。
⑪ 司马迁:《史记》,第 2436 页。
⑫ 司马迁:《史记》,第 3221 页。
⑬ 刘安:《淮南子》,张双棣:《淮南子校释》,北京:北京大学出版社,2013 年,第 2050 页。
⑭ 吕思勉:《先秦学术概论》,上海:译林出版社,2016 年,第 20 页。

《史记》所载也是这样的。例如《老子韩非列传》:“(庄子)其学无所不窥,然其要本归于老子之言。”[①]《儒林列传》:“太皇窦太后好老子言,不说儒术。”“窦太后好老子书,召辕固生问老子书。”[②]前面《孝武本纪》《封禅书》等都记窦太后喜欢“黄老”学说,这里又说“好老子言”“好老子书”,即“黄老”与“老子”异名同实无疑。从所传典籍看,这已成为约定俗成的普遍认识。例如《老子韩非列传》赞“李耳无为自化,清静自正”[③],《索隐》按:“刘氏云‘黄老之法不尚繁华,清简无为,君臣自正’。”[④]对于黄老的评价即是对老子(李耳)的评价。《汉书·艺文志》记:“《黄帝君臣》十篇。”原注云:“起六国时,与《老子》相似也。”[⑤]中华书局本《史记》也按语:“《韩子》书有《解老》《喻老》二篇,是大抵亦崇黄老之学耳。”[⑥]“黄帝”“黄老”与“老子”所指同一。

另外,“老子”为道家学派的创始人,所以《史记》又往往以“道家”代“黄老”。例如《礼书》:“孝文即位,有司议欲定仪礼,孝文好道家之学,以为繁礼饰貌,无益于治,躬化谓何耳,故罢去之。”[⑦]这里排斥“繁礼饰貌”的儒学,所好的“道家之学”必然指崇尚“无为”的“黄老之术”。《陈丞相世家》:“始陈平曰:‘我多阴谋,是道家之所禁。’”[⑧]而随后“太史公曰:陈丞相平少时,本好黄帝、老子之术”[⑨],显然“道家”与“黄帝、老子”对应。《魏其武安侯列传》:“太后好黄老之言,而魏其、武安、赵绾、王臧等务隆推儒术,贬道家言,是以窦太后滋不说魏其等。”[⑩]太后所好的“黄老之言”,即魏其等所贬的“道家言”。故而胡适说:“上文说‘黄老之言’,而下文说‘道家言’,可见这两个名词是同义的了。”[⑪]顾立雅说:“‘黄老’

---

① 司马迁:《史记》,第 2143 页。

② 司马迁:《史记》,第 3122 页,第 3123 页。

③ 司马迁:《史记》,第 2143 页。

④ 司马贞:《史记索隐》,司马迁:《史记》,第 2147 页。

⑤ 班固:《汉书》,北京:中华书局,1962 年,第 1731 页。

⑥ 司马迁:《史记》,第 2147 页。

⑦ 司马迁:《史记》,第 1160 页。

⑧ 司马迁:《史记》,第 2062 页。

⑨ 司马迁:《史记》,第 2062 页。

⑩ 司马迁:《史记》,第 2843 页。

⑪ 胡适:《中国中古思想史长编》,上海:华东师范大学出版社,1996 年,第 105 页。

是用来指代道家的一个术语。”[①]熊铁基也说：“在司马迁《史记》当中，老子、道家、道德、黄老这些词，常常是同一意义。”[②]在《史记》中，基本上是这样的。李锐认为“黄老和道家是不同范畴的概念”：“黄老虽然和道家经常换用，看似等同，其实道家可以包括黄老，黄老却不能完全涵括道家。”[③]这在理论上是成立的，但是在那个语境中，“道家”无疑特指提倡无为而治的“黄老”一派。魏其等所贬抑的，自然是针对窦太后所倡导的。

二、“黄老”的四种意义指向

再来看同“名”异“实”的问题。这里就是分析“黄老”（包括“老子”“道家”）的各个意义指向。

对此，学界已经普遍注意到，而且做过辨别的工作。其中影响较大的是分为政治论和人生论。例如王充说：“黄、老之操，身中恬澹，其治无为。”[④]“身”指人生方面，所谓“恬澹无欲，无为无事者也，老聃得以寿矣”[⑤]；“治”为政治领域，即“夫不治之治，无为之道也”[⑥]。后人分析《老子》的内容也多这个思路，《老子道德经河上公章句》分别的“经术政教之道”和“自然长生之道”[⑦]即是。顾立雅区别为“出世的（contemplative）道家”和“入世的（purposive）道家”[⑧]，王邦雄、董平等阐述庄子和韩非都是老学的继承者[⑨]，也是据此展开。这些大略无误，但是尚不够具体，有所不周。仔细阅读《史记》文本，可知其政治论有“有为”与“无为”之别：“有为”重视刑名法术，“无为”讲顺乎自然，不主观勉强而为。人生论

---

① 顾立雅：《申不害：公元前四世纪中国的政治哲学家》，马腾译，南京：江苏人民出版社，2019年，第139页。

② 熊铁基：《秦汉新道家》，上海：上海人民出版社，2001年，第5页。

③ 李锐：《道家与黄老》，《战国秦汉时期的学派问题研究》，北京：北京师范大学出版社，2011年，第150页，第151页。

④ 王充：《论衡·自然》，黄晖：《论衡校释》，北京：中华书局，1990年，第781页。

⑤ 王充：《论衡·自然》，黄晖：《论衡校释》，第776页。

⑥ 王充：《论衡·自然》，黄晖：《论衡校释》，第778页。

⑦《老子道德经河上公章句》，王卡点校，北京：中华书局，1993年，第1页。

⑧ 顾立雅：《申不害：公元前四世纪中国的政治哲学家》，第145页。

⑨ 王邦雄：《韩非子的哲学》，台北：东大图书股份有限公司，1977年，第39—46页。董平：《老子研读》，北京：中华书局，2015年，第26—29页。

又有追求精神逍遥和长生不老的不同。故而，更具体全面地看，有四种意义指向：

（一）指刑名法术。例如《老子韩非列传》记："申子之学本于黄老而主刑名。""（韩非）喜刑名法术之学，而其归本于黄老。"即是说"刑名法术"在"黄老"思想范畴内。后人多因为申韩一派所主张的与汉初兴盛的"无为"学说不同，作各种解释。例如司马贞《索隐》："斯未为得其本旨。"[①]顾立雅还强调："显然申不害不属于道家，亦无证据确信其思想受道家影响。"[②]这是以为《史记》的"黄老"与汉初提倡"无为而治"的"黄老"同"名"，就应该同"实"。

（二）指无为而治。例如《老子韩非列传》记："李耳无为自化，清静自正。"张守节《正义》注："言无所造为而自化，清静不扰而民自归正也。"[③]又《礼书》记："孝文好道家之学，以为繁礼饰貌，无益于治，躬化谓何耳，故罢去之。"《曹相国世家》记："盖公为言治道贵清静而民自定，推此类具言之。参于是避正堂，舍盖公焉。其治要用黄老术。"这显然与重刑名法术、强调赏罚分明的路线不同，是绝对地主张君王"无为"。由此可见，"黄老"的政治论包括了两个极端的方向和策略。对此前人已经认识到，例如刘咸炘说："治世则张弛更代，黄老、刑名之异也，司马迁所以合论老庄、申韩也。"[④]当然，他又说"所谓申子学本黄、老而为刑名，韩非学刑名而归本黄、老，皆言其变，非黄、老固有刑名之义也"[⑤]，也是困于汉初"黄老"所指而不明《史记》"黄老"内涵的多元性。

（三）指自然人生。其强调精神生命的逍遥自在。例如《老子韩非列传》赞："庄子散道德，放论，要亦归之自然。"[⑥]"自然"即自然而然，"散"、"放"即生命形态自由自在的表现。又《汲郑列传》记："庄好黄老之言，其慕长者如恐不见。年少官薄，然其游知交皆其大父行，天下有名之士也。"[⑦]郑庄任乎心性，虽然没有达到精神逍遥的境界，但是所为近于庄周，可知所好的"黄老"不在政治领域。

---

① 司马贞：《史记索隐》，司马迁：《史记》，第 2147 页。

② 顾立雅：《申不害：公元前四世纪中国的政治哲学家》，第 164 页。

③ 张守节：《史记正义》，司马迁：《史记》，第 2143 页。

④ 刘咸炘：《子疏定本》，《刘咸炘学术论集·子学编》，黄曙辉编校，桂林：广西师范大学出版社，2007 年，第 161 页。

⑤ 刘咸炘：《子疏定本》，《刘咸炘学术论集·子学编》，第 48 页。

⑥ 司马迁：《史记》，第 2156 页。

⑦ 司马迁：《史记》，第 3112 页。

(四) 指长生养寿。其也属于人生论,但是侧重于肉体生命的保养,即后来的道教、仙道旨意。此在《史记》中也为黄老之道。例如《老子韩非列传》:“或曰:老莱子亦楚人也,著书十五篇,言道家之用,与孔子同时云。盖老子百有六十余岁,或言二百余岁,以其修道而养寿也。”[①]“百有六十余岁,或言二百余岁”,是长生不老的生命表现。“养寿”,是道教方向的发展。《太史公自序》在介绍“道家”后有一段:“凡人所生者神也,所讬者形也。神大用则竭,形大劳则敝,形神离则死。死者不可复生,离者不可复反,故圣人重之。由是观之,神者生之本也,形者生之具也。不先定其神形,而曰‘我有以治天下’,何由哉?”[②]顾立雅说:“这里的道家关注的即便不是长生不老,似乎也属于养生长寿主题。”[③]正是。吕思勉认为“与上文全不相涉,亦信神仙者记识之语,混入本文者也”[④],是合理的判断。当然,也可以认为是后学往“修道而养寿”方向的发展。正如他随后说的:“后世神仙之家,皆自托于老子,又利其然而肆行附会,遂至如涂涂附耳。”[⑤]故萧公权也说:“神仙方士托名黄帝老子,以长生久视,逢迎时君,为道家旁门。”[⑥]

“黄老”的这四种意义指向也是《老子》思想所涉及的。例如关于刑名法术:“国之利器不可以示人。”[⑦]“利器”即刑名法术等治国的政策手段。许多学者以为其表达的只是智慧和思想的深刻,此恐不周。其当然是一种智慧,有思想的深刻性,但本旨应该是落实在治术上的。再如关于无为而治:“是以圣人处无为之事,行不言之教,万物作焉而不辞,生而不有,为而不恃,功成而弗居。”[⑧]王弼注:“自然已足,为则败也。”[⑨]关于自然人生:“致虚极,守静笃。”[⑩]陈鼓应注:“致

---

① 司马迁:《史记》,第 2141—2142 页。

② 司马迁:《史记》,第 3292 页。

③ 顾立雅:《申不害:公元前四世纪中国的政治哲学家》,第 142 页。

④ 吕思勉:《先秦学术概论》,第 22 页。

⑤ 吕思勉:《先秦学术概论》,第 22 页。

⑥ 萧公权:《中国政治思想史》(二),沈阳:辽宁教育出版社,1998 年,第 305 页。

⑦《老子》第 36 章,董平:《老子研读》,第 161 页。

⑧《老子》第 2 章,董平:《老子研读》,第 50 页。

⑨ 王弼:《老子道德经注》,楼宇烈:《老子道德经注校释》,北京:中华书局,2008 年,第 6 页。

⑩《老子》第 16 章,董平:《老子研读》,第 100 页。

虚即是心智作用的消解，消解到没有一点心机和成见的地步。”[①]关于长生养寿的比较少，但是片言只语也蕴含着这方面的思想因素。例如：“载营魄抱一，能无离乎？专气致柔，能婴儿乎？涤除玄览，能无疵乎？”[②]池田知久说：这些“养生技术，将‘婴儿’的生命力注入身体中，从而不在于有‘疵’，以获得养生的成功”[③]。再如：“善摄生者。”[④]楼宇烈注：“‘摄’，《说文》：‘引持也。’引申意为保养。”[⑤]董平说：“本章的大意是讲‘善摄生’之可贵。”[⑥]这些足以证明《老子》与“黄老”的思想关联。

那么，这四种意义指向何以能统一在“黄老”之中呢？从现代学术规范看，自然是不符合概念确定性的要求。但是深入下去，也可知其自有限制和规定，并非随意而为。司马父子的意思是：凡据于“道（道德）”、从“道（道德）”出发的，就属于黄老一派。所谓“黄老道德之术”，就是说“道德”为“黄老”学说的内质，所有的“术”都是基于“道德”的实践表现。故而《老子韩非列传》强调说：“皆原于道德之意。”[⑦]这一点，现代学人也已经认识到了。例如胡适曾说：“因为这一系思想都自附于那个自然变化的天道观念，故后来又叫做‘道家’。”[⑧]冯友兰也说：“这一家的人把它的形上学和社会哲学围绕着一个概念集中起来，那就是‘无’，也就是‘道’。”[⑨]无疑，在司马父子的认识中，虽然“道（道德）”的具体指称并不确定，但是把它当作了最深刻的存在，是史怀泽说的“在一切存在中起作用的原存在”[⑩]。可以推知，司马父子对于“阴阳”“儒”“墨”“法”“名”五家都有批评，是认为“阴阳”只“序四时之大顺”，“儒”“墨”“法”“名”只重视具体的政治措施，都只是表层的、局部的经验总结；而特别推崇“道家”，乃因为其具有“道（道

① 陈鼓应：《老子注译及评价》，北京：中华书局，1984年，第129页。

②《老子》第10章，董平：《老子研读》，第79页。

③ 池田知久：《问道：〈老子〉思想细读》，曹峰译，桂林：广西师范大学出版社，2019年，第447页。

④《老子》第50章，董平：《老子研读》，第205页。

⑤ 楼宇烈：《老子道德经注校释》，第135页。

⑥ 董平：《老子研读》，第205页。

⑦ 司马迁：《史记》，第2156页。

⑧ 胡适：《中国中古思想史长编》，第102—103页。

⑨ 冯友兰：《中国哲学简史》，北京：北京大学出版社，1985年，第40页。

⑩ 史怀泽：《有大用的中国思想史》，常晅译，南京：江苏人民出版社，2018年，第71页。

德)”的认识,能探究到本质,“能究万物之情”,“能为万物主”[①],是其他各家所不具备的。这样对“道”的认识,是批判总结先秦诸子思想的结果,也是汉初思想认识的新高度。在战国末,道家尚未获得如此评价。那个阶段形成的《天下》篇,虽然推崇道家一派,但还是认为关尹、老聃“未至极”[②],庄周有“未之尽者”[③],并非至高无上。

由此也可知,《史记》中的“黄老”与后来称呼的汉初“黄老”不同。后者不但是前者的一个指向的意义,而且成为一个概念,有确定的内涵和外延。而前者没有;其作为“名”,有不同的意义指向,即不同的“实”,故不能认为是一个概念。那么,它是什么呢? 学界尚没有一个公认的、通用的表达。本文拟造一个词“概指”,以此作为一个概念,与“概念”相区别。[④] “概”的本义是量米粟时刮平斗斛用的木板,使斗斛内的米粟不会多,也不会少;引申为一定性和规定性。“指”的本义是手指,引申为指向、指点、指示义。结合成一词,表示有范围和指向规定的意义,或意义在一定范围内的指向。其与“概念”的区别有三:(1)“概念”有确定的内涵和外延,在任何语言环境下都是不变的;而“概指”只有大略的意义范围,在范围内的不同语境中各有特定的意义规定。(2)在“概念”中,一个“名”只指称一个“实”;而在“概指”中,一个“名”可以指称不同的“实”。(3)作为“概念”的“名”,是所对应的“实”的唯一表达,即一个“实”只能用一个“名”来指称;而作为“概指”的“名”,可能是所对应的“实”的表达之一,即一个“实”可以由不同的“名”来指称。理解了这一点,就可明白:在以“概指”为基本单位的表达系统中,“名”“实”关系建立在特定的场景中,所指称的一般都是特定性的;即理解

① 司马迁:《史记》,第3292页。

② 此据高山寺本。高山寺本“虽未至极”,通行本作“可谓至极”,误。其随后称:“关尹、老聃乎,古之博大真人哉!”“真人”即“至人”,所谓“不离于真,谓之至人”。在“真人”前面还有“天人”、“神人”,并非最高境界,故而说“虽未至极”。《天下》篇作者点评先秦思想,并未如后人那样视老子思想为“至极”。

③《庄子·天下》,郭庆藩:《庄子集释》,北京:中华书局,2004年,第1099页。

④ 本文的英文翻译是浙江海洋大学外国语学院陆国飞教授帮助做的。他译“概指”为 quasiconception。注释道:文中“概指”这一术语英文中无对应的词语,我们借用拉丁语中的“quasi”一词作为前缀与英文单词“conception”结合构成“quasiconception”一个英文单词,用以表达文中的新术语“概指”。拉丁语“quasi”具有英文中的“as if; almost”之意,相当于汉语的“有几分像而不是的”的意思;英语中的“conception”本来就有“思想、观念、想法、概念、认识事物的方法”等意义。因此,我们通过构词法形成的“quasiconception”具有“准概念”之含义,指虽有一定程度上有“概念”含义但又没有其固定的内涵和外延,只表明一定的意义指向。

其意义,需要落实在具体的语境中。

三、《老子》思想的阐释和展开

“黄老”即老子,即道家学派,其有多元的思想指向,那么又是如何展开的呢? 这个问题与“黄老”所概指的相联系,故也一并讨论。

对此,学界的具体阐释有异,但是一般都是单线性的。例如陈柱说:“道家之学凡数变: 始为革命家,再变而为打倒君主政体者,三变而为无政府主义者;自汉以后,或为隐逸,或合于佛释,或混于方士,其变益纷。”[①]这样的认识,若就其在各个历史阶段的重点和影响而言,是比较准确的。但是若以为道家思想是单线变化、一脉转折连贯的,则是对其丰富性和复杂性认识不够,不符合思想史的客观。

因为《老子》的四种意义指向正是《史记》中的“黄老”所指,且留下来的、对历史产生实质性影响的主要是通行本《老子》一书,我们就据此讨论这个问题。[②] 学界周知,与其他诸子著作一样,《老子》也是学派的集子。在那样一个思想激荡的时代,作为学派思想在发展的过程中必然会有所流变,故而通行本《老子》在战国中后期形成时已经包含了四种意义指向(上述已说明)。后来的学人又往往持某一派别倾向,对它作单方向的解释。这样,从战国后期开始,由上述四个指向出发形成了四个思想派别,概之可谓“老韩”“黄老”“老庄”“老君”。“老韩”和“黄老”两派走政治论的道路,“老庄”和“老君”则为人生论的方向。

“老韩”一派在战国后期已经对政治和历史产生实质性的影响。《韩非子》有《解老》《喻老》篇,证明两者有思想关联。司马迁把老子与韩非放在一起列传,则指明了这一学派性质。这一派讲“无为而无不为”的阴谋手段,旨在“君人南面之术”[③]。例如《韩非子·喻老》释“邦之利器,不可以示人”:“赏罚者,邦之

① 陈柱:《子二十六论》,桂林:广西师范大学出版社,2008 年,第 55 页。

② 近几十年来,出土了大量秦汉期间的简帛文献,其中有不少有关“黄老”思想的。例如长沙马王堆汉墓“黄帝四经”,“老子”甲、乙本(《马王堆汉墓帛书》,北京:文物出版社,1980 年);荆门郭店楚墓“老子”甲、乙、丙本(《郭店楚墓竹简》,北京:文物出版社,1998 年)等。但是这些没有对中国历史文化产生过影响,故在这里不作讨论。

③ 班固:《汉书·艺文志》,第 1732 页。

利器也,在君则制臣,在臣则胜君。”[1]刘咸炘点明“间有权术说”[2]。郭沫若说:“老聃的理论一转而为申韩,那真是逻辑的必然,是丝毫也不足怪的。”[3]正是。吕思勉以为《解老》“义甚精,然非必《老子》本意”[4],这是误以为《老子》只有“无为”的意义指向。这一派思想在政治领域一直被普遍实践,史书记载甚多,例如贾谊提出并在汉初实行的“强本干,弱枝叶”[5]策略,其深刻地影响了汉民族的文化性格。李泽厚曾说过:“《老子》是由兵家的现实经验加上历史的观察、领悟概括而为政治——哲学理论的。其后更直接衍化为政治统治的权谋策略(韩非)。……贯串在这条线索中对待人生世事的那种极端‘清醒冷静的理智态度’,给中国民族留有不可磨灭的痕迹,是中国文化心理结构中的一种重要的组成因素。”[6]

“黄老”一派的名称沿用司马父子的称谓,但是内涵不同,有明确的概念规定性,并非只是与“道”有关联而言。其走向政治的另一个极端,认为“无为而治”才是正确的策略。前已疏述,这一派在汉初大盛,而初创当在战国中后期,那个时期至汉初形成的著作多有阐述。例如《管子·宙合》说:“君出令佚,故立于左。臣任力劳,故立于右。”[7]《白心》说:“是以圣人之治也,静身以待之,物至而名自治之。”[8]《黄帝四经·经法》说:“故执道者之观于天下殹(也),无执殹(也),无处也,无为殹(也),无私殹(也)。”[9]都指出君王虽然掌控一切,但是行为方式应该是“无事”“无为”。当然,这是特定历史阶段的思想产物,在历史的长河里,更多地成为士人反对君王专制的政治理想。

“老庄”一派讲无为自在、顺乎天道,认为所有社会和政治行为都损害个人的生命意义,应该逃避世俗,追求精神的逍遥。其至迟在西汉已有影响,《淮南

---

① 《韩非子·喻老》,王先慎:《韩非子集解》,北京:中华书局,1998年,第159页。

② 刘咸炘:《子疏定本》,《刘咸炘学术论集·子学编》,第115页。

③ 郭沫若:《稷下黄老学派的批判》,《十批判书》,北京:人民出版社,1954年,第159页。

④ 吕思勉:《经子解题》,《先秦学术概论》,第196页。

⑤ 司马迁:《史记》,第803页。

⑥ 李泽厚:《孙老韩合说》,《中国古代思想史论》,北京:人民出版社,1986年,第78页。

⑦ 《管子·宙合》,黎翔凤:《管子校注》,梁运华整理,中华书局2004年,第211页。

⑧ 《管子·白心》,黎翔凤:《管子校注》,第789页。

⑨ 《黄帝四经·经法》,陈鼓应:《黄帝四经今注今译》,北京:商务印书馆,2015年,第10页。

子·要略》列述各篇要旨,在《道应》篇中就提到"老庄之术"[①]。《汉书》记严君平"依老子、严周之指著书十余万言"。颜师古注:"严周即庄周。"[②]故"老子、严周之指"即老庄思想无疑。严君平是西汉晚期学者,证明老庄思想在西汉已成学派。到汉末,则成为了主流学派。洪亮吉说:"自汉兴,黄老之学盛行,文景因之以致治。至汉末,祖尚元虚,于是始变'黄老'而称'老庄'。"[③]从士大夫对于老子思想重点的认识变化言,正是。以后庄子思想占据了主导地位,从某种角度讲,这是对《老子》的误读。当然,这样的误读是魏晋士人政治理想破灭后的无奈,也是老子思想发展的表现。

"老君"是太上老君,属于道教思想。其发挥老庄见素抱朴、坐忘守一的思想,认为个人身体健康、长生不老才是重要的,所以要服食丹药,炼气导引。《庄子·盗跖》说:"不能说其志意、养其寿命者,皆非通道者也。"[④]即提到养生观。刘安他们编著的《中书》,又称为《枕中鸿宝秘书》,也是总述神仙术的。故而武内义雄说:"淮南门下的倾向,可以说是从老庄进而至于神仙的吧。"[⑤]这一派至东汉影响更大,蔚为大观。例如《后汉书·光武帝纪》皇太子谏曰:"陛下有禹汤之明,而失黄老养性之福。"[⑥]《孝明八王列传》:"祭黄老君,求长生福。"[⑦]《皇甫嵩朱俊列传》:"张角自称'大贤良师',奉事黄老道,畜养弟子,跪拜首过,符水呪说以疗病,病者颇愈,百姓信向之。"[⑧]故而李锐说:"到了东汉,则讲神仙方术者被称为道家。"[⑨]魏晋以后,这种思想阐释更成为显学,在民间传播流行,如《抱朴子·极言》记:"言黄帝仙者,见于道书及百家之说者甚多。"[⑩]

概之,《老子》文本是老子学派的著作,在形成的过程中已经蕴含了四个方面的意义指向,后来的学者更是循着这四个指向作阐释,那些单线发展的观点

---

① 刘安:《淮南子·要略》,张双棣:《淮南子校释》,第 2174 页。

② 班固:《汉书·王贡两龚鲍传》,第 3056 页,第 3057 页。

③ 转自陈澧:《东塾读书记》,北京:朝华出版社,2017 年,第 370 页。

④《庄子·盗跖》,郭庆藩:《庄子集释》,第 1000 页。

⑤ 武内义雄:《中国哲学小史》,汪馥泉译,北京:民主与建设出版社,2017 年,第 128 页。

⑥ 范晔:《后汉书·光武帝纪》,北京:中华书局,1999 年,第 58 页。

⑦ 范晔:《后汉书·孝明八王列传》,第 1126 页。

⑧ 范晔:《后汉书·皇甫嵩朱俊列传》,第 1553 页。

⑨ 李锐:《道家与黄老》,《战国秦汉时期的学派问题研究》,第 152 页。

⑩ 葛洪:《抱朴子·极言》,王明:《抱朴子内篇校释》,北京:中华书局,1985 年,第 241 页。

显然不够客观。当然，在历史的不同阶段，其重点和影响有异。"老韩"一派在战国中后期就直接作用于政治历史，以后一直发挥着深刻的影响。"黄老"一派只在汉初有过短暂的实践，后来就存在于士人的政治理想中。"老庄"一派转为人生论，成为士人被政治抛弃后的心灵寄托，故而成为显学。而"老君"的神仙长生思想虽然不能走上政治的主舞台，但是从发生之日起也一直在社会领域传播不息。

On the Quasiconception of "Huang-Lao" in *The Historical Records* and Unfolding of Laozi Thought

Zhang Nie

Abstract: In the book *The Historical Records* by Si Maqian first appeared the term "Huang-Lao", which is actually the synonyms of both "Laozi" and "Taoist School". The term "Huang-Lao" has a certain meaning orientation but no definite intention and extension. Therefore, it cannot be referred to as a pure concept. It may be named as "quasiconception". Broadly speaking, it includes the two aspects of both politics and the ideal of life, of which the politics can also be of difference between "action" and "inaction". "Action" attaches importance to the punishment name and the legal arts whereas the "inaction" advocates naturalness without the reluctance to act; the ideal of life has the difference between the pursuit of carefree spirit and immortality. This is the very development direction of such four schools as "Laohan", "Huang-Lao", "Laozhuang" and "Laojun" to explain the thought of *Laozi*. "Laohan" advocates the art of Lord's resistance to officials, which had well developed in the later warring states period. "Huang-Lao" advocates the governance by doing nothing that is against nature, which was prevailing at the beginning of Han Dynasty. "Laozhuang" evades the worldly politics and pursue the leisure of personal life in spirit, which became the mainstream of Taoist ideology in the end of Han Dynasty. "Laojun" regards health maintenance as supremacy, promoting to take elixir and the limbering art of exercising internal Qi, thus forming one school of Taoism. These developments are not the single-line turning but with pluralism and multanimity.

Keywords: Huang-Lao, Taoist school, Laozi, quasiconception, school

试析古希腊诗教传统与公民启蒙*

罗 峰**

[摘 要] 希腊古风时期和古典时期的诗歌都极为关注教育,荷马史诗与赫西俄德的教诲诗通过塑造诸神、英雄伦理和宗法,为古希腊诗教传统奠定了基础。忒奥格尼斯与提尔泰俄斯的诉歌立足于共同体的内忧外患,教育公民坚守高贵的品质并唤起公民献身共同利益的精神,以应对纷乱的年代。在希腊古典时期,与雅典民主文化紧密相关的悲剧艺术接续了诗教传统。以欧里庇得斯为代表的悲剧家用启蒙的方式参与公民教育:他寄望于用理性教育取代传统伦理教育,造就新式好公民。这种公民教育与传统的德性教育构成了一种张力,提出了民主制下新的伦理和价值诉求。古希腊诗教传统有助于塑造公民道德,但也有其内在限度。

[关键词] 诗教传统;公民教育;悲剧;启蒙;德性

---

* 本文系国家社科基金重大项目"中外戏剧经典的跨文化阐释与传播"的阶段性研究成果(项目编号:20&ZD283)和浙江省社科规划领军人才培育专项课题"柏拉图伦理作品研究、翻译和笺注"(22QNYC02ZD)的阶段性成果。

** 罗峰(1985—),男,江西上高人,中国人民大学文学博士,现任华东师范大学英语系副教授,研究方向为西方古典学和莎士比亚戏剧。

美国知名古典学学者格里高利(Justina Gregory)在近著中开宗明义指出,尽管关于古希腊教育理论和实践的历史记录寥寥,但这毫不影响古希腊人对教育的深刻理解:"关于教育的基本假设、语境、教育者和受教者、方法、限度,以及对教育过程最丰富、最具洞见的描述,皆出现在史诗和戏剧文本中。"[①]的确,希腊古风时期和古典时期的文学饱含对教育问题的深切关注。在古希腊,诗人作为城邦教育者的身份也广为接受。[②] 在《蛙》中,阿里斯托芬不仅一语中的道出诗人的公民教化角色:"学校的老师教导孩子,诗人教导成人"[③],他还通过让新旧两代悲剧诗人(埃斯库罗斯与欧里庇得斯)同台竞技,检审了诗人的职责。在《理想国》中,柏拉图也对荷马等诗人提出质疑。但他并未否弃诗教,而是提出修正。本文通过回溯荷马以降的希腊诗教传统,分析诗人在古希腊社会的文化型构及公民品质的塑造中产生的深远影响及其限度。

一、古风诗教与伦理

作为西方文明的两大源头之一,古希腊诗文对西方思想产生了深远影响。由荷马与赫西俄德等人开启的诗教传统,更是奠定了西方的文教基础。伍德伯利(L. Woodbury)就指出:

> [希腊]早期、古风和古典诗歌中有一个重要因素,我们不妨称之为"教育性"或"文化形塑"要素。举几个例子,荷马、赫西俄德、梭伦(Solon)、色诺芬(Xenophanes)、忒奥格尼斯(Theognis),都或多或少

---

① Justina Gregory, *Cheiron's Way: Youthful Education in Homer and Tragedy*, Oxford: Oxford University Press, 2019, xiv - xv.

② Sophie Mills, "Affirming Athenian Action: Euripides' Portrayal of Military Activity and the Limits of Tragic Instruction," in David M. Pritchard ed., *War, Democracy and Culture in Classical Athens*, Cambridge: Cambridge University Press, 2010, p. 165; N. T. Croally, *Euripidean Polemic: The Trojan Women and the Function of Tragedy*, Cambridge: Cambridge University Press, 1994, p. 17.

③ 阿里斯托芬:《蛙》,罗念生译,收于《阿里斯托芬喜剧六种》,上海:上海人民出版社,2004年,第1054—1055行。

认为自己是在教育或劝导他们的观众。[①]

在希腊古风时期,最重要的诗人是荷马和赫西俄德。两位诗人都以古希腊传统神话为基础,以朴素而动人的笔触描述社会的既定价值及其伦理原则。在荷马的世界里,人与人之间的责任和义务是规约性的。人们之间的权利和义务,以及每个个体在共同体中扮演的角色都十分明确。[②] 而这种权利和义务的分配和规约不仅奠定了个体与个体的基本正义观,也是维系政治共同体正义的基石。以此为基础形成的扶友损敌伦理,是荷马史诗中众英雄行事的主导性原则。在《伊利亚特》中,令阿喀琉斯怒而退战的导火索,正是希腊首领阿伽门农首先违反分配原则,由此激起他的义愤。而当希腊联军因阿喀琉斯退战蒙受重创之时,荷马又暗示了杰出个体对共同体的潜在威胁,由此导向了对个体的自我意识与共同体利益关系的进一步思考。在《奥德赛》中,荷马延续了对优秀个体自我认识的思考,转而通过描述奥德修斯的十年艰难返乡之旅,让最智慧的奥德修斯在历经磨难中重新认识自我及个体与政治世界的关系。

显然,无论在荷马史诗还是赫西俄德的教谕诗中,智慧的来源不是个人,而是神。不难发现,无论荷马史诗还是赫西俄德的作品,均以吁请缪斯女神开篇。荷马在《伊利亚特》中一开始就吁请缪斯女神关注阿喀琉斯的"致命愤怒"。[③] 在赫西俄德《神谱》(*Theology*)中,缪斯女神不仅赋予诗人象征权威和力量的权杖(行 30),她们本身还是统治者的保护神。[④] 通过把诗人的言说与神性来源关联在一起,诗歌就等同于来自神的真理,由此也奠定了诗人的权威和合法性的来源。

古希腊人视诗人为"智慧"来源的传统,始于公元前 6 世纪:民众不仅可以从诗人那里学到大量关于人名、地名、宗谱等"事实性知识"(factual knowledge),欣赏纯熟的专门知识(技艺),最重要的是传统诗歌呈现了古希腊

---

① L. Woodbury, "The Judgment of Dionysus: Books, Taste and Teaching *in the Frogs*," in M. Cropp et al. eds., *Greek Tragedy and its Legacy: Essays Presented to D. J. Conacher*, Calgary: University of Calgary Press, 1986, pp. 248 - 249.

② 朱琦:《古希腊的教化:从荷马到亚里士多德》,成都:西南交通大学出版社,2014 年,第 19 页。

③ 荷马:《伊利亚特》,罗念生、王焕生译,上海:上海人民出版社,2004 年,1.1—2。

④ 赫西俄德:《劳作与时日》《神谱》,张竹明、蒋平译,北京:商务印书馆,1997 年,第 80—103 行。

文化中延绵不断的智慧和价值,以格言和神话故事的方式传达给民众。[①] 忒奥格尼斯、梭伦的诗作及品达的竞技凯歌,都是典范之作。[②] 古希腊人也惯于从传统诗人那里寻找生活的凭据。荷马和赫西俄德还特别关注"教谕君王"(Instruction of Princes)。荷马的《奥德赛》(8. 166—177)和赫西俄德的《神谱》(行79—93),都提到缪斯对君王的教诲。[③] 赫西俄德一段名为"喀戎的教诲"(*Instructions of Cheiron*)的著名残篇,再度重申了这个主题。由荷马与赫西俄德开启的诗教传统,在后世作家笔下得到延续。

在《伊利亚特》中,不仅特洛亚战争的爆发因神的纠纷而起,这场战争的发展态势和最终解决也由诸神左右。这似乎在一定意义上表明,无论人类多具智谋胆识,个人意志在神意面前也黯然失色。但在荷马史诗中,杰出个体因其超凡的德性和能力而与常人判然有别。在荷马笔下,最卓越的英雄甚至具有了某种神性,是"神样的人"。而通过描述最杰出的个体智慧的欠缺,荷马又划定了人神之间的鲜明界线。在《伊利亚特》开篇,通过吁请缪斯女神关注阿喀琉斯的愤怒,荷马引人关注英雄人物的血气问题。可以说,《伊利亚特》的一个重大主题就是通过描述古希腊神话故事中最杰出的战士阿喀琉斯的血气消长及其原因,探问个体与共同体利益的复杂关系。尽管荷马没有在柏拉图意义上展开对血气问题的论述,他却通过栩栩如生的描述,质朴而不动声色地提出了每个共同体都必然面对的根本问题。由此触发了如何教育公民和王者的问题。荷马最早意识到英雄个体与政治共同利益的张力。作为古希腊战士伦理的基本原则,扶友损敌是每个战士应遵守的首要原则。然而在现实政治中,该原则通常以成问题的方式呈现:个体受到不公正待遇时,如何把控血气,处理好与共同

① Mark Griffith, and Donald J. Mastronarde eds., *Cabinet of the Muses: Essays on Classical and Comparative Literature in Honor of Thomas G. Rosenmeye*, Atlanta: Scholars Press, 1990, pp. 188 - 189.

② 详见费格拉、纳吉:《诗歌与城邦:希腊贵族的代言人忒奥格尼斯》,张芳宁、陆炎等译,北京:华夏出版社,2014年;Emily Katz Anhalt, *Solon the Singer: Politics and Poetics*, Maryland: Rowman & Littlefield Publishers, Inc., 1993;娄林:《必歌九德:品达第八首皮托凯歌释义》,上海:华东师范大学出版社,2015年。

③ 学界还因此就这两部作品创作的先后顺序长期争论不休。详见 Richard P. Martin, "Hesiod, Odysseus, and the Instruction of Princes," in *Transaction of the American Philological Association*, vol. 114 (1984): 29 - 48。

体的关系，最终涉及灵魂问题。

在赫西俄德的作品中，分配同样涉及正义问题。在《神谱》中，通过描写几代神族由混沌初开到最终奠立秩序的更迭，赫西俄德表明，即便于神族而言，依据正义原则分配诸神职分，同样至关重要。鸿蒙初辟，诸神混战，暴力横行。直到宙斯出现，才凭其胆略终结混乱，重新为神界立法，为奥林波斯诸神分配职分，最终奠定神族秩序。赫西俄德笔下的宙斯不仅为神族立法，还为人类的生活定立了正义的准则。古希腊宗教是古希腊人安身立命的依据。以传统神话为基础确立的礼法，为古希腊人构筑伦理观念提供了重要的凭据。赫西俄德《神谱》的重要性，不仅在于它确立了传统诸神统治及其对人世生活规约的正当性，还系统地解释了古希腊的宗教观。[①] 而通过宙斯勾连神族与人类的关系，赫西俄德也为现实政治提供了参照。

这种现实观照在赫西俄德的《劳作与时日》中表现得更为直接。诗人开门见山地挑明了他创作这首诗歌的意图：规劝不义的兄弟靠劳作过上正义的生活。在他描写的五种人类种族的神话中，赫西俄德通过将人类的幸福与诸神关联在一起，确立了劳作与正义的关系。正是在这部作品中，赫西俄德切实让神通过给人类赋予劳作的正义重新确立了人类的秩序。黄金种族的人类最初过着神样的生活，不用劳作便能自动获得一切。然而，不事劳作的人类由此变得肆心妄为，最终遁入由无边的暴力和肆心主导的黑铁时代。人要获得德性需付出辛劳，一旦取消劳作，人间正义也无从保障。事实上，通过诉诸劳作，让诸神为人类的正义立法，赫西俄德由此确立了“日常的受苦”和劳作在人生中的意义。[②]

希腊古风时期的诗人对个体与世界、个体之间的关系乃至个体灵魂进行了深广的思考。通过虚构神话和英雄故事，以荷马、赫西俄德为代表的古风时期的诗人着眼于公民高贵品质的涵养，为古希腊人奠定了最初的正义、德性、善恶等伦理观念。他们的诗作也成为希腊宗教、政治和社会伦理的载体。赫西俄德的教谕诗比荷马史诗更自觉担起诗教的责任。在《神谱》和《劳作与时日》中，赫西俄德为人世奠定了秩序、劳作与正义的基本原则和伦理。

---

① Kurt A. Raaflaub and Hans van Wees eds, *A Companion to Archaic Greece*, Oxford: Blackwell Publishing Ltd, 2009, p. 92.

② 刘小枫：《诗人的“权杖”》，收于《古典诗文绎读（西学卷·古代编）》，北京：华夏出版社，2008 年，第 43 页。

二、诗人与公民教育

荷马与赫西俄德虽出身不同，但都敏锐觉察到社会剧变对日益扩大的社会差异的挑战：社会地位基于财富和声望，愈发凸显了不义。面对这种趋向，两位诗人提出的应对措施也惊人的相似：除了诉诸传统诸神，他们都强调个人品质与公共舆论的重要性。[1] 诉歌诗人忒奥格尼斯(Theogonis)接续了荷马与赫西俄德的传统。忒奥格尼斯身处民主制开始取代贵族制的纷乱时代，他的诉歌表达了对这种社会剧变的忧虑。出生于麦加拉的忒奥格尼斯之于雅典人的独特意义在于，他通过呈现贵族制城邦之于日益崛起的民主制城邦的优越性，表明其诉歌是"名副其实的政治之诗，析明了在 polis[城邦]中应当如何检审生活"。[2] 忒奥格尼斯认为，在他之前的民众品质淳朴、心智健全。随着崇尚自由的民主制的到来，领导者们为了一己私利败坏了民众的心智，"低劣之辈总以肆心为乐，败坏民人、作出不义判决，只为他们自己的利益与权力……"(行 44—46)。

首领的肆心和不义带来了民众的败坏。为了给这个纷乱的时代重建秩序，忒奥格尼斯寄望于诗歌。忒奥格尼斯自觉把自己视为民众的立法者，对邦民提出忠告。为了把罹乱的城邦带回正轨，诗人通过在纷乱中重建秩序，充当立法者的角色。这点尤其体现在诗人独特的"封印"意象中。诗人通过给自己的诗歌打上封印，不仅使他的诗歌带上了泛希腊的普遍性质，还确保了诗歌的"政治品质和贵族政治的立场"。[3] 诚如立法者创立的法典具有恒定不变的特点，"封印"也宣示其诉歌恒远的法典属性。在《劳作与时日》开篇，赫西俄德通过诉诸宙斯的审判，劝说兄弟珀耳塞斯遵从正义："宙斯啊，请你往下界看看，侧耳听听，了解真情，伸张正义，使判断公正。"(行 9—11)忒奥格尼斯却在诉歌中直接以法官自居："我必须做出这个判决……"(行 543)面对现实城邦中高贵者与卑贱者的错位(行 679)、正义颠倒、肆心妄行，忒奥格尼斯的解决之道是呼吁公民效仿城邦中优异之人的品质。然而，蕴含古老价值的劝谕语言同样遭到破坏，

---

① Kurt A. Raaflaub and Hans van Wees eds., *A Companion to Archaic Greece*, p. 97.

② 费格拉、纳吉：《诗歌与城邦：希腊贵族的代言人忒奥格尼斯》，第 4 页，第 7 页。

③ 费格拉、纳吉：《诗歌与城邦：希腊贵族的代言人忒奥格尼斯》，第 106 页。

诗人不得不借助一种蕴含了高贵谎言的古老教化方式。忒奥格尼斯诉歌的独特教诲在于，通过强调城邦正义和良序的重要性，在纷乱时代重新唤起人们对高贵品质的重视。

为了不使荣耀、德性与财富偏离正义，使城邦和公民重返秩序，忒奥格尼斯指向了诗歌的教化作用：会饮提供了向高贵者学习的良机。在会饮中，通过与高贵者交谈，观察并模仿他们的言行，人们（尤其是年轻人）的灵魂可以向德性高的人汲取养分。会饮不仅提供了向高贵者学习的机会，也是考察个人品质（尤其是节制）的试金石。因为饮酒不节制，很容易过度，由此也再度强调了"切勿过度"的中道教诲。事实上，忒奥格尼斯笔下的会饮与城邦呈现了一种对应的关系。作为城邦生活的一部分，会饮无疑是共同体社会的缩影。柏拉图在《法义》一开始就充分讨论了作为城邦中唯一公共聚餐的会饮场景，这为建立现实中最好的城邦提供了参照。忒奥格尼斯也由此开启了一种政治会饮的传统。

较之忒奥格尼斯对内乱中保持高贵品质的教诲，公元前 7 世纪的斯巴达诗人提尔泰俄斯（Tyrtaeus）则主张，最好的人应是对外战争中的勇士。在一首题为《赞勇士》的诉歌中，提尔泰俄斯首先否定了几种不能称为德性的能力：无论摔跤、赛跑、力量、美貌、财富还是至高无上的权力，都不是真正的德性。真正的德性是勇敢，"战斗的勇气"。[①] 提尔泰俄斯提及的七种德性，无疑皆为属人的德性：于常人而言，拥有财富、权力、美貌、长寿便是幸福，而死亡最可怕。在提尔泰俄斯看来，属人的德性与勇敢德性存在明显的次第：勇敢居于首位。[②] 随后，提尔泰俄斯通过强调公民与共同体的休戚相关，重新定义了"德性"：有德性的人即英勇之人，能在战争中扶友损敌、奋勇杀敌、维护共同体的福祉。而公民获得崇高荣耀的唯一途径，只有为共同体"不懈战斗"。尽管提尔泰俄斯的战士伦理脱胎于荷马，但其中也暗含了对荷马个体英雄的否定：荷马笔下的孤胆英雄可以拥有勇敢德性，提尔泰俄斯却不以为然——勇敢德性唯有在共同体中

---

① 外国文学名著丛书编辑委员会编：《古希腊抒情诗选》，水建馥译，北京：人民文学出版社，1988 年，第 1—9 行。

② 参见林志猛：《诗艺与德性：柏拉图评析古希腊诗人》，载《文艺理论研究》，2019 年第 1 期，第 125 页；H. James Shey, "Tyrtaeus and the Art of Propaganda," *Arethusa*, Vol. 9, No. 1(1976): 8.

才有效。[1] 这点对深陷对外战争中的斯巴达至关重要。提尔泰俄斯通过强调一种基于共同体的勇敢德性,为战乱中崛起的斯巴达打造了一种勇于为城邦福祉(而非个人荣耀)献身的勇士精神。作为诗人,提尔泰俄斯同样把诗人的使命与斯巴达的利益关联在一起。

歌颂个体英雄及其不朽功绩是荷马史诗的常见主题。这个主题在古风时期长盛不衰(萨福、忒奥格尼斯等)。提尔泰俄斯却把诗人使人(个体英雄)不朽的权力,让渡给了共同体。提尔泰俄斯坚称,脱离共同体的个人毫无德性可言,因为公民的价值在于对共同体的贡献。《赞勇士》开篇表明了诗人对人类行为的评判标准:某种突出的德性(能力)能给个人带来私利,却不一定旨在共同体的善。因此,不仅共同体具有对个体的优先性,也唯有共同体能赋予个体荣耀和不朽地位。提尔泰俄斯用具有共同体意识的武士取代荷马笔下为个人荣耀战斗的个体英雄,在古希腊文明史上具有划时代的意义。[2] 提尔泰俄斯通过让共同体赋予勇士(及其家人)在世的荣耀和死后的不朽,唤起人们崇高的荣誉感,也借此用对不朽的追求,取代了对死亡天然的厌恶。从这个意义上,提尔泰俄斯通过用为共同体而战的勇士取代荷马笔下为个体荣耀战斗的英雄,形塑了一种基于城邦利益的苦乐感,为崛起中的斯巴达打造了一种新的公民德性。[3]

在这种价值观照下,个体获取德性的唯一途径就是为共同体利益而战(Tarkow, 1983: 61 - 62)。为此,提尔泰俄斯甚至弱化了诗人在公民教育中的权威:诗歌(或诗人)本身不能赋予任何人不朽,其职责仅仅在于激发公民为共同体献身。这与品达竞技凯歌形成鲜明对比。即便另一位斯巴达诗人阿尔克曼(Alcman)也想通过作诗为自己赢得不朽。[4] 与之相反,提尔泰俄斯把评判不朽的权威交给了城邦,或者说由"每个人"组成的共同体(《赞勇士》,行 43)。事实上,诗歌开篇就表明了诗人的职责:"我不会纪念,也不会去叙述这种人"(行 1)。毕竟,再杰出的个体若不节制,都可能滋生肆心。通过强调个体从属于城

---

① Theodore A. Tarkow, "Tyrtaeus, 9D: The Role of Poetry in the New Sparta," *L'Antquilité Classique*, 52(1983): 53.

② H. James. Shey, "Tyrtaeus and the Art of Propaganda", p. 8.

③ 培养恰切的苦乐感对于公民德性教育极为重要。参见罗峰、林志猛:《柏拉图论立法与德性教育》,载《北京大学教育评论》,2018 年第 3 期,第 137—138 页。

④ 在一首《无题》诗中,阿尔克曼宣称无需缪斯的灵感:"缪斯声高亢,塞壬声悠扬,我不需要她们感召……"参见外国文学名著丛书编辑委员会编:《古希腊抒情诗选》,第 70 页。

邦，提尔泰俄斯不仅对荷马史诗中的英雄人物做出了修正，也对诗人作为公民教育者的职责做出了修正：和诗人们笔下充满肆心的人物一样，诗人也应警惕自己的肆心——通过赞美真正值得赞美的人物和行为，贬斥应受贬斥的人物和行为，形塑供共同体成员真正值得模仿的对象，才是诗人的德性和职责所在。这似乎符合柏拉图对诗人提出的要求。

提尔泰俄斯对荷马式英雄伦理的修正，的确指出了荷马史诗的在公民教育上的不足。在《理想国》中，柏拉图就批评荷马等传统诗人的诗作可能败坏城邦中最优秀的人。诗人不加节制地描写诸神乱伦，英雄人物过分沉溺悲伤、愤怒，无异于向灵魂中的卑下部分浇水施肥。但提尔泰俄斯提倡的勇士是否就是最好的公民典范呢？在《法义》中，柏拉图对提尔泰俄斯的批评表明，像斯巴达那样着眼战争，对勇敢德性推崇备至，只是低级立法者的行为(630d)。在柏拉图看来，勇敢在四重德性中位列最低。最优秀的立法者和公民应拥有智慧、节制、正义和勇敢这些健全的德性。真正的勇敢也不仅包含战时克敌制胜，还有平时对欲望和快乐的节制等。

三、公民的启蒙

无论最早的悲剧评论家亚里士多德还是喜剧诗人阿里斯托芬，均指向古希腊悲剧与雅典城邦教育的天然联系。[1] 古希腊悲剧的兴衰与雅典民主制同步，深植于雅典民主制沃土，又以近乎全民参与的方式影响城邦，对城邦起着潜移默化的教育作用。如果说雅典是希腊的学校，剧场无疑可谓雅典人的学校。[2] 悲剧作为城邦的教育手段，不仅在于城邦的高度参与，还因它关涉“道德、政治、宗教等基本城邦事务”。[3] 在这种背景下的悲剧竞技赛，与其说是一场技艺之争，不如说是“智慧”和权威的竞争。有抱负的悲剧诗人们通过展示高超的技艺

---

① Justina Gregory, *Euripides and the Instruction of the Athenians*, Ann Harbor: The University of Michigan Press, 1991, p. 1.

② Justina Gregory, *Euripides and the Instruction of Athenians*, p. 6.

③ Richard Seaford, "The Social Function of Attic Tragedy: A Response to Griffin," in *Classical Quarterly*, 50. 1(2000): 31 - 32.

和智慧，不仅为了赢得“关注、权威和荣誉”，更旨在赢得城邦的教育权。[①]

在古希腊的三大悲剧诗中，欧里庇得斯与民主政治的关联最为紧密，对公民的启蒙也至为深远。在亚里士多德笔下，诗歌已有古今之别。[②] 何以亚里士多德认定，诗歌之别在于言说政治还是修辞呢？欧里庇得斯剧作大量触及战争、礼法、正义、奴役与自由、幸福，甚至公然谈论何为好公民与好王，难道不是在言说政治吗？[③] 果真如亚里士多德所言，欧里庇得斯所谈并非“政治”，又该如何理解政治？

欧里庇得斯显然认为自己在言说政治。在阿里斯托芬笔下，欧里庇得斯表明了教育邦民的抱负：“把他们训练成更好的公民。”(《蛙》，行 1010—1022)阿里斯托芬以得天独厚的内行人视角，为新旧两代悲剧诗人的论辩设立了一个共识：“悲剧必须服务于城邦的好。”[④]两位诗人的分歧在于他们对好公民(政治)的不同理解，主要体现在内容和呈现的方式上。埃斯库罗斯认为，受人尊崇的诗人要有所择取，通过描写高贵之人为公民树立典范，俄尔甫斯、赫西俄德、荷马等均属此列(行 1031—1036)。悲剧诗人应向高贵的诗人前辈学习，通过描写可供公民模仿的好人，提供有益的教诲。欧里庇得斯却认为，培养好公民的关键不在树立榜样人生，而在于教给他们“聪明”(行 1011)。为此欧里庇得斯坚持“民主原则”(δημοκρατικόν，行 952)，让“我的女角色说话，奴隶也有许多话，还有主人、闺女、老太婆，大家都有话说”(行 950)，宣示了与埃斯库罗斯的分歧(行 1059—1061)。

欧里庇得斯似乎认为，通过教会民众“智慧”地言谈论辩，就能造就好公民。这种看法与以教授“智慧”(牟利)的智术师显得如出一辙。“智术师”(σοφιστής)由 sophos/sophia[智慧]而来，最初指某种技艺，后来指“某种智慧的践行者或教授者”。[⑤] 公元前 5 世纪中叶，雅典城邦迎来了一类宣称教授“智慧”

① Donald J. Mastronarde, *The Art of Euripides: Dramatic Technique and Social Context*, Cambridge: Cambridge University Press, 2010, p. 45, p. 48.

② 亚里士多德：《诗学》，罗念生译，收于《罗念生全集(卷一)》，上海：上海人民出版社，2007 年，1450b。

③ 罗峰：《酒神与世界城邦：欧里庇得斯〈酒神的伴侣〉绎读》，载《外国文学评论》，2015 年第 1 期，第 19—30 页。

④ Richard Seaford, “The Social Function of Attic Tragedy: A Response to Griffin,” p. 31.

⑤ Christopher Lyle Johnstone, *Listening to the Logos: Speech and the Coming of Wisdom in Ancient Greece*, Columbia: The University of South Carolina Press, 2009, p. 90.

和德性的新教师。在《普罗塔戈拉》中，智术师普罗塔戈拉就宣称，通过学习政治术能使人成为好公民。[①] 智术师虽非特定的学派，亦非“无差异群体”[②]，但智术师中不仅有无视道德的卡里克勒斯、忒拉叙马科斯之流，更不乏以“质疑传统教育价值”吸引雅典青年之辈，严重挑战了由传统诗人形塑的宗教观和道德观。[③] 智术师的兴起、大行其道的修辞术，及其对传统的怀疑和拒斥，改变了公元前5世纪雅典城邦的智性环境。[④] 从柏拉图的众多对话中可见，这些以兜售智慧牟利的专业智识人，如何深刻且广泛地影响了雅典人的生活：他们不仅深谙语词辨析，还切实教授诉讼术必备的修辞术，助长了雅典人好讼的风气。

尽管欧里庇得斯剧与智术师关系错综复杂[⑤]，但这位悲剧诗人无疑深陷这场智性革命。第奥根尼·拉尔修的记载，表明了他与当时名噪一时的大智术师非比寻常的交往。[⑥] 欧里庇得斯的悲剧创作也带有明确的“启蒙”意图。[⑦] 他的“颠覆性”“启蒙”立场，贯穿戏剧创作始末。[⑧] 欧里庇得斯剧中对传统诸神和礼法的质疑比比皆是。诚如智术师公然把神话中的赫拉克勒斯石称为“磁石”[⑨]，欧里庇得斯在《法厄同》中也称太阳称为“金色的土块”。在《蛙》中，埃斯库罗斯就称欧里庇得斯为“诸神的仇敌”(938)。荷马与赫西俄德等传统诗人的诗作，为雅典民众形塑了一种基于神性的礼法。希腊传统神话为这些礼法奠定了民众安身立命的正当性。智术师公然用理性质疑神性，切断了礼法的神学根基。礼法变成了问题和可供理性讨论的话题，却带来了伦理的相对主义——人取代

① 柏拉图：《普罗塔戈拉》，收于《柏拉图四书》，刘小枫编译，北京：生活·读书·新知三联书店，2015年，318e—319a。

② Willam Allan, “Euripides and the Sophists: Society and the Theatre of War,” *Illinois Classical Studies*, Vol. 24/25(1999): 146.

③ Geoffrey Kirk, *Periclean Athens and the Decline of Taste*, New Orleans: The Graduate School of Tulane University, 1979, p. 20.

④ Geoffrey Kirk, *Periclean Athens and the Decline of Taste*, p. 19.

⑤ 详见 D. J. Conacher, *Euripides and the Sophists*, London: Duckworth, 1998。

⑥ 第欧根尼·拉尔修：《名哲言行录》，徐开来、溥林译，桂林：广西师范大学出版社，2010年，IX. 51 — 55。

⑦ Gilbert Norwood, *The Riddle of the Bacchae: the Last Stage of Euripides' Religious Views*, Manchester: at the University Press, 1908, p. 16.

⑧ Pietro Pucci, *Euripides's Revolution under Cover*, Ithaca and London: Cornell University Press, 2016, p. 191, p. 197.

⑨ 柏拉图：《伊翁》，王双洪译疏，上海：华东师范大学出版社，2008年，533d4。

传统诸神,成了万物的尺度。普罗塔戈拉公然发表题为《论诸神》的小册子,因此遭雅典城邦驱逐。在后来雅典社会引发热议的自然(physis)与礼法(nomos)之争中,安提丰(Antiphon)不仅认为自然优于礼法,还主张个人采取双重标准。他认为,在有人看到之时依据礼法行事,无人瞧见之时依自然行事。在其晚期剧作《酒神的伴侣》中,欧里庇得斯借先知—智术师忒瑞西阿斯之口,表明了礼法之于自然的无效(行 314—316)。

阿里斯托芬清楚看到欧里庇得斯悲剧暗藏败坏公民的危险。通过指出欧里庇得斯用理性教育取代德性教育的危害——诡辩、礼法的崩塌及伦理相对主义,阿里斯托芬否定了欧里庇得斯是负责任的城邦教育者。启蒙非但没有带来好公民,还使雅典的道德危机和社会危机日益深重:"我们的城邦充满了下等官吏和蛊惑人心的卑鄙猴子。"(行 1087—1088)欧里庇得斯声称通过教会公民说理和"智慧",就能培养"能观察一切、辨别一切"的公民(行 975—976)。事实却证明,他毫不节制地运用"智慧",只能令人深陷智性混乱的漩涡,甚至颠覆生活的常识。在一部散佚剧作的残篇中,欧里庇得斯甚至模糊了生与死原本判然的界限:"谁知道生其实是死,而死被视为地下的生呢?"(*Polyidus* 638N2)。在《阿尔刻提斯》(*Alcestis*)中,通过对必死性别出心裁的呈现,欧里庇得斯彻底颠覆了传统对死亡的看法:死亡不再"无从避免、不可挽回、难以预料",而是从一个"自然问题"变成了一个欲求平等主义的政治问题。[①]

欧里庇得斯对自由和创新的追求,取代了对公民道德的观照,导致其戏剧创作的不节制。

欧里庇得斯虽无疑是诗教大传统的一部分,却是荷马"任性的"(petulant)子孙。[②] 欧里庇得斯一贯"特立独行"地借悲剧表达"激进"观点。[③] 和智术师高尔吉亚《海伦颂》对海伦的辩护一样,欧里庇得斯的《海伦》颠覆性地改编了荷马笔下的海伦:由海伦引发的特洛亚战争,其实是一场由海伦"幻影"引发的无妄

---

① 对生与死的讨论是欧里庇得斯剧作反复出现的主题。参见 Justina Gregory, *Euripides and the Instruction of Athenians*, p. 45。阿里斯托芬对此进行了戏仿(《蛙》,行 1477—1478)。

② John Davidson, "Euripides, Homer and Sophocles," *Illinois Classical Studies*, Vol. 24/25(1999 - 2000): 128.

③ Matthew Wright, "The Tragedian as Critic: Euripides and Early Greek Poetics," *Journal of Hellenic Studies*, 130(2010): 165.

之战。与埃斯库罗斯坚持高贵的语言与高贵的思想的写作原则不同,欧里庇得斯往往用独特的感染力呈现各种离经叛道之事。这与他的写作策略紧密相关:欧里庇得斯剧作几乎总把"大胆的启蒙思想"与"令人怜悯的场景"糅合在一起。在《酒神的伴侣》开篇,欧里庇得斯就巧妙通过让酒神指控赫拉对死于非命的凡人母亲塞墨勒的"肆心",确立了另一种正义标准。[①]

从思想本质上看,较之埃斯库罗斯和索福克勒斯,欧里庇得斯更倾向自由和民主。譬如三人都触及了奴隶的问题,且都将之与自由对举。有别于埃斯库罗斯和索福克勒斯仅仅点出二者有别,欧里庇得斯不仅认定自由优于奴隶,而且极力鼓励人(奴隶)追求自由。[②] 在一部描写"才女"墨拉尼佩的著名残篇中,欧里庇得斯就让笔下人物表示,"多少奴隶要好过自由民"(*Melanippe* 511N2)。在《伊翁》中,我们同样看到,"只有一样东西令奴隶蒙羞:奴隶这称号"(行 854—855)。在《海伦》中,老奴甚至就此进行了高尔吉亚式的名实之辩:"我虽无自由人的名义,却有一个自由人的思想。"(行 730)从文脉来看,言说者还试图暗中改写荷马笔下"高贵的奴隶"。在《奥德赛》中,荷马通过刻画两类奴隶,暗示了好奴隶应与主人利益一致。但对欧里庇得斯而言,好奴隶应拥有自由灵魂(《海伦》,行 730—731)。这种看法显然与传统观点大相径庭。[③] 欧里庇得斯所谓的自由,还牵涉到决断的权力。无论《海伦》(行 728—733)中经过理性思考做出自由行动的老奴,还是《赫卡柏》(行 342—378)中沦为战俘的珀吕克塞娜(Polyxena)献祭前经理性论证后的自由选择,其实都指向了欧里庇得斯对个体自由灵魂的强调。

莱特(Matthew Wright)一针见血指出了欧里庇得斯创新的关键所在。他表示,所谓的创新,必然意味着对某种原有模式的舍弃。欧里庇得斯对传统模式的否弃,源于求"真":[④]

欧:难道我描写的斐德拉的故事不是真事吗?

---

① 罗峰:《狄俄倪索斯的肆心:欧里庇得斯〈酒神的伴侣〉开场绎读》,《海南大学学报》,2012 年第 5 期,第 11—12 页。

② Justina Gregory, "Euripides as Social Critic," *Greece & Rome*, Vol. 49, No. 2(2002): 145.

③ 比较荷马《奥德赛》(17. 322—323)、忒奥格尼斯诉歌(行 535—538)和希罗多德《历史》(4. 3. 20—22)。

④ Matthew Wright, "The Tragedian as Critic: Euripides and Early Greek Poetics," p. 180.

埃：是真事，可是一位诗人应该把这种丑事遮盖起来，

不宜拿出来上演……

所以我必须说有益的话。(《蛙》，行1053—1057)

作诗的技艺，归根结底是一种编织的技艺。梭伦尝言："诗人多谎话。"欧里庇得斯对真实性的追求超越了(舍弃了?)对好坏的考量。欧里庇得斯似乎相信，通过启民智，教给公民说理和论辩，就能造就好公民。与欧里庇得斯同时代的索福克勒斯借《俄狄浦斯王》，表达了截然相反的看法：过分执着于追求真相，最终可能祸国殃民。在《悲剧的诞生》中，尼采也评论了欧里庇得斯过度追求"日神精神"。[①] 意味深长的是，在《理想国》中，尽管柏拉图对诗人多有非难，但他从未批评诗人说谎。相反，诗人之所以受到批评，恰恰因为他们编织的故事不够高贵。阿里斯托芬就暗示，欧里庇得斯宣称他的悲剧旨在提升城邦，实际上败坏了雅典公民。[②]

亚里士多德在《尼各马可伦理学》开篇指出，任何技艺都以某种"善"为目的，譬如医术的目的是健康、战术的目的是取胜。[③] 但具体技艺都统摄于最高的善，即关乎"高贵与正义"的政治学(1094b)。因此，作为一种独特技艺的悲剧，其终极目的也应服务于城邦的最高善，亦即政治学。由此不难理解，何以无论柏拉图还是亚里士多德，均将诗艺纳入城邦教育的视野。在他们看来，诗人，尤其是面向全体城邦公民的悲剧诗人，天然应担起型构政治共同体伦理德性的重任。从这个意义上讲，阿里斯托芬对欧里庇得斯悲剧的批评，与其说指出了道德感的缺失，不如说归根结底是政治感(正确认识高贵和正义)的缺失。阿里斯托芬所谓的诗人应致力于"城邦的提升"，是伦理意义，而非修辞意义上的。也正是在这个意义上，悲剧才是"政治的"。[④]

毋庸置疑，真正好的悲剧作品，并不排除对价值的"存疑"。悲剧诗人的公

---

① 尼采：《悲剧的诞生》，赵登荣译，桂林：漓江出版社，2007年，第12节。

② Pietro Pucci, "Euripides and Aristophanes: What does Tragedy Teach?" in Chris Karus et al (eds.), *Visualizing the Tragic: Drama, Myth, and Ritual in Greek Art and Literature*, Oxford: Oxford University Press, 2007, pp. 105-106.

③ 亚里士多德：《尼各马可伦理学》，廖申白译，北京：商务印书馆，2004年，1094a。

④ Justina Gregory, *Euripides and the Instruction of the Athenians*, p. 2.

民教育，并非意味着不质疑城邦共同体的价值，而恰恰是通过呈现城邦内部的紧张，为公民教育、城邦提升留出余地。索福克勒斯笔下的安提戈涅依据掩埋亲人的古老神法质疑权威，就是具有独立判断力的好天性的表现。有学者注意到，埃斯库罗斯和索福克勒斯虽也不乏对雅典社会的批评，欧里庇得斯对时弊和传统的批评却格外突出。[①] 但面对传统神话中的前后矛盾，若不关心背后的意图，而是毫不节制地质疑，最终可能带来价值的虚无。[②]

悲剧与城邦的关系并非单向的。悲剧不仅折射出雅典城邦政治生活的百态，也对城邦产生深远影响。悲剧诗人与民众之间的对话，始于狄俄倪索斯剧场的"公共性"：悲剧的观众主体涵盖广泛，既有街头巷尾和广场聚谈政务的民众，也有坐拥重大政治决策权的官员。雅典公民（包括剧作家）参与政治活动是"职责"。在雅典城邦特殊的语境里，悲剧对城邦的影响广泛而深远。因此，如何以"负责任的批评"方式参与对城邦的型构，是诗人必须思考的问题。[③]

结语

古希腊优秀诗作或多或少承担了城邦教育的功能。在荷马史诗滋养下，传统神话蕴含的英雄伦理激励着一代代优秀之人追求卓越，超拔自我。赫西俄德的神话诗则形塑了古希腊人朴素的正义观。面对深陷内乱的城邦，忒奥格尼斯试图通过让公民坚守高贵的贵族品质，应对社会的分崩离析。处于斯巴达与外邦争战中崛起的时期，提尔泰俄斯通过高扬为共同体献身的勇敢德性，不仅为斯巴达奠定了日后闻名的勇士精神，也暗中批评了荷马式英雄个人主义对城邦的可能威胁。到了古典时期，古希腊悲剧成为公民教育的最佳手段。古希腊社会脱胎于一种高度竞技的文化。悲剧本身就是戏剧节的竞技项目：有抱负的诗人竞相争夺公民的教育权。然而，公元前 5 世纪中叶涌现的智术师也宣称，他们能教育"好公民"。

无论阿里斯托芬还是柏拉图都指向了传统诗歌不节制地描写诸神和英雄

---

① Matthew Wright, "The Tragedian as Critic: Euripides and Early Greek Poetics," p. 165.

② Pietro Pucci, "Euripides and Aristophanes: What does Tragedy Teach?", p. 110.

③ Heinrich Kuch, "Continuity and change in Greek tragedy under postclassical conditions," in Alan H. Summerstein et al (eds.), *Tragedy, Comedy and the Polis*, Bari: Levante Editori, 1993, p. 547.

人物,暗藏败坏公民的危险。在《蛙》中,阿里斯托芬通过让两代悲剧诗人展开对驳暗示,在公民教育问题上,悲剧诗人有所欠缺。柏拉图随后在《理想国》中进一步展开了对传统诗教的通盘检审:作为音乐教育的重要组成部分,荷马对诸神的丑陋描述会败坏儿童和护卫者,也无益于夯实城邦正义和宗法的根基。柏拉图对形形色色的智术师的批评,不仅表明了他对有智性追求的青年的关切,而且示范了何为恰当的公民教育。

On the Tradition of Poetic Education in Ancient Greece and Civic Enlightenment

Luo Feng

Abstract: Ancient Greek poetry during the archaic and classical periods pays much attention to education. Homeric epics and the didactic poems of Hesiod have laid the foundation for the tradition of poetic education by establishing some basic principles and nomos for their people. Living in the cities that are deep into internal and external troubles separately, Theognis and Tyrtaeus try to instruct the citizens to stick to their inner noble qualities and arouse their sacrificial spirit for the community to cope with the turbulent times. Greek Tragedy takes over this tradition in the democratic period since it is closely related to the constitution. As the most democratic tragedian, Euripides intends to instruct the Athenians through enlightenment: he believes that the making of good citizens relies on rational education. This new way of civic education is in tension with the traditional way of education which focuses on the cultivation of virtue. An survey of poetry's role in civic education shows both its strength and its limits.

Keywords: poetic education, civic education, tragedy, enlightenment, virtue

布尔特曼的“解神话化”与成玄英的“寄言诠理”：释经技艺之比较

高语含*

［摘　要］ 面对世界图景更新导致的传统经释遭受的挑战，布尔特曼的《圣经》诠释与成玄英的《庄子》诠释提出了具有高度一致性的释经原则：通过对文本中某种字面的（神话）—隐含的（真理）二重意义结构的建立，抛弃对字面上含有非理性神话因素之经文的字面解释，从而使经释趋于“理性化”。二人的差异集中在对字面意义的具体定位上，这些差异更深层地来自基督教与道家传统中基本信念的差异。

［关键词］ 布尔特曼；解神话化；成玄英；新约圣经；诠释学

* 高语含（1997—　），男，北京人，德国图宾根大学哲学系博士研究生，主要研究方向为德国密契哲学、魏晋玄学与初唐重玄学、道禅诗学美学。

一、传统经释遭受的挑战

新约《圣经》与《庄子》均包含大量今人目之为神话式的世界图景(Weltbild)[①],而对这些神话作字面意义上的解读以为信仰提供世界观的依据亦是基督教与道教长期以来采取的传统解释策略。按照布尔特曼本人对《马可福音》9:1的援引,这种解释在早期基督教团体中就已发端[②]:它包括天堂-地狱-人间的三重世界结构、超自然力对自然界封闭因果性的打破、对神迹和魔鬼的信念等内容,在耶稣布道时期即为信徒所假定,并一直承续到十七、十八世纪理性主义的圣经研究取向诞生,尤其是斯宾诺莎在《神学政治论》中否认神对人类历史的直接干预,并将神迹贬抑为驱人顺服的权力话语之前[③]。《庄子》一书的情形有所不同,最早为该书注疏的向秀、郭象即采取理性化的立场,直认其中的神话言说"皆寄言耳"[④],即以神话"孟浪"、"支离"的字面意义寄寓哲学化的义理,这一解释路径随后也为初唐道士成玄英所继承与发挥。然而向、郭二人皆是以玄学家而非道教徒的身份作注,成玄英又是以郭本为基础作疏并在思想脉络上显著受其影响,故三子皆不足以代表道教传统中解释《庄子》的主流。一方面,成氏之后,由道士所作的疏解方始大量涌现,其中大部依然对作为客观事实的陈述和对神仙信仰之最早表达的《庄子》神话深信不疑,尤其致力于将文本处

---

① 前者正如布尔特曼本人早年及其一再援引的历史批判学(historical-critical method)在以客观化的解释削弱《圣经》的历史可靠性的同时,对其中的神话与神迹所作的清理与解构那样,参见 F. Grant, R. Bultmann, J. Marsh. "The History of the Synoptic Tradition," Journal of Biblical Literature, Vol. 83 No. 1(1964): 76, Martin Dibelius, From Tradition to Gospel, Cambridge: James Clarke and Co Ltd, 1971 等。后者也已在国内学者中引起广泛的重视,《庄子》中的哲学及作为其载体的寓言,如鲲鹏、姑射之山、白日飞升等被视为广泛具有上古神话原型,且可能整合自昆仑、东夷等多个神话传统,参见田志亮:《〈庄子〉哲学的神话溯源》,中央民族大学,2007 年;鹿博:《〈庄子〉:神话锻造寓言研究》,江南大学,2009 年;杨儒宾:《庄子与东方海滨的巫文化》,《中国文化》,2007 年第 1 期。

② 参见布尔特曼:《耶稣基督与神话学》,李哲汇译,载刘小枫选编:《海德格尔式的现代神学》,北京:华夏出版社,2008 年,第 5—6 页。

③ 参见 W. W. 克莱恩,C. L. 布鲁姆伯格,R. L. 哈伯德:《基督教释经学》,尹妙珍等译,上海:上海人民出版社,2011 年。

④ 本文《庄子》文句与郭注成疏据曹础基校释《南华真经注疏》引用,兹不一一标注。参较:郭象注,成玄英疏:《南华真经注疏》,曹础基、黄兰发点校,北京:中华书局,1998 年。

理为道教工夫修炼与长生不死的依据[1];另一方面,虽然唐以前道教徒未有注疏传世,我们还是能在文献记载中发现许多当时道教观念受到《庄子》神话影响的证据。如道宣《集古今佛道论衡》载,汉明帝时即有道士奏表称,其有"入火不烧、履水不溺、白日升天"[2]之能,这些信念最早可上溯到《庄子》中"大浸稽天而不溺,大旱金石流、土山焦而不热"、"乘彼白云,至于帝乡"等陈述,在表达上实为对其的改写;它们说明即便不是以成文的形式,对《庄子》神话的字面解释也早已在道教徒中广为流传,并在神仙信仰叙事的建构中发挥了关键的作用。[3]传统的字面解释在布尔特曼与成玄英所处的时代显然分别遭到了强大的挑战,这些挑战虽一为现代的一为前现代的,但在来自异质的传统这一点上享有共性。

布尔特曼认为,他的时代释经学所面对的是理性精神主导下的现代自然科学世界观对前现代神话世界观的挑战。其根源在于,现代科学中因果关系是最基本的,它以自然界因果链的封闭性为其展开的前提,从而拒绝任何超自然的存在者施影响于自然界并打断其因果序列的可能性。[4] 与此相反,前现代的那些追因的(etiological)神话虽然也从因果联系的角度来解释那些令人惊异的自然现象,但它们却并不总试图将因果链封闭在自然界内,而是出于对它们的"惊奇、惊恐和质疑"而武断地将其归因于"空间上遥远的"超越者,如将日食与月食归因于神祇与恶魔。布尔特曼认为在此意义上这可以刻画为"原始科学"的一种形式,这一说法可能会引起这样的误解,即作为"原始科学"的追因神话与所谓"现代科学"并无质性的差异,而仅仅存在发展形态从低级到高级的差别。事实上,布尔特曼认为现代科学在以下的意义上可以说是"发轫于古希腊"的:它假定了变易的事物总服从某种恒常的运行法则,且这一法则能为人类理性所认

① 参见陈景元《庄子注》、陆西星《南华真经副墨》等。如后者释"不食五谷,吸风饮露"句:"盖专气而食母者,故能辟五谷而吸风露。《黄庭经》云:'人皆食谷与五味,独食太和阴阳气,意盖如此'。"引自陆西星:《南华真经副墨》,蒋门马点校,北京:中华书局,2010 年。

② 释道宣:《集古今佛道论衡校注》,刘林魁校注,北京:中华书局,2018 年。汉明帝感梦金人腾兰入雒诸道士等请求角试事一。

③ 另可参看卿希泰主编:《中国道教史》,成都:四川人民出版社,1996 年;熊铁基主编:《中国庄学史(上)》,福州:福建人民出版社,2009 年。

④ 可参看 John F. McCarthy, "Modernism in the Demythologizing of Rudolf Bultmann," Living Tradition, No. 112(2004)。

识这一原理。“在本原中，世界被设想为一个统一体，即宇宙是一种系统的秩序和协调。同时，它也开始于为每个宇宙本源论断找出合理证明和尝试。”[①]这种原则在以《圣经》为代表的古代世界观中是不可能找到的，后者认为即使宇宙存在某种秩序，它也是能够为奇迹所打破的。因此，可以说“现代科学”—“原始科学/神话”的冲突被理解为某种希腊—希伯来传统之对立的现代版本。在此冲突中显然前者占据了绝对的上风：理性的现代人凭借他们对自然、经济与政治诸规律的洞察，以创造和利用现代技术的种种成果为自己的生存提供了保证，如果《圣经》解读仍然依凭于某种承认能对世界进行直接干预的超自然力量的世界观，那么显然它对于因现代科技的领先而完全超越了之前时代人们而言将是毫无吸引力的。[②]

与之相应地，成玄英时代的《庄子》传统解释方法所倚仗的神仙道教世界观面对的挑战主要来自佛教。首先，佛教提供了远较道教神话更为瑰丽丰富的神灵与超越世界之想象。如道宣《集古今佛道论衡》序云：“（道教）臆度玄远，冒罔生灵。致有赴水投岩，坐热卧棘，吸风露而曰仙……如来哀彼黔黎，降灵赤泽。曜形丈六，金色骇于人天；敷扬四辩，慧解畅于幽显。能使魔王列阵，十军碎于一言；梵主来仪，三轮摧于万惑。”道教叙事中着重强调神仙具常人所无之种种异能，而佛教在对如来报身之威仪的描述上则极语言之能事地渲染其无边广大，并强调如来救万民于水火的大悲之怀，这无疑比道教的神话叙事更能打动社会下层的皈依者。此外，佛教论者不无洞见地对这一世界观的不能自洽大加批判，如北周甄鸾《笑道论》凡举道教三十六说，并大体以道教经文为依据逐一揭露其自相悖谬之处，如批评昆仑飞浮义与《济苦经》天地劫烧的描述不符；外丹之法不能实现白日飞升，而只是“道徒自苦”等。[③] 最关键的挑战来自佛教义理的思辨之精密与道教神话之粗疏间的落差，这导致佛教在精英阶层方面也一度获得了更大的欢迎。如道宣所记：“（道教）祖形体而号圣，守死长迷”、“一实之道，理越于天仙；大觉之言。义该于空有……道有小大之别。”[④]初唐之时佛教三论宗已经吉藏之手发扬为一时之显学，彼时道教世界观则仍以强调命功即

① 布尔特曼：《耶稣基督与神话学》，李哲汇译，载刘小枫选编：《海德格尔式的现代神学》，第 20 页。

② 参见前引文，及 R. 布尔特曼：《关于“去神话化”问题》，李章印译，《世界哲学》，2012 年第 1 期。

③ 参见甄鸾：《笑道论》第十、二十八。引自徐亦梅：《甄鸾〈笑道论〉研究》，华东师范大学，2012 年。

④ 参见释道宣：《集古今佛道论衡校注》，序言及唐西明寺释氏续附。

肉体修炼与长生为主,非惟其理性论证的严密性在擅长逻辑论辩的佛教面前显得脆弱,其所提供的理想境界即肉体长存也无法与佛教提供的形上色彩强烈的、在逻辑上超越时一空规定性的涅槃相提并论。初唐以后,佛道二教不断开展以争取帝国资助以拓展其影响力为目的的宫廷辩论,佛教借此在辩论中占据了更大的赢面;虽李唐王朝有赖于道教,有赖于“李氏血统承自老子”这一叙事以确立其统治的合法性,但辩论的失利无疑仍为道教在上层社会的威信,领受的宫廷资助及其广泛传播造成了阻碍。①

一言以蔽之,虽然布尔特曼与成玄英面对的挑战来自截然不同的时代与传统,但他们所处的境遇却是类似的:经典的字面意义确实暗示了某种神话式的世界图景,而这一图景已在某种新的世界图景面前失去了吸引力。诚然,前现代世界观在现代科学发展下的崩溃是彻底的,而道教神仙信仰后来则通过某些内部修正(如从外丹学转向内丹学)回应了佛教的挑战从而持存了下去②,但成玄英却与布尔特曼一道采取了在义理上更为根本的维护经典与教理的方式,即通过在文本中建立起作为其字面意义的神话与其隐含意义的真理两重意涵(meaning)结构,从而放弃传统解释对神话世界观的坚持,代之以透过字面意义而对文本之更深层的隐义的发现,而使得经典在传统世界观崩坏的威胁中仍然保持了强大的生命力与教化意义。

二、布尔特曼:“神话的真实意图是本真实在”

我以为布尔特曼与成玄英的经释之所同处,在于二者都“通过对文本中某种字面的(神话)—隐含的(真理)二重意义结构的建立,抛弃对字面上含有非理性神话因素之经文的字面解释,从而使经释趋于‘理性化’”。需要澄清的是,此

① 如道宣《集古今佛道论衡》载此类事例甚多:武德八年国学佛道辩论中,道士李仲卿受挫于慧乘,其时“天子回光惊美其辩,舒颜解颐而笑;皇储懿戚左右重臣并同叹重,黄巾之党结舌无报,博士祭酒张侯愕视,束体辕门”。虽然这种辩论未必能对道教势力造成实质性的影响,但有损于道教在社会上层的威望与接受程度确实可以想见的。关于宫廷资助与社会传播,更详细的论述可见 Cuma Ozkan,“A comparative analysis: Buddhist Madhyamaka and Daoist Chongxuan (Twofold Mystery) in the early Tang (618 - 720),” University of Iowa, 2013, pp. 8 - 15; Friederihe Assandri, Beyond the Daode Jing: Twofold Mystery in Tang Daoism, St. Petersbung: Three Pines Press, 2009。

② 卿希泰主编:《中国道教史》,成都:四川人民出版社,1996 年。

处的“理性化”不能理解为，二人都将神话性文本字面上表达的前科学世界观解释为符合现代科学精神的世界观，更不可理解为“对超越者加以理性化，将之变为人类理性思维的产物”[1]。这种处理是布尔特曼所明确反对的，他在当试图把握超越者时理性这一工具的苍白无力上与成玄英旨趣相合。[2] 这一命题想说明的是这一事实：二人都拒斥了预设文本具有神话意义——也即在他们的时代无论是现代科学、健全的常识判断，还是更完备的宗教神话都已经否定了的那种意义——这一经释原则，使得文本深层的义理从带有蒙昧色彩的神话语言中解放了出来。这表现在二人都试图在字面上表达了前科学世界观的神话性文本中通过自出机杼地对其“隐义”的发掘，使文本的“真实含义”不再涉及前科学或违背一般常识的经验判断，从而使文本得以适应于另一个世界观更新了的时代。因此，不如说他们根本不认为文本的真义是有关任何客观世界中的经验事实的，这使得说我们对客观世界的经验认识作何更新，也无法动摇这些对经典的新解释。换言之，他们在对经典的创造性解释中“悬置”了其世界观的成分。布尔特曼清楚认识到虽然其中贯彻了同样的理性精神，但现代物理学的成果本身亦可能像原始科学和经典力学那样成为被超越的历史存在，因此问题的关键不是要相信哪一种世界观，而是“让有现代世界观的，像没有这种世界观”[3]，即意识到不受信仰支配的、非本真的自然与历史整体本身是渎神的，内在于《圣经》的上帝的“宣道”(Verkündigung)根本上独立于任何一种世界观。类似地，成玄英将《庄子》中的许多神话[4]解释为传达道—理所必须依凭的言说策略，这也以悬搁客观化论题的方式回应了佛教世界观的挑战，并在客观上甚至为现代读者接触《庄子》的义理减小了障碍。

---

① 参见布尔特曼：《生存神学与末世论》，第 24 页。

② 布尔特曼承认我们可以理解自我与上帝的相遇，这一理解贯穿于从相遇之前到相遇事件的整个过程中。但这一事件仅在上帝赐恩典于自我时满足信仰者的渴望并激发其感恩的生命体验的意义上才是可能的，它不能被理智以任何形式加以把握；见前引文，24 页。成玄英也在《逍遥游》章疏中指出“为道之要，要在忘心，若运役智虑，去之远矣”，即对道体的把握不可能通过理智实现。

③ 布尔特曼：《耶稣基督与神话学》，李哲汇译，载刘小枫选编：《海德格尔式的现代神学》。

④ 作为道教徒的成玄英并没有将经典中的所有神话全部祛魅，而是为神仙信仰保留了一定的地盘。如其在解释“列子御风而行”时说道：列子“师于壶丘子林，着书八卷。得风仙之道，乘风游，泠然轻举，所以称善也”。考虑到成玄英作为初唐道教领袖之一的身份，再相比于布尔特曼所处的自然科学已经从本质上排挤了任何相信奇迹的社会环境，这种不彻底性我想是可以理解的。

在布尔特曼提出的“解神话化”(Entmythologisierung)释经方法中,这一“字面意义”—“隐含意义”的二重结构被表述为经文“非本真性”(Eigentlichkeit)的与“本真性的”两种言说之对立。德语前缀“ent-”有“相反、消除、脱离”之意,然而布尔特曼并不如他所批评的某些意见那样主张“神话”在自然科学主导的现代人生活中应该完全被清除出去,而使人完全地依凭其理性与欲望来支配世界。[①] 相反,他指出“自然科学消除神话,而历史科学必须解释神话”[②],即神话言说中与自然科学的研究领域重合的那一部分——涉及客观化、对象化世界的神话世界观——在当代必须被扫除,而在这种早期基督教团体所采用的神话言说中所隐含的超越的启示——神话的末世论意义——则正是须通过对这种落后世界观的扫除加以提纯与揭示的神话的本真涵义。

布尔特曼对神话所具有的两重结构或指向的分析在《关于“去神话化”问题》一文中得到了相当明晰的表达。在他看来,“神话”在谈及可见世界,也即表达了对客观世界的某种粗浅知识的同时,也谈及不可见的世界,表达了人类与上帝的相遇及其对生存的一种特定的自我理解,后者是神话的叙述者试图表达的本质内容。这种二重性之所以可能的问题通过一种对神话的一般的产生过程之追溯被解答了:神话的叙述者在其经验中对某些自然现象感到惊疑,他因此“发现自己处身于一个充满难解之谜和神秘的世界之中,而且也经历着一种同样神秘难解的命运”[③],并进而意识到存在某种超验的力量才是其生命的真正主宰,它甚至规定了整个世界的存在及其限度。不可见的超越维度确实被触及了,而神话思想却“天真地”将它所把握到的超绝之物客观化与对象化,以某种世界中的客观存在者来类比它,将其表象为“空间上遥远的东西”(天堂、地狱之类),从而违背了其表达的真实意图;由此得以被想象的超越者因此与客观的存在者间的本质差异或所谓“无限的距离”被抹除了,它相对于一般存在者的力量优势因此仅显现为量的;而“解神话化”的义务正是排除掉神话因这种不成熟的对象化阐释而导致的错误,“把神话的真实意图完整地充分表述为言说人的本真实在”。[④]

---

① 参见何卫平:《伽达默尔评布尔特曼“解神话化”的解释学意义》,《世界宗教研究》,2013 年第 2 期。

② R. 布尔特曼:《关于“去神话化”问题》,李章印译,《世界哲学》,2012 年第 1 期。

③ R. 布尔特曼:《关于“去神话化”问题》,李章印译,《世界哲学》,2012 年第 1 期。

④ R. 布尔特曼:《关于“去神话化”问题》,李章印译,《世界哲学》,2012 年第 1 期。

这种区分显然预设了上帝或者说福音信息作为超越者与一般存在者的绝对异质性[①]：后者是对象化的自然科学及其实证方法所处理的对象，这些对象被规定为外在于观察者的独立客体，并为我们提供一切客观有效的知识；后者是生存论的个体的体验与理解适用的范围：个体只有通过在其生存的历史中发生的各个具体事件中，不断做出为其自身的存在承担责任之决断——这一决断依据个体特有的过去在当下做出，并使其生存朝向将来敞开，才能感悟《圣经》的启示并建立起具有实质内容的人与上帝的关系。这种生存论的视角本身只是空洞的形式，在其中人的行为并不受到任何规定，因而信仰或不信仰上帝在此阶段都是人的自由；但它对于理解《圣经》的真理被视为必须的，因为只有通过当下的决断才能使作为意识到他"必须存在"的个体勇于承担起存在的责任，如是他才能就"如何理解人的存在"这一关切向《圣经》发问。[②]

在布尔特曼看来，发问的视角即我们在解读文本前带有的前理解(Vorstehen)，美学的、历史学的或生存哲学的前理解导致了文本对个体做出的不同回应，在这种读者与文本的生动关系中，"如果我们从自己的难题来拷问历史的话，历史就真的开始对我们讲话。理解历史是可能的，这不是以一种不参与的旁观者的身份与历史面对，而是将自我投身于历史之中，并为历史分担责任。我们把这种与历史的相遇称为生存的相遇"[③]。只有通过生存在自身的历史之中而不将其对象化为与事实有关的客体，个体才能接受《圣经》作为对每个个体发出的话，对个体存在的诸可能性的权威规定。而只有遵循这些规定才能使个体由"广义的存在"转变为"真实的存在"，获得对人应当如何存在这一问题的解答。基于布尔特曼对"上帝的仁慈每晨更新"一语的解释，个体的存在是时刻更新的，它在其不断跃入将来的过程中不断成为新的自我，因此也在一种全新的境遇下向经典发问并与上帝相遇；因此上述解答也未被理解为某种永恒不变、一劳永逸的真理，而是在个体每一次发问的具体情形中，在每一个"此时此地"不断更新，以全新的内涵不断"突入"个体的存在之中。

---

① 参见葛伦斯、奥尔森：《二十世纪神学评介》，刘良淑、任孝琦译，上海：上海三联书店，2014年，第100—115页。

② 可参看张旭：《布尔特曼的解释学神学》，《基督教思想评论第三辑》，2016年。

③ Rudolf Bultmann, "Das Problem der Hermeneutik," Zeitschrift für Theologie und Kirche, Vol. 47 No. 1 (1950): 47 - 69.

三、成玄英:“宜忘言以寻其所况”

“寄言出意”、“得意忘言”作为魏晋时期玄学家业已应用的释经策略并非成玄英的发明[①],但成玄英作为以宗教徒身份依此法疏解道家文本的第一人却是毋庸置疑的。在《大宗师》篇“可传而不可受”句疏中,这一释经纲领被明确地重新表述为:“寄言诠理,可传也”,即经典的写作是寄托于字面意义来传达更深刻的真理,字面意义—隐含意义的二重结构在此即体现为言—理的对立关系。我们将看到,此语境下的“理”与“言”均不可理解为是就具体事物而论:“理”并非客观对象的自身规定性,而是成氏以为经典所要表达的最高真理;而“言”亦不可理解为任何可能的言说,而必须理解为某种以特定方式所作的言说,即能通达“无言之理”的“至言”;成氏通过将《庄子》书中各种神话式的言说解释为这一“至言”的表现形式,规避了将之读为对世界的客观陈述而面临的风险。

成玄英在疏文中一再强调,“妙悟玄道,无法可言”、“夫可以言诠,可以意察者,去道弥远矣”;即不同于可言可意的具体形下之物,形上的真理或形上之道是不可言说的。结合他对此给出的论证来看,这里的“言说”之所指应为语言的称谓或者说指涉作用:“道无声,不可以耳闻,耳闻非道也;道无色,不可以眼见,眼见非道也;道无名,不可以言说,言说非道也……名无得道之功,道无当名之实,所以名道而非。”所谓“指名以会实”,“名”必有“实”与之相当才能有所指,“概念”的成立是因为它指称、规定了某一特定的存在者。显然,这种指称功能只有在面对有规定者时才是可能的,因为唯有有规定者才能在认知背景中与其他有规定者相区别并成为特定的对象;然而,不同于具有颜色、声音、广延等规定性的形下之物,形上之道不具有任何规定性,因此它在根本上不能为名言规定为任何“对象”或者“指称”。他如是解释《齐物论》中“为一”与“谓一”的差异:“玄道冥寂,理绝形声,诱因迷途,称谓斯起……既谓之一,岂曰无言乎”,无规定

① 王弼在《周易略例》率先提出言—象—意的三重结构,认为释经须“寻言以观象”,“寻象以观意”,即通过字面意义逐层透入文本的真实含义中,但未将之用于对神话类文本的处理。最早进行这一应用的是郭象,其注“姑射神人”段直明“此寄言耳”,将“寄言”以诠理视为庄子本人采取的写作策略,首次对神话内容做出理性化的解释,并成为成玄英进一步阐发的基础。可参看林光华:《魏晋玄学“言意之辨”研究》,北京:社会科学文献出版社,2016 年,第 29—34 页。

之道没有区分,故而拒斥了一切名言的可能性;而一旦以名言称谓之,即使是以最缺乏实质内容的符号"一"来称谓之,仍然破坏了这种无区分的状态,将不可对象化者规定为名言的对象。职是之故,因为凡语言必然有所规定、区分与指涉,道在根本上就决不可以任何方式为语言所把握。与本体之道相应,作为工夫修证之最终鹄的至人之"体道境界"也被认为是难以言喻的。二者共同构成了所谓"至理"的内容。

然而成玄英却并未否认语言为人们把握道提供积极意义的可能性,毕竟"理出有言之教",经典是以语言为工具将道开示于读者,这意味着必须承认通过某些特殊方式使用语言,依然可以使表达道或至理成为可能。[①] 这种特殊的言说方式或技巧被成玄英称为"至言"、"大言"、"玄言"、"至教"等,它明确地与其他流俗的语言区别而开:"只为滞于华辩,所以蔽隐至言"、"俗说既当其途,至言于乎隐蔽",指谓性的语言用以称说日常事物自然无咎,但将之用于对至道与至理的表达时就面临了遮蔽至言、导致二者的失落与俗心的蒙蔽之极大风险。因此,在言说至理时务须采取这些特定的方式,谨慎为之。[②]

"至言"的具体所指在成《疏》中主要被归为两种,一为"否定",一为"寄言",前者总是对道体或至理做出某种否定性的判断,如《知北游》篇中,黄帝曰:"无思无虑始知道,无处无服始安道,无从无道始得道",《疏》曰:"轩辕体道,妙达玄言",则成氏以托黄帝而说的对道体的否定性表述为"至言";后者则通过某种叙事或隐喻来开示至理,这些叙事和隐喻往往是以当今所谓神话的形式表达出来的,如《逍遥游》篇中,《疏》称"肩吾未悟至言,谓为狂而不信",此处之"至言"即指前文中姑射山神人的神话。"至言"为何恰恰采取了否定与寄言两种形式?我们可作如下分析:一种言说不外乎对其表达的命题作肯定的与否定的两种判断,对道的言说亦可作如是观。鉴于至道无规定性,那么当言说表现为对"道具有规定性 P"这一命题的否定,表达为"不可见、不可言、不可名"时,它相较于肯定其规定性的表达就可以说更好地开显道。若这种言说在采取否定形式之同时还试图辅以肯定的表达,则这种表达也不可能对道与至理的属性做任何正面的肯定,而只能以对有规定者的言说暗示无规定者,以对有限者的称谓暗示

① 可参看前引书,第二章第三节。

② 见郑开:《道与言之间的张力:哲学真理能否诉诸语言表达和传达?》,本文是作者在 2016 年的"理解与运用:老子及道家和道教的生活之道"学术研讨会上的讲稿,未正式发表。

无限者，即以隐喻和象征的形式曲折地暗示道一理，把读者带入对它们的理解与体验之中。

《庄子疏》中对所有的神话类文本的诠释基本都遵循了这一理路，即不认为神话是如其字面意义那样意在陈述客观世界的实然状态，而是通过这种亦虚亦实的“支离之言”传达道一理的真实。这种例子在《疏》中不胜枚举，如对“大浸稽天而不溺，大旱金石流、土山焦而不热”句，今人的代表性解释来自刘笑敢，他认为这段文本说明《庄子》中含有古代气功的描述。[①] 成玄英则释为：“夫达于生死，则无死无生；宜于水火，则不溺不热”，即该种境界并不是通过宗教色彩浓厚的气功肉体修炼达到的，而是对体道至人可以对自身所处的境遇无所挂怀，因此能安于生死、安于水火这一精神状态的象征性表达。同理，他释“不食五谷，吸风饮露”为对至人能无心以顺物而不受四季变化的外在干扰之境界不是食五谷所达致的，而是其能“挺淳粹之精灵，禀阴阳之妙气”的结果。

需要注意的是，在成玄英看来，这两种言说方式就其本质而言仍不过是对语言的运用，从而并不能在根本上避免对道一理的规定与区分。当我们否定道具有某属性时，仍将道规定为“可能具有或不具有某属性”的存在者，并且这一否定的判断也将道与具有该属性的存在者，如有颜色者、有广延者等区别开。当我们以隐喻的形式进行暗示时，我们依然不可避免地从隐喻中得出对道或理的某些理解，而这些理解可以以语言的形式表达出来，如成玄英释《逍遥游》篇“乘云气，御飞龙”曰：“智照灵通，无心顺物，故曰乘云气。不疾而速，变现无常，故曰御飞龙。”一旦能够转译为对理的直接表述，那么寄言的说法也就不能避免以某种隐蔽的形式对其的规定了。职是之故，成玄英一再提醒我们这种“至言”仅是得鱼之筌、寻兔之蹄，只有“忘言而寻其所况”，即不滞于此言说的表层而默会于其开示的真理，才能真正理解经典的涵义。《则阳》疏中称：“苟能忘言会理，故曰言未尝言，尽合玄道也。如其执言不能契理，既乖虚通之道，故尽是滞碍之物也。”解悟至言所传之玄道方为体道之人，而若滞于至言的字面意义而不能对道一理获得超越语言的体认，则仍然陷于滞碍的具体存在者之中。这一语言的吊诡也表达为“非言非默，议有所极”：道一理是根本上不能以语言称谓者，则毕竟非言；然至言却能将不可言之道开启于闻者的生命之中引其得道，则

---

① 参见刘笑敢：《庄子哲学及其演变》，北京：中国社会科学出版社，1988 年。

面对真理只能缄默的说法也是不充分的："至言"毕竟是以此两种形式构成了《庄子》向我们传达其无言之道的唯一可能之载体。

四、差异之比较及其原因

本节中我将在四个层次上论述"解神话化"与"寄言诠理"两种释经技艺的显著差异；我的意思是，二者在至少这四个命题的真值上都给出了相反的判断：

1. 文本的字面意义为经典的作者所认同；
2. 这一字面意义为隐含意义的揭示提供了便利；
3. 这一字面意义对隐含意义的揭示是必要的；
4. 理解经典这一事件本身是否已经蕴涵了个体生命的内在转变。

其中，布尔特曼否定2、3，但承认1、4；相反地，成玄英否定1、4，却肯认2、3。

对于1，布尔特曼确凿无疑地表明：早期基督徒之所以采取前科学的神话世界观来承载经文的隐义，是因为他们相信这一世界观，且这种相信表明了他们对客观世界的理解水平依然处于蒙昧的状态。按照上文已分析过的，神话言说之所以在表达了本真的真理之同时陷入经验事实的错误，是因为它"天真地"以为超越者只是内在于客观世界的某种力量更强大的东西，而非本质上凌驾于其上的东西，从而把属于彼岸的东西不正当地引入了此岸的诸范畴中加以表象。由于当时抽象思维尚未形成，超验性就只能被形象思维粗略地表象为空间上的广大与遥远。[①] 因此，"解神话化"对于布尔特曼来说仅仅意味着一种现代读者应采用的"阅读技艺"，它是历史科学想要理解《圣经》的真义所必须采取的，把永不过时的关于人之生存的可能性的真理从落后的原始科学中解救出来的解释方法——即便这种方法的运用在保罗和约翰那里就已经开始了。[②] 然

① 参见布尔特曼：《生存神学与末世论》，第8—10页。

② 参见布尔特曼：《生存神学与末世论》，第17—18页。

而在成玄英那里，“寄言诠理”首先意味着一种“写作技艺”，而由此延伸出来的阅读方法无非是对这一写作意图的还原。他认为《庄子》一书的作者并不相信姑射山之神人或儵、忽、混沌等神祇的真实存在：“斯盖寓言耳，亦何必有姑射之实乎？”作者提及它们的全部目的只是“非言无以诠理，故试寄言，仿象其义”，并不试图对经验世界中的事实进行描述。因此，对经典文本的神话式解读并非作品的题中应有之意而只源于后人的误读，通过意识到作者“寄言诠理”这一深层的写作目的，我们重新发现了经典隐藏的甚深之理。

这一差异显然导源于二者对经典文本不同的预设。布尔特曼在其早期形式批判学的著作中将福音书分解为文体不同的诸片段并分别解释其原初背景与历史可靠性[①]，这已非常明晰地表明了他对《圣经》的态度，即它一方面承载了上帝对人的永恒言说，另一方面也是一份一般的历史文献材料，因此其历史沿革可以通过实证主义研究导向的批判学来加以考察。“对历史的生存主义解释很显然需要一种对历史性过去的客观化思维”[②]，客观化的历史研究与生存论的解释被认为存在一种“辩证的”关系，前者虽然在其非本真的这一意义上不能被看作关涉了真正的实在，但做出本真决断者自身同时也是决断的肉身，肉身生活的可能性被包含于这一决断中，因此人也同样必须为之，并为外在于肉身的世界与历史承担责任，这就暗示了客观化地研究历史的可能性；在这一视角下，诸如“对过去某个特定事实的传统叙述是否真是一个有效的证词”[③]之类涉及历史过程中特定事件与事实的经验问题均可获得科学的解答。显然，成玄英对经典地位的界定远比布尔特曼更高，他在《疏》的序言中称：《庄子》“钳揵九流，括囊百氏，谅区中之至教，实象外之微言”；作为至人所述之书的《庄子》被视为涵盖万有，不可动摇的“至教”与一切义理的依据，实为一个完满自洽的意义整体，其中自然不可能包含任何错谬不合情理之处。也就是说，布尔特曼在一定程度上将经典视为考证学的对象，其部分内容已在当代丧失了生命力；成玄英则不追求考辨、还原文本创作之初的实情，而是将之在最大限度上视为一完满自足的、待由当代诠释者开启并在其视域之下赋予其意义的“活的传统”。

---

① 参见 W. W. 克莱恩，C. L. 布鲁姆伯格，R. L. 哈伯德：《基督教释经学》，第 62 页。

② R. 布尔特曼：《关于“去神话化”问题》，李章印译，《世界哲学》，2012 年第 1 期。

③ R. 布尔特曼：《关于“去神话化”问题》，李章印译，《世界哲学》，2012 年第 1 期。

通过分析他们对命题1的不同态度及其原因,二人对命题2的态度也就不难揣测了。因为布尔特曼认为神话的描述是错待超越者与一般存在者关系的结果,显然他相信这种字面意义对读者发掘其隐含意义只能徒增阻碍。这种阻碍在现代读者这里变得更加明显,因为他们的生活已不再受到字面意义上那种世界观的支配,由此导致他们中的许多人或者完全世俗地认为《圣经》中只有某些有益的道德教条与对爱的提倡在当代还有意义,或者其对经典真理的坚持退守到纯粹心理、情感体验的范围,或者更有甚者以此为由拒绝接受《圣经》的启示。成玄英则认为"非言无以诠理",倘若缄口不言,则道一理之真就不可能以任何方式被揭示而出,常人想要实现自我转变而成圣也就不可能。对真理的传达起消极作用的在他那里恰好是"俗智俗学"不明大道而妄发议论的"是非之言","至言"则无疑具有廓清其遮蔽而将真实之理开显给人的功能:它一方面作为语言不能尽善尽美地传达道一理,另一方面却能引发超语言的体认与解悟。

字面意义对隐含意义的表达是否是必要的,这一问题同样可表述为"是否存在比经典中的字面意义更完善、更直接的表达其隐含意义的言说途径"。成玄英对命题3的态度则正如我们可以预见的那样,《庄子》作者之所以自觉地采取了"寄言"这种有助于传达真理的技艺进行写作,实则是因为这种言说技艺与否定性的言说一道成为了揭示道一理的唯一途径;前文已详,自不赘述。诚然,布尔特曼承认神话性的"语言"对基督教信仰是一种必要的语言,但他认为生存论者在使用这些言论时已经避免了其存在于经典中的那种神话性的"意义",而是代之以完全解神话化的意义:它的使用者并不对世界的存在状况做出中性的陈述,而只是在纯象征的意义上表达自己的感恩与虔诚。

进一步地,布尔特曼在谈及神话的言说对于宗教教义的表达是否是必须的这一问题时指出,虽然神话的言说曾作为历史上真理的载体而出现,且它"确实为宗教诗篇,也为狂热礼拜仪式语言提供了意象和象征,在其中也能体会到虔诚献身的某些意义"①,但为之所遮蔽的某些哲学和神学的沉思所要澄清的意义却不可能在神话中得到充分的表达(这种澄清显然只有通过生存论的言说才是可能的),否则用以表达这一意义的神话语言自身又必须被解释,如此则我们

---

① R.布尔特曼:《关于"去神话化"问题》,李章印译,《世界哲学》,2012年第1期。

陷入无穷倒退之中;因此这些象征或形象的真实意义必须能在不求助于神话语言的同时仍然能够表达。此外,布尔特曼还提出了一种“类比地”谈论上帝与人之间关系与作用的方式,即把上帝对我们的作用与交流设想为人对人之间作用与交流。据此,我们可以在纯粹的个人体验与表达的意义上谈及上帝作为“天父”的“慈爱”或“惩罚”,但显然在这种表达方式中我们也无需借助神话的意象和象征。

二者间最后也是最重要的一个差异在于是否认可理解经典本身就意味着读者的内在转变,无论这种转变被诠释为“获救”还是“成圣”。布尔特曼继承路德宗“因信称义”的一贯传统对此做出了肯定的回答:“理解经典”意味着我们已经做出了为自己的存在负责这一决断,并以为“如何存在”的问题寻求解答这一前理解向《圣经》发问(这种发问本身已经以信仰为前提,“脱离信仰就不能看到或理解上帝这一事实”[①]),发问的同时及从中收获对经典真理的理解。“理解”一词在这里指的是,我们在发问中聆听了上帝在此时此地对我们生存之问的回应,它庄严地宣告了对信徒生存的诫命,从而使之达到了对其个体存在的崭新理解与把握——因为信徒理解到来自宣道的那种必须履行的东西就是他的存在向未来敞开的方向。“我以一种新的眼光看到了世界,而且这的确是一个新世界。我对我的过去和将来获得了一种新的洞察力,我认识到新的需求,而且以一种新的方式面对各种境遇”,“我的过去和未来变得不仅仅再是标记在日历或时刻表上的那种纯粹的(客观和线性的)时间”[②]。布尔特曼正是在此意义上规定了末世论教诫的全新涵义:末世不再意味着时间上最终的事物,而是在做出决断的信徒体验到这种未经信仰规定的“纯存在”只是无内容的空形式,因而在体验到其生存之空虚的基础上为自己的罪愆悔过,通过与上帝的每一次相遇中建立起与上帝的稳固的联系,摆脱“肉体和根深蒂固的自我”,实现宗教意义上的“自我之自由”这一事件。在此,“宣道”、“自我理解”与“拯救”无非是发生的同一事件的不同说法,末世论事件的发生让个体“看到上帝”,为其此时此地的存在提供了意义与保证。

相较之下,理解经典对于成玄英而言则仅有十分有限的意义,即由对经典

① 布尔特曼:《生存神学与末世论》,第 42 页。

② 布尔特曼:《生存神学与末世论》,第 44 页。

的解悟开启了主体追求转变为至人的努力。“体道”并不是像“得救”那样可以“一举而尽全功”的末世论事件，而是在主体长期的修证努力后逐渐达致的一种持续的境界或者说精神状态。《庄子》中引《老子》“为道日损”句，《疏》曰：“夫修道之人，日损华伪，既而前损有，后损无，有无双遣，以至于非有非无之无为也。”“日损”用以形容私欲渐去、华伪渐除的过程，在此一般所谓成氏“重玄之道”所言的“三绝”次第不仅用于在逻辑上区分修道者的不同层次，同时也是时间上每一最终体道者所必须经过的诸阶段。不经由《庄子》中所谓“坐忘”、“心斋”的工夫实践，而仅靠理解经典中对无言之道的阐述就能达致至人境界对成玄英，甚至对道家理统而言，无疑都是不可想象的。

这种对个体转变所需条件的差异或许可作如是理解，即二人对“隐含意义”是否具有语言属性的理解导致了其在理解经典这一行为之功能上的分歧。对布尔特曼而言，显然经典的字面意义与隐含意义虽有“非本真”与“本真”的高下之别，但基于基督教或者笼统而言的西方哲学以“逻各斯”（“道”）为其最高范畴的传统，二者仍然都被统摄在某种“言说”之下。布尔特曼不止一次地提到在末世论事件中上帝对我们“说话”：“‘宣道’是一个大有力量、实实在在的词。它本质上就是要说出来，要传讲，需要聆听。它是指令和律令，必须去做，必须坚持。”[①]“宣道”的德文词 Verkündigung，其词根为 kündigen，在日常德语中有“宣布”、“声明”之意；“呼召”的德文词 Anruf 在日常语言中也表达呼叫这种言语活动。虽然是在所谓“类比”而非对客观世界的真实描述的意义上，上帝的恩典作为宣讲与布道的某些话语启示给信徒并导致其崭新的自我理解之形成，本身是一种语言的事件；这或可视为布尔特曼对《约翰福音》中“道就是神”这一受到希腊传统渗透的观念的回归与阐发。在此意义上，只要信徒能够本真地聆听经典的宣道，他的存在就因为与超越者的相遇而获得了根本的转变。

恰好在道家传统这里，作为终极真理的至道或至理自始至终都否定了其于语言具有任何统一性的可能，被理解为超言绝象的。成《疏》反复强调：“至理无言，言则与类”、“夫一，无言也”、“求之于言意之表，而入乎无言无意之域，而后至焉”，阅读文本的行为本身虽能通过语言将无言之道暗示给读者，使读者通过

① Rudolf Bultmann, “Der Begriff des Wortes Gottes im Neuen Testament,” Glauben und Verstehen I, Tübingen: Verlag Von J. C. B. Mohr (Paul Siebeck), 1933, p. 280.

"忘言以寻其所况"的方式也确能从经典中对之有所领悟,但毕竟语言本身不足以尽善地传达此道,由理解文本所得的瞬间体悟也不能代替由长期修持所保证的稳定状态;这种由文字得来的领悟依然是"体非量数,不可受也",并未落实为具体的工夫实践,从而真切地转化为主体体道的境界。成玄英在下文将这种工夫实践简单概括为"方寸独悟,可得也",此语出自《大宗师》章,后者非常详尽地描述了体道者通过修证实践依次达到的外天下—外物—外生—朝彻—见独—无古今—不死不生这一由浅入深的境界序列。此义在成玄英对轮扁斫轮的寄言所作疏解中获得了最恰当的表达:"欲明至道深玄,不可传集,故寄桓公匠者,略显忘言之致也。"此处的"忘言"则非唯意指不受经典字面意思的限制而领会无言之道的文本阅读方式,而更是指向了在"斫轮技艺的精进(得之手而应于心)"所隐喻的工夫实践的积累中,修道者已经完全内化在自己的日常生活实践中的"无言之道"与"重玄之域"。

Bultmann's "Demythologizing" and Cheng Xuanying's "Interpreting Li through Speech": a Comparison of the Techniques of Interpreting the Classics

Gao Yuhan

Abstract: In the face of the challenges to traditional scripture interpretation caused by the renewal of the world picture, Bultmann's interpretation of the Bible and Cheng Xuanying's interpretation of Zhuangzi propose a principle of scripture interpretation with a high degree of consistency: by establishing a certain literal (mythical) — implicit (truthful) dual structure of meaning in the text, the literal interpretation of scriptures that literally contain irrational mythical elements is abandoned, thus making scripture interpretation tend to "rationalization". The differences between the two focus on the specific positioning of literal meaning, and these differences arise more deeply from the differences in fundamental beliefs in the Christian and Daoist traditions.

Keywords: Bultmann, Demythologizing, Cheng Xuanying, the New Testament, Hermeneutics

经学·大同·诸天游：康有为庄学思想论要*

李智福**

［摘 要］ 庄子哲学是康有为基于今文经学而进行哲学构建的重要传统学术资源，其声称“自赞孔子以来，以庄子为第一”“自孔子外，《庄子》当为第一书”等洵非虚说，在包括今文经学、大同公理、诸天游学说等在内的康有为思想系统中，庄子扮演着举足轻重的角色。其一，就传世文献而言，《庄子》书中首次出现“春秋经世”“先王”“玄圣素王”“内圣外王”“六经”等今文经学关键术语，在此意义上而言，康有为将庄子视为早期今文经学的经师。其二，庄子的“逍遥”“齐物”“在宥”等哲学潜含着自由、平等、天下为公等大同理念，即此而言，康有为视域中的庄子是孔子大同教之传人。其三，人类在大同世界实现之后将迎来诸天世界，《庄子·逍遥游》所言“其远而无所至极邪？其视下也，亦若是则已矣”隐藏着诸天无量、大

---

* 基金项目：国家社科基金后期资助项目“章太炎庄学思想研究”(19FZXB065)部分成果。

** 李智福(1982—)，男，河北井陉人，哲学博士，西北政法大学哲学与社会发展学院副教授，主要研究领域为中国古典哲学、道家诠释学、近代新道家研究。

小齐一、视域转换的立场，无量诸天是康有为觉悟人生、观照存在的终极视域，他试图通过骑光乘电这种近现代技术科学实现庄子式的逍遥游，诸天游实则是近代科学视域下的逍遥游。可见，庄学对康有为影响甚深，康有为不仅为新儒家，亦为新道家。

[关键词] 康有为；庄子；今文经学；大同书；诸天游

引言

被晋人郭象视为“不经而为百家之冠”(《庄子序》)的庄子在近代“三千年未有之大变局”境域中扮演着复杂的思想角色。康有为作为经今文学派之殿军，囿于传统经学“诸子出于六经”之汉儒传统，他自然不会像章太炎一样将庄子提高到卓绝古今之高度[①]，但其声称“庄子赞孔子极精，自赞孔子以来，以庄子为第一”[②]“自孔子外，《庄子》当为第一书”[③]，“谈道、谈学，中国以庄子最精”[④]此中所谓“以庄子为第一”“《庄子》当为第一书”“以庄子最精”云云，此等赞誉亦不可谓不高。当然，作为今文经学家，康有为对庄子这种定位难免有溢美过誉之嫌，但作为一个以学术重建而为政治抱负服务之一代哲人，他对庄子这种极高之思想定位绝非向壁虚造，而是从《庄子》文本中看到庄学与今文经学的某种思想渊源[⑤]，同时，他的终极世界图景即大同世界、诸天之游也有与庄子“在宥天下”“无何有之乡”的视域融合。如近代史所昭示，面对“中国—天下”何去何从的晚近拷问，康有为与章太炎本着“古已有之”的学术襟抱做出了他们那个时代最大限度上的思想发明，康有为与章太炎可谓是两峰并峙，针锋相对，就在其各自学

---

① 章太炎《庄子解故序》云：“命世哲人，莫若庄氏”，在一切古今中西哲人中，章太炎许庄子为第一。（章太炎：《庄子解故》，《章太炎全集》第六册，上海：上海人民出版社，2018年，第149页。）

② 康有为：《万木草堂讲义》，姜义华等编校：《康有为全集》第二册，北京：中国人民大学出版社，2007年，第281页。

③ 康有为：《万木草堂口说》，《康有为全集》第二册，第145页。

④ 康有为：《万木草堂讲义》，《康有为全集》第二册，第283页。

⑤ 如邢益海所指出：“庄学是了解康有为思想连贯性的关键。”邢益海：《从康有为看今文经学与庄学》，刘小枫、陈少明编：《经典与解释》，2010年第33辑。

术思想中都占有极重要地位的庄子而言，他们也表现出自觉或不自觉的短兵交接、同异互见的庄学立场。就其同而言，如章太炎与康有为都认为庄子的在宥、齐物、逍遥思想来源于孔子的忠恕之道，而逍遥、齐物、在宥等又是近代自由、平等、民主之先声。就其异而言，其差异主要是基于不同的政治立场而对庄子哲学之定位的分殊。康有为的逻辑过程是：孔子之大同理想辗转而成庄子的齐物、在宥之学，庄子是子贡一系之儒者，大同世界是去国界、齐文野的齐其不齐的世界。章太炎则强调"齐其不齐，下士之鄙执；不齐而齐，上哲之玄谈"[①]，他反对大同，斥责公理，批评趋同之进化，始终突出各民族国家、文明实体之间的差异性和多元性，这是一个不齐而齐的世界。本文聚焦于康有为思想，从庄学与今文经学、庄学与大同、庄学与诸天游等三个方面考察其庄学诠释学，以检讨庄子哲学在近代中国学术史上的一段大事因缘。[②] 同时，借助康有为而展现庄子哲学在中国由前现代进入现代的变局转捩中所可能扮演的思想角色，即庄子哲学在近代中国思想之中西互发、古今交汇、返本开新中所可能蕴含的意义世界。

一、庄学与今文经学

《庄子》这部书自韩愈、苏轼而下宋明儒多持儒门说。就《庄子》这部书所展现出的文献和思想信息而言，这种说法并非全然无据。《庄子》是传世文献中"六经"之最早提出者，并对诸经之宗会做出最早之说明，特别是内篇《齐物论》所言"春秋经世"云云，可见庄子与经学、孔子关系密切。就庄学与今文经学之关系而言，传世本《庄子》至少为今文经学提供了以下名相或思想资源。

（一）《齐物论》"春秋经世"思想与今文经学

孔子据鲁史而作《春秋》，为古今学界之定论，今文古文于此皆无异议，两派所争议的是，《春秋》究竟是一部保存先王政典之史书还是隐藏微言大义以期经世之经书，比如古文派的左氏、杜预、顾炎武、章学诚、王先谦、章太炎持前一种看法；今文派的公羊、谷梁、董仲舒、何休、王闿运、廖平、康有为等持后一种看

---

① 章太炎：《齐物论释定本》，《章太炎全集》第六册，第 73 页。

② 关于康有为之庄子学的研究，可参考魏义霞：《康有为对庄子的定位与近代哲学视界中的庄子》，《中国哲学史》，2009 年第 3 期；邢益海：《从康有为看今文经学与庄学》，《经典与诠释》，2010 年第 33 辑；朱雷：《康有为庄子学述论》，《原道》，2016 年第 2 期。本文在时人研究之基础上再作检讨。

法。就传世文献而言，最早对《春秋》做出评骘者当是同时代的庄子与孟子。如孟子所言："世衰道微，邪说暴行有作，臣弑其君者有之，子弑其父者有之。孔子惧，作《春秋》。《春秋》，天子之事也；是故孔子曰：'知我者其惟《春秋》乎！罪我者其惟《春秋》乎！'"（《孟子·滕文公下》）又云："昔者禹抑洪水而天下平，周公兼夷狄、驱猛兽而百姓宁，孔子成《春秋》而乱臣贼子惧。"（《孟子·滕文公下》）孟子所特重的是孔子以春秋笔法而震慑乱臣贼子，从而实现儒家所理想的王道政治。不难发现，孟子这种春秋学之所以突出孔子的春秋笔法，正是要"以《春秋》经世"，从而与"晋之《乘》，楚之《梼杌》"等一般史书区别开来。

事实上，庄子的春秋学与孟子并无二致。《庄子·齐物论》："《春秋》经世先王之志，圣人议而不辩。"这里指出，《春秋》不是保存历史的史书（古文经学），而是一部经世致用的经书，这实是汉儒今文经学第一义谛；"圣人议而不辩"隐隐指向所谓春秋笔法，此论与孟子相关评骘一起成为汉人今文经学以"微言大义"治经的解释学渊源。《天下》篇："《春秋》以定名分。"此处所谓"名分"即君臣父子、嫡庶长幼、天子诸侯等宗法制之名分，孟子所言"臣弑其君者有之，子弑其父者有之"正是"名分大乱"。在此意义上，廖平指出："《庄子》云：'六合之外，圣人存而不论；六合之内，圣人论而不议。'《春秋》，先王之志，则圣人日切磋而不舍也。"[①]钟泰则指出："《易》与《春秋》，孔子之两大著作，而又义相表里者也。庄子于《逍遥游》既阐《易》之蕴，于《齐物论》又深明《春秋》之宏旨，著其本乎先王之志，而为经世之书。"[②]中国学术史上，庄子首明《春秋》为经世之书，且有存而不论之微旨，这意味着庄子无论在《春秋》学史上还是在经学史上都有极重要之意义。

（二）《齐物论》"先王之志"与今文经学之"法先王"

一般而言，先秦儒家所谓先王是尧、舜、禹、汤、文、武等儒家道统谱系中的圣王，后王是指齐桓、晋文等五霸谱系中的诸侯王。就传统儒法之争而言，儒家法先王，法家法后王；就儒家内部之争而言，孟子法先王，荀子法后王，不过荀子已经有法家倾向，其学表现出王霸并杂之特色，先王后王并用。事实上，中国学

---

① 廖平：《知圣篇续》，刘梦溪主编：《中国现代学术经典·廖平蒙文通卷》，石家庄：河北教育出版社，1996年，第178页。

② 钟泰：《庄子发微》，上海：上海古籍出版社，2002年，第50页。

术史上首先将先王与《春秋》对应起来的当是《齐物论》这篇文章,《齐物论》云:"夫道未始有封,言未始有常,为是而有畛也。请言其畛:有左,有右,有伦,有义,有分,有辩,有竞,有争,此之谓八德。六合之外,圣人存而不论;六合之内,圣人论而不议。春秋经世先王之志,圣人议而不辩。故分也者,有不分也;辩也者,有不辩也。"(《庄子·齐物论》)依庄子之见,道之性为常,即具有自在性和无偶对性,言之性为封,即界限性或有限性。无自性之言不能言说有自性之道,这是庄子对老子"道言悖论"的另一种表达。"六合之外,圣人存而不论;六合之内,圣人论而不议",根据《论语·公冶长》:"子贡曰:'夫子之文章,可得而闻也;夫子之言性与天道,不可得而闻也。"此处,"夫子之言性与天道,不可得而闻也"与《齐物论》"六合之外,圣人存而不论"暗合;"六合之内,圣人论而不议"与《论语》"夫子之文章,可得而闻也"暗合;这些暗合或并非偶然。事实上,《论语》这部书多是六合之内的人伦日用物理,而鲜少有关于六合之外的抽象言说,此为古今学人所共识,因此,《齐物论》这段话对圣人之学的评骘应该即是对孔子之学的评骘,作者对孔子之态度与外杂篇的揶揄与詈诘绝不一样,字里行间流延出一种温情与敬意,孔子是以"不显亦临"(详陈赟)[①]的方式在《齐物论》里登场。庄子所言"春秋经世,先王之志"对后世儒学法先王思想影响很大,应该说,庄子与孟子一样认定孔子之道是先王之道。不过,庄子更强调先王之道的真精神(道),而非仁、义、廉、勇等名相("术"),故庄子接着说:"夫大道不称,大辩不言,大仁不仁,大廉不嗛,大勇不忮。道昭而不道,言辩而不及,仁常而不成,廉清而不信,勇忮而不成。"(《齐物论》)只有涤除道德仁义等外在名相即不被外在名相(言说)所牵引的仁义才是真仁真义。职是之故,《天运》篇一方面认为"仁义,先王之蘧庐也",承认六经是先王之道,是周召之迹;另一方面则强调"《六经》,先王之陈迹也,岂其所以迹哉",六经仅为迹而非本。无论是庄子还是后学,他们反对的是作为迹的儒者和儒学,而不反对所以迹的儒者和儒学,在这个意义上说,庄子不是儒家的反对者,而是与孟荀一样对真儒的捍卫者,只是卫道方式不一样而已。

《齐物论》将"春秋经世"和"先王之志"相结合最终塑造了中国经学的内在

① 关于《庄子·齐物论》与孔子之关系,详见陈赟:《自由之思:〈庄子·逍遥游〉的阐释》,杭州:浙江大学出版社,2020年,第22—26页。

品格,即:以法先王为经学的重要历史依据,《春秋》经世的第一原则即法先王之道,孔子以"不显亦临"(陈赟,前揭)的方式被庄子塑造为法先王的圣人。宋儒胡安国《春秋传》将庄子视为《春秋》学史上能"发明纲领"七家之一:"学《春秋》者,必知纲领,然后众目有条而不紊。自孟轲氏而下,发明纲领者凡七家。今载七家精要之词于卷首,智者即词以观义,则思过半矣。……庄周曰:《春秋》经世,先王之志也,圣人议而不辨。又曰:《春秋》以道名分。"①元儒黄泽曰:"自有《春秋》以来,惟孟子独见大意,其次则庄周亦说得较平,所谓'《春秋》经世,先王之志,圣人议而不辨',此最说得好。"②熊十力亦指出:"庄子曰:'《春秋》经世,先王之志。'可谓知圣心矣。"③可见,庄子将先王与《春秋》相绾结使得他和同时代的孟子一样成为中国经学史上的早期两大护法。

(三)"玄圣素王""内圣外王"与今文经学之素王思想

《天道》篇:"夫虚静、恬淡、寂漠、无为者,万物之本也。明此以南乡,尧之为君也;明此以北面,舜之为臣也。以此处上,帝王天子之德也;以此处下,玄圣素王之道也。"郭象注:"有其道为天下所归而无其爵者,所谓素王自贵也。"④此处,"帝王天子"是指有德有位的"处上"者,"玄圣素王"是指有德无位的"处下"者,就传世文献而言,这是"素王"一词最早出现之处。当然,此处"玄"与"素"互文见义,"素"本身可能并非后世所谓"素位"之"素",且"素王"之德显然不是汉儒所言六经之"德",而是"虚静、恬淡、寂漠、无为"等道家诸德。

不过就名相上说,后世经学家以玄圣、素王指代"有德无位"的周公、孔子等儒家圣人,庄学之"玄圣素王"概念于功有焉。如《淮南子·主术训》:"(孔子)勇力不闻,伎巧不知,专行教道,以成素王,事亦鲜矣。"⑤董仲舒《天人三策》:"孔子作《春秋》,先正王而系万事,见素王之文焉。"⑥《说苑·贵德》:"(孔子)睹麟而泣,哀道不行,德泽不恰,于是退作《春秋》,明素王之道,以示后人。"⑦另外,《论

① 胡安国:《春秋传》,《湖湘文库》第十五册,长沙:岳麓书社,2011年,第2—3页。
② 转引自戴震:《先儒论春秋》,张岱年编:《戴震全书》第二册,合肥:黄山书社,1995年,第557页。
③ 熊十力:《十力语要》,《熊十力全集》第四卷,武汉:湖北教育出版社,2001年,第251页。
④ 郭象:《庄子注》,转引自郭庆藩:《庄子集释》,北京:中华书局,2013年,第414页。
⑤ 刘安著、高诱注:《淮南子注》,《诸子集成》第七册,北京:中华书局,2002年,第150页。
⑥ 董仲舒著、陈蒲清校注:《春秋繁露·天人三策》,长沙:岳麓书社,1997年,第313页。
⑦ 刘向撰、赵善诒疏证:《说苑疏证》,上海:华东师范大学出版社,1985年,第106页。

衡·超奇》、贾逵《春秋序》、郑玄《六艺论》、应劭《风俗通义·穷通》、杜预《春秋左传注序》等皆称孔子为素王，此处不一一赘述。南朝刘勰《文心雕龙·原道》："玄圣创典，素王述训。"今文经学家多认为《王制》即素王之制，如廖平将玄圣与素王并举，玄圣指周公，素王指孔子，孔子作《王制》为汉立法(《知圣篇》)。康有为承袭之指出："《王制》者，素王所改之制也。""王者孰谓？谓文王也，即素王也，即孔子也。制度，考文之制。《王制》，即《春秋》之记也。"[①]今文经学有重名相而不重义理之风，此派喜以名相附会而造说，以表达其政治立场或现实关怀。总之，由于《庄子》书首见"玄圣素王"一词，使得庄子在经学史特别是今文经学史上具有重要地位。

对于经学家而言，与"玄圣素王"一样重要的还有"内圣外王"一词。《天下篇》称："判天地之美，析万物之理，察古人之全，寡能备于天地之美，称神明之容。是故内圣外王之道，阊而不明，郁而不发，天下之人各为其所欲焉以自为方。"学界普遍认为，能否穷尽内圣外王之道是《天下》篇评骘百家诸子的学术标准，"道术将为天下裂"意味着诸子百家都仅能得内圣外王之一偏而不能尽其全体大用之道，包括庄老在内的诸子百家都在作者引抑之列。其中，一个显而易见的事实是，作者评较百家而不列孔子，正可反推出作者对孔子可能别有会心，故自苏轼以降，后世大多数学者等都据此推出作者尊孔子(苏轼《庄子祠堂记》)，也意味着作者认为孔子之学是内圣外王的全体大用之道，如释觉浪、方以智、王船山、王闿运、廖季平、康有为、熊十力、钟钟山等古今学者都持此说。[②]

周公、孔子被经学家尊为玄圣、素王，其逻辑基础即是《天下》篇之"内圣外王"一词，即素王之所以能为王，乃在于其有内圣之德，换言之，"内圣外王"是"玄圣素王"的另一种表达，内圣者有其德，外王者虽无王之爵而有王之德，与政治爵位相比，经学家更看重的是孔子基于内圣之德的王道设计，孔子虽为素王但实则是真正的王者。在孟子看来，孔子的王道政治正蕴含在《春秋》一书中，孟子云："昔者禹抑洪水而天下平，周公兼夷狄、驱猛兽而百姓宁，孔子成《春秋》而乱臣贼子惧。"(《孟子·滕文公下》)此即是说，孔子作《春秋》虽无圣王之位，却有圣王之功；荀子则指出孔子之内圣足以与"三王"并列："孔子仁知且不蔽，

---

① 康有为：《春秋董氏学》，《康有为全集》第二册，第319、323页。

② 关于庄子与孔子之关系，当代学者陈赟教授以"庄子对孔子的消化"契入，对此问题进行了深入而细致的检讨，详见陈赟：《自由之思：〈庄子·逍遥游〉的阐释》，杭州：浙江大学出版社，2020年。

故学乱术足以为先王者也。一家得周道,举而用之,不蔽于成积也。故德与周公齐,名与三王并,此不蔽之福也。"(《荀子·解蔽》)在荀子看来,孔子"仁知且不蔽"这种学术就足以为先王。孟荀将孔子之功与圣王之功相比较,实则都强调孔子仅凭内圣就足以与先王相比肩,这实际上是汉儒以孔子为素王之滥觞。

汉代经学家将孔子视为素王,虽没用"内圣外王"这个概念,但其逻辑基础却是孟荀那样由"内圣"而成"素王"。如前文引《淮南子·主术训》、《说苑·贵德》都是典型的因孔子之"内圣"而称其为"素王"者。虽然汉代今文经学与谶纬合流而有"感生说""受命说""符应说"等素王学说,但最能服人、最具理性色彩之学说一定是内圣外王说。近代今文经学兴起后,廖季平、康有为皆对以"内圣外王赞孔子"的庄子刮目相看,如康有为指出:"庄子称孔子'内圣外王'与荀子'圣者,尽伦者也;王者,尽制者也'。悲其暗而不明,郁而不发,叹后世学者不见之不幸,而疾呼道术之将裂,卫道之深,虽孟、荀之放淫辞而卫大道,岂有过哉?"[①]如前文所引,康有为在《万木草堂讲义》中更是许庄子为赞孔子第一人:"庄子赞孔子极精,自赞孔子以来,以庄子为第一。"(前揭)言下之意,在儒门道统谱系中,"乃所愿则学孔子"的亚圣孟子已在庄子之下。

另外,就传世文献而言,《庄子》之《徐无鬼篇》提到"六经"中之"四经",即:《诗》《书》《礼》《乐》;《天运篇》提到"六经",即:《诗》《书》《礼》《乐》《易》《春秋》;《天下》则"四经""六经"并举:"其在于《诗》《书》《礼》《乐》者,邹鲁之士、搢绅先生多能明之。《诗》以道志,《书》以道事,《礼》以道行,《乐》以道和,《易》以道阴阳,《春秋》以道名分。"《庄子》书中之六经次第(《诗》《书》《礼》《乐》《易》《春秋》)与汉儒今文经学次第完全一致,如偏重今文一系之董仲舒、司马迁皆与《庄子》完全一致;而偏重古文一系之班固、范晔以及唐人陆德明皆排序为:《易》《书》《诗》《礼》《乐》《春秋》。前者排序根据是深浅程度,后者排序根据是成书时间。[②]由于《庄子》关于"六经"的排序方式与今文经学相一致,故他被目为今文经学的早期经师,自是理所当然,康有为指出:"'六经'之大义,'六经'之次序,皆赖庄生传之"[③],作为传经者,庄子在经学史上的地位不容小觑。

总之,就传世文献而言,《庄子》这部书为经学史提供了相当多的思想或文

① 康有为:《孔子改制考》,《康有为全集》第三册,第140页。

② 夏传才:《从六经到十三经的发展》,《天津师范大学学报》,1988年第5期。

③ 康有为:《孔子改制考》,《康有为全集》第三册,第140页。

献资源。经学史上之“经世”“春秋笔法(“圣人议而不辩”)”“法先王”“道名分”“玄圣素王”“内圣外王”“六经次序”等重要思想或文献都在《庄子》书中大体具备。近代公羊学复兴之后,庄子理所当然成为经学家所倚重的经学资源。同时,庄学中蕴含的“逍遥”“齐物”“在宥”等思想与近代公羊学家们所驰骛的“太平”“大同”“民权”等现代政治思想有一种很直观的联系,这尤其使得庄子成为近代公羊家构建大同社会的传统资源。

二、“在宥”与“大同”

基于前文分析看出,庄学在经学史上特别是在经今文学史上具有极其重要之地位,同时,庄子的“逍遥”“齐物”“在宥”等思想是旧学中最接近近代启蒙思想的传统资源。这使得庄子在近代经学学术转型中扮演极其重要之角色,即:庄子既是传统经学中深知《春秋》义法的经师,又是蕴含近代大同实理的先知,于古于今,可谓两得。正是基于庄学与近代今文经学这种先在的内在联系,康有为基于今文学而构建的大同哲学具有浓厚的庄学色彩。

(一) 从子夏到庄子: 作为“传经传教”者之庄子

自韩愈之后,庄子师田子方而传子夏之儒渐被儒家一系的庄学家所接受。韩愈此说的根据是《史记》称:“如田子方、段干木、吴起、禽滑厘之属,皆受业于子夏之伦。”(《史记·儒林列传》)此处承认田子方师承子夏;东汉经师徐防则认为:“《诗》《书》《礼》《乐》,定自孔子;发明章句,始自子夏。”(《后汉书·徐防传》)此处是说,子夏在西河所传为六经;《庄子》书则有《田子方》篇以及《齐物论》《天道》《天下》关于六经之相关论述。如果这几则文献属实,并对此数则文献进行综合分析,那么可以看到: 庄子是子夏的再传或三传弟子,辗转授受之内容是六经,韩愈认为庄子出于子夏之儒背后有“子夏传经”的学术史预设。

作为经学学者,康有为显然非常认可韩愈此种观点,他多次指出:“庄子,田子方弟子,孔子三传。”[①]“田子方受业子夏,庄子受业子方。谓庄子学老子,非

---

① 康有为:《万木草堂口说》,《康有为全集》第二册,第171页。

也。”[①]庄子因此被引入儒门后学之列，作为儒门后学，庄子理所当然会推尊孔子。庄子对孔子之推尊除《齐物论》有“春秋经世先王之志”对孔子心法之继承外，更有《天下》篇对孔子之备极溢美，康有为多次指出：“庄子，孔子之再传弟子也。其中有《天下》篇，发挥儒家之理甚多。”[②]“庄子，子方弟子，孔子三传弟子，故《天下》篇最尊孔子，不安于老子，而簸弄老子。”[③]“(庄子)深知孔子而力尊之，有《天下》篇。”[④]前文已经指出，古今学界认为《天下》篇推崇孔子是通过“此篇引抑诸子而不列孔子”而反推出来，康有为认为此篇推崇孔子之逻辑也是如此，《孔子改制考·总论六经为孔子所作》云：

庄子学出田子方，田子方为子夏弟子，故庄生为子夏再传，实为孔子后学，其《天下》篇遍论当时学术，自墨子、宋钘、田骈、慎到、关尹、老聃、惠施，庄周亦自列一家；而皆以为耳、目、鼻、口仅明一义，不该不遍一曲之士，不见纯体而裂道术，云邹鲁之士，缙绅先生能明之。缙绅是儒衣，邹、鲁皆孔子后学，则古人非孔子而何？

孔子在当时，道未一统，孔、墨并称，儒、墨相攻，故列在当时天下治方术诸家之内。若古之人为三代先王，则当言古今之为治道多矣，不当言天下之治方术。文质三正，循环递嬗，三王方听人人用二代之礼乐，何尝以为无以加？故知古之人非三代先王也。既非三代先王，则古之人为孔子尤确。而古之人所为《诗》、《书》、《礼》、《乐》，非孔子而何？能明庄子此篇，可明当时诸子纷纷创教，益可明孔子创儒，其道最大，而“六经”为孔子所作，可为铁案。[⑤]

如前文所言，在传世文献中六经之名称及其对六经之初步诠释首先见于《庄子》一书中。在康有为看来，这是庄子出于儒门之铁证，庄子正是儒家经典(“六经”)之嫡系传人：

---

① 康有为：《万木草堂口说》，《康有为全集》第二册，第216页。

② 康有为：《康南海先生讲学记》，《康有为全集》第二册，第116页。

③ 康有为：《万木草堂口说》，《康有为全集》第二册，第179页。

④ 康有为：《万木草堂口说》，《康有为全集》第二册，第177页。

⑤ 康有为：《孔子改制考》，《康有为全集》第三册，第139—140页。

（《天下》篇）又开篇称为“神明圣王”，自古尊孔子、论孔子，未有若庄生者。虽子思称孔子曰：洋洋乎发育万物，峻极于天，上律天时，下袭水土。不若庄子之该举。子贡、有若、宰我所称，益不若子思矣！固由庄生之聪辨，故一言而能举其大；亦由庄生曾为后学，能知其深也。后世以《论语》见孔子，仅见其庸行；以《春秋》见孔子，仅见其据乱之制；以心学家论孔子，仅见其本数之端倪；以考据家论孔子，仅见其末度之一、二。有庄生之说，乃知孔子本数、末度、小大、精粗无乎不在。信乎惟天为大，固与后儒井牖之见异也。云：《诗》以道志，《书》以道事，《礼》以道行，《乐》以道和，《易》以道阴阳，《春秋》以道名分。朱子谓其以一字断语，如大斧斫下，非知之深安能道得？“六经”之大义，“六经”之次序，皆赖庄生传之。云“其明而在数度”、“其在《诗》、《书》、《礼》、《乐》者”，皆孔子所作。数度殆即纬欤？庄子又称：孔子繙十二经以见老子。十二经者，“六经”、“六纬”也。孔子后学传“六经”以散于天下，设教于中国，于孔学传经传教之绪亦赖此而明。[1]

这段文字，一方面，肯定庄子对孔子之推崇备至，孔子之于本数、末度、小大、精粗无乎不在，就后学对孔子之赞扬而言，庄子以“神圣明王”赞孔子不仅超越及门弟子子贡、有若、宰我以及后人子思，甚至还超越《论语》所记载的、《春秋》所反映出来的孔子形象，当然更超越后世的汉学宋学，即此而言，庄子实在是儒门第一子，康有为称“庄子列孔子为第一等，列自己为二等”[2]自有其内在之关怀。另一方面，康有为肯定“六经之大义”“六经之次序”端赖庄子而传承之、昌明之，这是肯定庄子在经学史上独一无二之历史地位。近代公羊学兴起之后，“六经”之重要性渐次超越“四书”，《庄子》这部书正是六经的系统提出者，故庄子之于经学的地位可谓不言而喻，于此，庄子被作为儒家传经传教之重镇被树立起来。同时，倚重《天下篇》对孔子之极度推重，孔子作为一个“神圣明王”“大地教主”也被康有为塑造起来。

---

① 康有为：《孔子改制考》，《康有为全集》第三册，第 140 页。

② 康有为：《万木草堂讲义》，《康有为全集》第二册，第 283 页。

(二) 作为含摄“三世三统”而“托古改制”者之庄子

康有为意识到，布衣改制，事大骇人，因此不得不将改制之法诉诸传统，故改制之教主则首推孔子；改制之经典首推《春秋》和《礼运》；改制的终极目的是由“据乱世(君主专制)”而进入“升平世(君主立宪)”，再由“升平世(君主立宪)”进入“大同世(民主共和)”。他看来《天下》篇开篇一段乃是对孔学的全知全能、无幽不烛之赞誉：“所以尊孔子者云配神明，醇天地，育万物，和天下，泽及百姓，明于本数，系于末度，六通四辟，小大精粗，其运无乎不在。又开篇称为‘神明圣王’，自古尊孔子、论孔子，未有若庄生者。”[①]《天下》篇不仅将孔子推崇为全知全能之“神明”“圣人”“神人”“天人”(教主必须有此神力)地位，而且能在含摄“三世三统”的周延性上推崇孔子之学，康有为以为《天下》篇所言“小大精粗，六通四辟，无乎不在”乃是庄子对孔子“三世三统”之赞辞，康有为著作中多次提到此语。

如《孔子改制考序》云：“天既哀大地生人之多艰，黑帝乃降精而救民患，为神明，为圣王，为万世作师，为万民作保，为大地教主。生于乱世，乃据乱而立三世之法，而垂精太平，乃因其所生之国，而立三世之义，而注意于大地远近大小若一之大一统。乃立元以统天，以天为仁，以神气流形而教庶物，以不忍心而为仁政。合鬼神山川、公侯庶人、昆虫草木一统于其数，而先爱其圆颅方趾之同类，改除乱世勇乱战争角力之法，而立《春秋》新王行仁之制。其道本神明，配天地，育万物，泽万世，明本数，系末度，小大精粗，六通四辟，无乎不在。此制乎，不过于元中立诸天，于一天中立地，于一地中立世，于一世中随时立法，务在行仁，忧民忧以除民患而已。”[②]康有为认为庄子实则有对三世说之隐晦表达，比如：“合鬼神山川、公侯庶人、昆虫草木一统于其数”是说“大同世”——“太平世”(类似于公羊学“天下远近大小若一”)；“而先爱其圆颅方趾之同类”是说“升平世”——“小康世”(类似于公羊学“内诸夏而外夷狄”)；“改除乱世勇乱战争角力之法”是说“君主专制”——“据乱世”(类似于公羊学“内其国而外诸夏”)。三世教义皆是《春秋》新王行仁之制，而《天下》篇所谓“小大精粗，六通四辟，无乎不在”正是说庄子深知孔子之学能含摄三世，据乱世之法、升平世之法、太平世之

---

① 康有为：《孔子改制考》，《康有为全集》第三册，第 140 页。

② 康有为：《孔子改制考》，《康有为全集》第三册，第 3 页。

法皆在孔学观照之中,“于一地中立世,于一世中随时立法”,三世递降,随时立法,孔子是圣之时者。类似用《天下》篇赞孔子还见于《孟子微》:

> 昔庄生称孔子之道,原天地,本神明,育万物,本末精粗,四通六辟,其运无乎不在,后学各得其一体,寡能见天地之容,故暗而不明,郁而不发,而大道遂为天下裂。嗟夫!盖颜子早殁,而孔子微言大义不能尽传矣!荀卿传《礼》,孟子传《诗》、《书》及《春秋》。《礼》者防检于外,行于当时,故仅有小康,据乱世之制,而大同以时未可,盖难言之。《春秋》本仁,上本天心,下该人事,故兼据乱、升平、太平三世之制。子游受孔子大同之道,传之子思。而孟子受业于子思之门,深得孔子《春秋》之学而神明之。①

此段文字强调,孔子著《春秋》“兼据乱、升平、太平三世之制”,荀子仅得小康、据乱之教,子思孟子乃得大同之教,而庄子所言“原天地,本神明,育万物,本末精粗,四通六辟,其运无乎不在”正是对孔子之道之含摄性和周延性之概括,据乱、小康、大同此三世学说皆囊括于其中。在康有为看来,孔子之所以是“神明”“圣王”,乃在于他能“为万世作师,为万民作保,为大地教主”,亦即是说,孔子之学具有无限的含摄性和周延性,这种含摄性和周延性就在于他能超越一时一地之限制具有永恒之效力:“权实异法,实因时推迁,故曰孔子圣之时者也。若其广张万法,不持乎一德,不限乎一国,不成乎一世,盖浃乎天人矣!”②古今激赏孔子、推尊孔子者莫过于《天下》篇,庄子既然意识到孔教“小大精粗,六通四辟,无乎不在”,正意味着庄子能得孔教之全体大用之学,这个孔教之全体大用即“张三世通三统”之学。不过,孔子虽含摄三世之教,其用则与世推移,经权有分,“盖孔子改制,有三世之殊异。据乱诛大夫,升平退诸侯,太平贬天子。推行各有其时,言于当时必不行,故不必冒险犯难,而令身亡而道亦不传”③。孔学不是泥古不化,也不是躐等革命,而是与时消息,随世损益。

庄子既传孔子三世之教,那么意味着庄子也是一个托古改制的庄子。康有

---

① 康有为:《孟子微自序》,《康有为全集》第五册,第411页。

② 康有为:《春秋笔削大义微言考·自序》,《康有为全集》第六册,第3页。

③ 康有为:《中庸注》,《康有为全集》第五册,第386页。

为指出:“孔子改制之说,自今学废没,古学盛行后,迷惑人心,人多疑之。吾今不与言孔子,请考诸子。诸子何一不改制哉?”①即,不唯孔子托古改制,托古改制为诸子百家之共法,康有为引庄子言指出“托古改制”之必要性云:“庄子曰:其言虽教,谪之实也。古之有也,非吾有也。”②《孔子改制考》有“庄子托古改制”一节,胪列《庄子》书中大量上古寓言故事或人物,并指出:“如此名目,《庄子》书中甚多,盖随意假托,非真实有其人。”③康有为认为“庄子虽攻儒,然甚得儒之实”,庄子“固知孔子之改制而立教,故为刺谬者也。迨至《天下》篇,则尊之神明圣王,且以裂天下者咎诸子之道术。然则庄子亦知言哉!”④。

不过,关于《天运》“孔子西游”一则寓言,师金讽刺孔子云:“今蕲行周于鲁,是犹推舟行于陆也,劳而无功,身必有殃。”康有为看来这是师金反对托古改制,指出:“古今水陆,周鲁舟车之说,盖讥孔子之托古改制,《春秋》新周、王鲁之事,是犹推舟于陆也,劳而无功。”⑤问题是,师金只是庄子笔下的寓言人物,师金之见未必是庄子之见,相反,从这则寓言正可看出庄子对孔子的“新周王鲁”事业的熟稔于心。正如《天运》篇指出:“故礼义法度者,应时而变者也。今取猨狙而衣以周公之服,彼必龁齧挽裂,尽去而后慊。观古今之异,犹猨狙之异乎周公也。”这样说来,庄子依旧是孔子托古改制的支持者。

(三)从子贡到庄子:作为传“大同之教”之庄子

如前文所言,康有为笔下之庄子承子夏而传经,是六经的最初经师。其实不止如此,庄子还赓续子贡之学而“传道传教”,故庄子既是孔子“性与天道”的传承者,还是孔子“忠恕之道”的传承者,而“性与天道”与“忠恕之道”都是康有为大同之教的哲学基础,大同之教在庄子即所谓“在宥天下”之道,亦即近代自由、平等、民权、虚君等学说。关于“性与天道”,据《论语》记载子贡之言:“夫子之言文章,可得而闻也;夫子之言性与天道,不可得而闻也。”康有为注:

> 文章,德之见乎外者,六艺也,夫子日以教人。若夫性与天道,则

① 康有为:《孔子改制考》,《康有为全集》第三册,第21页。

② 康有为:《孔子改制考》,《康有为全集》第三册,第29页。

③ 康有为:《孔子改制考》,《康有为全集》第三册,第41页。

④ 康有为:《孔子改制考》,《康有为全集》第三册,第169—170页。

⑤ 康有为:《孔子改制考》,《康有为全集》第三册,第171页。

孔子非其人不传。性者,人受天之神明,即知气灵魂也。天道者,鬼神死生,昼夜终始,变化之道。今庄子所传子赣之学,所谓量无穷,时无止,终始无,故物无贵贱,自贵而相贱。因大而大之,万物莫不大;因小而小之,万物莫不小;因有而有之,万物莫不有;因无而无之,万物莫不无。明天地之理,万物之情,不开人之天,而开天之天者。子赣骤闻而赞叹形容之。今以庄子传其一二,尚精美如此,子赣亲闻大道,更得其全,其精深微妙,不知如何也。此与《中庸》所称"声色化民,末也;上天之载,无声无臭,至矣"合参之,可想象孔子性与天道之微妙矣。庄子传子赣性天之学,故其称孔子曰:古之人其备乎!配神明,醇天地……按庄子所称"明而在数度者,旧法世传",即夫子之文章可得而闻也。若性与天道,则小大精粗,无乎不在。以庄子之肆恣精奇,而抑老、墨诸子为一曲之士,尊孔子为神明圣王,称为备天地之美,称神明之容,又悲天下不闻性与天道,不得其天地之纯,各执一端,而孔子大道暗而不明,郁而不发。其尊孔子如此,非有所传于性与天道,不测孔子之所至,若庄生者岂肯低首服人哉?《易》曰:书不尽言,言不尽意。天下之善读孔子书者,当知六经不足见孔子之全,当推子赣、庄子之言而善观之也。[①]

就"性与天道"之学脉传承而言,是孔子、子贡、田子方、庄子一脉相继;就"性与天道"之内涵而言,则是天道赋予包括人在内的万物都是一个天完具足、稍无亏欠的存在者,人与万物皆自足其性,大者不为多,小者不为少,有者不能无,无者不能有,万物都是独立、自主、自由、平等的存在者,小大精粗皆有其性,性之所在即天道所在,人皆自开其天而不能被他人开己之天,反对他人对本己天赋权利的褫夺和对自我自由之束缚;优良之政治法则为"开天之天",尊重天赋人权,不限制他人自由。可见,康有为对"性与天道"之诠释与卢梭所谓"天赋人权"或"人生而平等"完全一致。在《大同书》里,康有为反复强调:"凡人皆天生,不论男女,人人皆有天与之体,即有自立之权,上隶于天,与人平等。""人皆

① 康有为:《论语注》,《康有为全集》第六册,第 411—412 页。

天所生也，故人人皆直隶于天而独立，政府者，人所公设也。”[①]应该说，与其他经典相比，自由、平等、自主、独立等至少在名相上尤为庄学所擅长，康有为承认六经不足见孔子之全，因此推重庄子而补六经之不足，他给孔子未能明示、子贡不得而闻的“性与天道”赋予庄学之自由、平等、独立、权界等内涵，其底色是庄学，职是之故，宣扬自由、平等、独立、权界的庄学就是大同之学。

关于忠恕之道，《论语·卫灵公》：“子贡问曰：‘有一言而可以终身行之者乎？’子曰：‘其恕乎！己所不欲，勿施于人。’”《论语·公冶长》：“子贡曰：‘我不欲人之加诸我也，吾亦欲无加诸人。’”应该说，子贡所言“我不欲人之加诸我也，吾亦欲无加诸人”是对孔子“己所不欲，勿施于人”的进一步诠释，儒家忠恕之道更重视恕道，从某种意义上说，恕道主要强调从否定面或消极面（be free from）对他人存在之观照，用近现代哲学话语即从否定面或消极面对自由或权利之解释，即承认“人人都有免于被别人控制或干预的权利”或“人人都有免于被别人限制或干预的自由”（密尔），这实则是为权利或自由划界，因为自由外延太大不好表诠，故只能用遮诠的方法以突出自由的最大外延，这更能切合自由本身。儒家以恕道解释自由与西方哲学以消极面界定自由可能有一致的关怀。康有为解释云：

> 子赣不欲人之加诸我，自立自由也；无加诸人，不侵犯人之自立自由也。人为天之生，人人直隶于天，人人自立自由。不能自立，为人所加，是六极之弱而无刚德，天演听之，人理则不可也。人各有界，若侵犯人之界，是压人之自立自由，悖天定之公理，尤不可也。子赣尝闻天道自立自由之学，以完人道之公理，急欲推行于天下。孔子以生当据乱，世尚幼稚，道虽极美，而行之太早，则如幼童无保傅，易滋流弊，须待进化至升平太平，乃能行之。今去此时世甚远，非子赣所及见也。盖极赞美子赣所创之学派，而惜未至其时也。子籍盖闻孔子天道之传，又深得仁恕之旨，自颜子而外，闻一知二，盖传孔子大同之道者。传之田子方，再传为庄周，言“在宥天下”，大发自由之旨，盖孔子极深之学说也。但以未至其时，故多微言不发，至庄周乃尽发

① 康有为：《大同书》，《康有为全集》第七册，第57、92页。

之。……庄子传子赣微妙之说，遗粗取精，亦不过孔子耳目鼻口之一体耳。近者世近升平，自由之义渐明，实子赣为之祖，而皆孔子之一支一体也。[①]

康有为将“我不欲人之加诸我也，吾亦欲无加诸人”诠释为近代自由主义，其强调天赋自由、人人平等、权界分明、自由即免于被伤害的权利等自由原则应该说与近代西方自由主义对自由之诠释完全一致。康有为意识到，孔子已有自由之旨，只是生当据乱世而行之过早，故没有明言；子贡则发明孔子自由之旨，以自由立教；此派三传为田子方，四传则为庄子，庄子所言“在宥天下”意味着“人人有自立之权”“人人不相侵犯”[②]，如此，自由之旨被庄子昌明尽发。做一个不恰当的比喻：孔子为自由之佛，子贡为自由之祖，田子方、庄子则为衣钵传承之传灯菩萨，庄子是先秦自由主义之殿军，也是集大成者。

我们看到，无论是康有为从“性与天道”中诠释出天赋人权、生而平等等理论，还是他从忠恕之道中诠释出消极自由、群己权界等思想，虽然从师承上说是从孔子开出辗转而至庄子，但其实质则是以近代之自由、平等诠释庄子，再以庄子诠释孔子。庄子的齐物、在宥、逍遥将孔子之隐题化为显题，而近代之自由、平等等理念又将庄子之隐题化为显题。孔子——子贡——田子方——庄子，儒家传统的自由谱系被建构起来，其中，庄子之地位显而易见，他不仅为自由平等奠定“性与天道”之基础，而且给出“在宥天下”之具体的自由平等原则与治世方法，如此，庄子就是孔子大同之教的传承者。值得一提的是，章太炎虽与康有为是哲学论证的宿敌，但二者皆认为庄学的“齐物”“在宥”思想源于孔子(子贡)的“忠恕”之道，而且认为无论是儒家的“忠恕”还是道家的“齐物”“在宥”都与西方近代以来的自由、平等、民权思想具有内在的一致性[③]，可谓是英雄所见略同。他们虽然一个主张君主立宪，一个主张革命共和，但其最后诉求都是让那个中国走向民主政治，并都不遗余力地从古典世界寻找思想资源。

---

① 康有为：《论语注》，《康有为全集》第六册，第 411 页。

② 康有为：《春秋笔削大义微言考・自序》，《康有为全集》第六册，第 3 页。

③ 李智福：《齐物与忠恕：章太炎“以庄证孔”思想发微》，《齐鲁学刊》，2019 年第 1 期(又见：人大书报复印资料《中国哲学》，2018 年第 8 期)。

三、“逍遥游”与“诸天游”

康有为之学是让众生离苦得乐之学，不过其终局理想并不是大同世界，大同世界之后是仙佛世界，仙佛世界之后是诸天世界，而诸天世界才是其终局理想。在《大同书》最后，康有为留下“仙佛之后，则为天游之学矣，吾别有书”[①]之一意味深长之伏笔。“吾别有书”即后来完成的《诸天讲》一书，他最终要用天游之学来代替仙佛之学和大同之学。

应该说，偏重人伦人事的儒家传统很少提及诸天无量的宇宙图景，而此为庄学所独擅，《逍遥游》《齐物论》《秋水》《天下》诸篇所蕴含的天人之学以及含摄世间出世间二法的天人视域，最终成为康有为在大同世界之后所企慕的诸天之乐的理论资源。康有为《大同书》遍历重重境界，最后归宿为仙佛之学。然而，在康有为看来仙佛之学并不是究竟之学，无论耶教还是仙佛诸教，囿于时代限制，其对人生在世之观照只是把人看做大地上之人，然后再以出世的方式升天，却不悟所谓大地其实同时也是天空，世间即是诸天星球之一，又何必出世，“吾人在吾地，昔昔矫首引镜仰望土、木、火诸星，非光华炯炯、行于天上耶？若夫或昏见启明，熠耀宵行于天上，尤人人举目所共睹。然自金、水、火、木、土诸星中夜望吾地，其光华烂烂，运行于天上，亦一星也。夫星必在天上者也，吾人既生于星中，即生于天上。然则，吾地上人皆天上人也，吾人真天上人也。人不知天，故不自知为天人。故人人皆当知天，然后能为天人；人人皆当知地为天上一星，然后知吾为天上人”[②]。地星不过是宇宙众星球之一，正如我们仰望苍穹时会发现众星都在天上一样，从众星中仰望地星也会发现地星原来也在天上，故我们根本不止是地星人，而同时也是天上人。当我们意识到我们是天上人时，“生而为天人，诸天之物咸备于我，天下之乐，孰大于是”[③]，这是一个立足当下即可觉悟人生而获究竟解脱的极乐世界。

近代以来的科学知识已经充分证明地球不过是宇宙中之一颗星球，“今测

① 康有为：《大同书》，《康有为全集》第七册，第188页。

② 康有为：《诸天讲》，《康有为全集》第十二册，第11页。

③ 康有为：《诸天讲》，《康有为全集》第十二册，第11页。

银河之星已二万万，况银河仅得涡云天十六万之一乎？其他占验，尤巨谬不足辨”[1]，移它星球而观此星球，乃悟“地为天上之星，吾人为天上之人”。可见，耶佛二教的哲学论证起点原本就有问题，加之所谓极乐天国（耶教）和净土天堂（佛教）也经不起近代自然科学之去魅，因为耶佛二教对天地宇宙存在的真实情景在哲学论证的大本大源上即存在着局限性，因此其“所发之药，未必对症”。在《诸天讲》中，康有为既超越儒家大同理想，也抛弃诸位救世教主的神道设教学说，而以近代自然科学特别是天文学、天体学为理论支撑，打开一个别开生面的宇宙世界。随着近代天文学的进步，不仅西方传统的地心说被推翻，后来的日心说也被推翻，中国传统的浑天说、宣夜说等天文假说也被推翻，人类面临的是一个无限浩渺、无限时空、没有中心、没有边际、由无数星球存在、充满无限可能性的深邃宇宙。康有为正是以这个诸天无量的宇宙为视野来重新审视地球、审视人类之存在，在《诸天讲·自序》中，康有为指出：

> 康有为生于绕日之地星，赤道之北，亚洲之东，昆仑之西南，中华之国土，发现海王星之岁以生。二十八岁时，居吾粤西樵山北银河（笔者按：应作“北银塘”，为康有为故乡，原校似误）之澹如楼，因读《历象考成》，而昔昔观天文焉。因得远镜，见火星之火山冰海，而悟他星之有人物焉。因推诸天之无量，即亦有无量之人物、政教、风俗、礼乐、文章焉。乃作《诸天书》，于今四十二年矣。历劫无恙，日为天游，吾身在此地星之人间，吾心游诸天之无量，陶陶然，浩浩然。俯视吾地星也，不及沧海之一滴也；俯视此人间世也，何止南柯之蚁国也。[2]（《诸天讲·自序》）

近代东传的天文学为康有为打开一个苍茫浩瀚、无穷无尽的星空宇宙，这个由无限星球存在的无限宇宙为其觉解人生、审视存在打开一副全新法眼：“故吾人生于地星上，为星中之物，即为天上之人，吾十六万万人皆为天人。吾人既自知为天上之人，自知为天人，则终日欢喜极乐，距跃三百，无然畔援，无然歆羡

---

① 康有为：《诸天讲》，《康有为全集》第十二册，第13页。

② 康有为：《诸天讲》，《康有为全集》第十二册，第12页。

矣。"(《诸天讲・地上人即天上人》)[1]康有为因此指出,地星作为诸天之一是有限性存在,而诸天则是无限性存在,故古人以地配天是错误的,"吾人既生于吾地星,则大地全球者,吾之家也。夫吾之家也,岂可不知之也?昔之人未有汽船也,未有远镜也,无以测知地球之域也,无以测知日星之故也,以其戴天而履地也。因肉眼所限之力,仰观苍苍者则为天,俯视抟抟者则为地也。不知地之至小,天之大而无穷也,故谬谬然以地配天也,又谬谬然以日与星皆绕吾地也。"[2](《诸天讲・地至小为吾人之家古言天地相配大谬》)人间原来在诸天之中,大地其实是游星之一,即此而言,地星何其渺小,人类何其微卑,人类所执着的一切又何足道哉,大地即天空,此岸即彼岸。

地星在浩瀚的宇宙之中,也是茫茫星海、灿烂繁星中之一颗,"岂知生诸星之人物,仰视吾地星,亦见其光棱照耀,焕炳辉煌,转回在天上,循环在日边,犹吾地之仰视诸星也,犹吾地之人讚慕诸星之光华在天上,为不可几及也。吾人既自知为天上之人,自知为天人,则终日欢喜极乐,距跃三百,无然畔援,无然歆羡矣"[3],神游于无量诸天,"当时则荣,没则已焉",世间一切荣辱得失便皆可放下而得大自在,人生存在不是与忧俱生,而是与乐俱生。行文至此而不难发现,近代物理学和天文学最终不过是为庄子哲学进行的科学论证,比如,康有为以近代的显微镜、光电速度等对庄子的齐物哲学进行证明:"因显微镜之万数千倍者,视虱如轮,见蚁如象,而悟大小齐同之理。因电机光线一秒数十万里,而悟久速齐同之理。知至大之外尚有大者,至小之内尚包小者,剖一而无尽,吹万而不同。"[4]这里既有《逍遥游》"其远而无所至极邪?其视下也,亦若是则已矣"之下上转换之视角,又有《秋水》"计四海之在天地之间也,不似礨空之在大泽乎?计中国之在海内,不似稊米之在大仓乎"之以大观小之视角。《秋水》篇正是在这种恢阔浩渺的宇宙视野中体证到:"五帝之所连,三王之所争,仁人之所忧,任士之所劳,尽此矣。"可见,康有为经过重重论证所最终回归的是庄子哲学,只是,他是以近代科学天文学为庄子哲学提供佐证,并试图通过骑光乘电这种近

---

① 康有为:《诸天讲》,《康有为全集》第十二册,第 12 页。

② 康有为:《诸天讲》,《康有为全集》第十二册,第 12 页。

③ 康有为:《诸天讲》,《康有为全集》第十二册,第 19 页。

④ 康有为:《康南海自编年谱(外两种)》,北京:中华书局,1990 年,第 12 页。

现代技术科学实现庄子式的逍遥游,诸天游实则是近代科学视域下的逍遥游。[1]

结束语

在古今中西交汇下的近代学术中,庄子承担着极其重要的学术使命,就康有为而言,他的经学、大同学、诸天学都有浓厚的庄学色彩。在经学上,《庄子》书中首次出现"春秋经世""玄圣素王""内圣外王""六经"等经学关键术语,在此意义上,康有为笔下的庄子首先是早期今文经学的经师。在大同学说上,庄子的齐物、逍遥、在宥、天道、性命等哲学潜含着自由、平等、权界、民权等大同主义理念,故康有为认为庄子是孔子大同教之传人。在康有为的诸天学说中,康有为相信人类在大同世界实现之后将迎来诸天世界,庄子哲学所蕴含之诸天无量、大小齐一、视域转换的立场再一次被康有为唤醒,康有为试图通过骑光乘电这种近现代技术科学实现庄子式的逍遥游,康有为的诸天游实则即是庄子的逍遥游。所不同的是,庄子依靠的是生命自我突破而展现出的无限宇宙图景,康有为则是以科学实证的方式证明诸天无量,宇宙无限,地星不过是无量诸天之一,大地原本乃在天上,在这个被实证的无限宇宙中让生命得究竟解脱,可见,庄学对康有为影响甚深,以"天游化人""游存父"为号之康有为不仅为新儒家,亦为新道家。

① 对此,梁启超评骘云:"《诸天讲》多科学家言,而不尽为科学家言;庄子《逍遥游》不言科学,《诸天讲》兼言科学,后人或不以《逍遥游》视之,而议先师科学之言未完也。君勉曰:是何害!先师神游诸天,偶然游戏,草成是书,必执科学拘之,毋乃小乎?予深韪君勉之言。……先师之讲诸天,为除人间患苦,发周子'务大'之义。泰其心也,予之真乐也,不能执科学议之也。"梁启超之意为,应该以庄子式的"逍遥游"而不能仅以科学视康有为的"诸天游",康有为的科学知识可能会有错误,以诸天游之视域让众生觉悟人生、离苦得乐才是康有为的诸天思想的归宿。(详伍庄:《诸天讲·序》,转引自康有为:《诸天讲》,《康有为全集》第十二册,第 11 页。)

In Confucian classics · In axiom of Great harmony · In idea of Traveling to heaven: On Kang Youwei's interpretation of Chuang Tzu

Li Zhifu

Abstract: Chuang Tzu's philosophy plays an important role in Kang Youwei's ideology, It is no exaggeration for him to think that Chuang Tzu is Confucius' most effective assistant. Chuang Tzu is very important in Kang Youwei's thought system, which includes the study of the new Confucian classics, the axiom of great harmony, and the theory of traveling to heaven comes. Firstly, Chuang Tzu provides the key terms for the study of the new Confucian classics such as the spring and Autumn as the art of governance、Emperors in ancient times、Mysterious saint and Uncrowned king、and Saint and Emperor. Secondly, Chuang Tzu's philosophy includes the thoughts of equality of things, forgiveness and so on, which contain the ideas of great harmony philosophy such as freedom, equality, rights and so on. Thirdly, Kang Youwei's idea of traveling to heaven comes from Chuang Tzu's idea of traveling freely. Therefore, in a certain sense, Kang Youwei is not only a new Confucian but also a new Taoist.

Keywords: Kang Youwei, Chuang Tzu, The new Confucian classics, Great harmony, traveling to heaven

易学研究

论《周易》图像演变背后的概念、文本、思想交互*

陈　岘**

[摘　要]　在围绕《周易》的图像创作与诠释中，存在着多重发展脉络。河洛、先天、太极三大概念全部出自《易传》，三者的核心旨趣全部指向《周易》及八卦产生之前的创作原理。基于这种总体思路，在宋代产生了以抽象的黑白点、块为元素，数字、方位为核心内容，以逆推《易》源为旨趣的诸多《周易》图像，兴起了以形象图像阐释抽象《易》理的图书易学。然而河洛、先天、太极诸图产生时间不一，各自有着不同的画定思路，其共同之处则在于都在南宋时经由朱子改画、修订、解释，才最终确定其形象。我们如今所看到的这些《周易》图像，是在概念溯源、文本阐释、图像形成、思想衍变的交互作用下，才最终形成的历史形态。

[关键词]　《周易》；图书易学；河洛；先天；太极

* 基金项目：本文为国家社会科学基金青年项目“宋至清图书易学研究”(20CZX030)的阶段性成果。

** 陈岘(1988—　)，男，山东淄博人，哲学博士，湖南大学岳麓书院副教授、硕士生导师、院长助理。主要研究方向为易学、古代经学、中国哲学。

自顾颉刚于二十世纪初提出“层累造成的古史说”开始，疑古思潮便在西方学科体系和研究方法的冲击背景下，在短时间内席卷中国学术界，不但改写了中国古代史的叙事方式和研究方法，也对新兴学科中国哲学的发展起到了巨大的影响。抛弃一切传说，而以孔子作为起始的胡适《中国哲学史大纲》便是其中的一个典型例证。然而哲学与历史的区分却在这一思潮下或多或少地被掩盖，从纯粹客观的时间性角度来看，哲学思想中的历史叙事与体系构建大多晚于历史事实，因此以疑古视角审视中国哲学史之历史叙事，的确会存在无数问题。但从另一个角度来看，哲学史中的历史构建却已经形成了一套自身的系统，完全可以独立于历史事实而存在。在哲学史的历史书写中，这种只合乎逻辑但不合乎历史真实的做法在东西方也都曾出现。而在纯粹的思想研究中，此种基于“想象”的思想系统也绝非毫无意义。以《周易》图像为例，在围绕《周易》的图像诠释和创作中，便存在着文本诠释、图像系统创作、思想体系构建等多重发展脉络，而在这些脉络的渐次发展衍变中，交织与冲突在围绕《周易》的不同诠释思路间不断上演，推动着不同时期易学的发展趋向。

关于《周易》图像的学问，在历史上往往被称作“易图学”或“图书易学”。而从内容的构成上来看，图书易学有着三大组成门类，分别是：《河图》《洛书》、《先后天图》《太极图》。[①] 作为《周易》图像门类的三者在历史上的不同时期各自都有着若干种表现形态，在笔者看来，我们至少可以从文本流传、概念形成、思想定型等多个不同层次的视角，来审视《周易》图像在历史上的渐次演变过程。

一、河洛、先天、太极概念溯源

从易图学中的河洛、先天、太极这三大门类来看，其概念之出现大多源自《易传》。其中，“河图”“洛书”概念出自《易传》中之《系辞》：“河出图，洛出书，圣

① 关于太极图之分类，在不同历史时期有着不同的分类方式，例如朱熹《周易本义》是将易图划分为河图洛书、先后天图、卦变图三种，元人吴澄则将易图区分为先天、古易、河洛三类。但在图书易学的历史演进中，虽然涉及《太极图》是否可归类为易图、卦变是否应视为图像等诸多问题的讨论，但影响最大的分类方式则是朱震在《汉上易传卦图》中以河洛、先天、太极三分易图的分类。参见朱震：《朱震集》，长沙：岳麓书社，2007 年，第 1—2 页。吴澄：《易纂言外翼》，元刻本，卷一。

人则之。"《河图》与《洛书》在这种记载中,被认为是先于《周易》之创作而出现的。这种《河图》《洛书》从黄河、洛水中降临世间的寓言,也被与圣人创制《周易》相关联,彰显着《河图》《洛书》之内容与《周易》创作间的逻辑联系。不过,众所周知,虽然《河图》《洛书》作为圣人创作《周易》之来源在《系辞》中交待得非常清楚[①],但《系辞》中并没有任何图像文本传世,因此,"河图"与"洛书"在这种叙事中,虽然是有形象的物体,但其实际内容则并不可考,虽然实现了"河图""洛书"概念的具象化,但我们也只能将之视为一种模糊的具体实象来看待。

而相较于《河图》《洛书》在《系辞》中被明确为实体对象,"先天"与"后天"概念则要抽象很多,其在《周易》经传中之出现要追溯到《易传》中的《文言传》:"先天而天弗违,后天而奉天时。"从《文言传》的记载中,我们并无法确认"先天"与"后天"究竟有没有具体之实象,更无法确定在当时有无所谓《先天图》存在。而从"先天"与"后天"在《文言传》记载的意义上来看,虽然"弗违"与"奉"都表示不违背、顺应之意,但以"先天"和"后天"的时间次序作用于"天",则是《文言传》的一大创发。最起码在这种叙事中,是有事物可以先于"天"而存在的,但在所有以实际证据为核心的历史叙事里,所有事物都是在天地秩序形成之后才出现的。包括在近代科学体系中提出"宇宙大爆炸"等科学猜想在内,任何所谓以"先天"为旨趣的学说,都是一种逆向对历史和时间的推理,在充分的考古材料或其他可能的有效方式证明之前,都只能是一种假说。从这种意义上说,虽然《易传》在事实上更关注"后天"之"人"道,但以"先天"观念逆推历史与逻辑,确实是一大创举。不过,我们也能清楚地看到,在《文言传》中的"先天"概念提出时,其以"先""后"作用于"天"的设想也并未进一步细化,更没有任何可以将之图像化的证据。

"太极"概念在中国哲学中出现的频次则远高于河洛、先天,无论在儒家哲学还是道家哲学中都是重要的理论概念,更在宋明理学中被广泛视为最高本体。但究其渊源,"太极"也是出自《易传》中之《系辞》:"太极生两仪,两仪生四象,四象生八卦。"《系辞》中的这一"太极—两仪—四象—八卦"生成体系并不好理解,在这一系统层层递生的四个概念中,只有"八卦"是名目与形象都明确的概念,即

① 关于《河图》《洛书》之来源亦有其他传说,如"大禹第《洛书》而为九畴",将之与《尚书·洪范》相关联。但在图书易学发展脉络中,《河图》与《洛书》之概念与图像衍变则全部根据《系辞》展开。

《周易》中的三画八经卦：乾、坤、震、巽、坎、离、艮、兑。而两仪之名目虽然在易学史上均被认为是阴、阳，但具体以何种形式展现，则莫衷一是。“四象”之诠释则更是众说纷纭，虞翻的“四时说”、孔颖达的“五行说”、张载“四德说”及图书易学系统中的“加一倍法说”，都曾各领一时之潮流，也使得“太极—两仪—四象—八卦”的宇宙生成系统在不同的诠释思路下呈现出迥异的形态。然而，无论在哪一种诠释模式中，“两仪”与“四象”基本都被赋予了明确的名目和形态，例如虞翻将“四象”解释为春、夏、秋、冬四季，邵雍、朱熹将之解释为逐爻渐生的画卦图像，但在所有这些基于《系辞》的宇宙生成论诠释中，对于“太极”概念的诠释则仍旧基本是抽象的，除了作为这一生成系统中的最高本体，对其是否有形状、是否为实体的讨论虽然也时常展开，但大多情况下仍只作为抽象概念存在。

综上所述，河洛、先天、太极三大概念有两大共同点：其一，这三个概念之形成全部出自《易传》。其二，在《易传》中，这三个概念的核心旨趣全部指向《周易》及八卦创作之前的理论原理。在《系辞》的记载中，《河图》《洛书》是《周易》及八卦的创作来源，因此势必在时间上先于《周易》及八卦之诞生；“先天”概念更是意欲逆向推理天地产生之前的世界，因此在时间和逻辑上更远远早于《周易》乃至天地的诞生；“太极”作为易学宇宙生成论的最高本体，也在“太极—两仪—四象—八卦”生成系统中作为源初本体存在，先于《周易》及八卦。也就是说，“河图”“洛书”“先天”“太极”在其原始概念中，全部都是先于《周易》和八卦的概念，对八卦之画定、《周易》之成书，都具有启发性的重要意义。

二、图书易学系统的构建

虽然河洛、先天、太极之概念全部可以追溯到《易传》之中，然而正如上文所说，这三个概念在《易传》中全都没有具体的形态，更遑论具体之图像。而真正以这三个概念为基础，形成以《河图》《洛书》《先天图》《太极图》为代表的《周易》图像系统，则是在宋代易学与哲学发展过程中被构建出来的。

“图书易学”之名，其本意是“河图”“洛书”二者的简称，因此，《河图》《洛书》在图书易学中具备首当其冲的先锋位置。而在宋代以后大兴三代的图书易学之构建中，也是以对《河图》《洛书》的图像化处理为首要代表。其中，奠定图书易学地位的，便是朱熹在《周易本义》前所首先放置的以黑白点为元素的《河图》

和《洛书》。

其一是有四正而无四维的五十五点之《河图》。此图以奇数的一、三、五、七、九为白点，偶数的二、四、六、八、十为黑点，共计有五十五点。按照后一、六，前二、七，左三、八，右四、九，中五、十的次序，排列成五十五点图：

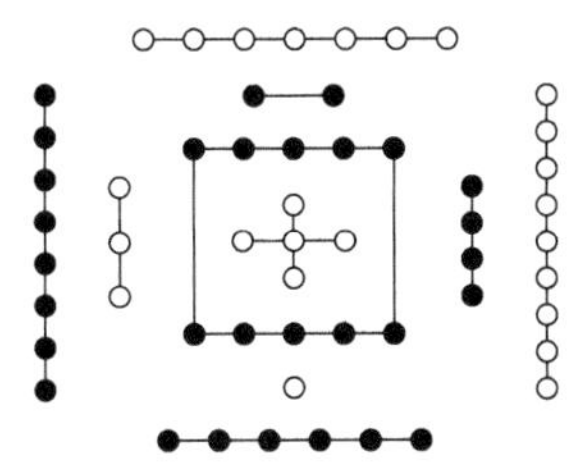

其二则是四十五点之《洛书》，此图也是以黑、白点区分奇数、偶数，但相较于五十五点图，此图的黑点只有二、四、六、八而没有十，故黑白点数总计只有四十五。在排列上，此图也异于五十五点图，以后一、前九、左三、右七排列为四正；再以前左四、前右二、后左八、后右六组成为四维；最后以五居于中央：

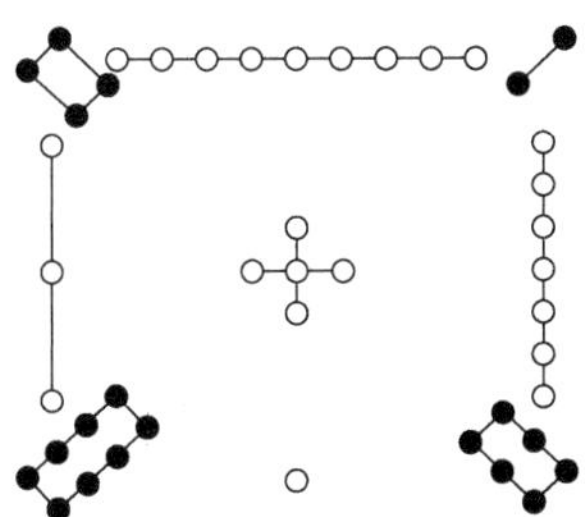

笔者认为，宋代图书易学在对“河图”“洛书”的构建上有两点突破：其一，是明确将《河图》《洛书》做图像化处理，画定成图。因为在《易传》记载中，“河图”虽有“图”之名，但在宋代之前，则很少有人真正将之以“图像”的意义对待。[①]如果我们去考察一下清人黄奭辑佚的《河图》类谶纬二十七种，就会发现，里面几乎全都是与星象相关的抽象化的文字内容，并无任何形象化的图像内容。[②]当然，客观地说，由于我们如今确实没有办法看到当时文献之全貌，但至少没有任何证据指明汉唐以前的学者曾把《河图》画为具体图像的例证。所以说，宋代

① 参见毛奇龄：《毛奇龄易著四种》，北京：中华书局，2010 年，第 69—71 页。

② 参见黄奭：《尚书纬·河图·洛书》，上海：上海古籍出版社，1993 年。

图书易学以图像化的形式阐释《周易》，确实是一个新的创举。其次，则是将《河图》《洛书》的内容限定在抽象的数字、方位推衍上。即便汉代易学中的“象”所指的内容既包括抽象的卦象，也涵盖具体的物象，但其表现形式要么是通过文字，要么是展现为马、龙、虎等具体的形象事物。而宋代图书易学中的《河图》《洛书》，已经完全突破了象形化的图像层面，而是以白黑点为元素、完全抽象化的图像。单从图像中所表达的内容来说，其核心内容除了“数”便是“方位”，已经完全是一种以形象表达抽象的模式了。

如果说《河图》《洛书》是图书易学构建中首当其冲的先锋，那么先天图无疑是图书易学的核心力量。在《周易本义》之前所罗列的九种易图中，属于先天学（包括后天学在内）的易图便多达六种，分别是：《伏羲八卦次序图》《伏羲八卦方位图》《伏羲六十四卦次序图》《伏羲六十四卦方位图》《文王八卦次序图》《文王八卦方位图》。而在这六种易图中，伏羲四图属于先天图，文王二图属于后天图：

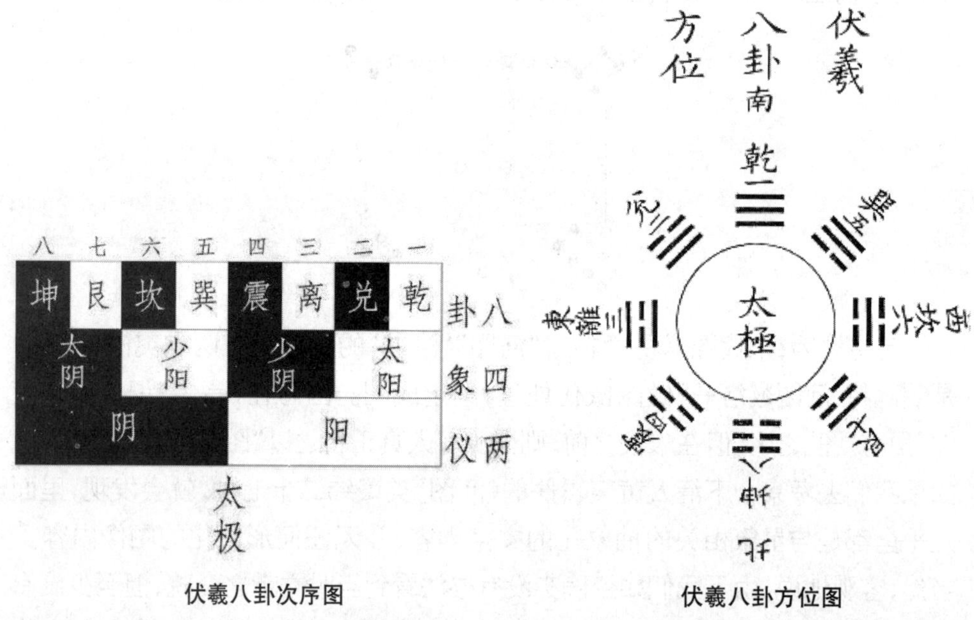

伏羲八卦次序图　　伏羲八卦方位图

相较于《河图》尚有“图”之名，“先天”则在《文言传》中便没有展现出任何与图像有关的联系。因此，整个先天学之构建首先需要明确的就是，探求八卦创作原理的先天学，究竟该以哪些要素为核心内容？而在如今所见的先天图和后天图中，八卦、六十四卦的次序和方位成为了关键。而先天诸图在《周易本义》中，被朱熹认为是北宋五子之一的邵雍所作，数理推衍和方位变化则是核心内容。

从这六幅图来看，先天图与后天图分别托名于伏羲和周文王，因而先天四图分别名为《伏羲八卦次序图》《伏羲八卦方位图》《伏羲六十四卦次序图》《伏羲六十四卦方位图》，后天二图则名为《文王八卦次序图》和《文王八卦方位图》。伏羲和周文王在传统易学史论中，分别被认为是创制八卦的作者和演八卦为六十四卦之先圣。因而，“先天”与“后天”在这种诠释体系中最为显著之区分，便是前者诞生于八卦创作之先，而后者形成在六十四卦定型之后。也就是说，“先天”是八卦之渊源，“后天”是对八卦的解释。

文王后天八卦方位

文王八卦次序图　　文王八卦方位图

对“先天”概念的准确解释，是先天学得以成立的首要性前提条件。“先天”二字，事实上是针对“后天”二字而来，是一种人为区分的结果。这个问题的实质内容可以转换到先天学与后天学的区别上来。对先天学和后天学的区分，可以从两方面展开：其一，是先、后天各自的来源问题；其二，是两者在时间和逻辑上的先后问题。事实上，后天八卦的次序、方位来源非常明确，全部出自《易传》中的《说卦》，而先天八卦次序和方位之来源则非常模糊，根据朱熹的解释，是对《说卦》和《系辞》之诠释与邵雍数理学说相结合的产物。[①] 但

① 朱熹：《周易本义》，载《朱子全书》，合肥：安徽教育出版社，上海：上海古籍出版社，2002 年，第 20 页。

很显然，从以《易传》作为理论依据的合理性上来看，后天八卦显然比先天八卦更为可靠。

由此可见，在“先天”这样一种逆推的思路中，我们可以确定这样一个事实：虽然后天学的名称中带有“后”字，但在时间次序上，出自《易传》的后天学之成立，则远早于先天学。而之所以出现在前却名为“后天”，乃是因为先天学创立的目的，就旨在探寻《易传》之前的八卦次序和方位。力图还原一种在逻辑上早于既有易学的学问，所以才名之为“先天学”。也就是说，为了创作“先天”，才首先命名一个“后天”。即便这一“先天”在事实上是由“后天”逆向推理才得出的产物。

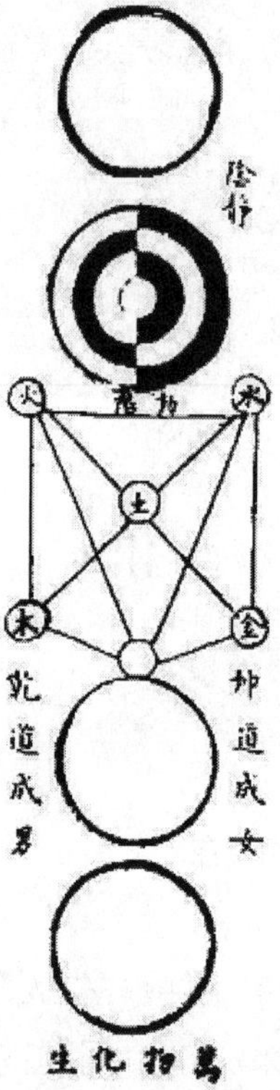

《太极图》较之《河图》《洛书》与先天诸图，则更为特殊。其特殊之处在于两点：其一，历代学者对图书易学有很多不同的分类方式，在这些划分方式中，每一种都包含有《河图》《洛书》及《先天图》，但并不是每种划分中都有《太极图》。[①] 而在《周易本义》前所列易图九种中，也并没有《太极图》。其二，托名《河图》《洛书》或《先天图》的易图都为数众多，但以《太极图》为名的易图则基本上只有两类：其一是周敦颐《太极图》，其二是阴阳鱼《太极图》。而这两者中，在宋代到清初的图书易学发展中具有重大影响的也只有周子《太极图》，因为此图出自周敦颐，从时间上说，其年代可以确定为北宋。而阴阳鱼《太极图》则最早出现在明人赵撝谦所撰《六书本义》中[②]，其成形年代甚晚。因此，在图书易学范围内所讨论的《太极图》，则专指周敦颐《太极图》。

不过，正如《河图》《洛书》及先天诸图均经由朱子将之列入《周易本义》而成为《周易》图像之主流一样，《太极图》之

① 如朱震便将图书易学中的易图划归为三类：河洛、太极图、先后天图；而据元代人吴澄的记载，陈抟所传的图学三宝则是：河洛、古易和先天图，并无《太极图》。参见朱震：《朱震集》，第1—2页。吴澄：《易纂言外翼》，元刻本，卷一。

② 见赵撝谦：《六书今义图考》，载赵撝谦：《六书本义》，明正德刻本。

作者虽然是北宋早期之周敦颐[1]，但《太极图》及其所撰《太极图说》在北宋一代之影响则并不大，直至朱子撰写《太极图说解》，其在基于理学的宇宙生产论上才逐渐被重视。

然而，周敦颐《太极图》对于"太极"概念及宇宙生成论之诠释却也存在不小的问题。"太极"概念之所以可以成为易学宇宙论中的最高本体，是基于《系辞》中"太极生两仪，两仪生四象，四象生八卦"的生生系统。但在周敦颐《太极图》中，却有两个问题一直被质疑。其一是在理学内部，陆九渊对"无极而太极"的质疑，认为周敦颐主张"无中生有"，援道入儒。其二，清儒黄宗炎、毛奇龄等指出，《系辞》中的"太极生两仪"在周子图中的前两部分被保留，但"两仪生四象，四象生八卦"则被彻底取消，反而形成了一套"太极—两仪—五行"的宇宙生成系统。在这一生成系统中，作为本体之"太极"不但在宋代被周敦颐以图像形式画定为《太极图》，更在朱子的诠释后形成了一套崭新的宇宙生成体系。之所以"太极"可以成为理学中的最高本体，其最根本的原因还是在"太极—两仪—四象—八卦"生成系统中，"太极"不但在时间和逻辑上先于八卦，也是这一生成系统中的源初本体。只是，这种基于"太极"概念及宇宙生成过程的图像诠释，与《系辞》中的记载发生了明显的冲突。

三、易学概念图像化的形成脉络

图书易学在易学史上之作兴，朱子是最为关键的人物，无论是《河图》《洛书》、先天诸图还是《太极图》，其图像之定型和地位之确立，都离不开朱子的推崇。而在南宋之后直到元、明两代都成为易学研究之主流的《周易》图像，也都是以朱子楷定的诸幅图像为主要的图像文本。但事实上，河洛、先天、太极诸图虽然都经由朱子而确立其最终形态，但在三者的图像化过程中，却都有着另一条先于朱子的形成脉络。

---

① 关于《太极图》之作者问题，在历史上一直有较大争论，朱熹认为《太极图》是周敦颐自己创作，但在朱震及《宋史》的记载中，认为《太极图》有一条"陈抟—种放—穆修—周敦颐"的传授谱系，而清人黄宗炎、毛奇龄则认为《太极图》源自佛、道二家："况其所为图者，虽出自周子濂溪，为赵宋儒门之首，而实本之二氏之所传。《太极图》一传自陈抟，一传自僧寿涯。"参见朱震：《朱震集》，第1—2页。毛奇龄：《毛奇龄易著四种》，第95—96页。

由于朱子在其《周易本义》《易学启蒙》两书中均明确认为五十五点图为《河图》、四十五点图为《洛书》，故而在此后的图书易学中，这种说法便固定了下来。然而，北宋学者刘牧在其所撰《易数钩隐图》中就认为，《河图》四十五数，《洛书》五十五数。[①] 刘牧的这种看法便与朱子截然相反。而从时间上说，刘牧以四十五点数和五十五点数的形式展现《河图》《洛书》，是远早于朱子的。而根据《宋史·儒林传》记载，《河图》《洛书》的来源可以上溯到陈抟：

"陈抟以《先天图》传种放……放以《河图》、《洛书》传李溉，溉传许坚，许坚传范谔昌，谔昌传刘牧。"[②]

虽然我们没有证据证实这种画定《河图》《洛书》的思路是否源自陈抟，但刘牧在《河图》《洛书》传承中的影响，在当时显然是被认可的。也就是说，以黑白点为元素，以数字组合和方位排列为主要的表现内容和呈现形式，并不是朱子的创发，至少在北宋学者刘牧时，便已经形成了完整的思路，而且已经将我们如今在《周易本义》中所见到的《河图》《洛书》画了出来。只是，两者的次序与《周易本义》正好相反，朱子将之进行了对调。但在《周易本义》中，朱子在讨论《河图》《洛书》时却绝口不提刘牧，而强调是通过对《系辞》的推衍而得出的图像。刘牧对图书易学中《河图》《洛书》的画定思路，也便逐渐被忽略了。

而在先天诸图的形成过程中，也存在类似的问题。先天八卦虽署以伏羲之名，但众所周知，上溯伏羲只是一种托名的做法，以伏羲之名寄托探求作《易》原理的旨趣。而在两宋以后的易学史记载中，则大多将邵雍视作先天学的开创者，朱震在其所作《周易集传·进书表》中也详述了《先天图》的传承谱系：

"濮上陈抟以《先天图》传种放，放传穆修，穆修传李之才，之才传邵雍。放以《河图》、《洛书》传李溉，溉传许坚，坚传范谔昌，谔昌传刘牧。修以《太极图》传周敦颐，敦颐传程颐、程颢。"[③]

朱震此说被《宋史·儒林传》所采用，加之朱子明确认定伏羲四图出自邵雍，因而先天图出自邵雍的说法最为历代学者所熟知和接纳，如黄宗羲就将《伏羲八卦次序图》称为"邵子横图"。根据郭彧教授的统计，包括朱熹《周易本义》及《易学启蒙》在内，在《四库全书》经部《易》类所记载的总共 134 种著作中，引

① 见刘牧：《易数钩隐图》，清通志堂经解本，卷上。

② 脱脱：《宋史》，北京：中华书局，1985 年，第 12908 页。

③ 朱震：《朱震集》，第 1—2 页。

用了邵雍之《先天图》[1]或相关内容的，便达到55种之多。而如果把《四库存目丛书》及《续修四库全书》中所收录的《周易》类著作加上，直接引用有关邵雍先天学的易学著作，其数量甚至超过百部。[2]

然而，虽然先天图源出邵雍的说法流传甚广，但笔者认为这一观点并不妥当。首先，朱震对《先天图》自陈抟至邵雍的传承谱系之记载虽然非常清楚，但在朱震的书中却并没有记载这幅《先天图》的实际内容。更为重要的是，此图虽托名陈抟所作，但事实上却并不见于任何于今可见的宋代著作中。其次，虽然朱子明确指认《周易本义》前的先天四图均出自邵雍，但在今存的所有邵雍著作中，我们却找不到这四幅先天图中的任何一幅图。

进一步从学理上来看，朱子与邵雍的先天学说间也存在着不小的差异。邵雍对八卦次序的解释非常明确："顺数之，乾一，兑二，离三，震四，巽五，坎六，艮七，坤八。"[3]邵雍所论八卦次序确实就是《伏羲八卦次序图》中的八卦次序，并无疑问，但如果按照朱子所述，《伏羲八卦次序图》的制作完全依据邵雍对《系辞》中"《易》有大极，是生两仪，两仪生四象，四象生八卦"一语作"加一倍法"的理解而画出。那么我们便需要追问，邵雍对《系辞》中的这句话究竟如何理解？他又是如何阐释"加一倍法"的？我们先来看邵雍的论述：

"太极既分，两仪立矣。阳下交于阴，阴上交于阳，四象生矣。阳交于阴，阴交于阳，而生天之四象；刚交于柔，柔交于刚，而生地之四象，于是八卦成矣。八卦相错，然后万物生焉。是故一分为二，二分为四，四分为八，八分为十六，十六分为三十二，三十二分为六十四，故曰'分阴分阳，迭用刚柔，《易》六位而成章'也。十分为百，百分为千，千分为万，犹根之有干，干之有枝，枝之有叶，愈大则愈小，愈细则愈繁，合之斯为一，衍之斯为万。是故乾以分之，坤以翕之，震以长之，巽以消之；长则分，分则消，消则翕也。"[4]

对照此说与《伏羲八卦次序图》，我们可以发现，朱子对《系辞》中"生"的理解，体现在此图层类的衍进过程中。由一而二、由二而四、由四而八、由八而十六、由十六而三十二、由三十二而六十四。这与邵雍"加一倍法"的方法论确实

① 即《周易本义》前所列之四副先天图。

② 邵雍：《邵雍集》，北京：中华书局，2010年，第1页。

③ 邵雍：《观物外篇》，载《邵雍集》，第82页。

④ 邵雍：《观物外篇》，载《邵雍集》，第107—108页。

贴合，但朱子与邵雍对于《系辞》的解释却仍旧存在不少差异：其一，邵雍并没有明确指出“四象”的具体内容，但朱子却明指“四象”即太阴、少阳、少阴、太阳。其二，邵雍认为，八卦由“天之四象”与“地之四象”两者共同构成，但在《伏羲八卦次序图》中，朱子却并没有对“天之四象”和“地之四象”给予任何形式的展现。其三，按照郭彧教授的观点，以黑白块替代《周易》原有的阴阳符号，也是朱子的创作，而非邵雍。[①]

综上所述，《伏羲八卦次序图》中所展现的八卦次序，以及图像背后“加一倍法”的生卦原理，确实可以在邵雍的先天思想中找到一定观点和方法上的依据。但另一方面，朱子并非完全按照邵雍的思想画定此图。朱子与邵雍无论是在对《系辞》的理解，还是生卦过程的阐释上，都存在差异。朱子最终是依照自己对《系辞》的理解，在邵雍先天思想与“加一倍法”理论的基础上，赋予了“四象”以新的意涵，并以此画出了《伏羲八卦次序图》。

在朱子对八卦方位的论述中，也存在类似的问题。按照朱子在《周易本义》中的解释，《伏羲八卦方位图》有两大理论来源：其一是《说卦》中记载的“天地定位，山泽通气，雷风相薄，水火不相射，八卦相错，数往者顺，知来者逆”一语。其二则仍旧是邵雍的先天思想，朱子直接引用了邵雍原话：“乾南坤北，离东坎西，震东北，兑东南，巽西南，艮西北。自震至乾为顺，自巽至坤为逆。后六十四卦方位放此。”[②]

如果此语属实，那么《伏羲八卦方位图》与邵雍所论便完全相符，不存在任何有争议的问题。但问题在于，我们无法在今存的邵雍著作中，找到这段文字的出处。出现这种情况有两种可能：一是此语确为邵雍所说，但在文本流传过程中亡佚，故而不见于今存的邵雍著作中。第二种可能，则是此语并非邵雍所说，由于误记、误传、伪造或其他原因，使得朱子最终误记其为邵雍所说。但不论哪一种情况，就目前我们所能掌握的材料来看，便既无法证实《周易本义》中的伏羲四图就是朱震所提到的《先天图》，也无法证实这四幅先天图与陈抟或邵雍之间的关系。所以说，这四幅先天图的真正作者，实当为朱子，而非陈抟或者邵雍。

---

① 郭彧：《易图讲座》，北京：华夏出版社，2007 年，第 87 页。

② 朱熹：《周易本义》，载《朱子全书》，第 20 页。

而《太极图》虽然确实是周敦颐的作品，但正如前文所言，正是因为朱子不遗余力地考订《太极图说》的图、文，并亲自作《太极图说解》来阐发其思想，才确立了周敦颐及《太极图》在理学中的地位。但与此同时，我们也需要注意到，朱子在《周易本义》前总共列置了易图九种，但在这九种易图之中，有《河图》《洛书》《先天图》《后天图》，却没有《太极图》。可事实上，朱子却又对周子《太极图》推崇备至，这就显得非常奇怪了，为什么朱子极力推崇周子《太极图》，却又不把它放在《周易本义》前所列的易图之中呢？

从另一个角度来看，即便是在批判图书易学最为猛烈的清代初年，对《太极图》的批判也有着两种不同的态度，毛奇龄、黄宗炎揶揄其源出佛、道，意欲除之而后快。但黄宗羲和胡渭则对之存而不论，并不发表意见。[①] 究其原因，还是因为周敦颐将“五行”概念引入到接续“太极”“两仪”的构架中，以“五行”取代了“四象”“八卦”的地位，把《系辞》中“太极—两仪—四象—八卦”的生成系统更改为了“太极—两仪—五行”系统。这样一来，就把四象和八卦从《系辞》的宇宙生成系统中给剥离了出来。由于周敦颐和朱子都并未讲明《太极图》就是易图，而朱子在系统诸图中的《伏羲八卦次序图》里，已经对《系辞》中的“太极—两仪—四象—八卦”生成系统以“加一倍法”做了解释，这便与《太极图》中的“太极—两仪—五行”系统发生了冲突，如果全部放在《周易本义》前，便是以自相矛盾的两种说法来对“太极”进行解释。所以，《太极图》在易图学中只能处在一个边界地带，而朱熹、黄宗羲、胡渭都认识到了这一边界问题，所以对《太极图》都采取了一种存而不论，暂不放在易图中讨论的态度。

由此可见，河洛、先天、太极诸图的最终画定及理论诠释，全部经过了朱子的修改或解释。而图书易学之真正发扬光大，也离不开朱子《周易本义》和《易学启蒙》的巨大影响。但与此同时，我们也需要看到，除了这样一条形成了后世易学主流的文本脉络，河洛、先天、太极诸图都有着不同的画定思路，有些在北宋时就已经定型，有些则是朱子本人的创作。而我们最终看到的这些《周易》图像，是在特定的历史时段中，经由概念溯源、文本阐释、图像形成、思想衍变的交互作用，才逐渐形成的最终形态。

① 参见陈岘：《再论清初学者对〈太极图〉评介的意义》，《哲学与文化》，2019 年第 6 期。

The Gradually Change of Concepts, Texts, and Thoughts: Taking the Images of *Zhouyi* as an Example

Chen Xian

Abstract: There are multiple developments in the creation and interpretation of images around *Zhouyi*. The concepts of Hetu, luoshu, Xiantian and Taiji are all from *Yizhuan*. The core interests of them all point to the creation principle before *Zhouyi*. Based on this general idea, in the Song Dynasty, a number of *Zhouyi* images with abstract black and white dots, blocks as elements, numbers and orientations as the core content, were created. However, the images of *Heluo*, *Xiantian* and *Taiji* have different ideas for drawing. The commonality is that they all changed their paintings, revised and explained by ZhuXi in the Southern Song Dynasty. The images of *Zhouyi* that we have seen today are the historical forms that are finally formed under the interaction of concept tracing, text interpretation, image formation, and ideological evolution.

Keywords: *Zhouyi*, *Zhouyi* images, *Hetu* and *Luoshu*, Xiantian, Taiji

宋明理学研究

自得之学的澄明

——对王阳明龙场悟道的核心问题之探讨*

苏晓冰**

［摘　要］龙场悟道的诠释类型多样，这并非偶然现象，究其原因，这是对王阳明龙场时期核心问题的表述之困难造成的。在以思辨、理论或认知为核心的理论形态中，龙场悟道有其难以被完全转译之处。在当前的研究中，尽管对"悟道"中的哲学理论质素之强调程度各不相同，但将"悟道"归结为纯粹的理论探索的设想则为学者们普遍拒绝。这种"拒绝"其实是对某些特殊思想品质的坚持，也是"龙场悟道"研究的肯綮之所在。王阳明从"自得之学"契入儒学之真血脉，而其所批判的对象，则是流于文字之上、口耳之间的"世儒之学"。龙场悟道的研究，正应在"自得之学"与"世儒之学"的对比之下展开。若将其错误地代入儒佛之辨，那么悟道中真正

* 基金项目：国家社会科学基金青年项目"道德哲学视域下的王阳明思想及其现代意义研究"（项目编号：19CZX019）；中央高校基本科研业务费项目"君子居易以俟命：王阳明龙场悟道研究"（项目编号：RW210109）。

** 苏晓冰（1987—　），女，河北石家庄人，哲学博士，西安电子科技大学人文学院哲学系讲师。主要研究方向为：阳明学、比较哲学。

的张力便无从彰显，而龙场悟道作为阳明立学之开端，与随之而来的“知行合一”“致良知”等命题的内在相关也一并难以呈现。

［关键词］ 王阳明；龙场悟道；儒佛之辨；自得之学

王阳明的哲学思想以“良知学”“心学”闻名于世，“致良知”“知行合一”“心即理”可谓其代表性命题。若从为学历程来看，王阳明立学之起点要追溯至“龙场悟道”。在自述求道过程时，阳明曾明确指出：“‘良知’二字，自龙场以后，便已不出此意。”[①]换言之，阳明哲学的实际架构，其实早在龙场悟道时期已经形成。这意味着，“致良知”“心即理”乃至“四句教”等命题不再孤另为“晚年时期”的哲学思想，而是与“龙场悟道”具有理论上的一致性；与此同时，龙场悟道的意义不仅在于形式上的哲学思想之开端，更在其实质上与晚年居越期间的哲学表述之遥相呼应。从现有研究来看，龙场悟道的开端性意义，得到了一致认可，然而，对其意义之所在，则众说纷纭。既然龙场悟道与其他命题一道，构成了王阳明哲学思想的内在环节，倘若我们承认其中有一贯之问题与合乎逻辑之脉络，那么，这种诠释类型之纷乱便不是偶然现象，而有待进一步澄清。

一、龙场悟道的核心问题及其诠释类型

在王阳明思想的研究中，比起其他命题，“龙场悟道”的诠释路径之多样，恐无出其右：既有从学术脉络内部着眼，关注宋代理学与心学的差异研究，也有从三教入手，讨论阳明的儒释道归向问题；还有一般意义上的心理、精神研究，关注阳明在龙场悟道前后的身心状态之变化；或从宗教体验着眼，细究其“悟道”特色；或提炼其中之具体实践方式，探索身心修炼方法。倘若龙场悟道作为王阳明哲学之开端而被关注的话，这些路径迥异的研究则描画出了多个王阳明形象。显然，这种复杂性无法在“后天解释角度的差异”的方法论中得以消除。如此，龙场悟道之为哲学开端的理论内涵究竟是什么，便成为不得不面对的问

① 钱德洪：《刻文录叙说》，出自《徐爱·钱德洪·董沄集》，钱明编校整理，南京：凤凰出版社，2007年，第183页。

题，而探索这一问题，与追问龙场时期王阳明所面临的核心问题密不可分。

王阳明因言事得罪宦官刘瑾，受刑下狱，发配龙场。从原始文献来看，《年谱》的悟道部分着墨甚简："始知圣人之道，吾性自足，向之求理于事物者误也。"[①]这样一句总结给了当前的学术工作可着力的空间，联系此前实践朱子"格物"于竹的失败经历，龙场悟道的重点之所在，似乎是宣告与朱子学的分道扬镳。从这一理论设想出发，倒推龙场时期的核心问题，认为此时的阳明主要纠缠于学术异同问题，这并非不合逻辑的思路。哲学家自然不同于常人，学术之分量占比非常，古人云"朝闻道，夕死可矣"[②]，求道之顺逆显得异常重要，况且，阳明早年就曾因为格竹不得，以致忧虑成疾。[③] 虽然，若考虑到龙场时期的真实处境，上述将龙场悟道放置于书案之上、理解为学派之争的处理似乎终归不切要害。从学界的研究来看，尽管对"悟道"中的哲理质素[④]之强调程度各不相同，但将"悟道"归结为纯粹的理论探索的设想则为学者们普遍拒绝。其态度集中体现在概念的搜寻中：诸多否定性的表述，"非—名相""非—观念"[⑤]，"超越—逻辑""超越—语言"[⑥]，以及"自身存在的深层体认"[⑦]"德性存在"[⑧]"神秘主

---

① 《年谱一》，正德三年(1508)，《王阳明全集(新编本)》卷三十二，吴光等编校，杭州：浙江古籍出版社，2010年，第1234页。

② 语出《论语·里仁》。

③ 不得其门而入以致沉郁成疾，这直接导致阳明一度修习养生术。参见《年谱一》，《王阳明全集(新编本)》卷三十二，第1229页。

④ 比如，大则从朱王差异、小则"心即理"、"性即理"等概念辨析。

⑤ 陈立胜曾引龙场时期阳明处境之迫切与手捧咖啡思考哲学问题的笛卡尔相比，以强调同样的哲学工作背后之不同的问题驱动的程度差异，从而表明，龙场悟道的核心问题并非"名相问题"、"观念问题"。参见陈立胜：《王阳明龙场悟道新诠》，《中山大学学报(社会科学版)》，2014年第4期，第91—107页。

⑥ 张新民：《本体与方法：王阳明龙场悟道探微》，《王学研究(第十一辑)》，陆永胜、刘继平主编，北京：社会科学文献出版社，2020年，第3—33页。

⑦ 杨国荣：《心学的意义之境》，《安徽大学学报(哲学社会科学版)》，2010年第2期，第1—4页；另有"王阳明着重从人自身的存在出发把握存在"，语出杨国荣：《心学的多重向度及其理论意蕴》，《船山学刊》，2021年第2期，第1—8页。文章指出，阳明哲学的特殊之处在于从存在的深层品格出发，从而有别于更多玄思意味的周敦颐或朱熹哲学；此外，相较于时下强调存在的某一种状态的进路而言(如某种特别的境界或特殊的存在体验)，文章点出"存在本身"在阳明学中的重要性，这无疑具有很大的启发性。

⑧ 吴震：《王阳明的良知学系统建构》，《学术月刊》，2021年第1期，第11—22页。文章指出，良知不只是一个有关是非的概念，更是一种基本的"德性存在"；良知不只是心体，更是犹如天理一般的存在。

义”“精神境界”[①],至于“德性之知”“静坐涵养”“生命体验”等更为传统的语词,更是得到了极广泛的使用。集体的否定背后其实是对某些特殊思想品质的坚持,这一不能为当下偏重知识化的“哲学理论”所穷尽、并迫使学者费力寻找概念以完成现代性阐发的品质,应是“龙场悟道”研究的肯綮之所在。从这个角度看,诠释之多样性的现象背后,反而体现出某种一致,它们集中指向了“悟道”的现代性转译之上,准确地说,指向了“悟道”之“道”难以被通行的现代学术话语所完全转译之处。

从现有研究来看,上述尝试虽然名相各异,但无一例外地从强调龙场的生存处境开始着眼。换言之,首先是在处境之艰险中,暴露出了纯粹就哲学名相,如朱王异同、“心即理”“性即理”等来进行悟道研究的未尽如人意之处,进而促成别求表述的研究转向。倘若悟道之发生是对龙场之问题的解决,那么,这种未尽如人意或集体拒绝的态度也表明了,学派之异同、哲学思辨上的突破尚不足以完成对龙场困境的克服,尽管哲学叙述是同一过程中的必要因素。由此可见,龙场悟道研究,内含着不同层级的问题,而对生存处境的集体强调,则与这些问题的逻辑次序密切相关。

龙场悟道的首要问题是什么,对这一问题的回答在很大程度上是凭借对生存处境的强调而得以表述的。据《年谱》记载,“龙场在贵州西北万山丛棘中,蛇虺魍魉,蛊毒瘴疠,与居夷人鴂舌难语,可通语者,皆中土亡命”[②]。阳明初至龙场时,语言不通,并无居所,还要学习稼穑以果腹。在同时期写就的《瘗旅文》[③]中,可以看到更多关于发配龙场的客观生存境况的描述。文中提到一位同样遭贬黜至此的官员,在到达龙场的三天内,官员及其子、仆相继离世。阳明不忍其暴尸野外,为之料理安葬。文中提到:

冲冒雾露,扳援崖壁,行万峰之顶,饥渴劳顿,筋骨疲惫,而又瘴疠

---

① 陈来:《有无之境:王阳明哲学的精神》,北京:北京大学出版社,2006年,第362页。附录《心学传统中的神秘主义问题》以“神秘主义”概念为枢机,将孟子而明道、杨时、阳明等统贯起来;“神秘主义”之外,作者尚有“体验的形而上学”,以及流传更为广泛的“境界”一词。

②《年谱一》,正德三年(1508),《王阳明全集(新编本)》卷三十二,第1234页。

③《瘗旅文》记录阳明埋葬并哀祭三位客死龙场之人。见《外集七》,《王阳明全集(新编本)》卷二十五,第997—998页。另外,文首记有“维正德四年(1509)秋月三日”,而《年谱》标注成文时间为“戊辰”(1508)。

侵其外，忧郁攻其中，其能以无死乎？吾固知尔之必死，然不谓若是其速，又不谓尔子尔仆亦遽尔奄忽也。①

"瘴疠侵其外，忧郁攻其中"，对每一位被贬黜至此的士大夫而言，龙场几乎等于"必死之地"——"道傍之冢累累兮，多中土之流离兮，相与呼啸而徘徊兮"②。

仕途之挫折、立足环境之艰辛外，阳明还面临刘瑾的追杀：

时瑾憾未已，自计得失荣辱皆能超脱，惟生死一念尚觉未化，乃为石墩自誓曰："吾惟俟命而已！"③

瑾欲害公之意未已。公于一切得失荣辱皆能超脱，惟生死一念，尚不能遣于心，乃为石廓，自誓曰："吾今惟俟死而已，他复何计？"日夜端居默坐，澄心精虑，以求诸静一之中。④

"圣人处此，更有何道"⑤"吾今惟俟死而已，他复何计"，对于此时的阳明而言，最大的问题显然并不是此前所关注的朱子之格物说或三家同异的理论思辨问题，虽然钱德洪在《年谱》以"格物致知"⑥概括龙场悟道，但是，这并不能直接说明，阳明此时所面临的最迫切问题是"格物致知"的诠释问题。两者在龙场悟道研究中分属不同的逻辑层级。⑦ 人生至此，究竟"何去何从"(essential choice)，这

① 《外集七》，《王阳明全集(新编本)》卷二十五，第 997—998 页。

② 《外集七》，《王阳明全集(新编本)》卷二十五，第 997—998 页。

③ 《年谱一》，正德三年(1508)，《王阳明全集(新编本)》卷三十二，第 1234 页。

④ 黄绾：《阳明先生行状》，《王阳明全集(新编本)》卷三十七，第 1427 页。在《年谱》与《行状》的记载中，龙场悟道的地点分别写作"石墩"、"石廓"。陆永胜据杨德俊的考证指出，"石廓"实为大小约 3 m * 4 m * 30 m 的石洞，原本是用来放置棺椁的场所，而非"石墩"(用来坐的地方)或石棺材。参考陆永胜：《王阳明龙场悟道及其实学意蕴》，《贵州社会科学》，2015 年第 9 期，第 12—20 页。

⑤ 《年谱一》，正德三年(1508)，《王阳明全集(新编本)》，第 1234 页。

⑥ "先生始悟格物致知"。参见《年谱一》，正德三年(1508)，《王阳明全集(新编本)》，第 1234 页。

⑦ 一方面，理论思辨与龙场的核心问题在分量上并不对等，另一方面，钱德洪援引"格物致知"以概括龙场悟道并非十分恰当，但这不是编者之失，从阳明自述为学经历来看，他对核心关键词的筛选也经历了一个过程，尽管其哲学突破已经实质发生。行文所限，这一问题留待专文讨论。

样的发问可视为艰难困厄、走投无路之时，对天命、对人生终极意义的思考。[①]正如当前学界的龙场研究现状所表明的：龙场处境之艰难，问题之迫切，“理论”、“名相”、“知识”盖不足以表之，亦且不足以克服之。毫无疑问，龙场悟道与哲学叙述并不两分，然其所针对的问题之逻辑层级，是人类生存所可能面对的一切问题中最为本质的那一类。易言之，两者有轻重缓急之分。在以思辨、名相之讨论为不足时，如何再对龙场的真正问题进行思考与叙述，成了龙场研究的核心难题。其困难并不只是当前学界的，即钱德洪的《年谱》、黄绾的《行状》，也面临同样的难题。

如何描述龙场时期的核心问题，这部分相应于：如何道出龙场的核心问题并不是理论思辨，或者，龙场悟道如何有别于某种想当然的理论形态。这样看来，围绕龙场悟道的书写从一开始就带着明确的问题意识，而其表现，首先是概念的选择。从行文来看，上述两则文献将龙场时期的核心问题描述为“死生问题”：“惟生死一念尚觉未化”、“惟生死一念，尚不能遣于心”。其中特别值得关注的是，《年谱》并未循着“格物致知”一词所可能引起的两代学术差异的方向进行。“死生问题”之后，《年谱》还特别记录了仆从“获病”、“怀抑郁”，阳明“析薪取水作糜饲之”，并多方宽慰，主仆最终能够“忘其为疾病夷狄患难”的场景。这与《瘗旅文》中主仆三人客死他乡对比鲜明，“死生”主题由此更加直观。将龙场问题的非一理论思辨、溢出于当时的某些理论形态之特点以“生死”表之，这是《年谱》与《行状》给出的解决办法。

从方法论上看，就“死生”来对龙场核心问题加以表述，与当前研究中的否定性表述(如“非逻辑”、“超语言”)，或直接代之以今天更为通行的概念(如“存在”“境界”)的做法，具有理论上的同构性。其用意都在于呈现“间距”[②]，它是对某一种哲学形态或诠释路径的有意远离。这意味着，龙场悟道的内涵需要在某

① 余英时将龙场悟道的问题概括为“人生何去何从”(essential choice)，他指出：“从‘圣人处此，更有何道’八个字，我们清楚地看到：阳明之‘悟’绝不仅仅是关于‘格物致知’的纯理论问题，而是在人生何去何从(essential choice)的问题上找到了最后的归宿。”参见余英时：《从政治生态看朱熹学与王阳明学之间的异同》，收入《宋明理学与政治文化》，桂林：广西师范大学出版社，《余英时文集(第10卷)》，桂林：广西师范大学出版社，2006年，第355页。

② “间距”一词来自汉学家朱利安，“间距使人上溯到一个分叉之处(embranchment)”、“使人注意到这个分道扬镳之处”。参见朱利安：《间距与之间：论中国与欧洲思想之间的哲学策略》，卓立、林治明译，台北：五南图书出版公司，2013年，第33—35页。

种对比的场域中进行。那么,悟道的记录者,还有后来众多的研究者,他们在苦心的文字表述与艰难的概念搜寻背后,所试图还原的对比场域是什么? 站在“间距”的对面、被刻意拉开距离的对象是什么?

二、龙场悟道中的儒佛之辨问题

既然龙场悟道的理论内涵呈现在比较的视野中,那么还原其比较研究的对象就十分必要了。从前文的讨论来看,经由对“生存处境”的普遍关注,以及一系列概念的选择,如“死生”、“存在”,似乎初步勾勒出了“对方”的轮廓。前文曾借助“纯粹的理论探索/哲学思辨”、“偏重知识化”、“学术异同”等语词来加以表述,大体指向那种脱离于真实的生命关切,流于表面的文字辨析、理论运算的做法。[1] 在前面的讨论中,我们曾言及龙场悟道研究的“集体拒绝”,其所以为未足,大体便对此而发。若将研究推进一层,那么,这种一致的态度便开始呈现出分歧。

从《年谱》的记录来看,值得关注的因素有二: 一是“大悟格物致知之旨”,二是“死生”。“死生”连及于“默坐”、“静一”、“胸中洒洒”以及“呼跃”的描写;“格物致知”常常与龙场悟道的“正文”部分一并讨论,“圣人之道,吾性自足,向之求理于事物者误也”。[2] 从学术的逻辑发展来看,王阳明哲学与其作为“朱子学之后”的位置密不可分,这直接影响到龙场悟道的诠释方向,即,从与朱子学的关系中来理解阳明学。如此,作为阳明学之开端,龙场悟道的本质乃是与朱子学关系上的某种突破。“吾性自足”、“求理于外”、“格物致知之旨”,以及随后的“知行合一”[3],这些说法与朱子学的命题一一比对出现。至少从形式上看,

① 这些名词在行文中并不作严格的概念分辨,而是作为概念集合来使用。它一方面对应于阳明哲学所批判的流于口耳之学的“世儒之学”;与此同时,在今天的语境中,也部分对应于近代西方主流认识论哲学所引领的理论形态。关于西方认识论的“理论知识”、“实践智慧”等内容,可参考郁振华:《人类知识的默会维度》,北京:北京大学出版社,2012 年,第七章“实践智慧”,第 167—181 页。

② 《年谱一》,正德三年(1508),《王阳明全集(新编本)》,第 1234 页。

③ 悟道第二年,《年谱》第一次记录了悟道之后的论学场景,在席书前来问学阳明时,第一次出现“知行合一”的记录。此外,钱德洪在总结阳明“为教三变”时,将“知行合一”记为第一阶段的教法。特别值得注意的是,“知行合一”就钱德洪与徐爱而言,所对应的问题域有很大差异:就钱而言,主要标记了悟道 (转下页)

龙场悟道研究的"间距"之所在,似是与朱子学的分离。

一边是概念或命题上与朱子学的差异,另一边,"死生"以及"默坐"、"静一"、"踊跃狂者"的记录似乎又拉大了其中的间距。倘若考虑到阳明成学过程中"五溺"、"三变"[①],特别是阳明洞修炼一段经历,那么,将悟道与宗教修炼或神秘体验相连,似乎具有相当的合理性。如此,无论从一般意义上的宗教体验或心理状态、精神境界来说,还是具体从儒释道三教合一或直接将悟道归为禅宗或道教修炼来加以研究,本质上看,都是将龙场悟道的比较视域还原为"朱子学"与"非朱子学"、儒学与二氏之学,也就是通行表述的所谓"儒佛之辨"问题。龙场悟道之本质,乃是抛却哲学思辨之后,某种类似宗教修炼的转向?或者,由儒入佛/援佛入儒的转向?如此,探索龙场之"道",须辨明其儒、佛归向问题。这将有助于我们厘清龙场悟道的比较研究场域之真正"间距"之所在。

从现有资料来看,龙场悟道的相关记录十分有限,但是,回答儒、佛归向问题的资料已经足够。首先,从核心概念的使用上,"圣人处此,更有何道""始知圣人之道,吾性自足",可以明显地辨明其儒学气质——以追求圣贤人格为目标;其次,这次悟道所得出的基本判断是:这种理想人格(圣贤)是内在于人性之中、不待外求的。这一讲法是对此前"格竹"模式(外求)的回应,特别是"人是否具有成圣的先天可能性"这一更为深远的问题的回答;以为得之于先天而不待外求,从其内容来看,悟道完全沿用孟子性善论的构想,从而是对儒学经典命题的肯认[②];此外,在龙场生死攸关的环境下,阳明仍然以圣贤为期,由此亦可以反观其所志所学之所在;最后,值得注意的是,悟道之后阳明花费一年半的时

(接上页)之后,亦即学问奠定之处的静坐、小学一段工夫论内容,至徐爱所记《传习录》部分,"知行合一"才真正成为直接呼应"良知"的哲学命题。"知行合一"的记录参见《年谱一》,正德四年(1509),《王阳明全集(新编本)》,第1235页;"为教三变",具体为知行合一、静坐、致良知。参见钱德洪:《刻文录叙说》,出自《徐爱·钱德洪·董沄集》,第185页。

① 钱德洪曾总结阳明"为学三变"、"为教三变",辞章之学、出入二氏、龙场悟道是"为学三变"。参见钱德洪:《刻文录叙说》,出自《徐爱·钱德洪·董沄集》,第185页。"五溺"乃阳明好友湛甘泉总结,"任侠""骑射""辞章""神仙""佛氏",最终归于"圣贤之学"。参见湛甘泉:《阳明先生墓志铭》,《王阳明全集(新编本)》卷三十七,第1409页。

② 在《象祠记》一文中,阳明从象之祠堂的存在推论认为,象最后必是为舜所化,其言曰:"吾于是益有以信人性之善,天下无不可化之人也。"见《王阳明全集(新编本)》卷二十三,第936页。李振纲《王阳明〈象祠记〉的文化解读》对此有相关讨论。收入《吉林师范大学学报(人文社会科学版)》,2010年第5期,第4—8页。

间与儒家原始文献《五经》对勘，并作《五经臆说》。这一举动意味着，在阳明的知识结构与价值排序中，《五经》仍旧是最高标准。甚至即便悟道过程已经是完全直接、直观的，从而有别于书本而来的间接知识[①]，但在阳明看来，其真实性或者说真理性似乎仍然有必要经过《五经》加以最终验证。

此外，龙场悟道的儒学归向还经由几处命名而得以体现，"宾阳堂"[②]、"玩易窝"、"君子亭"，以及"何陋轩"。从现有记载可以看到，在龙场悟道的同一年（正德三年戊辰，1508），阳明分别作记一篇。[③] 这些资料构成了龙场悟道之外的又一思想展现，是《年谱》之外的宝贵资源。单从命名上看，其归宗儒学的思想倾向已经足够明确，四者皆出自儒学经典文献。"君子居之，何陋之有"[④]，"何陋轩"与"君子亭"都将重点指向"君子"；"宾阳堂"出自《尚书·尧典》；而《易》学对于阳明的意义更为突出，"玩易窝"正表明了这一点。此外，同时期的另外一篇文章《论元年春王正月》讨论《春秋》大义[⑤]，也同样点明了原始儒学资源的重要意义。

从儒、佛之辨的视角看，龙场悟道的经历非但与前述理论假设不同，相反，悟道反而是对此前游离于佛、老与儒学三者之间阶段的一次超越。若就阳明自身的成学经历而做一纵向对比，那么悟道的首要特点恰是其确定无疑的儒学属性。这是前此阶段的阳明所不曾有的。如此，龙场悟道之本质反而是对儒学资源的一次激活。"乃以默记《五经》之言证之，莫不吻合"[⑥]。"悟道"经历作为一个直观之所"得"，它与经学[⑦]的"吻合"这一事实的意义并不只是验证了阳明成学过程的一个重要事件，在此之外，我们还必须看到，这也是经学（儒学）在阳明

---

① 阳明门生王畿曾在《悟说》一文中讨论了"得悟"的三种方式，解悟、证悟、徹悟，分别对应得之于"言"、"静坐"、"练习"。《王畿集》，吴震编校整理，南京：凤凰出版社，2007年，第494页。在《藏密轩说》一文中，王畿称阳明为"玄悟"。同上书，第496页。

② 《年谱》又称之为"寅宾堂"。见《年谱》戊辰（1508）条，"……乃伐木构龙岗书院及寅宾堂、何陋轩、君子亭、玩易窝以居之"。《年谱一》，《王阳明全集（新编本）》卷三十二，第1234页。

③ 见载于《外集五》，《王阳明全集（新编本）》卷二十三，第933—940页。

④ 语出《论语·子罕》。

⑤ 《论元年春王正月》收录于《外集六》，《王阳明全集（新编本）》卷二十四，第956—959页。另外，《〈五经臆说〉十三条》中对此亦有讨论，见"元年春王正月"一条，《续编一》，《王阳明全集（新编本）》卷二十六，第1023页。

⑥ 《年谱一》，正德三年（1508），《王阳明全集（新编本）》卷三十二，第1234页。

⑦ 儒学，在一定程度上又可以说是以"六经之学"或"经学""圣人之学"，在区别于二氏的角度上具有相近似的含义，故而在本节中交互使用。

的直观体认中的再一次经典化的过程。

既然龙场悟道显示出足够清晰的儒学向度，那么，如下一些猜想的局限性便不待多言：(1)龙场悟道之“比较”是由哲学思辨转向宗教体验，或者进一步；(2)将儒学代入到“哲学思辨”，从而认为悟道的发生表明了某种儒学立场之偏差，或者由儒入佛的转向；(3)持主观性的调和立场，要求阳明学保持儒学立场的同时，又不得不兼容其中的“悟道”部分，从而以中性化的方式，将悟道所面临之死生问题及其明显的狂者体验，纳入到心理状态、宗教体验或精神境界来处理。从内容来看，上述误解主要集中在对儒学的理解上。不难看出，其思路之关键点在于，将儒学、特别是朱子学代入到“哲学思辨”的目标项中，从而在判定悟道之发生以及龙场问题之解决，并不尽于“哲学思辨”时，转向宗教之路。

宋代理学辟佛老不遗余力，到了阳明生活的时代，三家遂在“儒佛之辨”的主题下演变为一种门户之争。儒学维系纲常名教，佛、老渴慕长生、自在。甚至于但说心性，便目以为禅。对话不再可能，门户之争下仅存一三家之分工的笼统印象。朱子学立为显学之后，当阳明试图提醒时人陆象山之学亦有可观时，其核心工作甚至不能在挖掘其理论价值处直接着手，而是首先要表明陆学“不是禅学”的立场。[①] 由此亦可以想见当时学术环境之仿佛。由此三家之门墙来看龙场悟道，处境艰险，获罪朝廷而又远离中原，加上悟道时刻的非常体验，凡此种种，又成为龙场悟道之非哲学思辨之后，转向宗教的直接原因。在今天，人们已经不再如此机械地理解三家，“心性之学”不再会被误以为是禅学，然而，倘若人们仍从儒佛之辨的角度来解释龙场悟道的发生，认为其中的悟道体验来自禅学，则仍不出上述三家分工之构想。

三、从世儒之学到自得之学

龙场悟道明显的儒学归向决定了，以宗教体验或禅学来解释其转向并不可行。换言之，“间距”之双方并不在儒、佛两者。这与《年谱》的书写原则相一致。《年谱》在将龙场悟道概括为“格物致知”之后，并未将思路引向学派之争。同时，在描写悟道中的特殊体验时，亦小心避免将阳明学带入宗教修炼的讨论：

---

① 参考王阳明：《象山文集序》，《文录四》，《王阳明全集（新编本）》卷七，第 261 页。

在以“死生”标识龙场问题之非同一般后，立刻表明此“惟俟命而已”；“日夜端居默坐，以求静一”、“胸中洒洒”之后，旋又指出阳明照顾身边亲近，复以“始能忘其为夷狄患难”结之。倘若我们默认《年谱》有明确的书写原则，同时又以为其内容可能引发诠释上的分歧，即，引“格物致知”而以为是儒学，而又以默坐端居等因素在儒家门墙之外，那只能说明，在后世之诠释工作中，存在原则性的偏差。

从儒佛之辨的主题来看，这一偏差便是，误将龙场悟道代入儒佛之辨，从而造成了诠释上的不兼容，以及龙场核心问题的偏移。从现有文献来看，以龙场悟道为开始，阳明对由此所获致的哲学洞见之表述，常常与提醒这种偏差一并展开：

> 今世学者，皆知宗孔、孟，贱杨、墨，摈释、老，圣人之道，若大明于世。然吾从而求之，圣人不得而见之矣。其能有若墨氏之兼爱者乎？其能有若杨氏之为我者乎？其能有若老氏之清净自守、释氏之究心性命者乎？吾何以杨、墨、老、释之思哉？彼于圣人之道异，然犹有自得也。[①]

墨氏兼爱、杨氏为我、老氏清净自守、释氏究心性命，从这段文字看，阳明明确表达了四家的可取之处。然其重点所在，是圣人之道流于文字之上、口耳之间，反不若此四者有其实学所得。“彼于圣人之道异”一句表明，阳明并无夹杂之意；对四者尚有“自得”的慨叹，表面上称许其可观，实际上却痛心圣学之不明。两者并举，一方面点出问题之关键并不在儒佛之辨，而在于儒学之式微；与此同时，指出学问的标准：“自得之学”。时下囿于文字工夫的理论形态已经无法体现儒学的真正内涵，这是阳明龙场悟道契入真正的儒学之后，所极力批判的焦点之所在。

阳明批判时下的所谓儒学，谓其有名而无实、因无其体而亦无所用。[②] 龙场之地，《瘗旅文》主仆之客死几乎是发配至此的难逃之结局，因此，学问之“有

---

① 王阳明：《别湛甘泉序》，《文录四》，《王阳明全集（新编本）》卷七，第 246 页。

② 在《君子亭记》中，阳明借喻竹子，认为竹有君子之道才无愧“君子”之名，从而将问题抛向世儒之学：是否有负“君子”。文章见于《外集五》，《王阳明全集（新编本）》卷二十三，第 934 页；在悟道同年写就的《送毛宪副致仕归桐江书院序》一文中，阳明称赞了毛公友人“君子之道，用之则行，舍之则藏……公之用也，既有以行之，其舍之也，有弗能藏者乎？吾未见夫有其用而无其体者也”的评价，又将是否有体有用的问题抛向当下的世儒之学。文章见于《外集四》，《王阳明全集（新编本）》卷二十二，第 914 页。

用"与"无用",到此关键便再不容虚假。这也解释了,何以阳明在龙场悟道后,特别从实践、实有其用来辨别真正的学问。钱德洪对于阳明的这番为学历程之转变有十分清楚的认识,他曾总结:

> 吾师阳明先生,早有志于圣人之道,求之俗习而无取也,求之世儒之学而无得也,乃一洗俗习之陋、世儒之说,而自证以吾之心焉,殚精瘁志,卒乃豁然有见于良知,而千古圣人不尽之意复得以大明于世。[①]

由此,"龙场悟道"的真正"对比"之所在,是在"圣人之道"与"世儒之学",而"自得"正是两者之真正"间距"之所在。阳明曾言自己学问乃"百死千难中得来"[②],并强调为学"须是一棒一条痕,一掴一掌血"[③],皆与此相关。这也解释了何以龙场悟道之初而有"静坐"的教法。这当然不是"坐禅入定",而是明确针对"世儒之学"的治学方式,"学者徒为口耳同异之辨,无益于得"[④],为补"小学收放心一段工夫"[⑤]。

龙场时期这一治学特点贯穿阳明学始终,"知行合一"、"良知之教"都体现出这种要求"自得"的实践意味。文字考辨、理论思辨也成了阳明特别小心处理的对象。阳明晚年,有学生请求刊刻文稿,阳明明确反对,说:"吾党学问,幸得头脑,须鞭辟近里,务求实得,一切繁文靡好,传之恐眩人耳目,不录可也。"[⑥]在最后不得已筛选部分文字进行刊刻时,阳明还不断提醒后学,要"口口相传"、"人人面授"。[⑦]

---

① 钱德洪:《阳明先生文录序》,出自《徐爱·钱德洪·董沄集》,第 183 页。

② 钱德洪:《刻文录叙说》,出自《徐爱·钱德洪·董沄集》,第 186 页。

③《语录三》,《王阳明全集(新编本)》卷三,第 135 页。门人黄以方录。

④ 钱德洪:《刻文录叙说》,出自《徐爱·钱德洪·董沄集》,第 185 页。

⑤ 王阳明:《与辰中诸生》,《文录一》,《王阳明全集(新编本)》卷四,第 156 页。只有在世儒之学与自得之学的对比中,才能解释何以龙场悟道之后有静坐工夫,以及从静坐教法如何自然而然地过渡到良知之教。

⑥ 钱德洪:《刻文录叙说》,出自《徐爱·钱德洪·董沄集》,第 184 页。时已在嘉靖丁亥(1527),阳明死于 1529 年。

⑦ 钱德洪:《刻文录叙说》,出自《徐爱·钱德洪·董沄集》,第 184 页。因为特别强调文字之外的学问沟通,王门后学十分注重讲会,如刘氏家族维持数代的"惜阴会",邹氏家族的东山会等。参见吕妙芬:《阳明学士人社群:历史、思想与实践》,北京:新星出版社,2006 年,第 101—107 页。

时下的研究方式已经不再能传达真正的儒学，尽管明代的学问以朱子学为核心，但阳明的本意首先并不是批判朱子学。相反，阳明认为时下的治学方式不仅偏离了真正的儒学，也是对真正的朱子学精神的背离。《朱子晚年定论》有载：

> 洙、泗之传，至孟氏而息；千五百余年，濂溪、明道始复追寻其绪；自后辨析日详，然亦日就支离决裂，旋复湮晦。吾尝深求其故，大抵皆世儒之多言有以乱之……守仁早岁业举，溺志辞章之习……其后谪官龙场，居夷处困，动心忍性之余，恍若有悟，体验探求，再更寒暑，证诸《六经》四子，沛然若决江河而放之海也。然后叹圣人之道坦如大路，而世之儒者妄开窦径，蹈荆棘，堕坑堑，究其为说，反出二氏之下。宜乎世之高明之士厌此而趋彼也！此岂二氏之罪哉……予既自幸其说之不谬于朱子，又喜朱子之先得我心之同然，且慨夫世之学者徒守朱子中年未定之说，而不复知求其晚岁既悟之论，竞相呶呶以乱正学，不自知其已入于异端，辄采录而裒集之，私以示夫同志。庶几无疑于吾说，而圣学之明可冀矣！[①]

朱子学是否有阳明所言之“中年未定之说”与“晚年定论”之分，对于理解龙场悟道的发生及阳明学的开端而言，并不是重要的问题。其意义在于，阳明借助这种表述所试图呈现的哲学洞见是什么。由上文可见，阳明指出儒学式微乃是由于“世儒之多言有以乱之”，而他正是在“龙场悟道”中体味到这一点。世之学者虽学朱子，但并非真正之朱子学，而是“中年未定之说”。在阳明看来，龙场悟道之所得恰与朱子晚年之说相契，这意味着，龙场悟道在朱子学处得到印证，同时也厘定了朱子学之真正所在，从而一并彰显出世儒之学与儒学正统之差距。

四、结语

通常说来，人们倾向于将儒学与纲常、名教联系一起，将超然无适、恬然自

① 王阳明：《朱子晚年定论序》，《文录四》，《王阳明全集（新编本）》卷七，第 255—256 页。

如等洒脱境界归之于二氏。龙场悟道无关家国天下，不谈是非善恶，从表面上看，其发生好似带着明显的佛老意味；夷狄患难无关于内，死生祸福不系于心，似乎也是二氏有别于、乃至见长于儒学的主要部分。[①] 如此看来，龙场悟道之核心问题及其解决皆越出儒学之外。然而，从相关资料来看，无论概念之使用抑或内容之表达，龙场所悟都清晰地表明了其儒学归向。因此，其发生之实质乃儒学原始经典的激活。而其反面，并非通常所认为之佛老之学，而是阳明时代所普遍接受、但已经偏离了儒学之真精神的"世儒之学"。"世儒"虽习朱子，但流于知识化、思辨化，失却朱子学之根本。如此单薄之学问，而又遭际龙场之逆境，阳明困于其间，不得不于流行的学问形态之外，别求出路。而其突破，则是契入真正的儒学精神——不仅包含了知识化的探求，更有其"自得之学"。阳明由此而对儒学之能量有了一番全新体认。是以阳明写《朱子晚年定论》而又复刻《大学》古本，委屈婉转以发扬儒学之真精神，矢志传圣贤之"真血脉"[②]。表述为王阳明之哲学，则在大家聚焦于知识之累计、考辨行孝之具体条目时，讲出，人必有孝亲之心，此"心"不待学习而能，从而有"知行合一"。这些哲学洞见，恰在真正的儒学与"世儒"之学之张力间而得以彰显，这也是龙场悟道的关键之所在。若将其张力错置于儒学与二氏之学，或理论与体验、哲学与宗教、心学与理学之间，则将错失龙场悟道、阳明哲学乃至以儒学为主体的中国古典思想之真正枢机，也将关闭儒释道三教真正的对话。

在王阳明看来，世儒之学以强调知识、理论思辨为特点，然其流弊所致，已不限于理论部分之突出或实践部分之相对弱化，而是误以为理论（"筌"）为其全部意趣之所在，不再由此上出而求学问之实（"鱼"）。[③] 如此，真正的儒学已经无法在这种学问形态中得到表述。今天，在以"理性"、"思辨"、"认知"为关键词的

---

① "佛老对儒家的挑战，从根本上说，不在于如何对待伦理关系，而在于面对人的生存情境及深度感受方面的问题提供给人以安心立命的答案"，参见陈来：《有无之境：王阳明哲学的精神》，第 224 页。

② 阳明将"世儒之学"比之为"冒别姓坟墓为祖墓"，其言曰："譬之人有冒别姓坟墓为祖墓者，何以为辨？只得开圹将子孙滴血，真伪无可逃矣。我此良知二字，实千古圣圣相传一点滴骨血也"。《年谱二》，《王阳明全集（新编本）》卷三十三，第 1287 页。

③ 在《五经臆说序》中，阳明通过"鱼与筌"对此进行了阐发。"筌"对应儒学经典，"鱼"指实有所得。得鱼是最终目标，筌乃其凭借；求鱼必经由筌，但筌本身并非鱼。通过这一组隐喻，阳明表明了时下治学方式之弊端，也对真正的儒学学习提出了"得鱼"（"自得"）的更高要求。文章见于《外集四》，《王阳明全集（新编本）》卷二十二，第 917—918 页。

现代西方哲学、特别是认识论传统所营造的研究场域中,这种不兼容越发凸显。我们虽然真切感受到某种属于东方古典之特殊旨趣,但却无法在这样的语境下恰当表述之。表现在龙场悟道的研究中,便是文章开头中所提到的,研究上的集体拒绝之态度,与随之而起的语词使用之混乱。而其关键,在于守护不能为当下主流哲学话语所完全覆盖的部分,这也是王阳明哲学在当今世界的意义之所在。

The Elucidation of Self-cultivated Learning: The Core Issue of Wang Yangming's *Longchang Enlightment*

Su Xiaobing

Abstract: The interpretative difficulty of Wang Yangming's *Longchang Enlightenment* into contemporary theory-centric frameworks leads to various explanatory attempts in contemporary literature. Most of the scholars, correctly insisting the key non-theoretical characters of *Longchang Enlightment*, remains dismissive to these theory-centric explanations. "Self-cultivated learning" (*zi de zhi xue*) is Wang Yangming's entry into the true Confucianism, which is the opposite of what he calls "worldly confucian learning" (*shi ru zhi xue*) that merely centers on details in text and literature. The core issue in the research of *Longchang Enlightment*, it can be argued, is the *internal* opposition between these two "learnings", rather than the *external* opposition between Confucianism and Buddhism. For the external view faits to detect and present the internal correlation between "Integration of Knowledge and Action" (*zhi xing he yi*) and "Innate knowing" (*zhi liang zhi*).

Keywords: Wang Yangming, *Longchang Enlightenment*, Confucian-Buddhist Debate, Self-cultivated learning

论刘蕺山对王阳明良知说的批判与融摄*

刘　龙**

[摘　要]　对于王阳明的良知之论,刘蕺山进行了激烈批判。在刘蕺山看来,由于阳明之致良知重在对于"知善知恶"层面良知的推致,而缺乏了对第一义的本体之知的涵养工夫,因此就不能阻断恶念的生发机制,而会陷入"落后一着"的尴尬境地。通过"知藏于意"的理论设定,刘蕺山对阳明的良知之论进行了改造和融摄。刘蕺山对阳明良知之论的批判确实触及到了阳明良知之论的核心困境,同样刘蕺山对阳明良知之论的改造与融摄在理论上也不失为解决阳明良知之学"落后一着"困境的一种颇有价值的尝试。

[关键词]　刘蕺山;王阳明;良知;批判;融摄

刘宗周(蕺山,1578—1645)是明代理学发展史上的最后一位大师,其理学体系之庞大、精深,在明代众多理学家之中罕有其匹。作为宋明理学的殿军,刘

* 基金项目:国家社科基金优秀博士论文出版项目"本体与工夫:刘蕺山理学思想研究"(项目编号:21FYB008)。

** 刘龙(1988—　),男,山东新泰人,哲学博士,重庆师范大学马克思主义学院讲师,主要研究领域为中国哲学。

蕺山自身的理学体系是在对宋明理学诸前辈大师学术思想的反思、吸收与辩难的过程之中逐渐建构起来的。蕺山之学尤其与阳明之学关涉甚深，对阳明之学的吸收、批判、融摄构成了刘蕺山思想发展之中的一条重要的线索。在晚明阳明学遍天下的学术氛围之中，刘蕺山的一生的学术发展都不免与王守仁(阳明，1472—1529)之学纠缠在一起。

蕺山在 26 岁时便开始“致力于理学”①，在其后长达四十多年的时间之中，其理学思想经历一个发展的历程，其中存在着若干阶段性的变化。与之相对应，刘蕺山对阳明之学的态度或者评价亦随之发生了一些改变。蕺山之独子刘汋(伯绳，1613—1664)在《蕺山刘子年谱》中说：“先生于阳明之学凡三变，始疑之，中信之，终而辩难不遗余力。”②黄宗羲(梨洲，1610—1698)在为乃师所作《行状》中云：“盖先生于新建之学凡三变；始而疑，中而信，终而辩难不遗余力，而新建之旨复显。”③刘、黄二人都指出了刘蕺山对阳明之学的态度经历了从“始疑之”，到“中信之”，又到“终而辩难不遗余力”的变化。查考蕺山之文本，我们发现蕺山对阳明之学“终而辩难不遗余力”发生在 59 岁之后的蕺山思想之晚期阶段，此时蕺山之理学思想开始走向成熟和定型，故蕺山在此一阶段对阳明之学的批判遂代表了其晚年定论。

由于“良知说”是阳明之学理论体系的核心内容，“致良知”更是阳明之学的为学宗旨，所以蕺山对阳明之学的批判，又集中反映在蕺山对阳明良知学说的批判上。同时，蕺山对阳明良知论批判的过程也同时是对其进行改造和融摄的过程，这种改造与融摄亦构成了蕺山自身理学体系发展的一个重要理论来源。

本文的目的便在于通过考察蕺山对阳明良知说的辩难与批判，审视二人在建构各自知论上的关联、差异与分歧，以及探索蕺山对阳明良知说进行辩难与批判的根由和背后的核心关切是什么，并且考察蕺山在批判阳明良知说的同时又是怎么对其进一步进行融摄的，最后对于蕺山对阳明良知说的批判与融摄做一评价。

---

① 刘汋：《蕺山刘子年谱》，吴光主编：《刘宗周全集》第六册，杭州：浙江古籍出版社，2007 年，第 61 页。

② 刘汋：《蕺山刘子年谱》，《刘宗周全集》第六册，第 147 页。

③ 黄宗羲：《子刘子行状》，《刘宗周全集》第六册，第 43 页。又见吴光主编：《黄宗羲全集》第一册，杭州：浙江古籍出版社，2012 年，第 233 页。

一、刘蕺山论知的三个层次

在崇祯九年，即丙子年，蕺山建构完成了其诚意新论，随之对“知”与“良知”产生了异于之前的新的理解，这些理解与阳明的良知说遂发生了剧烈的冲突，于是丙子年之后，蕺山开始对包括良知理论在内的阳明之学进行了激烈的批判，也即是蕺山对阳明之学的态度，进入了“辩难不遗余力”的阶段。欲知晓蕺山晚年为何开始对阳明的良知理论进行激烈批判，需要考察一下丙子年之后，蕺山自己是如何理解“知”与“良知”的。

崇祯九年，蕺山完成了其理学体系的最后一次重要建构，即提出了诚意新论。蕺山有云：

> 意者，心之所存，非所发也。朱子以所发训意，非是。《传》曰“如恶恶臭，如好好色”，言自中之好恶一于善而不二于恶。一于善而不二于恶，正见此心之存主有善而无恶也，恶得以所发言乎？如意为心之所发，将孰为所存乎？如心为所存，意为所发，是所发先于所存，岂《大学》知本之旨乎？[①]
>
> 《大学》之言心也，曰“忿懥、恐惧、好乐、忧患”而已。此四者，心之体也。其言意也，则曰“好好色，恶恶臭”。好恶者，此心最初之机，即四者之所自来，所谓意也。故意蕴于心，非心之所发也。[②]

诚意新论的核心内容是蕺山一改其先前所赞同的“意为心之所发”的传统观点，而提出了“意者，心之所存”的观点。自此，在蕺山对精神现象或者意识现象的分析之中，“意”成了一个具有本原性或者基础性的概念。

“好恶者，此心最初之机”，即“好恶”是意的基本机能和作用形式，通过“好恶”功能的实现，意得以呈现出一种道德定向的能力。或者如有些学者所说的，“如恶恶臭，如好好色”便是意“自身具有的判断善恶的先验道德意向”[③]，由此，

---

① 刘宗周：《学言》，《刘宗周全集》第三册，第 352 页。

② 刘宗周：《学言》，《刘宗周全集》第三册，第 351 页。

③ 高海波：《慎独与诚意：刘蕺山哲学思想研究》，北京：生活·读书·新知三联书店，2016 年，第 365 页。

蕺山将“意”视作人心体之中的“定盘针”[①]。意既然内在于人的心体之最深微之处，蕺山有时便径以意来指代作为心之本体的独体，此时“意”或“意体”便成了独体。[②]

蕺山提出诚意新论之后，其对“知”的论述，开始与“意”关联起来。蕺山在《答史子复》中有云：“一心耳，以其存主而言谓之意，以其存主之精明而言谓之知。”[③]又云：“意之与知分不得两事。”[④]在蕺山看来，“知”并非是独立于“意”之外的另一种意识活动，而是其本身就包含在“意”之内的。知是意之运作的一种随附性的结果，是“意”的“精明”；即“知”是“意”这种先天的道德定向机能在运作过程之中所表现出的一种道德明觉。“意”与“知”的关系，用蕺山的原话讲，便是“知藏于意”。蕺山有云：

> 其言意也，则曰“好好色，恶恶臭”。好恶者，此心最初之机，即四者之所自来，所谓意也。故意蕴于心，非心之所发也。又就意中指出最初之机，则仅有知好知恶之知而已，此即意之不可欺者也。故知藏于意，非意之所起也。[⑤]

既然知具有作为意之随附性的功能，那么知就内蕴在意之中，有意便有知，这便是“知藏于意”。在蕺山这里，“知”与“意”、“好恶”三者都是从本体层面来论的，所指向的也是同一个本体或者独体，只不过三者叙述本体的角度有所不同而已。具体而言，“意”是一个总括性的概念，是指心体所具有的道德定向的机能本身；“好恶”则是这种机能的基本内容；而“知”乃是这种机能在运作的过程之中表现出的一种道德明觉，这三者处于同样的存在论阶位。此时它们只是一种引而待发的道德机能，还处于心体尚未应事接物的未发层面。

以上所论“知藏于意”层面的知处于蕺山论知序列的最前端，这种知是一种

① 刘宗周：《答董生心意十问》，《刘宗周全集》第二册，第 337—338 页。

② 蕺山有云：“独即意也，知独之谓意，则意以所存言，而不专以所发言，明矣。”（刘宗周：《答史子复》，《刘宗周全集》第三册，第 380 页）蕺山又云：“意也者，至善归宿之地，其为物不贰，故曰‘独’。”（刘宗周：《读大学》，《刘宗周全集》，第三册，第 417 页）

③ 刘宗周：《答史子复》，《刘宗周全集》第三册，第 380 页。

④ 刘宗周：《答史子复》，《刘宗周全集》第三册，第 380 页。

⑤ 刘宗周：《学言》，《刘宗周全集》第二册，第 389 页。

处在未发之时的本体层面上的知，我们可称之为第一义的知。这种本体层面的知在应事接物之时，又会逐次发用为另外两种类型的知，其便是第二义的知与第三义的知。蕺山在《良知说》中有言：

> 即所云良知，亦非究竟义也。知善知恶，与知爱知敬相似而实不同。知爱知敬，知在爱敬之中。知善知恶，知在善恶之外。知在爱敬中，更无不爱不敬者以参之，是以谓之良知。知在善恶外，第取分别见，谓之良知所发则可，而已落第二义矣。[①]

“知爱知敬”出自《孟子·尽心上》，孟子曰：“人之所不学而能者，其良能也；所不虑而知者，其良知也。孩提之童，无不知爱其亲者；及其长也，无不知敬其兄也。”[②]在孟子看来，孩提之童，都能知道爱亲敬兄，这种“知”是不虑而知，不学而能的。“知在爱敬中”，是说此知是随附在爱亲、敬亲的活动之中的，并随爱敬活动之兴起而兴起，随爱敬活动的消失而消失，是与爱敬活动同时同撰的。对于蕺山来说，这种“知爱知敬”的“知”乃是意根独体或者未发的第一义的知发用到外物上的当机的直觉，如果用现象学的术语来讲，则此种知是一种附随性的反身意识，乃是一种“善的直觉”，是“在显用中反过来直觉其自身”[③]。或者如唐君毅先生所说，这种知是一种“自知”，其是不与恶对，至善无恶的。[④]

除了“知爱知敬”的“知”，蕺山这里又提到了另一种“知”，即“知善知恶”的“知”。蕺山谈论此“知”，是从阳明处来，阳明四句教里有云“知善知恶的是良知”[⑤]。“知善知恶”在阳明另一处文本之中又作“知是知非”。阳明云：“凡应物起念处，皆谓之意，意则有是有非，能知得意之是与非者，则谓之良知，依得良

① 刘宗周：《良知说》，《刘宗周全集》第二册，第 317 页。

②《孟子·尽心上》。

③ 何怀宏：《良心论》，上海：上海三联书店，1994 年，第 96 页。

④ 唐君毅：《中国哲学原论·原性篇》，北京：中国社会科学出版社，2005 年，第 310 页。牟宗三先生亦谓：“盖此‘知’只为一自觉，不能成一知识系统也。”（牟宗三：《从陆象山到刘蕺山》，上海：上海古籍出版社，2001 年，第 180 页）牟先生所谓之成“知识系统”之“知”乃是一种了别之知，也即是对象之知。

⑤ 王守仁：《传习录》，吴光、钱明、董平、姚延福编校：《王阳明全集（新编本）》，上海：上海古籍出版社，2011 年，第 133 页。

知,即无有不是矣。”[①]此处,“善”者为“是”,“恶”者为“非”,“知善知恶”便是“知是知非”。与“知爱知敬”之“知”是一种反身之知不同,“知善知恶”或“知是知非”之“知”是一种对象之知,这两种“知”的运作机制是迥然不同的。作为反身之知的“知爱知敬”之知,是随附在爱亲、敬兄的活动中而产生的一种当机而发的道德直觉。这种“知”并不是对知之外的事物的认知,而是对自身感应活动的一种内观和直觉,此时并没有主客、能所之分别。但是“知善知恶”之“知”则不同,“能知得意之是与非者,则谓之良知”,“知善知恶”的“知”是一种对象之知,“知”指向的对象是在此“知”之外的“意之是与非者”,在阳明的理解中,“意之是非”便是“念之是非”,“意之是与非者”指的便是善念和恶念[②],即“知善知恶”之“知”指向的对象是在此知之外的善念和恶念。所以蕺山说“知在善恶外,第取分别见”,这是一种分别之知,此知有主客、能所、认知主体与认知对象之分别。

从心体感物之后,知的生发次序上来说,作为反身之知的“知爱知敬”之“知”是第二义的知,它生成于心体感物之时的当下一瞬,是一种当机而发的道德直觉。而作为分别之知的“知善知恶”是对人感物之时心体被激发出的念头的对象性认知,在时间序列上,此知落后于感物瞬间所起之念,故亦落后于第二义的反身之知,其乃是第三义之知。

综上,贯通心体之寂感,做一总体考察,那么蕺山之论知,有从心体发出的由内而外的三级序列,其中第一义的知是在未感物之时,附着在意根深处的一种道德明觉;第二义的知是在感物之时,作为道德明觉的第一义的知发用在所感之物上,而呈现出一种当机而发的反身之知,即“知好知恶”之“知”或者“知爱知敬”之“知”;第三义的知是对心体所发念头进行认知其是善还是恶的“知善知

---

① 王守仁:《答魏师说》,《王阳明全集(新编本)》,第 242 页。

② 除了从善念与恶念之起处说“意”之外,阳明亦有时从明觉处来说“意”。《传习录》卷二《答顾东桥书》有云:“心者,身之主也。而心之虚灵明觉,即所谓本然之良知也。其虚灵明觉之良知应感而动者,谓之意。有知而后有意,无知则无意矣。知非意之体乎?”(王守仁:《传习录》,《王阳明全集(新编本)》,第 53 页)阳明《答罗整庵少宰书》云:“以其凝聚之主宰而言,则谓之心。以其主宰之发动而言,则谓之意。以其发动之明觉而言,则谓之知。”(王守仁:《传习录》,《王阳明全集(新编本)》,第 86 页)这两段话之中的“意”是在良知主宰下的发动,因而是纯善无恶的,这里的“意”便类似于蕺山所说的“正念”。从明觉处说“意”与从善念与恶念之起说“意”,是阳明言说“意”的两个层面。在阳明对“意”的论说之中,可以说后一层面,即以善念恶念论“意”乃是主流。本文在讨论阳明论“意”之时,是针对后一层面而言的。关于阳明论“意”,以及连带着论“物”的不同层次,可参加牟宗三:《从陆象山到刘蕺山》,第 165 页。

恶”或者“知是知非”的对象性之“知”。

二、刘蕺山对阳明良知论的批判

若从体用的角度来看，前述蕺山之论知的三种类型可以区分为从体上讲的知和从用上讲的知，前者对应未发，后者对应已发。蕺山所论第一义的本体之知便是从体上讲的知，而其所论的第二义上的反身之知和第三义上的对象之知都是从用上讲的知，是作为本体的第一义的知在心体感物之后所次第发用出来的知。同蕺山一样，阳明之论良知，其实亦可以区分为从体的层面而论的良知和从用的层面而论的良知。

在《传习录》中，阳明有云："良知者，心之本体，即前所谓恒照者也。心之本体，无起无不起，虽妄念之发，而良知未尝不在。"[①]良知是心之本体，其无间于未发已发，时时恒在。当心体之未感应外物之时，它表现为一种引而待发的道德明觉。所以阳明又云："盖良知只是一个天理自然明觉发见处，只是一个真诚恻怛，便是他本体。故致此良知之真诚恻怛以事亲便是孝，致此良知之真诚恻怛以从兄便是弟，致此良知之真诚恻怛以事君便是忠，只是一个良知，一个真诚恻怛。"[②]在未应物之前，良知只是一个"真诚恻怛"的道德明觉，此时良知只是一，并没有分殊相，此是从体上讲的良知。

当心体应物之后，引而待发的良知本体便开始发用到具体事物之中，根据发用的事物之不同，其便表现出不同的相状，比如良知本体在事亲时发用出孝，在从兄时发用出弟，在事君时发用出忠等等。此时良知本体之具体发用便是从用的层面上讲的良知。

那么对于阳明来说，从用上讲的良知的具体运作机制是什么呢？上一节讲到阳明论良知中，有一种类型是作为"知是知非"的对象性之知。关于此种知，阳明在《大学问》之中有一段更为具体、详细的论述，从中我们可以窥见此种对象之知的具体的运作机制。阳明有谓：

---

① 王守仁：《传习录》，《王阳明全集（新编本）》，第69页。

② 王守仁：《传习录》，《王阳明全集（新编本）》，第95—96页。

> 盖心之本体本无不正，自其意念发动而后有不正。故欲正其心者，必就其意念之所发而正之，凡其发一念而善也，好之真如好好色；发一念而恶也，恶之真如恶恶臭；则意无不诚，而心可正矣。然意之所发有善有恶，不有以明其善恶之分，亦将真妄错杂，虽欲诚之，不可得而诚矣。故欲诚其意者，必在于致知焉。……“致知”云者，非若后儒所谓充广其知识之谓也，致吾心之良知焉耳。……凡意念之发，吾心之良知无有不自知者。其善欤，惟吾心之良知自知之；其不善欤，亦惟吾心之良知自知之；是皆无所与于他人者也……今欲别善恶以诚其意，惟在致其良知之所知焉尔。何则？意念之发，吾心之良知既知其为善矣，使其不能诚有以好之，而复背而去之，则是以善为恶，而自昧其知恶之良矣。意念之所发，吾之良知既知其为不善矣，使其不能诚有以恶之，而复蹈而为之，则是以恶为善，而自昧其知恶之良知矣。①

这段话是阳明对《大学》“致知”与“诚意”章的解释。“‘致知’云者，非若后儒所谓充广其知识之谓也，致吾心之良知耳”，阳明认为作为《大学》八条目之一之“致知”，即是阳明所谓的“致良知”。阳明借以上对《大学》经文的疏解，阐发了其致良知之论，并且分析了良知发用与运作的具体机制。在阳明看来，所谓《大学》之“诚意”，是“凡其发一念而善也，好之真如好好色；发一念而恶也，恶之真如恶恶臭”，即对善念要能做到好之如好好色，对恶念要做到能恶之如恶恶臭，即“诚意”乃是要让“好善恶恶”的机能充分发挥。然而在阳明看来，“好善恶恶”的实现必须要有一个逻辑上的与时间上的前提，即是“知善知恶”。人只有知道了在心体应物之后所萌发出来的念头之中，何者为善，何者为恶，才能如实的去好之恶之。“不有以明其善恶之分，亦将真妄错杂，虽欲诚之，不可得而诚矣”，如果人对心中所发的念头何者为善念，何者为恶念都不能知晓、明辨的话，那么诚意之工夫则会无从措手。在阳明这里，“知善知恶”的工夫便归之于《大学》“八目”之中的“致知”，也即是阳明所说的“致良知”。在已发层面上，良知可以对心体萌发出来的念头进行一种道德属性上的判定，即鉴别出何者为善念，何者为恶念。良知鉴别出善念之后便“好之如好好色”，自然去好之，将其在行

① 王守仁：《大学问》，《王阳明全集（新编本）》，第1070页。

动之中实现出来;鉴别出恶念之后,则“恶之如恶恶臭”,遏制此恶念,不使其进一步流荡在行动上面。可见,“致知”或者“致良知”,便是推致此“良知”,使好恶见诸行动,是谓“即知即行”、“知行合一”。此时诚意工夫所要求的能“好之”、“恶之”的力量,其来源也是出自于良知自身,如牟宗三先生所说,“本质的工夫唯在于逆觉体证,所依靠的本质的根据唯在良知本身之力量”。“好之”、“恶之”除了靠良知自己的力量之外,“此亦无绕出去的巧妙办法”。[①] 如果良知已经知道心体发出的念头为善念,而不能“诚有以好之”,知道心体所发出的念头为恶念,而不能“诚有以恶之”,即如果良知只能“知善知恶”而不能同时“好善恶恶”的话,那么便会“自昧其良知”,即致知的工夫是不彻底的。

综上,我们可以总结一下在阳明这里,心体在感物之后的良知的运作机制。当心体感物之后,那引而待发的良知本体发用出来,成为用的层面的良知,此良知首先觉知心体因感物而被萌发出的念头并判别其是善念还是恶念,此是良知之“知善知恶”;其次靠良知自身之力量将善念落实到事为之中,将恶念阻断,禁止其见诸行为,此是良知之“好善恶恶”。

与蕺山相比,在已发层面,阳明之论知,并未提到如蕺山所云“知爱知敬”的反身之知,而只有知善知恶的对象之知。于是贯通体用、已发未发来论,阳明所论之良知只有两个存在层次,其中第一义的良知是作为体的良知,第二义的良知为此体在感物之后所发用出来的知善知恶或者知是知非之知,这种知发用到具体事为之中,便产生“见父自然知孝”、“见兄自然知弟”的道德行为。

对比上一节,我们可见阳明、蕺山二人论知之同异。所同者,二人都认为有本体或者未发层面的良知,这便是第一义的知;所异者,在感物之后,蕺山认为心体会萌发出两种“知”,即作为反身之知的“知爱知敬”的“知”和作为对象之知的“知善知恶”的“知”;而阳明却认定,心体只会萌发出“知善知恶”的“知”。可见,在阳明的良知说中,缺乏“知爱知敬”或“知好知恶”的反身之知的面向。

在具体的对良知工夫的操持之中,阳明在《答汪石潭内翰》一书中有云:“夫体用一源也,知体之所以为用,则知用之所以为体者矣。虽然,体微而难知也,用显而易见也。……君子之于学也,因用以求其体。”[②]盖在阳明看来,因为“体

① 牟宗三:《从陆象山到刘蕺山》,第162页。

② 王守仁:《答汪石潭内翰》,《王阳明全集(新编本)》,第165页。

微而难知”，所以未发之体上是用不得工夫的，所有之工夫皆为已发之用上的工夫。盖本体之知上无工夫可做，只能通过护持已发之良知来使本体自然呈露，此之为“因用以求体”的工夫。如此主张在上引阳明《大学问》的相关论述中得到了明确的印证。从上引《大学问》的论述来看，阳明致良知工夫之核心便是推致在已发层面的“知善知恶”的良知，并依靠良知自身的力量，做到为善去恶(好善恶恶)。

对于阳明将工夫论之核心归之于推致“知善知恶”之知，蕺山决不能同意，他认为这是不究竟和彻底的工夫。另外，对于阳明来说，既然推致“知善知恶”之良知的工夫是一个识别人心感物之后所萌之念是善念还是恶念并且相应推致或阻隔的过程，我们可以说阳明之致良知工夫其实最终还是要落实在“治念”上。对于阳明的“治念”工夫，蕺山也进行了激烈的批判。下面我们将从“治念”问题入手，来次第展开蕺山对阳明良知说的批判。

蕺山有云：“因感而动，念也。”[①]可见，与阳明一样，蕺山认为“念”也是心体在感物之后被激发出来的意识结果，属于已发的层面。但是相比于阳明，蕺山对“念”的分析要更为细致和复杂。阅读蕺山文本，会发现一个看似很矛盾的地方，即蕺山一方面认为人心无时不起念[②]，另外又认为人心不该有念[③]。其实这并不矛盾，盖蕺山其实将念区分为了“正念”和“妄念”，“所谓不起念，只是不起妄念尔”[④]，即在蕺山看来，“治念”工夫的目的就是要保持正念，消除妄念。蕺山有云：

> “然则念可屏乎?”曰：“不可屏也。当是事，有是心，而念随焉，即思之警发地也。与时而举，即与时而化矣。故曰：今心为念，又转一

① 刘宗周：《原旨》，《刘宗周全集》第二册，第 279 页。

② 在《会录》中，有这样一段文字：或举“饭疏”章请质。先生曰：“浮云不碍太虚，圣人之心亦然，直是空洞无一物。今且问如何是太虚之体?”其人曰：“一念不起时。”曰：“心无时而不起，试看天行健，何尝一息之停?所谓不起念，只是不起妄念耳。”(刘宗周：《会录》，《刘宗周全集》第二册，第 512 页)蕺山认为人心时时都在起念，无有一念不起时。

③ 蕺山有云：“心意知物是一路，不知此外何以又容一念字? 今心为念，盖心之余气也。余气也者，动气也，动而远乎天，故念起念灭，为厥心病。还为意病，为知病，为物病。”(刘宗周：《学言》，《刘宗周全集》第二册，第 417 页)此处，蕺山认为念是一个否定性的存在物，本不当有。

④ 刘宗周：《会录》，《刘宗周全集》第二册，第 512 页。

念焉。转转不已，今是而昨非矣。又屏一念焉，屏之不得，今非而愈非矣。夫学，所以治念也。与思以权，而不干之以浮气，则化念归思矣。化念归思，化思归虚，学之至也。①

不可屏之“念”乃是“正念”，“当是事，有是心，而念随焉”，所谓“随”，是说正念附随于当下的感应活动本身。“与时而举，即与时而化”是说此念伴随着感应活动之生起而存有，伴随着感应活动的消失而寂灭，是一种当机的如理呈现。在这种情况之下，正念的产生是在心体(意体、独体)能够自作主宰的情况下，其与特定的外物发生感通瞬间被外物激发出的光彩，这种光彩是当机呈现的，物感则有，物去则无，虽时时感，但不陷溺于外物之中，所以蕺山说其“与时而举，即与时而化矣”。对应于前论蕺山论知的三个层次，我们发现，这种正念是与作为第二义的反身之知同体相依的，它们都是心体感发外物之瞬间所激发出的意识活动。

然而，如果人的心体受到遮蔽，“物感相乘”“思为物化”②，不能够自作主宰，那么心体在感物瞬间，会激发出不中正之念，另外，此念头不像正念一样，会随物感之消失而寂灭，意识会继续执取此念，并且会辗转不已，念念迁延，越流越远，形成“转念”③或者“滞念”。无论是心体丧失主宰后感物瞬间所产生的念，还是意识随后继续执取此念而生成的“滞念”，这两种念都不是如理呈现，而皆出自于人为的造作，所以均是妄念。

由蕺山如上对正念与妄念的区分来观照阳明，我们不难看出，由于“知善知恶”之“知”的萌起要后于“知爱知敬”之知；所以“知善知恶”之知所产生的认识结果，即善念与恶念的出现，便后于正念的萌发，已经皆非当机之念，在蕺山看来，此善念、恶念皆不当起，皆是妄念。蕺山有云：

起一善念，吾从而知之，知之之后，如何顿放？此念若顿放不妥，吾虑其剜肉成疮。起一恶念，吾从而知之，知之之后，如何消化？此念若消化不去，吾恐其养虎遗患。总为多此一起，才有起处，虽善亦恶；

---

① 刘宗周：《治念说》，《刘宗周全集》第二册，第 317 页。

② 刘宗周：《学言》，《刘宗周全集》第二册，第 417 页。

③ “转念”的说法见刘宗周：《商疑十则，答史子复》，《刘宗周全集》第二册，第 342 页。

转为多此一念，才属念缘，无灭非起。今人言致良知者如是。[①]

蕺山认为，不管是善念之起，还是恶念之起，“总为多此一起”，即二者均不当起；即使是所起之善念，也已经属于不当机的正念了，而成为转念、滞念，即成为妄念了，遑论恶念之起了。前已讲到，蕺山对妄念的态度，乃是致力于消除之而作“无念”的工夫。蕺山有云：“起一念，固是恶，除一念，亦是恶。然后念胜前念，知道者，觉之而已矣。”[②]在蕺山看来，心体起一妄念，已经是恶了，再起一个消除此妄念的念，这一个念也是妄念，当然也是恶的。在蕺山看来，“治念”的根本法门乃是“觉”，所谓“觉”便是立定心体之主宰，就是恢复意根对心体的道德定向功能，所以治念须从源头上恢复主宰才行，不能只是在念起念灭上做工夫。主宰一立，当下觉照，此时如烘炉点雪，妄念当下便可廓清，立与消融。[③] 此所立之“主宰”便是“意”，也同时是蕺山讲的附属于意作为意之功能的第一义层面上的“知”。确立主宰的工夫便是涵养本体或者独体的工夫；涵养独体，便是涵养意，亦是涵养知。此意、知乃是心体感物之前作为心体最初之道德机能的意、知。所以，对于蕺山来说，若单以知而论，究竟的工夫乃是涵养感物之前的第一义的知，而不是感物之后，在所萌发的第二义的“知爱知敬”和第三义的“知善知恶”之知上下工夫。蕺山又云：“知在善不善之先，故能使善端充长，而恶自不起。”[④]即究竟之工夫在于涵养当善念和恶念还未萌起之知，根据蕺山对知的分类，在善念和恶念萌起之前的知有第一义的本体之知和第二义的反身之知，二者是体用关系，第二义之知的护持最终倚靠的也是对第一义之知的涵养[⑤]；此

① 刘宗周：《学言》，《刘宗周全集》第二册，第 458 页。

② 刘宗周：《学言》，《刘宗周全集》第二册，第 434 页。

③ 劳思光先生亦指出，蕺山之治念工夫，其根本途径乃在于立定主宰。他说：“主宰之立方是真功夫所在。而主宰既立后，则只能下贯于经验意识中，于此，念念皆归于此主宰之功能……故‘化念’亦非摒除万念之谓，而只重于‘归心’与‘归思’之‘归’字耳。”见劳思光：《新编中国哲学史》(三下)，北京：生活·读书·新知三联书店，2015 年，第 446 页。

④ 刘宗周：《学言》，《刘宗周全集》第二册，第 458 页。

⑤ 根据蕺山的说法，在善念和恶念还未起之知，有两种，即第一义上的未应物之时的本体之知和应物当下的第二义的反身之知，这两种知存在一种体用关系，反身之知是第一义的本体之知在应物之时的当机发用。作为一种反身之知，人们无容对之做工夫，欲护持、朗现此知，其唯一方法乃在于涵养此知所由发的本体，即第一义的知。

第一义之知涵养得好，自能“善端充长”[1]。

此第一义的知便是一种照心，蕺山有云：

> 邓定宇先生曰：“阳明以知是知非为良知，犹权论耳。夫良知何是何非？知者，其照也。今不直指人月与镜，而使观其光，愈求愈远矣。且及其是非并出而后致，是大不致也。”余甚韪其语，然必知是知非，而后见此知不是荡而无归，则致知之功庶有下手处，仍指月与镜言。定宇恐人在用处求落后，着不得力也。可为互相发明。[2]

邓定宇（以赞，1542—1599）认为阳明以“知是知非”之“知”为良知，只是权论，而非究竟之说，最究极的良知乃是一“照心”。定宇以月、镜做譬喻，比如对月来说，阳明之“知是知非”之“知”只是观月亮之光，于此光之源头处，即月亮能照之体并无照管，此只是在用处着力，而非体上用功。所以定宇认为，等到善念与恶念一并萌发的时候，再做致良知的工夫，此时已经不是本源的工夫了。蕺山对邓氏的观点甚为赞同，也认为最究极的知是一种照心。照心一立，则妄念不起，此为究竟的、端本澄源之工夫。其实，我们发现阳明也未尝不以良知为照心，阳明说：“良知者，心之本体，即前所谓恒照者也。”[3]又云：“圣人之心如明镜，只是一个明，则随感而应，无物不照。”[4]但是阳明所云之“照”与蕺山所云之“照”，在涵义上还是有重大差别的。阳明所云之“照”，为“照察”、“照临”之“照”，良知只能在善念和恶念起来之后，对之进行照察或者照临，而认定哪一个念头是善念，哪一个是恶念，而对于善念和恶念的自身起灭机制并不能施加任何影响；就像太阳照临在草木瓦石之上，草木瓦石因太阳所照之光而显其各自的轮廓和相状，从而被人所看到；然而草木瓦石之相状只是因太阳之照而由隐

---

① 需要指出，这里所说的“善端充长”的“善”是本体之自然流露，是“至善无恶”的“善”，其并不与“恶”对，与“善念”与“恶念”并列的“善”并不一样。

② 刘宗周：《学言》，《刘宗周全集》第二册，第447—448页。定宇此语出自其《秋游记》（黄宗羲：《明儒学案》，《黄宗羲全集》第十四册，第535页），笔者据《明儒学案》对此处《刘宗周全集》标点本所引定宇语录，在标点上进行了改动。定宇此语，蕺山又在《答史子复二》中曾有部分引述，见刘宗周：《答史子复二》，《刘宗周全集》第三册，第538页。

③ 王守仁：《传习录》，《王阳明全集（新编本）》，第69页。

④ 王守仁：《传习录》，《王阳明全集（新编本）》，第13页。

至显，其相状并非因太阳之照临而有所增损。而蕺山所云之“照”，则为“朗照”之“照”，犹如丽日当空，太阳之下自无阴翳；太阳在照此阴翳的同时，亦能消除此阴翳。在蕺山这里，在良知朗照之下，人心根本就不会有妄念生起，这种照是直接将恶念产生的根株一并消融，是一种拔草除根、端本澄源的工夫。由于在蕺山看来，阳明的良知不能阻断恶念的生发机制，所以对于阳明的“良知”，蕺山甚至认为都不配称之为“良”。他说：“且所谓知善知恶，盖从有善有恶而言也。因有善有恶而知善知恶，是知为意奴也。良在何处？”[①]蕺山在这里所说的“意”乃是就着阳明的文本说，其实就是相当于蕺山自己所说的“念”。蕺山认为，知善知恶的知照管不到善念、恶念之发，反而成了“意奴”，即完全成了念头的奴隶，追随念头之起灭而流转，这样的“知”并不能称为“良”。[②]

在阳明这里，良知起到了一个“检察官”的角色，“善念发而知之，而充之；恶念发而知之，而遏之”[③]，良知的这一“检察官”的角色十分重要，人在自己的恶念生起之时，良知若能够对之进行及早的觉知，在道德实践之中，这乃是极为必要的工夫。当恶念产生之后，人心觉知此念是恶念，是改过的第一步；人必须首先知晓自己有过，才能做进一步改过的工夫。如果人对自己心中所起之恶念都无所觉知的话，那么便会做出些肆无忌惮，无所不至的行径，从此沦为恶人而不自知，永无改过迁善之可能。因此，蕺山也并不完全对知善知恶之知进行否定，认为其一无是处，他也认为良知之“知是知非”（知善知恶）是“致知之功庶有下手处”，即肯认了良知之“知是知非”（知善知恶）的工夫论意义。但是，在蕺山看来，良知之“知是知非”或者“知善知恶”的工夫毕竟只是第二义的工夫，这种工夫不能阻断恶念得以生发的机制，只是在恶念生起之后施以照察，这样的工夫只是“落后着”[④]而非“先手着”[⑤]，而只有回到涵养最本源的第一义的本体之知上，才是最彻底的工夫。

---

① 刘宗周：《良知说》，《王阳明全集（新编本）》，第 317 页。

② 劳思光先生有谓：“所谓‘知为意奴’，即指‘知’在意念生后方发用，即不能主宰意念，故为‘奴’。此即‘落后着’一语之确切诠释也。”（劳思光：《新编中国哲学史》（三下），第 441 页）

③ 王守仁：《传习录》，《王阳明全集（新编本）》，第 25 页。

④ 刘宗周：《学言》，《刘宗周全集》第二册，第 446、458—459 页。又见刘宗周：《答史子虚》，《刘宗周全集》第三册，第 379 页。

⑤ 蕺山强调工夫要“占先手”。见刘宗周：《学言》，《刘宗周全集》第二册，第 459 页。

三、摄知归意：蕺山对阳明良知说的改造与融摄

当然，蕺山晚年虽然对阳明的良知说进行了激烈的批评，但是他并没有因此完全摒弃对良知的言说，实际上，他晚年还经常以“良知”为话头讲学。但是，他自己所讲的“良知”，已经不再是阳明“致良知”意义上的良知了。相比于阳明对已发层面的知善知恶之良知的强调，蕺山则更强调未发层面的第一义的本体之良知。即他将已发层面的“良知”上溯至未发的独体或者意根层面，此之即前文所讲的“知藏于意”或者“摄知归意”，并通过涵养此第一义的本体之良知来解决上节所论阳明良知之学所存在的“落后一着”的困境。

蕺山说：

> 迩来深信得阳明先生“良知只是独知时”一语亲切，从此用功，保无走作。“独”只是“未发之中”，“未发之中”正是不学不虑真根底处。未发时气象，安得有胜心习气在！学者只为离“独”一步说良知，所以面目不见透露，转费寻求，凡所说“良知”都不是良知也。“致良知”三字便是孔门易简直截之旨，今日直须分明讨下落耳。[①]

> 须知良知无圣凡，无大小、无偏全、无明昧，若不向“独”上讨下落，便是凡夫的良知。[②]

“学者只为离‘独’一步说良知，所以面目不见透露”，在蕺山看来，如果不从“未发之中”的独体、意根层面讲良知，那么此时所讲的良知就不是真正的良知。蕺山将良知贞定在意根、独体之上，于是“良知”或“知”就成为了意的一个功能，这也就是“知藏于意”。于是“知体”就成了“意体”，“致知”必定归于“诚意”。正如劳思光先生所言“蕺山非反对言良知，而是力持以意为体而收摄良知于意中”[③]。当蕺山在其《良知说》的末尾说“阳明曰：‘致知焉尽之矣。’予亦曰：致知

① 刘宗周：《答履思四》，《刘宗周全集》第三册，第 313 页。

② 刘宗周：《答履思四》，《刘宗周全集》第三册，第 314 页。

③ 劳思光：《新编中国哲学史》（三下），第 439 页。

焉尽之矣”[①]的时候，其实蕺山所言的“致知”与阳明所言的“致知”在涵义上已经发生了相当大的滑转，蕺山之所言“致知”，实际上就已经成了“诚意”之转语。

最终，通过“知藏于意”的理论设定，蕺山将“致良知”的工夫收归于其晚年的论学主旨“诚意”之中，从而在理论上实现了对阳明良知学说改造与融摄。

审视蕺山对阳明良知说的批判，我们发现，由于蕺山在晚年的诚意新论中，对意、念、良知等概念的界定与阳明并不相同，所以当他站在自己的立场上对阳明的良知论进行批评的时候，难免对阳明有误解之处。[②] 但是尽管如此，蕺山对阳明的批判也并不就是当代有些研究者比如牟宗三先生所认为的“其穿凿辩难大抵皆无谓，不可以为准”[③]，或杨祖汉先生所认为的“大多不切合阳明良知教之原义，其批评亦不足以证明阳明学真有缺陷，真有理论之困难”[④]，即认为蕺山对阳明的批判基本上是对阳明的误解，并没有什么理论意义。在笔者看来，尽管蕺山对阳明有一些误解，但是他的确正确指出了阳明良知学说的重大缺陷，即存在“落后一着”的问题，这个问题确实是阳明理论体系的一大困境。如果如阳明所说，人在意念发动之后才能辨别这个念头是善念还是恶念，那么良知就不能照管和阻断恶念的生发，那这样的工夫就很难说是究竟的端本澄源的工夫。[⑤]

阳明良知学说的“落后一着”这一困境同样也对阳明之后的学者们产生了

① 刘宗周：《良知说》，《刘宗周全集》第二册，第 318 页。

② 东方朔先生业已发现“蕺山对阳明的辩难存有许多不如理之处”。（东方朔：《刘蕺山哲学研究》，上海：上海人民出版社，1997 年，第 273 页）

③ 牟宗三：《从陆象山到刘蕺山》，第 325 页。

④ 杨祖汉：《从刘蕺山对王阳明的批评看蕺山学的特色》，钟彩钧主编：《刘蕺山学术思想论集》，台北：“中研院”文哲所筹备处，1998 年，第 64 页。

⑤ 与牟宗三、杨祖汉等先生不同，劳思光、陈来、张学智等先生则认为阳明之学中确实存在着“落后一着”的理论困境。劳先生说：“若灵明或良知皆只能在吾心之活动后方有功用，则活动由未有至有时，岂非一片混沌乎？”（劳思光：《新编中国哲学史》（三下），第 435 页）劳先生指出了阳明的致良知工夫照管不到意念未发之时。陈先生说：“阳明学中的良知与意念在发生学上的关系不明朗，加上如果良知只是意念动的监察者、评价者，这样的良知还不能从根本上解决道德自觉的问题。”（陈来：《宋明理学》，北京：生活·读书·新知三联书店，2017 年，第 419 页）张先生说：“从理论上，良知作为是非善恶判断的根据，它本身并不能保证无恶的杂入。”（张学智：《明代哲学史》，北京：北京大学出版社，2000 年，第 441 页）陈畅先生不仅发现了阳明之学的这一困境，而且还认为阳明后学发生衍化的一个重要契机便是寻求对这一困境的解决（见陈畅：《理学道统的思想世界》，上海：上海书店出版社，2017 年，第 144—149 页）。笔者同意劳思光、陈来、张学智、陈畅等先生的观点。

相当大的困扰。他们中的有些人为了试图解决这个困境提出了各自的方案[①]，刘蕺山也是其中之一。正是意识到了阳明良知论的这一困境和希图解决这一困境，蕺山在晚年才会对阳明之学如此"辩难不遗余力"。刘蕺山对阳明良知论的批判确实触及到了阳明良知之学的核心困境，同样刘蕺山对阳明良知论的改造与融摄在理论上也不失为解决阳明良知之学"落后一着"困境的一种颇有价值的尝试；由此来看，刘蕺山真可谓阳明之功臣！

Liu Zongzhou's Criticism and Assimilation on the Theory of Conscience Initiated by Wang Yangming

Liu Long

Abstract: Liu Zongzhou, a philosopher of Ming Dynasty, has a sharp criticism on the theory of conscience initiated by Wang Yangming. To Liu Zongzhou, the theory of Wang Yangming is based on the expansion of conscience on the "differentiation between good and evil" level. However, it omits the capacity of conserving the primary conscience, without which there would be no possibility of blocking sense of bad ideas. People would fall into the problem of "one step backward". On the theory of "conscience is conserved within senses", Liu Zongzhou improved the theory of conscience. Actually, the criticism of Liu Zongzhou did reach the core challenges of Wang Yangming and has thus provided an effective solution to the challenge of "one step backward" of the theory of Wang Yangming.

Keywords: Liu Zongzhou, Wang Yangming, Conscience, Criticism, Integration

---

① 关于阳明后学对这一困境的解决，主要有两种方案，一种是王龙溪的方案，一种是聂双江的方案。具体可参见陈畅：《理学道统的思想世界》，第144—149页。

朱子“玉山讲义”的哲学建构*

徐福来、张新国**

［摘　要］ 以“爱之理，心之德”训仁，是朱子仁学的核心内容，也是理解朱子新儒学思想的重要线索。朱子早年比较注重从“理”即“天理”来阐释仁，这与伊川先生注重从性理把握“仁”密切相关。朱子中年的仁学视域更为广阔，注重从理与气相结合的维度尤其是以“天地之心”来阐发“仁”，广义的“心之德”也有天心、天之德的意义。朱子晚年的仁说思想呈现出更为系统性的哲学建构。《答陈器之(问〈玉山讲义〉)》是朱子《玉山讲义》的改本，其以“太极体性论”“四端感应论”与“天地之化论”系统展现了其思想规模。以仁论思想视之，显示了朱子融人德与天德为一体的，融宇宙论、本体论、工夫论与境界论为一体的，融本体、主体与实体为一体的仁体论思想。

---

* 基金项目：国家社会科学基金重大项目“明清朱子学通史”(编号：21&ZD051)、The Seed Program for Korean Studies through the Ministry of Education of the Republic of Korea and the Korean Studies Promotion Service of the Acadamg of Korean Studies (AKS-2019-INC-2230008)。

** 徐福来(1974—　)，男，江西玉山人，哲学博士，南昌大学人文学院哲学系教授。主要从事中国哲学史、宋明理学研究。张新国(1985—　)，男，河北邯郸人，哲学博士，华东师范大学哲学系博士后，南昌大学人文学院哲学系副教授，南昌大学谷霁光人文高等研究院副院长，江西朱子书院院长。主要从事中国哲学史、宋明理学研究。

[关键词] 玉山讲义;仁论;太极;四端;感应

南宋绍熙五年即公元1194年,宋宁宗继位,65岁的朱熹被枢密院事赵汝愚举荐为"焕章阁待制兼侍讲"。朱子很重视此次侍讲,但才经一月余,宁宗皇帝就托辞以"悯卿耄艾"将朱子赶出了京师。同年11月11日,朱子返回福建途经江西玉山,应县宰司马迈之请讲学于县庠。朱子嘉赞司马迈兴学悔人之善,虽心情沉郁,仍以宾坐与在场的师友交流。后司马迈石刻讲义并呈于朱子,朱子感觉当时问答俱不痛快,于是在给学生陈埴的信中系统阐发了其思想。以往学者多注意到此文献的重要性,尤以钱穆先生对此提揭为深入,认为朱子以"仁"综合了"天与人,心与理,宇宙界与人生界"①,其他学者多只是列举出朱子在这篇文献中涉及了朱子以前的相关思想。而总体上说,尚没有从结构上完整分析朱子在这一重要文献中所反映的晚年哲学思想建构的。

一、《玉山讲义》义疏

司马迈石刻的《玉山讲义》是当时朱子与在座的师友问答的实录。从后来看,朱子对相关的议题还是较为肯定的,只是他认为当时囿于问答的情景,有些重要问题还未能讨论清楚,特别是朱子认为自己尚未将观点彻底阐明。于是,当学生陈埴问起《玉山讲义》时,朱子就在《答陈器之(问〈玉山讲义〉)》中完整彻底地阐发了自己的思想。我们将《玉山讲义》与《答陈器之(问〈玉山讲义〉)》合称为"玉山讲义"。

《玉山讲义》记载当时有程珙起而请问朱子曰:"《论语》多是说仁,《孟子》却兼说仁义。意者夫子说元气,孟子说阴阳;仁恐是体,义恐是用?(《文集》卷七十四)"②程珙的问题是,《论语》中多只说仁,《孟子》说仁亦且说义,能不能说孔子是在元气的意义上讲而孟子是在阴阳的意义上讲的,以及能否以体说仁与以用说义?应当说程珙的说法符合汉唐以来思想家以理气体用说仁义的总的思想动向。朱子曰:

---

① 钱穆:《朱子新学案》第1册,北京:九州出版社,2011年,第77页。

② 朱熹:《朱子全书》第24册,上海:上海古籍出版社,合肥:安徽教育出版社,2010年,第3588页。

孔孟之言，有同有异，固所当讲。然今且当理会何者为仁、何者为义，晓此两字义理分明，方于自己分上有用力处，然后孔孟之言有同异处可得而论；如其不晓，自己分上元无工夫，说得虽工，何益于事！且道如何说个“仁”“义”二字底道理。（《文集》卷七十四）

在朱子看来，孔孟相传，言各不同，后世学者不仅要明辨相关概念、范畴的意义，亦且需要明辨这些范畴的意谓。换言之，朱子主张学者经典诠释应与学者自身的道德修养、伦理实践关联起来。他认为学者应当考究的不仅是经典理论的意思，更应该追索圣贤立言之意，学者明了这一点也就能够领会经典学习的真正目的了。朱子接着说：

大凡天之生物，各付一性；性非有物，只是一个道理之在我者耳。故性之所以为体，只是“仁义礼智信”五字。天下道理，不出于此。韩文公云：“人之所以为性者五。”其说最为得之，却为后世之言性者多杂佛老而言，所以将性字作知觉心意看了，非圣贤所说性字本指也。五者之中，所谓信者，是个真实无妄底道理，如仁义礼智，皆真实而无妄者也，故信字更不须说。只仁义礼智四字，于中各有分别，不可不辨。盖仁则是个温和慈爱底道理，义则是个断制裁割底道理，礼则是个恭敬撙节底道理，智则是个分别是非底道理。凡此四者，具于人心，乃是性之本体，方其未发，漠然无形象之可见；及其发而为用，则仁者为恻隐、义者为羞恶、礼者为恭敬、智者为是非，随事发见，各有苗脉，不相肴乱，所谓情也。故孟子曰：“恻隐之心，仁之端也；羞恶之心，义之端也；恭敬之心，礼之端也；是非之心，智之端也。”谓之“端”者，犹有物在中而不可见，必因其端绪发见于外，然后可得而寻也。盖一心之中，仁义礼智各有界限，而其性情体用又自各有分别，须是见得分明，然后就此四者之中，又自见得“仁义”两字是个大界限，如天地造化、四序流行，而其实不过于一阴一阳而已。（《文集》卷七十四）[1]

① 朱熹：《朱子全书》第 24 册，第 3588—3589 页。

在朱子看来，包含人性在内的物性是宇宙自然赋予的，性即一物成为其本身的内在本质。简言之，物性即物之理，人性即人之理。在朱子思想中，仁义礼智信实际上构成了人性之理的主体元素。他主张从“实理”上而不满于佛老二氏只是从“知觉”上理解和诠释“性”。朱子说“信”说的是人性中仁义礼智的道理的真实性与实在性。这一前提作为信念内在地包含在人性之德中。故而，说人性中德性之大者，可直言仁义礼智四者足矣。朱子说，以道理视之，仁就是温和慈爱，义就是裁断宰执，礼就是恭敬节文，知就是分辨是非。朱子指出，仁义礼智是人心中性的本来体段。人心未发时，性体已具，漠然浑然，无声无形不可见；到了人心已发之时，则随感而应，当于仁则为恻隐之情，当于义则为羞恶之情，当于礼则为恭敬之情，当于智则为是非之情。朱子以“端绪”来释孟子讲的四端的“端”，正源于朱子这里讲的心性情三者之关系。可见，这里朱子以体用释性情。另外，朱子还以天道之阴阳来把握人德之仁义。这里朱子已初步拈出其性情体用论与仁义阴阳论。朱子继续说道：

> 于此见得分明，然后就此又自见得“仁”字是个生底意思，通贯周流于四者之中。仁固仁之本体也，义则仁之断制也，礼则仁之节文也，智则仁之分别也。正如春之生气，贯彻四时：春则生之生也，夏则生之长也，秋则生之收也，冬则生之藏也。故程子谓“四德之元，犹五常之仁。偏言则一事，专言则包四者。”正谓此也。孔子只言“仁”，以其专言者言之也，故但言仁，而仁义礼智皆在其中。孟子兼言义，以其偏言者言之也，然亦不是于孔子所言之外添入一个义字，但于一理之中分别出来耳；其又兼言礼智，亦是如此，盖礼又是仁之著，智又是义之藏，而仁之一字，未尝不流行乎四者之中也。若论体用，亦有两说。盖以仁存于心而义形于外言之，则曰“仁，人心也；义，人路也”，而以仁义相为体用；若以仁对恻隐、义对羞恶而言，则就其一理之中，又以未发、已发相为体用。若认得熟、看得透，则玲珑穿穴，纵横颠倒，无处不通；而日用之间，行著习察，无不是着功夫处矣。”(《文集》卷七十四)[1]

① 朱熹：《朱子全书》第24册，第3589—3590页。

朱子认为,仁是四德之本体,仁贯通于义、礼、智之中,义、礼、智是仁的存在形式。他将这种仁与义、礼、智的关系相比于自然四季中春天与夏、秋、冬的关系。朱子继承伊川先生的理论,认为孔子是在综合的意义上讲仁,孟子是在分析的意义上讲仁的。朱子阐释认为,礼是对仁的展现,智德之中有义存焉。礼与仁的这种讲法在儒学中是常见的,但提出智中藏义是朱子度越前人的新讲法,值得充分重视。其实从思想实质上讲,这是可以理解的,因为智中藏义,说的是儒学的一项学问精神,即道德理性或曰实践理性对于理论理性的优先性和主导性,换言之,认为在人类理性中道德的部分统帅纯粹认知的部分。这种思想作为一种底色弥漫在儒学史之中,对于儒学史的意义是不言自明的。朱子明白说出这一点,其把握是精准的。应当说,在朱子思想中,理即天理,具有逻辑的优先性,但这绝不是说朱子不注重对“气”的阐释,也只有在气的意义上,朱子才能更加完善地阐释相关概念,正像这里朱子以“生”解仁一样,他将仁阐释为贯通于义、礼、智诸德的道理。进而,朱子还将仁把握为天道的生生不息,他以春夏秋冬四季为视域来理解仁德是宇宙自然的内在机制。可以说,朱子是在存有论的意义上来阐释仁的,更是在价值观以及与之相关的工夫实践的意义上来阐释仁的。

二、《答陈器之(问〈玉山讲义〉)》义疏

在《答陈器之(问〈玉山讲义〉)》中,朱子融合了其思想成熟之后的主要理论,尤其是反映其思想建构的典范性作品,如《太极解义》《西铭解》中的太极阴阳论、太极体性论、理一分殊论,《仁说》中的天地之心论、道德情感论及其相关的修养工夫理论,可以说几近囊括了朱子哲学理论的全部要素。要而言之,我们可以“太极体性论”“四端感应论”与“天地之化论”来大致概括朱子“玉山讲义”的哲学建构。朱子曰:

性是太极浑然之体,本不可以名字言。但其中含具万理,而纲理之大者有四,故命之曰仁、义、礼、智。孔门未尝备言,至孟子而始备言之者,盖孔子时性善之理素明,虽不详著其条而说自具。至孟子时,异端峰起,往往以性为不善。孟子惧是理之不明而思有以明之,苟但曰

浑然全体，则恐其如无星之秤，无寸之尺，终不足以晓天下。于是别而言之，界为四破，而四端之说于是而立。(《文集》卷五十八)①

朱子这一节由性说到四端之心亦即道德情感的确立，而开篇便将性即作为人之为人的本质、理性放在天地宇宙终极之理即太极的框架内来勘定。这就将人的本质与天地宇宙的本质关联在一起。在他看来，太极是对天地自然之理的总概括。从其理一分殊的视域观之，太极是一，性是多，在天地为太极，在人则为性，即在朱子看来“人与万物并生于天地之间，是禀赋了天地之气才有其形体，禀赋了天地之理才有其本性”②。人之性含括、禀赋了太极之理的全体，无少亏欠。这就点明人性的本体是纯善无恶的，也隐微地点明恶的人性是本体之性上有缺失。与程子一样，朱子认为孔门仁学发展到孟子的“仁义礼智”理论渐趋完备。当然，程朱并不认为孟子的学说为孔门仁学增加了什么，毋宁说孟子只是将孔门仁学做了必要的分析，即由一个仁裂变而为仁义礼智。在朱子看来，孟子之所以有此种贡献，在于世道即社会道德环境的变迁。具体来说，在孟子思想预设中，有一个圣人时代，他认为孔子正处于这个道德之理亦即性善之理普遍流行的时代，虽然没有严密的教化系统，人们往往能够顺理而为。朱子说到了孟子的时代，以人性为不善的异端学说纷扬世间，孟子唯恐人性本善的道理不明于人心，就思考明人之本心的方法。在这一背景下，如果还是像孔子一样以仁、即人之本心整体性地说于人，就难免过于浑沦，这也就不能起到让世人明白人性本善且因而行善的教化作用。于是孟子将孔子的仁解析为仁、义、礼、智四重德性之维。在朱子看来，这就是孟子四端说即恻隐之心、羞恶之心、辞让之心与是非之心理论的由来，亦即“四德是体，四端是用，用是体的表现和显露”③。四端属心，也是根于性的情，即关联宇宙的道德情感，既是道德情感，便有情感未发与发的问题，故朱子说：

盖四端之未发也，虽寂然不动，而其中自有条理，自有间架，不是优侗都无一物。所以外边感，中间便应。如赤子入井之事感，则仁之

① 朱熹：《朱子全书》第23册，第2778页。

② 张新国：《朱子〈西铭解〉的哲学建构》，《福建师范大学学报(哲学社会科学版)》，2019年第1期。

③ 陈来：《有无之境——王阳明哲学的精神》，北京：北京大学出版社，2013年，第202页。

理便应，而恻隐之心于是乎形。如过庙过朝之事感，则礼之理便应，而恭敬之心于是乎形。盖由其中间众理浑具，各各分明，故外边所遇随感而应，所以四端之发各有面貌之不同。是以孟子析而为四，以示学者，使知浑然全体之中而粲然有条若此，则性之善可知矣。

然四端之未发也，所谓浑然全体，无声臭之可言，无形象之可见，何以知其粲然有条如此？盖是理之可验，乃依然就他发处验得。凡物必有本根，性之理虽无形，而端的之发最可验。故由其恻隐所以必知其有仁，由其羞恶所以必知其有义，由其恭敬所以必知其有礼，由其是非所以必知其有智。使其本无是理于内，则何以有是端于外？由其有是端于外，所以必知有是理于内而不可诬也。故孟子言"乃若其情，则可以为善矣，乃所谓善也"，是则孟子之言性善，盖亦溯其情而逆知之耳。(《文集》卷五十八)

朱子的意思是，仁义礼智作为人性中纲领性的四德没有发见于外的时候，是寞然寂静、浑然整全的，而这个浑一的德性自身是有其固有的义理结构的，而非混沌一团，朱子认为这是人心能够调用人的德性的不同元素来回应外事外物的根本原因。他举例子说，就像孺子快要跌入枯井的事感动人心，便有人心中仁的道理予以回应，恻隐之情就发之于外了。同理，如果有过庙过朝的事，人心中礼的道理就会回应之，于是恭敬之情就会发之于外。在朱子看来，人心中包含条理井然的德性是人心能够恰当适宜地回应外事外物的内在原因。他认为这是孟子将孔子讲的"仁"分析为四德的原因，孟子意在使学者明白人性中美德各要素井然有序、应接事物无爽失因而人之本性是善的道理。

那么，人的四端之心没有发之于外的时候，人的德性是浑然一体、寂然不动的，无声响、无气味、无形象，亦即不能通过人的感官经验加以把握的，其内在本有的状态是井然有秩序的。这一讯息被获知的途径，在于通过人性中的道理随事随物发见于外的状态。朱子指出，任何事物都有其内在固有的根源，人性中的道理虽然没有形象，但四端之心作为情的显发于外的样式与状态正可以作为人们判定人性之理的内容的依据和验证，所以由恻隐之心则可知道人性之仁，由羞恶之心则可知道人性之义，由恭敬之心则可知道人性之礼以及由是非之心可知道人性之智。在朱子看来，如果本来没有人性的仁义礼智在其内，四端之心发见于外的根据又在哪里呢？朱子肯定到，孟子所说的人性本善，正是由人的外在的道德情感来逆推和追溯良善的性的。总之，朱子认为，四端之心的同异彰显了仁义礼智四德之间的同异关系，故而朱子接着指出：

仁、义、礼、智既知得界限分晓，又须知四者之中仁义是个对立底关键。盖仁，仁也，而礼则仁之著；义，义也，而智则义之藏。犹春、夏、秋、冬虽为四时，然春、夏皆阳之属也，秋、冬皆阴之属也。故曰："立天之道，曰阴与阳；立地之道，曰柔与刚；立人之道，曰仁与义。"是知天地之道不两则不能以立，故端虽有四而立之者则两耳。仁义虽对立而成两，然仁实贯通乎四者之中。盖偏言则一事，专言则包四者。故仁者，仁之本体；礼者，仁之节文；义者，仁之断制；智者，仁之分别。犹春、夏、秋、冬虽不同，而同出乎春。春则春之生也，夏则春之长也，秋则春之成也，冬则春之藏也。自四而两，自两而一，则统之有宗，会之有元矣。故曰五行一阴阳，阴阳一太极，是天地之理固然也。(《文集》卷五十八)[①]

宋明理学家均认为天地之道是二而一和一而二的，张载曾说："一故神，两故化"(《参两篇第二》)[②]，他还说"两不立则一不可见，一不可见则两之用息"(《太和篇第一》)[③]一即整体，神言其妙用万物不测之能效；二即这一整体的内部对待力量。一与神言其体，两与化言其用，体用思想是理学家的一条认识论的共识。正如有学者指出的："在张载思想体系中，这个逻辑还是很清晰的，神与化、虚与气、一与两，皆为体用关系。"[④]具体到朱子，他不只是沿袭天地之道的体用关系学说，而是创造性地开发出这个体用的体的实际内涵和用的具体方式。后世可以不同意朱子的阐释，但很难绕过朱子的阐释，也更应当把握朱子阐释道体的视域和思路。朱子将天道与人道关联起来阐释，认为仁义礼智四德在人性中不是抽象地相对，其对待是具体的对待，即正像天道的春夏秋冬四时一样。朱子

---

① 朱熹：《朱子全书》第 23 册，第 2780 页。

② 张载：《张载集·正蒙》，章锡琛点校，北京：中华书局，1978 年，第 10 页。

③ 张载：《张载集·正蒙》，第 9 页。

④ 翟奎凤：《神化体用论视域下的张载哲学》，《社会科学辑刊》，2020 年第 5 期。

认为，仁义在四德之中是对立的关键，意思是仁义的对待是四德内部对待模式的集中机制。他说仁是仁的本体，礼是对仁的体现和表现，这一说法符合孔子以来对仁与礼的关系的理解和诠释；他又说智藏于义，即在朱子的思想中，义者宜也，即应当，作为价值法则、规范原则的义不是独断的，而是具有合理性的，即符合是非准则的，或者说朱子将智主要诠释为价值性的，换言之，朱子主张以价值法则主宰知识探求，似乎也可以说在朱子看来，道德理性是理性的基础和关键。朱子以四季中春夏属阳、秋冬属阴来说明气的元亨利贞可以被正确地把握为无始无终的阴阳两端，他认为天道的流行演变基于阴阳这一对待性动能，或者说阴阳二气是自然万物内部的固有结构。而在这个二维并立的结构中，朱子认为主宰性、统摄性的一理流行贯通于二气之中。人德结构继承于天德结构，所以朱子认为仁之本体贯穿于仁义之德中。一行于二，二展开于四，所以朱子与程子一致，认为义礼智也是仁的不同节候，正像夏秋冬也是春的不同阶段一样。陈来先生指出，在《太极解义》中，朱子“把太极动静阴阳论引向了理气哲学的开展；而且谋求太极与人极的对应，太极与人性的一致”[①]。朱子的这一思想在其“玉山讲义”中得到了又一次的展示。除了从元说到贞，从仁说到智，朱子还讲了从贞到新的元，从智到新的仁的宇宙论，朱子说：

> 仁包四端，而智居四端之末者，盖冬者藏也，所以始万物而终万物者也。智有藏之义焉，有终始之义焉，则恻隐、羞恶、恭敬是三者皆有可为之事，而智则无事可为，但分别其为是为非尔，是以谓之藏也。又恻隐、羞恶、恭敬皆是一面底道理，而是非则有两面。既别其所是，又别其所非，是终始万物之象。故仁为四端之首，而智则能成始，能成终。犹元气虽四德之长，然元不生于元而生于贞。盖由天地之化，不翕聚则不能发散，理固然也。仁智交际之间，乃万化之机轴，此理循环不穷，吻合无间。程子所谓“动静无端，阴阳无始”者，此也。（《文集》卷五十八）[②]

---

① 陈来：《朱子〈太极解义〉的哲学建构》，《哲学研究》，2018年第2期。

② 朱熹：《朱子全书》第23册，第2780页。

仁统摄义礼智,恻隐之心统摄羞恶之心、恭敬之心与是非之心。作为春夏秋冬的冬,意味着收聚敛藏,作为具有生之功能的恻隐之心如温暖和煦的春生之气必将敛藏于冬天一样,亦必将收摄于“智”,由此观之“智”与“冬”的逻辑位阶相一致,有终结万物和肇始万物的功能。朱子说,“智”有敛藏的意思,有终结和肇始的意思,恻隐、羞恶与恭敬都指向一定的内容,而“智”在内容上是虚无的,但在形式上可以分辨恻隐、羞恶与恭敬的真实与否,即藏匿于恻隐等三者之中。同时,朱子说,恻隐、羞恶与恭敬只是一个维度的道理,而是非之智则有真实与否两个方面,朱子认为这种分判恻隐与否、羞恶与否与恭敬与否的样式,与天之四德的“贞”一样,兼有终结与肇始双重功能。故而,朱子认为,从宇宙论上讲,仁处于四端之首,而智则有终结与肇始万物两重意义,就像元气虽然是统帅、主导亨利贞即夏秋冬之气的,但元不生于元自身,在直接意义上元生于贞。由此朱子认为,天地生生之道,没有翕聚收藏就没有充拓发散,其道理本来如此,所以将仁义礼智放在宇宙论上看,则可以说仁之气与智之气交接递变之间,可被视为万物化生的根本机制,这个道理无往不复、循环不已,没有一息停顿间断。朱子又引了程子“动静无端,阴阳无始”的论述互证。

总之,朱子统宗会元,将仁义礼智人道统于元亨利贞、春夏秋冬天道,又四而二、二而一,将太极即天地之理点明为宇宙自然的终极原因,这贯穿了其始自《太极解义》的宇宙发生论和《通书注》的社会人生论,即“玉山讲义”绾合了朱子哲学思维中的天论与人论。朱子在“玉山讲义”中所阐发的“太极体性论”“四端感应论”与“天地之化论”不是彼此割裂的,相反,这是一个环环相扣的过程。这里所说的“太极体性论”意思主要是朱子以性为太极之实体的理论,亦即太极以性为体,朱子认为人性中包含和体现的是天地的固有本质和内在机能。仁义礼智诸德在人性中粲然有秩序,随所感而应之,朱子认为这就是人的四端之心——亦即人的本心——能准确回应外事外物的机理。这就从“性”说到“心”,从“心”说“情”,从“情”说到“物”和“事”。他既讲明天地事物的道理全在人之一性中备具,同时说明人以其灵明的觉知而成为天地事物的发窍显露之通口。所以说人的伦理行动不仅具有社会价值意义,同时这种社会价值意义也具有存在论的深层意义。故而,他将人德之仁智交接与天道之阴阳交通关联起来诠释。

三、结论:“玉山讲义”以“仁”为核心的哲学建构

以往以“本体论”“宇宙论”“工夫论”和“境界论”来分析朱子相关思想不无所获,但似乎未能清楚描述朱子哲学思想建构的有机性和整体性。这种有机性和整体性并非混沌不分,而是粲然有条理的。这个条理性至少具有“规律性”和“生机性”两重意涵。这一点在如上所述的朱子的《答陈器之(问〈玉山讲义〉)》中有较为集中的呈露。

关于此书信即《答陈器之(问〈玉山讲义〉)》之结构,钱穆先生说:“可分上下两截。自孟子之言性善亦溯其情而逆知之耳以上为前一截,专就孟子言四端发挥性善之义。自仁义礼智既知得界限分晓以下为下一截,乃根据周易与濂溪太极图说发挥人之心性与天地大化之体之合一。伊川性即理之说,如是阐释,始为涵括明尽。此书当与论理气、论太极、论仁章合读,乃见朱子思想体系之圆密,及其条理之明晰也。”[①]在钱先生看来,朱子前一部分是由四端之情溯源性善之理,然后在性善之理中分辨仁义礼智之道德实理,即性之体。在这一意义基础上,朱子又继续追索人道价值的存有论、宇宙论基础。这正是朱子关联天地之道来训仁的逻辑所在。正像钱先生指出的:“此心之仁,即天德之元,即太极之阳动。天地万物,皆从此一动处开始。天与人,心与理,宇宙界与人生界,皆在此一仁字上绾合成一。天地间许多道理条件,皆由此处生出。此处亦可谓是朱子讲学一大总脑处,由此而推出其逐项分散处。”[②]儒学视域中的“仁”是充满生机的,这一生机是事物内在本有的,仁为生之性,物必有其性,故可说仁贯通于万物,仁就是健动不息、生生不已的道理。钱先生说:“朱子专就心之生处心之仁处着眼,至是而宇宙万物乃得通为一体。当知从来儒家发挥仁字到此境界者,正惟朱子一人。”[③]以往对朱熹理学多从“理”或“气”两端来理解,这就主要是从存有论上来看,如果扩展视域,将本体论与境界说合起来看,并关联起朱子功夫实践学说,会发现从“仁体”论上看朱子理学,能更完备地把握其主要思想精神。

---

① 钱穆:《朱子新学案》第2册,北京:九州出版社,2011年,第31页。

② 钱穆:《朱子新学案》第1册,第77页。

③ 钱穆:《朱子新学案》第2册,第56页。

牟宗三认为："此答书是朱子晚年成熟之作，最有代表性。"[①]但牟先生坚持其以往的看法说："所示解之性情对言与心性情三分来看孟子所言之四端本心，此不合孟子所言本心之原义。"[②]刘述先仅依师说道："牟先生之言是也。……朱子有极强的宇宙论的兴趣，他把仁义礼智与春夏秋冬排比起来，是兼采汉儒之说，格局虽宏却反而显不出德性之超越义而不免于歧出的批评。"[③]应当说，朱子之"对言""三分"是从认识论上讲，没有证据显示朱子主张在存在论上将性与情分开处理。另外，就所谓"德性之超越义"而言，朱子以内在性的仁来阐释包括人性在内的物性，并主张以人心的主体性功夫实践来挺立物性与天道，这种超越正是新儒学所谓内在的超越，德性也是内在超越的德性。以此观之，牟先生与刘先生的批评并不成立。毋宁说牟、刘二位先生还是从西方哲学外在的超越观上来理解朱子的形上学思想，这其实是一种基于先在立场的误会。而就思想的广度与深度来看，牟先生一类的理论显然没有正确认识到朱子仁论思想的应有价值。蒙培元认为"仁说是朱子'心统性情'说的最后完成"，他指出："仁是儒学的核心，也是朱子理学的核心。朱子以理学的方式赋予仁以理学形式，但是并未改变仁的实质，而是将仁进一步本体化、主体化了。"[④]要而言之，这个"本体化""主体化"是一个过程的两个方面。本体化言其超越性，主体化言其内在性，这种本体化的主体或曰主体化的本体，显示为一种仁的实体论。

正像陈来先生所论："这样的仁，既不是内在的性体，又不是外发的用，而是兼体用而言的实体了。"[⑤]以此观之，这种"实体"就是一种实存的变易流行的总体了。张新国认为："对为仁为方、仁体论以及仁论的现代转化的研究，构成了儒学思想发展的主体内涵。"[⑥]质言之，朱子在《答陈器之(问〈玉山讲义〉)》中以"太极体性论""四端感应论"与"天地之化论"系统展现了其晚年哲学思想建构。以仁论思想视之，显示了朱子融人德与天德为一体的，融宇宙论、本体论、工夫论与境界论为一体的，融本体、主体与实体为一体的仁体论思想。值得注意的

---

① 牟宗三：《心体与性体》下册，长春：吉林出版集团有限责任公司，2013 年，第 371 页。

② 牟宗三：《心体与性体》下册，第 371 页。

③ 刘述先：《朱子哲学思想的发展与完成》，长春：吉林出版集团有限责任公司，2015 年，第 252 页。

④ 蒙培元：《朱熹哲学十论》，北京：中国人民大学出版社，2010 年，第 115 页。

⑤ 陈来：《仁学本体论》，北京：生活·读书·新知三联书店，2014 年，第 345 页。

⑥ 张新国：《王阳明〈大学问〉的仁学建构》，《南昌大学学报(人文社会科学版)》，2020 年第 1 期。

还有,朱子提出,人的智德之中有义存焉,这是朱子度越前人的新讲法,值得充分重视。易言之,就是朱子主张道德理性或曰实践理性对于理论理性的优先性和主导性,亦即认为在人类理性中道德的部分统帅纯粹认知的部分。这种思想作为一种底色弥漫在儒学史之中,对于儒学史是不言自明的精神价值。

Philosophy Construction of ZhuXi in *YuShan han lecture*

Xu Fulai　Zhang Xinguo

Abstract: Interpreting *Humanity* with the principle of love and virtue of heart is the core content of Zhuxi's Humanity theory and an important clue to understand his new Confucianism. Zhu Zi paid more attention to explaining Humanity from "Law" or "Natrual Law" in his early years, which is closely related to ChengYi's emphasis on grasping "Humanity" from the nature theory. Zhuxi's middle-aged Humanity theory is more extensive, focusing on the combination of Law and Qi, especially the "heart of cosmos" to explain "Humanity", and the broad sense of "heart virtue" also has the meaning of virtue and heart of cosmos. Zhuxi's thought of Humanity in his later years showed a more systematic philosophical construction *Answer Chen Zhi on* "*YuShan Lecture*" is a revised version of the book. It shows its ideological scale by the system of "Taiji substance nature theory" "four heart affecting and reacting theory" and "evolving theory of cosmos". From the perspective of Humanity, Zhu Zi integrates humanistic morality and natural virtue, cosmology, ontology, Gongfu theory and realm theory, and integrates ontology, subject and the entity.

Keywords: *YuShan lecture*, Humanity theory, Taiji, Four heart, Affecting and reacting

《道》年度最佳论文

皇帝究竟怎么说？儒家政治义务论的公开剧本

李树山著　李欢友、李树山译*

［摘　要］ 官方儒学要求民众在政治上绝对服从，是一个广为流传的理解。尽管有些学者业已对此观念提出异议，但他们尚未清楚地解释官方儒学的政治义务理论。通过研究《圣谕广训》这一清代文献，我指出官方儒学的政治义务论是一种父母恩谢论。亦即，爱民如子的仁政是民众履行政治义务的前提。正如史实所示，这一理论曾指导了清廷与平民之间的论述攻防。例如，当朝廷的政策使得民众的生计艰难时，后者往往诉诸关于父母恩谢论此一公开剧本，来为自己政治上的不服从作辩护。故而，在理论和实践上，官方儒学的政治义务论都不是绝对的服从，而是一种有条件的父母恩谢论。

［关键词］ 《圣谕广训》；官方儒学；父母恩谢论；政治义务；公开剧本

---

* 李树山(1975—　)，男，台湾人，哲学博士，美国汉普敦大学(Hampton University)社会科学系助理教授，主要研究领域为比较政治哲学；李欢友(1995—　)，男，安徽太和人，德国慕尼黑大学博士，研究方向为中国哲学。

一、导论

官方儒学是纵贯中国历史上诸多王朝的国家意识形态。一派学者认为官方儒学主张民众在政治上绝对服从,背离了孔子所主张的君民互惠的理想。另一派学者则是试图在官方儒学的文献中搜寻新的证据,以驳斥绝对服从的理解。然而遗憾的是,两派学者都没有正确地指出官方儒学如何回答平民为何应该服从国家这个问题。考虑到既存文献上的不足,本文的目标即是接櫫出官方儒学政治义务论。

我的讨论分成三个部分。第一部分评定当前关于官方儒学政治义务论的文献的局限与问题;在第二部分,我将研究一个关于官方儒学的重要文献,即清代由康熙(1661—1722 在位),和雍正(1722—1735 在位),这两位帝王所写就的《圣谕广训》。通过分析这份皇帝手书的政治宣传物,我指出官方儒学的政治义务论是一种父母恩谢论,而非绝对的服从。亦即,爱民如子的仁政是民众履行政治义务的前提。在第三部分,我将进一步援引詹姆斯·斯科特的"公开剧本"(public transcript)[①]这一概念。通过研究清朝民众的抗议,我认为父母恩谢论这一观念是儒家政治的"公开剧本",它主导了清廷与民众之间松散的论述攻防。实际上,当君王之仁政破灭,民众则往往会诉诸父母恩谢论的"公开剧本"来为他们政治上的不服从作辩护。这种基于父母恩谢论的辩护不仅正当化了民众的抵抗,更被朝廷视为合理。因此,在理论和实践上,官方儒学政治义务都不是绝对的,而是一种有条件的父母恩谢论。

二、文献回顾

在传统儒学当中,理想的人伦关系被认为是相互的。比如,当一位君王(鲁定公)就君臣关系问孔子时,孔子回答道:"君使臣以礼,臣事君以忠。"(《论语·

---

① Scott, James C, *Domination and the Arts of Resistance: Hidden Transcripts*, New Haven: Yale University Press, 1990。译者注:中译本参见:詹姆斯·C. 斯科特:《支配与抵抗艺术:潜隐剧本》,王佳鹏译,南京:南京大学出版社,2021 年。

八佾》)[①]孟子进一步发展了五伦关系是相互的这一观念,归结为"父子有亲,君臣有义,夫妇有别,长幼有叙,朋友有信。"(《孟子·滕文公上》)[②]总之,在《论语》、《孟子》中并不能找到人伦关系中的绝对服从这一主张。

然而,不少学者宣称在先秦儒学往官方儒学的过渡中存在着一个专制转向。实际上,这一观点对于很多学者来说已经是不证自明的了。比如,杜维明[③]、陈祖为[④]、姚新中[⑤]就指出汉代(前206—220)官方儒学形成的"三纲"观念,即君为臣纲、父为子纲、夫为妻纲,是儒家人伦观从相互性转向绝对服从的根源。然而,这些学者并没有提供文本证据去论证这一转向。其他一些学者,诸如牟复礼(Frederick W. Mote)[⑥]、何炳棣[⑦]、芮沃寿(Arthur F. Wright)[⑧],则认为宋代(960—1279)理学士大夫要为官方儒学的专制转向负责。但同样地,他们也没有从宋明理学家的政治论述中指出确切的证据来支持这类指控。

在主张专制转向的学者中,傅正原(Fu Zhenyuan)是一个例外。在《专制传统与中国政治》(*Autocratic Tradition and Chinese Politics*)一书中,他力图从关于官方儒学的文本中找出证据以支持绝对服从说。他引导读者至《春秋繁露》中关于"三纲"的讨论。《春秋繁露》由董仲舒(前179—前104)写就,而董仲

① 本文中《论语》的翻译主要依据的是刘殿爵的译文。参见:Lau, D. C (trans), *The Analects*, New York: Penguin Books, 1979。译者注:译者原文参见:程树德:《论语集释》,北京:中华书局,2010年,第197页。

② 本文中《孟子》的翻译主要依据的是刘殿爵的译文。参见:Lau, D. C (trans.), *Mencius*, New York: Penguin Books, 2005。译者注:译者原文参见:焦循:《孟子正义》,北京:中华书局,2011年,第386页。

③ Tu, Weiming, "Probing the 'Three Bonds' and 'Five Relationships' in Confucian Humanism," *Confucianism and the Family*, Walter H. Slote and George A. De Vos (ed.), Albany: State University of New York Press, 1998, pp. 122 - 123.

④ Chan, Joseph, "A Confucian Perspective on Human Rights in China," *The East Asian Challenge for Human Rights*, Joanne R. Bauer and Daniel A. Bell (ed.), Cambridge: Cambridge University Press, 1999, pp. 222 - 223.

⑤ Yao, Xinzhong, *An Introduction to Confucianism*, Cambridge: Cambridge University Press, 2000, pp. 34 - 35.

⑥ Mote, Frederick W, "The Growth of Chinese Despotism," *Oriens Extremus*, Vol. 8 No. 1(1961): 1 - 41.

⑦ Ho, Ping-ti, "Salient Aspects of China's Heritage," *China in Crisis*, Ping-ti Ho and Tang Tsou (ed.), Vol. 1, Chicago: University of Chicago Press, 1968.

⑧ Wright, Arthur F, "Comments," *China in Crisis*, Ping-ti Ho and Tang Tsou (ed.), Vol. 1, Chicago: University of Chicago Press, 1968, p. 39.

舒在确使汉代将儒学立为国家意识形态中扮演着重要角色。傅正原认为《春秋繁露》一书中的阴阳理论就是为臣民要对统治者绝对服从这一说法作辩护。他说明道："'阳'与'太阳'一词有关，与……上层主导关联，……而'阴'则与'月亮'有关，与……下层附属关联。"[①]接着，其断言当《春秋繁露》明说："'君为阳，臣为阴；父为阳，子为阴；夫为阳，妻为阴'"[②]时，"三纲"就是为"臣对君、子对父、妻对夫的绝对臣服"[③]作辩护。

至于宋明理学，傅正原则以其中最重要的学者——朱熹(1130—1200)为中心。他从朱熹那里大段引用，比如"宇宙之间，一理而已……其张之为三纲，其纪之为五常"，以及"三纲、五常，亘古亘今不可易"[④]来论证朱熹接纳了"三纲"思想。之后，傅正原继而总结道："自汉代以来被正统儒生所宣扬的'三纲'思想同样为宋明理学价值准则奠基……本着同样的精神，百姓对统治者的臣服必定是绝对的、无条件的。"[⑤]总之，根据傅正原所言，在官方儒学的历史长河中，民众对统治者的服从一直被理论化为是绝对的。

然而，傅正原对官方儒学的解释是有问题的。首先，"三纲"观念在他引证的文献中仅仅说明附属下层应该服从于主导上级，然而这些文献并没有将这种服从定义为绝对的还是有条件的。

实际上，一些学者业已致力于从《春秋繁露》和宋明理学士大夫的论述中寻找新的证据，来反对官方儒学的专制转向这一提法。比如，根据侯服五(Franklin W. Houn)所言，董仲舒写就《春秋繁露》并非为民众的绝对服从作辩

① Fu, Zhengyuan, *Autocratic Tradition and Chinese Politics*, Cambridge: Cambridge University Press, 1994, p. 50.

② 转引自 Fu, Zhengyuan, *Autocratic Tradition and Chinese Politics*, Cambridge: Cambridge University Press, 1994, p. 50。译者注：译者原文参见：董仲舒著，苏舆撰：《春秋繁露义证》，北京：中华书局，2011年，第350页。

③ Fu, Zhengyuan, *Autocratic Tradition and Chinese Politics*, Cambridge: Cambridge University Press, 1994, p. 50.

④ 转引自 Fu, Zhengyuan, *Autocratic Tradition and Chinese Politics*, Cambridge: Cambridge University Press, 1994, p. 58。译者注：译者原文分别引自《朱子文集》卷七十《读大纪》、《朱子语类》卷十二四《子张问十世可知章》，分别参见：朱熹：《朱子全书(修订本)》，朱杰人、严佐之、刘永翔主编，上海：上海古籍出版社、合肥：安徽教育出版社，2010年，第3376页；朱熹：《朱子全书(修订本)》，第864页。

⑤ Fu, Zhengyuan, *Autocratic Tradition and Chinese Politics*, Cambridge: Cambridge University Press, 1994, p. 58.

护。他写到尽管董仲舒花了很少的时间来阐明父子、夫妇之间的关系，但依旧表明了“父不父则子不子”[①]的说法。如侯服五所说，这说明了董仲舒“坚持了早期儒家的立场，即……父亲……必须首先履行他对……儿子……的义务……如果他要从他的优越地位中获益。”[②]换句话说，董仲舒在论述中并没有不顾父母的行为好坏而一味要求人子的绝对服从。

更重要的是，侯服五认为董仲舒也没有主张臣民要绝对服从统治者。在《春秋繁露》中，董仲舒写道：“天立王以为民也。……其恶足以贼害民者，天夺之”[③]，“有道伐无道，此天理也”[④]。通过诉诸天命，董仲舒由此表明了儒家精英——有道之人——违抗一个不负责任的统治者的合法性。正如侯服五所指出的那样，“对董仲舒天命论的形而上阐释以及‘三纲’观念的切近检讨，表明它们并不是意在任何人伦关系中为专制主义辩护或者说教唆专制主义。”[⑤]

其他学者也提供了大量的文本证据来反对所谓的宋明理学专制主义转向说。比如，就最重要的理学家之一——程颐（1033—1107）而言，狄百瑞（William Theodore de Bary）认为：“程颐……坚决主张君臣之间是一种道德关系，劝诫为人臣者必须舍弃与道德原则不合的君主。”[⑥]他引了两条程颐的语录来佐证这一观点，即“其尊德乐道。不如是，不足与有为也”以及“士之处高位，

---

① 转引自 Houn, Franklin W, “Rejection of Blind Obedience as a Traditional Chinese and Maoist Concept, Part II,” *Asian Thought and Society*, Vol. 7 No. 21(1982): 266。译者注：译者原文参见：董仲舒著，苏舆撰：《春秋繁露义证》，第 34 页。

② Houn, Franklin W, “Rejection of Blind Obedience as a Traditional Chinese and Maoist Concept, Part II,” *Asian Thought and Society*, Vol. 7 No. 21(1982): 266.

③ 转引自 Houn, Franklin W, “Rejection of Blind Obedience as a Traditional Chinese and Maoist Concept, Part II,” *Asian Thought and Society*, Vol. 7 No. 21(1982): 266。译者原文参见：董仲舒著，苏舆撰：《春秋繁露义证》，第 220 页。

④ 转引自 Houn, Franklin W, “Rejection of Blind Obedience as a Traditional Chinese and Maoist Concept, Part II,” *Asian Thought and Society*, Vol. 7 No. 21(1982): 266。译者原文参见：董仲舒著，苏舆撰：《春秋繁露义证》，第 220 页。

⑤ Houn, Franklin W, “Rejection of Blind Obedience as a Traditional Chinese and Maoist Concept, Part II,” *Asian Thought and Society*, Vol. 7 No. 21(1982): 265.

⑥ de Bary, William T, *The Liberal Tradition in China*, Cambridge: Cambridge University Press, 1983, p. 56。中译见：狄百瑞：《中国的自由传统》，李弘祺译，北京：中华书局，2016 年，第 73 页。

则有拯而无随"①。很明显,程颐在这些段落中清楚表明的不是绝对服从的想法。与之相反,它表明的是儒学士大夫对于皇帝有限的政治责任。

至于朱熹,谢康伦(Conrad Schirokauer)的研究则强调了朱熹坚持士大夫有责任去规正君王的看法。在朱熹最著名的上奏皇帝的言书——《戊申封事》中,他抱怨了朝廷的腐败并批评了孝宗皇帝(1162—1189在位):"陛下之所以修……,恐其未有以及古之圣王也。"②而为了改革政治,朱子则教导皇帝应该化私为公。由此,朱子的政治行为表明"效忠并不意味着绝对服从,能够规讽刚愎自用的君王才是真正的忠臣"③。

事实上,包括程颐、朱熹在内的理学家都坚持士大夫对君王的责任是有条件的,这在中华帝国史上并不鲜见。大量的士大夫恪尽职守、规正君王,"以生命为代价反对王权的滥用,坚持价值立场"④。简言之,正如诸多学者所言,宋明理学家并不赞同士大夫绝对服从于君王这一观念。

从董仲舒为有道之人弑君作辩护到宋代理学家坚持臣子对于行为不当的君王进行原则性抵抗,研究者们提供了充足的证据,使得我们能够质疑官方儒学的专制转向这一流行观点。然而,需要指明的是这些研究者所宣扬的研究目标与所研究结果之间存在着距离。质言之,上述学者往往宣称他们要挑战官方儒学宣传臣民绝对服从这一论点。这宣称说明了他们意在关注士大夫对于君王的政治责任以及民众对于国家的政治义务。毕竟,君王之臣民既包括士大夫又还有民众。但是,当他们开始研究关于官方儒学的文献时,往往聚焦讨论士大夫的政治责任,从而忽略了民众的政治义务。不处理在官方儒学文献中关于民众政治角色的这些至关重要的证据,这些学者只能算是部分地反对了官方儒学要求臣民的绝对服从这一流行观念。也就是说,与士大夫政治责任相关的证

---

① 转引自 de Bary, William T, *The Liberal Tradition in China*. Cambridge: Cambridge University Press, 1983, p. 56。译者注:前一条为程颐注释《周易》蒙卦时所引孟子之语。分别参见:程颢、程颐:《二程集》,北京:中华书局,1981年,第629页;程颢、程颐:《二程集》,第629页。

② 转引自 Schirokauer, Conrad, "CHU Hsi's Political Thought." *Journal of Chinese Philosophy*, Vol. 5 No. 2(1978): 133。译者注:译者原文参见:朱熹:《朱子全书(修订本)》第20册,第5936页。

③ Schirokauer, Conrad, "Chu Hsi's Political Thought," *Journal of Chinese Philosophy*, Vol. 5 No. 2 (1978): 143.

④ Bol, Peter K, *Neo-Confucianism in History*, Cambridge, MA: Harvard University Asia Center, 2008, p. 151.

据，只能说明官方儒学并未要求士大夫的愚忠。但是，这些证据并不能随之表明官方儒学同样不要求民众的绝对服从。

同时，在儒家的思想与实践中，士大夫的政治角色是与民众截然不同的。非常清楚的是，儒家虽然赋予士大夫规谏君王的责任，却一直将平民百姓排除在政治决策过程之外。换句话说，关于士大夫们规讽抵抗的文本依据，不仅不适用于民众，还与民众的政治义务无关。为了理解官方儒学是否要求民众绝对的政治服从，我们必须调转注意力，从对士大夫政治责任的研究，转向关注那些具体讨论为何平民百姓应该服从于国家的官方儒学文献。

三、皇帝究竟怎么说

在寻找这样的文献中，我挑选了清朝(1644—1912)的《圣谕广训》来重新研究官方儒学中的政治义务论。它对于当前的研究至少有两重价值。首先，《圣谕广训》是对官方儒学最权威的表述之一。当学者们指明官方儒学的专制转向时，他们坚称这种国家意识形态意图向全体民众灌输绝对服从的思想。因此，要想知道官方儒学是否主张绝对服从，董仲舒的《春秋繁露》和宋代理学家的政论文集并不能提供充分的证据。尽管这些材料都是历代士大夫认真严肃的讨论，但他们并非普及民众的文化宣传物。民众可能从来不会知晓这些讨论，更遑论受这些讨论的影响而接受其中的论点。与之相反，《圣谕广训》则是官方宣传。它不仅家喻户晓，更权威地体现了官方儒学的立场。换句话说，作为皇帝手书的帝国宣传物，这个文献给我们提供了关键性的直接证据，官方儒学是否要求民众绝对服从。

第二，《圣谕广训》也有助于我们研究中国古今政治的连续性。这就是说，如果现代中国的政治与其古代史有传承的关系，那么，作为最后一个王朝——清朝，应对当代中国政治的影响较其他朝代更为巨大。研究清代的政治文化，将“提供一个研究……当今中国之遗产的基准面”①。

---

① Ho，Ping-ti，“The Significance of the Ch'ing Period in Chinese History，” *The Journal of Asian Studies*，Vol. 26 No. 2(1967)：189.

《圣谕广训》由两部分组成。第一个是《圣谕》,包含了由康熙皇帝所写的十六条准则。(参见表一)

表一　康熙皇帝《圣谕》十六条

组别	条目
正学	第七条:黜异端以崇正学
教育	第六条:隆学校以端士习
	第十一条:训子弟以禁非为
经济	第四条:重农桑以足衣食
	第五条:尚节俭以惜财用
	第十条:务本业以定民志
道德关系	第一条:敦孝弟以重人伦
	第二条:笃宗族以昭雍穆
	第三条:和乡党以息争讼
	第九条:明礼让以厚风俗
	第十二条:息诬告以全善良
	第十四条:完钱粮以省催科
	第十六条:解仇忿以重身命
新发展	第十三条:诫匿逃以免株连
	第十五条:联保甲以弭盗贼
法律后果	第八条:讲法律以儆愚顽

(我的翻译主要基于康熙原文①,并基于中文原始文本作了修改②)③

《圣谕》十六条与传统儒家重视民众的经济福利和道德教化的理念相一致。比

① Kangxi, "Sixteen Maxims," *The Sacred Edict*, Containing Sixteen Maxims of the Emperor Kang-he [Kangxi] and Amplified by His Son the Emperor Yoong-ching [Yongzheng], William Milne (trans.), Shanghai: American Presbyterian Mission Press, 1870.

②《清圣祖实录》卷一,台北:华文书局,1964 年。

③ 译者注:译者原文主要参考了周振鹤的撰集本。参见:周振鹤:《圣谕广训:集解与研究》,上海:上海书店出版社,2006 年。

如,当孔子及其弟子拜见一位君王时,他赞扬了该国人口的增加。他的一个弟子便问孔子:“既庶矣。又何加焉?”曰:“富之。”曰:“既富矣,又何加焉?”曰:“教之。”(《论语·子路》)[①]孟子则进一步详论了孔子的教导,“明君制民之产,……乐岁终身饱,凶年免于死亡。然后驱而之善”(《孟子·梁惠王》)。[②]

基于儒家对于民众经济、道德福祉的强调,我粗略地将康熙皇帝的圣谕十六条准则分为六组。第一组确立儒家的正统地位;第二组规定学校和家庭是儒家两个主要的教育机制;第三组接櫫儒家式的经济管理;第四组圣谕讲求和谐的人际关系这一道德目标;第五组则反映了当时地方治理的时代特色,即对防范逃兵的规范(第十三条)以及民间相互监控与集体安全体系的建立(第十五条);第六组准则总结了不遵守《圣谕》十六条的法律后果。

1724年,由于担心民众不能充分明白康熙言简意赅的圣谕,雍正皇帝写了《广训》,在“序”中,雍正解释道:“朕……谨将上谕十六条寻绎其义、推衍其文,共得万言,……使群黎百姓家喻而户晓也。”[③]基于其对《圣谕》十六条的论证,雍正皇帝给我们提供了对官方儒学最权威而全面的阐释。根据理雅各(James Legge)在19世纪的中国的亲身观察,《圣谕广训》表明了理想中的“中国在道德、社会、政治上是什么样的,或者至少说,统治者所希望的中国应该是什么样子的”[④]。

而且,在1729年,雍正下令要组织《圣谕广训》的全国性宣讲。他规定,“直省各州县大乡大人居稠密之处俱设立讲约之所,……每月朔望齐集湘之耆老、里长及读书之人,宣读《圣谕广训》,详示开导,务使乡曲愚民,共知鼓舞向善”[⑤]。遵照上谕,这种每半月举行的讲习被制度化,使得“官方(意识形态)的管控延伸

---

① 程树德:《论语集释》,第905页。

② 焦循:《孟子正义》,第94页。

③ Yongzheng, “Amplified Instructions,” *The Sacred Edict*, Containing Sixteen Maxims of the Emperor Kang-he [Kangxi] and Amplified by His Son the Emperor Yoong-ching [Yongzheng], William Milne (trans). Shanghai: American Presbyterian Mission Press, 1870, III。译者注:译者原文参见:周振鹤:《圣谕广训:集解与研究》,第559页。

④ Legge, James, “Imperial Confucianism.” *The China Review*, Vol 6 No3(1877): 151.

⑤ 昆冈:《钦定大清会典事例》,台北:中华书局,1962年。译者注:译者原文参见:周振鹤:《圣谕广训:集解与研究》,第512页。

到了最底层"[①],并一直持续到了 1912 年清王朝覆灭。

尽管有学者已经意识到了《圣谕广训》载有雍正皇帝关于人民为何负有政治义务的看法,但他们没有完全解读出他的论证。比如,梅维恒(Victor H. Mair)指出,《圣谕广训》的意图是教育民众成为"有责任的良民"。[②] 与之相似,狄百瑞认为,在每半月举行的讲习中有一个最普遍的任务,即是让"民众好好地领会并服从圣旨"[③]。然而,梅维恒和狄百瑞都没有对《圣谕广训》进行话语分析,从而没把皇帝对政治义务的解释完整地呈现。

另一位学者,萧公权,虽对这一官方文献切实地进行了话语分析。但是,他关于《圣谕广训》的政治义务论的解释是相互矛盾的。一方面,他认为雍正皇帝对于第一条——"敦孝弟以重人伦"的铺陈,"不仅隐含对父母的爱,还包括对皇帝坚定不移的忠心"[④]。换言之,在这一解读中,萧公权同意流行的观念,即官方儒学要求民众的绝对服从。但与此同时,他似乎又从(雍正)对第十四条——"完钱粮以省催科"的论证中解读出了另一种以感谢为基础的政治义务论。萧公权认为,对于皇帝而言,"不向自己的政府提供财政支持,完全是忘恩负义的行为"[⑤]。感谢原则标明了一种有条件的政治义务论。它意味着,"我们遵守法律的义务是对国家提供之福利的感谢"[⑥]。然而,有条件的感谢义务论与要求

---

① Hsiao, Kung-chuan, "Rural Control in 19th century China," *Far Eastern Quarterly*, Vol. 12 No. 2 (1953): 178.

② Mair, Victor H, "Language and Ideology in the Written Popularizations of the Sacred Edict," *Popular Culture in Late Imperial China*, David Johnson, Andrew J. Nathan, and Evelyn S. Rawski (ed.), Berkeley: University of California Press, 1985, p. 356.

③ de Bary, William T, *Asian Values and Human Rights: A Confucian Communitarian Perspective*, Cambridge, MA: Harvard University Press, 1985, p. 68。译者注:此处译文对中译本略有修改,中译本此处为"要紧的事情唯有皇帝的子民如何好好领会和服从圣旨"。参见:狄百瑞:《亚洲价值与人权:儒家社群主义的视角》,尹钛译、任锋校,北京:社会科学文献出版社,2012 年,第 62 页。

④ Hsiao, Kung-chuan, *Rural China: Imperial Control in the Nineteenth Century*, Seattle: University of Washington Press, 1960, p. 188。译者注:中译根据中译本略有修改。中译本参见:萧公权:《乡村中国》,张皓、张升译,北京:九州出版社,2021 年,第 223 页。

⑤ Hsiao, Kung-chuan, *Rural China: Imperial Control in the Nineteenth Century*, Seattle: University of Washington Press, 1960, p. 189。译者注:中译根据中译本略有修改。中译本参见:萧公权:《乡村中国》,第 224 页。

⑥ Walker, A. D. M, "Political Obligation and the Argument from Gratitude," *Philosophy and Public Affairs*, Vol. 17 No. 3(1988): 192.

着坚定不移的心是十分不同的。

接下来,我将重新研究《圣谕广训》。在我的话语分析中,我会提供新证据以表明,这个关于官方儒学的重要文本并没有提供自相矛盾的政治义务论。相反,它从三个层面进行劝说,即私人责任、恐惧和政治义务,从而要求民众服从于国家。就政治义务而言,皇帝的主张始终以感谢论为基础。

一开始,雍正首先试图以私人责任为由来要求民众的政治服从。如前所论,萧公权坚持认为雍正对于圣谕第一条的论证暗示了民众要对他们的统治者忠贞不二。但是,我对此条的解读却表明,根据皇帝的意思,民众对皇帝的服从是以他们对于父母的孝为前提条件的。更重要的是,以私人责任为条件的政治服从并不是忠贞不二的。

具体而言,在雍正对于《圣谕》第一条的解释中,他利用了父母恩育的观念声言道:"人子欲报亲恩于万一,自当内尽其心,外竭其力,谨身节用,以勤服劳,以隆孝养,……"[①]在此背景下,雍正注明道"事君不忠非孝"[②],这整个论述的脉络并不涉及民众要以孝道来侍奉统治者。毋宁说,雍正表明的是一个人对君主的忠诚来自他的私人责任,具体即为人子对自身慈爱父母的孝顺。无论如何,如果一个人因为非法行为而被朝廷监禁、放逐或逮捕,他将不能照顾其家。为了孝顺父母,人一定要服从于朝廷。

实际上,雍正在很多地方都诉诸私人责任,以用来宣扬民众的政治服从。比如,在对圣谕第四条的训释中,当皇帝鼓励民众勤劳时,他宣扬遵循此圣谕能给家人带来好处。雍正皇帝说道:"故勤则男有余粟、女有余帛,不勤则仰不足事父母、俯不足畜妻子。"[③]在对圣谕第八条——"讲法律以儆愚顽"的解释中,

---

① Yongzheng, "Amplified Instructions," *The Sacred Edict*, Containing Sixteen Maxims of the Emperor Kang-he [Kangxi] and Amplified by His Son the Emperor Yoong-ching [Yongzheng], William Milne (trans). Shanghai: American Presbyterian Mission Press, 1870, p. 2。译者注:译者原文参见:周振鹤:《圣谕广训:集解与研究》,第 163 页。

② Yongzheng, "Amplified Instructions," *The Sacred Edict*, Containing Sixteen Maxims of the Emperor Kang-he [Kangxi] and Amplified by His Son the Emperor Yoong-ching [Yongzheng], William Milne (trans). Shanghai: American Presbyterian Mission Press, 1870, p. 2。译者注:译者原文参见:周振鹤:《圣谕广训:集解与研究》,第 163 页。

③ Yongzheng, "Amplified Instructions," *The Sacred Edict*, Containing Sixteen Maxims of the (转下页)

他同样主张："且尔民兵性纵愚顽，或不能通晓理义，未必不爱惜身家，……倘不自警省，偶罹于法，上辱父母，下累妻孥，……"[①]在这些叙述里，雍正皇帝再次把政治服从的辩护私人责任化了。一个人之所以有义务服从君王是因为他必须孝顺父母、履行对其家人的义务。

更重要的是，不同于萧公权的解读，雍正皇帝在其对圣谕第一条的训释中，并没有暗示臣民有着对统治者忠贞不二的责任。一方面，雍正关于父母慈爱与子女孝顺之间相互性的思考表明，如果人子从父母那里得到的是虐待而不是爱，那么子报亲恩的基础就会被削弱。换句话说，雍正皇帝的说法暗示了民众对于父母的孝顺恩谢是有前提条件的。另一方面，私人责任的说法也隐含了民众的政治服从的非绝对。很简单，如果某人对于其施虐的父母没有孝养的义务，那么他也不用因为孝养的私人责任而服从朝廷。

值得注意的是，尽管出于私人责任的论点可以成为遵守法律的缘由，但它却不是政治义务论。政治义务一般被理解为个人直接对于国家或其他公民的责任。它不源于其他人际关系。比如，根据同意理论家(consent theorists)的说法，如果个人与政府朝廷的双边关系开始于自愿的社会契约，那么个人应该对于政府负有遵纪守法义务。同样地，公平竞争理论家(theorists of fair play)认为，如果个人从国家负责统筹的社会合作与公共财中获益，他就应该守法纳税以与其他社会成员公平负担公共财的成本。也就是说，受益的个人对于参与社会合作的所有成员负有互惠的政治义务。然而，雍正皇帝出于私人责任的观点并不能证明，个人对于国家朝廷有政治义务。它只表明了，因为个人对于自己父母和家人有责任，所以他应该遵守法律。这是间接私人责任的观点，但却不是直接政治义务论的主张。

除了私人责任外，雍正皇帝也试图灌输对于法律惩罚的恐惧，以确保民众

(接上页)Emperor Kang-he [Kangxi] and Amplified by His Son the Emperor Yoong-ching [Yongzheng], William Milne (trans). Shanghai: American Presbyterian Mission Press, 1870, pp. 37 - 38。译者注：译者原文参见：周振鹤：《圣谕广训：集解与研究》，第 229 页。

① Yongzheng, "Amplified Instructions," *The Sacred Edict*, Containing Sixteen Maxims of the Emperor Kang-he [Kangxi] and Amplified by His Son the Emperor Yoong-ching [Yongzheng], William Milne (trans). Shanghai: American Presbyterian Mission Press, 1870, p. 93。译者注：译者原文参见：周振鹤：《圣谕广训：集解与研究》，第 316 页。

的服从。他说道："人人以五行刑相规，惧法自不犯法，畏刑自可免刑。"[①]事实上，雍正皇帝对于每一条圣谕的论证都有关于法律惩罚的信息，他显然是在调动恐惧，以求得民众的政治服从。

如果我们仅仅注意到雍正皇帝对恐惧的调动，我们可能错误地总结道，《圣谕广训》支持绝对的服从。毕竟，"要么服从，要么惩罚"是暴君奴役民众的基本戏法。然而，单有恐惧对于长时间的政治统治来说是远远不够的。这一点东西两方皆有共识。例如，霍布斯认为，"所有激情中，最不易于使人犯罪的是畏惧。"[②]然而，这位《利维坦》国家巨兽的建造者同样意识到仅以这种方式统治是不够的，他说道，"人民就会完全把惩罚当成一种外来的敌对行为；当他们认为自己具有足够的力量时，就会力图以反抗来规避这种敌对行为。"[③]除了调动恐惧外，霍布斯随之建议道："每一个当权者都应当让臣民学习到正义此一德行的重要。"[④]同样地，孔子也说过："道之以政，齐之以刑，民免而无耻；道之以德，齐之以礼，有耻且格。"(《论语·为政》)[⑤]对于孔子与霍布斯来说，道德教化关系到一种自发的内在约束。它会灌输给民众一种做错事的耻感。这样即使没有惩罚的威胁，民众也会"免而有耻"。

《圣谕广训》也承认道德教化在统治中的重要性。正如雍正皇帝所说："显然之迹，刑所能防；隐然之地，法所难及。"[⑥]因而，"与其治之以法，不如感之使自

---

① Yongzheng, "Amplified Instructions," *The Sacred Edict*, Containing Sixteen Maxims of the Emperor Kang-he [Kangxi] and Amplified by His Son the Emperor Yoong-ching [Yongzheng], William Milne (trans). Shanghai: American Presbyterian Mission Press, 1870, p. 94。译者注：译者原文参见：周振鹤：《圣谕广训：集解与研究》，第 316 页。

② Hobbes, Thomas, *Leviathan*, New York: Penguin Books, 1982, p. 343。译者注：中译见：霍布斯：《利维坦》，黎再复、黎廷弼译，杨昌裕校，北京：商务印书馆，2017 年，第 232 页。

③ Hobbes, Thomas, *Leviathan*, New York: Penguin Books, 1982, p. 377。译者注：中译见：霍布斯：《利维坦》，第 262 页。

④ Hobbes, Thomas, *Leviathan*, New York: Penguin Books, 1982, p. 382。译者注：中译见：霍布斯：《利维坦》，第 266 页。

⑤ 程树德：《论语集释》，第 68 页。

⑥ Yongzheng, "Amplified Instructions," *The Sacred Edict*, Containing Sixteen Maxims of the Emperor Kang-he [Kangxi] and Amplified by His Son the Emperor Yoong-ching [Yongzheng], William Milne (trans). Shanghai: American Presbyterian Mission Press, 1870, p. 6。译者注：译者原文参见：周振鹤：《圣谕广训：集解与研究》，第 163 页。

化也。”[①]总而言之,雍正皇帝明白,为了赢得民众的政治顺从,政府朝廷需要依靠外在的律法控制和内在的道德约束。前者是恐惧发挥功能;后者则是政治义务观在作用,它企图让民众自发地感悟服从于国家朝廷是道德上的良善之举。假如雍正皇帝觉得有必要论证政治服从的道理依据,不管他喜不喜欢,政治服从便成为有条件的了。

雍正皇帝是以感谢论来为政治服从辩护。如前所述,萧公权对于圣谕第十四条——“完钱粮以省催科”的解释帮助我们发现了雍正皇帝所提出的政治义务论。萧公权指出,雍正认为:“不向自己的政府提供财政支持,完全是忘恩负义的行为。”[②]我同意萧公权的解释。雍正在对第十四条的训释中提出了政治义务上的感谢论。

然而,萧公权并没有完全抓住雍正恩谢论的本质。政治义务论在《圣谕广训》中不只是一种感谢理论。准确地说,它是一种父母恩谢论。此种观念即是说,如同人子有恩谢的义务去照顾其慈爱的父母,民众也应该恩谢仁爱为民父母的统治者。因此,人应该服从统治者,是因为他应该对人主父母般的照顾表示感激。

仔细说来,雍正皇帝的父母恩谢论的一个核心要素便是“父母—国家”之类比。在其对圣谕第十四条的训释中,雍正说道,税收是“此君必需于民,下所宜供于上”[③]。他解释说,税收完全是为了民众的利益,“以给兵饷所以卫我民,以备荒歉所以养我民”[④]。雍正同时诉诸民众的良心,他说道:“尔试思庙堂之上,

---

① Yongzheng, “Amplified Instructions,” *The Sacred Edict*, Containing Sixteen Maxims of the Emperor Kang-he [Kangxi] and Amplified by His Son the Emperor Yoong-ching [Yongzheng], William Milne (trans). Shanghai: American Presbyterian Mission Press, 1870, p. 145。译者注:译者原文参见:周振鹤:《圣谕广训:集解与研究》,第 396 页。

② Hsiao, Kung-chuan, *Rural China: Imperial Control in the Nineteenth Century*, Seattle: University of Washington Press, 1960, p. 189。译者注:中译本参见:萧公权:《乡村中国》,第 224 页。

③ Yongzheng, “Amplified Instructions,” *The Sacred Edict*, Containing Sixteen Maxims of the Emperor Kang-he [Kangxi] and Amplified by His Son the Emperor Yoong-ching [Yongzheng], William Milne (trans). Shanghai: American Presbyterian Mission Press, 1870, p. 163。译者注:译者原文参见:周振鹤:《圣谕广训:集解与研究》,第 439 页。

④ Yongzheng, “Amplified Instructions,” *The Sacred Edict*, Containing Sixteen Maxims of the Emperor Kang-he [Kangxi] and Amplified by His Son the Emperor Yoong-ching [Yongzheng], William Milne (trans). Shanghai: American Presbyterian Mission Press, 1870, p. 163。译者注:译者原文参见:周振鹤:《圣谕广训:集解与研究》,第 439 页。

所日夜忧劳者在于民事,……如此而为民者尚忍逋赋以误国需,问之于心亦何以自安?"[①]为了加强他的论点,雍正进一步坚持道,"譬人子于父母,分产授业以后,……乃父母恩勤顾复不遗余力,而为子……缺甘旨而违色养,尚得谓之人子乎?"[②]在这里,雍正将自己暗比作民众的父母,从而来为民众有义务纳税作辩护。

"父母—国家"之类比也出现在其他地方。在其对圣谕第十一条的训释中,雍正皇帝颂扬了其父——康熙皇帝的仁慈。他说道:"我圣祖仁皇帝临御六十一年,宏保赤之仁,广教家之泽,深恩厚泽,休养生息,以至于今。"[③]可以肯定地说,当雍正皇帝说朝廷的仁慈与父母给予孩子的照顾类似时,他就预设了民众要对朝廷感恩服从这一期望。

事实上,《圣谕广训》多处都涉及了"父母—国家"之类比,这个类比着眼于将皇帝的父母式角色合法化,以来"临御兆人"[④⑤]。平心而论,雍正皇帝的"父母—国家"类比并未把民众看作是缺乏自控力的婴儿。否则,他就没必要鼓励

① Yongzheng, "Amplified Instructions," *The Sacred Edict*, Containing Sixteen Maxims of the Emperor Kang-he [Kangxi] and Amplified by His Son the Emperor Yoong-ching [Yongzheng], William Milne (trans). Shanghai: American Presbyterian Mission Press, 1870, p. 166。译者注:译者原文参见:周振鹤:《圣谕广训:集解与研究》,第 439 页。

② Yongzheng, "Amplified Instructions," *The Sacred Edict*, Containing Sixteen Maxims of the Emperor Kang-he [Kangxi] and Amplified by His Son the Emperor Yoong-ching [Yongzheng], William Milne (trans). Shanghai: American Presbyterian Mission Press, 1870, p. 166。译者注:译者原文参见:周振鹤:《圣谕广训:集解与研究》,第 439 页。

③ Yongzheng, "Amplified Instructions," *The Sacred Edict*, Containing Sixteen Maxims of the Emperor Kang-he [Kangxi] and Amplified by His Son the Emperor Yoong-ching [Yongzheng], William Milne (trans). Shanghai: American Presbyterian Mission Press, 1870, p. 173。译者注:译者原文参见:周振鹤:《圣谕广训:集解与研究》,第 373 至 374 页。

④ Yongzheng, "Amplified Instructions," *The Sacred Edict*, Containing Sixteen Maxims of the Emperor Kang-he [Kangxi] and Amplified by His Son the Emperor Yoong-ching [Yongzheng], William Milne (trans). Shanghai: American Presbyterian Mission Press, 1870, II。译者注:译者原文参见:周振鹤:《圣谕广训:集解与研究》,第 559 页。

⑤ 中文"御"字面意思为"骑马"。雍正皇帝用这个词表明,他有意无意地认为,他必须驾驭民众,给予他们持久的指导。根据这种理解,民主可能被看作是危险的。

民众"谨身率教"[1]、"迁善改过"[2]了。但是,他仍认为他的民众如孩童般,以至于没有他不断的关心和指导,他们便无法自理。为了民众的福祉,君王必须要作为民众的"养育者",他必须尽一切努力来"仁育万物"[3]、"养我民"[4]。而且,他也是民众之"教导者",需要指导各级民众的生活,"自纲常名教之际,以至于耕桑作息之间,本末精粗、公私巨细,凡民情之所习,皆睿虑之所周"[5]。而且,因为民众天真如孩童般,易"迷于他歧"[6]。皇帝必须额外扮演"**审查员**"(censor)角色来根除"索引行怪,圣贤不取"[7]的行为实践。最后,考虑到民众的天真健忘,易疏忽

---

① Yongzheng, "Amplified Instructions," *The Sacred Edict*, Containing Sixteen Maxims of the Emperor Kang-he [Kangxi] and Amplified by His Son the Emperor Yoong-ching [Yongzheng], William Milne (trans). Shanghai: American Presbyterian Mission Press, 1870, p. 157。译者注:译者原文参见:周振鹤:《圣谕广训:集解与研究》,第 424 页。

② Yongzheng, "Amplified Instructions," *The Sacred Edict*, Containing Sixteen Maxims of the Emperor Kang-he [Kangxi] and Amplified by His Son the Emperor Yoong-ching [Yongzheng], William Milne (trans). Shanghai: American Presbyterian Mission Press, 1870, p. 145。译者注:译者原文参见:周振鹤:《圣谕广训:集解与研究》,第 424 页。

③ Yongzheng, "Amplified Instructions," *The Sacred Edict*, Containing Sixteen Maxims of the Emperor Kang-he [Kangxi] and Amplified by His Son the Emperor Yoong-ching [Yongzheng], William Milne (trans). Shanghai: American Presbyterian Mission Press, 1870, II。译者注:译者原文参见:周振鹤:《圣谕广训:集解与研究》,第 559 页。

④ Yongzheng, "Amplified Instructions," *The Sacred Edict*, Containing Sixteen Maxims of the Emperor Kang-he [Kangxi] and Amplified by His Son the Emperor Yoong-ching [Yongzheng], William Milne (trans). Shanghai: American Presbyterian Mission Press, 1870, p. 164。译者注:译者原文参见:周振鹤:《圣谕广训:集解与研究》,第 439 页。

⑤ Yongzheng, "Amplified Instructions," *The Sacred Edict*, Containing Sixteen Maxims of the Emperor Kang-he [Kangxi] and Amplified by His Son the Emperor Yoong-ching [Yongzheng], William Milne (trans). Shanghai: American Presbyterian Mission Press, 1870, II。译者注:译者原文参见:周振鹤:《圣谕广训:集解与研究》,第 559 页。

⑥ Yongzheng, "Amplified Instructions," *The Sacred Edict*, Containing Sixteen Maxims of the Emperor Kang-he [Kangxi] and Amplified by His Son the Emperor Yoong-ching [Yongzheng], William Milne (trans). Shanghai: American Presbyterian Mission Press, 1870, p. 71。译者注:译者原文参见:周振鹤:《圣谕广训:集解与研究》,第 290 页。

⑦ Yongzheng, "Amplified Instructions," *The Sacred Edict*, Containing Sixteen Maxims of the Emperor Kang-he [Kangxi] and Amplified by His Son the Emperor Yoong-ching [Yongzheng], William Milne (trans). Shanghai: American Presbyterian Mission Press, 1870, p. 70。译者注:译者原文参见:周振鹤:《圣谕广训:集解与研究》,第 290 页。

于职责，皇帝也是一个"**提醒者**"，不得不经常"特申训诫，以警愚顽"[①]。

更重要的是，雍正皇帝认为，作为养育者、教导者、审查员、提醒者，或者总言之，民众"**政治上的父母**"，他已经独自给民众带来了巨大利益，以至于民众可以"共享太平无事之福"[②]。但利益的提供也要求着恩谢的回报。这一要求从雍正皇帝经常用中文"恩"来描述官方政策可以反映出来。比如，在其对圣谕第六条的训释中，雍正认为教育士大夫的政策是朝廷的一种"恩"典[③]。类似地，为了防止民众庇护逃兵，雍正又解释说道："屡年恩诏，将逃人事件概行赦免。"[④]

在中文里，"恩"字通常用于表示施与者提供了重要的帮助，如在"生活上的救济、生命的挽救和事业的照顾"[⑤]。"相应地，在收到这些重大利益之后，受益者的恩谢之情"是一种很适宜的处理施与者与受益者之间关系的适切情绪反应。因为施与者提供了保护和帮助，所以受益人则以忠诚和恩谢来回报"[⑥]。而当"恩"被用于政治上时，它意味着民众对于君王的依赖，作为"**政治上的人子**"，他们因为缺乏政治上的智识与经验更被剥夺了政治参与的权利。

---

① Yongzheng, "Amplified Instructions," *The Sacred Edict*, Containing Sixteen Maxims of the Emperor Kang-he [Kangxi] and Amplified by His Son the Emperor Yoong-ching [Yongzheng], William Milne (trans). Shanghai: American Presbyterian Mission Press, 1870, p. 92。译者注：译者原文参见：周振鹤：《圣谕广训：集解与研究》，第 315 页。

② Yongzheng, "Amplified Instructions," *The Sacred Edict*, Containing Sixteen Maxims of the Emperor Kang-he [Kangxi] and Amplified by His Son the Emperor Yoong-ching [Yongzheng], William Milne (trans). Shanghai: American Presbyterian Mission Press, 1870, p. 156。译者注：译者原文参见：周振鹤：《圣谕广训：集解与研究》，第 424 页。

③ Yongzheng, "Amplified Instructions," *The Sacred Edict*, Containing Sixteen Maxims of the Emperor Kang-he [Kangxi] and Amplified by His Son the Emperor Yoong-ching [Yongzheng], William Milne (trans). Shanghai: American Presbyterian Mission Press, 1870, p. 156。译者注：此处所言的"恩"指的是"养士之恩"，原文参见：周振鹤：《圣谕广训：集解与研究》，第 269 页。

④ Yongzheng, "Amplified Instructions," *The Sacred Edict*, Containing Sixteen Maxims of the Emperor Kang-he [Kangxi] and Amplified by His Son the Emperor Yoong-ching [Yongzheng], William Milne (trans). Shanghai: American Presbyterian Mission Press, 1870, p. 156 - 157。译者注：译者原文参见：周振鹤：《圣谕广训：集解与研究》，第 424 页。

⑤ 文崇一：《报恩与复仇》，载杨国枢、文崇一编：《社会及行为科学研究的中国化》，台北："中央研究院"，1982 年，第 321 页。译者注：译者引自：文崇一：《报恩与复仇》，载杨国枢主编：《中国人的心理》，南京：江苏教育出版社，2006 年，第 280 页。

⑥ *Informal Politics in East Asia*, Dittmer, Lowell, Haruhiro Fukui, and Peter N. S. Lee (eds.), Cambridge, Cambridge University Press, 2000, p. 310.

的确，雍正的"父母—国家"思想对于很多人来说是有问题的。在他的辩护中，统治者的智慧、民众的依赖、他们之间的仁慈——恩谢关系被用来合理化民众无权参与公共政策与公共利益的制定。问题在于，没有民主参与的意见输入，皇帝自以为是的"仁政"，实际上可能使得民众的生活变得更糟。比如，雍正皇帝可能认为，"务本业以定民志"（第十条）对于民众来说是"有益"的。但可能情况是，这种要求将会挫伤个人尝试不同的职业机会、追求自我发展的积极性。雍正可能也认为"黜异端以崇正学"（第七条）对民众是"有益的"。但是审查制度却可能会对那些在精神上受到"异端"学说启发的人造成压迫。简单地说，如果雍正的政策使得民众遭受痛苦，那么无论他如何说教，民众也难以基于感激而心悦诚服。正如在下面一部分我们将要看到的，朝廷自诩之仁慈与民众内心之恩谢的可能鸿沟是清代民众反抗朝廷的重要原因。

当代感谢论理论家意识到了"父母—国家"类比的种种问题，往往倾向于将这类比彻底地抛弃。他们指出，真正的感谢应该来自受益者对所受之益的认可。比如，正如杜德雷·诺尔斯(Dudley Knowles)坚称："我们应该感谢的是尊重我们独立道德地位的政治制度；只有当施与者不把我们蔑视为依赖的个体，我们才应该认可他提供的帮助。"[①]但因为在雍正皇帝的论述中并没有符合当代感谢论理论家设下的条件，所以我就将《圣谕广训》中的政治义务论界定为父母式恩谢论，以强调其威权与非民主的特点。

总之，在其为政治义务论的辩护中，雍正皇帝依靠的是"父母—国家"之类比。其核心观念是，正如孩子有义务报答与孝顺慈爱的父母，民众也要恩谢他们民之父母般的统治者。也就是说，百姓应该服从于皇帝是因为他们应该对朝廷的爱民如子表示恩谢。很清楚的是，《圣谕广训》中的政治义务论并不要求民众的无条件顺从。雍正皇帝没有说民众必须绝对地服从于他。相反，他认为由于清朝给了民众父母般的滋养和教导，皇帝理应得到民众的服从。雍正的主张表明了官方儒学政治义务论并不是绝对的。相反的，它是一种有条件的父母恩谢论。

四、父母恩谢论的"公开剧本"

有些人可能质疑我关于雍正皇帝政治义务论非绝对性的看法，因为《圣谕

---

① Knowles, Dudley, "Gratitude and Good Government," *Res Publica*, Vol. 8 No. 1(2002): 19.

广训》作为一个体现皇权至上的政治文本，皇帝总是说他皇恩浩荡，也从没有说过民众可以不服从。但是，需要注意的是，皇帝所宣称的仁政并不总是与实况相符。正如我们接下来会看到，当朝政败坏时，《圣谕广训》所标榜的父母恩谢论，往往被民众拿来为他们政治上的不服从作辩护。更令人惊讶的是，这种辩护也曾被朝廷认作是合理的。

詹姆斯·斯科特的“公开剧本”概念可以帮助我们进一步探索官方儒学政治义务论的条件性。根据斯科特的说法，“公开剧本”是统治者们对其统治合法性的辩护。为了使之能在平民百姓中产生共鸣，统治精英们必然需要“宣称他们是为人民服务的”[①]。比如，美国南北战争前的奴隶主就“采用了一些家长式的华丽辞藻，来铺陈他们对奴隶们衣食起居的种种呵护”[②]。很明显，精英的这些修辞并不总是现实。这种不一致为被统治者在“公开剧本”的框架内留下了抵制的空间。因为他们可以用“公开剧本”理直气壮地“要求统治集团如实履行他们在从属者面前许下的理想承诺”[③]。再以南北战争前的美国为例，奴隶能够充分利用“公开剧本”中的父母式许诺去“谋求种植园土地、更好的食物、人道待遇、自由地从事宗教活动，等等”[④]。而根据斯科特的说法，这种形式的抵制主张统治群体应该为他们允诺民众的福利负责，却不至于挑战统治与被统治的等级关系。

如同斯科特指出的，这种“公开剧本”框架中的批评统治者提供的机会，也是被统治者的理性选择。这就是说，反抗压迫——例如“减少苛捐杂税、劳动强

---

① Scott, James C, *Domination and the Arts of Resistance: Hidden Transcripts*, New Haven: Yale University Press, 1990, P. 95。译者注：译文根据中译本有所修改。参见：詹姆斯·C. 斯科特：《支配与抵抗艺术：潜隐剧本》，第 149 页。

② 译者注：这里的“家长式”即本文所言的“父母式”，下文出现不再赘述。参见：Scott, James C, *Domination and the Arts of Resistance: Hidden Transcripts*, New Haven: Yale University Press, 1990, P. 18。译者注：译文根据中译本有所修改。中译本参见：詹姆斯·C. 斯科特：《支配与抵抗艺术：潜隐剧本》，第 29 页。

③ Scott, James C, *Domination and the Arts of Resistance: Hidden Transcripts*, New Haven: Yale University Press, 1990, P. 54。译者注：译文根据中译本有所修改。中译本参见：詹姆斯·C. 斯科特：《支配与抵抗艺术：潜隐剧本》，第 88 页。

④ Scott, James C, *Domination and the Arts of Resistance: Hidden Transcripts*, New Haven: Yale University Press, 1990, P. 18。译者注：中译本参见：詹姆斯·C. 斯科特：《支配与抵抗艺术：潜隐剧本》，第 29 页。

度和被羞辱"[1]等等，是民众真正的利益。但是，他们也有必要担心面对压迫性政权时自身的安全。在"公开剧本"框架内的批评就比对抗性的反抗更安全，因为"即使不愿回应的当权者们都必须承认这文辞的合法性，否则他们将被指控成伪善、并不忠实于自己所代表与辩护的权力体系"[2]。

根据斯科特的架构，我们可以把《圣谕广训》当作是官方儒学政治义务论的"公开剧本"。孔诰烽(Hung, Ho-fung)关于清朝民众反抗的研究生动地描述了民众在反抗中如何利用官方宣传中的父母恩谢论[3]。从清朝官方记录中，孔诰烽发现了从 18 世纪中叶到 19 世纪中叶期间三次反抗浪潮。第一次浪潮从 1740 年绵延到 1759 年。在此期间，一方面，清政府行政效率和财税能力达到了顶峰；另一方面，社会上也出现了商业性繁荣。另外两次浪潮分别是从 1776 年到 1795 年，1820 年到 1839 年。但不像第一次那样，这两次浪潮是在经济、政治普遍恶化的大背景下兴起的。清政府逐渐失去了遏制官员腐败和经济下滑的能力。国家能力上的不同，随之滋生了两种不同类型的反抗。基于孔诰烽的研究，(可以发现)国家能力变得强时，与之并行的是高比例的参与国家型的反抗，而国家能力变弱时，伴随的则是频繁性的抵制国家型的示威反抗。(参见表二)

表二　三次抗清浪潮

主张	1740—1759(%)	1776—1795(%)	1820—1839(%)
参与国家型	61.4	17.1	25.1
抵制国家型	38.7	82.9	74.7
共计	100	100	100

(表格信息来源于孔诰烽大著)

---

① Scott, James C, *Domination and the Arts of Resistance: Hidden Transcripts*, New Haven: Yale University Press, 1990, P. 86。译者注：译文根据中译本有所修改。中译本参见：詹姆斯·C. 斯科特：《支配与抵抗艺术：潜隐剧本》，第 136 页。

② O'Brien, Kevin J, "Rightful Resistance," *World Politics*, Vol. 49 No. 1(1996): 31 - 55.

③ Hung, Ho-fung, *Protest with Chinese Characteristics: Demonstrations, Riots, and Petitions in the Mid-Qing Dynasty*, New York: Columbia University Press, 2013.

第一次反抗浪潮主要是参与国家型。这即是说，参与者们尽管上街抗议，但并不直接挑战国家的合法性。大多反抗者仍然在行动上表现为“中央和地方父母式当权者的孝顺臣民”①。例如，他们一个最常见的做法就是在衙门前下跪、叩头，以求得政府仁慈以待。简言之，当清政府能力强盛时，民众们在行动上会“将自己呈现为孝顺的臣民，并卑微地要求朝廷仅仅履行或扩大其所宣扬的恩泽百姓、民之父母的义务”②。因此，第一次反抗浪潮体现了一种在“公开剧本”框架内的抗议。面对着强大的朝廷，反抗者们诉诸父母恩谢论的“公开剧本”来“避免跟其所抵抗的各种权威结构发生任何过激地公开对抗”③。但是“公开剧本”下的批评仍然是一种对朝廷的威胁。或许正如斯科特所揭示的那样，第一次反抗浪潮正表明了“(被统治者们)并不会与官方宣扬的价值理念争锋，但他们的行动却暗示唯有(统治者)履行公认的上级义务，下级臣属方的默从和忠诚才会得到保证。④

相比之下，第二、第三次反抗则大部分是反抗政府的。在这两次浪潮中国家能力的衰退，是说清政府比在第一次浪潮期间更无力履行它的父母般的承诺。正如斯科特所言，“只有当不那么剧烈的措施毫无成效，当生存面临严重威胁时，或者，当有迹象表明他们可以相对安全地进击时，农民才可能会冒险走上公开的集体反抗之路。”⑤在第二、第三波反抗浪潮中，要么是因为财政赤字要么是因为腐败，地方政府增加了各种名目的附加税。一方面，这些额外的税收加剧了民众的经济困难；另一方面，衰退的国家能力也激发了抵制国家型的反

---

① Hung, Ho-fung, *Protest with Chinese Characteristics: Demonstrations, Riots, and Petitions in the Mid-Qing Dynasty*, New York: Columbia University Press, 2013, p. 169.

② Hung, Ho-fung, *Protest with Chinese Characteristics: Demonstrations, Riots, and Petitions in the Mid-Qing Dynasty*, New York: Columbia University Press, 2013, pp. 171 - 172.

③ Scott, James C, *Domination and the Arts of Resistance: Hidden Transcripts*, New Haven: Yale University Press, 1990, p. 86。译者注：译文根据中译本有所修改。中译本参见：詹姆斯·C. 斯科特：《支配与抵抗艺术：潜隐剧本》，第 136 页。

④ Scott, James C, *Domination and the Arts of Resistance: Hidden Transcripts*, New Haven: Yale University Press, 1990, p. 95。译者注：译文根据中译本有所修改。中译本参见：詹姆斯·C. 斯科特：《支配与抵抗艺术：潜隐剧本》，第 150 页。

⑤ Scott, James C, *Domination and the Arts of Resistance: Hidden Transcripts*, New Haven: Yale University Press, 1990, p. 86。译者注：中译本参见：詹姆斯·C. 斯科特：《支配与抵抗艺术：潜隐剧本》，第 136 页。

抗，如税收骚乱和对腐败官员的报复等。因此，大部分在第二、第三波浪潮中的反抗都是对抗性的。

值得注意的是，甚至是在公开对抗朝廷的大背景下，许多第二、第三波反抗浪潮的领导人仍然用父母恩谢式的语言来为他们的行为作辩护。比如，在台湾天地会的崛起(1785—1788)中，叛乱的领导人对他的追随者说道：

> 照得居官爱民如子，才称为民父母也。今据台湾皆贪官汙吏，扰害生灵，本帅不忍不诛，以救吾民，特兴义兵。当天盟誓，不仁不义，亡於万刀之下。[①]

不仅民变的领导者以父母恩谢论来辩护他们的政治不服从，有记录更表明嘉庆皇帝(1796—1820 在位)也承认了父母恩谢论的正当性。正如他所说：

> 教匪聚众滋事，皆以官逼民反为词。……朕闻之殊为恻然，是以暂停正法。我国家百数十年来，厚泽深仁。……凡所以惠爱闾阎者，至优极渥。……百姓幸际昌期，安土乐业。若非迫于万不得已，焉肯不顾身家，铤而走险。总缘亲民之吏，不能奉宣朝廷德意，多方婪索，竭其脂膏，因而激变至此。[②]

根据嘉庆的观点，可以肯定地说，当皇帝承认其臣民不服从的合理性时，也就表明了他自己对父母恩谢式的政治义务论条件性的认同。

然而，必须注意的是，我们不能将民众公开表现的儒家父母恩谢论直接等同于他们真实的信仰。没有通过现代民意调查来探索帝国臣民的政治观念，我们并没有证据做出这种推论。而且，在中华帝国时期的“潜隐剧本”的存在也使得这个推论产生问题。根据斯科特的说法，如果“公开剧本”是由精英对其统治

① 秦宝琦：《中国地下社会》，北京：学苑出版社，2004 年，第 549 页。

② 《清仁宗实录》卷三十八，载中华书局影印：《清实录》，北京：中华书局，2008 年，第 29537—29538 页。

的辩护组成，那么“潜隐剧本”则是民间对于官方说法的反驳。[①] 可以理解的是，臣属的经历对被奴役者而言是一系列的挫折。比如，为了生存，只能对不义统治阶级的侵占与压迫强忍怒火和咬牙接受。因而，“潜隐剧本”是发泄这些挫折的一个出口。它之所以是潜隐的，是因为公开表达可能招致麻烦，甚至暴力镇压。换言之，“潜隐剧本”是附属下层的秘密独立宣言，因为它悄悄地否定官方的“公开剧本”，声张着他们的尊严以及正义理想。

但是，说这种反对是潜隐的并不意味着其不留任何蛛丝马迹。正如斯科特所说，研究附属下层群体的“潜隐剧本”会“使我们进入由流言蜚语、闲言碎语、伪装掩饰、言语哄骗、象征隐喻、迂回委婉、民间传说、仪式姿态、匿名身份所构成的世界之中”[②]。按照斯科特的建议，实际上，我们能够找到大清民众的“潜隐剧本”，或至少可以说是对儒家父母恩谢论之“公开剧本”的揶揄。比如，在大卫·阿库什(Arkush, R. David)对于中国北方农民谚语的研究中，他让我们知道了一个广为流传的谚语：“天下衙门朝南开，有理无钱难进来。”[③]阿库什正确地指出了这是一则“关于官场腐败和穷人无法获得正义”[④]的谚语。但我认为这则谚语或许也进一步表达出了民众对于在儒学政治义务论“公开剧本”中民之父母形象的蔑视。直白地说，如果“所有的”衙门都是腐败的，那爱民如子的父母官又怎么可能存在。据此，这则谚语也暗示着对父母恩谢论的拒斥。

此外，一部在中华帝国晚期流行的乡村戏剧——《三婿拜寿》，也用“三纲”概念玩了一个语言把戏。因为“纲”与“缸”在汉语中发音相同，所以在这里“三纲”就被嘲讽为“三缸”。儒学政治义务论的“公开剧本”中的君臣纲常，反成为

---

① Scott, James C, *Domination and the Arts of Resistance: Hidden Transcripts*, New Haven: Yale University Press, 1990。译者注：译文根据中译本有所修改。中译本参见：詹姆斯·C. 斯科特：《支配与抵抗艺术：潜隐剧本》。

② Scott, James C, *Domination and the Arts of Resistance: Hidden Transcripts*, New Haven: Yale University Press, 1990, p. 137。译者注：译文根据中译本有所修改。中译本参见：詹姆斯·C. 斯科特：《支配与抵抗艺术：潜隐剧本》，第 215 页。

③ “衙门”一词字面上指的是中国传统中的地方官僚机构。Arkush, R. David, “Orthodoxy and Heterodoxy in Twentieth-Century Chinese Peasant Proverbs,” *Orthodoxy in Late Imperial China*, Kwang-ching Liu (ed.), Berkeley: University of California Press, 1990, p. 325.

④ Arkush, R. David, “Orthodoxy and Heterodoxy in Twentieth-Century Chinese Peasant Proverbs,” *Orthodoxy in Late Imperial China*, Kwang-ching Liu (ed.), Berkeley: University of California Press, 1990, p. 325.

这部乡间喜剧“潜隐剧本”中的廉价水缸。[1]

总之，尽管评论人会指摘道，《圣谕广训》并没有说民众可以不服从。但我的研究表明父母恩谢论隐含的条件性是被朝廷和民众都接受了的。从1724年到1912年，通过每半月的讲习，《圣谕广训》成为了政治义务的“公开剧本”，指导着清廷与民众间的论述攻防。当皇帝爱民如子的承诺不能兑现时，“公开剧本”就成为了民众的有力武器，或去征求政府的照顾，抑或抵制暴政的恶毒。皇帝和民众都知道父母恩谢论的准则可以被用来将政治上的不服从合法化，并去追究清政府的政治责任。

然而，值得注意的是，民众公开地以父母恩谢论作为理据，并不能证明他们真实地信仰《圣谕广训》中官方儒学的政治义务论。我已经提供了一些在这方面的“潜隐剧本”，试图证明民间确实存在着讥讽儒家父母恩谢论的观念。话虽如此，但本文的主要目的还是要解释官方儒学的政治义务论。尽管探索中华帝国的“潜隐剧本”中的其他看法对于我们充分理解中国政治义务论的多元传统很重要，但考虑到本文的范围，这个令人振奋的探索将留待来日。

五、结论

在本文中，我揭示了以父母恩谢论为基础的官方儒学政治义务论的理论与实践。许多学者已提供了充足的证据，表明官方儒学并不要求士大夫绝对的政治责任。而我的研究则进一步揭示了，官方儒学的政治义务理论，也不要求民众的政治盲从。同时，对清朝民众反抗行动的实证分析，更强化了我的结论，即官方儒学政治义务论并非绝对服从，而是以父母恩谢原则为条件的。倘若反对者无法找出充分的证据来反驳我的论证，那么我们几乎可以肯定地说，那些指出官方儒学讲求绝对服从的论点只是积非成是的误解与刻板印象。

除了帮助我们理解官方儒学政治义务论外，本项研究还有两重额外的价值。首先，它给我们带来了有关“三纲”文献的新诠释。最近，“三纲”观念在中国又引起了争论。比如，方朝晖致力于证明“三纲”并不支持绝对的服从，而其

---

① 韩晓莉：《文化展演中的乡村社会——清末民初山西秧歌小戏与乡村社会生活》，《清华大学学报(哲学社会科学版)》，2009年第5期，第113页。

政治义务论也可以适用于当代中国。[①] 然而，批评者如李存山坚称“三纲”要求绝对的政治服从，因而反对其在当代应用的可能性。[②] 与我论证的方式有所类似，方朝晖能够说明在官方儒学的文献中并没有系统性的证据来支持“三纲”中的政治义务论要求民众的绝对服从。然而，批评者们似乎认为绝对服从这个论断的正确性不言而喻，而没有提供文献证据进行考证。例如，方朝晖就抱怨林存光的论点，他说：“既然林文的目的是反驳我，那就应该对于我在《为“三纲”正名》第3章中为董仲舒的系统辩护展开反驳。”[③]到目前为止，这些批评者仍忽视了方朝晖的抱怨。由于没有提供强而有力的证据证明官方儒学政治义务论是一种绝对服从论，批评者们的主要论断，即认为因为“三纲”要求绝对的服从，故而不能适用于当代中国，将不攻自破。一个在官方儒学政治义务论中不存在的理论问题，并不能成为反驳其适用当代社会的论据。

但是，与批评者相同，我也认为官方儒学政治义务论并不适用于这个以自由、平等为价值规范的当代世界。因而，我认为本文关于儒家父母恩谢论的研究给批评者们提供了系统性论据，来拒斥方朝晖对于“三纲”的鼓吹。这即是说，父母恩谢论承认官方儒学政治义务论不是一种绝对服从理论。然而，本文认为该理论的“父母—国家”观却是在为政治的不平等性和民众政治权利的剥夺作辩护。如果中国公民认为自己具有政治权利，并且拒绝相信有一个总是大公无私，且不会出错之父母官的可能存在，那么他们应该拒斥任何重建“三纲”的企图。[④]

本项研究的第二重额外价值是，它对当代中国关于儒家政治义务论的民意研究提出了严峻的挑战。简言之，民意调查研究者已经不加批评地接受了官方儒学政治义务论是一种绝对服从的论点。多年来，他们依靠一个调查问题来研

---

① 方朝晖：《“三纲”真的是糟粕吗？——重新审视“三纲”的历史与现实意义》，《天津社会科学》，2011年第2期；方朝晖：《是谁误解了“三纲”？——答复李存山教授》，《复旦学报（社会科学版）》，2013年第1期；方朝晖：《道义和权威是否势不两立——与林存光教授商榷》，《探索与争鸣》，2015年第2期。

② 李存山：《对“三纲”之本义的辨析与评价——与方朝晖教授商榷》，《天津社会科学》，2012年第1期，第16至33页；林存光：《儒家思想的多重面相——评方朝晖〈为“三纲”正名〉》，《中国哲学史》，2014年第3期，第5至14页；林存光：《道义和权威是否完全一致——与方朝晖教授商榷》，《探索与争鸣》，2015年第6期，第42至47页。

③ 方朝晖：《道义和权威是否势不两立——与林存光教授商榷》，《探索与争鸣》，2015年第2期，第37页。

④ 我非常感谢一个匿名评论人为我指出中国最近关于“三纲”的争论。

究儒学政治义务论在当代中国的影响。该问题要求受访者回答是否"政府领导人是这个大家庭的家长,他们关于国家事务的决定人民都应该服从"[①]。

表三 "家长"(Head-of-Family)问题调查结果

	同意	不同意	其他
1993	73.3%	18.2%	8.5%
2002	52.8%	35.6%	11.6%
2008	68.7%	13.8%	17.5%
2011	63.7%	31%	5.3%

(1993 年的结果,请参见史天健的研究[②];2002 年至 2011 年的数据,参见亚洲民主动态调查(http://www.asianbarometer.org/);"其他"包括了"无法选择"、"拒绝回答"、"不能理解问题"和"不知道"等选项。)

根据调查结果,研究者发现,历年来同意这一问题的受访者比例一直很高(参见表三)。比如,根据 1993 年的调查,73.3%的受访对象对"家长"这一问题表示同意。史天健据此指出大部分中国人依然行事顺从,就像传统中国的百姓那样"从不敢质疑和挑战帝国权威"[③]。同样地,辛道辙(Shin Doh Chull)也声称,由于 2008 年的研究中有 68.7%的受访对象赞同"家长"此一调查问题,这表明了,大多数中国人仍然相信"民众要无条件地服从他们的政治领袖"[④]。回顾过去,很明显,许多调查研究者还是把绝对服从的观念认为是中国官方儒学政治义务的遗产。[⑤]

---

① 以下以"家长"(head-of-family)问题代替这一整句调查问题。

② Shi Tianjian, "Cultural Values and Democracy in the People's Republic of China," *The China Quarterly*, Vol. 162(2000): 540 - 549.

③ Shi Tianjian, "Cultural Values and Democracy in the People's Republic of China," *The China Quarterly*, Vol. 162(2000): 541.

④ Shin, Doh Chull, *Confucianism and Democratization in East Asia*, Cambridge: Cambridge University Press, 2012, p. 125.

⑤ "家长"议题是 2002 年至 2016 年每一波亚洲民主动态调查的标准项目。研究人员利用这一议题的调查结果来研究中国的民主未来(Chu, Yun-Han, "Sources of Regime Legitimacy and the Debate over the Chinese Model," *China Review*, Vol. 13 No. 1(2013): 1 - 42. Guo, Gang, "Changes in Political Values in Mainland China since the 1990s: Evidence from Surveys," *Confucian Culture and Democracy*, John Fuh-sheng Hsieh (ed.), Singapore: World Scientific Publishing, 2014. Kuan, Hsin-Chi, and Siu- (转下页)

然而，我认为"家长"调查问题并不能正确地测量官方儒学政治义务论对当代中国的影响。我业已指出，由于清代的《圣谕广训》在时间上离现代中国最近。如果我们想要研究中国古今的传承，这本皇帝手书的官方文化宣传物提供了关键性的证据。正如我在文中所说，在帝国官方宣传中的儒学政治义务观并不是绝对的。相反，它是一种被民众和皇帝都接纳的有条件的父母恩谢理论。至于民意调查研究人员该如何观测今日中国公民是否接受父母恩谢论的政治义务观，由于篇幅的局限，本文无法提供建议。只能说，当前基于"家长"问题的民意调查结果并不能帮助我们理解官方儒学政治义务论对于当代中国的影响。

致谢：感谢评论者，他们丰富而富有建设性的意见对于本文的改进提供了很大的帮助。

"What Did the Emperor Ever Say?" — The Public Transcript of Confucian Political Obligation

Lee Shushan

Abstract: The idea that imperial Confucianism demands the commoners' absolute political obedience is widespread. Although some scholars have tried to challenge this

---

（接上页）Kai LAU, "Traditional Orientations and Political Participation in Three Chinese Societies," *Journal of Contemporary China*, Vol. 11No. 31(2012): 297 – 318. Shi Tianjian, "Cultural Values and Political Trust: A Comparison of the People's Republic of China and Taiwan," *Comparative Politics*, Vol. 33 No. 4(2012): 401 – 419. Shin, Doh Chull, *Confucianism and Democratization in East Asia*, Cambridge: Cambridge University Press, 2012, p. 125. Wang, Zhengxu, "Public Support for Democracy in China," *Journal of Contemporary China*, Vol. 16No. 53(2007): 561 – 579.）以及中国公民对中央、地方政府政治信任的差异(Shi Tianjian, "Cultural Values and Political Trust: A Comparison of the People's Republic of China and Taiwan," *Comparative Politics*, Vol. 33No. 4(2001): 401 – 419. Wang, Zhengxu, Yu YOU, "The Arrival of Critical Citizens: Decline of Political Trust and Shifting Public Priorities in China," *International Review of Sociology*, Vol. 26 No. 1(2016): 105 – 124. Wu, Cary, and Rima Wilkes, "Local-National Political Trust Patterns: Why China is an Exception," *International Political Science Review*, Vol. 39 No. 4(2018): 436 – 454.）等许多中国的政治议题。

popular idea, they leave a theory of imperial Confucian political obligation unaddressed. By engaging with political propaganda of the Qing 清 dynasty, specifically The *Amplified Instructions of the Sacred Edict* (Sheng Yu Guang Xun 圣谕广训), I argue that imperial Confucian political obligation is a theory of paternalistic gratitude. Accordingly, the commoners' political obligation is conditioned upon the ruler's parental benevolence, and as a matter of history, this theory guided discursive interaction between the Qing court and the commoners. Indeed, when the empire's policies made their lives difficult, the commoners tended to appeal to the public transcript of paternalistic gratitude to justify their political disobedience. Both in theory and practice, then, imperial Confucian political obligation is not absolute, but rather a conditional theory of paternalistic gratitude.

Keywords: *Amplified Instructions of the Sacred Edict*, Imperial Confucianism, Paternalistic gratitude, Political obligation, Public transcript

青年哲学论坛

演真与诉真：福柯对真之展现的解读*

何祺韡**

［摘　要］ 福柯对于主体—真理关系的思考构成了其晚期思考的核心内容。他试图突破由笛卡尔和康德哲学构建的认知真理模式的局限，从古代哲学和宗教思想中找到理解主体和真理之间关系的突破口。基督教早期思想语境中的演真和诉真实践打破了主体—真理的二维格局，引入了自身的真相这一第三要素，证明了主体接触真理的方式不局限于认知一途。演真的非言说特性也打破了真之展现和言说之间的固有连接。

［关键词］ 演真；诉真；真之展现；主体哲学

引言

主体和真理分别构成福柯思想中的关键主题，两者之间的相互联系也是理

* 基金项目：国家社科基金重大项目“冯契哲学文献整理与思想研究”(15ZDB012)。

** 何祺韡(1990—　)，男，上海人，法国里昂高师哲学博士，华东师范大学哲学系博士后，主要研究领域为外国哲学、福柯思想。

解福柯晚期思想的重要线索。在进入对基督教早期实践的讨论之前,我们首先要概要地论述主体和真理这两个主题在福柯语境中的含义,以及两者在其晚期思想中最终的交汇。

福柯对主体问题的关切存在一个重心变化的轨迹。在第一阶段对疯癫,临床医学以及规训技术的考察中,福柯侧重"我们是谁"、"我们如何被塑造"的问题,而这一关切逐步发展为第二阶段中以"我们如何塑造自身"为重心的考察。借助疯癫,临床医学和规训技术,我们看到一个与现代默认的理性主体大相径庭的主体形象。与笛卡尔和康德的理性主体预设不同,福柯认为主体并非从一开始就是先天且独立于历史的普遍存在。相反,它诞生在具体的历史语境之中且经历了漫长而复杂的孵化过程。理性而普遍的主体自身是话语在时空之中被编织出来的产物而不是一个脱离时间的抽象起点。主体一旦失去其存在上的优先性,也就失去了它相对于万物的优越性。因此主体并不统摄万物或为其设立规范,而是要反过来受到历史语境中各类话语的宰制和形塑。由主体受到外界的塑造这一点可以推导出一种恐惧:当主体面对一系列外在权力技术的控制和规范,我们也会随之陷入束手无策的境地。福柯正是直面这一失势的恐惧,将克服困境的策略逐渐落到主体自身创生的能力上,这也就是为何"我们如何塑造自身"这个问题在晚期福柯思想中开始占有核心的位置。从对性这个话题的研究开始,福柯意识到,主体在受到外在话语和权力技术限制的同时,其实也在不断主动改造同自身的关系。主体并不是处在坐以待毙的状态,而是可以借助一系列的技术不断更新同自身的关系,这些主体自我塑造的技术被福柯称为"自我的技术"。在这些技术的帮助下,主体实际上拥有选择成为自身的能力,而不是一味受到宰制。

相比之下,福柯对真理的思考是从知识问题发展而来的。在福柯的思想中,知识和真理之间并没有清晰的区分界限。福柯继承了尼采的思想,认为人们对于知识的好感乃至渴求其实并不是不证自明的。在柏拉图传统中,知识和真善美之间存在着天然的同盟关系,求知即是求真,求知也是达到终极实在的特权路径。这一传统直到尼采之前的哲学都未曾被根本质疑过。在尼采的带动下,西方才开始展开对传统中的知识以及求知的本性的批判,并逐步瓦解柏拉图传统下知识形成的纯粹性和求知所带有的天然正当性。如同尼采,福柯并不关注认知成真的形式条件,而是将目光集中在揭露知识作为整体在形成和发展过程中的复杂性,并强调权力对知识形成的重要影响。在柏拉图传统中,知识的形成容不得权力的参与。权力会污染知识的纯粹性,因此但凡权力染指之处均无知识。但是,福柯的观点与这一传统背道而驰:一方面,他认为权力内在于知识的整个形成过程中。话语的稀缺性现象(rareté)——某个时代的话语整体中的一些话语凸显、增殖,而另一些削弱、消亡——必须考虑权力参与的因素才能得到解释。另一方面,权力作为一种知识的内在机制并不带有消极负面的意义,由于知识与权力是内在联系在一起的,因此并不存在污染一说。福柯对于知识的思考在晚期逐渐被真理问题所取代。求知在福柯看来其实是主体和真理发生关系的一种途径和形式,只是这一种方式在从柏拉图到笛卡尔和康德的形上学传统的不断强化之下,最终获得了独占通达真理的特权。以至于每当我们想到追求真理时,我们只能够在认识论的层面上展开工作。福柯在其晚期思想中面对这一思考真理问题的默认出发点展开了反思。他以脱离笛卡尔和康德哲学树立的认知传统为目标,重新还原西方思想传统中求真的多元维度。①

主体和真理两个主题的结合在福柯晚期思想中分为两个阶段。其中为学界所熟悉的阶段是福柯对于古典时期希腊哲学以及希腊化罗马帝国时期文化中“真言”问题的考察。一方面,“真言”(parrêsia)回应了主体如何面对外界的影响构建同自身的关系的问题。另一方面,“真言”背后的“关心自身”传统也与“认识你自己”的德尔斐神谕相对,构成了在认知传统脉络之外、被认知模式掩盖之下的西方文化中探求主体与真理间关系的模式。而本文试图探讨的则是福柯在考察古希腊思想之前对基督教早期思想的解读。具体而言,本文的目的是考察福柯对基督教早期思想中“演真”(exomologesis)以及“诉真”(exagoreusis)实践的解读。本文认为,对这两种实践的解读在三重意义上值得我们的关注。首先,两者所注重的展现自身的真相在主体和真理的二元关系中

① 哈贝马斯在《后形而上学思想》一书中提出过类似的哲学构想。他认为形而上学以及其继承者将真理原本相统一的三个维度切分为不相干涉的三者,它们分别是命题性真理(propositional truth)、规范性公正(normative rightness)以及主体的真诚(subjective truthfulness)。真理被放到各个学科中去进行专业研究,导致这三个维度无法再被统合到一处。哈贝马斯认为克服切分的出路在于回到生活世界的丛林(the thicket of lifeworld)中去,重新考虑主体面对真理时候的多样模式。福柯对于克服形而上学的思维模式存在同样的兴趣,他对于“演真”和“诉真”的讨论实际上可以被归类为对真诚问题的研究。参见,Jürgen Habermas, *Post-metaphysical thinking* (1st ed.), Cambridge, Polity press, 1992, p. 50。

引入了第三维度。其次，它们允许我们看到一种脱离认知模式前提下的主体—真理关系的可能。最后，“演真”实践还展现出“表现个体自身真相”与“言说”之间的脱钩，这一脱钩形成了对言说主导的展现自身真相模式的挑战。以上三点构成我们考察福柯解读基督教早期思想中“演真”与“诉真”概念的主要关切。

一、基督教早期思想语境中的“演真”实践

首先，我们需要考察基督教早期的“演真”究竟是怎样一种实践。“演真”是基督教早期(这里所指的具体历史时期是公元 3 世纪左右)忏悔实践的一种重要实现方式，它是一种镶嵌在历史语境下的具体实践，有着严格的前置条件。“演真”是主教为在洗礼之后重新犯下严重过错的基督徒所准备的一种消弭罪过的手段。借助“演真”实践，犯罪的个体能够获得同共同体的和解，重新获得救赎的资格。

关于“演真”的过程记载于教父耶柔米(Saint Jérôme)的作品中。他还原了当时著名的法比奥拉忏悔仪式中的“演真”部分。根据记载，法比奥拉是当时的一位恶女，她的不当行为在当时的文化语境中构成了罪行。

> 法比奥拉同其他忏悔者一起，在全罗马城的注视下，在教堂门口聚集。主教，神父以及人群同她一同哭泣，她的头发散乱，面色苍白，双手粗糙，头上尽是香灰，微微低垂，(……)，她向人们暴露她的伤痕以及苍白的身躯，落泪的罗马凝视着她的伤疤[①]。

从法比奥拉的经验中可以一窥基督教早期“演真”实践的基本形式。首先可以看到“演真”是一个集体行为，忏悔者并不是单独面对主教一人，在私密的忏悔室内祈求得到宽恕。相反，她是在“全罗马的注视下”也就是在大庭广众之下，作为众多犯罪者之一，面对着教团中的其他成员。其次，法比奥拉将悔罪的重心放在对自身的展现之上：将自己装扮成为一个极端憔悴的形象，借此展现她所犯下的罪行对她所造成的伤害。仪式性的装扮和戏剧化的场景相辅相成，

① 转引自 Michel Foucault，*Du gouvernement des vivants*（1st ed.），Paris，Gallimard，2012，p. 202。

罪人憔悴的神态和身姿态展露自己的罪行以及悔意成为博得共同体怜悯的根本。从忏悔者法比奥拉的例子中我们能够提取“演真”的两个基本特征,即公开性和戏剧性。然而我们发现,“演真”虽然是赎罪的方式,但却与我们认知中的相去甚远:罪人法比奥拉的悔罪既没有采取私下的形式,也没有采取用口头方式吐露自己全部的罪行。这一差异使福柯察觉到作为基督教早期忏悔形式的“演真”实践相比于现代忏悔具有独特性,而在“演真”所体现的冰山一角也促使他去挖掘潜藏在其后的一整套基督教早期的赎罪的逻辑。

二、基督教早期语境下的忏悔实践

福柯从“演真”这一独特的悔罪仪式出发,试图挖掘出基督教忏悔在古代和现代之间在根本运作逻辑上的差异。从现代忏悔的主要形式出发反观古代,可以使这种差异显得更为清晰。现代意义上的忏悔奠定于13世纪的第四次拉特兰公会议[①],它是以罪行为核心的司法化之后的忏悔模式[②]。现代的忏悔模式具有两个主要特征。首先,忏悔是针对罪行的忏悔,信徒在洗礼后犯下的罪行仅仅是在具体行为的层面被理解,它并不破坏主体和真理之间因为洗礼所建构的根本关系。其次,罪行是可按照严重程度加以计量的,而针对可计量的罪行存在相对应的不同层次和等级的弥补以及和解手段。这种以罪行为核心的司法模式被称为定价忏悔(pénitence tarifée)[③]。相比之下,“演真”背后的忏悔则

---

① 第四次拉特兰公会议(Concile de Latran)于公元1215年在罗马拉特兰宫举行,会议对忏悔的进行方式作出了界定。会议规定:“特别注意:无论男女,每个信徒到了能够判别是非的年龄都必须自己诚实地向神甫忏悔自己所有罪过,每年一次,仔细地尽力完成加之于他的赎罪,至少在复活节虔诚地领圣体,除非,根据神甫的意见,出于真正的理由,他可以自己进行判断,偶尔免除这些义务。不然,他就要在活着的时候,禁止进入教堂,并被剥夺死后葬在教堂的墓地。这个有益的赦令将经常在教堂发布;这样就没有人能够以不知道为借口掩饰他的糊涂。”福柯认为,现代意义上的口头化的,可重复的,以消弭罪行为主要目的的忏悔是由13世纪的这场会议才正式确定的。参见,米歇尔·福柯:《不正常的人》,钱翰译,上海:人民出版社,第160页。

② 福柯认为忏悔在基督教早期语境中并不具有司法特征。忏悔并不针对具体的罪行,也不考虑消除罪行带来的具体影响。关于忏悔的司法化参考 Michel Foucault, *Mal faire dire vrai: fonction de l'aveu en justice* (1st ed.), Belgique, Presse Universitaire de Louvain, 2012, pp. 176 - 179。

③ 关于定价忏悔的内容,参见 Cyrille Vogel, *Le pécheur et la pénitence au Moyen Âge* (1st ed.), Paris, Édition du Cerf, 1982, p. 19。

是依托于一套完全不同的底层逻辑展开运作的。福柯认为，在基督教早期，忏悔完全是围绕着主体—真理关系的复杂构建与重构而展开。首先，忏悔是对洗礼的一种补充。理论上洗礼清除了人的原罪，本应该使人不再犯罪。然而洗礼在事实上并不能够保证人在洗礼之后彻底不再犯罪。而犯罪者如果不能获得宽恕就失去了救赎的资格。正是为了挽救这些犯罪者，忏悔机制才应运而生。因此，忏悔在基督教早期语境中所针对的是一个特殊的人群，即再次犯罪之人。为了能够将洗礼后再次犯罪之人重新纳入共同体之中，忏悔成为了洗礼之外必要的仪式。其次，忏悔不是为了消弭罪行，而是对于主体—真理关系的一次修补。在洗礼的过程中，主体借助圣灵的引导通向真理，并由此和真理建立牢固的关系，成为真理之人。然而洗礼后再次犯罪使得这种主体与真理之间的关系断裂。获得宽恕的基本前提是修复主体和真理之间断裂的关系。忏悔在本质上也是为此而生。与现代忏悔不同，基督教早期的忏悔不是以消弭罪行为目的，不讲求罪与罚相匹配，也肯定不是可重复的日常事件(一次次地消弭罪行会使得教义失去严肃性，从而失去约束力)。基督教早期的忏悔则是以重启主体—真理关系为目的不可重复的独特事件。它的注意力不在罪行及其影响，而是在于洗礼后犯罪本身。

了解“演真”背后基督教早期忏悔运作的逻辑之后，法比奥拉的忏悔中那些与现代忏悔大相径庭的要素都能够得到重新解释。首先，“演真”的公共性和戏剧性，其所展露的盛大场景都是为了烘托出忏悔的严肃性。忏悔并不是能够任意重复的无足轻重的活动，它的重要性堪比洗礼。其次，“演真”能够获得最终同共同体和解的核心要素在于在公开场合暴露自身的真相。我们看到，法比奥拉从服装到举止神态并不是为了去弥补罪行而作出的努力，而全部是为了展现自己作为罪人这个真相。“演真”所揭示出来的逻辑是：当主体和真理之间的关系因为犯罪而断裂之时，主体必须付出暴露自身真相的沉重代价才能够最终修复这种关系。在福柯看来，将自身真相作为筹码构成西方文化对于主体—真理关系理解的独特元素。

三、展现真相的另一种选择——诉真

借助法比奥拉的“演真”实践我们看到，基督教早期将展现个人真相作为重启主体—真理关系的重要契机。然而,展现自身的真相也未必要借助惊天地泣鬼神的盛大演出甚至要借助特殊的服饰以及夸张的肢体语言加以配合。基督教早期的"诉真"(exagoreusis)实践给我们提供了展现自身真相的另一种口头的形式,与犯罪者不同,这次的主角是修道的僧侣。

让我们首先引用公元 4 世纪基督教教父卡西安(Jean Cassien)对于"诉真"的描述。在《修道制度》一书的第四章中,卡西安写道:

> 为了轻松地达到(完美的境界),人们教导初学者不要因为虚假的羞耻心而去隐藏那些咬噬心灵的思想,而是要在思想萌发之时就将之展现给长者,以便他们考察,切忌自我决断,要相信长老经过检查之后的断言。[①]

卡西安作为基督教早期修道制度的奠基者,他的话点出了"诉真"实践的几个关键。首先,"诉真"是通达完满,也就是通达真理的必要步骤,需要在修行伊始就得到贯彻。卡西安的《修道制度》的第四章是为渴望修道但尚在入门阶段的预备修行者所作。他将"诉真"的必要性和修行所要达到的终极目标联系在一起,是为了告诫初学者从修行的一开始就要谨记这一原则,不可怠慢。其次,"诉真"所要袒露的是修行者自己的思想。上文提到,"演真"是一种通过服饰和肢体语言展开的戏剧化的实践。在"演真"当中,要展现的不是罪行,而是自己作为罪人的真相。而在"诉真"实践中,主体要呈现的真相不是他物而是自己的所思所想。此外,这种思想并非普通的思虑,而是可能会带来羞愧而会避之不及的想法。而当遇到这种想法时,卡西安认为正确的做法是不要自以为是,自己判断内容的好坏,而是要信任身边修行经验更为丰富的长者。由此带出"诉真"的最后一个特征,即不要试图隐瞒自己可能存在问题的思想,而是要将自身的真相托付给一个他者来加以评判。概言之,"诉真"是一种通过口头方式向他者述说自身思想的实践。

---

① Jean Cassien, *Institutions Cénobitiques* (1st ed.), Paris, Éditions du Cerf, 1965, livres IV, 9, p. 133.

四、"演真"与"诉真"的意义

如果结合"诉真"和之前所分析的"演真",我们首先会发现基督教早期的这两种实践对于福柯重新理解主体—真理关系计划的重要性。首先,"演真"和"诉真"都证明了在主体和真理建立关系的过程中,必须有主体自身真相这一第三维度的参与。当主体需要建立和真理之间的关系时,"诉真"需要作为一种监督性的因素。作为个体真相的思想必须经过他人的检查和过滤才能够证明自身的清白,从而使得主体逐渐具有通向完满或者真理的资格。而当主体因为犯罪而丧失了自己同真理的连接时,又是"演真"担当起弥合断裂的任务。唯有付出呈现自身真相的沉重代价,主体所犯下的重罪才能够得到赦免。可以说,主体无论是初次还是再次试图建立和真理的联系都离不开呈现自身真相的努力。呈现自身的真相这一基督教语境下的根本需求也随着基督教在欧洲的扩张被根植到观念的底层。直到笛卡尔和康德主体哲学的建立才将个体的真相以及其展现作为多余的要素排除出主体—真理关系中。从此在主体和真理之间再也不存在一种个体真相的参与。个体真相的展现往往被视作为妨害主体认知真理的主观因素。为了保证认知的客观性,个体的真相被排除在主体—真理关系之外。

其次,"演真"和"诉真"也提供了在认知模式之外理解主体和真理关系的方式。在笛卡尔和康德主张的认知模式下,认知的主体是普遍的,天然具备认知真理的资格。在认知主体之间的认知能力天然是相同的。主体不需要争取认知真理的资格,也不会丧失这种资格。[①] 然而,在基督教语境中情况正好相反。要预备和真理建立关系的主体是有缺陷的,而且这种缺陷甚至会在主体—真理关系确定之后成为一种始终窥伺的力量,造成主体—真理关系的潜在断裂。为了克服主体在形上层面的缺陷,基督教早期思想将考验(épreuve)自身的真相作为根本的解决方法。在"诉真"的层面上,考验体现为试图和真理建立初次联系的主体将自身的真相毫无保留地献出给他人检验。通过检验的主体方才具

---

① 事实上,围绕这一观点福柯写作了他生涯第一部重要著作《古典时代疯狂史》。福柯指出,疯癫在近代被遗忘的主要原因在于笛卡尔的理性主体预设。福柯认为,疯癫是一种不具备认知资格的主体的例证,但是为了维护认知主体的特权,疯癫被笛卡尔彻底忽略。理性的主体逐渐开始具有压倒性的权威。

有接触真理的资格。但是考验并不是决定性的事件，它并不能从根本上扭转主体的缺陷，因此考验只能够不断展开不断重复。主体由于无法通过自身所具备的资格通达真理而只能通过献出自身的真相以求得神恩(grace)的降临[①]。而在“演真”的方面，当主体与真理的关系被再次犯罪所切断，主体也需要再次借助展现自身真相的力量去获得和至高存在的和解。无论是在“诉真”还是“演真”的情境中，主体自身的真相并不是认识真理的先天特权，而只是主体在形上层面不能够独立通达真理的缺陷。

最后，通过对比“演真”和“诉真”，福柯让我们看到，现代人所理解的展现真相的特权表现方式——言说——在基督教早期思想中其实只是表达形式的一种。现代语境中，展现自己自身的真相已经牢固地和言说这一单一维度捆绑在一起。言说你自己的真相意味着使用一种分析性的语言将内心的想法透露给他人加以评判。而这一表达自身真相的方式已经在司法领域中清楚地表现出来。在司法领域中司法实践不仅需要搜集完整的证据链，还渴望在证据确凿的前提下获得嫌疑人对于犯罪事实的口头承认，似乎只有在罪行得到承认的时候，案件才能够完满。我们在考察离奇曲折的案件时，总是对嫌疑人的犯罪意图保持着强烈的兴趣，总是希望罪犯能够将自己幽深晦暗的内心褶皱通过话语的直射暴露出来。总而言之，一种对于被言说出来的真相的渴求被烙印在现代人的心底。然而，福柯想要通过“演真”和“诉真”提醒我们，口头言说的方式并不是主体呈现真相的必然选择，它本身也是一种历史建构出来的结果。展露真相和言说之间的链条是在公元 4 世纪的修道实践中被打造而成，它经历漫长岁月的考验才成为一种特权。

五、结语

主体和真理构成了福柯晚期思想的主轴。相对于笛卡尔和康德所树立的

---

① 神恩的概念发端于拉丁教父德尔图良(155—225)，并在奥古斯丁(354—430)的神学中发扬光大。奥古斯丁认为救赎的资格不能够通过人自身的努力——包括知识储备，行善等行为——而获得，救赎只能够是上帝赐予人的恩典。如果人的努力能够计量并且折算成为获得救赎的资格，那么救赎就成为一种可以向上帝交换得来的东西，不再珍贵。因此，相对于救赎，人只有不断接受考验。有关“考验”这一概念参见何祺韡：《服从他人的必要性：福柯论基督教早期的引导概念》，《中国图书评论》，2020 年第 2 期。

认知模式,福柯尝试从西方思想的古代源头寻找到替代的方案。目前学界关心的重点在于解读 1982 年《主体解释学》以降福柯的授课内容,即福柯对于古希腊以及希腊化罗马时期"真言"(parrêsia)实践的刻画。"真言"是一种毫无保留表达自身的话语实践,它以梭伦、苏格拉底以及犬儒派的第欧根尼为代表。"真言"代表了在政治和道德上的双重勇气,被视为福柯伦理转向的重要依据。然而,本文试图回到福柯更为早先的课程,1980 年《活人的治理》。本文认为正是在对于基督教两种展现自身真相的方式的讨论中,福柯奠定了对于认知模式下主体—真理关系的反思。在"演真"和"诉真"的讨论中福柯对于展现自身真相这一维度的思考也构成了日后思考"真言"概念的基本出发点。因此,在研究福柯晚期思想的构成和发展的方面,"演真"和"诉真"相比于"真言"的重要性并不逊色。

导师评语:何祺韡的论文对福柯的晚期思想作出了诠释,其中包含他对于如何研究福柯思想的方法论思考。他以福柯对基督教早期神学思想的研读为契机提醒读者注意,在古希腊的哲学与文化之外,基督教神学在福柯晚期思想中也占有重要地位。福柯的解读所涉及的是西方哲学史中的重要命题,即主体与真理之间的关系。在现代哲学语境下,两者被一种认知关系联系起来,这个传统成了哲学考古学方法的挑战对象。笛卡尔和康德哲学所构建的现代认知主体在这一视域下也不再理所当然,而是被看作西方观念史发展中某个阶段的产物。文中提到的基督教早期思想中的演真和诉真实践,勾勒出一幅令现代人感到陌生的求真场景,其中主体自身的真相这一维度成了求索的对象。总之,无论是对福柯思想的研究,还是对主体—真理关系的探讨,何祺韡的阐述都能给人以新的启发。

导师:郁振华教授

Exomologesis and Exagoreusis: The Foucaldian Interpretation of the Manifestation of the Truth

He Qiwei

Abstract: The analysis of the subject-truth relation is one of the pillar of the late foucaldian thinking. Digging deep into the ancient philosophy and early Christian theology, Foucault seeks to overcome the limits set by cartesian and kantian philosophy of the subject, in the domain of subject-truth relation. The analysis of the notion of exomologesis and exagoreusis, acts of truth in the early Christian theology's context, allows Foucault to introduce the third dimension, the truth of the self, into the opposition between the subject and truth. It helps to clarify the fact that one's access to truth is not limited in the domain of the theory of knowledge. Besides, the manifestation of the truth in a non-verbal mode, revealed by the practice of exomologesis, challenges the traditional connection between the manifestation of the truth and speaking, built up by modern psychology.

Keywords: exomologesis, exagoreusis, manifestation of the truth, philosophy of subject

哲人之忆

世间已无李泽厚

——怀念李泽厚先生

杨国荣 *

从友人处获悉,李泽厚先生于美国当地时间 11 月 2 日逝世。尽管知道李先生年事已高,前两年又不慎摔跤,身体状况每况愈下,但得知此讯,仍感到有些愕然和茫然。也许,这是因为在意识深处,既不愿意,也没有准备好接受世间已无李泽厚这一事实。

初知李泽厚之名,是 1979 年,也就是我考入华东师范大学的第二年。记得这一年的某日,书店中一部《批判哲学的批判》,让我眼前一亮。虽然此前已略知康德,但此书却以观点的独到、文字的隽永、理论的深沉,给我以耳目一新之感。此后,《美的历程》《中国近代思想史论》《中国古代思想史论》等相继问世,一时间,洛阳纸贵,士林争说李泽厚。此种盛况,学界已言之甚多,毋庸这里赘述。当然,那一时期,虽然李泽厚先生的著作近在手边,但其人却似乎遥不可及,作为彼时的学界宗主,他俨然是仰视的对象。

然而,1985 年夏,在庐山讨论冯契先生的中国哲学史著作时,我却有机会与李泽厚先生近距离接触。会议期间,李泽厚先生依然保持其独立特行的学术

---

* 杨国荣(1957—),男,浙江诸暨人,哲学博士,华东师范大学中国现代思想文化研究所暨哲学系教授,主要研究领域为中国哲学、道德哲学、形而上学等。

风格，虽然是讨论冯契先生的著作，但他却直言不讳地表达了不同的学术立场，这与一些学人在此类场合每每趋于颂扬迎合形成了对照。虽然他的看法我不尽赞同，但这种不轻易附和的学术取向，给我留下了颇深印象。在参观庐山的名胜与人文景观时，我与李泽厚先生也作了若干交谈。那时我随冯契先生读博士，此前我的硕士论文以乾嘉学派与胡适的关系为题，对清代学术变迁下过一些工夫；同时，我对历史一直深有兴趣，早先通读过《资治通鉴》等著作，这种历史学背景也自然地渗入言谈间。记得当时交谈时，除了我和李泽厚先生之外，还有《光明日报》的一位马姓年轻人，好像刚刚从南开大学毕业。李泽厚先生对我的历史学"素养"似乎略感意外，随口说道：你对历史倒有点了解。其时我尚年轻，闻此评语，不免有点自得。

庐山会议后，我与李泽厚先生之间短暂的联系也随之中断。2002 年，差不多 17 年后，我们才得以"重逢"，当然，李泽厚早已不记得庐山的初遇，我也无意"重续前缘"。自 1992 年后，李泽厚移居美国，但几乎每年都要回北京住一段时间。2002 年 12 月，我以华东师范大学中国现代思想文化研究所的名义，通过美国友人林琪(Katherine Lynch)向李泽厚先生表达了邀请他来华东师范大学访问的意向。李先生欣然同意，并于是年冬天携夫人前来。此时我已非当年青涩的学生，在哲学史与哲学领域多有涉猎，因而与李泽厚先生之间有了更多的理论话题。当时我的伦理学著作《伦理与存在——道德哲学研究》出版不久，见面时特呈上一册，请他指正。他后来是否翻阅此书，我不得而知，但此后每次遇见，谈到相关哲学话题，他总是说：你是伦理学家，或：你是研究伦理学的，亦即将我主要定位于伦理学领域，这使我多少有些无奈。那几天交谈的很多具体内容已不记得了，但在谈到伦理学问题时，我特别提到了休谟哲学的意义，尤其是在道德动力的理解方面，我认为康德将形式因作为动力因，对道德行为的发生难以提供合理说明，这方面需要关注休谟对道德情感的肯定。这些看法，我在《伦理与存在》一书中也有所论及，之所以在交谈中特别强调休谟，主要是鉴于李泽厚先生当时在伦理学领域主要推崇康德，基本上忽视休谟。顺便提及，李泽厚先生后来对休谟有所关注，相对于此前谈康德而不及休谟，这多少是一种变化。

在华东师范大学访问期间，李泽厚先生专门做了一次公开的学术演讲。本来演讲地点放在文科大楼的会议室，但听众实在太多，只能临时移到图书馆的报告厅，虽然空间扩展了不少，但依然人满为患。那天讲座由我主持，李泽厚的讲题是“谈谈情本体”，这可能是他第一次以讲演的形式公开提出这一论题。讲座结束后，本来拟将录音整理的内容刊发于思想所的辑刊《思想与文化》，但李泽厚先生在看了记录稿后，觉得内容过于单薄，未同意刊发。我们尊重他的意见，只能割爱。确实，根据我当时的印象，相对于他对中国思想史的研究，“情本体”的演讲内容似乎不甚丰富。事实上，后来他虽然反复提及此论题，但总体上仍存在过于简单的问题。在情与理的关系上，李泽厚常常显得比较纠结：对“理”，往往欲拒还迎；对“情”，则每每欲迎又拒。

2002 年的访问之后，我与李泽厚先生的联系也变得比较经常。有时他会打来电话，谈论相关问题。记得一次在宁波参加会议，李泽厚先生忽然来电，具体所说，已经淡忘。在他来北京时，我们的电话交谈时间往往较长，有时几乎达一个多小时。印象中，李泽厚先生比较关注国内学界的情况，因为客居异域，他也需要通过不同渠道了解国内的学术动态。同时，他对他本人在国内学界所处地位或受到的关注度，也比较在意。21 世纪初，国内很少有人谈到李泽厚，如果谈及，也每每是负面性的，一些人物常以批评李泽厚来显示自己的新进或“高明”，但其实，这种批评者无论在眼光、学养，还是具体的见解上，往往远逊于他们所批评的对象。当然，在与李泽厚先生的言谈中，也常可以感受到他此时的寂落心态，而我则以上述看法（批评者远不如被批评者）为他作学术回护。以后，随着李泽厚先生频频以不同方式亮相，特别是不时提出一些新的学术见解，他在国内学界逐渐得到了重新关注，在某种意义上可以说，继 20 世纪 80 年代后，出现了第二次李泽厚热。

2005 年，李泽厚先生应上海社科院之邀，再次到访上海。其间，我曾与他作了一次学术交谈，内容主要涉及超验、理性、情本体等，交谈的记录经李泽厚先生审定，刊发于《学术月刊》2006 年第 2 期。[1] 2006—2007 年，我作为富布莱特学者在斯坦福大学作了近一年的学术研究，其间除了与邀请者罗蒂接触之外，常常与远在科罗拉多的李泽厚先生作电话交谈，一谈就是一个多小时。所谈内容既涉及当时欧美的哲学，包括分析哲学、现象学，也关乎国内的学术趋向。在

① 参见李泽厚、杨国荣：《哲学对话：问题与思考》，《学术月刊》，2006 年第 2 期，该文收入《李泽厚对话集·廿一世纪（一）》，北京：中华书局，2014 年，第 234—250 页。

我的印象中，李泽厚先生虽然身处北美，但其关切重心始终在国内。他既无意“融入”欧美哲学界，也不以海外华人自居，在意识深处，他依然是中国学者。从他一直持中国护照而没有入籍美国，也可以注意到这一点。如果作一比较，则不难看到，李泽厚先生的以上立场，与林毓生、余英时等海外学人显然有所不同：作为入籍美国的华人，他们一方面以中国文化和中国历史为主要研究对象，另一方面又作为美籍华人或海外学者而著述，尽管形式上两者也许可以并行而不悖，但在实质的层面，显然无法完全摆脱文化认同与民族认同（国家认同）之间的张力：从法律的意义上说，入籍即意味着宣誓归属相关国度。李泽厚先生作为文化和法律上都没有放弃中国身份的学人，则超越了以上张力，从而可以更融贯地立说。虽然因寓居异邦，晚年的李泽厚先生不免有孤寂之感（事实上，孤独也许是长期伴随着他的感受），但在他那里，看不到流亡海外的悲怆。

2014 年，在多次邀请之后，李泽厚先生又一次访问华东师范大学，并开设以伦理学为主题的课程。这是李泽厚先生数十年间第一次公开讲课，因而受到较多的关注。作为邀请者，我本当主持第一讲，但不巧的是，其时因事在广东，故改为主持第二讲。在此次讲座中，李泽厚又将我称为伦理学的“专家”，并认为我有“优先发言权”，我则本着“从命”的精神，提出了若干看法。此次讲课结束后，我与李泽厚就伦理学问题作了一次交谈，与前一次一样，交谈记录特意交由李泽厚先生审定，之后先由《中华读书报》刊发了交谈节录①，尔后在《社会科学》2014 年第 9 期刊发了全文②。交谈的内容涉及李泽厚提出的两德论、伦理与道德的关系、权利与善以及转识成智等问题。

2015 年，我自己经历了生命历程中的重大折变，后飞赴波士顿。其间，我与李泽厚先生也多次通话。他得知我的状况后，表示十分关切，并对我比较从容平静的人生态度表示赞赏。在后来的邮件中，李泽厚先生就此写道：“吾兄伦理学已化为修身实践，非空头义理而已，包括对待人生境遇，坦然处之，尽人事而听天命，均令人仰佩无已。”这些言辞当然有些过誉。我们交谈的话题依旧围绕中国哲学、西方哲学展开。当时我正考虑权利与义务、儒学的核心等问题，我们的讨论也涉及这些方面，相对于面对面的辩论，电话中的交谈更多的是相互

① 参见《伦理、道德与哲学——李泽厚、杨国荣关于伦理学问题的对话》，《中华读书报》，2014 年 6 月 11 日 09 版。

② 参见李泽厚、杨国荣：《伦理问题及其他——过程分析的视角》，《社会科学》，2014 年第 9 期。

理解和沟通。在对儒学的理解方面,我们的共识多于分歧,对当代哲学的建构,则表达了不同于分析哲学、现象学的进路。记得闲谈中,还兼及对李泽厚先生学生的品评。李泽厚先生自己当然一如以往,几乎很少对自己的学生作具体评议。我则比较随意地提及其中一位已在学界颇具影响的学生,认为他智力甚高,但在治学进路上存在两个问题,其一是学术上略有调侃、戏说的倾向,不如李泽厚先生那么认真,其二是对哲学史有些轻慢,不甚敬畏,似乎诸事皆可从"我"说起。李泽厚先生对此表示同意,但未作更多评说。在我看来,哲学之思不仅仅需要灵明觉知意义上的聪明,而且更需要浑厚而诚敬的智慧,李泽厚先生本人似乎庶几近之。

当然,作为有血有肉的人,李泽厚先生也有其个性特点。这里或可提及与2014年我们所作的学术交谈相关之事。该交谈在《社会科学》全文发表之后,李泽厚先生又将其收入他的对话集[①]。2015年,我从波士顿治病返回上海后,一位学生向我提及,对话集中收入的我们之间的交谈,结尾部分有些费解。我此前未曾看到此对话集,便向中华书局索取了该书,翻阅之后,发现原文最后被增加了二行此前并不存在的话,大意是,我关于冯契先生转识成智以及广义智慧的阐发,他(李泽厚)"始终听不明白",并认为我"需要自备一把奥康剃刀"。如前所述,此交谈记录已在先前经李泽厚先生审定(他在记录稿上的修改,现在仍被保存着),此前在《社会科学》正式发表时,即以这一审定稿为依据。在这种情况下,增加文字显然既不合乎原来的文稿,也有违谈话的具体场景。我当时既感意外,也甚为困惑,便去信了解相关情况,李泽厚先生对此作了如下回复:"国荣兄,来信收到。该句是在特殊情况下的产物,虽内容在他处向你讲过,但不符合当时对话事实,应予删除,并致深深的歉意。此信亦可向外公布。"我收到此邮件后,除了对他的理解表示感谢之外,还特别提到:"恕我好奇和冒昧,未知此'特殊情况'具体为何?若方便,尚祈惠示。"对此,李泽厚先生的回复是:"特殊情况非电邮几句所能说清,抱歉暂不能满足吾兄之'好奇'也。"经此沟通,我对此事已基本释然,无意细究对话集中新增文字的具体原委,只是遵李泽厚先生"此信亦可向外公布"之嘱,将我们的相关来往邮件转中华书局的责任编辑申作宏博士。回溯起

---

① 参见李泽厚:《伦理、道德与哲学——李泽厚、杨国荣关于伦理学问题的对话》,《李泽厚对话集·廿一世纪(二)》,北京:中华书局,2014年,第400—425页。

来,该学术交谈的文本,原由我"洋洋洒洒"的一大段话结尾,从对话的内容和结构看,这既蕴含着与李泽厚先生不同的学术取向,也似乎使李泽厚先生在对话中处于某种"从属性"地位,二者可能都让他很难接受,通过增加若干批评性的文字,则可改变这种状况。事实上,如果这些文字出现于实际的对话过程,显然完全没有任何问题,我当时不解的是:在实际对话已经结束、对话的记录稿业已发表的情况下,"单方面"地增加实际对话中未曾出现的内容,有些不合"学术规范"。2017 年元旦前夕,李泽厚先生又来信,再次提及此事:"不知你还在生我的气否。该书如重印,定当删除那句不恭敬的话。驷不及舌,悔之已迟,再次致歉。千万保重身体。"收到此邮件,我不禁甚为感动:李泽厚先生在年齿和学术上都是我的前辈,但对增字之事却一再致歉,让我多少有些情何以堪之感。

今年 2 月,我从网上看到一标题式的新闻,其中引了李泽厚先生之语。出于对他的尊重,我随即去信,其中提及:"今日览网,见《李泽厚集》的介绍中有如下文字,即李泽厚已解除了'自封的马克思主义者'之称号,云云,未能打开睹其详。私下以为,这种标题及提法,似有损先生之形象,故觉得有责任向先生提及。不妥之处,尚祈海涵。"李泽厚先生收到邮件后,即回复:"成灰之年,必遭恶咒,吾兄相劝,实属难得,浮一大白,敬谢忠告。"李泽厚先生对此事的实际想法,现已无法详知,但我之所以去信提醒,是基于他的学术进路和贡献,实质上无法离开马克思主义的背景。我也曾向相关学人表达过此意:离开了马克思主义,则李泽厚先生将或近于康德、罗尔斯,或近于牟宗三式的儒家,马克思主义是李泽厚思想中不可或缺的构成,也是使李泽厚先生区别于康、罗、牟等辈的根本所在。1848 年,马克思和恩格斯曾提到"共产主义的幽灵在欧洲徘徊",近二百年后,在世界范围内的意识形态领域常常可以看到另一番景象,这也许构成了李泽厚先生试图脱钩的历史背景。不过,后来,李泽厚先生似乎也未再坚持作切割,这与我去信提醒是否有关,现已不得而知。

在与李泽厚先生与其他学人的交谈中,我曾不止一次地提及,20 世纪的后半叶,中国哲学界中有二位哲学家特别值得关注,一位是冯契,另一位则是李泽厚。冯契以智慧说独树一帜,其哲学融合了马克思主义、中国哲学以及西方哲学的智慧之思,李泽厚的思想构成也表现出某种相似性。不过,冯契更多地关注于认识世界与认识自己的广义认识过程,李泽厚则赋予历史本体以某种优先性。在形式的层面,冯契上承金岳霖所代表的清华学派,始终表现出哲学思维的逻辑严密性，李泽厚则在注重以美启真的同时，又时时以近于诗人的直觉展示其理论的洞见。

晚年的李泽厚，学术关切之点已有所转换。早先他以美学与中国思想史研究名世，20 世纪 80 年代出版的《美的历程》，便曾被学界争相传阅。然而，进入 21 世纪后，他的学术兴趣更多地转向哲学理论，所谓"该中国哲学登场了"的看法，也表明了这一点。2013 年，在推荐思勉原创奖时，我曾拟将《美的历程》列入候选名录，并就此征询他的意见。李泽厚先生的回复是："《美的历程》乃卅年旧著，千万不要列入候选，徒令人笑掉大牙也。厚情心领，谨致谢意。"对该书的这一自我评价自然有些过谦，但从中也可看到他对早年在美学领域的研究已不甚满意。李泽厚先生晚年虽然没有推出学术上的鸿篇巨制，但却往往在哲学理论，包括伦理学领域提出独到见解。事实上，如前面所提及的，李泽厚先生在哲学的不同领域，每每具有思想的洞见，其看法常言简意赅而发人深省。当然，在我看来，哲学研究应该区分体系性的建构和系统化的考察。体系总是追求包罗万象的形态，同时常常追根刨底，寻找所谓最后的支点或原点，这种体系化进路往往难免陷于思辨哲学，并终究要被解构，李泽厚先生显然并不试图作这方面的努力。然而，尽管不必追求体系化的建构，但哲学还是要系统化的研究，这意味着对提出的见解和相关观点需要从不同方面加以论证，对为何可能、如何可能等进行系统阐释，而不是仅仅提出某种观念。由于各种缘由，李泽厚先生晚年的哲学思考在系统性的论述方面，似乎多少有些不足。当然，思想的火花在展开之后，可能会显得琐碎甚至乏味，后者与李泽厚先生的治学风格显然格格不入，或许，这是李泽厚先生不屑于作系统论述的缘由之一。不过，从学术演进的视域看，他的一些重要看法未能充分展开，这多少有些遗憾。

李泽厚先生对未来充满乐观的信念。与他接触中，他曾一再提到，中国的学术未来可期，对年轻一辈，则每每寄予厚望。每论及此，我总是说，历史地看，重要的哲学家总是可遇而不可求，尽管当代及后世在学术条件、物质境遇上远超过去，但却未必一定会出现如他这样有创见的哲学家。这当然不是奉承之语，而是我的真实想法。

世间已无李泽厚。与其说这表达了一时的感伤，不如说其中寄寓着无尽的思绪。

2021 年 11 月 3 日